Anke + Jörg Novak

10.'87

Martin Brecht / Hermann Ehmer

# Südwestdeutsche Reformationsgeschichte

Calwer Verlag Stuttgart

Martin Brecht
Hermann Ehmer

# Südwestdeutsche Reformationsgeschichte

## Zur Einführung der Reformation im Herzogtum Württemberg 1534

Calwer Verlag Stuttgart

CIP-Kurztitelaufnahme der Deutschen Bibliothek

*Brecht, Martin:*
Südwestdeutsche Reformationsgeschichte :
Zur Einf. d. Reformation im Herzogtum Württemberg
1534 / Martin Brecht ; Hermann Ehmer. –
Stuttgart : Calwer Verlag, 1984.
ISBN 3-7668-0737-4
NE: Ehmer, Hermann:

ISBN 3-7668-0737-4


Satz und Druck: Offizin Chr. Scheufele, Stuttgart
Umschlag: Otfried Kegel
Bindearbeit: E. Riethmüller & Co., Stuttgart

# Inhalt

Vierter Teil

## Vom Interim zur Konkordie

# Vorwort

Die evangelische Kirche, auch die einzelne Landeskirche, benötigt neben anderem auch die Information über die Zeit der Reformation, der sie konkret ihre Entstehung und spezifische Identität verdankt. Die Kirchengeschichtsschreibung hat darum in erster Linie das Gedächtnis der Kirche zu sein. Daneben sind gerade die deutsche Kirchen- und auch Profangeschichte angewiesen auf die Bausteine der Territorialgeschichte. Vor 50 Jahren erschien zum 400. Jubiläum der württembergischen Reformation Julius Rauschers »Württembergische Reformationsgeschichte«. Sie ist seit Jahren vergriffen. Die Verfasser des vorliegenden Buches, schon länger mit der württembergischen Reformationsgeschichte befaßt, hielten es für ihre Pflicht, nunmehr eine neue Darstellung vorzulegen, die dem heutigen Forschungsstand entspricht. Diese Aufgabe ließ sich allerdings nur durch eine Arbeitsteilung bewältigen, wie sie auch früher schon in der »Württembergischen Kirchengeschichte« von 1893 praktiziert worden war. Durch die Übereinstimmung in der Zielsetzung und den gegenseitigen Austausch der Verfasser dürfte dennoch eine weitgehende Homogenität der Darstellung erreicht worden sein. Entsprechend dem Schwergewicht vorhergehender Arbeiten übernahm M. Brecht die Einleitung und die Darstellung der Geschichte der Reformation bis 1534, dazu der weiteren Geschichte der Reichsstädte. Von H. Ehmer stammt die Beschreibung der Spätphase bis zum Konkordienbuch mit dem Schwergewicht bei der Reformation Herzog Christophs. Von dem dazwischenliegenden Abschnitt über die Reformation Herzog Ulrichs wurden die beiden ersten und die vier letzten Kapitel von H. Ehmer, das dritte bis achte Kapitel von M. Brecht verfaßt.

Einer besonderen Begründung bedürfen der Titel sowie die räumliche und zeitliche Abgrenzung des Buches. Eine Beschränkung auf das ehemalige Herzogtum Württemberg ging nicht an, sie hätte nur die Reformationsgeschichte eines Teils der heutigen württembergischen Landeskirche abgedeckt und zudem die wichtigen Beziehungen zu den benachbarten Gebieten nicht sichtbar werden lassen. Die früheren Darstellungen hatten darum das Gebiet der württembergischen Landeskirche, wie es seit Anfang des 19. Jahrhunderts bestand, als geographischen Rahmen gewählt. Inzwischen ist der politische Raum des Landes Baden-Württemberg stärker zusammengewachsen. Außerdem legt es sich vom Gang der Reformationsgeschichte her nahe, den rechtsrheinischen deutschen Südwesten einschließlich einiger heute bayerischer Reichsstädte im Osten Württembergs zusammen zu behandeln, wobei gelegentlich auch auf Straßburg, Nürnberg und Augsburg ausgegriffen werden muß. Sowohl aufgrund des historischen Gewichts als auch der ungleichmäßigen Forschungslage – für Baden und Kurpfalz gibt es z. B. keine neuere Gesamtdarstellung ihrer Reformation – war eine gleichmäßige Behandlung aller südwestdeutschen Territorien weder beabsichtigt noch möglich. Das Schwergewicht liegt bei der württembergischen Reformation, und an ihr orientiert sich hauptsächlich die Gliederung. Diese Lösung dürfte auch historisch vertretbar sein. Anders als bei Rauscher geht die Darstellung ungefähr bis zum Erscheinen des Konkordienbuches 1580 als dem Termin, zu dem, abgesehen von der Kurpfalz, die Gestalt und das Profil der südwestdeutschen Reformationskirchen im wesentlichen festlagen.

Die vorliegende Reformationsgeschichte ist, vor allem bedingt durch den größeren räumlichen und zeitlichen Rahmen, wesentlich umfangreicher als die Rauschers. Um den Umfang in sinnvollen Grenzen zu halten, mußten freilich empfindliche Beschränkungen, die zu Lasten des farbigen Details gingen, in Kauf genommen werden. Insgesamt war es das Ziel, sowohl die übergreifenden als auch die bedeutenden regionalen oder lokalen Entwicklungen samt ihren Zusammenhängen sichtbar zu machen. Die äußeren Abläufe sollten ebenso wie Theologie und Frömmigkeit berücksichtigt werden. Angestrebt wurde Allgemeinverständlichkeit für den interessierten Laien bei gleichzeitiger wissenschaftlicher Fundiertheit. Auf einen Anmerkungsapparat wurde bewußt verzichtet. Statt dessen wird am Ende der einzelnen Abschnitte auf die einschlägige Literatur, gelegentlich auch auf die Quellen verwiesen, auf die auch im Text manchmal Bezug genommen wird. Die beigegebenen Abbildungen sind als veranschaulichende Dokumentation gedacht.

Die Württembergische Landeskirche hat mit einem Druckkostenzuschuß das Erscheinen dieses Buches unterstützt.

Zu danken haben wir Frau Ingeborg Müller für die Herstellung eines Teils des Manuskripts, Wolfgang Schöllkopf und Bettina Wirsching für Unterstützung bei den Korrekturen. Das Register wurde von Frau Wirsching erstellt.

Im Frühjahr 1984

*Martin Brecht*
*Hermann Ehmer*

# Verzeichnis der abgekürzt zitierten Literatur

Sonstige Abkürzungen sind dem von Siegfried Schwertner zusammengestellten Abkürzungsverzeichnis der Theologischen Realenzyklopädie, Berlin – New York (1976) entnommen.


| | |
|---|---|
| Ehmer | Hermann Ehmer, Valentin Vannius und die Reformation in Württemberg, VKGL BW. B, Bd. 81, Stuttgart (1976). |
| Deetjen | Werner-Ulrich Deetjen, Studien zur Württembergischen Kirchenordnung Herzog Ulrichs 1534–1550. Das Herzogtum Württemberg im Zeitalter Herzog Ulrichs (1498–1550), die Neuordnung des Kirchengutes und der Klöster (1534–1547), Quellen und Forschungen zur Württembergischen Kirchengeschichte 7, Stuttgart (1981). |
| Ernst, Briefwechsel | Viktor Ernst (Hg.), Briefwechsel des Herzogs Christoph von Wirtemberg, Bd. 1–4 (1899–1907). |
| GKO | Von Gottes gnaden vnser Christoffs Hertzogen zů Würtemberg vnd zů Teckh / Grauen zů Mümpelgart / etc. Sum̃arischer vnd einfåtiger Begriff / wie es mit der Lehre vnd Ceremonien in den Kirchen vnsers Fürstenthumbs / auch derselben Kirchen anhangenden Sachen vnd Verrichtungen / bißher geůbt vnnd gebraucht / auch fürohin mit verleihung Gôttlicher gnaden gehalten vnd volzogen werden solle.<br>Getruckt zů Tüwingen / Im jar 1559. |
| Grube | Walter Grube, Der Stuttgarter Landtag 1457–1957, Stuttgart (1957). |
| Heyd | Ludwig Friedrich Heyd, Ulrich, Herzog zu Württemberg. Ein Beitrag zur Geschichte Württembergs und des deutschen Reichs im Zeitalter der Reformation, Bd. 1–3, Tübingen (1841–1844). |
| Historischer Atlas | Historischer Atlas von Baden-Württemberg (mit Erläuterungen), Stuttgart (1972 ff.). |
| Kugler | Bernhard Kugler, Christoph, Herzog zu Wirtemberg, Bd. 1–2 (1868–1872). |
| Rauscher, Reformationsgeschichte | Julius Rauscher, Württembergische Reformationsgeschichte, Stuttgart (1934). |
| Rauscher, Visitationsakten | Julius Rauscher (Hg.), Württembergische Visitationsakten, Bd. 1, Württ. Geschichtsquellen Bd. 22, Stuttgart (1932). |

| | |
|---|---|
| Reyscher | August Ludwig Reyscher (Hg.), Vollständige, historisch und kritisch bearbeitete Sammlung der württembergischen Gesetze, Bd. 1–19 (1828–1851). |
| Pressel | Theodor Pressel, Anecdota Brentiana. Ungedruckte Briefe und Bedenken, Tübingen (1868). |
| Sattler | Christian Friedrich Sattler, Geschichte des Herzogtums Württemberg unter der Regierung der Herzogen, Bd. 1–3, Ulm (1769–1771). |
| Schieß | Traugott Schieß (Hg.), Briefwechsel der Brüder Ambrosius und Thomas Blaurer 1509–1567, Bd. 1–3, Freiburg i. Br. (1908–1912). |
| Schneider | Eugen Schneider, Württembergische Reformations-Geschichte, Stuttgart (1887). |
| Sehling | Emil Sehling (Hg.) = fortgeführt vom Institut für evangelisches Kirchenrecht der ev. Kirche in Deutschland zu Göttingen, Die evangelischen Kirchenordnungen des 16. Jahrhunderts, Bd. 1–14, Tübingen (1902–1969). |
| VKGLBW.B | Veröffentlichungen der Kommission für geschichtliche Landeskunde in Baden-Württemberg, Reihe B. |
| Vierordt | Karl Friedrich Vierordt, Geschichte der Reformation im Großherzogtum Baden, Bd. 1 und 2, Karlsruhe (1847 und 1856). |
| WKG | Württembergische Kirchengeschichte, hg. vom Calwer Verlagsverein, Calw-Stuttgart (1893). |

Erster Teil

# Die Situation vor der Reformation

# Die politischen, gesellschaftlichen und wirtschaftlichen Verhältnisse

Das Schicksal der Reformation entschied sich nicht nur auf der Ebene des Reiches, sondern vor allem auch innerhalb der einzelnen Territorien, d.h. der reichsunmittelbaren politischen Einheiten. Eindeutig erkennbar wurde dieser Sachverhalt beim Augsburger Religionsfrieden von 1555, dem politischen Abschluß der Reformationsepoche. Er überließ die Entscheidung über die Religion, sieht man von Sonderregelungen für die geistlichen Gebiete und die Reichsstädte ab, den Landesherrn. Daß die politischen Obrigkeiten schon von Anfang an eine Hauptrolle in der Reformationsgeschichte spielten, wird sich zeigen. Mitbeteiligt als Sympathisanten oder Gegner waren aktiv oder passiv selbstverständlich auch noch andere Partner: Adel, Patrizier, Bürger, Bauern, Geistliche und Prediger, hoch und nieder, reich und arm. Die gesellschaftlichen Gruppen beeinflußten sich gegenseitig mit ihrer Annahme oder Ablehnung der Reformation und forderten einander zur positiven oder negativen Stellungnahme heraus. Der Rahmen, in dem dies zunächst geschah, war fast immer das einzelne Territorium.

Nun war Südwestdeutschland im 16. Jahrhundert in einer kaum vor- oder darstellbaren Weise politisch parzelliert. Selbst die Landkarte (Abb. 2) gibt davon keinen vollständig zureichenden Eindruck. Neben größeren, mittleren und kleineren gab es auch winzige Territorien. Zudem überschnitten sich häufig die obrigkeitlichen Rechte. Faktisch hat man es also mit einer Vielzahl territorialer Reformationsgeschichten zu tun. Zunächst muß darum ein gewisser, keineswegs vollständiger Überblick über die politischen Verhältnisse, d.h. die wichtigeren Territorien und ihre innere Situation geboten werden.

Das größte Territorium im rechtsrheinischen Südwesten war das 1495 von der Grafschaft zum Herzogtum erhobene *Württemberg*. Ebenso wie die ursprüngliche Markgrafschaft Baden war sein Gebiet damals viel kleiner als nach der späteren napoleonischen Neuordnung zu Beginn des 19. Jahrhunderts. Immerhin besaß es einen wenigstens relativ geschlossenen Bereich von Maulbronn bis Alpirsbach im Westen und von Backnang bis Blaubeuren im Osten. Im Norden reichte es bis zum Zabergäu und Möckmühl, im Süden griff es aus bis auf die Münsinger Alb. Dazu kamen einzelne Gebietsteile um Heidenheim, Balingen, Tuttlingen, im Bereich des oberen Neckars und des mittleren Schwarzwalds. Das Herzogtum war in 45 Ämter eingeteilt und besaß nicht weniger als 50, allerdings meist kleinere Städte, von denen Stuttgart und Tübingen die bedeutendsten waren. Die meisten Städte waren Amtsstädte, von denen aus das umliegende Gebiet verwaltet wurde. Sie bildeten die wichtigen politischen Unterzentren. Diese Verbindung von Amtsstadt und umliegendem Landgebiet war für Württemberg charakteristisch.

1482 hatte Graf Eberhard im Bart (Abb. 1), einer der fähigsten württembergischen Herrscher, im Münsinger Vertrag mit den Landständen die Unteilbarkeit des Landes erreicht und dem Land damit für die Zukunft das politische Gewicht gesichert. Ihm verdankt Württemberg überhaupt die wichtigsten Anstöße für den Ausbau zum modernen Staat. Er bemühte sich vor allem im Süden um eine Ausdehnung der württembergischen Herrschaft, kam dabei jedoch freilich in Konkurrenz zu Habsburg-Österreich. Er suchte die Gerichtshoheit des Hofgerichts durchzusetzen, kümmerte sich um eine Neuordnung des Heerwesens und um die Sicherheit der Straßen für den Handel. Entsprechend ging es ihm in seiner Außenpolitik u. a. um die Wahrung des Landfriedens. Die Landesordnung von 1495 wollte den Wohlstand des ganzen Landes sichern. Hier traf der Staat z. B. Bestimmungen über das Polizeiwesen, die auch das sittliche Verhalten der Bürger betrafen, und über das Wirtschaftsgebaren von Städten und Personen. U.a. wurde der Luxus eingeschränkt. Die Nutzung der Forste und eine sozial gedachte Vorratshaltung an Getreide für Notzeiten wurden geregelt. Schon 1477 hatte Eberhard nach den älteren Vorbildern des pfälzischen Heidelberg, des österreichischen Freiburg i. Br. und Basels in Tübingen eine eigene Landesuniversität gegründet. Ein wichtiger Bestandteil des staatlichen Ausbaus war auch die Kirchenpolitik, die im nächsten Kapitel darzustellen ist. Das Schlüsselproblem bei der Entwicklung des modernen Staatswesens waren die Finanzen. Der Staat konnte die zunehmenden Aufgaben, die er an sich gezogen hatte, nicht mit seinen bisherigen Einkünften bestreiten und drohte sich immer mehr zu verschulden. Die Erhebung neuer Steuern, die allerdings immer hinter dem Finanzbedarf herhinkte und zu keiner dauerhaften Sanierung führte, war nur mit Zustimmung maßgeblicher Kreise der Bevölkerung möglich. Auf diese Weise gewannen die 1457 erstmals einberufenen Landstände, die sog. Landschaft, d. h. der Landtag, zunehmenden politischen Einfluß. Sie waren keine umfassende politische Repräsentation aller Untertanen, sondern setzten sich aus drei Gruppen zusammen: Einmal dem Adel, der sich in Württemberg jedoch bald der finanziellen Mitverantwortung entzog und aus der Landschaft ausschied, sodann den Prälaten der großen Klöster und Stifte des Landes und schließlich aus den Vertretern der Städte, genauer gesagt aus deren Rat und Gericht, d. h. der städtischen Oberschicht, die man in Württemberg auch als Ehrbarkeit bezeichnete. Nicht vertreten waren die städtischen Unterschichten sowie die Dörfer oder Bauern oder der sog. »gemeine Mann«. Faktisch profitierte von der politischen Mitsprache vor allem die bürgerliche Oberschicht, die jedoch die Lasten keineswegs allein trug, sondern sie in ihrem Interesse weiterverteilte. Bestrebungen zu einer breiteren politischen Interessenvertretung, die es in manchen Städten durchaus gab, kamen nicht zum Ziel. Daraus ergaben sich alsbald gesellschaftliche Spannungen. Die Unzufriedenheit breiter Kreise richtete sich fast mehr gegen die Ehrbarkeit als gegen den Landesherrn. Von daher erklären sich zum Teil die späteren Sympathien für Herzog Ulrich beim gemeinen Mann.

Schon zu Lebzeiten Herzog Eberhards im Bart (gest. 1496) war abzusehen gewesen, daß sein Nachfolger, der unruhige und haltlose Eberhard II., als Regent unfähig war und eine Gefahr für das Land werden mußte. Deshalb hatte bereits Eberhard im Bart Vorsorge getroffen, daß Eberhard II. notfalls abgesetzt und durch eine Vormundschaftsregierung, an der die Landschaft beteiligt war, ersetzt werden konnte. 1498 trat dieser Fall ein. 1503 wurde der junge Herzog Ulrich (1487–1550) vom Kaiser für volljährig erklärt und übernahm die Regierung. Im Bayerischen Erbfolgekrieg konnte er 1504 Maulbronn, Löwenstein, Neuenstadt a. K., Weinsberg und Möckmühl gewinnen, spätere politische Unternehmungen blieben ohne Erfolg. Ulrich besaß einen sehr unausgeglichenen Charakter, dem die Besonnenheit fehlte. Er liebte eine prächtige Hofhaltung und fürstliches Vergnügen. Dadurch steigerte sich die staatliche Schuldenlast gefährlich. Da die Ehrbarkeit eine Vermögenssteuer ablehnte, versuchte der Herzog durch eine Verbrauchssteuer auf Fleisch, Wein und Frucht, die die Unterschichten besonders hart traf, zu Geld zu kommen. Das führte 1514 zum Aufstand des »Armen Konrad« im Remstal, der in weiten Teilen des Landes Widerhall fand. Auch jetzt kam es nicht zur politischen Beteiligung breiterer Kreise, sondern der Herzog einigte sich im Tübinger Vertrag mit dem Landtag. Gegen Übernahme der Schuldentilgung wurde dem Landtag, wenn auch widerwillig, weitgehende Mitsprache in der Finanz-, Steuer- und Außenpolitik zugestanden. Ulrich kam aus den Schwierigkeiten nicht heraus. 1515 erstach er im Böblinger Wald seinen Stallmeister Hans von Hutten, zu dessen Frau ihn eine leidenschaftliche Zuneigung erfaßt hatte, während Ulrichs eigene Ehe mit Sabina von Bayern nicht glücklich war. Damit zog er sich nicht nur die einflußreiche Agitation Ulrichs von Hutten zu, sondern verfiel auch der Reichsacht. Dem Schicksal der Absetzung durch den Landtag wie bei seinem Vorgänger suchte er durch Hochverratsprozesse und Hinrichtungen der Führer des Landtags zuvorzukommen. Als er jedoch 1519 die Reichsstadt Reutlingen überfiel und sie zur württembergischen Landstadt machen wollte, wurde er durch den Schwäbischen Bund als Landfriedensbrecher aus dem Herzogtum vertrieben. Seine Versuche zur Rückgewinnung Württembergs hatten erst 15 Jahre später Erfolg. 1520 übernahm Habsburg-Österreich gegen Erstattung der Kriegskosten an den Schwäbischen Bund die Regierung Württembergs. Die württembergische Ehrbarkeit, deren Feind Ulrich in den letzten Jahren gewesen war, war damit einverstanden. Beim gemeinen Mann behielt der Herzog seine Sympathien. Die österreichische Regierung setzte die Konsolidierung des staatlichen Ausbaus fort. Indem Württemberg nunmehr dem habsburgisch-kaiserlichen Machtbereich zugehörte, stand zunächst fest, daß die Reformation hier trotz partieller Sympathien keine Chance hatte. Allerdings hielt sich die frühere Konzeption durch, daß Staat und Landesherr sich neben den sonstigen Bereichen des öffentlichen Lebens zugleich für die Kirche verantwortlich wußten.

Es liegt nahe, sich nunmehr dem *habsburgisch-vorderösterreichischen Gebiet* zuzuwenden. Verbunden mit dem Herzogtum Württemberg hätte es die habsburgische Hausmacht im Zentrum des Reichs bedeutend verstärkt. Die Verwirklichung dieser Pläne, wie sie dem kaiserlichen Rat Maximilian van Zevenberghen vorschwebten, hätte möglicherweise die Geschichte der Reformation und des Hauses Habsburg bedeutsam modifiziert, sie wurden jedoch, obwohl nie ganz aufgegeben, von Karl V. nicht energisch verfolgt. Das vorderösterreichische Gebiet war kein geschlossenes Territorium. Ein Schwerpunkt lag im Breisgau mit Freiburg und im südlichen Schwarzwald. Dazu kamen die Ortenau und das Gebiet um Villingen. Zu Österreich gehörte auch die Grafschaft Hohenberg mit Rottenburg, Horb, Oberndorf a. N. und Spaichingen. In Oberschwaben besaß Österreich erheblichen Streubesitz in der ehemaligen Grafschaft Nellenburg mit Stockach, Saulgau und Riedlingen, ferner in der sog. Landvogtei Schwaben mit Tettnang, Altdorf bei Ravensburg, Munderkingen, Ehingen a.d. Donau und Schelklingen, östlich schloß sich daran der burgauische Besitz an. Diese oberschwäbischen Gebiete bildeten eine Brücke zum österreichischen Vorarlberg und Tirol. Die Regierung für Vorderösterreich saß im elsässischen Ensisheim. Der politische Zusammenhalt war nicht eben groß. In manchen der an sich nicht zahlreichen Städte machten sich gerade in der Reformationszeit Sonderungsbestrebungen bemerkbar. Auch auf dem Land gab es gelegentlich Unruhen. Immerhin vermochte Österreich die zahlreichen Klöster in Oberschwaben politisch zu kontrollieren.

Ein wichtiges Instrument kaiserlich-habsburgischer Politik wurde der schon erwähnte, 1488 gegründete Schwäbische Bund, dem die meisten süddeutschen Herrschaften angehörten. Er sollte gewaltsame Übergriffe und Friedensbrüche gegenüber seinen Mitgliedern verhindern. 1519 wurde Herzog Ulrich durch den Schwäbischen Bund vertrieben, 1525 von diesem die Erhebung der Bauern niedergeschlagen. Die altgläubigen Mitglieder des Bundes wie Österreich, Bayern oder die Bischöfe versuchten durch den Bund, reformatorische Regungen und Veränderungen niederzuhalten und zu verhindern, was gegen den Widerstand der Evangelischen freilich nur teilweise gelang. Wegen dieser Gegensätze kam es 1534 nicht mehr zu der fälligen Verlängerung des Bundes, und damit war der Weg zur Rückführung Herzog Ulrichs frei. Spätere Bemühungen des Kaisers, den Bund wiederzubeleben, hatten keinen Erfolg.

Eines der größeren Territorien in Südwestdeutschland war die *Markgrafschaft Baden,* die 1515 aufgeteilt worden war in die Linien Baden-Durlach, zu der auch der Besitz im Breisgau und Markgräfler Land gehörte, und Baden-Baden. Die Teilung mußte das politische Gewicht der Markgrafschaft schmälern, zumal die verschiedenen Landesteile eigene Wege gingen. Dem staatlichen Ausbau und den neuen Steuern setzte sich 1514 in Bühl gleichfalls ein Aufstand des Armen Konrad entgegen.

Die *Kurpfalz* besaß ein relativ geschlossenes Gebiet im unteren Neckarraum mit der Hauptstadt Heidelberg. Ihr größerer, allerdings meist verstreuter Besitz lag links des Rheins. Schließlich ist noch die im Nordosten gelegene *Markgrafschaft Brandenburg-Ansbach* zu nennen, die mit Crailsheim und Blaufelden in unseren Raum hereinragt und mit ihrem frühen Engagement für die Reformation von Bedeutung war.

Dazu kommen eine Reihe von Grafschaften: *Fürstenberg* mit den Zentren Wolfach und Donaueschingen, *Hohenzollern* mit Hechingen und Sigmaringen, im Norden *Wertheim* am Main und das in verschiedene Linien aufgeteilte *Hohenlohe.* Ein geschlossenes Gebiet um Gaildorf besaßen die *Schenken von Limpurg.* Von den oberschwäbischen Herren seien wenigstens die *Truchsessen von Waldburg* genannt. Zwischen oder in die größeren Territorien war immer wieder *ritterschaftlicher Besitz* eingesprengt, so z. B. im *Kraichgau* oder auch um Tübingen und Horb herum. Die politische und wirtschaftliche Lage der Ritterschaft war vielfach schwierig geworden, wie sich am Beispiel des Götz von Berlichingen zeigen läßt. Ihre militärische Funktion hatte sie mit dem Ende der Ritterheere verloren. Die Erträge aus dem Landbesitz waren oft unzureichend. Zusätzliche Belastung der bäuerlichen Untertanen weckte deren Unmut. Fehden und Raubzüge auf Kosten der Städte und ihres Handels waren eine verzweifelte Reaktion, aber kein wirklicher Ausweg, sondern isolierten die Ritter eher politisch und gesellschaftlich. Auf die Dauer blieb dem niederen Adel nur der Dienst in den Fürstenstaaten.

Besonders aufzuführen sind die *geistlichen Gebiete*. Das Hochstift *Konstanz* hatte nur einen kleinen Landbesitz. Das Hochstift *Straßburg* griff über den Rhein herüber. Um Bruchsal herum lag das Gebiet des Hochstifts *Speyer*. Im Norden berührten das Erzstift *Mainz* und das Hochstift *Würzburg* unseren Raum. Als Klöster und Stifte sind im Norden *Schöntal* an der Jagst und das Chorherrenstift *Komburg* bei Schwäbisch Hall, vor allem aber die relativ große Fürstpropstei *Ellwangen,* ferner das gleichfalls selbständig gebliebene *Neresheim* zu nennen. In Oberschwaben konnte sich *Zwiefalten* dem Zugriff Württembergs entziehen. Die bedeutendsten Reichsklöster waren dort die Fürstabtei *Kempten, Ochsenhausen, Weingarten* und *Salmannsweiler* (Salem). Hinter ihnen traten *Rottenmünster* bei Rottweil und *Söflingen* bei Ulm, *Marchtal, Schussenried, Heggbach* bei Biberach, *Rot* an der Rot, *Gutenzell, Baindt, Weissenau, Petershausen* und das Damenstift *Buchau* zurück. Unter habsburgischer Oberherrschaft standen u. a. Wiblingen bei Ulm, Urspring bei Schelklingen, Heiligenkreuztal bei Riedlingen und St. Blasien im Schwarzwald. Der *Deutsche Orden* besaß ein wichtiges Zentrum in Mergentheim, ferner Gebiete vor allem nördlich von Heilbronn und in Oberschwaben. Offensichtlich waren die Untertanen der geistlichen Gebiete besonderem obrigkeitlichem und wirtschaftlichem Druck ausgesetzt, was die Ursache sozialer Unruhe wurde. Das zeigen die Beispiele des Hochstifts Speyer und vor allem der Fürstabtei Kempten.

Eine besondere Gruppe unter den Territorien bildeten die im Südwesten besonders zahlreichen *Reichsstädte: Offenburg, Gengenbach, Speyer, Wimpfen, Heilbronn, Schwäbisch Hall, Rothenburg, Dinkelsbühl, Nördlingen, Bopfingen, Aalen, Weil der Stadt, Esslingen, Schwäbisch Gmünd, Reutlingen, Giengen a. d. Brenz, Ulm, Rottweil, Biberach, Ravensburg, Memmingen, Leutkirch, Isny, Wangen, Lindau, Konstanz, Buchau, Buchhorn, Pfullendorf* und *Überlingen.* Nur die relativ unbedeutenden Städte Buchau, Buchhorn, Pfullendorf und Überlingen wurden von der Reformation eigentlich nicht berührt. Schon an dieser Tatsache läßt sich die Bedeutung der Reichsstädte für die Reformation erkennen, wenngleich sie sich auch in manchen anderen Städten schließlich nicht durchsetzen konnte. Hinzu kommt die beachtliche Ausstrahlung der großen Städte Straßburg, Nürnberg und Augsburg auf unseren Raum. Die größte und bedeutendste unter den aufgeführten Städten war Ulm, das von Langenau bis Geislingen über ein beachtliches Territorium gebot. Auch Schwäbisch Hall, Rothenburg und Rottweil besaßen größere Landgebiete. Die Reichsstädte verdankten ihre politische Unabhängigkeit ihrer Beziehung zu Kaiser und Reich. Sofern sie sich in der Reformationszeit gegen die kaiserliche Religionspolitik stellten, mußte sie dies in erhebliche politische Schwierigkeiten bringen. Als eine Bedrohung empfanden die Städte mit Recht die aufstrebenden Fürstenstaaten, deren größerem Potential sie auf die Dauer nicht gewachsen waren. Das Verhältnis zu ihnen war zumindest latent dauernd gespannt. Weil der Stadt, Esslingen und Reutlingen, aber auch Schwäbisch Gmünd mußten gegenüber dem Nachbarn Württemberg, der ihr Gebiet umschloß, um ihre Selbständigkeit bangen, zumindest jedoch ständig mit politischen und wirtschaftlichen Schikanen rechnen.

Die Bedeutung der Städte lag darin, daß sie Zentren der wirtschaftlichen Produktion und des Fern- oder mindestens des Nahhandels waren. Außer agrarischen Produkten wurden Metallwaren und Textilerzeugnisse umgeschlagen. Ein Indiz für die Höhe des städtischen Handwerks ist das Kunstschaffen der Bildhauer, Maler und Goldschmiede. Neben Nürnberg, Augsburg und Straßburg war hier Ulm ein bedeutendes Zentrum mit großer Ausstrahlung auf die schwäbische Spätgotik. Hauptorte des Buchdrucks waren Nürnberg, Augsburg, Straßburg und Basel, hingegen gab es in Ulm und Reutlingen und daneben in Tübingen und Urach erst vereinzelt Drukkerpressen. Allerdings waren die Städte ein wichtiges Absatzgebiet für neue Druckerzeugnisse. In ihnen bestanden auch verstärkt Bildungsmöglichkeiten durch Schulen, die freilich nur selten überörtliche Bedeutung erlangten. Immerhin finden sich in den Städten gebildete und geistig interessierte Schichten. Die größere Bevölkerungsdichte machte eine raschere Kommunikation möglich, was etwaigen neuen Ideen zugute kam, die hier bedeutendere Gruppen von Anhängern finden konnten. Nicht von ungefähr hatte die Reformation ihre erste Massenbasis in den Städten. Die Blütezeit der Städte war freilich bereits vorüber. Die Ravensburger Handelsgesellschaft hatte ihren Höhepunkt überschritten. In der Textilproduktion Memmingens und Ulms machten sich Krisenphänomene bemerkbar. Der Absatz stockte. Immer mehr Handwerker gerieten in die Abhängigkeit weniger Kaufleute. In Schwäbisch Hall, Heilbronn und Esslingen zählten über 50 Prozent der Bevölkerung zu den Unterschichten, die allerdings nicht ganz besitzlos waren; in Fernhandelsstädten wie Augsburg und Konstanz waren es sogar über 60 Prozent. Die sozialen Gegensätze nahmen zu. Auf diesem Boden konnten sich soziale Forderungen wirkungsvoll mit religiösen verbinden. Manche Städte, wie z.B. Esslingen, waren ähnlich wie die Flächenstaaten erheblich verschuldet.

Die Zünfte hatten eigentlich durchweg bereits ihren Anteil an der Regierung der Städte neben den Patriziern erstritten, wobei der Umfang der Beteiligung schwanken konnte. In Esslingen, Heilbronn, Reutlingen, Biberach und Schwäbisch Gmünd konnte sich das vordringende zünftische Element mit der reformatorischen Bewegung verbinden. Da das Wahrnehmen politischer Funktionen eine gewisse wirtschaftliche Unabhängigkeit voraussetzte, waren die Vermögenden dabei immer noch im Vorteil. Die Reformation war allerdings keine schichtenspezifische Angelegenheit. Sie hatte ebenso wie die hergebrachte Religion Anhänger in allen Schichten, wie sich am Beispiel von Schwäbisch Hall, Ulm, Konstanz und Memmingen nachweisen läßt.

Auch in den städtischen Gemeinwesen machte sich der Ausbau des obrigkeitlichen Einflusses auf allen Gebieten bemerkbar. Die Obrigkeit des Rats und nicht eine spezifische Schicht wurde zum Gegenüber der Untertanen. Seit etwa 1500 ließ sich der Ulmer Rat nicht mehr duzen, sondern siezen. Angesichts der schwieriger werdenden Wirtschaftslage griff die Obrigkeit regulierend ein, um z.B. die Konkurrenz ländlicher Handwerker für die städtischen auszuschalten. Ebenso traf sie Bestimmungen hinsichtlich der Sozialfürsorge und des Bettelns. Ferner überwachte und reglementierte sie durch Polizeivorschriften verstärkt das Leben der Untertanen. Die Eingriffe in das Kirchenwesen vor und nach der Reformation erscheinen in diesem Zusammenhang nur als eine Sparte der verstärkten obrigkeitlichen Aktivitäten. Bei all ihrem Handeln mußten die Obrigkeiten nicht zuletzt auf außen- und innenpolitische Gegebenheiten Rücksicht nehmen und diese miteinander ausgleichen. Die Rücksicht auf den Kaiser und den Schwäbischen Bund einerseits und die Furcht vor dem inneren Aufruhr andererseits, dazu die Sorge um die eigene Autorität führten zu der oft vorsichtigen, ja zögernden und lavierenden Politik der Stadträte in der Reformationszeit.

Einen großen Teil der Untertanen in allen Territorien, auch in den Städten, machten die Bauern oder die Ackerbürger aus. Wie erwähnt, hatten sie im Gegensatz zum mittleren und vor allem zum höheren Bürgertum an der politischen Mitwirkung kaum Anteil. Ihre wirtschaftliche und soziale Situation war keineswegs einheitlich. Sofern die Höfe Eigenbesitz oder Erblehen zu fixen Bedingungen und genügend groß waren, hatten die Bauern ihr Auskommen. Sie wurden allerdings beeinträchtigt durch Eingriffe der Obrigkeit in die Dorfrechte wie Nutzung der Allmende, des Waldes und der Gewässer. Schwieriger war die Lage der Bauern, deren Abgaben durch die Grundherren erhöht wurden oder die als Leibeigene zusätzlich beeinträchtigt waren. Die Tendenz der kleinen adligen und geistlichen Grundherren ging dahin, diese Abhängigkeiten zu verstärken. Die Betroffenen wehrten sich selbstverständlich dagegen. Durch Erbteilung konnte die Größe der Bauerngüter gefährlich schrumpfen. Wo Überbevölkerung bestand, hatte diese es schwer, ihr Auskommen zu finden. Auch Schwankungen des Marktes bei Mißernte oder Überangebot konnten Probleme entstehen lassen. In schlechten Jahren wurden die auf zusätzlichen Taglohn angewiesenen Kleinbauern, die sog. Söldner, besonders hart getroffen. Die in sehr verschiedener Weise unbefriedigende Situation der Bauern bildete den Nährboden für die immer wieder seit Ende des 15. Jahrhunderts aufflackernden Aufstände des »Bundschuhs« und des »Armen Konrads«.

Insgesamt kann die Zeit um 1500 als eine Phase des Umbruchs bezeichnet werden. Am stärksten war dabei die politische Komponente, der Prozeß der Herausbildung des frühmodernen Staates in allen bedeutenderen Territorien, die sich damit zugleich von den ganz kleinen adligen, geistlichen und städtischen Herrschaften absetzten. Dieser Prozeß verlief trotz mancher prekärer Ereignisse jedoch mindestens soweit kontrolliert und gemäßigt, daß man von einer politischen Systemkrise nicht sprechen kann. Das gilt auch von der teilweise erfolgenden Umverteilung der politischen Mitwirkung in der Gesellschaft. Sie blieb für die Bauern und Unterschichten zwar unbefriedigend, aber deren Potential war nicht stark genug, um tiefergreifende Veränderungen bewirken zu können. Wirtschaftliche Schwierigkeiten bestanden sowohl in der gewerblichen Produktion als auch in der Landwirtschaft, ohne daß erhebliche Möglichkeiten, sie zu beseitigen, vorhanden waren. Die Gesellschaft mußte sich eben auf sie einstellen. So bilden die politischen, gesellschaftlichen und wirtschaftlichen Verhältnisse zu Beginn des 16. Jahrhunderts zwar einen wichtigen Kontext zur beginnenden Reformation, der sich vielfach und in unterschiedlicher Stärke bemerkbar machte, aber nicht ohne weiteres deren direkte Voraussetzung war. Von unmittelbarer Bedeutung für die Reformation war alsbald die begünstigende, ablehnende oder neutral abwartende Haltung der einzelnen Obrigkeiten, die ihrerseits durch außen- und innenpolitische, aber auch durch religiöse Motive bestimmt sein konnte. Wie sich speziell die kirchliche Situation zur Reformation verhielt, soll im folgenden gezeigt werden.

*Literatur:*

*Fritz Ernst,* Eberhard im Bart, Stuttgart (1933). – *Günther Franz,* Der deutsche Bauernkrieg, Darmstadt ([10]1975). – *Eberhard Gönner* und *Günther Haselier,* Baden-Württemberg. Geschichte seiner Länder und Territorien, Territorien-Ploetz, Würzburg (1975). – *Grube.* – Historischer Atlas VI, 1–5 und 7–10, VIII, 7. – *Ernst Marquardt,* Geschichte Württembergs, Stuttgart (1961). – *Ernst Müller,* Kleine Geschichte Württembergs, Stuttgart (1963). – *Eberhard Naujoks,* Obrigkeitsgedanke, Zunftverfassung und Reformation. Studien zur Verfassungsgeschichte von Ulm, Eßlingen und Schwäbisch Gmünd, VKGLKBW. B Bd. 3, Stuttgart (1958). – *Karl* und *Arnold Weller,* Württembergische Geschichte im südwestdeutschen Raum, Stuttgart und Aalen (1971).

# Die kirchlichen, religiösen und geistigen Verhältnisse

Die Bereiche von Kirche und Welt waren gerade auch im Spätmittelalter keineswegs voneinander getrennt, sondern vielfach vermengt. Bischöfe und Äbte waren zugleich Landesherren. Die weltlichen Obrigkeiten hatten ein politisches und christliches Interesse an den kirchlichen Angelegenheiten. Die Kirche mit ihrem Besitz war ein wirtschaftlicher Faktor. Das Bildungs- und Gesundheitswesen, die Sozialfürsorge, die Rechtsprechung befanden sich zu mehr oder minder großen Teilen in kirchlicher Hand, und dabei kam es zur Überschneidung mit staatlichen Belangen. Das ganze Leben mit seinen Hauptstationen und jedes einzelne Jahr waren kirchlich umrahmt und durch religiöses Brauchtum geregelt. Selbst die berufsständische Organisation war teilweise kirchlich geprägt. Stadt und Land waren mit kirchlichen Einrichtungen wie Kirchen, Kapellen und Klöstern überzogen. Im Verlauf der Reformation kam es hier zu einer mehr oder minder einschneidenden Entflechtung und Reduktion, teils zu einer Expansion und Vorherrschaft der politischen Gewalt, die sich allerdings weiterhin als christliche verstand. Dieser Prozeß hatte bereits im Spätmittelalter begonnen. Dennoch bildete die Reformation einen schwerlich zu überschätzenden tiefen Bruch im Glauben, der Frömmigkeit und der Stellung der Kirche in der Welt. Die Beschreibung der spätmittelalterlichen kirchlichen, religiösen und geistigen Verhältnisse hat gleichzeitig nach den Ursachen dieses Bruches zu fragen.

## *Die Leitung der Kirche*

Die Leitung der Kirche lag eigentlich bei den Bischöfen (Abb. 3). Am größten war das Bistum Konstanz, das von der Iller im Osten bis zum Rhein im Westen reichte und nördlich von Stuttgart endete. Lediglich die Ortenau gehörte zum Bistum Straßburg. Im Nordwesten schloß sich das Bistum Speyer an, das seinerseits durch den im Neckartal bis nach Wimpfen reichenden Keil des Bistums Worms begrenzt wurde. Das Taubertal bis Tauberbischofsheim gehörte zum Erzbistum Mainz. Das nördliche Württemberg und Franken waren Teil der Diözese Würzburg. Für das östliche Württemberg, das obere Remstal, das Brenztal und das Ries war der Augsburger Bischof zuständig. Die größeren Territorien wie das Herzogtum Württemberg, die Kurpfalz oder Baden gehörten also zu mehreren Diözesen, weshalb der Landesherr möglicherweise eine stärkere Stellung als der zuständige Bischof hatte. Aber auch Herrschaften oder Städte, die nur einen kirchlichen Oberherren hatten, wußten sich diesem gegenüber zu behaupten.

Die Qualität der bischöflichen Amtsträger war unterschiedlich. Lorenz von Bibra in Würzburg (1495–1519) und Christoph von Stadion in Augsburg (1517–1543) wie auch dessen Vorgänger waren gewiß keine schlechten Bischöfe und wußten von den Schäden der Kirche. Wilhelm von Honstein in Straßburg (1505–1541) bemühte sich um eine Reform seines Bistums, scheiterte damit jedoch an den Verhältnissen. Der Speyrer Bischof Ludwig von Helmstatt war ein wacher Kritiker im Klerus. Andere Bischöfe interessierten sich weniger für ihre Diözesen. Erzbischof Albrecht von Mainz (1514–1545) war bei allem guten Willen eher ein Renaissancefürst als ein Bischof. Hugo von Hohenlandenberg in Konstanz (1496–1528 bzw. 1532) konnte sich mit seinen Reformplänen nicht durchsetzen; er war keine sehr starke Persönlichkeit und hatte auch nicht den besten Ruf. Von ihren Domkapiteln scheinen die Bischöfe meist nicht sonderlich unterstützt worden zu sein, obwohl Konstanzer und Augsburger Domherren persönlich fromm und auch für die neue Bildung des Humanismus durchaus offen waren. Vielfach waren die Domherrenstellen Pfründen des Adels. Etwaige Initiativen der Bischöfe wurden von den Domkapiteln eher gehemmt als gefördert.

Nominell waren die Bischöfe mit ihren Kurien zuständig für Lehre und Leben in ihren Diözesen. Seltsamerweise machten sich im Vorfeld der Reformation kaum Häresien bemerkbar. Hinsichtlich der Lehre gab es nur wenig Probleme. Die Universitäten waren von den Bischöfen weithin unabhängig. Die künftigen Priester wurden durch die bischöfliche Kurie geprüft und dann vom Bischof geweiht. Die Prüfung bezog sich vor allem auf die Fähigkeit zum kultischen Vollzug und kaum auf die seelsorgerlichen oder theologischen Qualitäten. Auf die Besetzung der Mehrzahl der Pfarreien und geistlichen Stellen hatte der Bischof kaum mehr Einfluß, da das Vorschlagsrecht (Patronat) meist anderen Instanzen zustand. Der Kirchenzucht durch das bischöfliche Sendgericht scheinen sich die Städte vielfach entzogen zu haben; auf dem flachen Land wurde es teilweise, z.B. um Schwäbisch Hall und Wimpfen, noch geübt, ohne jedoch sonderlich effektiv gewesen zu sein. Die Ehegerichtsbarkeit im engeren Sinn und die Disziplinargewalt über Geistliche, dazu dem Bischof vorbehaltene Beichtfälle waren noch unbestrittene Domäne des Bischofs. Bei ihrer Handhabung scheint eher der rechtliche als der seelsorgerliche Aspekt im Vordergrund gestanden zu haben. Waren vermögensrechtliche oder allgemeine Belange im Spiel, mischte sich bereits auch die weltliche Gewalt in die geistliche Gerichtsbarkeit ein. Abgaben an den Bischof widersetzte sich die Geistlichkeit, wo es nur ging. Insgesamt war der Einfluß der Bischöfe auf ihre Diözesen in personeller, jurisdiktioneller und finanzieller Hinsicht bereits begrenzt. Energische Maßnahmen konnten sie nur durchsetzen, wenn der weltliche Arm sie unterstützte. Die formale Autorität der Bischöfe war beschränkt; die Amtsinhaber waren eigentlich durchweg eher Kirchenfürsten als geistliche Hirten ihrer Diözesen, und darum gingen von ihnen wenig religiöse Impulse aus.

Neben den Bischöfen versuchten mehr und mehr die politischen Obrigkeiten auf die Kirche ihres Gebiets Einfluß zu gewinnen. Ihre Interessen waren dabei komplex. Die Verantwortung für das Gemeinwohl schloß die kirchliche Mitverantwortung ein. Wurden Frömmigkeit und Sitte mißachtet, konnte Gottes Strafe das Gemeinwesen treffen. Dessen war man sich nicht zuletzt in den Städten bewußt. Die Ineffizienz der bischöflichen Kirchenleitung rief die christliche Obrigkeit geradezu auf den Plan. Dazu kamen die Eigeninteressen des auf Expansion angelegten modernen Staates. Die selbständige kirchliche Jurisdiktion wurde als Fremdkörper im staatlichen Hoheitsbereich empfunden. Die Verfügung über kirchliche Stellen und die Mitbestimmung über deren Besitz konnten als Bestandteil territorialer Rechte betrachtet und derartige Pfründen den Kindern der Stadt oder des Landes zugewendet werden. Das Wirtschaftsgebaren der Kirche war dem Staat ebensowenig gleichgültig wie der Beitrag des kirchlichen Besitzes zu den Lasten des Staatswesens. Gewisse Dienstleistungen der Kirche, z. B. im Gesundheitswesen oder in der Sozialfürsorge, wollte die Obrigkeit mindestens kontrollieren.

Die Zuständigkeit der Kirche bei kriminellen Vergehen von Geistlichen wurde im allgemeinen nicht bestritten. Immerhin sind aus Heilbronn einige Fälle bekannt, in denen die Stadt kriminelle Priester festsetzte und auch bestrafte. Dagegen zog die Obrigkeit vermögensrechtliche Streitfälle an sich. Streitigkeiten mit oder zwischen geistlichen Institutionen wurden in Württemberg schon lange nicht selten durch landesherrliche Schiedskommissionen entschieden, an denen geistliche, aber auch weltliche Richter beteiligt waren. Das wurde von den Parteien auch akzeptiert, denn mit Hilfe der Autorität des Staates konnten die Entscheidungen auch durchgesetzt werden, während die bischöflichen Instanzen oft machtlos waren. Ehesachen, die eine vermögensrechtliche Seite hatten, wurden gleichfalls durch weltliche Gerichte behandelt. Unter Zurückdrängung der kirchlichen Jurisdiktion versuchte der Staat mehr und mehr die Kirche auch rechtlich zu integrieren.

Mit die wichtigste Einflußmöglichkeit auf die Kirche bot das Patronatsrecht. Der Patron schlug dem Bischof den Kandidaten zur Besetzung einer kirchlichen Stelle vor und übertrug ihm danach deren Einkünfte. Der Herzog von Württemberg verfügte über 447 Patronate, ein Drittel aller Stellen. Dazu kamen noch die Patronate der von ihm abhängigen geistlichen Institutionen. Bei einem kleinen Teil der Pfarrstellen lag das Patronat bei Adligen. In Biberach konnte der Rat von 30 Pfründen 25 verleihen. Der Haller Rat verfügte über 14 Stellen, der von Heilbronn hingegen nur über 5 von 28, in Ulm hatten teils der Rat, teils die Geschlechter das Patronat inne. In Oberschwaben und im Bistum Worms waren die Patronate vielfach in der Hand geistlicher Institutionen. Wie erwähnt, hatte das Patronatsrecht faktisch das Besetzungsrecht der Bischöfe ausgehöhlt. Nicht selten wurde der Bischof bei der Besetzung überhaupt nicht mehr gefragt. Den Prediger von Lauffen a. N. ernannte Eberhard im Bart, »als ob er von einem Bischof von Würzburg bestätigt wäre«. Der Patron konnte Personen vorschlagen, die ihm genehm waren, geeignet erschienen oder die er begünstigen wollte. 1508 wandte sich die württembergische Landschaft wegen würdiger und ehrbarer Priester nicht an die Bischöfe, sondern an Herzog Ulrich. Die Grafen von Hohenlohe kümmerten sich selbst um die rechte Amtsführung ihrer Pfarrer. Nicht selten vereinnahmte der Inhaber des Patronats den großen Zehnten, die Haupteinkünfte einer Pfarrei. Eingriffe in ihre Patronatsrechte, z. B. durch die berüchtigten Provisionen des Papstes oder seiner Legaten, die meist gegen Geld ausgestellt worden waren, duldete man in Württemberg kaum; hingegen war man in den geistlichen Gebieten Oberschwabens oft machtlos gegen sie.

Ein Teil vor allem der einträglichen Pfarreien war geistlichen Institutionen inkorporiert, die auf diese Weise der eigentliche Inhaber der Stelle waren, ihre Einkünfte genossen und daraus lediglich einen Pfarrverweser besoldeten. Diese bedenkliche Praxis, bei der eine Pfarrstelle als Finanzobjekt zur Ausstattung von Klöstern und Stiften benützt wurde, war im Mittelalter vielfach geübt worden. So gehörten der Universität Tübingen u.a. die Pfarreien Asch, Ringingen und Neckartailfingen. Fast jedes größere Kloster, zum Teil auch die Spitäler, besaßen solche inkorporierte Pfarreien. Häufig waren die einzigen oder Hauptpfarrstellen der Reichsstädte auswärtigen geistlichen Institutionen inkorporiert. Die Esslinger Pfarrstelle vergab das Domkapitel in Speyer, die Gmünder das Domkapitel in Augsburg, die Wimpfener das Domkapitel in Worms. Der eigentliche Inhaber oder Kirchherr der Heilbronner Pfarrei war ein Würzburger Domherr. Die Pfarrei von Reutlingen gehörte dem Abt von Königsbronn, die von Ravensburg dem Abt von Weingarten, die von Leutkirch dem Kloster Stams in Tirol, die von Biberach dem Kloster Eberbach im Rheingau, die von Dinkelsbühl dem Kloster Mönchsroth, die von Kempten dem dortigen Abt usw. Den Städten war es natürlich lästig, daß sie auf die Besetzung der wichtigsten geistlichen Stelle in ihren Mauern keinen Einfluß nehmen konnten, und so gab es deswegen häufig Reibereien. Relativ früh hatte Ulm das Patronat seiner Pfarrkirche vom Kloster Reichenau erworben. Hall gelang die Übernahme der Michaelskirche vom Kloster Komburg 1508, etwas später auch die der Katharinenkirche vom Kloster Murrhardt. Wo dies nicht erreichbar war, bemühten sich die Städte mindestens, möglichst viele der sonstigen Pfründen in ihre Verfügungsgewalt zu bringen, was sich z.B. ganz deutlich in Biberach oder Esslingen zeigt.

Geistliche Personen und geistlicher Besitz waren nach dem Kirchenrecht eigentlich steuerfrei. Den politischen Obrigkeiten in Territorien und Städten konnte jedoch nicht daran gelegen sein, daß immer mehr steuerpflichtiges Vermögen in kirchlichen Besitz überging, weshalb sich Württemberg die Genehmigung derartiger Transaktionen vorbehielt. Geistliche mußten entweder auf ihr Erbe verzichten oder es versteuern. Ulm und Heilbronn verboten Veräußerungen an die Kirche, sofern sie nicht steuerpflichtig blieben. Was nicht Kirchengut im engsten Sinne war, wurde besteuert. In der Kurpfalz scheint die Steuerfreiheit des Klerus noch im 15. Jahrhundert stärker respektiert worden zu sein. Bei Stiftungen oder deren Bestätigung trafen die Landesherren und Stadträte gelegentlich auch Bestimmungen hinsichtlich des Gottesdienstes, wobei allerdings meist die Zustimmung des Bischofs eingeholt wurde. Die treibende Kraft bei der »Förderung und Mehrung gottlichs Diensts« war dabei jedoch die Obrigkeit. Sie setzte gelegentlich auch bestimmte Gottesdienste oder Prozessionen an. Längst schon war es üblich geworden, daß die politische Obrigkeit Mandate gegen Fluchen, Gotteslästern, Spielen, Tanzen, Kuppelei, Zutrinken, Luxus, Hurerei usw. erließ und gelegentlich auch hart durchgriff, was eigentlich in den Bereich der Kirchenzucht gehörte. Die Grafen von Hohenlohe verboten 1490 die Priesterkonkubinate. Vor allem in den Städten hatte die politische Gewalt teils aus Gründen der Unabhängigkeit, teils wegen der Ineffizienz der Kirchenzucht die Sittenzucht vielfach in ihre eigenen Hände genommen. Starken Einfluß verschaffte sich die weltliche Seite auf die häufig sehr reichen Spitäler. Das Biberacher Spital besaß nicht weniger als 27 Dörfer. Auch ein Teil des Esslinger Landgebiets war Besitz des Spitals. Im Herzogtum Württemberg gab es ca. 70 Spitäler. Die geistlichen Leiter wurden vielfach auf die rein religiösen Aufgaben beschränkt. Dabei ging es nicht nur um die Sicherstellung der Versorgung der Kranken und Alten. Die Spitäler wurden zu politischen oder kommunalen Leistungen herangezogen und dienten nicht selten als Finanziers ihrer Herrschaften.

Im Verlauf des Spätmittelalters bildete sich so immer stärker die Einbeziehung der Kirche in die Territorien oder Städte heraus, und auf diese Weise entstanden mindestens Vorformen des landesherrlichen Kirchenregiments. Dies erfolgte vor allem auf Kosten der bischöflichen Gewalt. Dieser Vorgang darf nicht einfach als antikirchlich qualifiziert werden. Zwar erfolgte dabei eine Ausdehnung der Macht, der Rechte und des Besitzes der politischen Machthaber. Aber vielfach wurden sie zum Besten des staatlichen und gemeinschaftlichen Gesamtwohls benützt. Oft versagte die bischöfliche Kirchenleitung oder erwies sich als ohnmächtig, so daß die politische Seite tätig werden mußte. Gelegentlich waren Animositäten gegen die Kirche oder kirchliche Einrichtungen im Spiel, wenn die Obrigkeiten sich in ihrem selbständigen Wollen beeinträchtigt fühlten. Immer wieder stößt man aber auch auf das christliche Verantwortungsbewußtsein der Herrschenden. Abgesehen von der Reformation hatte schon in ihrem Vorfeld eine bedeutsame Kräfteverschiebung hinsichtlich der Kirchenleitung zugunsten des christlichen Staates eingesetzt. Sie wurde zur wichtigen Voraussetzung für die Reformation wie für die katholische Erneuerung und bestimmte deren Resultat und Gestalt teils im guten, teils auch problematisch erheblich mit, denn ohne die Mitwirkung der politischen Gewalt waren im 16. Jahrhundert kirchliche Veränderungen kaum mehr möglich.

## *Die Weltgeistlichkeit und ihre Stellen*

Das Herzogtum Württemberg hatte vor der Reformation 458 Pfarreien und 636 Kaplanei- und Frühmeßpfründen. Die Pfarreien waren von sehr unterschiedlicher Größe. Manchmal umfaßten sie nur wenige Höfe, aber auch Heilbronn, Esslingen und sogar Ulm mit seinen ca. 12.000 Einwohnern bestanden aus einer einzigen Pfarrei. Ravensburg, Wimpfen und Schwäbisch Hall, gelegentlich sogar einzelne Dörfer, besaßen zwei Pfarreien. Zu manchen Pfarreien gehörten mehrere Filialen, in denen sich mitunter eine Kaplanei befand. Im alten Siedlungsgebiet, z. B. im Unterland oder den Dekanaten Urach und Böblingen, hatte normalerweise fast jedes Dorf eine eigene Pfarrei; auf dem Schwarzwald hingegen war die Pfarreidichte wesentlich geringer, so daß die Filialisten oft lange Wege auf sich nehmen mußten. Normalerweise wurden nur in den Pfarrkirchen die Sakramente gespendet; ihnen stand auch das Begräbnisrecht zu. Die Kaplaneien und Frühmeßpfründen, die meist auf besondere Stiftungen zurückgingen, konzentrierten sich vor allem auf die Städte. Das Ulmer Münster hatte 57 Kapläne und zwei Frühmesser, zu denen weitere Kaplaneien in der Stadt hinzukamen. Heilbronn besaß 28, Schwäbisch Hall

24, Ravensburg 25, Rottweil 24, Esslingen hingegen nur 17 Pfründen. Dagegen standen die Landstädte natürlich zurück. Immerhin hatte die Martinskirche in Kirchheim u. T. 11 Kapläne, dazu 8 weitere in der Stadt. Die Weinsberger Kirche besaß 9 Kaplaneien, außerdem noch 3 in der Stadt. Die kleine Reichsstadt Isny besaß 13, Leutkirch 9 und Wangen i. A. 9, Weil der Stadt hingegen 18 Kaplaneien. Relativ zahlreich war das geistliche Personal an den Orten, wo sich ein Chorherrenstift befand. An der Stuttgarter Stiftskirche amteten 29, in der Stadt insgesamt, abgesehen von den Mönchen, 47, an der Tübinger Stiftskirche 17 Geistliche. Auch Dörfer hatten nicht selten eine oder mehrere Kaplaneien, im Tübinger Amt z. B. 10 von 17, im Uracher Amt hingegen nur 6 von 34 Gemeinden. Die Dichte der Kaplaneien war im Unterland und in Franken wesentlich größer als in Oberschwaben. Die Inhaber der Kaplaneien oder Frühmessen versahen lediglich die Verpflichtungen ihrer Pfründe und waren sonst an der Seelsorge nicht beteiligt. In den großen Pfarreien wurde der Pfarrer allerdings von mehreren Mietherren oder Pfarrhelfern unterstützt, die er auch zu besolden hatte. Von den zahlreichen Weltpriestern beteiligten sich weniger als die Hälfte an der eigentlichen Seelsorge; dagegen waren die übrigen durch ihre Pfründenverpflichtungen wohl häufig nicht ausgefüllt. Manche Kaplaneien waren nichts anderes als eine Art Versorgung für ein Familienmitglied oder ein Stadtkind.

In gewissem Sinn nahmen die Predigerstellen oder Prädikaturen, die seit der zweiten Hälfte des 15. Jahrhunderts verstärkt gestiftet wurden, eine besondere Stellung ein. Gelegentlich waren sie mit einer Meßpfründe verbunden. Die Prädikaturen wurden von Laien, nicht selten jedoch gerade auch von Priestern aus dem Bedürfnis nach qualifizierter religiöser Unterrichtung gestiftet, und das zu einer Zeit, als die sonstigen Stiftungen von Meßpfründen zurückgingen. Von ihren Inhabern wurde meist akademische Ausbildung gefordert. Die älteste bekannte Prädikatur wurde 1415 in Riedlingen errichtet. 1426 stiftete die Patrizierswitwe Anna Mettelbach eine solche Stelle in Heilbronn mit einem genau umschriebenen Predigtauftrag. Viele der großen Städte, jedoch nicht alle, kamen nach und nach zu Prädikaturen, so z. B. Schwäbisch Hall 1502 und Reutlingen erst 1518 bzw. 1521. In Ulm gab es an den verschiedenen Kirchen nicht weniger als drei Predigerstellen. Stuttgart besaß eine Prädikatur an der Leonhards- und an der Stiftskirche. Selbst in manchen Landstädten finden sich Prädikaturen: Schorndorf, Tettnang, Ehingen a. D., Ehingen bei Rottenburg, Blaubeuren, Sulz, Großbottwar, Dornstetten, Ellwangen, Horb, Nürtingen, Neuffen, Saulgau, Waiblingen u. a. Predigerstellen in Dörfern oder kleinen Ortschaften wie Gundelfingen oder Langenau waren eine Ausnahme. Nicht wenige unter den Prädikanten wie z. B. Johann Lachmann in Heilbronn, Johannes Brenz in Hall, Theobald Billican in Weil der Stadt, Matthäus Alber in Reutlingen, Johannes Mantel in Stuttgart, Johannes Feihelmair in Riedlingen gehörten später zu den ersten Verkündigern reformatorischen Gedankenguts.

Die Einkünfte der Pfarrer, Kapläne und Pfarrhelfer waren höchst unterschiedlich. Sie setzten sich zusammen aus dem großen Zehnten, der jedoch oft der Pfarrei nicht mehr oder nicht mehr ganz zustand, dem kleinen Zehnten, Erträgen aus Pfarrgütern, den Jahrtagsstiftungen und anderen Zuwendungen. Der Pfarrer von Güglingen bezog 400, der von Neuenbürg nur 15 Gulden. Oft waren mit den großen Pfarreinkommen auch noch besondere Verpflichtungen, nicht zuletzt die Besoldung von Pfarrhelfern, verknüpft. Normalerweise schwankten die Einkommen in Württemberg zwischen 40 und 70 Gulden. Die Pfarrer von Dettingen, Seeburg, Erpfingen und Mägerkingen im Uracher Amt bekamen je 100 Gulden, der von Laichingen sogar 140 Gulden. Durchschnittlich schlechter als die württembergischen Pfarreien waren die oberschwäbischen gestellt. Die Vikare inkorporierter Pfarreien erhielten meist etwas weniger als 50 Gulden. Die Kapläne bekamen durchschnittlich zwischen 20 und 30 Gulden, gelegentlich lag ihr Einkommen aber auch darunter oder darüber. Noch schlechter waren die Pfarrhelfer gestellt, während die Prädikanten nicht selten respektable Einkommen bezogen. Von ihren Einkünften hatten die Geistlichen unterschiedliche Abgaben an den Bischof zu entrichten, von denen die 5 Prozent betragenden außerordentlichen Subsidien besonders unbeliebt waren. In relativ wenigen Fällen scheint eine Person mehrere Pfründen kumuliert zu haben, ein Mißstand, der andernorts gelegentlich beklagt wurde. Der Pfarrer von Owen besaß zugleich eine Pfründe in Kirchheim. Ein Mietherr in Heilbronn war gleichzeitig Pfarrer in Wannweil. Der Fall, daß Johann Fabri, zeitweilig Generalvikar in Konstanz, später Bischof in Wien, auch noch Pfarrstellen in Leutkirch und Lindau besaß, die durch Vertreter versehen werden mußten, war eine Ausnahme. Insgesamt konnten die Geistlichen in Südwestdeutschland von ihren Einkommen leben und waren kaum einmal gezwungen, sich durch zusätzliche Arbeit Geld zu verdienen. Manche betätigten sich allerdings als Schreiber und Notare. Die Steuerprivilegien wurden gelegentlich zum Weinausschank genutzt, was die Obrigkeit freilich nicht duldete. Von der Existenz eines »Klerikerproletariats« kann in Südwestdeutschland eigentlich nicht die Rede sein.

Eine festgelegte Priesterausbildung gab es noch nicht. Vielfach lernten die Anwärter bei einem Priester und ließen sich dann von der bischöflichen Kurie prüfen, die aber keine sehr hohen Anforderungen stellte, sofern der Bewerber in der Lage war, die liturgischen Funktionen zu erfüllen und die entsprechenden Texte zu verstehen. Solche Priester waren schwerlich in der Lage, angemessen zu predigen. In Württemberg dürfte immerhin schon mehr als ein Drittel der vorreformatorischen Geistlichen die Universität besucht haben, wobei jedoch vielfach nur einige Semester an der sog. Artistenfakultät und nicht die sich erst nach dem Magisterium anschließende Theologie studiert wurde. Das Universitätsstudium dürfte zumeist eher der Allgemeinbildung als einer spezifischen Vorbereitung auf ein kirchliches Amt zugute gekommen sein. Dabei sollte man freilich nicht vergessen, daß auch in den studentischen Bursen ein geistliches Leben gepflegt wurde. Theologische Bildung wurde von den Prädikanten, gelegentlich, wie in Wimpfen, auch von den Pfarrern gefordert. Zeugnisse des theologischen Interesses der Prädikanten, aber auch mancher Pfarrer, sind die oft stattlichen Pfarr- oder Prädikaturbibliotheken mit der gängigen Predigtliteratur, wie sie in Isny, Esslingen, Ulm, Ravensburg, Waldshut, Reutlingen und wohl auch in Nürtingen vorhanden waren. Die Geringschätzung der Geistlichen, die sich hier und da schon vor der Reformation bemerkbar machte, dürfte zu einem Teil auch mit ihrer mangelnden oder unangemessenen geistlichen, seelsorgerlichen und theologischen Ausbildung zusammengehangen haben, wie sie z. B. von den Humanisten angeprangert wurde. Dazu kam zweifellos das Unverständnis der Laien gegenüber der Unterbeschäftigung vieler Meßpriester.

Verstöße gegen die Residenzpflicht der Pfründeninhaber kamen relativ häufig vor. Mit oder ohne Urlaub wurden die Stellen verlassen oder der Urlaub überschritten. Die weltlichen und geistlichen Gewalten bemühten sich, dem Einhalt zu gebieten, hatten jedoch nicht immer den gewünschten Erfolg. Durchschnittlich scheinen zehn Prozent der Stelleninhaber von ihrer Pfründe abwesend gewesen zu sein. Nicht selten kam es vor, daß Geistliche ihren gottesdienstlichen Verpflichtungen, für die sie angestellt waren, nicht nachkamen oder sie nur nachlässig erfüllten. Die Stiftungen nach 1500 enthalten häufig diesbezügliche Klauseln. Aus diesem Grund wurde intensiv auf korrektes Zelebrieren gedrungen. Etwaige Verstöße wurden bestraft. (Die peniblen liturgischen Vorschriften konnten bei einem gewissenhaften Mönch und Priester wie Luther auch zu schweren Anfechtungen führen.)

Die Predigt war an sich eine Aufgabe der Pfarrer, und sie wurde nicht allein den Prädikanten oder den Bettelorden überlassen, sondern gerade auch den Pfarrern eingeschärft. Von den Pfarrern in Wimpfen und Esslingen, aber auch von einem Landpfarrer aus der Maulbronnner Gegend ist bekannt, daß sie dem Predigtauftrag nachkamen. Vorreformatorische Predigten haben sich allerdings kaum erhalten; die erhaltenen Fastenpredigten des Ulmer Pfarrers Ulrich Krafft von 1505–1515 und die Predigten Gabriel Biels aus Urach und Tübingen bilden eine Ausnahme. Diesen beiden weit überdurchschnittlichen, akademisch hochqualifizierten Predigern fehlte es bei aller der spätmittelalterlichen Predigt vielfach anhaftenden gelehrten Schwerfälligkeit und Allegorese nicht an Konzentration auf das biblische Zeugnis und religiöser Substanz. Immer wieder wurden allerdings in Predigten auch abgelegene Spezialthemen behandelt. Die Franziskaner und Dominikaner trugen in Stuttgart und Ulm ihren Streit um die unbefleckte Empfängnis Mariens auf der Kanzel aus. Oekolampad wandte sich 1518 von Weinsberg aus gegen die Unsitte, in der Osterpredigt durch Witze und Possen, die auch sonst neben den »Märlein« verwendet wurden, das »Ostergelächter«, an sich ein Ausdruck der Freude über die Auferstehung, hervorzurufen. Den Höhepunkt der Predigttätigkeit bildeten die Predigtzyklen der Fastenzeit, die auf den Empfang der Osterkommunion vorbereiten sollten. Sie handelten von der Gottes- und Nächstenliebe, den Zehn Geboten, der Reue und ihren Teilen, den Todsünden, vom Vaterunser, Ave Maria, Glaubensbekenntnis, Magnificat, den Seligpreisungen oder den Gaben des Heiligen Geistes und dürften teilweise den Katechismusunterricht ersetzt haben. Johannes Brenz führte diese Praxis später in Hall modifiziert fort. Eine gerechte Einschätzung der spätmittelalterlichen Predigttätigkeit in der Breite ist bei dem Mangel an Zeugnissen schwierig. Ihre Unterlegenheit gegenüber der weit intensiveren biblischen Verkündigung der Reformation läßt auf ein qualitatives, vielleicht auch quantitatives Defizit schließen. Eine besondere religiöse Unterweisung der Jugend durch die Geistlichkeit gab es nicht. Diese Aufgabe war den Eltern und Paten überlassen, die freilich nur minimale Kenntnisse

*Abb. 1:* Graf Eberhard im Bart (geb. 1445, 1459–1496), seit 1495 Herzog von Württemberg. Zeitgenössische Aquarellskizze für ein größeres Gemälde.

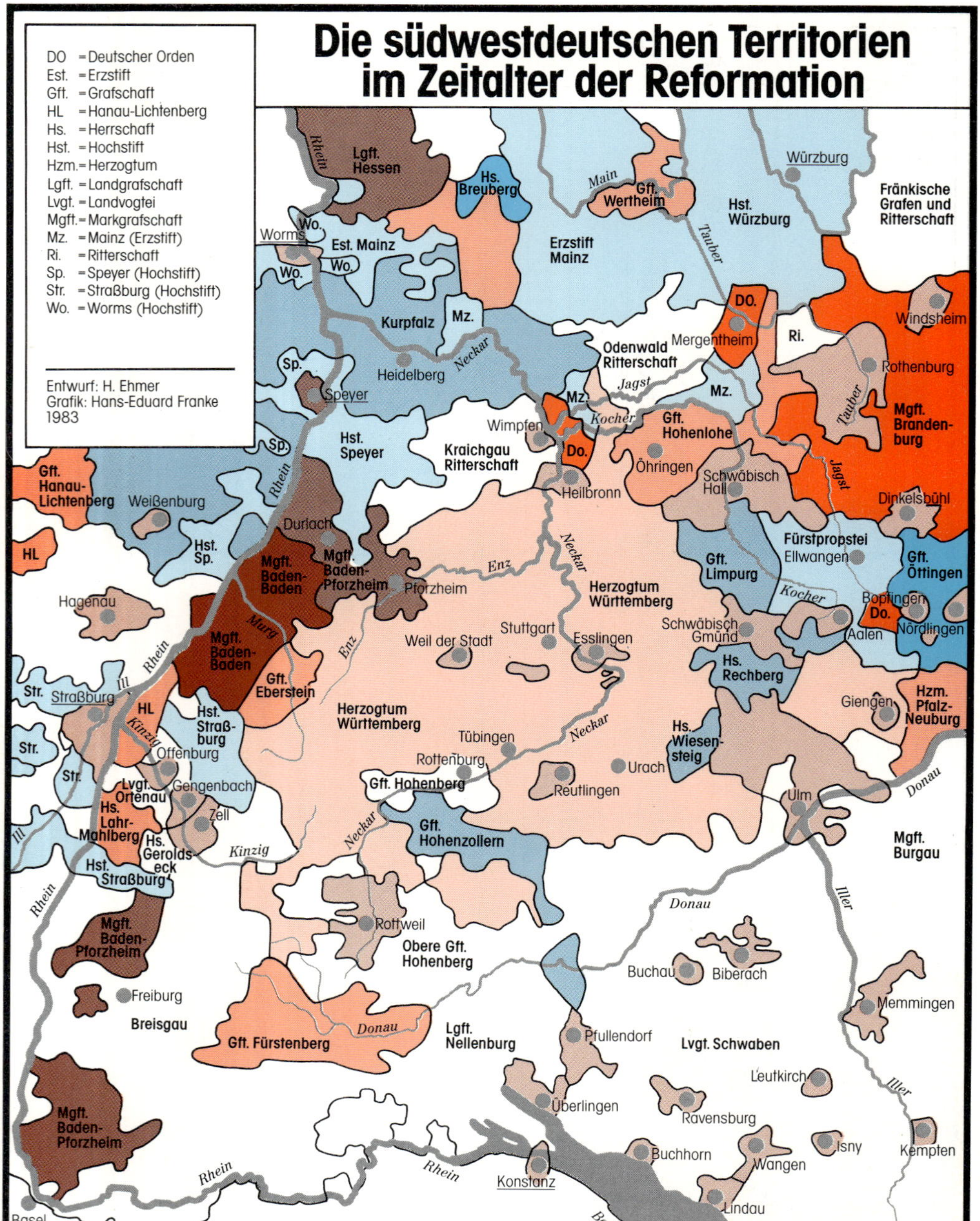
Die südwestdeutschen Territorien im Zeitalter der Reformation
DO = Deutscher Orden
Est. = Erzstift
Gft. = Grafschaft
HL = Hanau-Lichtenberg
Hs. = Herrschaft
Hst. = Hochstift
Hzm. = Herzogtum
Lgft. = Landgrafschaft
Lvgt. = Landvogtei
Mgft. = Markgrafschaft
Mz. = Mainz (Erzstift)
Ri. = Ritterschaft
Sp. = Speyer (Hochstift)
Str. = Straßburg (Hochstift)
Wo. = Worms (Hochstift)
Entwurf: H. Ehmer
Grafik: Hans-Eduard Franke
1983
Rhein
Lgft. Hessen
Hs. Breuberg
Main
Gft. Wertheim
Würzburg
Hst. Würzburg
Fränkische Grafen und Ritterschaft
Tauber
Worms
Wo.
Est. Mainz
Erzstift Mainz
Kurpfalz
Mz.
DO.
Mergentheim
Ri.
Windsheim
Heidelberg
Neckar
Odenwald Ritterschaft
Rothenburg
Sp.
Speyer
Jagst
Mz.
Mgft. Brandenburg
Wimpfen
Kocher
Gft. Hohenlohe
Hst. Speyer
Kraichgau Ritterschaft
Do.
Öhringen
Schwäbisch Hall
Gft. Hanau-Lichtenberg
Weißenburg
Heilbronn
Dinkelsbühl
HL
Hst. Sp.
Durlach
Mgft. Baden-Baden
Mgft. Baden-Pforzheim
Pforzheim
Enz
Herzogtum Württemberg
Gft. Limpurg
Fürstpropstei Ellwangen
Gft. Öttingen
Bopfingen
Hagenau
Murg
Weil der Stadt
Stuttgart
Esslingen
Schwäbisch Gmünd
Aalen
Nördlingen
Hs. Rechberg
Str.
Straßburg
Ill
Mgft. Baden-Baden
Gft. Eberstein
Giengen
Hzm. Pfalz-Neuburg
HL
Kinzig
Hst. Straßburg
Herzogtum Württemberg
Tübingen
Hs. Wiesensteig
Offenburg
Rottenburg
Urach
Gft. Hohenberg
Reutlingen
Ulm
Donau
Lvgt. Ortenau
Gengenbach
Hs. Lahr-Mahlberg
Zell
Hs. Geroldseck
Gft. Hohenzollern
Mgft. Burgau
Hst. Straßburg
Iller
Mgft. Baden-Pforzheim
Rottweil
Obere Gft. Hohenberg
Buchau
Biberach
Freiburg
Breisgau
Memmingen
Gft. Fürstenberg
Lgft. Nellenburg
Pfullendorf
Lvgt. Schwaben
Leutkirch
Mgft. Baden-Pforzheim
Überlingen
Ravensburg
Buchhorn
Wangen
Isny
Kempten
Konstanz
Lindau
Basel
Eidgenossenschaft
Bodensee



*Abb. 2*

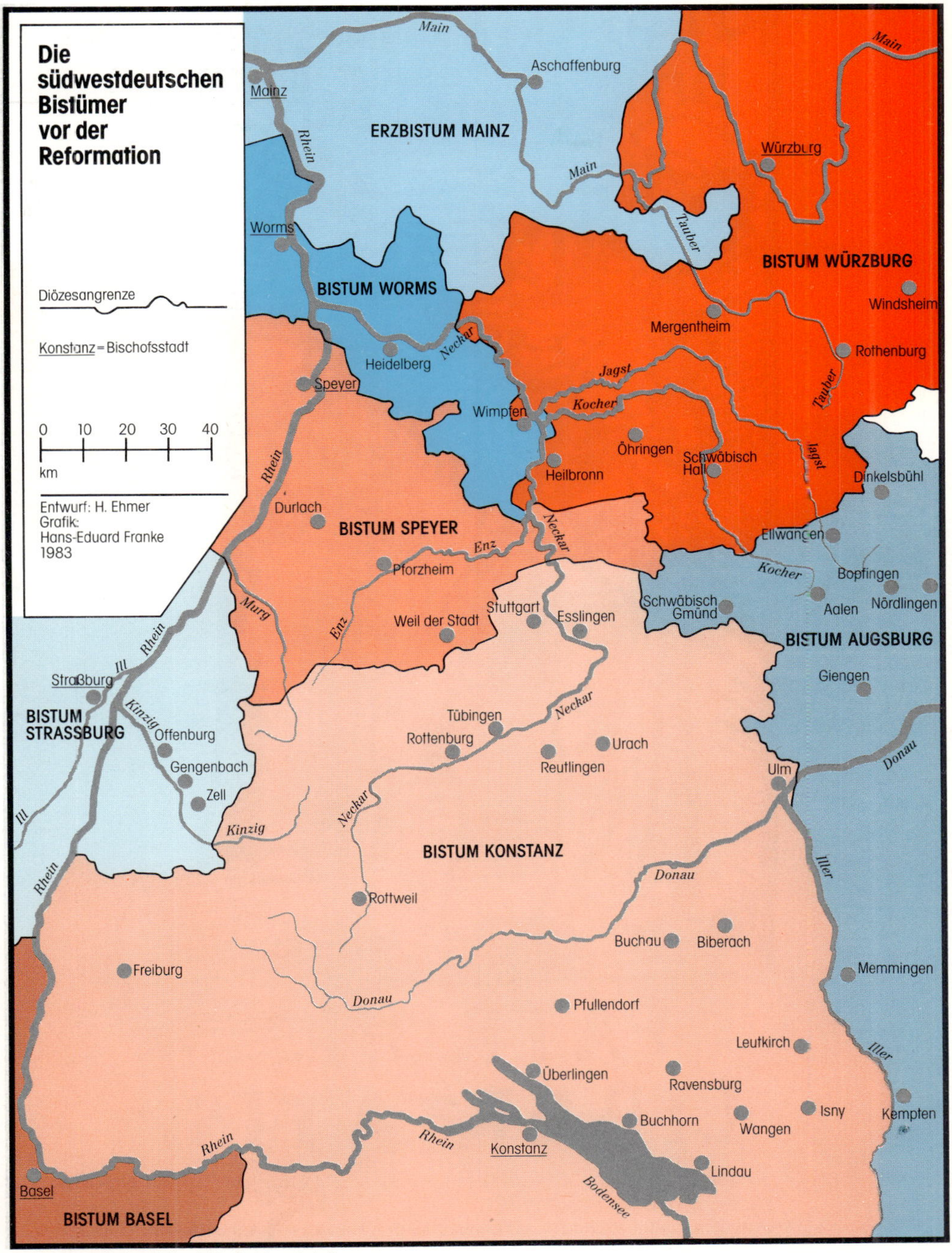
Die südwestdeutschen Bistümer vor der Reformation
Diözesangrenze
Konstanz = Bischofsstadt
0 10 20 30 40
km
Entwurf: H. Ehmer
Grafik:
Hans-Eduard Franke
1983
ERZBISTUM MAINZ
BISTUM WÜRZBURG
BISTUM WORMS
BISTUM SPEYER
BISTUM STRASSBURG
BISTUM AUGSBURG
BISTUM KONSTANZ
BISTUM BASEL
Main
Aschaffenburg
Mainz
Rhein
Würzburg
Worms
Tauber
Windsheim
Mergentheim
Neckar
Heidelberg
Rothenburg
Jagst
Speyer
Kocher
Wimpfen
Öhringen
Schwäbisch Hall
Heilbronn
Dinkelsbühl
Durlach
Ellwangen
Enz
Pforzheim
Bopfingen
Murg
Stuttgart
Schwäbisch Gmünd
Aalen
Nördlingen
Weil der Stadt
Esslingen
Straßburg
Ill
Giengen
Kinzig
Offenburg
Tübingen
Rottenburg
Urach
Reutlingen
Gengenbach
Ulm
Donau
Zell
Iller
Rottweil
Buchau
Biberach
Freiburg
Memmingen
Pfullendorf
Leutkirch
Überlingen
Ravensburg
Isny
Buchhorn
Wangen
Kempten
Konstanz
Lindau
Bodensee
Basel



*Abb. 3*

*Abb. 4:* Johannes Reuchlin (1455–1522) mit Hutten und Luther als ›Patroni libertatis‹ (Schutzherren der Freiheit).
Aus dem Titelholzschnitt von Thomas Murner, History von den fier ketzren Prediger Ordens (Straßburg 1521), mit dem wohl einzigen authentischen Bildnis Reuchlins.

*Abb. 5:* Hochaltar der Kilianskirche in Heilbronn von Hans Seyfer, 1498.

*Abb. 6:* Matthäus Alber (1495–1570).
Ausschnitt aus dem Epitaph in der Stadtkirche in Blaubeuren.

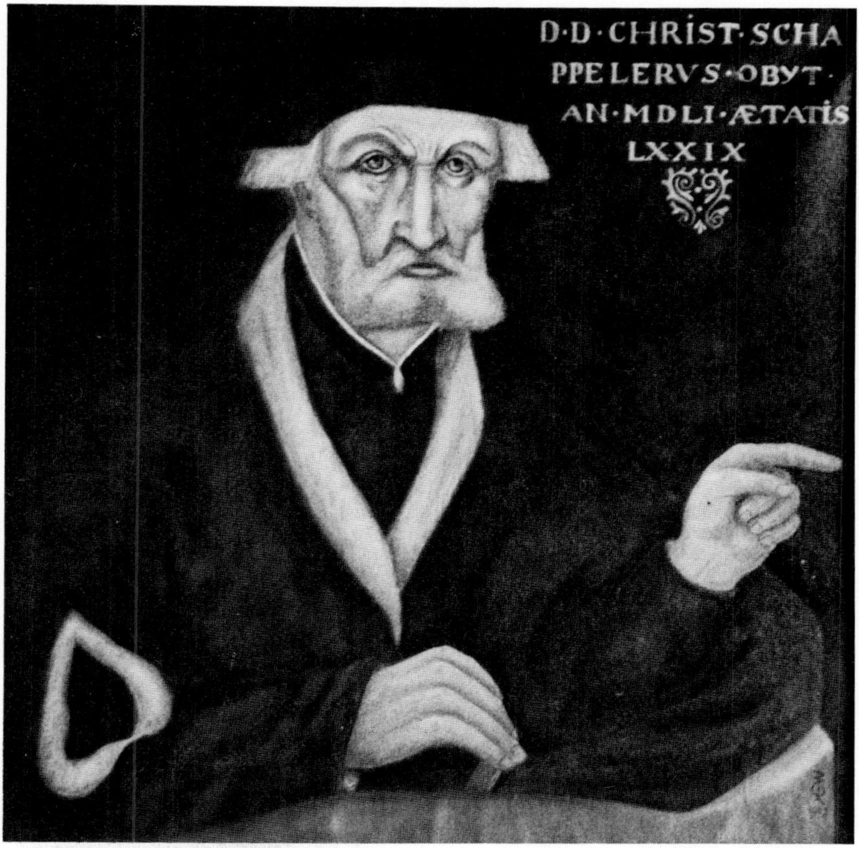


*Abb. 7:* Christoph Schappeler (1472–1551).
Kopie eines zeitgenössischen Ölbildes.

In klägliche
klag an dē chziſtlichē Rō-
miſchen kaiſer Carolum/
vō wegē Doctor Luthers
vnd Ulrich von Hutten.
Auch von wegen der Curtiſanē vnd bartel münch. Das kaiſerlich Maieſtat ſi-
ch nit laß ſollich leüt verfüren.

✦

Der erſt būdtsgnoſz

✦

*Abb. 8:*    Johann Eberlin von Günzburg (ca. 1460?–1533), Der erst Bundtsgnoß, Basel 1521.
Der Titelholzschnitt stellt den jungen Karl V. dar, an den die Flugschrift gerichtet ist.

vermittelt haben dürften. Man darf aber nicht vergessen, daß durch die regelmäßige Teilnahme am Gottesdienst wohl ein praktisches Lernen erfolgte.

Über die Handhabung der Beichte ist wenig bekannt, ebenso darüber, inwiefern sie auch zur religiösen Disziplinierung der Laien eingesetzt wurde. Die übliche, pflichtmäßige vorösterliche Beichte, die in Ulm gelegentlich drastisch erzwungen wurde, dürfte schon wegen des Massenandrangs kaum die Möglichkeit zu intensiver Seelsorge geboten haben. Wie die spätere Reaktion zeigte, war der Beichtzwang durchaus nicht beliebt. Gelegentlich kam es im Beichtstuhl zu Übergriffen von Geistlichen. Die Amtsführung der Geistlichkeit wies Licht und Schatten auf und stieß auch auf Kritik. Großenteils bestanden die Pflichten der Priester eher in liturgischen Vollzügen und Dienstleistungen als in einer Ausübung des Hirtenamts. Die persönliche Bindung der Gemeinden an ihre Pfarrer und Kapläne scheint deshalb, von Ausnahmen abgesehen, nicht allzu intensiv gewesen zu sein.

Besonders verhängnisvoll war es, daß es mit der moralischen Glaubwürdigkeit des geistlichen Standes nicht zum besten stand. Das Hauptübel waren Verstöße gegen den Zölibat. Der treue Katholik Heinrich von Pflummern aus Biberach sah darin eine Hauptursache für das Aufkommen der Reformation. Der Konstanzer Bischof Hugo hatte angeblich ein Verhältnis mit einer »Isebel«. In Heilbronn hatten manche Priester Dirnen bei sich, andere verkehrten im Frauenhaus. Der Pfarrer Schradin verführte die Tochter eines Ratsherren, der Pfarrer von Böckingen die eines Leibeigenen. Der Pfarrer Hans Lorcher hatte ein Verhältnis mit einer verheirateten Frau. An anderen Orten stand es nicht besser. Aber trotz aller ständiger bischöflicher und politischer Bemühungen erwiesen sich die Priesterkonkubinate, bei denen es sich vielfach um nahezu eheähnliche Verhältnisse handelte, an denen die Gemeinden auch nicht unbedingt Anstoß nahmen, als unausrottbar. Die Priester Widmann und Herolt aus dem Haller Gebiet waren Priesterkinder, und auch Widmann selbst lebte im Konkubinat. Der Ulmer Rat konnte schon wegen der Konkubinate, aus denen vielfach auch Kinder hervorgingen, jederzeit gegen aufmüpfige Priester vorgehen.

Es kam auch nicht selten vor, daß Geistliche Waffen und unziemliche Kleidung trugen und sich im Wirtshaus oder auf der Gasse in Streithändel verwickelten. Zwischen 1501 und 1522 begingen im Gebiet des heutigen Württemberg Kleriker 5 Totschläge. Aus Ulm ist ein Fall von Urkundenfälschung bekannt. Geistliche beteiligten sich am verbotenen Karten- und Würfelspiel. Schon die Primizen arteten manchmal zu anstößigen Schmausereien aus. Weit verbreitet war die Trunksucht. Die Exzesse der Geistlichen waren auch deshalb besonders anstößig, weil die Obrigkeit sie nicht selbst ahnden durfte. Vor dem bischöflichen Gericht gingen sie vielfach entweder straffrei aus oder kamen mit glimpflichen Strafen davon. Abgesehen von den Konkubinaten war es gewiß immer nur eine kleine Minderheit, die nicht ihrem geistlichen Stand gemäß lebte. Daneben gab es viele angesehene und pflichtgetreue Priester wie den Prediger Sebastian Brenneisen in Hall, den Pfarrer Ulrich Krafft in Ulm oder den Kaplan Heinrich von Pflummern in Biberach. Dennoch stand die Priesterschaft und überhaupt die Geistlichkeit in der öffentlichen Meinung nicht im besten Ruf, und das war ein gravierender Sachverhalt, der ihre

Amtsausübung schwer beeinträchtigen mußte. Ihre Zahl wurde als zu groß empfunden und die Aufwendungen für sie zu hoch; die Dienstleistung der Kirche kam somit zu teuer. Die rechtliche und finanzielle Sonderstellung des Klerus war nicht mehr einsichtig. Dabei ließ die Bildung und Qualifikation der Priester zu wünschen übrig, und ihre Lebensführung erregte zu oft Kritik. Die Amtsträger der Kirche waren geistlich, theologisch und moralisch einer ernsthaften Infragestellung und Krise vielfach wohl kaum gewachsen.

## *Orden und Klöster*

Im Gebiet des heutigen Württemberg gab es nicht weniger als 160 Klöster oder ähnliche Niederlassungen. Die großen reichsfreien Klöster und Stifte, wie z.B. die Fürstpropstei Ellwangen, die Fürstabtei Kempten, das Stift Komburg, die Damenstifte Lindau und Buchau, die Abteien Weingarten, Salmannsweiler, Isny, Obermarchtal, Ochsenhausen, Schussenried, Weißenau, Petershausen, Reichenau, St. Blasien, Gengenbach, Amorbach, Wimpfen i.T., Schöntal, Neresheim, dazu der Besitz des Deutschen Ordens wurden oben bei der territorialen Beschreibung schon erwähnt. Auch innerhalb der Territorien und Städte nahmen die klösterlichen Niederlassungen einen beträchtlichen Raum ein, z. B. in Württemberg ca. ein Drittel des Landes. Württemberg besaß 7 bzw. 8 große Benediktinerabteien: Alpirsbach, Anhausen, Blaubeuren, Hirsau, Lorch, Murrhardt, St. Georgen und zeitweilig Zwiefalten. Zum Zisterzienserorden gehörten Bebenhausen, Herrenalb, Königsbronn und Maulbronn, zu den Prämonstratensern Adelberg. Dazu kamen die Chorherrenstifte in Denkendorf, Herbrechtingen, Sindelfingen, Backnang, Herrenberg und Stuttgart und die Kartause in Güterstein. Von den Bettelorden seien die Dominikaner in Stuttgart, die Augustinereremiten in Tübingen, die Franziskaner gleichfalls in Tübingen und Leonberg erwähnt. Von den Niederlassungen der Brüder vom gemeinsamen Leben war nur noch der Einsiedel übrig geblieben. Benediktinerinnen befanden sich in Mariaberg, Zisterzienserinnen in Frauenzimmern-Kirchbach, Lichtenstern und Rechentshofen, Chorfrauen in Oberstenfeld und Lauffen, Dominikanerinnen in Offenhausen, Kirchheim u. T., Maria-Reuthin, Steinheim a.d. Murr und Weiler bei Esslingen, Augustinerinnen auf dem Böselsberg bei Horrheim, Franziskanerinnen in Pfullingen. Die Aufzählung ist nicht vollständig; beispielsweise wurden die kleinen Niederlassungen der Franziskanerterziaren und -terziarinnen nicht aufgeführt. Zur Grafschaft Hohenlohe gehörten das Stift Öhringen und die Klöster Gnadental, Goldbach und Schäftersheim. In den Reichsstädten waren naturgemäß die Bettelorden stärker vertreten. Hall und Reutlingen hatten ein Franziskanerkloster, Wimpfen ein Dominikanerkloster, ebenso Weil der Stadt, Pforzheim und Memmingen ein Augustinereremitenkloster, Ravensburg und Rothenburg ein Karmeliterkloster, Memmingen außerdem eine Niederlassung der Antoniter. In Gmünd waren die Augustiner, Franziskaner und Dominikaner vertreten, in Heilbronn die Karmeliter und Franziskaner. Ulm hatte neben dem Wengenstift ein Franziskaner- und Dominikanerkloster, dazu fünf Frauenkonvente; die Stadt galt als »Mönchsäckerlein«. Sie wurde aber noch von Esslingen übertroffen, wo alle vier Bettelorden vertreten waren und sich außerdem noch Klöster der Franziskanerinnen und Dominikanerinnen befanden. Daß eine Stadt kein Mannskloster besaß wie Biberach, war eher eine Ausnahme. Auswärtige Klöster unterhielten in den Reichs- und Landstädten oft stattliche Klosterhöfe, in denen sie die Erträge ihres in der Nachbarschaft befindlichen Besitzes sammelten.

Die Vermögens- und Ertragslage der Klöster war selbstverständlich höchst unterschiedlich. Während Bebenhausen überaus reich war, befanden sich die Bettelordensklöster oft in bescheidenen Verhältnissen. Immerhin verfügten die Söflinger Klarissen über einen stattlichen Besitz, auch die Heilbronner Karmeliter waren nicht arm, während im Stuttgarter Dominikanerkloster 1516 echter Mangel herrschte. Die Klöster der Bettelorden durften eigentlich kein Vermögen ansammeln, aber das ließ sich auf die Dauer nicht immer durchhalten. Um Streit zu vermeiden, mußten die Sammelbezirke der Bettelordensklöster gegeneinander abgegrenzt werden. Im allgemeinen befanden sich jene Klöster, in denen ein reges monastisches Leben herrschte, auch in konsolidierten wirtschaftlichen Verhältnissen.

Mit ihrer großen Zahl und ihrem beträchtlichen Besitz waren die klösterlichen Niederlassungen in den Territorien und Städten ein politischer und wirtschaftlicher Faktor. Mindestens die Bettelorden spielten außerdem in der geistlichen Versorgung der Bevölkerung eine Rolle, wobei sie manchmal sogar mit der Pfarrgeistlichkeit in der Seelsorge konkurrierten. Die politischen Obrigkeiten mußten ein geradezu natürliches Interesse an dem inneren und äußeren Zustand der Klöster in ihrem Gebiet haben und versuchten, sich den entsprechenden Einfluß zu sichern. Schon dem 15. Jahrhundert war bewußt, daß die fällige Kirchenreform sich auch auf die Orden und Klöster erstrecken mußte, und es fehlte nicht an entsprechenden Anstrengungen. Vielfach wurde gerade die Klosterreform wirksam von den Obrigkeiten mitgetragen, wobei wiederum politische und religiöse Motive zugleich eine Rolle spielten. Die württembergischen Herrscher hatten sich systematisch darum bemüht, die Vogtei über möglichst viele der großen Klöster zu erlangen und sie damit landsässig zu machen. Nur im Falle Zwiefaltens hatten sie damit keinen Erfolg. Über die Kastvogtei nahmen sie eine gewisse Oberaufsicht über das Vermögen der Klöster wahr. Die Heilbronner Karmeliter mußten dem Rat jährlich Rechnung ablegen. Streitigkeiten der Klöster nach außen und im Innern wurden möglichst durch Schiedsgerichte der Obrigkeit beigelegt. Dem Klostervogt stand die Forstgerichtsbarkeit zu. Die Klöster hatten gewisse Frondienste zu leisten und mußten sich an den Verteidigungskosten des Landes beteiligen. Die Herrscher erwarteten namhafte Geschenke von ihnen, die schon eine Vorform regulärer Abgaben waren. Notfalls mußten die Klöster auch Darlehen vorstrecken. Die Äbte waren verpflichtet, dem Landesherrn als Räte zu dienen. Der Münsinger Vertrag von 1482 schrieb die Landstandschaft der großen Klöster fest.

1493 fand in Hirsau ein Provinzialkapitel der süd- und mitteldeutschen Benediktineräbte statt. Dort brachte der Tübinger Professor Konrad Summenhart eine interessante Kritik an den Zuständen in den Klöstern vor: Er warnte vor übertriebenem baulichem Aufwand und forderte stärkere wissenschaftliche Betätigung. Er tadelte das zu starke Interesse an den wirtschaftlichen Belangen. Speise und Trank sollten den Mönchen nicht so wichtig sein. Eine Gefahr konnten die Beziehungen zu den adligen Verwandten werden. Scharf verworfen wurde das Privateigentum der Mönche. Ein Indiz des Scheiterns monastischen Lebens war die Umwandlung von Ellwangen und Komburg in Chorherrenstifte. Hingegen war Zwiefalten am Anfang des 16. Jahrhunderts ein aufblühendes Kloster, in dem auch die Wissenschaften gepflegt wurden. Dasselbe gilt von Wiblingen, das zeitweilig geradezu ein Zentrum benediktinischer Reform war. Insgesamt jedoch flachte die benediktinische Reformwelle nach 1500 ab. Bei den Zisterziensern fällt das Interesse an der wissenschaftlichen Bildung auf. Der Adelberger Abt Leonhard Dürr war seit 1505 ein angesehener Visitator der Klöster seines Ordens.

Ein Pauschalurteil über die Zustände in den einzelnen Klöstern läßt sich somit nicht fällen. Teils bemühte man sich um Reform, teils verweigerte man sie, um sie dann schließlich, wie 1505 in Isny, doch anzunehmen. Viel hing von den Äbten und der Zusammensetzung der Konvente ab. 1517 wurde der Maulbronner Abt Johannes Entenfuß »Alters und üblen Hausens wegen« zum Rücktritt gezwungen. Daß einzelne Mönche, z. B. in Bebenhausen oder Herrenberg, sich der Klausur entzogen und sich in Kriegsdienste begaben, will ebenso wie gelegentlich vorkommende, Ärgernis erregende Sittlichkeitsdelikte an sich noch nicht viel besagen. Wie sich vor allem bei den Franziskanern beobachten läßt, war die Aufrechterhaltung der Regel keine Selbstverständlichkeit. Die Klöster selbst nahmen Besitz an, ebenso ihre Insassen. Die Kleider- und Speisevorschriften lockerten sich, die Klausur wurde nicht mehr eingehalten.

Als Reaktion darauf kam in der zweiten Hälfte des 15. Jahrhunderts die Observanz, d. h. die neue Befolgung der Regel, auf. Sie wurde vom Landesherrn und den Stadträten unterstützt. Manche Klöster, wie Tübingen oder die Pfullinger Nonnen, nahmen die Reform ohne weiteres an und erfreuten sich danach auf lange Zeit eines guten Rufes. Die Ulmer und Heilbronner Franziskaner, vor allem aber die Söflinger Nonnen, widersetzten sich zunächst hartnäckig der Reform. Der Haller Konvent vermochte sich ihr zu entziehen. Die Dominikanerklöster haben sich früh der Reform geöffnet und sind, von gewissen Lockerungen abgesehen, einigermaßen intakt geblieben. Sie zeichneten sich auch durch einen beachtlichen Bildungsstand aus. Das Wimpfener Kloster hatte sichtlich eine gewisse Ausstrahlungskraft in der Stadt. Dagegen läßt sich bei verschiedenen Klöstern der Dominikanerinnen ein Niedergang feststellen. Die Augustinereremiten wurden, nicht zuletzt auf Betreiben Eberhards im Bart, zur Reform gebracht. Um 1500 blühte das Tübinger Kloster, konnte sich jedoch auf dieser Höhe nicht halten. Die Klostereintritte scheinen nach 1500 überall zurückgegangen zu sein. Die auf Betreiben von Eberhard im Bart gegründeten Niederlassungen der Brüder vom gemeinsamen Leben in Urach, Dettingen, Herrenberg, Tachenhausen und auf dem Einsiedel, die unter Gabriel Biel den Geist der Devotio moderna gepflegt hatten, vermochten nicht eigentlich in Württemberg Fuß zu fassen und waren, abgesehen vom Einsiedel, der Grablege Eberhards im Bart, 1516 unter fadenscheinigen Vorwänden wieder aufgelöst worden.

Die Geschichte der verschiedenen Orden und ihrer Niederlassungen zeigt sowohl den Niedergang als auch den immer wieder erneuten Reformwillen in der spätmittelalterlichen Kirche. Die Klosterreformen wurden gemeinsam von den Orden und den weltlichen Obrigkeiten getragen, wobei es diesen gewiß um mehr als politischen Einfluß auf die Klöster ging. Sichtlich ein Problem war die dauerhafte Sicherstellung der Reformen. Führende Ordensleute arbeiteten mit den Fürsten und Stadträten zusammen und waren deren geschätzte Ratgeber. Das Mönchtum stand, von außen gesehen, trotz immer wieder auftretender Schäden gewiß nicht vor einem Zusammenbruch. Noch war seine innere Sinnhaftigkeit eigentlich nicht in Frage gestellt, auch wenn es an Ausstrahlung verloren hatte.

## *Universitäten, Humanismus, Bildung und geistiges Leben*

Im Lauf des Spätmittelalters wurden immer mehr die Universitäten zu den Zentren des geistigen Lebens und damit auch der theologischen Arbeit. Neben dem schon seit 1386 bestehenden Heidelberg kam es in der zweiten Hälfte des 15. Jahrhunderts in den süddeutschen Territorien zur Gründung weiterer Landesuniversitäten: Basel und Freiburg 1460, Ingolstadt 1472, Mainz und Tübingen 1477. Das vergrößerte Bildungsangebot führte von selbst zu einer Zunahme des Universitätsstudiums. Die gebildeten Kreise und Schulen in den größeren Städten wie Nürnberg, Augsburg, Ulm, Konstanz, Schlettstadt oder Straßburg standen meist in lebendigen Beziehungen zu den Universitäten, an denen ihre Mitglieder studiert hatten oder sich in Ausbildung befanden. Nicht wenige Mönchsorden unterhielten an den Universitäten eigene Generalstudien.

Die geistige Situation an den süddeutschen Universitäten war damals vielfältig differenziert. Nebeneinander bestanden die beiden Richtungen oder Wege, die sog. Via moderna des Nominalismus, der sich allerdings nicht nur auf das Gedankengut William von Ockhams beschränkte, und die Via antiqua, die wieder auf Thomas von Aquin und Duns Scotus zurückgriff. Die Schulunterschiede betrafen zunächst die Erkenntnistheorie und spielten deshalb vor allem im philosophischen Grundstudium eine Rolle, wirkten sich dann jedoch bis in die Theologie aus. Für die Nominalisten war die Realität nur in den Einzeldingen gegeben, während sie nach den Vertretern der Via antiqua auch den Allgemeinbegriffen zukam. Die Nominalisten taten sich auf ihre saubere Logik und Begriffszergliederung etwas zugute und suchten den Einzelwissenschaften, darunter nicht zuletzt den Naturwissenschaften, ihr Recht zukommen zu lassen; gerade dies aber war ihren Gegnern suspekt. Der Wegestreit ist später als spitzfindige, unproduktive Scholastik kritisiert worden. In der Tat haftete der damaligen Philosophie und Theologie häufig eine gefährliche, schwer zu vermittelnde Abstraktheit an, die sich vielfach bis in die Predigten auswirkte. Immerhin hatte die Tübinger akademische Arbeit auch Resultate vorzuweisen, z.B. hinsichtlich der sozial brisanten Zehntpflicht, bei der Entwicklung einer angemessenen kapitalistischen Wirtschaftsethik oder hinsichtlich der Durchleuchtung des Hexenwahns. Gerade im Bereich der Ethik und praktischen Frömmigkeit kamen sich die beiden Schulrichtungen mitunter auch recht nahe.

Bis heute wird von katholischer Seite zum Teil der nominalistischen Theologie der Vorwurf dogmatischer Unklarheit gemacht und darin eine Ursache für die Reformation gesehen. Das zielt vor allem auch auf den bedeutenden Nominalisten Gabriel Biel, der von 1484–1492 in Tübingen lehrte, und seine Schüler. Von Biel stammte einer der letzten großen Kommentare zu den Sentenzen des Petrus Lombardus und eine umfassende Auslegung des Meßkanons, mit denen sich Luther auseinandersetzen mußte. Trotz seiner gerade auch in der Gnadenlehre problematischen Abhängigkeit von Ockham, die eine menschliche Mitwirkung beim Rechtfertigungsgeschehen voraussetzte, wollte Biel eine kirchliche Theologie bieten. Sie war bei ihm und seinen Schülern verbunden mit der eindrucksvollen Frömmigkeit der Devotio moderna und griff vielfach auf die praktischen und nüchternen Vorschläge des Pariser Reformtheologen Jean Gerson (1363–1429) zurück. Biels Schüler Wendelin Steinbach trat auch als eindrucksvoller katholischer Paulusinterpret hervor, wobei er allerdings in der Gefolgschaft seines Lehrers an der Verdienstlichkeit der menschlichen Werke festhielt. Die neue Hinwendung zu Augustin und seiner Theologie der Erwählung ist in Tübingen mindestens durch Johann von Staupitz repräsentiert, der von 1497 bis 1500 dort studiert hat. Das Format Biels erreichte sonst keiner der spätmittelalterlichen Theologieprofessoren in Südwestdeutschland. Es fehlte zwar nicht an tüchtigen und geachteten Vertretern ihres Faches – hier könnte man u. a. den der Via antiqua zugehörigen Konrad Summenhart nennen –, aber ein gewisses Mittelmaß wurde nur selten und je länger desto weniger überschritten. Durch seine Agilität und Disputierfreudigkeit erregte Johann Eck schon früh ein gewisses Aufsehen. Er war 1510 nach Studien in Heidelberg, Tübingen, Köln und vor allem Freiburg Professor in Ingolstadt geworden und entwickelte sich dort zu einem der schärfsten Gegner Luthers. Auffallend ist, wie schnell nach dem Auftreten Luthers der Einfluß der scholastischen Theologie bei vielen jungen Theologen zurücktrat und verblaßte, so daß sich vielfach kaum mehr etwas von der alten Bildung feststellen läßt.

Auch wenn man heute erkennt, daß die Spätscholastik keineswegs geistig tot und durchaus kirchlich verantwortungsbewußt und sensibel war für gewisse wissenschaftliche, kirchliche und soziale Probleme ihrer Zeit – nicht zuletzt der aus ihr hervorgegangene Straßburger Münsterprediger Geiler von Kaisersberg (gest. 1510) ist dafür ein Beweis –, wird man ihre Bedeutung nicht überschätzen dürfen. Sie hatte dem Neuen zunächst nur wenig entgegenzusetzen. Wesentliche Unterstützung bei der Verteidigung des alten Glaubens war von den Universitäten nicht zu erwarten, obwohl ihre theologischen Repräsentanten fast durchweg die Reformation ablehnten. Die Ansätze, die von der Scholastik zur Reformation hinüberführten, waren gleichfalls gering. Sowohl hinsichtlich der Exegese als auch des Verhältnisses zu Augustin, als auch der ethischen Konzeptionen stößt man eher auf Diskontinuität als auf Weiterführung, auch wenn sich manchmal dieselben Probleme neu stellten. Wesentlich größer waren hingegen die Gemeinsamkeiten zwischen der Reformation und jener Richtung, die sich etwa seit der Wende zum

16. Jahrhundert immer stärker an den Universitäten Raum gewonnen hatte, dem Humanismus.

Zwischen dem aufkommenden Humanismus und der Spätscholastik bestand ursprünglich kein erklärter Gegensatz. In der Umgebung des Grafen Eberhard im Bart befand sich neben Biel auch der junge Johannes Reuchlin (1455–1522) (Abb. 4), dessen großes Verdienst in der Erschließung der hebräischen Sprache und der Vermittlung des italienischen Humanismus lag, der aber seit 1510 wegen seines Eintretens für die Erhaltung jüdischen Schrifttums in den schweren Konflikt mit der Kölner Universität und schließlich auch mit der römischen Kurie geriet. Reuchlin war der Großonkel Melanchthons.

Wie Geiler von Kaisersberg und der spätere Basler Bischof Christoph von Utenheim setzte sich der Elsässer Jakob Wimpfeling (1450–1528) in Heidelberg ursprünglich für die kirchlichen Reformbestrebungen Gersons ein. Humanistisch war seine kurz vor 1500 erhobene Forderung nach einer Erneuerung des Erziehungswesens, vor allem des Lateinunterrichts und des Studiums der klassischen Schriftsteller. Der Humanismus erwartete von diesen an sich eher formalen Veränderungen eine grundlegende Besserung der menschlichen Verhältnisse. Durch den Kreis um Wimpfeling wurde eine erhebliche Anzahl Heidelberger Studenten, unter ihnen Johannes Oekolampad, Philipp Melanchthon, Martin Bucer und Johannes Brenz, zunächst geprägt. Sie übernahmen sein Ideal des homo trilinguis, der ein sauberes Latein, dazu Griechisch und Hebräisch beherrschte. Sie interessierten sich für die klassischen Autoren und die Kirchenväter. Von ihnen wurden wenig später die exegetischen Anregungen des Erasmus von Rotterdam aufgenommen.

Mit all dem verschoben sich die Studieninhalte. Die herkömmlichen scholastischen Stoffe rückten an den Rand. Der Einfluß des Humanismus war nicht überall so nachhaltig wie in Heidelberg, aber die geistige Atmosphäre änderte sich auch andernorts. Die Poeten Heinrich Bebel in Tübingen oder Jakob Locher in Freiburg und Ingolstadt hatten nicht den religiösen Tiefgang Wimpfelings und erregten mit ihrer Streitsucht und lockeren Veröffentlichungen Anstoß. Locher griff bereits die hergebrachte Scholastik an, die auch schon von dem subtilen Spott des Erasmus aufs Korn genommen worden war. Der Tübinger Theologe Jakob Lemp wurde 1508 von dem damaligen Uracher und späteren Tübinger Schulmeister Johannes Brassicanus, wahrscheinlich sogar unverdient, lächerlich gemacht. Allerdings hat sich auch Melanchthon über die allzu grobe Darstellung der scholastischen Sakramentslehre durch Lemp mokiert.

Der Humanismus vermochte nicht die theologischen Systeme zu verändern, aber er lenkte die Interessen nicht weniger begabter Studenten auf andere Bahnen und ließ die Scholastik als veraltet erscheinen. Verbunden mit der Hoffnung auf eine einfachere Theologie und Ethik kam eine Bereitschaft auf, sich auf Neues einzulassen. Die Folgen machten sich zunächst kaum, auf die Dauer aber um so nachhaltiger bemerkbar, indem es später häufig kaum mehr zu einer Verteidigung der Scholastik kam. Ähnlich verhielt es sich mit der Kirchen- und Klerikerkritik, die nicht zuletzt von den Humanisten gekonnt und witzig verbreitet wurde. Von sich aus hätte diese Kritik schwerlich eine grundlegende Änderung bewirkt, eine solche war wohl auch gar nicht intendiert. Dennoch bedeutete sie eine Schwächung der bestehenden kirchlichen Verhältnisse und führte zu einer Distanzierung der Gebildeten von der alten Kirche. Die Humanisten waren ursprünglich nur eine dünne Bildungselite von beschränktem Einfluß. Vor allem die jüngeren unter ihnen vermochte Luther für sich zu gewinnen, so daß sie sich engagiert der reformatorischen Verkündigung verschrieben und darin ihre Lebensaufgabe fanden. Einer eigentlichen Krise war sich die vorreformatorische Theologie nicht bewußt, obwohl sich ihre weitere Entwicklung in den beiden Wegen nicht sehr klar darstellte und gewisse Vermittlungsschwierigkeiten bestanden. Der aufkommende Humanismus wurde kaum als radikale Infragestellung empfunden, weil er keine ausgeführte Alternative bot, obwohl er die Stellung der herrschenden Theologie relativierte. Die geistige Situation nach 1500 war zwar offener geworden, daß eine einschneidende Zäsur bevorstand, war jedoch nicht abzusehen.

## *Kirchliches Leben und Frömmigkeit*

Das Ereignis der Reformation betraf nicht nur die Kirchenleitung, die Priester und Mönche oder die Theologie, sondern nicht zuletzt die breiten Kreise der Laien. Will man sich eine Vorstellung davon machen, was für ein Umbruch mit der Reformation erfolgte und was er bedeutete, muß man das kirchliche Leben und die Frömmigkeit der Zeit zuvor kennen. Erst auf dieser Grundlage läßt sich dann noch einmal die Frage nach den Ursachen der Wende stellen. Wohl 1531, zur Zeit der Einführung der Reformation, beschrieb der altgläubige Joachim von Pflummern (1480–1554), Stadtrechner in Biberach, die kirchlichen Einrichtungen und das kirchliche Leben in seiner Vaterstadt. Am Leitfaden dieser anschaulichen Darstellung, die exemplarische Bedeutung hat, läßt sich ein repräsentatives Bild über das vorreformatorische kirchliche Leben und die Frömmigkeit vor allem in einer Stadt gewinnen. Gelegentlich wird es durch andere Informationen ergänzt.

An den Anfang seiner Aufzeichnungen stellte Joachim von Pflummern das katechismusartige Glaubenswissen der Laien: Glaubensbekenntnis, Vaterunser, Ave Maria, die offene Schuld (Beichtgebet), die Zehn Gebote, die sieben Hauptsünden, die sieben Sakramente, das Doppelgebot der Liebe, die sechs Stücke der Barmherzigkeit, die acht Seligkeiten, die sieben Gaben des Heiligen Geistes, die fünf Sinne, die sieben Sünden gegen den Heiligen Geist, die vier himmelschreienden Sünden, die Stücke, die die Sünde beschweren wie Vorsatz, Ärgernis, schlechtes Beispiel usw. Dabei ging es also um elementare dogmatische, liturgische und vor allem ethische Kenntnisse. Wohl schon im Gegenüber zur reformatorischen Kritik wurden die Reue, die Beichtpflicht und die Absolution durch den Priester besonders herausgestellt. Den Hintergrund dafür bildeten die Vorstellungen von Himmel, Hölle oder Fegfeuer, die nicht von ungefähr auch im Ablaßstreit eine Rolle spielten. Ganz konsequent ist sodann von Maria und den Heiligen als Fürsprechern sowie der Fürbitte und den guten Werken für die Toten die Rede. Das führt zu der Anrufung der Heiligen, z.B. in den Litaneien und bei Prozessionen angesichts besonderer Gefahren. Daß die Bilder der Heiligen angebetet worden seien, wird bestritten. Die christliche Andacht betätigte sich in geformten Gebeten häufig unter Verwendung des Rosenkranzes, Teilnahme an Messen, sonstigen Gottesdiensten und Prozessionen, Wallfahrten, Besuch der Kirchen in der Nachbarschaft, Lektüre von frommen Büchern und dem Gebet aus ihnen, dazu der Betrachtung von Heiligenbildchen, die man in den Häusern hatte. Ausdrücklich werden die Messe, die Verehrung von Reliquien und die Institution des Papsttums bejaht. Hoher Schätzung erfreuten sich die guten Werke, vor allem Beten, Fasten, Almosen geben und Wallfahrten. Besonders herausgestellt werden die Ehrbarkeit und die gute christliche Ordnung, die im »alten Glauben« bestanden. Sieht man davon ab, daß der alte Glaube und seine Praxis in Reaktion auf das Neue hier und dann auch im folgenden als eine heile Welt dargestellt werden, dürfte man ein zutreffendes Bild von der Religiosität, ihrem Wissen und ihren Aktivitäten eines kirchentreuen Laien vor sich haben. Auffallend ist, wie stark sich die Heiligenverehrung vor die Verehrung Christi geschoben hat.

Die eigentliche Beschreibung des Biberacher Kirchenwesens beginnt mit der Pfarrkirche. Sie war der Stolz der Bürger. Das Ulmer, Gmünder und Freiburger Münster, die Michaelskirche in Hall, die Kilianskirche in Heilbronn und viele andere Beispiele beweisen es. Besondere angebaute Kapellen waren oft Stiftungen von Patriziern, die hier auch ihre Grablege hatten. In den Kirchen waren zahlreiche Altäre aufgestellt, im Ulmer Münster nicht weniger als 52. Teilweise handelte es sich dabei um Spitzenwerke spätgotischer Schnitzkunst und Malerei, die vor allem in den großen Reichsstädten Schwabens und Frankens ihre Zentren hatten (Abb. 5). Der große Biberacher Doppelflügelaltar im Chor war Maria und Martin, Peter und Paul geweiht und von Martin Schongauer gemalt. Halb geschlossen zeigte er das Leiden Christi, ganz geschlossen die um 1500 im Zusammenhang mit der Marienverehrung besonders beliebte Annalegende. Zwischen Chor und Schiff befand sich ein weiterer Altar, im Schiff und den Patrizierkapellen, wie wir sie auch in Ulm oder Memmingen finden, weitere 15 Altäre, die den Heiligen Nikolaus, Ursula, Veit, Barbara, den Drei Königen und Jakob, Michael, Christophorus, Katharina und immer wieder Maria geweiht waren. Nicht wenige dieser Altäre waren mit einer Kaplaneistiftung verbunden. Die Stiftungen der Altäre und Pfründen geschahen meist um des Seelenheils willen, gelegentlich zum Zweck der Sündentilgung und Sühne oder auch aus der Verantwortung für anvertrautes Gut oder die Gemeinschaft der Christen. Aber auch die Repräsentation oder die Versorgung eines Familienmitglieds konnte dabei eine Rolle spielen.

Die ganze Kirche war gut ausgestattet mit Leuchtern, Ampeln, die ständig brannten, Prozessionsstangen – die großen gehörten den Zünften –, Behältnissen für die oft reich ausgestalteten liturgischen Bücher, Geräte und Gewänder, sofern diese nicht in der Sakristei aufbewahrt wurden, und Weihwasserkesseln. Der Kerzenverbrauch war enorm. Am Eingang zum Chor befand sich das Sakramentshaus, in der Mitte des Schiffs die Kanzel mit Sanduhr, ihr gegenüber eine Marienstatue, bei der Tür der Taufstein, auf der Rückempore eine Orgel, unter ihr ein Ölberg und das Heilige Grab. Es gab noch zahlreiche weitere Statuen und Tafeln, von denen eine

Darstellung der Geburt Christi bei den Kindbetterinnen besonders beliebt war. Die Kirchenwände waren weithin bemalt mit Szenen aus der Bibel und den Heiligenleben. Einige Fenster wiesen Glasmalereien auf. Die Glasmalerei erlebte zu jener Zeit nochmals eine Blüte. Die kirchlichen Innenräume erhielten durch sie eine besondere Atmosphäre. Eines der schönsten erhaltenen Beispiele sind die Fenster im Chor der Tübinger Stiftskirche. Die Kirchen besaßen auch meist einen beachtlichen Bestand an heiligen Gefäßen, Kelchen, Meßkännchen, Vortragkreuzen, Reliquienbehältnissen, Fahnen – sie wurden bei Prozessionen verwendet –, Monstranzen, Rauchfässern, dazu zahlreiche, zum Teil sehr kostbare Ornate. Die Stiftskirche und Leonhardskirche in Stuttgart besaßen zusammen 204, die Nürtinger Kirche 111 Meßgewänder. Benötigt wurden sie bei den hohen Gottesdiensten, zu denen die ganze Priesterschaft aufgeboten wurde. Selbstverständlich fehlten die Opferstöcke nicht. Die Kirche besaß ein Gestühl; Männer und Frauen saßen getrennt, ebenso die Nonnen. Die meisten hatten ihren festen Platz in der Kirche. Wegen des eifrigen Kirchenbesuchs herrschte ein gewisser Platzmangel. Zur Kirche gehörte eine eigene Bibliothek, vor allem mit Predigtbüchern.

Die Kirche war auch außen, zum Kirchhof hin, bemalt. Die Geschlechter hatten auf dem Kirchhof ihre eigenen Grablegen mit Grabsteinen. Einfachen Leuten wurde das Brett, auf dem sie zu Grabe getragen worden waren, aufs Grab gesteckt. Auf ihm standen der Name und ein Ablaßgebet. Zum Kirchhof gehörte das Beinhaus, in dem die ausgegrabenen Knochen verwahrt wurden. Ferner befand sich dort noch die sog. Obere Kapelle mit vier Altären und die in ihrem Untergeschoß gelegene Untere Kapelle.

Das sehr reiche Spital, dem viele Stiftungen zugewendet worden waren, besaß seine eigene Kirche mit zwei Pfründen. Zu dem dortigen Marienaltar »sind gar viele Leut gangen, die in Nöten sind gewesen oder durch ein Gelübde verpflichtet«. Ein weiterer Altar war der heiligen Elisabeth gewidmet. Eine der beiden geistlichen Stellen war eine Prädikatur. Wie in anderen Städten auch wurde sie später der Ausgangspunkt evangelischer Verkündigung. Bei den Predigten konnte die Wand zur Krankenstube geöffnet werden. Die Verfügung über das Spital besaß wie andernorts der Rat, der hier Arme, Kranke und auch Fremde versorgen ließ. Es gab Krankenstuben für Männer und Frauen, für Geisteskranke, eine »Blatternstube« und eine für die Waisenkinder, dazu ein Bad. Für die medizinische und geistliche Betreuung war gesorgt.

In der Stadt gab es ferner eine Nikolaus-, eine Leonhards- und eine Siechenkapelle, die besondere Ablässe hatten und eigene Kaplaneipfründen besaßen. »Auf dem Berg« befand sich die Wolfgangskapelle, deren Glocke u. a. bei Gewittern geläutet wurde. Außerhalb der Stadt lagen auch die Heiliggeistkirche, die Kreuzkirche und die Herrgott-Ruhe-Kapelle mit einem Vesperbild. Die Kirchen außerhalb der Stadt wurden zum Teil bei Prozessionen besucht. Zu ihnen ist man auch gewallfahrtet. Fast überall gab es nahegelegene Wallfahrtsorte. Ziel einer Wallfahrt waren z.B. die sog. »Maria von den Nesseln« im Heilbronner Karmeliterkloster, Maria Kappel bei Crailsheim oder die Gnadenbilder in Nellingsheim, Bronnweiler, Talheim, Bernau, Hohenrechberg, Heslach, auf dem Einkorn usw., die im Ruf der Wundertätigkeit standen. Außer der Pfarrkirche befanden sich in und um Biberach also neun Kapellen; in anderen Städten waren es gewiß nicht weniger. In Ulm gab es nach römischem Vorbild eine Art Pilgerführer durch die Kirchen der Stadt.

Die Stadttore waren mit geistlichen Bildern bemalt. Kirchlicher Besitz waren ferner der Pfarrhof, der Hof des Klosters Eberbach im Rheingau, dem die Pfarrkirche inkorporiert war, und das Haus, in dem der Mesner wohnte, der auch besondere Verpflichtungen beim Wetterläuten mit der großen Glocke hatte, die dafür eigens mit einer Reliquie ausgestattet war. Bei Gewittern zündete man geweihte Kerzen an und verbrannte geweihte Palmen (Palmkätzchen) und Hölzer. Dazu betete man den Johannesprolog. Im Nonnenhaus wohnten etwa zwölf Franziskanerinnen, die ihren Lebensunterhalt zum Teil durch Webarbeiten verdienten. Wie schon erwähnt, war dies die einzige klösterliche Niederlassung in Biberach. In anderen Städten war das Mönchtum weit stärker vertreten. Im Seelhaus wurden in der Regel für eine Nacht fremde Bettler aufgenommen. Im Armleut-Haus wohnten arme Frauen. Der Rat stellte ihnen im Winter das Holz, sonst hatten sie sich selbst zu ernähren. In das Siechenhaus konnten sich Pfründner einkaufen; fremde Sieche wurden nur für vier Wochen aufgenommen. Eigene Höfe besaßen in der Stadt die Klöster Salmannsweiler, Heggbach, Ochsenhausen, Schussenried, Marchtal, Buxheim und die Ravensburger Karmeliter. Somit spielten auch in Biberach die Klöster eine wirtschaftliche Rolle. Die Schüler der Lateinschule mußten bei den feiertäglichen Gottesdiensten, bei Prozessionen und Beerdigungen singen. Im Raum der Stadt war mit der Kirche, den Kapellen, Bildern und Glocken das Heilige überall präsent.

Nach den kirchlichen Örtlichkeiten wendet sich die Darstellung dem Kirchenjahr zu, wobei, beginnend mit Neujahr, die Gottesdienste und das Brauchtum eines jeden Feiertags liebevoll beschrieben werden. Bei den Feiertagen unterschied man zwischen den 26 gebannten, die begangen werden mußten, und den mindestens 12 nicht gebannten, deren Feier freiwillig war. Andernorts waren es eher noch mehr Feiertage, weshalb man sich in Ulm aus wirtschaftlichen Gründen um Einschränkung bemühte. Zum feiertäglichen Gottesdienst gehörte die Prozession innerhalb der Kirche.

Beim Dreikönigsfest werden die Weihnachtslieder erwähnt. Den Sebastianstag (20. Januar) feierten vor allem die Büchsenschützen. An diesem Tag besuchte man die Wolfgangskapelle, deren Mitpatron Sebastian war, »denn da ist Sankt Sebastian gnädig gesein«. An Mariae Lichtmeß (2. Februar) fand die Kerzenweihe statt. Sankt Blasius (3. Februar) rief man gegen Halsweh, Agathe (5. Februar) gegen Feuer, Apollonia (9. Februar) gegen Zahnweh, Valentin (14. Februar) gegen Epilepsie an. Die Zahl der zu verehrenden Heiligen war enorm. Echte Feiertage waren alle Aposteltage, beginnend mit Matthias am 24. Februar. Am Tag des Kirchenlehrers Gregorius (12. März) begann das neue Schuljahr. Mariae Verkündigung (25. März) war eines der großen Marienfeste, das wie die Christusfeste aus den Heiligentagen herausragte. Die Marienverehrung hatte auch in den normalen wöchentlichen Gottesdiensten ihren Platz. Am Markustag (25. April) fand der große Kreuzgang gegen den jähen Tod um die Stadt herum statt. An Philippus und Jakobus (1. Mai) schmückte man die Häuser mit Maien. Zwei Tage später wurde die Kreuzauffindung gefeiert, weshalb man das Kreuzkirchlein besuchte. Am Tag Johannes des Täufers (24. Juni) entzündete man das Sonnwendfeuer. Peter und Paul (29. Juni) wurde wie die anderen Aposteltage begangen. Am Ulrichstag (4. Juli) wurde die Ulrichskirche in Alberweiler besucht. An Mariae Himmelfahrt (15. August) wurden Kräuter geweiht. Männer und Frauen opferten an diesem Tag, ebenso an Weihnachten, Ostern und Pfingsten, einen Pfennig auf dem Choraltar, eine Erinnerung an das alte Offertorium. Die nächsten Feiertage waren u. a. Michaelis (29. September), Simon und Judas (28. Oktober) und Allerheiligen. An Allerseelen (2. November) fand eine Prozession auf dem Kirchhof statt mit dem Gebet des De profundis. Dabei wurden auch die Gräber besucht. »Sankt Martin (11. November) ist unser Hausvater (Patron) in unserer Kirch«; deshalb wurde besonders für die Pfarrkirche geopfert. Am Barbaratag (4. Dezember) bat man darum, daß man nicht sterbe, ohne mit dem Sakrament versehen zu sein. Am Nikolaustag stellten die Kinder die Schuhe vor die Türe, in die dann eine Gabe gelegt wurde.

Während der Adventszeit wurde die Kirche häufiger aufgesucht. Vertreter der Bettelorden predigten. Zum Teil fasteten die Leute. Überaus reich war die Weihnachtsliturgie mit Blasen und Singen. Am Heiligen Abend wurde gefastet. Um Mitternacht begann die Christmette, die erste von drei Messen am Christtag. Vor allem Frauen pflegten an diesem Tag auch zu kommunizieren. Bereits am Christfest wünschte man sich ein gutes neues Jahr. Am Stephanstag wurden die Pferde gesegnet. Am Johannestag trank man den Johannessegen, zu dem der Pfarrer den Wein stiften mußte.

Bevor die vorösterliche Fastenzeit begann, wurde Fastnacht gefeiert. Die Fastnachtsküchlein holte man bei den Priestern. Mit Beginn der Fastenzeit wurden die Altäre mit den Hungertüchern, auf denen das Leiden Christi oder dessen Symbole dargestellt waren, verhängt. Ab Aschermittwoch bis Ostern durften kein Fleisch und eigentlich auch keine Milchprodukte genossen werden. Nur Kinder, Alte und Kranke waren davon befreit. Wie viele andere Städte hatte auch Biberach beim Papst 1475 einen »Butterbrief« erworben, der wenigstens das Kochen mit Butterschmalz erlaubte. Übrigens wurde auch sonst, vor allem vor Feiertagen, gefastet. Während der Fastenzeit mußte gebeichtet werden. Die Bettelorden hielten wiederum Predigten und durften dafür milde Gaben sammeln, die Franziskaner allerdings nur Fleisch und Schmalz und kein Geld. Am Palmsonntag fand die Prozession mit dem von den Metzgern gezogenen Palmesel zur Leonhardskapelle statt. An diesem Tag kommunizierte die Jugend. Anschließend erfolgte die Palmweihe (Palmkätzchen und Ginsterzweige), und dann wurde der Palmesel vom Obertor eingeholt. In der Karwoche wurde jeder Tag besonders begangen. Am Dienstag sang man die Passion. Im Esslinger Franziskanerkloster erfolgte dies unter großem Zulauf erst am Karfreitag. Wer am Gründonnerstag kommunizieren wollte, beichtete erneut. Während der Kommunion lasen die des Lesens kundigen Laien in Gebetbüchern. Von Gründonnerstag bis Ostern läuteten die Kirchenglocken nicht mehr, das Sakrament wurde aus dem Sakramentshaus genommen. An Karfreitag wurde drei bis vier Stunden gepredigt. Man betete um eine gute Sterbestunde. Bei der sog. Kreuzverehrung küßten Priester und auch viele Laien die Wundmale Christi, danach wurde das Kreuz in das Grab hinten in der Kirche gelegt, vor dem Kerzen brannten und Schüler ununterbrochen Psalmen beteten. Am Karfreitag besuchte man die neun Kapellen und opferte dort. Auch die Armen wurden bedacht. Am Karsamstag wurde die Osterkerze geweiht, danach die Scheiter, die man später zur Abwendung von Blitzschlag verbrannte, und anschließend das Taufwasser.

Die Auferstehung wurde in der Osternacht geradezu dramatisch gefeiert, immer wieder begleitet von dem Lied »Christ ist erstanden«, das auch außerhalb der Kirche gesungen wurde. Während der Frühmesse wurden Osterfladen, Hackfleisch und Eier geweiht. Nach dem Gottesdienst verzehrte man im Pfarrhof das Osterlamm, das zuvor im Chor ausgestellt gewesen war.

In der Kreuzwoche (vor Himmelfahrt), bei der man um gutes Wachstum bat, fanden Kreuzprozessionen zum Teil bis nach Ummendorf und Warthausen statt. Im Himmelfahrtsgottesdienst wurde ein Christusbild zur Decke der Kirche emporgezogen. Danach trank die Ehrbarkeit einen »Abschiedstrunk«. Auf Pfingsten sammelte man aufgrund eines Gelübdes für das »Hagelrind«, das dem Kloster Ottobeuren geschenkt wurde. Es handelte sich dabei um eine weitere Abwehrmaßnahme gegen Unwetter. Im Pfingstgottesdienst wurde unter Gesang eine silberne Taube durch ein Loch in der Decke herabgelassen. Fronleichnam wurde mit einer großen Prozession der ganzen Bürgerschaft begangen, bei der das Sakrament in einer Monstranz und die Reliquien durch die mit Grün geschmückte Stadt getragen wurden. Berühmt ist bis heute der Weingartner »Blutritt«. In der Oktav nach Fronleichnam fand ursprünglich alle zehn Jahre das große Passionsspiel auf dem Markt statt. In Calw gab es ein Osterspiel. Anfang September war die Kirchweihe der Pfarrkirche, bei der man auch Ablaß erwerben konnte, was zugleich zu bestimmten Gebeten verpflichtete.

Der Sonntag wurde mit der Frühmesse, der Frühpredigt durch den Prediger und dem eigentlichen Hochamt begangen. Bei diesem wurden auch die Feiertage und Seelenmessen der folgenden Woche abgekündigt und das große Fürbittegebet für Papst, Kaiser, Rat, Gemeinde, Schwangere, treue Tagwerker und gläubige Seelen gebetet. Werktags um 16 Uhr wurde die Vesper gesungen. Wie der Raum, in dem die Menschen lebten, war auch die Zeit des Jahres gegliedert und bestimmt durch die Religion.

Sie prägte auch das Gemeinschaftsleben in den Städten. Dabei spielten die Bruderschaften eine große Rolle. Sie feierten ihre eigenen Messen und festlichen Mahlzeiten und beteiligten sich vor allem am Begräbnis und Totengedenken ihrer Mitglieder. Die Kleriker waren vereinigt in der Priesterbruderschaft. Vielfach waren die Bruderschaften berufsständisch organisiert. So hatten u.a. die Weber, Bader, Becken und Müller, die Schmiede, Schuhmacher, Maler und die Armbrustschützen je ihre eigenen Bruderschaften, die auch besondere Heilige als Patrone hatten.

Die Ehe der Bürgerlichen wurde in den Häusern geschlossen. Nachdem der Bräutigam der Braut die Brautgabe überreicht hatte, gab der Priester das Paar zusammen. Bei einfachen Leuten erfolgte dies unter der Brauttür der Kirche. Danach fand der Kirchgang statt. Das Hochzeitsbett wurde vom Priester gesegnet. Schwangere Frauen beichteten und kommunizierten vor der Geburt. Mit dieser selbst war viel Brauchtum zur Abwehr von Unheil verbunden. Gebeichtet wurde mindestens einmal im Jahr, immer jedoch vor der Kommunion. Auch Kranke beichteten. Ihnen wurde das Sakrament in feierlichem Aufzug gebracht, ebenso die letzte Ölung. Zu Sterbenden holte man die Nonnen oder auch einen Priester. In den Testamenten wurden häufig auch die Armen und der Klerus bedacht, folgten einem doch die guten Werke ins Jenseits nach. Reich ausgebildet waren die Trauerzeremonien, angefangen von der Aussegnung im Trauerhaus. An das Begräbnis schloß sich das Totenamt in der Kirche an, an dessen Ende noch einmal »über das Grab gegangen« und geräuchert wurde. Der siebte und der dreißigste Tag nach einem Todesfall wurden besonders begangen und das Trauerjahr eingehalten. Fremde wurden nicht auf dem Kirchhof begraben. Selbstmörder steckte man in ein Faß und warf sie bei Rottenacker in die Donau. Täglich wurde eine Seelenmesse für die Verstorbenen, die einen Jahrtag gestiftet hatten, gefeiert. In der Jenseitsvorsorge spielten die Seelenmessen eine große Rolle.

Nach Joachim von Pflummern konnte in Biberach fast jedermann bei der Messe ministrieren und verstand deren Ablauf. Das Tragen eines Rosenkranzes war üblich. Auf die Spendenbereitschaft tat man sich etwas zugute. Ablaßbriefe wurden viel gekauft und hoch geschätzt. Größere kirchliche Bauvorhaben wurden vielfach geradezu mit Ablässen finanziert. Auch in den Häusern gab es Heiligendarstellungen, geweihte Kerzen, viele Andachtsbildchen, dazu Heiligen- und Gebetbücher. Man betete zu Hause, aber auch unterwegs, und segnete sich vor dem Ausgang mit Weihwasser. Ehebrecher galten als unehrlich. Priestern und Ordensleuten erwies man alle Ehrerbietung, allerdings nur, sofern sie sich rechtschaffen und würdig verhielten. »Man hat in Biberach alle gute Ding gefördert und lieb gehabt; lästerliche Ding hat man vernichtet und verachtet in aller Art.«

Außerhalb der Städte in den Dörfern und Dorfkirchen war das kirchliche Leben natürlich nicht so reich entwickelt. Immerhin befanden sich auch in den Dorfkirchen häufig mehrere Altäre und Meßstiftungen. Nicht wenige Dorfkirchen waren neu gebaut oder ausgemalt und teils mit beachtlichen Kunstwerken ausgestattet worden. Man denke nur an den Tiefenbronner Altar oder die Altäre in den ulmischen Dörfern. Die Landbevölkerung dürfte auch am kirchlichen Leben der benachbarten Amts- oder Reichsstädte partizipiert haben. Das Brauchtum des Kirchenjahrs oder der Lebensstationen war ohnedies in etwa gleich. Möglicherweise war die Landbevölkerung durch Abgaben an die Kirche stärker belastet als die Städter.

In den Augen Joachims von Pflummern waren das kirchliche Leben und die Frömmigkeit seiner Zeit eine heile Welt, in der er sich geborgen fühlte. Der heute feststellbare Befund gibt ihm auf den ersten Blick recht. Das spätmittelalterliche Deutschland war ein tief religiöses Land mit einem großen Hunger nach dem Himmlischen. Es herrschte eine gesteigerte, manchmal sogar übersteigerte Frömmigkeit. Die Bereitschaft zu frommen Stiftungen war groß; möglicherweise ging sie kurz vor der Reformation etwas zurück. In manchem war die Frömmigkeit stark verdiesseitigt, man denke nur an die gottesdienstlichen Bräuche an den Hochfesten. Immer wieder aufgefallen ist das Phänomen der Massenhaftigkeit und der Veräußerlichung z. B. hinsichtlich der Feiertage, der Beteiligung von möglichst vielen Klerikern an gewissen Festgottesdiensten, der unvorstellbaren Vielzahl der Vaterunser und Ave Maria, die gebetet wurden, der Zahl der Seelenmessen, die für vornehme Persönlichkeiten gefeiert wurden, oder der immensen Menge von Ablaßjahren, die man erwerben konnte und erwarb. Der Frömmigkeit fehlte allerdings auch die Innerlichkeit nicht. Gelegentlich pflegten selbst Laien eine ausgedehnte Bibellektüre. Die Erbauungsliteratur fand guten Absatz und wurde offensichtlich auch gebraucht. Sie war zu jener Zeit allerdings meist relativ schlicht und wenig originell. Hier meldete sich eine Tendenz zum Einfachen, möglicherweise als Reaktion auf eine zu komplizierte Verkündigung und Theologie.

Damit steht man vor dem Problem, oder besser gesagt, dem Rätsel, wie es zur Reformation kam. In der obersten Kirchenleitung in Rom stand es nicht zum besten, aber sie war fern. Der Einfluß der Bischöfe war zurückgegangen, und die Eingriffe der politischen Obrigkeiten hatten zugenommen. Aber dadurch war nicht einfach eine Säkularisation erfolgt, vielmehr waren die Kräfte der Reform nicht selten durch die Obrigkeiten unterstützt worden. Von der politischen Seite her wurde die Kirche nicht eigentlich in Frage gestellt. Unter der Geistlichkeit zeigten sich unübersehbare Schäden, vor allem hinsichtlich ihrer Moral, ihrer beruflichen Qualitäten und Pflichterfüllung, die ihren Ruf beeinträchtigten. Dazu fühlte sich die Bevölkerung durch die vielfältigen und erwarteten kirchlichen Abgaben und Opfer zum Teil belastet. Ein latentes Potential des Pfaffenhasses war offenbar vorhanden. Das hatte sich z.B. 1476 beim Auftreten des Hans Böheim, des Pfeifers von Niklashausen im Taubertal, gezeigt, der aufgrund einer angeblichen Marienvision dazu aufrief, die Pfaffen totzuschlagen und den urchristlichen Kommunismus und Gleichheitsgrundsatz zu praktizieren, was bedeutete, daß die Abgaben abgeschafft sein sollten. Der Pfeifer hatte damit kurzfristig eine außerordentliche Resonanz gefunden, bis man ihn in Würzburg verbrannte. Die sich vor allem gegen die Kirche richtende Sozialkritik machte sich bis zum Bauernkrieg immer wieder bemerkbar. Ganz unumstritten war die Stellung der Geistlichkeit und der Kirche in der Gesellschaft also nicht. Aber in weiten Gegenden und die meiste Zeit spürte man davon wenig. Von katholischer Seite wird immer wieder auf die damals herrschende theologische Unklarheit in der Gnaden- und Sakramentslehre hingewiesen, wie sie vor allem der Nominalismus aufgebracht haben soll. An den Universitäten in Südwestdeutschland war der Nominalismus jedoch keineswegs alleinherrschend, sondern hatte neben sich die Via antiqua. Die innertheologischen Differenzen waren nicht allzu bedeutend. Die Theologie wollte kirchlich sein und war auch nicht blind für die Schäden der Zeit. Sie hatte mit ihrer Kompliziertheit allerdings echte Vermittlungsprobleme, weshalb ihr Einfluß auf das Kirchenvolk begrenzt war. Eine gewisse Kritik an der scholastischen Theologie, der Unbildung der Geistlichkeit und bestimmten Auswüchsen der Frömmigkeit meldete sich bei den Humanisten. Aber sie blieb auf eine schmale Schicht Gebildeter beschränkt und bedeutete eigentlich nicht eine Negierung des Systems. Dazu war ihre eigene religiöse Kraft begrenzt.

Die Frage spitzt sich darauf zu, wie es kommen konnte, daß das religiöse System, das die Umwelt, den Jahresablauf, die Lebensstationen bis ins Jenseits für den damaligen Christenmenschen ordnete, zerbrach, obwohl sich trotz vorhandener Schwächen und Fehler eine umfassende Systemkrise nicht diagnostizieren läßt. Deutlicher als es sonst der Fall ist, muß gesagt werden, daß es darauf nur eine plausible Antwort gibt: Aus dem Zentrum der biblischen Offenbarung wurde eine revolutionierende Alternative zum Bestehenden angeboten. Sie entzog der bisherigen Frömmigkeitspraxis, ihren zahlreichen Leistungen und guten Werken vielfach den Sinn und machte die entsprechenden kirchlichen Forderungen obsolet. Sie schaltete die Vermittlung der Heiligen aus und stellte den Menschen unmittelbar vor den dreieinigen Gott, dessen verheißenes Wort in der Predigt und den Sakramenten zugesprochen wurde. Der Glaube an Leiden und Tod Christi galt nunmehr als der einzige Trost im Leben und Sterben. Damit waren die Bilder überflüssig geworden. Neben dem Priestertum aller Gläubigen hatte ein besonderer Stand der Priester und Mönche keinen Platz mehr. Die fraglose Autorität der Kirchenleitung wurde ersetzt durch die des biblischen Worts, das zugleich der einzige Gegenstand der Theologie war. Das war die Alternative Martin Luthers und der Reformation. Sie wurde aufgenommen und weitergegeben von Theologen und Humanisten, von Priestern, Predigern und Mönchen, bis hin zum Kirchenvolk der Laien. Nicht alle waren mit ihr sofort oder überhaupt einverstanden. Aber wo die reformatorische Predigt ungehindert ergehen konnte, fand sie meist überwältigende Zustimmung. Über kurz oder lang mußten die politischen Obrigkeiten einwilligend, ablehnend oder abwartend zu ihr Stellung nehmen, was dann nicht selten das Schicksal der reformatorischen Bewegung einschneidend mitbestimmte.

*Literatur:*

*Albert Angele,* Altbiberach um die Jahre der Reformation, Biberach (1962) (Pflummersche Aufzeichnungen). – Historischer Atlas, Karte VIII, 5: Kirchliche Gliederung um 1500, bearbeitet von *M. Schaab*; – VIII, 6: Spätmittelalterliche Klöster (1300–1500), bearbeitet von *W. Petschan;* – IX, 7: Einzugsgebiete der Universitäten Heidelberg, Freiburg und Tübingen, bearbeitet von *G. Kerkhoff* (jeweils mit Beiwort). – *Edgar Bonjour.* Die Universität Basel von den Anfängen bis zur Gegenwart, Basel (1960). – *Bernd Breitenbruch,* Münsterprediger und Münsterpredigten vom Beginn des 16. Jahrhunderts bis zum Ende der Reichsstadtzeit, in: *Hans Eugen Specker* und *Reinhard Wortmann* (Hg.), 600 Jahre Ulmer Münster, Ulm (1977). S.405–438. – *Werner-Ulrich Deetjen,* Studien zur Württembergischen Kirchenordnung Herzog Ulrichs 1534–1550, Quellen und Forschungen zur württ. Kirchengesch. 7, Stuttgart (1981). – *Johannes Haller,* Die Anfänge der Universität Tübingen 1477–1537, 2 Bde., Stuttgart (1927). – *Franz-Kuno Ingelfinger,* Die religiös-kirchlichen Verhältnisse im heutigen Württemberg am Vorabend der Reformation, Stuttgart (1939). – *Hermann Kienzle,* Rechtliche Grundlagen und Voraussetzungen der Reformation in Heilbronn, Diss., Heilbronn (1921). – *Joseph Lortz,* Die Reformation in Deutschland, Freiburg ($^{6}$1982). – *Wilhelm Maurer,* Der junge Melanchthon, Bd. 1 Der Humanist, Göttingen (1967). – *Bernd Moeller,* Deutschland im Zeitalter der Reformation, Deutsche Geschichte 4, Göttingen (1977). – Ders., Frömmigkeit in Deutschland um 1500, ARG 56 (1965), S. 5–31. – *Heiko Augustinus Oberman,* Werden und Wertung der Reformation, Tübingen ($^{2}$1979). – *Franz Petri* u. a., Rheinische Geschichte, Bd. 2 Neuzeit, Düsseldorf (1976). – *Francis Rapp,* Réformes et Réformation à Strasbourg, Association des Publications près les Universités de Strasbourg, Collection de l'Institut des Hautes Études Alsaciennes 23, Paris (1974). – *Rauscher,* Reformationsgeschichte, S. 1–34. – *Gerhard Ritter,* Die Heidelberger Universität, Bd. 1 Das Mittelalter, Heidelberg (1936). – *Gertrud Rücklin-Teuscher,* Religiöses Volksleben des ausgehenden Mittelalters in den Reichsstädten Hall und Heilbronn, Hist. Studien 226, Berlin (1933). – *Heinrich Schreiber,* Geschichte der Albert-Ludwigs-Universität Freiburg, Freiburg (1857–66). – *Hans Eugen Specker* und *Gebhard Weig* (Hgg.), Die Einführung der Reformation in Ulm, Forschungen zur Gesch. der Stadt Ulm, Reihe Dokumentation 2, Ulm (1981). – *Ernst Staehelin,* Das theologische Lebenswerk Johannes Oekolampads, QFRG 21, Leipzig (1939, Nachdruck Berlin–New York 1971). – *Hermann Tüchle,* Kirchengeschichte Schwabens, Bd. 2, Stuttgart (1954). – 450 Jahre Reformation in Esslingen (Katalog), Esslingen (1981). – 450 Jahre Reformation in Heilbronn, Veröffentlichungen des Archivs der Stadt Heilbronn 23, Heilbronn (1980). – *Vierordt,* Bd. 1, S. 1–106. – *Johannes Wülk* und *Hans Funk,* Die Kirchenpolitik der Grafen von Württemberg bis zur Erhebung Württembergs zum Herzogtum (1495), Darst. aus der württ. Gesch. 10, Stuttgart (1912).

Zweiter Teil

# Von den Anfängen bis zur Rückkehr Herzog Ulrichs nach Württemberg 1534 bzw. bis zum Schmalkaldischen Krieg 1546 im übrigen Südwestdeutschland

# Erste Einwirkungen der Reformation auf Südwestdeutschland

Die Reformation wurde von dem Wittenberger Mönch und Professor Martin Luther ausgelöst. Ihr Verlauf hing in den ersten Jahren untrennbar mit dem Schicksal seiner Person und seinem Werk zusammen. Bekanntlich waren es die 95 Thesen »von der Kraft der Ablässe« vom 31. Oktober 1517 oder, genauer gesagt, deren um die Wende 1517/18 in Leipzig und den beiden südwestdeutschen Städten Nürnberg und Basel erfolgter Druck, die die neue Bewegung in Gang brachten. Einmal im Druck erschienen, durchliefen die Thesen in vierzehn Tagen fast ganz Deutschland, »als wären Engel selbst die Botenläufer und trügen's vor aller Menschen Augen«, wie Luther staunend feststellte. Die erste Resonanz kam von den Gebildeten in den Städten, den Humanisten und den Universitäten. Die Thesen kursierten unter den Patriziern und Lutherfreunden in Nürnberg. Albrecht Dürer las sie in deutscher Übersetzung und bedankte sich bei Luther mit einem Geschenk. Als die Thesen von Nürnberg an den Augsburger Stadtschreiber Conrad Peutinger und den Domherrn Bernhard Adelmann von Adelmannsfelden kamen, war dort schon der Basler Thesendruck bekannt. Der Franziskanerguardian Konrad Pellikan in Rufach im Elsaß erfuhr von den Thesen Anfang 1518. Luthers strenge Forderung nach der wahren, lebenslangen Buße anstelle der veräußerlichten, kommerzialisierten Bußpraktiken, wie sie der Jubiläumsablaß zugunsten des Baus der Peterskirche in Rom darstellte, erregte Aufsehen. Es gab aber nicht nur Zustimmung. Der Ingolstädter Professor Johann Mayr, der sich nach seinem Geburtsort Eck an der Günz in Schwaben Johann Eck nannte, fühlte sich sofort zum Widerspruch herausgefordert. Schon im Dezember 1517 hatte Erzbischof Albrecht von Mainz, der sich als Organisator und beteiligter Nutznießer des Ablasses besonders getroffen fühlen mußte, den Papst über Luthers Ablaßkritik informiert.

Binnen weniger Monate wurde Luther eine der umstrittensten Persönlichkeiten in Deutschland. Alle, die ein Unbehagen an dem veräußerlichten kirchlichen Betrieb empfanden, sympathisierten mit ihm. Gegen sich hatte er einen Teil des kirchlichen Apparats und die im hergebrachten scholastischen Denken verharrende Theologenschaft. Gedeckt wurde Luther einmal von seinem Landesherrn, Kurfürst Friedrich dem Weisen von Kursachsen, der an ihm als Professor ein Interesse hatte, sodann von seinem Ordensoberen Johann von Staupitz, dem Vikar der deutschen Kongregation der observanten (strengen) Augustinereremiten. Staupitz und Luther verband das Interesse an einer ernsten biblischen Theologie und Frömmigkeit. Für den 25. April 1518 hatte Staupitz das Kapitel der deutschen Augustinerkongregation, die Zusammenkunft der ihm unterstehenden Klöster, nach Heidelberg einberufen. Als Vikar des sächsischen Ordensdistrikts hatte sich auch Luther dort einzufinden. Kurfürst Friedrich sicherte für ihn die Reise politisch ab. Über die Verhandlungen in Heidelberg ist nur wenig bekannt, so daß sich nicht erkennen läßt, in welchem Ausmaß der Fall Luther dabei eine Rolle spielte. Es war bei derartigen Veranstaltungen üblich, eine öffentliche Disputation abzuhalten. Die Aufstellung der Thesen und den Vorsitz bei der Heidelberger Disputation am 26. April hatte Staupitz Luther übertragen. Luther berührte die Ablaßfrage mit keinem Wort. Seine Thesen waren vielmehr eine aufs äußerste zugespitzte Auseinandersetzung mit der scholastischen Theologie. Sie bestritten jegliche Leistungsfähigkeit des Menschen in bezug auf das Heil; darin ist der Mensch völlig auf Gottes Wirken angewiesen. Der Mensch hat keinen freien Willen, mit dem er sich für das Heil entscheiden könnte, sondern bedarf ganz und gar der Gnade. In berühmt gewordenen Formulierungen charakterisierte Luther die Handlungsweise Gottes als durch das Kreuz bestimmt und setzte diese »Theologie des Kreuzes« von der gängigen »Theologie der Herrlichkeit« ab. Am Schluß wurde dann klar die reformatorische Alternative formuliert, zu der Luther selbst erst im Verlauf der vorangegangenen Monate gefunden hatte: »Nicht der ist gerecht, der viel wirkt, sondern der ohne Werke viel an Christus glaubt.« Der Unterschied zwischen menschlichem und Gottes rechtfertigendem Handeln wird so bestimmt: »Die Liebe Gottes findet ihr Liebenswertes nicht vor, sondern schafft es, der Mensch hingegen kann nur lieben, was schon liebenswert ist.«

Den Heidelberger Professoren kam das alles wie eine fremde Theologie vor, aber sie setzten sich höflich und scharfsinnig damit auseinander, obwohl sie schwerlich die Reichweite der Gedanken Luthers erfaßten. Allgemein wurde Luther bestätigt, daß er eine gute Figur gemacht und Ehre für die Universität Wittenberg eingelegt habe. Luthers Aufenthalt in Heidelberg wäre nicht mehr als eine zufällige Episode in der südwestdeutschen Reformationsgeschichte gewesen, hätte nicht eine Reihe von Studenten an der Disputation teilgenommen, die Luther spontan für sich gewann. Einer von ihnen war der 1491 in Schlettstadt im Elsaß geborene Dominikaner Martin Bucer. Er berichtete »wie im Traum« seinem Freund, dem Humanisten Beatus Rhenanus in Basel, vom Auftreten Luthers, »jenes Verächters der Ablässe«, der sich unter Berufung auf Hieronymus und Augustin in radikalen Gegensatz zur herrschenden Heidelberger Aristotelestheologie gesetzt hatte. Seine Thesen waren so ungewohnt, daß die meisten sie für häretisch hielten, obwohl sie nichts Rechtes dagegen vorzubringen wußten. Gerühmt wird Luthers Festigkeit und Verbindlichkeit sowie sein geduldiges Zuhören und souveränes Reagieren auf die Einwände. Nach Bucers Eindruck stimmte Luther in der Sache mit dem berühmten Humanisten Erasmus von Rotterdam überein, nur daß er sie offener vertrat. Das war ein hohes Lob, signalisierte zugleich aber ein Mißverständnis, das sich auch in der von Bucer gemeinsam mit Martin Frecht und Johannes Brenz gefertigten Nachschrift der Disputation bemerkbar machte. Die jungen Theologen hatten den Gegensatz in der Anthropologie Luthers und des Erasmus nicht bemerkt. Bucers Interesse galt dem ethisch neuen Sein des Christen. Daß dieses nach Luther ausschließlich gottgewirkt ist, hatte er immerhin begriffen. Viele der ersten Anhänger Luthers kamen vom Humanismus her. Wie das Beispiel Bucers zeigt, haben sie die Vorstellungen Luthers alsbald auch verformt. Das machte später die geistige Vielfalt und den Reichtum der Reformation aus, brachte jedoch auch Spannungen mit sich. Nach der Disputation suchte Bucer wohl zusammen mit Brenz Luther noch zu persönlichem Gespräch auf.

Luther selbst bemerkte in Heidelberg, daß die Jugend nicht mehr den Älteren, sondern ihm folgte. Er gewann damals eine Reihe der später führenden Theologen der südwestdeutschen Reformation. Bucer selbst verfolgte seit Heidelberg Luthers Theologie mit Interesse. 1521 trat er aus dem Dominikanerorden aus und war dann u.a. Pfarrer in Landstuhl bei Franz von Sickingen. 1523 kam er über Weißenburg nach Straßburg und wurde dort zu einem der prägenden und führenden Reformatoren. Sein Einfluß strahlte auf den ganzen südwestdeutschen Raum aus. Johannes Brenz (1499–1570), Sohn des Schultheißen von Weil der Stadt, seit 1522 Prediger in Schwäbisch Hall, später in Württemberg, wurde zu einem der treuesten Gefolgsleute Luthers in Südwestdeutschland. Nicht zuletzt ihm ist es zu danken, daß das Luthertum sich hier durchsetzen konnte. Erwähnt wurde bereits auch Martin Frecht (1494–1556), der seit 1531 der führende Theologe der Ulmer Reformation war. Erhard Schnepf (1495–1558) aus Heilbronn war als Reformator seit 1520 u.a. im Kraichgau, in Württemberg und in Hessen tätig. Theobald Gerlacher (gest. 1554), der sich nach seinem Geburtsort Billigheim in der Pfalz Billicanus nannte, wurde reformatorischer Prediger in Weil der Stadt und Nördlingen. Man könnte weiter Franz Irenicus aus Ettlingen, der in Baden und im Kraichgau tätig war, oder Johannes Eisenmenger (Isenmann), den späteren Pfarrer der Michaelskirche in Schwäbisch Hall, nennen. Insgesamt war der Kreis der Heidelberger Studenten, die durch die Disputation oder indirekt durch Brenz, Bucer, Billican und Frecht für die Reformation gewonnen wurden, noch erheblich größer. Insofern war Luthers Auftritt in Heidelberg nicht nur ein theologisches Ereignis, sondern ein wichtiges Anfangsdatum der südwestdeutschen Reformation überhaupt.

Heidelberg war aber keineswegs das einzige Zentrum, in dem man die späteren Reformatoren und ebenso ihre Gegner versammelt fand. In Tübingen bestand zwar keine so ausgeprägte Gruppe von Reformationsanhängern wie in Heidelberg, aber von dort wurde der aus Bretten stammende, hochbegabte junge Philipp Melanchthon, der Großneffe des Humanisten Johannes Reuchlin, im August 1518 als Gräzist nach Wittenberg berufen, um dort an der biblisch-humanistisch ausgerichteten Universitätsreform mitzuwirken. Er geriet in seinem neuen Wirkungskreis alsbald unter den nachhaltigen Einfluß Luthers und wurde dessen wichtigster Mitarbeiter.

In Freiburg studierten vor allem im Umkreis des dort bis 1510 lehrenden Johann Eck eine Reihe früher Anhänger und Gegner Luthers, darunter der spätere Täufer Balthasar Hubmaier und der Augsburger Reformator Urbanus Rhegius, die beide auch Eck nach Ingolstadt folgten. Der Jurist und Humanist Ulrich Zasius (1461–1535) aus Konstanz hatte wie der Dichter Philipp Engelbrecht und einige der Theologen anfangs Luthers Kritik am Ablaß begrüßt und schätzte seine Buß- und Rechtfertigungslehre. Zeitweilig las er die Schriften Luthers, »als wenn es von einem Engel käme«. Im Dezember 1519 stellte er fest: »Die ganze Schweiz, Konstanz, Augsburg und ein gut Teil Italiens hängt an Luther.« Als dieser aber die Autorität des Papstes und die alte Sakramentslehre in Frage stellte, konnte der

Jurist Zasius ihm nicht mehr folgen und wollte, wenn auch resigniert, bei der alten Kirche bleiben. Auch der begeisterte Hinweis des jungen Konstanzers Thomas Blarer auf die Rechtfertigungslehre und ihre Konsequenzen vermochten daran nichts zu ändern. Hier setzten auch im Bekanntenkreis von Zasius bereits schmerzliche Scheidungen ein. Von Zasius wurden nicht wenige der später einflußreichen alt- wie auch neugläubigen Juristen ausgebildet. Einer von ihnen war Johann Heigerlin (1478–1541), genannt Fabri, aus Leutkirch, seit 1518 Generalvikar in Konstanz. Auch er wurde trotz anfänglicher Sympathien für Luther zu einem der schärfsten und wichtigsten Gegner der Reformation in Südwestdeutschland.

Angeregt durch die Kunde von der Heidelberger Disputation hatte sich der damalige Basler Münsterprediger und Theologieprofessor Wolfgang Fabricius Capito (1478–1541), der aus Hagenau stammte, im September 1518 mit einem bewundernden, freilich – wie es lebenslang seine Art war – auch zur Vorsicht mahnenden Brief an Luther gewandt. Luther sollte den großen Konflikt, den die Humanisten verabscheuten, vermeiden. Merkwürdigerweise war es gerade Capito, der Luthers Gedanken zu einer wesentlichen Verbreitung verhalf. Er brachte im Oktober 1518 bei dem berühmten Buchdrucker Johann Froben eine erste Gesamtausgabe von Luthers lateinischen Schriften heraus, die rasch über Deutschland hinaus in Italien, der Schweiz, Frankreich und den Niederlanden abgesetzt wurde. Sie kam z. B. in die Hände Ulrich Zwinglis oder der Gegner Luthers in Löwen. Als Froben aus Rücksicht auf seinen Spitzenautor Erasmus diese Ausgabe nicht mehr neu auflegte, wurde sie von anderen Druckern in Straßburg und Basel nachgedruckt. 1520 erschien bei Andreas Cratander in Basel auch eine erste Sammelausgabe deutscher Lutherschriften. Durch diese ersten Sammeldrucke wurden Luthers Gedanken im Zusammenhang bekannt. Capito wurde 1519 Domprediger in Mainz und Vertrauter des dortigen Erzbischofs Albrecht. Aus dieser schwierigen Stellung zwischen den Fronten zog er sich 1523 auf die Propstei des Thomasstifts in Straßburg zurück, dessen bedeutendster Reformator er neben Bucer wurde.

Frühe Sympathisanten mit Luther gab es nicht nur an den Universitäten, sondern auch unter den humanistisch Gebildeten in einigen Reichsstädten. Als Luther Mitte Oktober 1518 zum Verhör durch den Kardinal Cajetan in Augsburg weilte, nahmen sich der Karmeliterprior Johann Frosch und die beiden Domherren Bernhard und Konrad Adelmann seiner an. Der an Reformen interessierte und gegen Rom kritisch eingestellte Stadtschreiber Conrad Peutinger lud ihn zu Tisch. Nach dem Scheitern der Verhandlungen ermöglichten ihm die Augsburger Freunde das rasche nächtliche Entkommen aus der Stadt. In ähnlicher Weise wurde Luther auf der Rückreise in Nürnberg unterstützt.

Ende 1518 wurde Johannes Oekolampad (geb. 1482) aus Weinsberg Domprediger in Augsburg. Er hatte in Heidelberg und Tübingen studiert und war ursprünglich vom Geist des christlichen Reformhumanismus geprägt. Brenz hatte bei ihm Griechisch und Hebräisch gelernt; auch Erasmus hatte er mit seinen Hebräischkenntnissen unterstützt. Seit 1510 war er mit Unterbrechungen Prediger in Weinsberg, 1518 für kurze Zeit Poenitentiar (verantwortlich für das Bußwesen) in Basel. Spätestens in Augsburg wurde Oekolampad auf Luther aufmerksam. An ihn richtete Melanchthon Ende Juli 1519 seinen Aufsehen erregenden Bericht von der Leipziger Disputation zwischen Luther und Eck, in dem Eck als Gegner der Bibeltheologie und damit auch der progressiven Humanisten entlarvt wurde. Wenig später stellte Eck dagegen die Behauptung auf, alle würden ihm gegen Luther zustimmen außer einigen »ungelehrten Kanonikern« (Domherren). Auf Bitten des Domherrn Adelmann veröffentlichte Oekolampad eine anonyme »Antwort der ungelehrten Kanoniker«. Sie benannte, was die angeblich kleinen Geister an Luther schätzten: seinen Eifer für Reformen, seine vertiefte Frömmigkeit und biblische Theologie. Sie wollten eher Luther, dem Freund des Evangeliums und der christlichen Freiheit, als der Scholastik und dem Kirchenrecht folgen. Darum wurde Eck nahegelegt, zu schweigen, bis er sich der wahren Theologie hingegeben habe. In ähnlicher Weise trat damals auch der Nürnberger Ratsschreiber Lazarus Spengler mit einer »Schutzrede« für Luthers Lehre ein. Spengler und Bernhard Adelmann wurden Ende 1520 zusammen mit Luther mit dem Bann bedroht. Völlige Klarheit über seinen Weg besaß Oekolampad damals noch nicht. Im April 1520 zog er sich überraschend in das Birgittenkloster Altomünster zurück, wo er sich der Übersetzung von Kirchenvätern widmete. Seine damals entstandenen Schriften, z. B. die über die Beichte, berührten sich vielfach mit Luthers Intentionen, waren aber mit ihrer Betonung der Heiligung etwas anders akzentuiert. Im Januar 1522 trat er aus dem Kloster wieder aus und hielt sich danach als Geistlicher auf der Ebernburg bei Franz von Sickingen auf. Als einer der ersten feierte er die Messe in deutscher Sprache. Im Herbst 1522 kam er wieder nach Basel und wurde dort 1523 Professor. In der Folgezeit war Oekolampad der führende Reformator Basels.

Oekolampads Nachfolger als Domprediger in Augsburg war 1520 Urbanus Rhegius (Rieger – geb. 1489) aus Langenargen geworden. Der frühere Schüler Ecks und Freund von Zasius gehörte 1518 zu dem sich für Luther interessierenden Kreis um den Generalvikar Fabri und den Domherrn Johann von Botzheim in Konstanz, der aber bereits 1519 auseinanderbrach. Rhegius mußte, wenn auch widerwillig, Ende 1520 die Bannandrohungsbulle gegen Luther in Augsburg verkünden. Wenige Wochen später bekannte er sich in Flugschriften und Predigten zu ihm. Seine damit unhaltbar gewordene Stellung verließ er im September 1521 und ging als Kaplan nach Hall in Tirol, wo er sich freilich auch nicht lange halten konnte. 1523 kehrte er als Prediger nach Augsburg zurück. Nach dem Augsburger Reichstag 1530 wurde Rhegius der Reformator Lüneburgs.

In Ravensburg setzte sich die Reformation erst spät durch. Aber der dortige kirchenkritisch eingestellte Humanist Michael Hummelberg (1487–1527) interessierte sich schon sehr früh für Luther. Er bekleidete allerdings, abgesehen von einer Kaplanei, nie ein öffentliches Amt, und darum wird seine Stellungnahme nur im Geflecht der oberdeutschen Reformatoren- und Humanistenkorrespondenzen greifbar. Die Wendung des Generalvikars Fabri gegen Luther wurde von ihm spöttisch kritisiert. Praktisch hat sich der Privatgelehrte Hummelberg nie engagiert. Seit 1525 empfand er die Gewaltsamkeiten der Reformation und noch mehr die des Bauernkriegs sowie den Abendmahlsstreit als abstoßend und zog sich vollends in die Stille seiner Studierstube zurück.

Als einer der ersten Freunde der Reformation in Ulm begegnet der Stadtarzt und Humanist Wolfgang Rychard (geb. 1485). So wenig wie Hummelberg war er ein Stern erster Größe. Anfang 1521 bekannte er sich klar zu Luther: »Wer Luther verachtet, verachtet Christus.« Er gab damit den Sympathien breiterer Kreise, z. B. auch in den umliegenden Klöstern, Ausdruck: »Ganz Schwaben bewundert Luther.« Dessen festes Auftreten beeindruckte ihn sehr. Ein neuer Elia schien gekommen zu sein. Auf die Kunde von einer langen Erkrankung Luthers 1523 machte er besorgt Arzneivorschläge (u. a. Frauenmilch vermischt mit Violenöl). Im selben Jahr korrespondierte er auch direkt mit Luther. Aus Interesse an der »reineren Theologie« studierte er dessen Schriften. Rychard hielt eine umfassende, sich auch auf Politik und Gesellschaft erstreckende Reformation für notwendig, wollte aber nicht die Zerschlagung der alten Kirche. Die durch die Reformation ausgelösten Konflikte verabscheute er. Mit der Praktizierung der evangelischen Kirchenordnung in Ulm war er nicht immer einverstanden. In seinen Briefen engagierte er sich meist leidenschaftlich im Blick auf die Fortschritte oder auch die Fehlentwicklungen der Reformation, und das war vor allem in den Anfängen nicht ohne Bedeutung. Öffentlich ist Rychard jedoch kaum einmal hervorgetreten. An ihm wird sichtbar, wie spannungsreich manche Zeitgenossen die Reformation empfunden haben.

Wichtige Kontakte zu Luther kamen auch durch die süddeutschen Studenten in Wittenberg zustande. Johann Geiling aus Ilsfeld hielt sich dort von 1515 bis ca. 1520 auf. Einige Fragmente seiner Wittenberger Nachschriften haben sich erhalten. 1521/22 war er Pfarrer in Löwenstein, weshalb er sich später rühmte, als erster in Württemberg evangelisch gepredigt zu haben. Auf seine Empfehlung schrieb Luther am 1. Oktober 1520 an den aus Rottenacker stammenden Prediger Konrad Sam in Brackenheim einen ermutigenden Brief. Gleichfalls aus Ilsfeld stammte Johann Koch, der seit 1519 Melanchthons Hausvogt war. Ende 1520 kam der junge Konstanzer Patrizier Thomas Blarer nach Wittenberg, dem wenig später auch sein Vetter Konrad Zwick folgte. Blarer hatte zuvor in Freiburg studiert und zuerst durch Zasius von Luther gehört. 1519 verkehrte er im Haus des damals mit Luther sympathisierenden Domherrn Johannes von Botzheim in Konstanz. Luthers Vorlesungen und Predigten beeindruckten Blarer tief, und er berichtete darüber begeistert nach Konstanz, wobei er ihn, wie später gegenüber Zasius, gegen kritische Anfragen in Schutz nahm. Er erwartete von Luther eine Reform ohne Aufruhr. Angeblich begleitete Blarer Luther nach Worms.

Vermutlich durch seinen Bruder ist Ambrosius Blarer (1492–1564), seit 1511 Benediktinermönch in Alpirsbach, in Tübingen Studiengenosse Melanchthons, auf Luthers Schriften aufmerksam geworden. In eindrucksvoller Dichte schilderte er später sein ursprüngliches Befremden gegenüber Luthers Anschauungen, dann aber überzeugte ihn Luthers Berufung auf die Bibel, »daß diese Lehr ein wahr, stark, ganz christenlich Grundfeste hätt«. Er erkannte in ihnen das heimholende Erbarmen Gottes gegenüber den bis dahin irrenden Schafen. Als Ambrosius Blarer diese Gedanken vor seinen Mitmönchen äußerte, geriet er schnell in eine unhaltbare Situation, weshalb er im Juli 1522 das Kloster verließ und später nicht mehr zur Rückkehr zu bewegen war.

1523 erschien als Flugschrift der begeisterte Brief eines Studenten aus Schwaben an seine Mutter. Er hatte keinen Zweifel, daß Gott Wittenberg und sein Wort bewachen würde. Unser Leben ist zu gründen allein auf den Glauben und nicht auf die Werke. Glauben und Liebe werden anstatt der Heiligenverehrung betont. Das von der Mutter gesandte Amulett brauchte der Sohn nicht mehr. Es ist nicht ganz ausgeschlossen, daß dieser Student Johannes Magenbuch aus Blaubeuren war, der 1518–1523 in Wittenberg Medizin studierte und später Stadtarzt in Nürnberg wurde. Er war in Wittenberg die Kontaktperson für Wolfgang Rychard. Als bedeutende Informanten aus und über Wittenberg seien wenigstens noch erwähnt Albrecht Burer, der ehemalige Famulus des Beatus Rhenanus, Johann Keßler aus Sankt Gallen, der spätere Chronist, und Matthäus Ratzeberger aus Wangen i. Allgäu, der spätere Arzt und Biograph Luthers, der sich seit 1518 in Wittenberg aufhielt.

Luthers Gedanken haben in den Jahren 1518–1522 auf wichtige Zentren Südwestdeutschlands übergegriffen. Unter den Humanisten und den vom Humanismus und von spätmittelalterlichen Reformideen geprägten jungen Theologen hatte er eine Anhängerschaft gefunden, die fähig war, in seinem Sinne zu wirken. Sie waren neben den reformatorischen Veröffentlichungen die unentbehrlichen Multiplikatoren, die die Gedanken der neuen Bewegung in breitere Kreise trugen. Unter ihnen befanden sich bereits viele der wichtigsten Reformatorenpersönlichkeiten Südwestdeutschlands. Das Verständnis für Luthers Theologie war unterschiedlich, teils erstaunlich genuin, teils bestimmt von schon vorhandenen Erwartungen und Auffassungen wie z. B. dem Interesse an der Erneuerung und Heiligung des christlichen Lebens. Manche erhofften zwar eine Reform der Kirche, aber nicht eine Revolution der Frömmigkeit und des Glaubens. So konnte anfängliche Zustimmung zu Luther bald auch in Zurückhaltung oder sogar in leidenschaftliche Gegnerschaft umschlagen.

Ein für das Schicksal Luthers und seiner Sache entscheidendes Ereignis war sein Verhör vor Kaiser und Reich 1521 in Worms. Nach seinem großen Auftritt vor dem Reichstag am 18. April, bei dem Luther jeglichen Widerruf verweigert hatte, kam es in der vorletzten Aprilwoche noch zu Ausgleichsversuchen der Reichsstände. An ihnen waren der Augsburger Stadtschreiber Conrad Peutinger und der badische Kanzler Hieronymus Vehus, beide vom Humanismus geprägt, wesentlich beteiligt. Sie waren bereit, Luthers berechtigte Kritik an der Kirche und sein religiöses Anliegen aufzunehmen, wollten aber seine Infragestellung des hierarchischen und sakramentalen Systems der Kirche zurückgenommen wissen. Die Entscheidung sollte beim Kaiser oder einem Konzil liegen. Luther war bereit, das zu akzeptieren, sofern die Schrift die übergeordnete Instanz bliebe. An dieser Bedingung scheiterte der Ausgleich. Luthers auf der Rückreise von Worms verfaßter abschließender Appell an den Kaiser wurde von zahlreichen süddeutschen Druckern veröffentlicht, u. a. von Hans von Erfurt, der einerseits das Wormser Edikt, andererseits wenig später in Stuttgart aber auch die deftige romkritische Litaneia Germanorum und andere reformatorische Flugschriften gedruckt hat.

Am 26. Mai wurde das Wormser Edikt ausgefertigt, das Luther und seine Anhänger in die Reichsacht erklärte und die Herstellung und Verbreitung seiner Schriften verbot. Ziel des Edikts war es, die vielfältigen persönlichen und literarischen Beziehungen der lutherischen Bewegung zu unterbinden und diese damit zum Erliegen zu bringen. Im habsburgischen Bereich, d.h. in Württemberg und Vorderösterreich, erfolgte die Veröffentlichung des Edikts relativ problemlos. In Memmingen wurde es sofort nach der Übersendung am 19. August angeschlagen. In Freiburg sollten die Professoren auf Dringen des Stadtrats Anfang September Luthers Bücher abliefern, wogegen sich auch Widerspruch regte. Nürnberg, Augsburg und Ulm ließen sich mit der Veröffentlichung des Edikts zum Teil bis in den Oktober Zeit, und andere Reichsstädte wie z.B. Heilbronn richteten sich nach diesem Vorbild. Oft hatte die Veröffentlichung keine weiteren Folgen. In Konstanz regte sich der Widerstand der Lutherfreunde gegen die antilutherische Agitation des Generalvikars Fabri. Dort ließ sich die Veröffentlichung des Edikts nicht durchsetzen, wohl aber im bischöflichen Umland. Bücherverbrennungen fanden in Überlingen und Biberach statt. Kurpfalz und Baden verhielten sich zwar nicht ausgesprochen ablehnend gegen das Edikt, aber doch deutlich zurückhaltend. In den folgenden Jahren waren die Einhaltung, Übergehung oder gar Mißachtung des Edikts in den südwestdeutschen Territorien schicksalhaft für den jeweiligen Fortgang der Reformation. In den altgläubigen Gebieten bot es bis 1527 die Rechtsgrundlage für das Vorgehen gegen die Anhänger Luthers. Wo sich der Einfluß der Reformation auszubreiten vermochte, wehrte man sich gegen seine Geltung, so daß es bedeutungslos blieb. Wie sich im folgenden zeigen wird, waren die nächsten Jahre auch ein Ringen um die Durchsetzung des Wormser Edikts.

*Literatur:*

*Martin Brecht,* Martin Luther. Sein Weg zur Reformation 1483–1521, Stuttgart ($^2$1983). – *Winfried Hagenmaier,* Das Verhältnis der Universität Freiburg i.Br. zur Reformation, Diss., Freiburg (1968). – *Ernst Staehelin,* Das theol. Lebenswerk Oekolampads, QFRG 21, Leipzig (1939, Nachdruck New York – London 1971). – Ders. (Hg.), Briefe und Akten zum Leben Oekolampads, Bd. 1, QFRG 10, Leipzig (1927, Nachdruck New York – London 1971). – *Maximilian Liebmann,* Urbanus Rhegius und die Anfänge der Reformation, RGST 117, Münster (1979). – *Immanuel Kammerer,* Die Stellung des Ravensburger Humanisten Michael Hummelberg zur Reformation, in: BWKG 57/58 (1957/58), S.26–43. – *C. Th. Keim,* Wolfgang Rychard, der Ulmer Arzt, ein Bild aus der Reformationszeit, in: ThJb (T) 12 (1853), S.307–373. – Zu Ambrosius Blarer vgl. *Bernd Moeller,* Art. Blarer, Ambrosius, TRE 6, S.711–715. – *Otto Clemen,* Flugschriften aus den ersten Jahren der Ref., Bd. 1, Halle (1907, Nachdruck Nieuwkoop 1967), S.3–20. – *Martin Brecht,* Das Wormser Edikt in Süddeutschland, in: *Fritz Reuter* (Hg.), Der Reichstag zu Worms von 1521, Worms (1971), S.475–489.

# Fortgang und Hemmnisse der Reformation bis 1525

## *Die Reformation in den Reichsstädten*

Abgesehen von Kursachsen faßte die Reformation zuerst vor allem in den Städten, hauptsächlich in den Reichsstädten, Fuß, denn dort bestanden häufig günstige Voraussetzungen. Hier gab es eine Bildungsschicht, die über Luther informiert war und informieren konnte. Hier war es möglich, Reformationsschriften zu drucken oder an sie heranzukommen. Hier vermochte sich eine Basis herauszubilden. Als überschaubare Gemeinwesen konnten sich die Städte verhältnismäßig schnell entscheiden. Ähnliches war sonst allenfalls in kleinen ritterschaftlichen Gebieten möglich, denen aber politisch noch weniger Bedeutung als den Städten zukam. In der bis 1530 dauernden Anfangsphase spielten die Reichsstädte eine wichtige Rolle für die Entwicklung der Reformation. In jener Zeit hat die Behauptung von Dickens eine gewisse Berechtigung: »Die deutsche Reformation war ein städtisches Ereignis.« Von besonderer Bedeutung waren dabei die südwestdeutschen Reichsstädte. In vielen von ihnen regte sich die Reformation früh. Es gab kaum eine Stadt, die nicht irgendwann von ihr berührt wurde, nur Überlingen bildet eine Ausnahme. Besonders die führenden Städte Nürnberg, Ulm und Straßburg waren relativ stark von ihr erfaßt, und ihr Einfluß wirkte sich auf benachbarte kleinere Städte aus. Allerdings hatte jede Reichsstadt wie jedes Territorium ihre eigene Reformationsgeschichte, die jeweils von den spezifischen Umständen abhing.

Für eine erfolgreiche Entfaltung der Reformation waren offensichtlich drei personale Faktoren wesentlich: Es bedurfte einer oder mehrerer fähiger und profilierter theologischer Führungspersönlichkeiten, Pfarrer oder Prediger. Die Reformation entwickelte sich fast immer aus der evangelischen Verkündigung. Die Theologen mußten alsbald auch über ein gewisses Geschick für die Vermittlung des Neuen und die kirchliche Neuordnung verfügen. Wo diese Voraussetzung gegeben war, konnten die Stadtreformatoren überörtliche Bedeutung gewinnen, wie sich in besonders ausgeprägter Weise an Brenz, Bucer oder Ambrosius Blarer zeigt. In Städten, die keine oder nur eine weniger profilierte Reformatorenpersönlichkeit besaßen, führte das meist zu Verzögerungen bei der Durchführung der Reformation. Als Beispiele könnte man hier Ulm und Esslingen, aber auch alle späten Städtereformationen nennen.

Die reformatorische Predigt mußte dann eine Basis von Anhängern, zumindest eine erhebliche und entschlossene Minderheit für sich gewinnen, die innerhalb der Stadtgemeinschaft politisches Gewicht hatte. Das Phänomen, daß sich durch allmähliche Infiltration von außen zuerst eine reformatorische Gruppe von Bürgern bildet, die ihrerseits dann einen evangelischen Prediger verlangt, tritt nur selten und eigentlich erst spät oder allenfalls bei Splittergruppen auf.

Von ähnlicher, wenn auch andersgearteter Bedeutung für die Durchsetzung der Reformation wie die Theologen waren schließlich die Führer der städtischen Politik, die Bürgermeister, Mitglieder des kleinen Rats und die Stadtschreiber. Sie konnten die neue Bewegung energisch fördern wie in Nürnberg, Straßburg, Konstanz und Reutlingen, sie zeitweilig aufhalten wie in Ulm und noch mehr in Esslingen, sie den städtischen Interessen unterordnen wie in Nördlingen oder sie gar scheitern lassen wie in Schwäbisch Gmünd. Falls die politische Führung oder ein einflußreicher Teil von ihr nicht schon anfänglich für die neue Bewegung gewonnen war, mußte sie durch politischen Druck dazu gebracht werden, den Interessen der Anhänger des Neuen Rechnung zu tragen. Auch hier gab es viele Möglichkeiten: frühes entschiedenes Eintreten des Rats für die Reformation wie in Konstanz oder Nürnberg, vorsichtiges Zuwarten trotz positiver Grundeinstellung wie in Ulm, Ablehnung der Reformation wie zunächst in Esslingen, wo es dann einer Ablösung der Führungsschicht bedurfte, Unterdrückung starker evangelischer Minderheiten wie in Rottweil oder Schwäbisch Gmünd.

Der Vorgang der Reformation in den Städten wurde auch durch äußere (nicht theologische) Faktoren beeinflußt. Die Stadt empfand sich als Gemeinschaft, die durch die Konflikte hindurch zu Frieden und Einigkeit finden mußte; es bestand zunächst so etwas wie ein Einigungszwang. Weit verbreitet war die Forderung, die bis dahin außerhalb des Gemeinwesens stehende Geistlichkeit in dieses einzubürgern und zugleich steuerpflichtig zu machen. Abhängigkeiten von geistlichen Institutionen, wie sie bei den Pfarrbesetzungen oder durch die geistliche Gerichtsbarkeit der Bischöfe bestanden, wollte man loswerden. Überdurchschnittliche Mißstände nährten oft eine Unzufriedenheit mit der bestehenden Kirche. Auch soziale Spannungen zwischen Ober- und Unterschichten konnten sich in religiöse Parteiung verwandeln. Die Reformation entwickelte sich meist als innerstädtischer Prozeß. Erst sekundär wirkten auf diesen überörtliche Gegebenheiten wie die Religionsgesetzgebung des Reichs, die Anordnung der Bischöfe, die Einheitspolitik des Schwäbischen Bundes oder die gemeinsame Politik der Städte ein. Mindestens in den Anfängen spielte die religiöse Haltung benachbarter Territorien, vor allem des altgläubigen Habsburgs, nur eine untergeordnete Rolle; später machten sich gelegentlich sowohl Rücksichten als auch Antagonismen bemerkbar.

Es empfiehlt sich, zunächst das Aufkommen reformatorischer Bewegungen in den Reichsstädten bis zum Bauernkrieg 1525 zu betrachten. Bis dahin bildeten sich bestimmte Gemeinsamkeiten unter den positiv zur Reformation eingestellten Städten heraus. Mit dem Bauernkrieg gab es dann eine gewisse, freilich nicht zu überschätzende Zäsur. Die Reformation kam bis dahin in den einzelnen Städten höchst unterschiedlich weit voran. In manchen ging man bereits zu kirchlichen Neuordnungen über, in anderen gab es immerhin evangelische Predigt. In einigen Fällen wurde die evangelische Bewegung möglichst unterdrückt, in manchen Städten regte sie sich noch kaum oder gar nicht. Besonders frühe, kräftige und erfolgreiche reformatorische Bewegungen gab es abgesehen von Nürnberg und Straßburg in Konstanz, Reutlingen, Schwäbisch Hall, Memmingen und Dinkelsbühl.

*Literatur:*

*A. G. Dickens,* The Reformation in the Cities, New Haven und London (1975). – *Bernd Moeller,* Reichsstadt und Reformation, SVRG Nr.180, Jg.69, Gütersloh (1962).

## Konstanz

Konstanz war nicht nur Reichsstadt, sondern zugleich Sitz des Bischofs. Dieser Gegensatz war für die Entwicklung der Reformation von großer Bedeutung. Der damalige Bischof Hugo von Hohenlandenberg war hinsichtlich seiner Lebensführung und seines geistlichen Formats nicht gerade eine Zierde seines Standes. Im Domkapitel hatte es ursprünglich Sympathisanten Luthers gegeben. Der Generalvikar Johann Fabri war aber schon bald zum erklärten Gegner Luthers geworden. Wohl nicht zuletzt wegen des Gegensatzes zur bischöflichen Kurie gab es in Konstanz schon früh Anhänger der Reformation, unter ihnen der Stadtschreiber Jörg Vögeli. Sie wurden geduldet. Von 1525 an lag die politische Führung der Stadt in den Händen bewußt evangelisch Gesinnter, zu denen die auch verwandtschaftlich verbundenen Thomas Blarer und Konrad Zwick gehörten. Die Nähe des Reformationszentrums Zürich war für die ohnedies zum Teil auf die Eidgenossenschaft ausgerichtete Stadt eine Ermutigung.

Die reformatorische Bewegung ging von einzelnen Geistlichen wie Jakob Windner an St. Johann und Bartholomäus Metzler, seit 1521 Helfer an St. Stephanus, aus, die sich bemühten, schriftgemäß zu predigen, von daher Messe und Heiligendienst kritisierten und auf Besserung des Lebens drangen. Erstaunlicherweise wurde im März 1522 vom Domkapitel die wichtige Münsterprädikatur Johannes Wanner übertragen, obwohl er der neuen Lehre verdächtig war; ein anderer Bewerber stand jedoch nicht zur Verfügung. Ambrosius Blarer blieb nach seiner Flucht aus dem Kloster im Sommer 1522 zunächst noch im Hintergrund. Immerhin schützte der Rat ihn gegenüber württembergischen Auslieferungsforderungen.

Als der von der Züricher Disputation zurückkehrende Tübinger Professor Martin Plantsch am 2. Februar 1523 von der Münsterkanzel den Gehorsam gegen die kirchliche Obrigkeit einschärfen wollte, kam ihm Wanner mit einer kritischen Predigt zuvor. Eine Bestrafung Wanners durch das Domkapitel verhinderte der Rat, indem er ihn, wie wenig später auch Windner und Metzler, unter seinen Schutz stellte. Obwohl ein Mandat des Reichsregiments vom 6. März die Bischöfe verpflichtete, gegen irrig lehrende Geistliche vorzugehen, wurde dies durch den Rat verhindert. Er griff damit klar in die geistliche Jurisdiktion ein. Der Bischof ließ sich zurückdrängen. Vom Sommer 1523 an förderte der Rat aktiv die evangelische Predigt. Darauf wandte sich der Bischof an die österreichische Regierung. Eine österreichische Kommission sollte nun die Durchsetzung des Mandats des Reichsregiments erreichen. Der Rat erließ jedoch im Lauf der Verhandlungen Anfang 1524 ein eigenes Predigtmandat, das die Verkündigung des Evangeliums ohne menschliche Zusätze und nicht, wie im Mandat vorgesehen, gemäß der Auslegung der Kirche, verbindlich machte. Trotz weiterer Einwände der österreichischen Regierung ließ er sich davon nicht mehr abbringen. Allerdings mußte der Rat es hinnehmen, daß nunmehr anstelle Wanners der Dominikaner Antonius Pyrata im Münster predigte und damit zum eigentlichen Gegenspieler der evangelischen Geistlichen wurde. Von ihrer Seite wurde 1524 immer wieder geklagt, daß der Rat nicht konsequent zu einer reformatorischen Neuordnung fortschritt.

Mit seiner Ankündigung, öffentlich zu heiraten, die alsbald ein bischöfliches Mandat wegen Zölibatsbruchs nach sich zog, brachte Jakob Windner im Oktober 1524 den Rat in Zugzwang. Dieser hatte zwar nichts gegen die Verehelichung von Priestern, untersagte aber die öffentliche Demonstration. Wenige Wochen später lag dann mit dem von Ambrosius Blarer, Wanner und zwei Ratsmitgliedern erstellten Reformationsgutachten das Konstanzer Konzept für eine reformatorische Neuordnung vor. Es verpflichtete die Prediger auf das Schriftprinzip und sah die Pfarrwahl vor. Die Besoldung der Pfarrer sollte aus dem Zehnten erfolgen. Der Bann durfte nur bei Ketzerei angewendet werden. Die Sittenzucht, u. U. sogar die Ehegerichtsbarkeit, sollte der Rat übernehmen. Unnütze Gottesdienste sollten abgeschafft und die Messe neu geregelt werden. Einen Teil der Stiftungen und Pfründen wollte man zugunsten des gemeinen Nutzens auflösen. Die Verehelichung der Priester und der Austritt aus den Klöstern sollten erlaubt sein, diese als Schulen oder Zuchthäuser verwendet werden. Die finanzielle und jurisdiktionelle Sonderstellung der Geistlichen sollte aufgehoben werden. Laster und Hurerei wollte man abstellen. Das Konstanzer Gutachten verdankte seine für die damalige Zeit erstaunliche Konkretheit dem Rückgriff auf die Tradition der Gravamina (Beschwerden) gegen die Kirche. Projektiert war hier ein städtisches Kirchenwesen, auf das der Bischof kaum mehr Einfluß hatte, in dem nicht zuletzt die Heiligkeit des christlichen Lebens gewährleistet sein sollte.

*Literatur und Quellen:*

*Hermann Buck* u. *Ekkehart Fabian,* Konstanzer Reformationsgeschichte in ihren Grundzügen, 1. Teil 1519–1531, SKRG 25/26, Tübingen (1965). – *Hans-Christoph Rublack,* Die Einführung der Reformation in Konstanz von den Anfängen bis zum Abschluß 1531, QFRG 40, Gütersloh (1971). – *Alfred Vögeli,* (Hg.), Jörg Vögeli, Schriften zur Ref. in Konstanz 1519–1538, SKRG 39–41, Tübingen (1972 und 1973).

## Reutlingen

Politisch war Reutlingen völlig von württembergischem, d. h. damals habsburgischem Gebiet umgeben. Um so erstaunlicher ist sein früher Anschluß an die Reformation. Das Patronatsrecht der Pfarrkirche besaß das Kloster Königsbronn. Daraus ergaben sich schon vor der Reformation ständig personelle und finanzielle Querelen. 1521 errichtete der Rat eine Predigerstelle, die das Verlangen nach Gottes Wort befriedigen sollte. Auf sie wurde das Stadtkind Matthäus Alber (1495–1570) (Abb. 6) berufen, der in Tübingen und Freiburg studiert hatte. Alber besaß einen sicheren Rückhalt in der Stadt. Durch seine Schriftauslegungen gewann er den überwiegenden Teil der Geistlichkeit für die Reformation. Seit September 1523 erhob die habsburgisch-württembergische Regierung mehrfach den Vorwurf, in

Reutlingen werde das Wormser Edikt nicht beachtet, und bedrohte deshalb die Stadt mit dem Boykott. Die Reutlinger Entschuldigungen wurden nicht angenommen.

Erzherzog Ferdinand wandte sich im April 1524 an den Bischof von Konstanz, der Alber wegen seiner Predigten verhören lassen sollte. Dieses Verhör sollte aber, anders als vorgesehen, nicht in Reutlingen selbst, sondern unter für Alber nachteiligen Bedingungen im württembergischen Tübingen stattfinden, weshalb dieser gegen das ganze Verfahren protestierte. Ehe der Rat eine Lösung fand, schaltete sich die Gemeinde selbst auf recht ungewöhnliche Weise ein. Um Pfingsten 1524 brach in der Stadt ein Feuer aus, dessentwegen sich die Gemeinde versammelte. Nachdem es gelöscht war, löste sich die Gemeinde jedoch nicht auf, sondern zwang den Rat zu dem gemeinsamen Eid, bei dem Gotteswort zu bleiben und dasselbe zu schützen. Das Verfahren gegen Alber sollte erst nach Vermittlung des Schwäbischen Bundes und benachbarter Reichsstädte fortgeführt werden. Weil die Gemeinde der städtischen Führung nicht mehr traute, forderte sie außerdem, daß Angelegenheiten, die Leib und Seele betreffen, vor die ganze Gemeinde gebracht werden sollten, dazu ein stärkeres Mitspracherecht der Zünfte im Rat. Der »Reutlinger Markteid« verquickte somit das Eintreten für den Prediger mit einer Verfassungsänderung, d. h. mit Aufruhr. Beraten durch andere Städte, ging die Gemeinde jedoch alsbald klugerweise wieder von den politischen Forderungen ab.

Anfang Mai 1524 hatte der aus einer altgläubigen Familie stammende Pfarrer Caspar Wölflin auf die Pfarrei verzichtet, weil er die Pfarrechte und Kirchengebräuche nicht mehr aufrechterhalten konnte und keine Autorität mehr besaß. Die Vakanz nützte Alber zu einem weiteren entscheidenden Schritt: Nach Vorankündigung hielt er am 14. August erstmals eine deutsche Messe ohne vorhergehende Beichte, ohne Kerzen, unter Verzicht auf den Meßkanon und mit Darreichung der Kommunion in beiderlei Gestalt. Das erregte ungeheures Aufsehen. Die Schaulustigen strömten aus dem Herrenberger und Tübinger Amt sowie aus der Esslinger Gegend herbei, als ob ein römisches Jubeljahr stattfände. Die politischen Folgen für Reutlingen waren einschneidend: Der Schwäbische Bund und das Reichsregiment warfen der Stadt Verstoß gegen das Wormser Edikt vor; eine beantragte Herabsetzung der Reichssteuern wurde ihr versagt. Am 18. September verfügte Erzherzog Ferdinand den Boykott Reutlingens. Die Stadt drohte eines der ersten Opfer gegenreformatorischer Politik zu werden. Das Reichsregiment ging allerdings nicht gegen die Stadt selbst vor, sondern forderte Alber und den Provisor Konrad Etlinger zum Verhör. So kam es vom 10. bis 12. Januar 1525 in Esslingen, dem Sitz des Reichsregiments, zu dem einzigen Verfahren auf Reichsebene wegen Übertretung des Wormser Edikts, das überhaupt durchgeführt wurde. Die Frageartikel waren vor allem dem Edikt und der Bannandrohungsbulle gegen Luther entnommen. Alber verteidigte sich mutig und ohne seine lutherische Überzeugung zu verleugnen. Überraschenderweise verzichtete das Reichsregiment auf ein Urteil und entließ die Angeklagten. Angesichts der Solidarität der Städte und des unmittelbar drohenden Bauernkriegs schreckte es vor einem harten Durchgreifen zurück. Die Reformation in Reutlingen war damit zunächst gerettet.

*Literatur:*

*Martin Brecht,* Reutlingen und die Reformation in Deutschland, in: BWKG 80/81 (1980/1981), S.5–23. – *Hans-Christoph Rublack,* Alber, Matthäus, in: TRE 2, S.170–177.

## Schwäbisch Hall

Empfohlen durch den als Pfarrer von St. Michael vorgesehenen, damals in Heidelberg studierenden Johann Eisenmenger, hielt der 23jährige Johannes Brenz am 8. September 1522 in Schwäbisch Hall seine Probepredigt, und darauf wurde ihm die seit 1502 bestehende Predigerstelle an der Michaelskirche übertragen. Als der »Prediger von Schwäbisch Hall« wurde er zu einem der führenden Reformatoren Südwestdeutschlands. In Hall dürfte die evangelische Einstellung von Brenz, dem eben zusammen mit Billican biblische Privatvorlesungen in Heidelberg verboten worden waren, nicht unbekannt gewesen sein. Gleichwohl sprachen sich Vertreter aller Gruppen der Stadt im Rat für seine Berufung aus und brachten dem jungen Prediger von Anfang an echte Wertschätzung entgegen. Über die Anfänge der Reformation in Hall ist nur wenig bekannt. Sie entwickelte sich aus Brenzens biblisch wohlfundierter Predigttätigkeit. Aus dem Jahr 1523 sind zwei seiner Predigten überliefert, eine über Kirche und Schlüsselgewalt, die andere, an Jakobi, dem Tag des Haller Jahrmarkts, gehalten, über die Heiligen. Für Brenz war die Kirche die Gemeinschaft der Auserwählten, deren Haupt Christus und nicht der Papst ist. Zwischen Laien und Geistlichen gibt es keinen Unterschied, alle sind »Heilige«, die sich gegenseitig zu dienen haben. Die Anrufung besonderer Heiliger um ihre Vermittlung erübrigt sich, weil Christus durch seinen Tod uns Gott selbst zum Freund gemacht hat, so daß wir unerschrocken vor ihn treten dürfen. Die Heiligenpredigt hatte sich auch gegen die Franziskaner im Jakobskloster gerichtet. Sie leisteten nur wenig Widerstand und übergaben das Kloster bereits im Frühjahr 1524 dem Rat. Die Steuerfreiheit der Geistlichen wurde aufgehoben. Die Konkubinate wurden ihnen verboten. Teilweise wurden auch schon hergebrachte Riten abgebaut; so wurde das Fronleichnamsfest 1524 nur noch mit einer Predigt begangen. Zu einer umfassenden Neuordnung des städtischen Kirchenwesens kam es jedoch zunächst nicht.

Für Brenzens reformatorisches Wirken waren zwei Gedanken konstitutiv: Gott wirkt Heil und Rettung durch sein Wort. Die gleichfalls von Gott gestiftete Obrigkeit hat dieses Wort zu beschützen, wenn es ihr gutgehen soll. Der Schultheißensohn aus der Reichsstadt Weil der Stadt brachte der patriarchalisch aufgefaßten Obrigkeit einerseits Hochschätzung entgegen, faßte aber andererseits ihr Amt als Dienstleistung für das Gemeinwesen auf. Das Evangelium bewirkt nicht Aufruhr, sondern Gehorsam und Ehrbarkeit, und kommt so der Obrigkeit zugute, die sich aber ihrerseits mit ihm in Einklang befinden muß. Aus diesem Zusammenhang ergab sich für Brenz die konstruktive, u. U. auch kritische Partnerschaft von Obrigkeit und Reformation, die eine Voraussetzung seines eigenen Erfolges war.

*Literatur:*

*Hans-Martin Maurer* und *Kuno Ulshöfer,* Johannes Brenz und die Reformation in Württemberg, Forschungen aus Württembergisch-Franken, Stuttgart und Aalen (1971). – *Johannes Brenz,* Werke, Frühschriften 1 und 2, hg. von M. Brecht, G. Schäfer und Fr. Wolf, Tübingen (1970 und 1974).

## Memmingen

Die Memminger Reformation verdient schon darum Interesse, weil sie in den Anfängen des Bauernkriegs eine besondere Rolle spielt. In der Stadt gab es ein erhebliches soziales Gefälle, einerseits ein starkes und reiches Patriziat, freilich integriert in die Zunftverfassung, andererseits galt über die Hälfte der Bevölkerung als unvermögend. Das Hauptgewerbe der Weber geriet in immer größere Abhängigkeit von den Großkaufleuten. Die sozialen und wirtschaftlichen Unterschiede machten sich während der Reformation zwar immer wieder bemerkbar, waren jedoch nicht bestimmend. Der Rat suchte auch in Memmingen zielstrebig seine Kompetenzen gegenüber der Kirche auszudehnen. Die Geistlichen hingegen verteidigten ihre Privilegien zäh. Darüber gab es manche langwierigen Reibereien, z. B. mit dem Praezeptor des Antoniterspitals, der der Kirchherr der Martinskirche war, mit dem Prediger Dr. Gay oder den Augustinereremiten, die auf der Seelsorge bei ihren Ordensschwestern in St. Elsbeth beharrten. Diese Konflikte belasteten das Klima zwischen Stadt und Geistlichkeit. Die Reformation war freilich mehr als deren Fortsetzung.

Seit 1479 besaß die Stadtkirche St. Martin in Memmingen eine von der Familie Voehlin gestiftete Prädikatur. 1512 wurde diese Predigerstelle dem Licentiaten Christoph Schappeler (geb. 1472) aus St. Gallen übertragen (Abb. 7). Schon in den ersten Jahren seiner Tätigkeit setzte er sich mehrfach besonders für die Armen ein und erregte damit Anstoß. 1521 trat er dann mit scharfen Predigten gegen die Geldsucht Roms und der Priester sowie gegen das Kirchenrecht hervor. Bereits 1522 gingen die kirchlichen Opfer drastisch zurück. Spätestens vom Sommer 1523 an gab es in allen Schichten der Stadt, hauptsächlich aber der unteren Mittelschicht, eine reformatorische Bewegung mit einer Mehrheit auch im Rat, die von diesem geduldet wurde, wogegen der Bischof von Augsburg protestierte. Darauf beschwerte sich eine Gruppe von elf Bürgern bei dem altgläubigen Pfarrer Megerich der Liebfrauenkirche über den unchristlichen Lebenswandel der Geistlichen und bekannte sich zu Luthers Lehre. Diese Gruppe hatte sich in besonderen Versammlungen, offenbar einem evangelischen Konventikel, getroffen. Eines seiner Mitglieder war der aus Horb stammende Kürschner und Krämer Sebastian Lotzer, der spätere Feldschreiber der Bauern.

Für die Memminger Reformation war aber nicht dieser Konventikel, sondern der Prediger Schappeler bestimmend, der von einigen weiteren Geistlichen unterstützt wurde. Nachdem er im Spätjahr 1523 an der zweiten Züricher Disputation über die Messe und die Bilder teilgenommen und sogar als einer der Präsidenten fungiert hatte, griff er in Memmingen die Messe und Heiligenverehrung an. Schappeler fand damit bei einem Teil der Bevölkerung Resonanz, hingegen zeigten ihn die altgläubigen Geistlichen, auf deren Seite auch der Stadtschreiber Vogelmann stand, wegen Ketzerei beim Bischof von Augsburg an. Einer Vorladung des Bischofs folgte Schappeler nicht. Darauf wurde am 28. Februar 1524 der Bann gegen ihn in Memmingen publiziert, was jedoch keine weiteren Folgen hatte. Im April gab der altgläubige Stadtschreiber Vogelmann wegen des »lutherischen Wesens« sein Amt auf.

Die Polarisierung in der Stadt nahm zu. Nonnen aus dem Kloster der Augustinereremitinnen traten aus. Im Juli verweigerte eine Reihe von Bürgern die Zahlung des Zehnten, weil er nicht neutestamentlich begründet sei. Die Festsetzung eines der Zehntverweigerer führte zu einem Aufruhr. Der Rat mußte nachgeben und die evangelische Predigt in allen Kirchen der Stadt freigeben. Damit war es in Memmingen zu einer Empörung mit einem wesentlich schwereren Verfassungsbruch als in Reutlingen gekommen, was auch hier den Schwäbischen Bund auf den Plan rief. Zweifellos waren es Schappelers Predigten, die den Konflikt ausgelöst hatten, obwohl dieser bereit war, den Zehnten als obrigkeitliche Abgabe zu akzeptieren, und eine Empörung aus diesem Grund ablehnte. Das Problem des Zehnten ließ die reichen Anhänger der Reformation zurückhaltender werden.

In der zweiten Hälfte des Jahres 1524 wurde die Reformation schrittweise durchgeführt. Die Geistlichen wurden ins Bürgerrecht der Stadt aufgenommen und besteuert. Am 7. Dezember wurde von Schappeler das Abendmahl in beiderlei Gestalt ausgeteilt. Als der altgläubige Pfarrer Megerich am Christfest 1524 den Gottesdienst in der Frauenkirche hinauszögerte und die Gemeinde deswegen auf die Predigt warten mußte, kam es zu einem Tumult, der sich erst legte, nachdem sich der Pfarrer zu einer grundsätzlichen Disputation mit Schappeler bereit erklärt hatte. Solche Disputationen galten damals nach dem Züricher Vorbild als Mittel der Wahrheitsfindung, wobei die Bibel als Norm diente. Die Disputation fand vom 2. bis 6. Januar 1525 statt. Die sieben Thesen hatte Schappeler aufgestellt. In ihnen wurden die Ohrenbeichte, die Anrufung Marias und der Heiligen, der Zehnte, das Meßopfer und das Fegfeuer abgelehnt, beiderlei Gestalt im Abendmahl gefordert und das Priestertum aller Gläubigen vertreten. Die altgläubige Geistlichkeit konnte dagegen aus der Schrift nichts vorbringen. Ziel der Disputation war wie in Zürich die Durchsetzung der Reformation und die Gründung einer evangelischen Kirche. Obwohl die evangelische Seite als Sieger aus der Disputation hervorgegangen war, holte der Rat vor einer Entscheidung noch auswärtige Gutachten, unter anderem von dem Ulmer Prediger Konrad Sam und von Urbanus Rhegius in Augsburg, ein, die im wesentlichen zustimmend ausfielen. Erst daraufhin wurde eine evangelische Kirchenordnung eingeführt. Die Geistlichen durften sich verheiraten, die Ordensangehörigen aus den Klöstern austreten. Der an Laien zu zahlende Zehnte blieb weiter geboten, der an Geistliche wurde lediglich empfohlen. In den beiden Hauptkirchen wurde die Messe eingestellt und dafür täglich ein Amt nach Luthers Meßordnung gehalten. Wenige Wochen vor Ausbruch des Bauernkriegs war die Reformation damit in Memmingen so weit vorangeschritten wie sonst nur noch in Nürnberg oder Straßburg.

Charakteristisch für die erste Phase der Reformation in Memmingen sind die enormen Spannungen und Konflikte, verursacht einerseits durch die Predigten

Schappelers und andererseits durch die relativ starke altgläubige Opposition. Dabei überschritt Schappeler die Grenzen reformatorischer Kirchenkritik an sich nicht und lehnte seinerseits die Empörung ab. Offensichtlich war der Memminger Rat trotz seiner reformationsfreundlichen Einstellung zunächst nicht mehr in der Lage, die Entwicklung selbst zu steuern.

*Literatur:*

*Martin Brecht,* Der theol. Hintergrund der Zwölf Artikel der Bauernschaft in Schwaben von 1525. Christoph Schappelers und Sebastian Lotzers Beitrag zum Bauernkrieg, in: ZKG 85 (1974), S.30–64. – *Barbara Kroemer,* Die Einführung der Reformation in Memmingen. Über die Bedeutung ihrer sozialen, wirtschaftlichen und politischen Faktoren, in: Memminger Geschichtsblätter 1980 (1981). – *Sehling,* XII/2, S.224f. – *Wolfgang Schlenck,* Die Reichsstadt Memmingen und die Reformation, in: Memminger Geschichtsblätter 1968 (1969).

## Nördlingen und Dinkelsbühl

Das Patronatsrecht an der Nördlinger Pfarrkirche St. Georg stand dem Kloster Heilsbronn zu. Das Kloster war aber daran nicht sonderlich interessiert und auch nicht in der Lage, die Pfarrei dauerhaft und befriedigend zu besetzen. 1523 verkaufte es das Patronatsrecht an das Nördlinger Spital. Für die bessere geistliche Versorgung stiftete der Rat 1521 eine Predigerstelle an der St. Georgskirche und übertrug diese 1522 dem Heidelberger Studiengenossen von Brenz, Theobald Gerlacher, der sich, wie erwähnt, nach seinem Geburtsort Billigheim Billicanus nannte. Man dürfte in Nördlingen von Billicans evangelischer Einstellung gewußt haben. Vorsichtshalber machte man ihm zur Auflage, daß er nicht mit kirchlichen oder kaiserlichen Gesetzen in Konflikt kommen dürfe. Billican war nicht der erste Vertreter der Reformation in Nördlingen, sondern der Karmeliter Kaspar Kantz. Dieser verfaßte 1522 eine der ersten evangelischen Meßordnungen in deutscher Sprache, die vermutlich in der Karmeliterkirche praktiziert wurde. Nach ihr konnte der Meßgottesdienst u. U. auch von Laien geleitet werden. Gleichfalls 1522 war eine reformatorisch gefärbte Bettelordnung erlassen worden. Kantz heiratete 1523 und wurde deshalb für einige Zeit aus der Stadt ausgewiesen. Damit fiel Billican die Führung der Nördlinger Reformation zu. Wie Brenz war er ein eifriger und geschätzter Prediger. Als Vorbereitung für eine reformatorische Neuordnung an der St. Georgskirche setzte er sich 1524 in Predigten mit der Messe auseinander. Meßopfer und Totenmesse wurden dabei klar abgelehnt und statt dessen die einmalige Erlösertat Christi hervorgehoben. Reformatorische Regungen verbunden mit einem herkömmlichen Antiklerikalismus gab es unter der Bevölkerung seit 1522. Das Engagement der städtischen Führung für die Reformation rangierte immer hinter dem Interesse am inneren Frieden und den außenpolitischen Rücksichten. Auf den Einfluß des 1524 als Schwärmer aus Kursachsen ausgewiesenen Andreas Karlstadt und kaum auf den Billicans gingen die Beschädigungen von Heiligenbildern Ende 1524 zurück. Das Vorwort von Billicans Nördlinger Kirchenordnung ist auf den 12. Februar 1525 datiert. Sie war einerseits hinsichtlich der lateinischen Gottesdienstsprache recht konservativ, andererseits wies sie aber einige erstaunliche Eigenheiten auf. So schrieb sie die Säuglingstaufe nicht zwingend vor. Das Abendmahl ist Gedächtnis des Todes Christi und bietet nicht direkt die Sündenvergebung an. An beiden Punkten zeigt sich Billican von Karlstadt beeinflußt, obwohl er angeblich nicht in allem mit ihm einig war. Insgesamt macht die Ordnung in manchem einen unausgewogenen Eindruck. Trotz der Einführung der neuen Gottesdienstordnung an St. Georg blieb die Situation der Reformation in Nördlingen noch längere Zeit offen und unentschieden. Der alte Kultus bestand neben dem neuen fort. Der Rat wollte den Kaiser nicht provozieren. Man begnügte sich mit der Ermöglichung schriftgemäßer Predigt und einem Minimum von Neuerungen, das die bestehenden Verhältnisse kaum antastete.

Von den Anfängen der Reformation in *Dinkelsbühl* ist nur wenig bekannt. Seit 1523 hatte der ehemalige Franziskaner Konrad Abel die Prädikantenstelle inne und predigte evangelisch. Im selben Jahr wurde das Abendmahl unter beiderlei Gestalt ausgeteilt. In einer Ordnung von Anfang 1525 wurde der hergebrachte Kultus erheblich reduziert. Möglicherweise folgte man dabei Nördlinger Vorgängen.

Neben den Reichsstädten, in denen die Reformation schon weit fortgeschritten und definitive Entscheidungen erfolgt waren, gab es solche, in denen zwar evangelisch gepredigt und dies zugelassen wurde, eine eigentliche politische Entscheidung aber noch nicht zustande gekommen war. An manchen Orten machten sich gewisse reformatorische Regungen bemerkbar, die sich jedoch nicht oder noch nicht durchsetzen konnten. Gelegentlich wurde das Neue auch alsbald wieder unterdrückt.

*Literatur:*

*Hans-Christoph Rublack,* Nördlingen zwischen Kaiser und Reformation, in: ARG 71 (1980), S. 113–233. – Ders., Eine bürgerliche Reformation: Nördlingen, QFRG 51, Gütersloh (1982). – *Josef Seubert,* Untersuchungen zur Geschichte der Reformation in der ehemaligen freien Reichsstadt Dinkelsbühl, Hist. Studien 420, Lübeck und Hamburg (1971). – *Gerhard Simon,* Humanismus und Konfession. Theobald Billican, Leben und Werk, AKG 49, Berlin–New York (1980) S. 31–99.

## Ulm

Ulm gehörte neben Nürnberg und Straßburg noch vor Frankfurt und Augsburg zu den politisch führenden Städten Südwestdeutschlands. Die Stadt hatte ein starkes Patriziat. An der straffen politischen Führung waren auch die Spitzen der Zünfte beteiligt. Die wesentlichen Entscheidungen über die Geschicke der Stadt behielt sich die mächtige Obrigkeit vor. Neben ihr war eigentlich kein Platz für eine starke Reformatorenpersönlichkeit, und nicht von ungefähr hat Ulm auch nie eine solche gehabt. Anders als seine Vorgänger war auch der altgläubige Pfarrer am Münster, Dr. Sebastian Löschenbrand, eher eine schwache Figur. Die Reformation hatte zwar schon früh Anhänger und Vertreter in allen Schichten und Kreisen, in den Klöstern, unter den Geistlichen, Gebildeten und der Führungsschicht und ebenso in der Masse der Einwohner, aber das Einlassen auf die Reformation war in Ulm wesentlich von politischen Rücksichten abhängig. Die Ulmer Religionspolitik bietet ein zwiespältiges Bild. Während man außenpolitisch die reformationsfreundlichen Tendenzen unterstützte, gab man in der Stadt selbst dem Neuen nur zögernd und überaus vorsichtig Raum.

Weit über Ulm hinaus bis auf den Wormser Reichstag erregten die kirchenkritischen Fastenpredigten des Ulmer Franziskaners Johann Eberlin von Günzburg (ca. 1460?–1533), der kurz zuvor von Tübingen gekommen war, Aufsehen. Eberlin konnte deswegen nicht länger im Kloster bleiben und mußte, obwohl der Rat sich dreimal für sein Bleiben einsetzte, schon am 29. Juni seine Abschiedspredigt halten. Wohl bereits in Ulm hatte Eberlin mit der Abfassung von Flugschriften begonnen. Im Lauf der folgenden fünf Jahre wurde er dadurch zu einem der bedeutendsten Volksschriftsteller neben Luther. Am berühmtesten wurde der Zyklus der »15 Bundesgenossen«, der im September 1521 in Basel erschien (Abb. 8). Eberlin setzte sich darin beim Kaiser für Hutten und Luther ein, behandelte kritisch das Fasten, die Stundengebete und den Geldaufwand für die Geistlichen, forderte eine Reform der Predigt und die Auflösung der Klöster und legte sogar die ideale Utopie des Staates »Wolfaria« vor. Seine Gedanken waren damals nicht alle abgeklärt und ausgewogen, sondern noch fließend. Humanistische Ideen standen wenig verbunden neben lutherischen Reformforderungen. Auf Umwegen kam er 1522 nach Wittenberg, wo er sich Luthers und Melachthons Theologie vollends zu eigen machte. Wie sie trat er nunmehr in seinen Flugschriften für ein behutsames reformatorisches Vorgehen ein. Erst 1524 fand er dann zunächst eine Anstellung in Erfurt. 1523 widmete er den Ulmern »Einen kurzen schriftlichen Bericht des Glaubens«. Außerdem sandte er eine »Vermahnung« an den Ulmer Rat, in der er erneut vor den Bettelmönchen warnte und vor allem den Entwurf für eine Reformation in der Stadt vorlegte. Im Oktober 1523 besuchte er Ulm noch einmal.

Im Ulmer Franziskanerkloster hatte Eberlin nach seinem Weggang in Heinrich von Kettenbach einen Nachfolger gefunden. Dieser veröffentlichte zwischen 1522 und 1524 neun Flugschriften, u. a. über das rechte evangelische Fasten und gegen die päpstlichen »Küchenprediger«, die sich nicht an die Bibel halten. Von der Rechtfertigung aus dem Glauben her kritisierte er Bilder, Wallfahrten, Messen, Jahrtage, Stiftungen und die altgläubige Auffassung von der Kirche, dazu forderte er die deutsche Sprache im Gottesdienst. Im Sommer 1522 mußte er Ulm verlassen. Mit Eberlin und Kettenbach waren in Ulm zwei bedeutende kirchenkritische Prediger aufgetreten, die mit Wort und Schrift, wahrscheinlich nachhaltig, auf die Ulmer Bevölkerung eingewirkt haben, ohne jedoch Grundlegendes ändern zu können.

Gleichzeitig mit Kettenbach hatte der Kaplan Martin Idelhauser heftig den alten Kultus, z. B. Messe und Fasten, kritisiert und damit auch Anhänger gefunden. Bei der Totenmesse seiner Mutter gab er sein Opfer demonstrativ den Armen. Idelhauser wurde von der Geistlichkeit beim Bischof von Konstanz angezeigt, der ihn vorlud und dann im Kloster Zofingen gefangensetzte. Dort wurde Idelhauser am 15. Juni 1522 zum Widerruf gebracht, obwohl ihm Wolfgang Rychard und dann auch Kettenbach dringend davon abgeraten hatten. Die geplante Wiederholung des Widerrufs in Ulm selbst unterblieb mit Rücksicht auf die Volksstimmung. Wie schon der Widerstand gegen Eberlin und Kettenbach zeigt, gab es in den Ulmer Klöstern und unter den Geistlichen auch energische Verteidiger des alten Glaubens. Die Anhänger der Reformation versammelten sich in Bürgerhäusern oder auch im Freien. In den Trinkstuben wurde für Luther Stimmung gemacht. Am 1. Dezember 1522 warnte Papst Hadrian VI. Ulm vor dem Druck und der Verbreitung »des Gifts« lutherischer Schriften.

Der Rat verhielt sich gegenüber der religiösen Entwicklung insgesamt abwartend. Nur das Reden und Singen von Luther in den Trinkstuben und die Versammlungen im Freien wurden aus Furcht vor Aufruhr verboten. Schon Anfang 1522 hatte der Rat die schriftgemäße Predigt und den Verzicht auf gegenseitige Polemik geboten, ohne damit viel auszurichten. Formal deckte er noch das bestehende Kirchentum. Die Priester mußten ihren Meßverpflichtungen nachkommen, Übertretungen des Fastengebots wurden bestraft, die Vorladung Idelhausers durch den Bischof akzeptiert. Der auf den Kanzeln ausgetragene religiöse Zwiespalt dauerte fort. Im Dezember 1523 wollte der Rat darum nur noch die Verlesung von Evangelium und Epistel ohne Auslegung zulassen, lediglich die Sünden sollten »gestraft« werden dürfen. Die altgläubige Seite berief sich aber darauf, daß der Nürnberger Reichstagsabschied vom März 1523 die Predigt gemäß der herkömmlichen Auslegung der Kirche vorgeschrieben hatte. Das mußte der Rat hinnehmen. Immerhin drohte er damals, falls nicht das reine Evangelium gepredigt werde, den Evangelischen eine eigene Kirche einzuräumen. Denn auch von seiten der Evangelischen stand der Rat unter Druck. Sie beschwerten sich wegen der nicht schriftgemäßen Kritik an der Priesterehe und der Empfehlung der guten (verdienstlichen) Werke und forderten einen eigenen Geistlichen. Es war klar, daß sie sich nicht mehr lange hinhalten ließen. Dem Rat war bewußt, daß das Luthertum nicht mehr mit Gewalt zu unterdrücken war. Das hinderte ihn jedoch nicht daran, gegen den besonders unruhigen Priester Jost Höflich vorzugehen. Höflich hatte ohne Anstellung seit 1523 mit Erfolg im Freien gepredigt, wobei sozialkritische Töne nicht fehlten. Vor Pfingsten 1524 ließ ihn der Rat wegen der verbotenen Versammlungen verhaften und dem Bischof nach Konstanz zuführen, der ihn ein Jahr gefangenhielt. Dagegen lieferte der Rat wenig später zwei weitere Priester, die u. a. die Messe unterlassen hatten und darum gebannt worden waren, dem Bischof nicht mehr aus.

Inzwischen hatte die Stadt nämlich mit anderen Reichsstädten gegen den Beschluß des Nürnberger Reichstags von 1524 protestiert, der das Wormser Edikt wieder in Kraft gesetzt hatte. Ende Mai forderte eine Abordnung von vier evangelischen Bürgern vom Rat, den altgläubigen Predigern Schweigen zu gebieten, den Evangelischen hingegen eigene Versammlungen zu erlauben. Ein Verbot der altgläubigen Predigt schien dem Rat politisch nicht opportun, jedoch gestattete er jetzt Privatversammlungen der Evangelischen und bewilligte die Anstellung eines evangelischen Predigers auf Ratskosten, der nichts als »das klare lautere Wort Gottes predigen« sollte. Das war ein erster entscheidender Durchbruch für die Ulmer Reformation. Die neue Stelle wurde dem aus Rottenacker gebürtigen Konrad Sam (1483–1533) übertragen. Er war in Ulm zur Schule gegangen und hatte dort auch verwandtschaftlichen Rückhalt in der Schuhmacherzunft. Er hatte in Tübingen und Freiburg studiert und den Grad eines Licentiaten der Rechte erworben. Seit 1513 war er Prediger in Brackenheim gewesen, hatte 1520 durch Vermittlung Geilings einen Brief von Luther erhalten und war soeben von der österreichischen Regierung entlassen worden, weil er Eberlin von Günzburg beherbergt hatte. Der Rat legte Sam auf die reine Predigt des Gottesworts ohne Zusätze fest, verbot ihm aber ausdrücklich zänkische Verkündigung und bis zu dem erwarteten Konzil auch jegliche Neuerungen, sofern das Wort Gottes dies zuließ. Die fortdauernde Unentschiedenheit der Ulmer Situation machte sich auch in dieser Anweisung bemerkbar, und dagegen kam selbst der wortgewaltige Prediger Sam nicht an.

Der Kanzelkrieg dauerte fort. Gegen Sam trat der Dominikaner Peter Hutz, genannt Nestler, mit der Verteidigung der Mittlerschaft Marias auf, dem der Rat darauf das Predigen verbot und den er später sogar aus der Stadt auswies. Nestler besorgte sich zu seiner Verteidigung Gutachten aus Tübingen, Ingolstadt und Köln. Sam seinerseits legte sich in seiner Kritik am hergebrachten Kultus kaum Mäßigung auf, und der Spott der Bevölkerung tat es ihm nach. Die Einkünfte des Münsterpfarrers waren schon seit 1523 empfindlich zurückgegangen. An sich wäre in Ulm eine grundlegende Neuregelung des Kirchenwesens fällig gewesen, nicht zuletzt um einer Verwilderung der kirchlichen Sitten zu wehren, aber dieser Aufgabe versagte sich der Rat.

*Literatur:*

*Carl Theodor Keim,* Die Reformation der Reichsstadt Ulm, Stuttgart (1851). – *Eberhard Naujoks,* Obrigkeitsgedanke, Zunftverfassung und Reformation. Studien zur Verfassungsgeschichte von Ulm, Esslingen und Schwäb. Gmünd, VKGLBW. B, Bd. 3, Stuttgart (1958). – *Hans Eugen Specker,* Ulm. Stadtgeschichte, Ulm (1977), S. 106–109. – *Hans Eugen Specker* und *Gebhard Weig* (Hgg.), Die Einführung der Reformation in Ulm, in: Forschungen zur Gesch. der Stadt Ulm, Reihe Dokumentation 2, Ulm (1981). – *Gottfried Geiger,* Die reformatorischen Initia Johann Eberlins von Günzburg nach seinen Flugschriften, in: Festgabe für Ernst Walter Zeeden, RGST. S 2, Münster (1976), S. 178–201. – *Otto Clemen* (Hg.), Die Schriften Heinrichs von Kettenbach, Flugschriften aus den ersten Jahren der Reformation 2, Halle (1907, Neudruck Nieuwkoop 1967), S. 1–244.

## Esslingen

Daß auch in Esslingen schon früh Luthers Schriften gelesen wurden, beweisen noch heute die Bestände der dortigen Kirchenbibliothek. Gerade auch im Kloster der Augustinereremiten interessierte man sich für die Gedanken des Wittenberger Ordensbruders. Ende 1521 oder Anfang 1522 veröffentlichte der selbst aus Esslingen stammende Augustiner Michael Stifel (1486–1567) gegen das Verbot von Luthers Schriften sein mehrfach aufgelegtes großes Lied »Von der christförmigen und rechtgegründeten Lehre Doktor Martin Luthers« mit einer Auslegung. Für Stifel war Luther der in Offenb. 14,6 verheißene Engel mit dem ewigen Evangelium. Hier meldete sich bereits Stifels lebenslanges Interesse an apokalyptischen Berechnungen, das ihn später gelegentlich auch auf Abwege führte. In dem Lied bildete das freilich nur die Einleitung für die eindrückliche Entfaltung der Rechtfertigung allein aus dem Glauben und für die Kritik an der bestehenden Kirche. Stifel wurde deswegen in eine Auseinandersetzung mit dem Franziskaner Thomas Murner, einem Gegner Luthers, verwickelt. Als er fast gleichzeitig vom Konstanzer Weihbischof belangt wurde, weil er ein Beichtkind in einem an sich dem Bischof vorbehaltenen Fall absolviert hatte, zog er es vor, zu fliehen. Sein Leben nahm über viele Stationen einen bewegten Verlauf bis zu seinem Ende als Gnesiolutheraner in Jena. Dabei war es lange Zeit Luther selbst, der den leicht irritierbaren Stifel immer wieder auf die rechte Bahn brachte.

Im Frühjahr 1522 kam der aus Freiburg vertriebene ehemalige Famulus Luthers, Johannes Lonicer (1499–1569), nach Esslingen. Er veröffentlichte dort ein »Berichtbüchlein, daß ein jeglicher Christenmensch gewiß sei der Gnaden, Huld und guten Willen Gottes gegen ihn. Dazu von der Ehre und Anrufung der Heiligen«. Es ging darin um die zentrale Frage der Heilsgewißheit und um die rechte Marienverehrung. Lonicer mußte deshalb wegen seiner freimütigen Kritik an einer kirchlichen Geldsammlung 1523 die Stadt wieder verlassen. Die geistige Szenerie in Esslingen war damals sehr bewegt: Den alten Glauben verteidigte der 1522 als Pfarrer nach Esslingen gekommene, gebildete Dr. Balthasar Sattler, der zuvor Professor in Tübingen gewesen war. In der Mitte standen Humanisten wie Johannes Molitoris, denen der ganze Streit zuwider war. Von den Geistlichen der Stadt war der Kaplan an der Frauenkirche Martin Fuchs seit 1520 Anhänger Luthers und predigte entsprechend. Er wurde 1524 zunächst verdrängt und ging nach Baden. Fuchs war von dem Bürgermeister Hans Holdermann protegiert worden, der später aus politischen Gründen gegen alle Neuerungen war, ursprünglich aber die Reformation doch nicht ganz abgelehnt zu haben scheint.

Die kirchlichen Verhältnisse in Esslingen waren vor allem durch zwei Faktoren bestimmt, die einem Erfolg der Reformation jahrelang im Wege standen. Die Führung der Stadt war überwiegend treu kaiserlich und damit altgläubig ausgerichtet; der evangelisch eingestellte Ratsschreiber Johannes Machtolf kam dagegen zunächst nicht an. Diese Haltung der Stadt hing nicht zuletzt mit finanziellen Schwierigkeiten zusammen. Man war daran interessiert, möglichst geringe Reichssteuern zu zahlen. Das Patronatsrecht der Pfarrkirche besaß das Domstift Speyer. Die Pfarrei war mit dem streng altgläubigen Dr. Balthasar Sattler besetzt. Auch er konnte allerdings nicht verhindern, daß sich die kirchliche Sitte, z. B. hinsichtlich des Fastens, lockerte und die evangelische Predigt zunahm. Die Evangelischen beriefen sich dabei auch auf das sehr weit interpretierte Mandat des Reichsregiments vom März 1523, das die Predigt entsprechend der Auslegung der Kirche vorschrieb.

In der Fastenzeit 1523 machte Sattler einen Versuch, die Neugläubigen zurückzugewinnen, indem er ihnen Verzeihung anbot, wenn sie zur Beichte kämen, die Fasten einhielten und der neuen Lehre entsagten. Über Stifel wurden Sattlers Artikel Luther bekannt, der darauf am 11. Oktober ein Sendschreiben an die Esslinger Gemeinde richtete. Er lehnte jegliche gesetzliche Vorschrift und Werke ab, weil die Sünder nur durch den Glauben an Christus gerechtfertigt werden. Die Esslinger sollten sich also nicht von päpstlichen Gesetzen gefangennehmen lassen.

Die evangelische Bewegung ließ sich nicht unterdrücken. Eine Reduzierung der (evangelischen) Predigten in den Klöstern mußte Anfang 1524 wieder aufgehoben werden. Wie in Ulm fanden in den Esslinger Dörfern Versammlungen in den

Trinkstuben und im Freien statt, was 1524 verboten wurde. Darüber kam es auch zu einigen Verhaftungen, die aber wegen der Stimmung in der Bevölkerung wieder rückgängig gemacht werden mußten. Mit den Sympathien für Luther verband sich nicht selten ein aggressiver Antiklerikalismus. Gelegentlich wurde die Zahlung des Zehnten verweigert. Nach dem Nürnberger Reichstag 1524 wurden das Reichsregiment und das Reichskammergericht aus dem reformatorisch gesinnten Nürnberg in das altgläubige Esslingen verlegt. Das kam den Evangelischen insofern zugute, als Franz Irenicus, der Hofprediger des Markgrafen Philipp von Baden, im evangelischen Sinn predigte, wogegen sich der päpstliche Legat Campeggio vergeblich beschwerte. Das Verhör Albers vor dem Reichsregiment wurde auch in Esslingen stark beachtet. Sein ergebnisloser Ausgang bedeutete eine Ermutigung für die Reformation. Welche Seite sich in der Stadt durchsetzen würde, war zunächst jedoch völlig offen. Für die verbreitete endzeitliche Stimmung im Spätjahr 1524 ist die Anordnung einer Prozession durch den Rat bezeichnend, die die von dem Tübinger Astronomen Johann Stöffler für ganz Deutschland vorausgesagte große Überschwemmung abwenden sollte.

*Literatur:*

*Martin Brecht,* Esslingen im geistigen Ringen der Reformationszeit, in: Esslinger Studien 20 (1981), S. 59–72. – *Carl Theodor Keim,* Reformationsblätter der Reichsstadt Esslingen, Esslingen (1860). – *Hans-Christoph Rublack,* Reformatorische Bewegung und städtische Kirchenpolitik in Esslingen, in: *Ingrid Bátori* (Hg.), Städtische Gesellschaft und Reformation, Kleine Schriften 2, Spätmittelalter und frühe Neuzeit, Tübinger Beitr. z. Geschichtsforschung 12 (1980), S. 191–220. – *Christian Schnaufer* und *Erwin Haffner,* Beitr. zur Gesch. der Esslinger Reformation, Esslingen (1932). – *Otto Schuster,* Kirchengeschichte von Stadt und Bezirk Esslingen, Stuttgart (1946), S. 132–142. – *Hermann Tüchle,* Die Reformation und das Ende des Dominikanerklosters, in: 700 Jahre St. Paulskirche Esslingen, Esslingen (1968), S. 59–82. – 450 Jahre Reformation in Esslingen, Ausstellung des Stadtarchivs Esslingen 1981.

## Heilbronn und Wimpfen

Das Patronat der Heilbronner Pfarrkirche hatte einer der Domherren des Würzburger Domkapitels. Daneben bestand seit 1426 eine Prädikatur, die der Rat zu vergeben hatte. Der Inhaber der Pfarrstelle war seit 1514 Johann Lachmann (1491–1538/39), Sohn eines Heilbronner Glockengießers (Abb. 9). 1521 wechselte er auf die Prädikatur; spätestens seit 1524 predigte er im evangelischen Sinn. Erste reformatorische Regungen, verbunden mit Kritik am alten Kirchentum und den Geistlichen, machten sich 1522 bemerkbar. Im Mai 1524 befahl der Rat den Geistlichen, ihre Konkubinen abzuschaffen. Im Oktober ging der Franziskaner Johannes Güttenberg, der vorher ein Eiferer für den alten Glauben gewesen war, durch Luthers Schriften überzeugt zur Reformation über. Im Dezember beschwerten sich die Karmeliter über einen fremden Prediger, der gefordert hatte, daß man das Marienbild in ihrem Kloster verbrennen sollte. Von den Bürgern wurde das Abendmahl unter beiderlei Gestalt verlangt. Sämtliche Schichten der Stadt waren teilweise von der Reformation erfaßt, ein deutlicher Übergang zum Neuen zeichnete sich jedoch nicht ab.

Von der wenig erforschten Reformation in *Wimpfen* ist lediglich bekannt, daß Erhard Schnepf zwischen 1523 und Herbst 1525 dort evangelisch predigte. Er heiratete 1525 die Tochter des Bürgermeisters Wurzelmann, muß also einen Rückhalt in der Führung der Stadt gehabt haben. Gleichzeitig hielt sich der Maler und Verfasser von Reformationsliedern und -schriften Heinrich Vogtherr bis 1525 in Wimpfen auf. Möglicherweise gab es in Wimpfen um 1524 einen Kreis spiritualisierender, Karlstadt nahestehender Reformationsanhänger. Die eigentliche Verwurzelung der Reformation in Wimpfen erfolgte Jahrzehnte später.

*Literatur und Quellen:*

*Moriz von Rauch* (Hg.), Urkundenbuch der Stadt Heilbronn, Bd. 4, Württ. Geschichtsquellen 20, Stuttgart (1922). – *Helmut Schmolz* u. a., 450 Jahre Reformation Heilbronn, Veröffentl. d. Archivs der Stadt Heilbronn 23 (1980). – *Martin Brecht,* Kritischer Spiritualismus aus den Anfangsjahren der Reformation, in: ZKG 79 (1968), S. 363–374. – *Albrecht Endriß,* Phasen der Konfessionsbildung – Aufgezeigt am Beispiel der Reichsstadt Wimpfen im Zeitraum von 1523–1635, in: Festgabe für Ernst Walter Zeeden, RGST. S 2, Münster (1976), S. 289–326.

## Rothenburg

Das Patronat der Pfarrkirche St. Jakob besaß der Deutsche Orden. Der Rat der Stadt war schon seit langem bestrebt, seinen Einfluß im Kirchenwesen auszudehnen. Ähnlich wie in Schwäbisch Hall wurde die Predigerstelle an St. Jakob von ihm vergeben. Diese Stelle hatte seit 1512 Dr. Johann Teuschlein inne. Er war, angeregt durch gleichartige Vorgänge in Regensburg, der Urheber der Judenverfolgung von 1519 in Rothenburg, die zu der Umwandlung der Synagoge in eine Marienkapelle führte. Mit seiner evangelischen Predigt seit 1522/23 gewann Teuschlein auch den Rat. Im Sommer 1524 gelang es dem Rat, den altgläubigen Pfarrer Neukaim aus seiner Stelle zu verdrängen, angeblich weil er nicht das Wort Gottes predige. Sein Nachfolger wurde Kaspar Cristan, der trotz offenkundiger evangelischer Neigungen schließlich auch die bischöfliche Investitur erhielt. Cristan betrieb sofort den Abbau des alten Kultus. Er wurde deswegen nach Würzburg vorgeladen und, als er nicht erschien, gebannt. Cristans Rückhalt in Rothenburg war jedoch so stark, daß er es sich leisten konnte, den Bann gegen sich selbst von der Kanzel mit entsprechendem Kommentar zu verkünden. Die ohnehin stürmisch und kaum geordnet verlaufende Reformation in Rothenburg komplizierte sich noch weiter, als der sich seit Ende 1524 in der Stadt aufhaltende Karlstadt Einfluß auf Teuschlein und Cristan gewann. Die Abendmahlsfrage wurde nunmehr in vielen Predigten erörtert. Teuschlein gab das Messelesen auf. Eine Ausweisung Karlstadts Ende Januar ließ sich nicht durchsetzen. Ohne daß eine Konsolidierung der kirchlichen Verhältnisse erreicht war, geriet Rothenburg in den Sturm des Bauernkriegs.

*Literatur:*

*Paul Schattenmann,* Die Einführung der Reformation in der ehem. Reichsstadt Rothenburg o. T. (1520–1580), EKGB 7, München (1923). – *Sehling* XI/1, S. 562 ff.

## Lindau, Kempten und Biberach

Seit 1512 war Johann Fabri Pfarrer an St. Stephan in *Lindau*. Er behielt diese Stelle gegen den Widerspruch der Stadt auch bei, als er 1518 Generalvikar in Konstanz wurde, und ließ sie durch einen Vikar versehen. Dennoch regte sich auch in Lindau die Reformation. Seit 1523 predigte der Franziskaner Michel Hug (gest. 1524) »lutherisch«. An Fronleichnam nannte er Fabri einen Stocknarren, der nicht die Wahrheit predige, sondern Eselssagen. Fabri forderte die Auslieferung Hugs an das geistliche Gericht in Konstanz, aber dieser wurde vom Rat gedeckt. Nach 1523 ging der Vertreter Fabris, Siegmund Rötlin, zur Reformation über. Fabri übergab ihm nicht wie vorgesehen die Pfarrei, sondern enthob ihn und wenig später einen weiteren Kaplan an der Pfarrkirche ihres Amtes, der Rat jedoch hielt Rötlin. Am Beispiel von Lindau zeigt sich, daß selbst ein profilierter und überzeugter Gegner der Reformation diese nicht aufhalten konnte, zumal wenn er nicht vor Ort persönlich und überzeugend für den alten Glauben eintrat. Der Durchbruch der Reformation in Lindau erfolgte erst, als nach dem Tod Rötlins im November 1525 der Rat die Pfarrstelle Thomas Gaßner übertrug.

Die kirchlichen Verhältnisse in *Kempten* waren bestimmt durch den Gegensatz zwischen der Stadt und dem dortigen Benediktinerkloster, dem die Pfarrkirche St. Mang inkorporiert war und zu dem die zweite Pfarrkirche St. Lorenz ohnedies gehörte. Der Pfarrvikar von St. Lorenz, Matthias Waibel, erregte mit seiner Kirchenkritik im Mai 1523 bei dem neuen Abt Sebastian von Breitenstein Anstoß. Auch der Pfarrer an St. Mang, Sixt Rummel, der seit 1520 zahlreiche reformatorische Schriften erworben und durchgearbeitet hatte, und sein Helfer Jakob Haistung predigten alsbald evangelisch. Ihr Gegenspieler war der Franziskanerguardian Johann Winzler, der wegen seines entschieden altgläubigen Auftretens schon 1522 aus Nürnberg und ein Jahr später aus Basel ausgewiesen worden war. Eine klärende öffentliche Disputation im Oktober 1524 wurde von Winzler abgelehnt, ein Stillhalteabkommen hatte nicht lange Bestand. Im Februar 1525 kam es bereits zu einer Änderung der Messe im evangelischen Sinn. Während des Bauernkriegs konnte die Stadt das Patronatsrecht von St. Mang erwerben und gewann dadurch ihre kirchliche Unabhängigkeit.

Aus *Biberach* ist zunächst nur bekannt, daß ein Geistlicher namens Schlupfindheck 1523 evangelisch predigte und damit bei den Patriziern Christoph Gräter, dem späteren Bürgermeister, und Veit Ramminger einen gewissen Rückhalt fand.

*Literatur:*

*Albert Schulze,* Bekenntnisbildung und Politik Lindaus im Zeitalter der Reformation, EKGB Fotodruckreihe 3, Nürnberg (1971). – *Sehling* XII/2, S.169–171. – 450 Jahre Reformation in Kempten, Dokumentation, Kempten (1977). – *Albert Angele,* Altbiberach um die Jahre der Reformation. Erlebt und für die kommenden Generationen der Stadt beschrieben von den Zeitgenossen und Edlen Brüdern Joachim I. und Heinrich VI. von Pflummern, Patriziern der Freien Reichsstadt Biberach, Biberach (1962).

## Weil der Stadt

Ende August 1522 wurde Theobald Billican als Prediger nach Weil der Stadt berufen. Das dürfte mit Sicherheit durch die Vermittlung des aus Weil stammenden Johannes Brenz geschehen sein, dessen Kollege und Gesinnungsgenosse Billican in Heidelberg gewesen war. Billican predigte alsbald unter großem Zulauf gegen die Mittlerschaft Marias und der Heiligen und gegen das Fegfeuer. Teilweise Zustimmung fand er im Kloster der Augustinereremiten. Schon nach wenigen Wochen mußte er wohl auf Druck der württembergischen Regierung weichen und fand am 31. Oktober Anstellung als Prediger in Nördlingen. Sein Sendbrief vom 1. Oktober an die Gemeinde von Weil zeigt, daß während seiner kurzen Wirksamkeit dort die Fragen einer kirchlichen Neuordnung schon in einer erstaunlichen Breite aufgebrochen waren. In den folgenden Jahren hat es zwar eine evangelische Minderheit in Weil gegeben, an der die württembergische Regierung immer wieder Anstoß nahm. Sie konnte sich jedoch nicht durchsetzen, sondern blieb unterdrückt. Der Vater von Johannes Brenz war 1526 in einen nicht näher bekannten Prozeß am Reichskammergericht verwickelt. 1531 mußte Brenz nach Weil reisen, weil seine Familie wegen ihres evangelischen Bekenntnisses Schwierigkeiten mit dem Rat hatte. Die eigentümliche Tatsache, daß sich Weil auch nach 1534 der Reformation nicht anschloß, erklärt sich aus dem Selbstbehauptungsstreben der Stadt gegenüber Württemberg. Die nicht unbeträchtliche evangelische Minderheit, die erst im Dreißigjährigen Krieg verdrängt wurde, mußte sich in den umliegenden württembergischen Orten kirchlich versorgen lassen.

*Literatur:*

Beschreibung des Oberamts Leonberg, Stuttgart (1930), S. 1076–1078. – *Gerhard Simon,* Humanismus und Konfession. Theobald Billican, Leben und Werk, AKG 49, Berlin – New York (1980), S. 22–30.

## Schwäbisch Gmünd

Wie in Weil der Stadt ist auch in Gmünd die Reformation schon früh gescheitert. Auch hier lag dem Rat daran, seinen Einfluß auf das Kirchenwesen auszudehnen. 1523 bemühte er sich um Hebung der Sittenzucht und Abstellung sittlicher Mißstände innerhalb des Klerus. Im selben Jahr scheint für kurze Zeit der später in Augsburg tätige Franziskaner Johannes Schilling evangelisch gepredigt zu haben, wobei wahrscheinlich sozialkritische Töne nicht fehlten. Die Zentralfigur der reformatorischen Bewegung in Gmünd wurde Andreas Althamer aus Brenz bei Heidenheim. Er war bei seinem Studium in Leipzig und Tübingen vom Humanismus geprägt worden, war an verschiedenen Orten als Schulmeister tätig gewesen und hatte 1524 die Stelle eines Helfers des Pfarrers in Gmünd erhalten. Wie sich zeigen sollte, war das eine schwache Position.

Nach dem Tod des Pfarrers Thomas Köllin im Juni 1524 setzte das Augsburger Domkapitel als Patron der Pfarrkirche auf Empfehlung des Rats den wahrscheinlich aus Gmünd stammenden Ulrich Schleicher und nicht Althamer als Nachfolger ein. Möglicherweise hatte Althamer bereits mit seiner evangelischen Predigt Anstoß erregt. Schon im Herbst 1524 muß es eine evangelische Bewegung in Gmünd gegeben haben, so daß sich der regierende Kleine Rat am 4. Oktober beim Großen Rat wegen eines etwaigen Vorgehens gegen sie versichern mußte. In der Tat forderten am 15. November fünf Bürger vom Rat die Anstellung eines Predigers – bis dahin hatte es in Gmünd keine Predigerstelle gegeben –, der das klare lautere Evangelium verkündigen sollte. Der Rat aber schärfte am 19. Dezember den Bürgern das Wormser Edikt, das der Nürnberger Reichstag von 1524 wiederum bekräftigt hatte, erneut ein und warnte außerdem vor Widerspruch gegen die (altgläubigen) Predigten. Den Evangelischen wurde aufrührerisches Zusammenrotten bei Strafe untersagt. Althamer selbst predigte weiter evangelisch und wurde deshalb im Januar vom Pfarrer entlassen. Ein Protest beim Rat gegen diese Maßnahme blieb erfolglos. Den stellungslosen Althamer mahnte damals der mit ihm befreundete Kemptener Pfarrer Sixt Rummel, seiner Berufung treu zu bleiben.

Die Evangelischen, die ihr Zentrum in der Schmiedezunft hatten, baten nunmehr am 2. Februar erneut um einen Prediger, versicherten aber dem Rat ausdrücklich ihre Loyalität. Ihre Zahl muß so groß gewesen sein, daß der Rat ihnen am 22. Februar einen eigenen Gottesdienst zugestand. Sie stellten Althamer zunächst auf eigene Kosten an, wenig später übernahm der Rat seine Besoldung. Die Bürgerschaft der Stadt war tief in zwei Lager gespalten. Althamer mußte von seinen Anhängern auf der Straße geschützt werden. Als ein auswärtiger Dominikaner im Kloster seines Ordens predigte, störte ihn Althamer mit seiner Gefolgschaft. Angesichts der gespannten Lage ist es nicht verwunderlich, daß es nunmehr ähnlich wie in Reutlingen und Memmingen zum Versuch einer Verfassungsänderung durch die Zünfte kam, an dem Althamer nicht unmittelbar beteiligt war. Es wurde ein Ausschuß gebildet, der am 27. März vom Rat das eidliche Versprechen erlangte, das heilige Evangelium und Wort Gottes zu schützen. Der rasche Erfolg erklärt sich dadurch, daß der Rat angesichts des bereits ausgebrochenen Bauernkriegs möglichst auf Einigkeit in der Stadt bedacht sein mußte. Das Mißtrauen zwischen Gemeinde und Rat blieb freilich bestehen; die Gemeinde traute der Oberschicht nicht und befürchtete, daß diese die Hilfe des Schwäbischen Bundes anrufen würde. Ein geringfügiger Anlaß führte Ostern 1525 zur Plünderung von Küche und Keller des Dominikanerklosters. Der Gemeindeausschuß organisierte nunmehr einen eigenen Wachdienst. Allerdings machten die Gmünder Bürger keine gemeinsame Sache mit den Bauern. Wegen der fälligen kirchlichen Neuordnung erkundigte man sich am 22. Mai in Nördlingen, Nürnberg und Dinkelsbühl. Schon am Tag danach trafen jedoch die vom Rat erbetenen 50 Knechte des Schwäbischen Bundes ein. Sie sollten zunächst die Stadt gegen die Bauern schützen. Noch Anfang Juni konnte der Ausschuß eine Neubesetzung des Rates durchsetzen. Wenig später heiratete Althamer und begründete diesen Schritt in einer Predigt.

Auf die Dauer hatte die Herrschaft des Gemeindeausschusses und damit die Reformation keine Chance, zumal der Rat sich jetzt auf ein stattliches Kontingent des Schwäbischen Bundes stützen konnte. Am 4. Juli wurde Althamer wegen seiner Verheiratung entlassen und ihm die Stadt verboten. Gleichzeitig wurde der Gemeindeausschuß aufgelöst. Der Rat saß wieder fest im Sattel, und damit war das Schicksal der Reformation in Gmünd besiegelt, und zwar endgültig, obwohl es noch Jahrzehnte eine evangelische Minderheit gab. Die Reformation in Gmünd scheiterte weder am Fehlen einer befähigten theologischen Führung – Althamer spielte später eine beachtliche Rolle in Brandenburg-Ansbach –, noch entbehrte sie der Basis in der Gemeinde. Infolge der Ungunst der Zeit blieb ihr die notwendige politische Durchsetzung versagt.

*Literatur:*

*Hermann Ehmer,* Andreas Althamer und die gescheiterte Reformation in Schwäbisch Gmünd, in: BWKG 78 (1978), S.46–72. – *B. Klaus,* Zur Geschichte der kirchlichen Verhältnisse der ehem. Reichsstadt Schwäb. Gmünd und des von ihr abhängigen Gebiets, in: WVJH 13 (1904), S. 168–186.

## Bopfingen

Vermutlich schon 1522, gewiß aber Anfang 1524 predigte Wolfgang Vogel aus Reutlingen evangelisch und das vielleicht in aggressiver Form. Möglicherweise deswegen bekam er trotz einer Bittschrift der Bürger in Bopfingen keine dauerhafte Anstellung, sondern wurde im selben Jahr Pfarrer im nürnbergischen Eltersdorf. Wegen des Verlangens der Gemeinde nach schriftgemäßer Predigt wurde jedoch, ähnlich wie in Ulm im Sommer 1524, Jakob Jedler als Prediger angestellt, der sich großer Beliebtheit erfreute. Infolge der altgläubigen Restauration nach dem Bauernkrieg entließ der Rat Ende August 1525 Jedler wegen seiner Kritik an der Messe und angeblich aufrührerischer Predigt, wogegen allerdings elf Bürger protestierten, die der Rat aber mit Strafandrohungen einschüchtern konnte. Das war der Grund, weshalb Wolfgang Vogel 1526 ein aggressives Sendschreiben an die Gemeinde richtete, das zur Standhaftigkeit mahnte. Vogel selbst wurde u. a. deswegen 1527 als Aufrührer und Täufer in Nürnberg hingerichtet. Die Hinwendung Bopfingens zur Reformation vollzog sich in einem sehr langsamen Prozeß dann erst in den folgenden Jahrzehnten.

*Literatur:*

*Gerhard Kumpf,* Die schwäbische Reichsstadt Bopfingen in den Stürmen der Reformations- und Interimszeit, in: BWKG 59 (1959), S. 119–149.

## Zusammenfassung

Jede der aufgeführten 17 Städte hat ihre eigene Reformationsgeschichte. Diese ist nicht nach einem festgelegten Schema verlaufen. Gelingen, Stillstand oder Mißlingen hingen von verschiedenen Faktoren ab. Dennoch lassen sich strukturelle und übergreifende Gemeinsamkeiten feststellen. Unübersehbar ist die Schlüsselrolle des evangelischen Predigers als Initiator der Reformation. Wo er fehlte oder vertrieben wurde, kam die Reformation selbst dann nur zögernd voran, wenn es eine mit ihr sympathisierende Basisgruppe gab. Nicht selten tritt das Interesse an der Reformation als Interesse am Schicksal des Predigers in Erscheinung. Das Verlangen nach evangelischer Predigt war begünstigt durch ein verbreitetes, vorgängiges Unbehagen an den bestehenden kirchlichen Zuständen. Dabei handelte es sich aber nicht nur um negative Kirchenkritik. Das reine Wort Gottes galt als die bessere Autorität, und seine Botschaft wurde gegenüber einer kirchlichen Gesetzlichkeit als befreiend empfunden. Konkrete Änderungen erfolgten zunächst durch die Unterlassung oder Reduzierung der hergebrachten Gottesdienste und frommen Sitten, z.B. des Fastens, der Heiligenverehrung und Wallfahrten, der Ohrenbeichte und Totenmessen. Die Klage der Pfarrer über einen drastischen Rückgang der Opfergaben ist hier ein deutliches Indiz. Die Stellung der Geistlichen veränderte sich durch ihre Einbürgerung und Verehelichung. Die Bedeutung der Predigten nahm zu. Taufe und Abendmahl wurden nicht selten bereits deutsch gehalten und das Abendmahl unter beiderlei Gestalt gereicht. Vielfach forderten die Predigten zu einer heiligen Lebensführung auf. Welchen Erfolg das hatte, ist bei dem gleichzeitigen Zusammenbruch der hergebrachten frommen Sitte schwer abzuschätzen.

Die Behauptung der Reichsstädte dem Kaiser und dem Reichsregiment gegenüber, sie könnten aus Rücksicht auf den gemeinen Mann das Wormser Edikt nicht konsequent durchführen, war zutreffend. Eine Verweigerung oder Infragestellung der evangelischen Predigt hatte häufig Ungehorsam, wenn nicht sogar Aufruhr der Bürger zur Folge.

Mindestens teilweise mußten die Stadtobrigkeiten den neuen religiösen Interessen in ihren Gemeinden Rechnung tragen, sofern ihre Vertreter sie nicht auch selbst teilten. Die Unterschiede im Ablauf der Reformation ergaben sich vor allem aus dem jeweiligen Spielraum, den die politische Führung der neuen Bewegung einräumte oder versagte. Die Stadtregierungen waren dabei in ihren Entscheidungen keineswegs ganz frei. Sie mußten sich mit den Patronen ihrer Pfarrkirchen, meist irgendwelchen geistlichen Institutionen, auseinandersetzen. Hierbei kam der Reformation das Interesse an einer stärkeren Integration des Kirchenwesens in die Stadt zugute. Noch war die Gerichtsbarkeit der Bischöfe über die Geistlichen gegeben und wurde vielfach auch zur Geltung gebracht. Sie zu mißachten erforderte jeweils eine bewußte und gewiß nicht leichte Entscheidung. Kaiser und Reich, dazu die Vormacht Habsburg und der Schwäbische Bund beschützten die hergebrachten kirchlichen Rechtsverhältnisse. Wo sie verändert wurden, drohte den Städten somit der schwer kalkulierbare außenpolitische Konflikt.

## Anfänge einer gemeinsamen Reformationspolitik der Reichsstädte

Die Bedrohung zwang die Städte zu einer gemeinsamen Vertretung ihrer religionspolitischen Interessen auf der Ebene des Reiches und des Schwäbischen Bundes. Damit kommt ein weiterer Komplex der Städtereformation in den Blick, dessen man bei der Betrachtung der einzelnen Stadt nicht gewahr wird. Die Städte unterhielten untereinander politische Korrespondenzen. Außerdem standen, wie die erhaltenen Quellen ausweisen, die reformatorischen Theologen untereinander in brieflicher Verbindung und berieten und ermutigten sich gegenseitig. Bis 1525 waren bei weitem nicht alle Reichsstädte von der Reformation erfaßt und, wenn überhaupt, war diese in ihnen sehr unterschiedlich weit fortgeschritten. Dennoch kam es etwa seit 1524 zunächst zu einer gemeinsamen, reformationsfreundlich bestimmten Politik der Reichsstädte auf Reichsebene. Dieser seltsame Sachverhalt erklärt sich aus zwei Ursachen. Die Städte nahmen einmal in einer gewissen Solidarität auch auf Interessen von Teilgruppen unter ihnen Rücksicht. Ferner war in zwei der in der Städtepolitik insgesamt führenden südwestdeutschen Reichsstädte, nämlich in Nürnberg und Straßburg, die Reformation besonders weit fortgeschritten. Ulm als die dritte große Stadt im Südwesten machte trotz seiner Zurückhaltung bei der eigenen Stadtreformation den reformationsfreundlichen außenpolitischen Kurs durchaus mit.

In Nürnberg war, angetrieben vor allem durch den Prediger an der Lorenzkirche Andreas Osiander und eine Reihe weiterer evangelisch gesinnter Geistlicher, schon im Juni 1524 eine erste reformatorische Gottesdienstordnung eingeführt und der hergebrachte Kultus weithin abgeschafft worden. Nach einem Religionsgespräch, einer Art Disputation, mit den Vertretern der Klöster hatte der Rat Anfang 1525 die Verwaltung des Kirchentums bereits weitgehend an sich gezogen.

In Straßburg hatte der Rat seit 1521 die evangelischen Prediger – der erste war der Münsterprediger Matthäus Zell – gegen den Bischof gedeckt. Die Stadt besaß mehrere tüchtige reformatorische Theologen, unter denen die 1523 nach Straßburg gekommenen Martin Bucer und Wolfgang Capito überörtliches Format besaßen. Die evangelische Predigt gewann alsbald einen starken Rückhalt in der Gemeinde, auf den der ohnedies bereits weithin reformationsfreundlich eingestellte Rat Rücksicht nehmen mußte. Die in die Ehe getretenen Geistlichen wurden von ihm beschützt. In der Passionszeit 1524 wurde die erste deutsche Messe, bald auch deutsche Taufen gehalten, wogegen der Bischof beim Reichsregiment klagte, das Anfang 1525 die Neuerungen, freilich erfolglos, verbot. Schon vorher hatte Bucer die Neuordnung des Gottesdienstes, die sich bis Ende 1524 herausgebildet hatte, begründet und verteidigt. Bereits 1524 war eine evangelische Schule gegründet und in Ansätzen eine Sittenzucht eingerichtet worden. Mit den Gegnern der Reformation, an ihrer Spitze der Franziskaner Thomas Murner und der Augustinerprovinzial Konrad Treger, hatte man sich in einer Disputation auseinandergesetzt.

Der Reichstagsabschied vom März 1523 hatte festgelegt, daß das Evangelium nach Auslegung der von der Kirche approbierten Schriften gepredigt werden sollte. Alles, was Ungehorsam und Aufruhr in den Predigten erregen konnte, hatte zu unterbleiben. Den Bischöfen wurde die Aufsicht über die Prediger und etwaige verheiratete Geistliche eingeschärft. Die Reichsstädte hatten diesen Beschluß hingenommen und allenfalls großzügig ausgelegt. Gelegentlich gab es darüber, wie z. B. in Konstanz, Auseinandersetzungen mit dem Bischof oder der habsburgischen Regierung. Auf dem folgenden Nürnberger Reichstag im Frühjahr 1524 hatte sich die Situation stark verändert. Auf der einen Seite ließ der Kaiser die Wiederinkraftsetzung des Wormser Edikts fordern, auf der anderen Seite bezeichnete der Nürnberger Ratschreiber die Luthersache bereits als einen Hauptartikel für die Reichsstädte, bei dem es ohne möglichen Mittelweg um die Entscheidung ging, ob sie Christen sein wollten oder nicht. Der Konflikt, ob man Gott oder dem Kaiser gehorchen wollte, war da. Die Straßburger Gesandten forderten die Entscheidung eines Konzils. Der Reichstag beschloß jedoch »sovil möglich« die erneute Befolgung des Wormser Edikts und sah außerdem die baldige Abhaltung eines General- oder Nationalkonzils wegen des Religionsstreits vor.

Gegen diesen Beschluß protestierten am 6. April 1524 die Reichsstädte. Eine Unterdrückung der evangelischen Predigt würde bei ihnen zu Aufruhr führen. Mit dem geplanten Konzil hingegen waren sie einverstanden. Bis dahin sollte gepredigt werden dürfen, was aus der Schrift zu belegen war. Eine solche Protestation, z.B. gegen Beschlüsse, die die Wirtschaft der Städte schädigten, war nicht ganz ungewöhnlich und auch schon früher praktiziert worden. Das Denkwürdige dieses Schritts bestand in der Parteinahme einer Gruppe von Reichsständen für die Reformation. Die einzelne Reichsstadt wurde durch die Protestation allerdings nicht festgelegt, und nur so war der gemeinsame Beschluß der Städte wohl überhaupt möglich geworden. Für die reformationsfreundlichen Städte bedeutete die Protestation eine Ausweitung ihres religionspolitischen Spielraums. So wurde in Ulm nunmehr die Anstellung eines Predigers möglich. Trotz des Protests wurde den Reichsstädten der Reichstagsabschied zugestellt und damit für sie verbindlich gemacht. Nürnberg hielt sich nicht daran, hingegen wollte man in Augsburg und wohl auch in Ulm und Nördlingen den Reichstagsbeschluß so weit als möglich befolgen.

Dies und die notwendige Vorbereitung des geplanten Nationalkonzils machte eine gemeinsame Beratung der Städte auf einem Städtetag am 13. Juli in Speyer erforderlich. Um etwaigen Maßnahmen wegen Nichtbeachtung des Reichstagsbeschlusses zuvorzukommen, beschloß man eine Gesandtschaft an den Kaiser, die die Unmöglichkeit der Durchführung des Wormser Edikts in den Städten darstellen sollte. Für das Nationalkonzil sollten in den Städten Gutachten über den bestehenden geistlichen und weltlichen Zwiespalt erstellt werden. Die Städte sollten ihre Prediger ausschließlich auf die schriftgemäße Predigt festlegen, wobei alles, was zu Aufruhr und Schmähung führte, zu unterlassen war. Eine neue Situation trat ein, als im September in Deutschland das Edikt Karls V. vom 15. Juli aus Burgos eintraf, das das Nationalkonzil verbot und erneut die Beachtung des Wormser Edikts forderte.

Das machte einen neuen Städtetag nötig, der vom 6. bis 12. Dezember in Ulm tagte. In vorbereitenden Stellungnahmen mahnten Lazarus Spengler, Brenz und die Stadt Konstanz, in Gottesfurcht und Gottvertrauen auf dem eingeschlagenen Weg zu bleiben, den man keineswegs als Ungehorsam gegen den Kaiser auffaßte. Entsprechend ließ der Ulmer Städtetag den Kaiser in einem ausdrücklichen Schreiben wissen, daß sich die Städte durch keine Macht der Welt vom seligmachenden Wort Gottes abbringen lassen wollten. Ihnen ging es dabei um Gottes Ehre, die Liebe zum Nächsten, die Verkündigung der göttlichen Wahrheit und in all dem auch um die Mehrung der Wohlfahrt des Reichs. Die Reichspolitik der Reichsstädte erscheint hier klar durch ihre reformatorische Überzeugung ohne irgendwelche anderen Rücksichten bestimmt. Man traf dann noch Absprachen über gemeinsame Maßnahmen, falls gegen eine Reichsstadt mit der Reichsacht vorgegangen würde, wie es damals Reutlingen und Memmingen zu drohen schien. Nicht alle Reichsstädte trugen die Protestpolitik mit. Das besonders kaiserfreundliche Augsburg wollte einen mittleren Weg gehen. Esslingen, Donauwörth, Dinkelsbühl und Überlingen stimmten gegen die Mehrheit. Die von Brenz und Osiander sowie den Städten Straßburg und Konstanz für das Nationalkonzil erstellten bedeutenden Gutachten sind noch erhalten. Sie bieten einen Einblick in die bekenntnismäßige Begründung und das Selbstverständnis der Reichsstadtreformation. Abgesehen von dem etwas anders gestalteten Konstanzer Gutachten (s. o. S. 64) berief man sich durchweg auf das Schriftprinzip, als dessen inhaltliche Mitte die Rechtfertigungslehre galt. Daraus wurden die Kriterien für das reformatorische Handeln gewonnen. Entgegen einer gelegentlich geäußerten Meinung, daß bei der Reformation für die Laien und damit auch für die Politiker mehr die äußerlichen Maßnahmen und Veränderungen im Vordergrund gestanden hätten, ergibt sich aus den Quellen, daß die bewußte Reformationspolitik in den Städten wesentlich auch religiös und nicht nur politisch oder sozial begründet war.

*Literatur:*

*Martin Brecht,* Die gemeinsame Politik der Reichsstädte und die Reformation, in: ZSRG 94. Kan. Abt. 63 (1977), S. 180–263, bes. 186–220.

## *Die Reformation in den Territorien*

Selbstverständlich machte sich die Reformation auch in den fürstlichen, gräflichen, ritterschaftlichen und geistlichen Territorien bald bemerkbar. Sie hatte dort aber insgesamt zunächst nicht die Bedeutung wie in den Reichsstädten. Die Reaktion der einzelnen Obrigkeiten auf die neue Bewegung reichte von offener Begünstigung über freundliche Duldung, weitgehende Nichtbeachtung bis zur konsequenten Ablehnung und Verfolgung.

### Markgrafschaft Brandenburg-Ansbach-Kulmbach

Die Markgrafschaft, die einen Teil des heutigen nordöstlichen Württemberg (Crailsheim, Blaufelden, Creglingen) umfaßte, wurde *das* größere Territorium in Südwestdeutschland, das sich zuerst für die Reformation entschied. Dazu kam es allerdings erst, als nach dem Tod des Markgrafen Kasimir 1526 Markgraf Georg die Regierung übernahm. Kasimir hatte kein inneres Verhältnis zur neuen Lehre. Er wehrte jedoch auch nicht ihrer Ausbreitung und trug ihr sogar Rechnung. Auch in den Territorien entwickelte sich die Reformation aus der evangelischen Verkündigung einzelner Pfarrer oder Prediger vor allem in den Landstädten. 1523 waren der evangelisch gesinnte Johann Rurer in der Residenzstadt Ansbach und 1521 der durch seine frühere Lehrtätigkeit an der Universität Mainz theologisch gut gebildete Adam Weiß (ca. 1490–1534) in Crailsheim Pfarrer geworden. Dieser stand u. a. in Verbindung mit Zwingli und den Straßburger Reformatoren. Mindestens seit 1523 predigte er evangelisch. 1524 trat Johann Schilling, der vorher in Schwäbisch Gmünd und Augsburg mit seinem Radikalismus Aufsehen erregt hatte, in Blaufelden auf. Zur gleichen Zeit lassen sich evangelische Regungen in Creglingen und, von Rothenburg her beeinflußt, im Landkapitel Mergentheim nachweisen.

Ähnlich wie im Kreise der Reichsstädte bereitete man sich im Sommer 1524 unter der Führung der Markgrafschaft auf die Auseinandersetzungen des geplanten Nationalkonzils über den Glaubensstreit vor. Die Berater des Markgrafen hatten die Streitfragen in 23 Artikeln aufgelistet, zu denen die Theologen der Markgrafschaft, aber auch der benachbarten Reichsstädte wie Windsheim und Rothenburg, Stellung nehmen sollten. Sowohl die altgläubige als auch die evangelische Seite reichten Gutachten ein. Am gewichtigsten war der Ansbacher evangelische Ratschlag. Aus dem Gegensatz von göttlichem Schriftwort und Menschengebot wird gegen die Papstkirche ein neues Verständnis der Kirche, der Sakramente samt ihrer Praxis, der Rechtfertigung, Heiligenverehrung usw. entwickelt. Auf dem Ansbacher Landtag vom 25. September 1524 forderten die Vertreter der Städte dementsprechend auch die lautere Predigt des Wortes, den Laienkelch und die evangelische Messe. Die Prälaten votierten im katholischen Sinn; die Meinungen des Adels waren geteilt. So kam es zu keiner Entscheidung. In Anlehnung an den Nürnberger Reichstagsabschied von 1524 wurde lediglich die Predigt des unverfälschten Wortes Gottes eingeschärft, jegliche Neuerung aber untersagt. Die Situation blieb zunächst offen, obwohl sich Markgraf Kasimir bewußt war, daß sich die Forderungen der starken evangelischen Bewegung nicht mehr lange unterdrücken ließen.

*Literatur:*

*Rauscher*, S. 102 f. – *Wilhelm Ferd. Schmidt* und *Karl Schornbaum* (Hgg.), Die fränkischen Bekenntnisse, München (1930). – *Sehling* XI/1, S. 61–66.

## Fürstpropstei Ellwangen

Die Fürstpropstei Ellwangen wurde schon vor dem Bauernkrieg von der Reformation ergriffen. Die unkorrekte Übertragung der Propstei auf den Pfalzgrafen Heinrich bei Rhein hatte 1519 zu einem Zwist des Stiftskapitels mit dem neuen Propst geführt. Erst 1521 verzichtete der Chorherr Johannes von Gültlingen auf eine Gegenkandidatur. Er und einige weitere Chorherren beachteten seit 1524 die kirchlichen Gebräuche nicht mehr und begünstigten die Anhänger der Reformation in der Stadt. Der Pfarrer Georg Muntpach und der Stiftsprediger Johannes Kreß griffen damals Messe, Fegfeuer, Heiligenverehrung, Gelübde und letzte Ölung an. Mit dem Anschlag von 14 Artikeln an der Pfarrkirche suchte Muntpach vermutlich durch eine Disputation eine Entscheidung für die Reformation bei seinem »Pfarrvolk« herbeizuführen. Er berief sich darin auf das Schriftprinzip und die Erlösung allein durch Christus. Der Papst wurde als der Antichrist bezeichnet, der jedoch den von Gott Erwählten nichts anzuhaben vermag.

Bei der Prozession an Lichtmeß 1525 lehnten es Kreß und einige Chorherren ab, die üblichen Kerzen zu tragen. Darüber kam es unter den Chorherren zu tätlichen Auseinandersetzungen und zur Gehorsamsverweigerung. Etwa gleichzeitig weigerte sich der Pfarrer Muntpach, einer Vorladung vor das bischöfliche Gericht in Augsburg Folge zu leisten, und wurde deswegen exkommuniziert. Das führte Mitte März zu einem Aufruhr der Stadtbevölkerung, an dem sich auch das Landvolk beteiligte. Jetzt erst zeigte sich, wie stark der Anhang der Reformation bereits war. Die lutherischen Chorherren bemühten sich mit dem Ellwanger Rat um einen Ausgleich, der dem Pfarrer die evangelische Predigt erlaubte. Der Statthalter und der Amtmann des Propstes setzten sich schließlich beim Augsburger Bischof für die Rücknahme des Banns gegen Muntpach ein. Während des Konflikts war es zu Drohungen und Ausschreitungen in den Kirchen gekommen, weshalb das Stiftkapitel sich in der Stadt nicht mehr sicher fühlte und sich auf das Schloß zurückzog.

Unmittelbar vor dem Bauernkrieg war so in Ellwangen eine kaum mehr beigelegte Empörung wegen der Reformation erfolgt, die sich dann mit dem Bauernaufstand selbst vermischte. Im April führten Kreß und Muntpach noch eine evangelische Gottesdienstordnung mit deutscher Liturgie und Darreichung des Abendmahls in beiderlei Gestalt ein. Aber ähnlich wie in Gmünd war damit das Schicksal der frühen reformatorischen Bewegung in Ellwangen besiegelt. Sie wurde wie die Erhebung der Bauern niedergeschlagen.

*Literatur:*

*Gustav Bossert,* Reformation und Gegenreformation im Gebiet der Fürstpropstei Ellwangen, in: BWKG 1 (1897), S. 25–48.

## Grafschaft Wertheim und die Ritterschaft im Kraichgau

Graf Georg II. von Wertheim hatte Luther in Worms 1521 als Teilnehmer an den ständischen Ausgleichsverhandlungen kennengelernt. Unter dem Eindruck von dessen 95 Thesen hatte er, erstaunlich früh, schon 1518 eine Einschränkung der aufwendigen Leichenbegängnisse angeordnet. An ihre Stelle sollten barmherzige Werke treten. Im September 1522 erbat er von Luther einen evangelischen Prediger. Dieser empfahl den aus Hall in Tirol vertriebenen Jakob Strauß, den aber der Graf wohl wegen zu aggressiver Aktivitäten bald wieder entließ. Sein Nachfolger wurde Franz Kolb (1465–1535) aus Inzlingen bei Lörrach, der 1522 auf Betreiben des Legaten Campeggio aus Nürnberg hatte weichen müssen. Nach Luthers Rat sollte Kolb zunächst predigen, ehe er irgendwelche gottesdienstliche Veränderungen vornahm.

1524 erging ein Mandat gegen das Schwören, das zugleich einer gegenseitigen Verketzerung von Alt- und Neugläubigen Einhalt gebot. Damals wurde den Pfarrern auch die reine Predigt des Evangeliums vorgeschrieben, obwohl der Nürnberger Reichstag von 1524 das Wormser Edikt wieder verbindlich gemacht hatte. Wie die Reichsstädte hatte jedoch Graf Georg gegen den Reichstagsabschied protestiert. Franz Kolb wandte sich dann Ende August 1524 an Luther, nachdem ihm die Unterschiede in den Gottesdienstordnungen der Schweiz, Straßburgs und Wittenbergs aufgefallen waren. Kolb selbst praktizierte in Wertheim bereits eine äußerst schlichte, möglichst schriftnahe Ordnung des Abendmahls, der Taufe und der Krankenkommunion. Luthers Taufbüchlein enthielt ihm noch zu viele traditionelle Gebräuche. Er wünschte eine allgemeine Ermahnung von Luther, auf alle Zeremonien zu verzichten, die nicht in der Bibel begründet waren. Kolb war auch einer der ersten, der Luther eben in diesem Brief über Zwinglis neue, von Luther abweichende Abendmahlslehre informierte, die er selbst auch übernommen hatte. Wegen dieser Auffassung mußte er 1525 Wertheim verlassen. An seine Stelle trat Eberlin von Günzburg, der seine Predigerstelle in Erfurt aufgegeben hatte.

Eine Reihe von ritterschaftlichen Pfarreien des Kraichgaus war schon vor 1525 mit Anhängern der Reformation, die meist aus dem Heidelberger Bekanntenkreis von Brenz stammten, besetzt. Besonders der Ritter Dietrich von Gemmingen muß ein bewußter Förderer der Reformation gewesen sein. Er gewährte Erhard Schnepf 1522 nach der Vertreibung aus Weinsberg Unterschlupf. Sein Hauslehrer Kaspar Gräter und die Inhaber seiner beiden Pfarreien Gemmingen und Fürfeld, Bernhard Griebler und Martin Germanus, der 1522 in Wittenberg studiert hatte, waren alle bereits evangelisch. Gottesdienstliche Neuerungen sind zunächst nicht erfolgt.

*Literatur:*

*Hermann Ehmer,* Recuperati Evangelii Defensor et Instaurator. Die reformatorischen Kirchenordnungen und Mandate des Grafen Georg II. von Wertheim, in: Würzburger Diözesan-Geschichtsblätter 42 (1980), S.215–234. – *Rauscher,* S.109.

## Kurpfalz und Hochstift Speyer

Kurfürst Ludwig von der Pfalz (gest. 1544) wahrte nach dem Wormser Reichstag gegenüber der lutherischen Bewegung zunächst eine gewisse Neutralität. Erst im April 1522 erging, ausgelöst durch die Furcht vor einem Aufruhr, ein Religionsmandat, das den Seelsorgern und Predigern die Erörterung lutherischer Meinungen, z.B. die über die Heiligenbilder, verbot, was auf ein Verbot der evangelischen Predigt bis zu einem Konzil hinauslief. Auf Studenten und andere Personen, die sich mit Worten und Werken gegen die Sakramente und christliche Ordnung vergingen, sollte besonders achtgegeben werden. Im Zusammenhang mit einer Universitätsreform in Heidelberg wurden im August 1522 Brenz und Billican ihre sog. Winkelpredigten oder -vorlesungen verboten. Der Papst lobte deshalb im Dezember die Universität Heidelberg wegen ihres Glaubenseifers. Wahrscheinlich gegen das Verbot lutherischer Predigt richtete der Ritter Hans Landschad von Neckarsteinach 1522 ein Sendschreiben an den Kurfürsten, das ausgehend vom Schriftprinzip und der reformatorischen Rechtfertigungslehre zum Eintreten für das Wort Gottes aufrief. Der Ritter wollte es nicht wahrhaben, daß der Kurfürst und seine Regierung jetzt »bös evangelisch« sein sollten. 1524 fragte Landschad in einer weiteren Flugschrift nach der »Ursach, warum etlich dem Evangelio so zuwider sind«, wobei er eindringlich auf das Wort Gottes als das einzige Heilsmittel hinwies, das zugleich die Liebe zum Nächsten, Recht und Gehorsam lehrt.

Möglicherweise zog sich Ludwig von der Pfalz 1523 aus Verärgerung über die Nichtberücksichtigung seiner Wünsche durch das Reichsregiment nach der Sickingischen Fehde wieder auf seine freundliche Neutralität gegenüber der Reformation zurück. Trotz altgläubiger Proteste wurden Wenzeslaus Strauß, später Pfarrer in Urach, und ein Augustiner 1524 wegen ihrer evangelischen Predigt an der Heiliggeistkirche in Heidelberg nicht behelligt. 1525 wurde für kurze Zeit der bewußt evangelische Johann Geiling, der zuvor Prediger bei Herzog Ulrich in Mömpelgard gewesen war, Hofprediger des Kurfürsten.

Nach dem Nürnberger Reichstag 1524 erging im Juni ein behutsames neues Religionsmandat. Es konstatierte die Zunahme der lutherischen Lehre, verbot aber lediglich die Disputation darüber beim Wein, da sie die Gläubigen in zweifelhafte Meinungen führe. Wohl im Blick auf das geplante Nationalkonzil wünschte sich Ludwig eine unparteiische Unterrichtung über die Schriften Luthers durch die theologische und juristische Fakultät in Heidelberg. Ein Zeitgenosse charakterisierte im Sommer 1524 die Situation folgendermaßen: »In Heidelberg wird das Evangelium lauter und klar gepredigt, wollen aber nicht lutherisch heißen.« Melanchthon wurde bei einem Besuch im Mai in Heidelberg von der Universität ostentativ ehrenvoll behandelt. Aber im selben Jahr stellte der Kurfürst den Dominikanern und Franziskanern in seinem Gebiet Schutzbriefe aus. Auf das Verbot des geplanten Nationalkonzils im Herbst 1524 durch den Kaiser reagierte der Kurfürst unwillig, denn nur durch das Konzil hätte dem Aufruhr und Ungehorsam des gemeinen Mannes, die Ludwig mit seiner Religionspolitik zu verhindern suchte, entgegengewirkt werden können. Die gegenreformatorischen Tendenzen des Regensburger Bundes machte der Kurfürst nicht mit.

Der Bischof von Speyer sah sich im November 1521 einerseits genötigt, sich gegen solche Kleriker zu wenden, die mit ihrem Lebenswandel den alten Glauben unglaubwürdig und das Volk aufsässig machten, andererseits mußte er Geistlichen entgegentreten, die sich nicht an das Wormser Edikt hielten und lutherische Irrtümer als Evangelium ausstreuten. Gefruchtet hat das offenbar nicht viel. Im Mai 1522 wird wieder über die Verkündigung von Luthers Lehre und die Unterlassung von Fasten und Beichte geklagt. Ein Jahr später wird die Zulassung fremder Prediger verboten und das ernsthafte Zelebrieren der Gottesdienste eingeschärft. Die Priester sollten z.B. ihre Hunde nicht mehr zur Messe mitbringen.

*Literatur:*

*Gustav Adolf Benrath,* Zwei Flugschriften des Ritters Hans Landschad von Steinach von 1522 und 1524, in: Ebernburghefte 6/7 (1972/1973), S. 66–96. – *Walter Müller,* Die Stellung der Kurpfalz zur lutherischen Bewegung von 1517 bis 1525, Heidelberger Abhandlungen 68, Heidelberg (1937). – *Vierordt,* Bd. 1, S. 143–155.

## Markgrafschaft Baden

Die Haltung der Markgrafschaft Baden zur Reformation ähnelte der der Kurpfalz. In Worms hatte sich der Kanzler Hieronymus Vehus anstelle des Markgrafen Philipp engagiert an den ständischen Ausgleichsverhandlungen mit Luther beteiligt. Zwar hielt er Luthers Kirchenkritik weitgehend für berechtigt, aber dessen Auflösung der kirchlichen Ordnungen schien Vehus die religiöse Erziehung und den politischen Gehorsam zu gefährden. Das Volk bedurfte der Stützen der alten religiösen Ordnung. Volkserzieherische und politische Interessen mischten sich in dieser Argumentation. Auf derselben Linie bewegte sich auch das erste badische Religionsmandat, das, relativ spät, am 30. August 1522 erlassen wurde. Ohne für oder gegen

Luther direkt Partei zu ergreifen, bemühte es sich, das Volk aus dem religiösen Streit herauszuhalten und vor Zweifeln zu bewahren, in die sie durch die Pfarrer und Prädikanten gezogen wurden. Streitfragen sollten nicht erörtert werden. Die herkömmlichen kirchlichen Gebräuche sollten dem Volk aus der Schrift verständlich gemacht werden. Neuerungen wurden verboten. Der Landesherr war sich bewußt, daß er mit diesem Mandat in die Aufgaben der kirchlichen Obrigkeit eingriff, aber diese war damals nicht in der Lage, sich Gehorsam zu verschaffen. Von der Radikalität des lutherischen Schriftprinzips hatte dieses Mandat eigentlich nichts begriffen. Gleichwohl bildete es bis zum Bauernkrieg die Grundlinie der badischen Religionspolitik. Die Verheiratung von Geistlichen blieb verboten. Schon vor 1523 gab es einzelne Austritte aus den Klöstern.

Markgraf Philipp hielt sich von Anfang 1523 bis zum Sommer 1524 außer Landes in Luxemburg auf. Während dieser Zeit wurde gegen die Reformation nicht viel unternommen. Wahrscheinlich waren die markgräflichen Räte, abgesehen von Vehus, der Reformation nicht unfreundlich gesinnt. Der ehemalige Priester am Heilig-Geist-Spital in Pforzheim Johann Schwebel hatte im Juni 1522 fliehen müssen und zunächst bei Franz von Sickingen Zuflucht gesucht. Bei einem Besuch in Pforzheim im August 1524 konnte er öffentlich predigen. Als Markgraf Philipp aus Luxemburg zurückkehrte und 1524 die Statthalterschaft am Reichsregiment in Esslingen antrat, nahm er den damaligen Stiftsherren von Baden-Baden, Franz Irenicus, als Hofprediger mit, der alsbald mit seinen evangelischen Predigten Aufsehen erregte. Damals muß sich der Markgraf der evangelischen Lehre zugewandt haben.

*Literatur:*

*Horst Bartmann,* Die badische Kirchenpolitik unter den Markgrafen Philipp I., Ernst und Bernhard III. von 1515–1536, in: ZGO 108 (1960), S. 1–48. – *Gerhard Kattermann,* Die Kirchenpolitik Markgraf Philipps I. von Baden (1515–1533), Veröffentl. des Vereins für Kirchengesch. in der evang. Landeskirche Badens 11 (1936).

## Die habsburgischen Gebiete: Württemberg und Vorderösterreich

Nachdem Habsburg zu seinem vorderösterreichischen Besitz (1519) auch noch das Herzogtum Württemberg hinzugewonnen hatte, war es die stärkste politische Kraft in Südwestdeutschland, die zudem noch durch die kaiserliche Autorität überhöht wurde. Der habsburgische Landbesitz wurde zwar nicht zentral regiert und verwaltet, aber die Richtlinien der Religionspolitik waren seit Worms einheitlich und konsequent antireformatorisch. Auf außenpolitische Auswirkungen dieser Politik wurde bereits bei der Reformation einzelner Reichsstädte aufmerksam gemacht. Die konsequentere Durchführung der antireformatorischen Politik löste in den habsburgischen Territorien zum Teil wesentlich stärkere Reaktionen aus als etwa in der Kurpfalz und in Baden.

Die Grundlage der habsburgischen Religionspolitik bildete das Wormser Edikt. Dazu kamen das Mandat des Reichsregiments von 1522 und die im Zusammenhang mit den Reichstagsabschieden von 1523 und 1524 entstandenen kaiserlichen Mandate. Die Regierungen der verschiedenen österreichischen Territorien erließen auch ihrerseits mehrfach Religionsmandate. Auf Befehl von Erzherzog Ferdinand (Abb. 10) erging ein solches in Württemberg am 26. November 1522 und wenig später auch in Vorderösterreich, das sich ausdrücklich auf das Wormser Edikt und die Bannandrohungsbulle gegen Luther berief. Beklagt wurde der Ungehorsam der Anhänger Luthers gegen Kaiser und Papst. Ihre Berufung auf die Schrift wurde als ketzerisch und ihre selbständige Beurteilung von Glaubensfragen als Anmaßung bezeichnet. Erneut wurden der Druck und die Verbreitung von Schriften Luthers und seiner Anhänger verboten, ebenso die Erörterung der verkehrten Meinungen in Disputationen und Predigten. Ausdrücklich untersagt wurde die Bestreitung der Marienverehrung. Denunzianten winkte Belohnung. Pfarrer und Prediger sollten die Gläubigen im rechten Sinn informieren. Am 24. Januar 1523 konstatierte der Hofrat in Wien gegenüber der vorderösterreichischen Regierung in Ensisheim eine Zunahme des Irrglaubens trotz der ausgegangenen Mandate und wiederholte das Verbot lutherischer Bücher. Die Strafen der Zuwiderhandlungen wurden zunehmend verschärft. Am 28. September 1523 wurde Ensisheim entsprechend dem Nürnberger Reichstagsabschied vom Frühjahr angewiesen, Geistliche, die lutherisch predigten, dem Bischof zur Bestrafung zu übergeben, Laien hingegen selbst zu bestrafen. Schon im Mai 1523 hatten sich die Bischöfe von Konstanz, Augsburg und Straßburg in Tübingen getroffen, um über Maßnahmen zur Unterdrückung der Reformation zu beraten.

Während es in einigen Reichsstädten aufgrund ihres Protestes gegen den Nürnberger Reichstagsabschied von 1524 zu einer stärkeren Hinwendung zur Reformation kam (s. o.), führte die in Nürnberg beschlossene Wiederinkraftsetzung des Wormser Edikts zu einer wesentlich energischeren gegenreformatorischen Politik der altgläubigen Herrschaften unter der Anführung Habsburgs. Mitte Mai hielt Erzherzog Ferdinand, begleitet vom päpstlichen Legaten Campeggio, einen vorderösterreichischen Landtag in Breisach, anschließend Anfang Juni einen solchen in Stuttgart ab. Dabei forderte er jeweils ein ernsthaftes Vorgehen gegen die neu erstandenen Mißbräuche und lutherischen Lehren. Ihre Anhänger wurden ohne Nachsicht mit den in den Mandaten vorgesehenen Strafen und der Ungnade des Erzherzogs bedroht. Die mit dem Haus Habsburg fest liierten Landstände sagten dem Erzherzog uneingeschränkt ihren getreulichen Beistand zu.

Darüber hinaus bemühte sich Ferdinand gleichzeitig, ein politisches, gegenreformatorisches Bündnis in Süddeutschland – es war überhaupt das erste seiner Art – zustande zu bringen. Zu diesem Zwecke trafen sich nach sorgfältiger Vorbereitung Ende Juni Ferdinand, die Herzöge von Bayern und zwölf süddeutsche Bischöfe bzw. ihre Vertreter, darunter die von Konstanz, Augsburg, Speyer und Basel, dazu der Legat Campeggio in Regensburg. Die Stuttgarter Regierung war allerdings skeptisch und meinte, nur ein Konzil könne die Religionsfrage lösen. Auf dem Regensburger Konvent wurde einerseits eine kirchliche Reformordnung, der Anfang der katholischen Reform in Deutschland, beschlossen. Den Klerikern wurde ein unanstößiges geistliches Leben eingeschärft. Die kirchlichen Ordnungen sollten korrekt befolgt und eingerissene Mißbräuche behoben werden. So wollte man der bestehenden Kirchenkritik Rechnung tragen. Andererseits verständigte man sich auf die strenge Durchführung des Wormser Edikts und der entsprechenden, nunmehr hart interpretierten Reichstagsabschiede. Nur vom zuständigen Bischof geprüfte Prediger sollten zugelassen werden. Messe, Beichte und Fasten usw. mußten entsprechend der herkömmlichen kirchlichen Ordnung gefeiert werden. Ausgetretene Ordensleute und verheiratete Priester wurden nicht geduldet. Zur Unterdrükkung lutherischer Schriften wurde die Zensur eingeführt. Die Angehörigen des Regensburger Bundes versprachen sich gegenseitige Unterstützung bei der Unterdrückung der Reformation. Das Regensburger Mandat wurde in Württemberg am 1. September zusammen mit dem Wormser Edikt publiziert. Am 5. Oktober wurde der Aushang an der Stiftskirche in Tübingen mit Kot besudelt.

Schon unmittelbar nach dem Regensburger Konvent hatten sich am 9. Juli einige kleinere schwäbische Herrschaften, die stark unter habsburgischem Einfluß standen, zum selben Zweck in Leutkirch versammelt. Es handelte sich um die Bischöfe von Augsburg und Konstanz, den Abt von Kempten, die Herren von Montfort, Waldburg und Frundsberg, sowie um die Reichsstädte Isny und Wangen. Auch sie verpflichteten sich zur Durchführung der kaiserlichen Mandate und versprachen einander dabei gegenseitigen Beistand. Die Vertreter von Isny sahen sich allerdings zu einer sofortigen Zustimmung nicht bevollmächtigt.

Insgesamt erlangte der Regensburger Bund dann doch nur wenig konkrete Bedeutung für die Durchführung der innerkirchlichen Reform und der Gegenreformation. Zur theologischen Vorbereitung des geplanten Nationalkonzils forderte Erzherzog Ferdinand analog den evangelischen Reichsstädten und Territorien aus Regensburg von der Universität Freiburg eine »Aufstellung und Bekämpfung der kirchlichen Lehrsätze der Neuerer« an. Die Universität legte darauf ein zweigeteiltes Dokument vor. Einerseits wurden 38 Sätze der Neuerer verdammt; dem waren jedoch 22 Artikel mit Reformvorschlägen angehängt, die u.a. eine korrekte Schriftauslegung, Verminderung der Ablässe, der bischöflichen Ausnahmegenehmigungen und Strafen, korrekte Stellenbesetzungen usw. forderten. Da das Konzil nicht zustande kam, erfolgte auf diese Vorschläge auch keine Reaktion.

Wie stark die Anhängerschaft der Reformation in Württemberg und Vorderösterreich während der frühen 20er Jahre wirklich war, läßt sich schwer beurteilen. Sichtbar wurde sie jeweils nur da, wo sie mit der österreichischen Regierung in Konflikt geriet. Einige evangelische Prediger und Pfarrer aus Württemberg sind bekannt. 1522 wurde Erhard Schnepf aus Weinsberg und Johann Geiling vermutlich aus Löwenstein vertrieben. Geiling ging zunächst als Hof- und Feldprediger zu Herzog Ulrich nach Mömpelgard. Der Augustinereremit Johannes Mantel (1470–1530) war schon von 1511 bis 1515 Prediger an der Leonhardskirche in Stuttgart gewesen. 1520 kehrte er auf diese Stelle zurück. In der Folgezeit muß er evangelisch gepredigt haben. Im Sommer 1523 führte eine sozialkritische Predigt vom »Jubeljahr«, in dem alle Gefangenen frei und alle Schulden gestrichen werden sollten, zu seiner Verhaftung. Mit Einverständnis seines Ordensprovinzials Konrad Treger wurde er auf Hohennagold gefangengehalten, bis er im Bauernkrieg befreit wurde und dann zunächst eine Anstellung in Iffezheim in Baden fand. Im Frühjahr 1524 wurde Konrad Sam in Brackenheim angeblich wegen der Beherbergung Eberlins von Günzburg entlassen. In Dornhan verlor Heinrich Finentz seine Pfarrstelle. Der Pfarrer Jeremias Mayer in Lorch wurde schon deswegen reformatorischer Gesinnung verdächtigt, weil er während einer Krankheit das Fastengebot gebrochen und zwei Eier gegessen hatte. In manchen Klöstern, z. B. in Blaubeuren und Wiblingen, gab es Sympathisanten mit der Reformation. Aufsehen erregte der Austritt Ambrosius Blarers aus dem Kloster Alpirsbach 1522. 1523 entwichen zwei Mönche, die der »lutherischen Opinion anhängig waren«, aus der Kartause Güterstein bei Urach nach Reutlingen und fanden Unterschlupf bei Alber. Offenbar nicht zu Unrecht hatte man in Württemberg Angst vor evangelischer Infiltration aus benachbarten Reichsstädten wie Reutlingen oder auch Weil der Stadt. Symptom für eine Papstfeindlichkeit ist die Beschmutzung des Wappens des Legaten Campeggio während dessen Aufenthalt in Stuttgart im Mai 1524.

Insgesamt lassen sich in Württemberg zunächst nur punktuell Regungen der Reformation feststellen. Eine latente Sympathie war vermutlich erheblich weiter verbreitet. Aber offensichtlich wahrte das mittlere und höhere Bürgertum eine gewisse Zurückhaltung. Die sich aus der Anhänglichkeit an Herzog Ulrich ergebende politische Ablehnung der österreichischen Herrschaft beim gemeinen Mann konnte sich dagegen möglicherweise mit der religiösen Polarisation verbinden.

Erstaunlich stark regte sich die Reformation in der Grafschaft Hohenberg mit den beiden Städten Rottenburg und Horb. Dort war unter dem Landeshauptmann Graf Joachim von Zollern der politische antireformatorische Druck offensichtlich nicht so stark wie sonst in den habsburgischen Gebieten. Auf die Reformation in Hohenberg haben immer wieder Impulse von außen eingewirkt. Ende 1522 trat in Horb der Laienprediger Johann Murer auf, der sich Karsthans nannte und zuvor schon in Straßburg, Basel und Freiburg Aufsehen erregt hatte. Er dehnte seine Tätigkeit bis in das württembergische Balingen aus. Dort wurde er Anfang März 1523 gefangengenommen, nach Tübingen überführt und schließlich auf den Reichenberg bei Backnang verbracht, wo er sich noch im Bauernkrieg befand. Als Legitimation für sein Predigen berief sich Karsthans auf die Weihe durch das Blut Christi, die ihn mit Papst und Bischöfen gleichstelle, und auf die Freiheit der Verkündigung des Wortes Gottes.

Mit dem Auftreten von Karsthans hängen zwei Flugschriften des Kürschners Sebastian Lotzer in Memmingen an seinen Vater bzw. die Einwohner in Horb von 1523 zusammen. In seinem »Christlichen Sendbrief« vertrat er das Recht der Laien auf Verkündigung des Wortes Gottes. Die »Heilsame Ermahnung an die Einwohner zu Horb, daß sie beständig bleiben an dem heiligen Wort Gottes« forderte zunächst zum Erwerb und Studium des Neuen Testaments auf. Lotzer riet: »Welcher zwei Röcke hat, der verkaufe den einen und kaufe ein Neues Testament dafür.« Dann klärte er über die Menschensatzungen wie Fasten, Feiertage, Ablaß und Heiligenverehrung auf. Lotzer wollte dabei kein Aufrührer sein. Ausdrücklich schärfte er, ebenso wie zuvor schon Karsthans, den Gehorsam gegen die Obrigkeit ein, sofern sie nichts wider Gott gebietet.

1523 galten der Stiftsherr Konrad Starzler in Horb, der Pfarrer an der Martinskirche Nikolaus Schedlin und der Stiftsprediger Johannes Eycher an der Stiftskirche in

Rottenburg als evangelisch. Im September hielt sich Eberlin von Günzburg in Rottenburg auf, wo er seit seiner Tätigkeit im Tübinger Franziskanerkloster Bekannte hatte, und hielt im Haus des Notars Wendelstein eine Art Predigt über Christi und des Teufels Reich und die Bewahrung der Christen durch Gottes Vorsehung. Seine scharfe Auseinandersetzung mit den Franziskanern widmete er den mit ihm bekannten Einwohnern der Grafschaft Hohenberg. Damals klagte der österreichische Hofrat in Innsbruck über die evangelische Bewegung in Horb. Ende 1523 traten Nonnen aus dem Kloster Sülchen aus. 1524 predigte für kurze Zeit der junge Andreas Keller (1503–1562) in Rottenburg. Er verband die Rechtfertigungslehre mit scharfer Kirchenkritik. Als er Mitte Mai nach Straßburg ausweichen mußte, veröffentlichte er für seine frühere Gemeinde drei seiner Predigten. 1535 kehrte er als Pfarrer und Superintendent nach Wildberg zurück. Ostern 1524 begehrten zwei Männer in Rottenburg die Kommunion ohne vorherige Beichte, da sie Gott gebeichtet hätten. Das erregte beträchtliches Aufsehen. Am 10. und 11. Mai hielten sich Erzherzog Ferdinand und Campeggio in Horb auf. Damals wurde Keller entlassen, ebenso der Hofschreiber Kurz als lutherischer Rädelsführer. Gegen lutherische Priester sollten die antireformatorischen Mandate angewendet werden. Das führte zunächst zur äußerlichen Unterdrückung der evangelischen Bewegung. Charakteristisch an den Anfängen der Reformation in Hohenberg ist die starke Beteiligung der Laien und die Wirkung der Flugschriften. Hingegen war der institutionelle Ausbau nur schwach entwickelt. Auf die Dauer hatte die Reformation im habsburgischen Herrschaftsbereich keine Chance.

Es empfiehlt sich, hier auf die Reformationsbewegung in Riedlingen einzugehen, obwohl die Stadt damals nicht österreichisch, sondern an die Truchsessen von Waldburg verpfändet war. Der Führer der Bewegung war der Konstanzer Johann Zwick (ca. 1496–1542), der 1522, bereits verehelicht, Pfarrer in Riedlingen geworden war, und der Prediger Johannes Feihelmair. Gegen sich hatten sie den niederen Klerus. Feihelmair soll Luthers Schriften ständig bei sich getragen und ihre Gedanken nicht nur auf besonderen Zusammenkünften in seinem Haus, sondern auch beim Barbier und im Wirtshaus verbreitet haben. Entsprechend dem Nürnberger Reichstagsabschied von 1523 ließ der Truchseß Feihelmair im Mai 1523 gefangennehmen und trotz eines Volksaufstands dem Bischof von Konstanz überstellen, der ihn 16 Wochen im Schloß Gottlieben festhielt, bis ihm die Flucht gelang. Zwick selbst fügte sich der herkömmlichen Ordnung nicht mehr in allen Stücken und wurde deswegen aus dem Pfarramt auf die Aufgabe des Predigers abgedrängt. Im September wurde er neben dem Konstanzer Domherrn Johann von Botzheim als Anhänger Luthers nach Rom zitiert. Dank der Beziehungen Botzheims blieb die Angelegenheit dann aber auf sich beruhen. Nach dem Bauernkrieg wurde Zwick, den die Bauern wohl ohne sein Wissen als einen der Richter über ihre Sache benannt hatten, aus Riedlingen vertrieben. Neben Ambrosius Blarer wurde er dann der bedeutendste reformatorische Geistliche seiner Vaterstadt Konstanz. In der gleichfalls waldburgischen Stadt Munderkingen predigte der 1524 aus Heidelberg gekommene Paul Beck evangelisch.

In einigen vorderösterreichischen Städten gab es eine starke reformatorische Bewegung, in andern wurden evangelische Regungen konsequent unterdrückt. In

Freiburg sympathisierten einzelne Universitätsangehörige und Weltgeistliche mit Luther, konnten aber keine breitere Anhängerschaft gewinnen. Sobald ihre Einstellung bekannt wurde, betrieb nicht die Universität, sondern der entschieden altgläubige Rat der Stadt, der sich auch sonst gegen die Reformation hervortat, ihre Entfernung. So mußte im Frühjahr 1522 der als Hebräischlehrer aus Wittenberg gekommene Johannes Lonicer weichen, weil er den Münsterprediger kritisiert hatte. Wenig später ereilte den Graezisten Jakob Bedrott das gleiche Schicksal. Ob der Jurist Johann Sichard, der ab 1535 in Tübingen lehrte, tatsächlich Anhänger Luthers war, ist nicht recht durchsichtig. Ende 1523 mußte er wegen dieses Vorwurfs jedenfalls Freiburg verlassen. 1522 oder 1523 hatte der Kaplan am Münster Ludwig Öler wegen seines Eintretens für Luther nach Straßburg fliehen müssen, von wo er 1524 in einer Flugschrift den Freiburger Rat wegen Unterdrückung des Evangeliums angriff. Die Universität untersagte darauf ihren Mitgliedern jeglichen Kontakt mit den Lutheranern und die Lektüre ihrer Schriften. Schon Anfang 1523 hatte der Rat ca. 2000 lutherische Bücher konfisziert und durch den Scharfrichter verbrennen lassen. Obwohl man sich im Zug der Zeit auch in Freiburg teilweise von den scholastischen Methoden und Lehrbüchern trennte, verlor die Universität in den 20er Jahren enorm an Anziehungskraft. Die Theologen und Kanonisten hatten zeitweilig fast keine Hörer mehr.

1518 war Jakob Otter (ca. 1485–1547) aus Udenheim (= Philippsburg) Pfarrer in Wolfenweiler bei Freiburg geworden. Otter war geprägt durch den christlichen Humanismus von Jakob Wimpfeling, war zeitweilig Sekretär des Reformpredigers Geiler von Kaisersberg in Straßburg gewesen und hatte dessen Werke herausgegeben. Luther erschien ihm wie ein Engel des Lichts in der Finsternis der damaligen Theologie. Seit 1520 predigte er evangelisch. 1522 wechselte er nach Kenzingen nördlich von Freiburg. Wie Riedlingen unterstand Kenzingen nicht unmittelbar den Habsburgern, sondern war Pfandschaft des Ritters Wolf von Hürnheim. Otter war sehr beliebt, seine Predigten hatten großen Zulauf und bewirkten eine sichtliche Hebung des christlichen Lebens. Wegen seiner lutherischen Verkündigung wurde er vermutlich 1523 ein erstes Mal und etwas später erneut vor das bischöfliche Gericht in Konstanz zitiert. Rat und Gemeinde setzten sich sofort für ihn ein. Sie waren sogar bereit, das Schicksal der Stadt mit dem Otters zu verbinden. Im Mai 1524 erreichte die Stadt von Wolf von Hürnheim die Zusage, daß dieser sich für Otter bei Erzherzog Ferdinand einsetzen wolle, sofern er auf gottesdienstliche Änderungen verzichten werde. Otter selbst veröffentlichte im Rahmen seiner Auslegung des Titusbriefes seine Rechtfertigung.

Die Aussichten für die Reformation in Kenzingen waren jedoch schlecht. Auf dem Breisacher Landtag Mitte Mai wurden in Gegenwart von Erzherzog Ferdinand von den altgläubigen Städten unter der Führung Freiburgs schwere Vorwürfe und Drohungen gegen Kenzingen, Rheinfelden und Waldshut erhoben, da die bei ihnen geduldete lutherische Predigt zum Aufruhr führe. Die vorderösterreichische Regierung forderte im Namen Ferdinands erneut die Entlassung Otters, widrigenfalls drohte der Stadt der Verlust ihrer Freiheiten. Die Stadt aber glaubte sich mit dem Schutz Otters im Recht. Nachdem jedoch auch Wolf von Hürnheim mit einem Vorgehen wegen Aufruhrs drohte, sah der Rat am 20. Juni keine andere Möglichkeit, als Otter zu entlassen. Die jungen Bürger, Frauen und Handwerksgesellen suchten das zu verhindern, und damit war der Tatbestand des Aufruhrs gegeben. Als Otter am 24. Juni die Stadt endgültig verließ und sich zunächst auf badisches Gebiet begab, gaben ihm zweihundert Bürger das Geleit. Bei ihrer Rückkehr am folgenden Tag wurden sie nicht mehr in die Stadt eingelassen. Mit Otter gingen sie nach Straßburg ins Exil. Kenzingen selbst mußte eine Freiburger Besatzung aufnehmen. Der Stadtschreiber, bei dem man ein Neues Testament gefunden hatte, wurde hingerichtet, der Bürgermeister gefangengenommen, die Anhänger Luthers schweren Repressalien ausgesetzt. Freiburg geriet wegen dieser rigorosen Vollstreckung der österreichischen Religionspolitik in schweren Verruf. Erst am 19. September durfte die Mehrzahl der Exulanten nach Kenzingen zurückkehren. Vom neuen Glauben regte sich in der Folgezeit nichts mehr.

Auf seiner Reise nach Süddeutschland predigte Eberlin von Günzburg im Spätsommer 1523 auch in Rheinfelden. Zu den Anhängern der Reformation gehörten vornehme Laien wie die Truchsessin von Rheinfelden, die sich für Eberlin auch bei der Regierung in Ensisheim verwandte, und die Mehrzahl der Geistlichen einschließlich einiger Stiftsherren. Einer von ihnen, Johann Krumbach, predigte nach Eberlins Besuch evangelisch. 1524 war Rheinfelden eine der Städte, denen mehrfach Begünstigung der neuen Lehre vorgeworfen wurde. Reformatorische Prediger traten auch in Neuenburg und Breisach auf, konnten sich jedoch nicht halten.

Einen eigenartigen Verlauf nahm die Reformation in Waldshut. Dort war 1521 Balthasar Hubmaier (ca. 1485–1528) aus Friedberg bei Augsburg Pfarrer geworden. Er hatte zusammen mit Johann Fabri bei Eck in Freiburg und Ingolstadt studiert und es zum Doktor der Theologie gebracht. 1516 wurde er Domprediger in Regensburg. Dort wandte er sich gegen den von den Juden praktizierten Wucher und deren angebliche Lästerung von Christus und Maria. Das führte 1519 zur Zerstörung der Synagoge, an deren Stelle eine Marienkapelle für ein angeblich wundertätiges Madonnenbild errichtet wurde. Hubmaier brachte alsbald eine riesige Wallfahrtsbewegung zur »Schönen Madonna« in Gang. Wahrscheinlich wegen der Ausartung der Wallfahrt verließ er Ende 1520 Regensburg und ging in das kleine Waldshut. In jener Zeit stand er in Verbindung mit Humanisten wie Wolfgang Rychard und Beatus Rhenanus. Er ließ sich jedoch Ende 1522 erneut vom Regensburger Rat als Prediger an die Wallfahrtskapelle berufen, kehrte aber nach seinem inzwischen erfolgten Anschluß an die Reformation am 1. März 1523 nach Waldshut zurück.

Nunmehr begann er evangelisch zu predigen, wobei er es an Kritik der alten Kirche nicht fehlen ließ. Er suchte die Verbindung zu Zwingli. Bei einem Besuch am 1. Mai in Zürich erörterten beide erstmals das folgenreiche Problem der Kindertaufe. Im Oktober 1523 beteiligte sich Hubmaier an der zweiten Züricher Disputation und trat für die Beseitigung der Mißbräuche bei der Messe ein. Im Dezember erhob eine Delegation der vorderösterreichischen Regierung gegen Hubmaier den Vorwurf, gegen die kaiserlichen Religionsmandate verstoßen zu haben, und forderte seine Auslieferung an den Bischof von Konstanz. Der Rat bestritt in der Folgezeit ständig die Vorwürfe und stellte sich vor Hubmaier, der das Wort Gottes rein und klar verkündige.

Er ließ sich damit zugleich auf einen Konflikt mit Österreich ein. Das Verhalten Waldshuts bereitete der Regierung große Sorge, weil man den Anschluß der Stadt an die Eidgenossenschaft befürchtete. Österreich war damals aber nicht in der Lage, gegen die kleine Stadt vorzugehen. In Waldshut kam es zu ersten Neuerungen. Die Fastenzeit wurde nicht mehr eingehalten. Gegenüber seinen Kollegen verteidigte Hubmaier im April 1524 seinen Standpunkt in 18 Schlußreden (Thesen). An Pfingsten 1524 sollte die Gemeinde über die Auslieferung Hubmaiers abstimmen. Angeblich erzwangen die Frauen, daß er bleiben durfte. Offenbar betrachtete die Stadt, ähnlich wie Kenzingen, die Wahl des Pfarrers als ihr eigenes Recht. Auf dem gleichzeitigen Breisacher Landtag wurde auch Waldshut der Verstoß gegen die kaiserlichen Religionsmandate vorgeworfen und erneut die Auslieferung Hubmaiers gefordert. Die Abgesandten Waldshuts beteuerten zwar die Unschuld der Stadt und betonten ihre Treue gegenüber Österreich, aber die Auslieferung Hubmaiers unterblieb. Bei der Fronleichnamsprozession wurde auf Kerzen und Schmuck verzichtet und das Evangelium deutsch gelesen. Am 3. August befahl Erzherzog Ferdinand, mit Gewalt gegen das ungehorsame Waldshut vorzugehen. Das blieb jedoch zunächst wirkungslos, weil inzwischen mit der Stühlinger Erhebung der Bauernkrieg im Südschwarzwald begonnen hatte.

Neben den Reichsstädten waren merkwürdigerweise die habsburgischen Territorien und nicht die neutrale Pfalz oder Baden der wichtigste Schauplatz der Reformation in Südwestdeutschland. Während sich aber nicht wenige Reichsstädte der Reformation zunehmend öffneten, versuchte Habsburg immer energischer, die neue Bewegung zu unterdrücken, und hatte damit, abgesehen von Waldshut, auch einen gewissen Erfolg. Am Beispiel des Verhaltens Habsburgs gegenüber der Reformation wird sichtbar, daß gerade deren Unterdrückung politischen Gegendruck erzeugen und zum Aufruhr führen konnte.

*Literatur:*

*Torsten Bergsten,* Balthasar Hubmaier, Kassel (1961), S. 70–146. – *Gustav Bossert,* Rottenburg am Neckar und die Herrschaft Hohenberg im Reformationszeitalter, in: BWKG 1–3 (1886–1888), passim. – *Grube,* S. 134–136. – *Winfried Hagenmaier,* Das Verhältnis der Universität Freiburg i. Br. zur Reformation, Diss. Freiburg (1966). – *Bernd Moeller,* Johannes Zwick und die Reformation in Konstanz, QFRG 28, Gütersloh (1961), S. 55–76. – *Georg Pfeilschifter* (Hg.), Acta Reformationis Catholicae Ecclesiam Germanicam Concernentia Saeculi XVI, Bd. 1, 1520–1532, Regensburg (1959), S. 301–344. – *Rauscher*, Reformationsgeschichte, S. 49–61. – *Hans Wilhelm Rohde,* Evangelische Bewegung und katholische Restauration im österreichischen Breisgau unter Ferdinand I. und Ferdinand II. (1521–1595), Diss. (masch.) Freiburg (1957). – *Hermann Sussann,* Jakob Otter. Ein Beitrag zur Gesch. der Reformation, Karlsruhe (1892).

# Der Bauernkrieg

Die Reformation hatte sich bis 1525 nur teilweise in Südwestdeutschland ausgebreitet und nur punktuell zu schwereren Konflikten geführt. Hingegen ergriff der Bauernkrieg von 1524/25 wie ein Flächenbrand binnen weniger Monate dieses ganze Gebiet, in dem er zuerst ausgebrochen war und sein wichtigstes Zentrum hatte, und brachte tiefgreifende Erschütterungen mit sich, die auch für die Reformation nicht ohne Folgen blieben. Das gegenseitige Verhältnis von Bauernkrieg und Reformation war höchst komplex. Unter den Bauern entwickelte sich schon seit Jahrzehnten eine gesellschaftliche und politische Krise, die bereits zu mehreren Aufständen geführt hatte. 1476 hatte Hans Böheim, der Pfeifer von Niklashausen im Taubertal, aufgrund persönlicher Offenbarungen der Jungfrau Maria zum wilden Pfaffenhaß, zur Verweigerung jeglicher Abgaben und zu einem christlichen Kommunismus aufgerufen und damit ungeheuren Zulauf gefunden. 1493 war es zum ersten Aufstand des »Bundschuh« – genannt nach der Fußbekleidung der Bauern – vom Elsaß bis zum Hegau gekommen. Beim Bundschuhaufstand im Bistum Speyer 1502 berief man sich nicht mehr allein auf das hergebrachte alte Recht, sondern auf die göttliche Gerechtigkeit. Weitere Bundschuhaufstände folgten 1513 im Breisgau und 1517 am Oberrhein. Der Aufstand des »Armen Konrad« 1514 im württembergischen Remstal und im badischen Bühl richtete sich gegen zusätzliche Abgaben, die die Oberschicht auf die Bauern abgewälzt hatte, und gegen Rechtsverschlechterungen. Auffällig ist, daß auch diese sog. Voraufstände oft schon religiös begründet wurden und eine antiklerikale Spitze hatten.

Die Ursachen dieser Aufstände lagen zum Teil in dem sich vollziehenden Umbruch vom mittelalterlichen Feudalstaat zum straffer organisierten modernen Flächenstaat, der auch die überkommenen Rechtsverhältnisse veränderte. Die kleinen adligen und kirchlichen Grundherrschaften, wie sie etwa in Oberschwaben bestanden, gerieten dadurch ihrerseits in eine Krise, der sie durch eine stärkere Beanspruchung der Bauern in ihrem Gebiet zu begegnen suchten. Freie Bauern wurden zinspflichtig gemacht, das Eigengut der Bauern wie das Herrengut besteuert, Zinser gar in die beschwerliche Leibeigenschaft herabgedrückt. Die Leibeigenschaft schränkte die persönliche Bewegungsfreiheit auf das Gebiet des Grundherrn und ferner die Partnerwahl bei der Ehe ein. Beim Tod des Leibeigenen wurden erhebliche Abgaben, darunter das beste Stück Vieh, fällig. Die Kinder aus der Ehe eines Freien mit einer Leibeigenen waren ihrerseits leibeigen. Die unentgeltlich zu leistenden Dienste und Fronen für die Herrschaft und auf deren Gütern wurden heraufgesetzt. Die Nutzung der Allmende, des dörflichen Gemeinbesitzes, konnte dadurch geschmälert werden, daß auf ihr neue abgabepflichtige Bauernstellen geschaffen wurden. Wald-, Jagd- und Fischereirechte beanspruchte die Herrschaft nunmehr häufig für sich. Die Bauern durften sich nicht einmal gegen das Wild wehren, das ihre Felder verwüstete. Dazu kam häufig eine Erhöhung der direkten oder indirekten allgemeinen Steuern durch den neuer Geldquellen bedürftigen Staat, dessen Einwohner eigentlich erst jetzt zu abhängigen Untertanen wurden.

Die Bauern ihrerseits bildeten keineswegs eine einheitliche Schicht. Für reiche Bauern, z.B. in Limpurg und Oberschwaben, war die stärkere Beanspruchung durch den Staat und die Minderung überkommener Rechte zwar lästig, traf sie aber nicht in ihrer Existenz. Bei ihnen konnte sich jedoch die Forderung nach stärkerer politischer Mitsprache (Landtag) gegenüber der staatlichen Verwaltung als Gegenleistung für die höheren Abgaben melden. Nicht wenige der Führer im Bauernkrieg kamen aus dieser wohlhabenden Schicht, die mehr politische Rechte beanspruchte. Wesentlich direkter waren die Kleinbauern und Leibeigenen von der Erhöhung der Anforderungen ihrer Herren betroffen. Sie besaßen meist nicht das beste Land. Abgesehen von der etwaigen Verschlechterung ihres persönlichen Status konnte es für sie schwierig werden, das lebensnotwendige Existenzminimum zu erwirtschaften, vor allem, wenn sie verschuldet waren oder das Verhältnis von Eigen- und Pachtland ungünstig war. Wirtschaftliche Schwankungen konnten die Situation zusätzlich verschärfen, da die Abgaben zum Teil gleich blieben. Bei guten Ernten fanden die Kleinbauern durch Taglohn zwar zusätzlichen Verdienst, aber gleichzeitig konnten die Preise sinken. Bei schlechten Ernten bedeutete der Ausfall des Zusatzverdienstes eine weitere Einkommensminderung. Unsicher ist, ob sich durch Überbevölkerung in einzelnen Landstrichen wie in Oberschwaben die soziale Situation der Bauern zusätzlich verschärfte.

Der Bauernkrieg von 1524/25 hatte einerseits dieselben Ursachen wie die früheren Aufstände. Andererseits ereignete er sich aber in dem durch die Reformation inzwischen stark veränderten religiösen, geistigen, politischen und sozialen Klima. Man darf nicht vergessen, daß die Kirche durch die geistlichen Herrschaften und Institutionen politisch und wirtschaftlich mit dem herrschenden System eng verfilzt war und angesichts des Mißverhältnisses von Anspruch und eigener Leistung, die sie für die Gemeinschaft erbrachte, schon früher den Haß auf sich gezogen hatte. Die reformatorische Predigt aber gab dem Laien vom allgemeinen Priestertum her ein neues Selbstbewußtsein gegenüber dem geistlichen Stand und verpflichtete alle Christen gegenseitig als Brüder. Sie befreite ferner den Christenmenschen von einer Unzahl kirchlicher Auflagen und Vorschriften, durch die er bisher gegängelt worden war. Mit dem Schriftprinzip war ein Maßstab gegeben, an dem man auch die Abgaben an die Kirche messen konnte. Von daher wurde z. B. in Memmingen der Zehnte, die wichtigste Abgabe an die Kirche, die freilich – und das mußte ein zusätzliches Ärgernis bedeuten – vielfach inzwischen in den Besitz von Laien übergegangen war, problematisiert. Von der Bibel her, die den »Wucher« verbot, ließ sich auch das Finanzgebaren der Kirche und der Wirtschaft überhaupt hinterfragen, zumal die Einkünfte der kirchlichen Institutionen zum beträchtlichen Teil in Grundrenten bestanden. Wie die einzelnen Empörungen in den Städten wegen der reformatorischen Predigt zeigen, waren breitere Schichten gegenüber unberechtigter Unterdrückung wesentlicher Interessen konfliktbereiter geworden. Die gegenreformatorische Politik der Mitglieder des Regensburger Bundes hatte dieses gereizte Klima seit Sommer 1524 noch verschärft.

Der Bauernkrieg war keine einheitliche, zentral gesteuerte Aktion, sondern verlief in einer Vielzahl regionaler Einzelaufstände, die begrenzte Ziele verfolgten, wobei zeitweilig mehrere Bauernhaufen sich zusammenschließen konnten. Des komplexen und unterschiedlichen, auf keinen Fall monokausal zu erklärenden Verhältnisses von Bauernkrieg und Reformation in Südwestdeutschland wird man am besten gewahr, wenn man die Abfolge der einzelnen Aufstände beobachtet.

## *Der erste Aufstand im Schwarzwald*

Am 24. Mai 1524 erhoben sich die Bauern des Klosters Sankt Blasien im Südschwarzwald und forderten Freiheit von Abgaben und Fronen. Die Feindschaft gegen ihren kirchlichen Oberherren spielte dabei eine Rolle. Am 23. Juni begann der Aufstand der Stühlinger Bauern nordwestlich des Bodensees gegen den Grafen von Lupfen, der mit Hilfe seiner Amtleute seine Untertanen stärker als bisher mit Abgaben und Diensten belastet hatte. Beide Konflikte hatten sozialpolitische Ursachen und ursprünglich nichts mit der Reformation zu tun. Im Falle der Stühlinger Erhebung verbündete sich diese dann jedoch im August mit Waldshut, das sich wegen seines evangelischen Pfarrers Balthasar Hubmaier im offenen Konflikt mit Österreich befand. Das Bündnis bestand freilich nur kurze Zeit. Die Interessen Waldshuts und der Bauern waren zu verschieden. Wegen des Krieges mit Frankreich war Österreich zunächst nicht in der Lage, den Aufstand niederzuschlagen, und mußte verhandeln. In dieser Phase verließ Hubmaier für zwei Monate Waldshut und hielt sich in Schaffhausen auf. Der Ausgleichsversuch mit den Stühlingern mißlang schon am 10. September, weil die Bauern nicht für ihr angeblich begangenes Unrecht um Verzeihung bitten wollten.

Die Haltung Waldshuts wurde zunächst dadurch gestärkt, daß Zürich sich zur Vermittlung mit Österreich anbot. Eine Besetzung durch Österreich wurde abgelehnt. Von Anfang Oktober bis Anfang Dezember erhielt Waldshut militärische Verstärkung durch eine Art Freischar aus Zürich, das damit faktisch alte Verträge mit Österreich brach. Durch den Aufstand der Hegaubauern am 2. Oktober und die Truppenwerbungen Herzog Ulrichs zu einer Wiedereroberung Württembergs vom Hohentwiel aus wurde die Lage für Waldshut noch günstiger. Österreich war nun vollends nicht mehr in der Lage, gegen die Stadt vorzugehen. Am 27. Oktober kehrte Hubmaier nach Waldshut zurück. Wenige Tage später kam es zum Bildersturm und zur Einführung der deutschen Messe. Die Stadt forderte nunmehr die freie Verkündigung des Evangeliums und das Recht der Pfarrwahl.

Im November bildete sich der Villinger Bauernhaufen. Damit befand sich der Südschwarzwald im Aufruhr. Bei ihren Forderungen beriefen sich die Bauern nunmehr auf das göttliche Recht. Zu einer Lösung des Konflikts kam es in den folgenden Monaten nicht. Gegenüber Waldshut schaltete Österreich Ende Oktober den Schwäbischen Bund ein, der einen weiteren Ausgleichsversuch machte. Bedingung war die Wiederherstellung des hergebrachten Gottesdienstes und die Ausweisung Hubmaiers. Am 29. Januar 1525 endeten diese Verhandlungen ohne Ergebnis. Waldshut machte nunmehr gemeinsame Sache mit den benachbarten aufständischen Klettgauer Bauern, deren Forderungen in bezug auf Jagd, Allmende und Zehnten von Hubmaier positiv beurteilt wurden. Österreich forderte jetzt die militärische Hilfe des Schwäbischen Bundes gegen Waldshut, der jedoch zuvor die aufständischen Bauern in Oberschwaben bestrafen wollte. Im März beabsichtigte Waldshut, sich unter den Schutz und Schirm Zürichs zu stellen und damit vollends von Österreich abzufallen; aber Zürich ließ sich darauf nicht ein, zumal sich bereits abzeichnete, daß Hubmaier in Waldshut in der Frage der Kindertaufe andere theologische Wege ging als Zwingli. Waldshut blieb politisch auf die Bauern angewiesen.

## *Oberschwaben*

In der Fürstabtei Kempten war die Unterdrückung der Bauern besonders kraß. Zahlreiche freie Bauern hatte der Abt zu abgabepflichtigen Zinsern und Zinser zu Leibeigenen herabgedrückt. Die Auseinandersetzungen darüber bestanden seit Jahrzehnten. Es läßt aufhorchen, daß 17 Pfarrer dem Abt Sebastian von Breitenstein bei seinem Amtsantritt im Mai 1523 die Huldigung verweigerten, bis die Beschwerden abgestellt seien. Der neue Abt hielt die Bauern jedoch wiederum hin. So kam es Mitte Februar 1525 zum Aufstand der Kemptener Landschaft und der Bildung des Allgäuer Bundes, der sich bereits als christliche Vereinigung verstand. Der Bund berief sich auf das in der Bibel bezeugte göttliche Recht und forderte die evangelische Predigt. Einzelne Pfarrer unterstützten den Aufstand. Der Pfarrer Florian Greisel von Aichstetten im Waldburgischen war sogar Führer des Unterallgäuer Haufens. Der (Boden-)Seehaufen bildete sich Anfang März. Neben einer Gerichtsreform forderte er den Schutz des Wortes Gottes, freie Wahl der Prediger und Aufhebung der Leibeigenschaft.

Die größte Bedeutung unter den oberschwäbischen Bauern erlangte zunächst der Baltringer Haufen, in dem sich seit Ende 1524 die Bauern südlich von Ulm gesammelt hatten. Sein Führer war Ulrich Schmid von Sulmingen, der sich ehrlich um einen Ausgleich bemühte. Zwischen diesem Haufen und dem Schwäbischen Bund kam es schon am 9. Februar 1525 zu Verhandlungen. Dabei versicherte Schmid, die Bauern hätten nicht vor, Gewalt gegen ihre Herren zu gebrauchen, sondern wollten sich lediglich verteidigen, falls gegen sie vorgegangen werde. Den Bauern lag daran, ihre Beschwerden vorzubringen. Diese betrafen einmal die Vorenthaltung evangelischer Predigt und ferner die unerträgliche Höhe der Abgaben. Bereits am 16. Februar übergaben die einzelnen Dörfer ihre Beschwerden, insgesamt mehr als 300 Artikel. Teilweise berief man sich neben dem alten auf das göttliche Recht. Die Entscheidung über die Beschwerden sollte nach Schmids Auffassung bei sachverständigen Richtern, die in der Lage waren, nach der Schrift zu urteilen, d. h. bei Theologen liegen. Schmid wollte solche Richter bis zur nächsten Zusammenkunft der Bauern, die auf 27. Februar in Memmingen angesetzt war, benennen. Er wandte sich deshalb schon vorher nach Memmingen. Es muß ihm bekannt gewesen sein, daß seine politischen und theologischen Vorstellungen mit denen der Memminger Reformatoren übereinstimmten. Von ihnen wollte er sich wegen der Liste der zu benennenden Richter beraten lassen, außerdem sollten die zahlreichen einzelnen Beschwerdeartikel zusammengefaßt werden. Als Richter wurden zunächst vorgesehen: Luther, Melanchthon, Jakob Strauß (damals Eisenach), Osiander, Billican, Matthäus Zell (Straßburg) und seine Gesellen, d. h. wohl Bucer und Capito, Sam, Brenz, Michael Keller (Augsburg), Alber, Siegmund Rötlin (Lindau), Zwingli und seine Gesellen, Johannes Zwick (Riedlingen) und Matthias Waibel (Kempten). Fast alle bedeutenden südwestdeutschen Reformatoren waren genannt. Später wurde die Liste modifiziert und umfaßte vor allem Bürgermeister, Juristen, Zunftmeister und Amtleute aus Oberschwaben, dazu die Prädikanten Schappeler, Zwick und Bartholomäus Miller (Biberach). Der Schwäbische Bund strich dann auch noch diese Theologen aus der Liste, offenbar weil er ihnen keine Mitsprache einräumen wollte.

In Memmingen wurde Sebastian Lotzer »als ein Schriftgelehrter und solcher Dinge halben erfahrener Geselle« als Feldschreiber der Bauern vorgeschlagen. Dieser weigerte sich zunächst, weil es ihm an Kanzleierfahrung fehle, nahm dann aber doch an. Von ihm wurde in der folgenden Zeit formuliert und damit wohl wesentlich beeinflußt, worum es den Bauern ging. Charakteristisch ist die von ihm verfaßte Eingabe der Memminger Bauern an den Rat der Stadt vom 24. Februar. Sie berief sich auf das Evangelium als Maßstab und bat um die Abschaffung der Mißbräuche, die dem Wort Gottes entgegen sind. Was das Wort Gottes nimmt oder gibt, wollten die Bauern akzeptieren. Ausdrücklich erboten sie sich zu aller Untertänigkeit, soviel göttlich, christlich und billig ist. Die Eingabe war in keiner Weise revolutionär oder gewalttätig, sondern bemühte sich um Verhandlungen auf der Basis der Schrift. Ein etwaiges gewaltsames Vorgehen gegen die Bauern wurde von daher als Widerstand gegen das Wort Gottes qualifiziert. In diesem Fall hielten sich die Bauern zur Gegenwehr für berechtigt.

Lotzers bedeutendste Leistung war die Formulierung »Der grundlichen und rechten Hauptartikel aller Baurschaft und Hindersessen der gaistlichen und weltlichen Oberkaiten, von wölchen si sich beschwert vermeinen«, bekannt auch als die Zwölf Artikel der Bauernschaft in Schwaben, das bekannteste und am weitesten verbreitete Dokument des ganzen Bauernkriegs. Sie lagen am ersten März 1525 vor. Lotzer hatte die zahlreichen Einzelforderungen und -beschwerden übersichtlich in wenigen allgemeinen Hauptpunkten zusammengefaßt und sie damit zu einem handlichen Programm umgeformt, wofür ihm wahrscheinlich schon ähnliche Zusammenfassungen aus dem Schwarzwald zur Verfügung standen. Nicht zuletzt deswegen erfuhren sie weite Verbreitung (23 Drucke) und konnten zur Vorlage vieler anderer Bauernartikel weit über Oberschwaben hinaus werden. Aber die Bedeutung der Artikel lag nicht nur im Formalen. Wichtiger war die inhaltliche Durchgestaltung. Die frühere gelegentliche Berufung auf das göttliche Recht wurde von Lotzer aufgrund seiner eigenen Überzeugung zum inhaltlichen Prinzip der Artikel gemacht, indem er sie alle biblisch begründete. Auf diese Weise wurde damals das Programm der Bauern ein religiös-soziales und der Bauernkrieg zu einer evangelischen Bewegung. Die Vorrede rechtfertigte das Vorgehen der Bauern als dem Evangelium entsprechend und wies den Vorwurf des Aufruhrs entschieden zurück. Die Artikel insgesamt waren maßvoll und besonnen und, wie sich an einzelnen Beispielen zeigte, eine brauchbare Verhandlungsgrundlage. An ihrer Spitze stand die Forderung nach freier Pfarrwahl. Sie wurde begründet aus der Notwendigkeit, das Wort Gottes hören zu können, um selig zu werden. Der Zehnte wurde keineswegs rundweg abgelehnt. Vielmehr wurde der große Zehnte (vom Getreide) akzeptiert, sofern er bestimmungsgemäß zum Unterhalt des Pfarrers, zur Unterstützung der Armen und für allgemeine Ausgaben verwendet wurde. Der kleine Zehnte (von den übrigen landwirtschaftlichen Erzeugnissen) sollte allerdings aufgehoben werden. Die Leibeigenschaft galt als unvereinbar mit der Erlösung durch Christus und der gegenseitigen Liebe unter den Christen; jedoch wurde die bestehende Obrigkeit ausdrücklich anerkannt. Die Artikel über Jagd-, Fisch- und Holzrechte argumentierten zum Teil naturrechtlich. Hinsichtlich der Dienste, Abgaben, Strafgelder und der Allmende wurde an das billige, brüderliche, christliche Verhalten des Partners appelliert. Diese Fragen sollten von der Nächstenliebe her geregelt werden. Für die Ablehnung des Todfalls berief man sich auf das Engagement der Propheten für die Witwen und Waisen. Ausdrücklich erklärte sich der letzte Artikel zur Überprüfung und Korrektur aller Artikel aufgrund der Schrift bereit. Die Zwölf Artikel verzichteten auf jegliche Androhung von Gewalt. Sie wollten die politische Ordnung nicht verändern, sondern nur berechtigte Klagen beseitigen. Die biblische Fundierung, die evidente Billigkeit und Sittlichkeit der Forderungen, ihr Maß und ihr Verzicht auf Gewalt gaben den Artikeln ihr Gewicht. Ein revolutionäres Programm waren sie nicht und konnten es von ihrer biblischen Grundlage her auch nicht sein. Sie wollten lediglich einen begrenzten religiösen und sozialen Problemkomplex lösen. Wie sich z. B. an dem in Memmingen selbst gefundenen Ausgleich zeigte, war das nicht unmöglich. Der frühmoderne Staat hätte seinen bäuerlichen Untertanen mehr Mitsprache und gewisse Entlastungen einräumen können, und das wäre langfristig ihm selbst zugute gekommen.

Luther hat in seiner »Ermahnung zum Frieden auf die zwölf Artikel der Bauernschaft in Schwaben« von Ende April den maßvollen Charakter der Artikel nur zum Teil erkannt und in ihnen ein Dokument des Aufruhrs gesehen. Zwar hielt er den Obrigkeiten ihre Unterdrückung und die dafür drohende Strafe vor und riet zum Ausgleich. Den Bauern aber bestritt er das gute Gewissen für ihre Sache, weil die Schrift den Ungehorsam selbst gegen die ungerechte Obrigkeit verbietet und von den Christen das Leiden des Unrechts fordert. Aufgrund seiner Erfahrungen im Thüringer Aufstand sah er in den Verfassern der Artikel Mordpropheten. Nach Luther konnte man mit dem Evangelium keine irdisch-sozialen Ansprüche durchsetzen, und diese wiederum hatten nichts mit dem Heil der Seele zu tun. Aufgrund des Unrechts auf beiden Seiten konnte für ihn die Erhebung der Bauern nur in einem Chaos und gleichzeitig zum Schaden für das Evangelium enden. Luther mahnte darum beide Seiten eindringlich zum Frieden und Ausgleich, allerdings auf einer anderen Basis, als die Artikel sie darstellten. Deren Differenziertheit und Mäßigung war er damit gewiß nicht gerecht geworden.

Die Festlegung der oberschwäbischen Bauern auf das maßvolle, defensive Programm der Baltringer und der Zwölf Artikel war keineswegs selbstverständlich. Am 6. März gab es darüber in Memmingen Verhandlungen. Die Allgäuer und Seebauern waren mit Ulrich Schmids Prinzip »was das Wort Gottes erweise« nicht ohne weiteres einverstanden und wollten »nun dapfer mit dem Schwert hindurch tringen«. Es kam zu einer schweren Auseinandersetzung. Lotzer und Schmid wollten zurücktreten, falls man nicht nach dem Spruch des göttlichen Rechts, sondern mit Gewalt vorgehe. Schappeler mahnte zu friedlichen Verhandlungen. Die Allgäuer und Seebauern drohten abzuziehen, aber schließlich einigte man sich doch auf Schmids und Lotzers Konzeption, und so kam die sog. christliche Vereinigung zustande. Sie verstand sich nicht als revolutionärer Zusammenschluß, sondern als eine Art genossenschaftlicher Interessenvertretung, wie es sie auch sonst gab. Ihre von Lotzer entworfene, vielleicht auf Schwarzwälder Vorbilder zurückgreifende Bundesordnung – in manchem eine evangelische Gemeindeordnung – nannte als ihren Zweck die Mehrung des Evangeliums, den Beistand der göttlichen Gerechtigkeit und die Wiedererbauung brüderlicher Liebe. Die berechtigten Pflichten gegenüber der Obrigkeit wurden anerkannt. Die Ordnung regelte die Behandlung finanzieller Verpflichtungen und das Verhältnis zu den Dienstherren. Pfarrer sollten das Evangelium predigen oder ihr Amt aufgeben. Geistliche Streitigkeiten sollten von Theologen aufgrund der Schrift im Kreis der Vereinigung entschieden werden. Spielen, Zutrinken und Gotteslästerung sollten bestraft werden. In der endgültigen Fassung der Bundesordnung fehlte der Artikel über die Beilegung geistlicher Streitigkeiten, hingegen enthielt diese jetzt den aggressiven Artikel über die Besetzung von Schlössern und Klöstern, die sich weigerten, der christlichen Vereinigung beizutreten. Dennoch wurde die Vereinigung in den ersten Wochen von Schmids und Lotzers gewaltloser Konzeption bestimmt.

Etwa Anfang März bildete sich der Leipheimer Haufen (östlich von Ulm). Damit befand sich das ganze Land südlich der Donau bis zum Lech im Aufruhr. Zum Leipheimer Haufen gehörte auch der ehemalige Leipheimer Pfarrer Jakob Wehe, der Vetter Eberlins von Günzburg. Er hatte 1523 die Messe aufgegeben und das Abendmahl in beiderlei Gestalt ausgeteilt und war deswegen 1524 von der Ulmer Obrigkeit suspendiert worden, blieb aber in Leipheim und predigte wohl auch weiter. Wohl nicht grundlos wies ihn Eberlin 1524 auf den schuldigen Obrigkeitsgehorsam hin.

Ab Ende März kam es dann doch zu Gewalttätigkeiten durch die Bauern. Bei den Allgäuern, ja selbst bei den Baltringern ereigneten sich Übergriffe und Plünderungen, und Ulrich Schmid war machtlos dagegen (Abb. 11). Am 26. März ging als erste Burg das Schloß Schemmerberg in Flammen auf. Mittlerweile war die Rüstung des Schwäbischen Bundes so weit gediehen, daß er den Bauern entgegentreten konnte. Ursprünglich waren die Auffassungen im Schwäbischen Bund geteilt gewesen. Manche seiner Glieder hielten die Forderungen der Bauern für berechtigt und wollten ehrlich verhandeln. Der bayerische Kanzler Leonhard von Eck war dagegen von Anfang an für eine Niederschlagung des Aufstandes. Die Verhandlungen sollten nur dazu dienen, Zeit zu gewinnen, und diese Taktik setzte sich dann auch durch. Am 4. April schlug das Bundesheer unter Georg Truchseß von Waldburg, später der Bauernjörg genannt, den Leipheimer Haufen bei Leipheim, wobei tausend Bauern ihr Leben verloren. Das beeinträchtigte die Moral der anderen Bauernhaufen. Jakob Wehe geriet nach der Schlacht in Gefangenschaft. Er bestritt, etwas anderes als Gottes Wort oder gar Aufruhr gepredigt zu haben. Seine Hinrichtung ließ er im tapferen Glauben über sich ergehen.

Die übrigen oberschwäbischen Haufen standen dem Bundesheer am 15. April bei Wurzach gegenüber. Keine Seite wagte die Schlacht; vielmehr kam es zu dem Abschluß des Vertrags von Weingarten. Gegen die Zusage eines Schiedsgerichts über ihre Beschwerden versprachen die Bauernhaufen ihre Auflösung und begaben sich damit freilich auch ihres eigenen Druckmittels. Luther ließ später diesen Vertrag als Modell für einen friedlichen Ausgleich mit einem Vor- und Nachwort drucken. Er machte keinen Hehl daraus, daß er die Sache der Bauern für ungerecht und aussichtslos hielt, trat aber dennoch für einen derartigen Vertrag als die unter den gegebenen Umständen beste Lösung ein. Es verdient festgehalten zu werden, daß dies, und nicht sein Aufruf zum Totschlagen der Bauern, sein letztes Wort während des Konflikts selbst war. Lotzers Spur verliert sich Anfang April. In Memmingen kam es zu Tumulten, als eine radikale Gruppe die Stadt, deren Unterschichten mit den Bauern sympathisierten, zur kompromißlosen Unterstützung der Bauern zwingen wollte. Schappeler war daran nicht beteiligt. Anfang Mai äußerte er sich gegenüber Zwingli tief resigniert. Man habe das Evangelium schützen wollen, aber mit unbilligen Mitteln. Die Ablehnung des alten Glaubens und seiner Vorschriften und die Gehorsamsverweigerung gegen unrechte Gebote der Obrigkeit hielt er nach wie vor für berechtigt, beschönigte aber die gewaltsamen Übergriffe der Bauern nicht. Die Gegenseite schuf nunmehr neues Unrecht. Schappeler bekannte insofern seine Mitschuld an diesem Chaos, als er zugab, daß man das Evangelium zu ungeduldig habe ergreifen wollen. Ende Mai rief Memmingen selbst gegen die noch aufständischen Bauern den Schwäbischen Bund zu Hilfe. Schappeler konnte einer Verhaftung gerade noch entgehen und wandte sich nach Sankt Gallen. Auch sein Kollege Simprecht Schenck konnte sich nicht halten. In Memmingen wurde zunächst der alte Gottesdienst wiederhergestellt. In Kempten mußte Jakob Haistung fliehen. Der Klosterprediger Matthias Waibel, der am Bauernkrieg nicht beteiligt war, allerdings früher gegen den Zehnten gepredigt hatte, wurde von den Schergen des Truchseß am 7. September ohne Prozeß hingerichtet. Die überregionale Bedeutung des oberschwäbischen Aufstandes für den Bauernkrieg lag vor allem in der dort mit den Zwölf Artikeln erfolgten, vom Geist der Reformation durchdrungenen Programmbildung.

## *Der zweite Aufstand im Schwarzwald und im Elsaß*

Anfang April erhoben sich die Bauern im Südschwarzwald erneut und bildeten unter Führung von Hans Müller von Bulgenbach gleichfalls eine christliche Vereinigung. Waldshut, das sich damals schon im Übergang zum Täufertum befand, beteiligte sich mit zwei Fähnlein. Am 8. Mai wurde Villingen mit dem sog. Artikelbrief aufgefordert, der Sache der Bauern beizutreten. Im Weigerungsfalle wurde die Stadt mit dem »weltlichen Bann« bedroht, was einen Abbruch jeglicher Beziehung mit ihr bedeutet hätte. Schlösser und Klöster wurden in den Bann erklärt und sollten von ihren Inhabern aufgegeben werden. Ein ähnliches Dokument, der sog. Verfassungsentwurf, fand sich später unter den Papieren Hubmaiers, wobei seine Verfasserschaft jedoch nicht sicher ist. Der Verfassungsentwurf sah ein Revolutionsrecht der Untertanen vor, weil »Gott der weltlichen Herren Schinden und Schaben, Stöcken, Blöcken, Zwingen, Tringen und ander Tyrannei nicht mehr leiden wölle«. Die christliche Vereinigung sollte die Obrigkeit wählen, gegebenenfalls auch wieder absetzen und die ehemaligen Herren, die sich dagegen wehren, bannen und bekriegen. Ähnliche Auffassungen finden sich in jener Zeit auch sonst im Südschwarzwald. Das war trotz des möglichen gemeinsamen Ursprungs offensichtlich ein weit radikaleres Programm als das der Zwölf Artikel. Über seine Herkunft ist viel gerätselt worden. In manchem weist es eine Verwandtschaft mit Vorstellungen Thomas Müntzers auf, der sich Ende 1524 zeitweilig in Griessen im Klettgau aufgehalten hatte. Ganz sicher ist dieser Einfluß Müntzers auf den süddeutschen Bauernkrieg jedoch nicht. Auch Zwingli, von dem Hubmaier sonst beeinflußt war, war die Vorstellung von der Wählbarkeit der Obrigkeit und von einem Widerstandsrecht geläufig. Hubmaier hat sonst den Gehorsam gegen die Obrigkeit betont, wobei jedoch wohl vorausgesetzt war, daß die Obrigkeit gerecht handelt. Vermutlich haben sich im Südschwarzwald politische Vorstellungen, die von Müntzer und Zwingli herkamen, gemischt. Wie weit Hubmaier selbst diese Auffassungen vertreten hat, läßt sich nicht mehr mit Sicherheit feststellen.

Da die Kräfte des Schwäbischen Bundes zunächst anderwärts gebunden waren, konnte sich die Christliche Vereinigung dem Breisgau zuwenden. Die Ortenau befand sich ohnedies bereits im Aufruhr. Anfang Mai nahm das benachbarte Markgräfler Land die Zwölf Artikel an. Freiburg mußte sich am 23. Mai den Bauern ergeben. In der Ortenau kam es in jener Zeit zum Renchener Vertrag, der den Forderungen der Bauern in einem größeren Gebiet Rechnung trug und eine respektable Bewältigung des Konflikts bedeutete. Im Lauf der folgenden Monate gelang Österreich die Niederschlagung des Aufstands im Hegau, Breisgau und Sundgau. Am 4. November wurden die Klettgauer Bauern, für die sich Zürich nicht mehr engagierte, bei Griessen geschlagen. Danach war Österreich in der Lage, gegen Waldshut vorzugehen. Angesichts der Gefährdung regte sich in der Stadt die altgläubige Partei und gewann schließlich die Oberhand. Am 5. Dezember ergab sie sich. Waldshut verlor seine Privilegien und Freiheiten. Der alte Gottesdienst wurde wiederhergestellt. Hubmaier war schon vorher nach Zürich geflohen.

Anfang April hatte der Aufstand auch das Elsaß ergriffen. Die unter der Leitung von Erasmus Gerber stehenden Bauern wollten dem göttlichen Wort, dem Evangelium und der Gerechtigkeit einen Beistand tun. Die Geistlichen wurden auf die evangelische Predigt verpflichtet. Die Klöster sollten zerstört werden. Die Straßburger Prediger Bucer, Capito und Zell machten am 17. April den Bauern klar, daß das Evangelium Aufruhr verbiete. Sie sollten nicht Zeitliches und Ewiges mischen, sondern auseinandergehen. Mitte Mai schlug der altgläubige Herzog von Lothringen den elsässischen Aufstand blutig nieder, wobei 18000 Bauern umgekommen sein sollen.

## *Franken*

Im unteren Neckartal und Odenwald hatten sich zwei Bauernhaufen gebildet, die Ende März das Kloster Schöntal besetzten. Die Odenwälder wurden von Georg Metzler und Wendel Hipler, dem ehemaligen Kanzler der Grafen von Hohenlohe, der nunmehr ihr Gegner war, geführt. An der Spitze des Neckarhaufens stand der aggressive Jäcklein Rohrbach aus Böckingen bei Heilbronn. Er hatte schon Ende Februar erklärt, den Pfaffen des Stiftes Wimpfen müsse man alles nehmen. Der Haufen berief sich auch auf die Zwölf Artikel, ging aber in der Forderung nach Abschaffung von Abgaben und Fronen wesentlich weiter. Gelegentlich findet sich bei ihm die Vorstellung von einer dem Evangelium entsprechenden geistlichen und weltlichen Reformation. Insgesamt scheint die evangelische Prägung dieses Haufens nicht sehr stark gewesen zu sein. Die Neckartäler und Odenwälder zählten über 10000 Mann. Sie zwangen die Hohenloher Grafen zur Anerkennung ihrer Artikel, dann zogen sie vor Weinsberg, in das die württembergische Regierung eine wehrhafte Besatzung unter dem Grafen von Helfenstein gelegt hatte. Dieser hatte die Bauern mit der Androhung schwerer Strafen provoziert. Während der Graf am Ostermorgen (16. April) unvorsichtigerweise die Kirche besuchte, konnten sich die Bauern in den Besitz der Burg und kurz darauf auch der Stadt setzen. Aufgehetzt durch Jäcklein Rohrbach und ohnedies erbittert durch das frühere arrogante Auftreten des Grafen, kam es zu der Bluttat von Weinsberg. Der Graf und 13 Adlige wurden durch die Spieße gejagt. Rohrbach hatte auf diese grausame Weise wohl den Gegensatz zwischen den Bauern und dem Adel unversöhnbar machen wollen. Der Sache der Bauern wurde damit schwerster Schaden zugefügt. Obwohl es sich um eine einmalige und untypische Ausschreitung gehandelt hatte, haftete der Makel dieses Geschehens an dem Aufstand, verbreitete allgemeines Entsetzen und mobilisierte die energische Gegenwehr. Die Odenwälder trennten sich nach Weinsberg von Rohrbach und seinem Anhang.

Zunächst wagte auch Heilbronn keinen Widerstand mehr. Der Rat hatte schon vorher, wohl auch aus Angst vor den bäuerlichen Unterschichten in der Stadt, eine halbherzige Politik gegenüber den Bauern betrieben, sie in der Stadt ein- und ausgehen lassen und Übergriffe gegen die Klöster geduldet. Eine klare Haltung nach innen und außen bewahrte hingegen der Prediger Lachmann. Er hatte den Rat zu Vernunft, Wachsamkeit und zugleich zu einer zeitweiligen Sistierung der Abgaben aufgerufen. Die Bauern hatte er schon am 5. April unmißverständlich wissen lassen, daß ihr Vorhaben nicht aus Gott sei, denn das Evangelium verpflichte zum Frieden. Am 13. April warnte er sie noch dringlicher vor Empörung und Gewaltanwendung. Die Gleichheit und Freiheit des Evangeliums ist geistlicher Art und die Obrigkeit von Gott eingesetzt. Auch eine ungerechte Obrigkeit ist darum zu respektieren, und eigennützige Selbstjustiz ist verboten. Einen Monat später, beim Zusammenbruch des Aufstands, forderte er die Bauern auf, die Strafe anzunehmen, auch wenn sie hart ist, und Buße zu tun. Trotz Lachmanns Mahnungen mußte sich Heilbronn mit den Bauern verbinden.

Am 27. April wurde Götz von Berlichingen, der sich schon früh der Reformation angeschlossen hatte, gezwungen, Führer der Bauern zu werden. Selbst das Erzstift Mainz mußte im Miltenberger Vertrag faktisch vor den Bauern kapitulieren. Damit konnten die Odenwälder Bauern sich gemeinsam mit den Taubertälern gegen Würzburg wenden. Die Odenwälder wurden von ihren adligen Führern, dazu Wendel Hipler und Friedrich Weigandt, dem Keller (Verwaltungsbeamten) von Miltenberg, straff geführt. In der Amorbacher Erklärung von Anfang Mai wurden die Zwölf Artikel so weit als möglich in Kraft gesetzt, eine Regelung der Abgaben blieb noch offen. Die Bauern fühlten sich jedoch durch solche vernünftigen Anordnungen verraten und fügten sich nicht. Hipler und Weigandt verfolgten schon seit April weit umfassendere Reformpläne, als sie bis dahin von den Bauern vorgelegt worden waren. Gedacht war an eine Verstaatlichung des geistlichen Besitzes, dafür sollten Zoll, Umgeld und Schatzung entfallen. Die erblichen Abgaben sollten jedoch weiter entrichtet werden. Die Vorschläge gingen zu Lasten der Geistlichen, während die Interessen des Adels geschont wurden. Ein späterer, weithin utopischer Entwurf sah u. a. eine Reform des Gerichtswesens und der Wirtschaft vor und enthielt kaum mehr spezifisch bäuerliche Forderungen. Die Beratung dieser Reformvorhaben sollte auf einem Bauernparlament in Heilbronn Mitte Mai stattfinden. Angesichts der kurz zuvor erfolgten Niederlage der württembergischen Bauern trat dieses Parlament aber nicht mehr zusammen.

In Franken hatte der Bauernkrieg ein wichtiges Zentrum in und um Rothenburg. In der Stadt selbst war die Reformation mit dem sozialen Konflikt zwischen Patriziern und Bürgern verquickt. Diese führten am 24. März einen Umsturz herbei. Wenige Tage später wurde der alte Gottesdienst abgeschafft. Es kam zum Bildersturm, zur Einziehung des Klostervermögens und Einbürgerung der Geistlichen ohne konstruktive Ansätze. In der Karwoche stand das kirchliche Leben nahezu still. Seit dem 21. März hatten sich die reichen Bauern aus der Rothenburger Landwehr erhoben und stellten relativ maßvolle Forderungen gegen politische und finanzielle Bedrückung. Religiöse Motive spielten nur eine untergeordnete Rolle.

Der Aufstand griff am 26. März auf Mergentheim über. Es bildete sich der Taubertäler Haufen, dessen Ziel Würzburg war. Auch Bauern der Markgrafschaft schlossen sich an, obwohl der Pfarrer Johann Rurer von Ansbach sich deutlich gegen einen Aufruhr unter dem Schein des Evangeliums ausgesprochen hatte. Blaufelden versuchte damals, seinen bisherigen Pfarrer zu entlassen und den radikalen Johann Schilling, der vorher in Schwäbisch Gmünd und Augsburg aufgefallen war, anzustellen. Maßstab für die Forderungen der Taubertäler sollte das Evangelium sein. Abgaben sollten erst nach der Entscheidung eines mit Theologen besetzten Schiedsgerichts geleistet werden. Die Schlösser des Adels wollte man verbrennen, hingegen blieben Obrigkeit und Gericht anerkannt. Hier begegnen in radikalisierter Gestalt dieselben Forderungen wie in Oberschwaben. Auch die Taubertäler gaben sich eine fromme Ordnung mit täglicher Predigt und Sittenzucht. Die Stadt Rothenburg schloß sich am 15. Mai den Bauern an.

Die vereinigten Bauernhaufen vom Odenwald bis zum Steigerwald konnten Anfang Mai Würzburg einnehmen. Die Festung Marienberg verweigerte wegen der überzogenen Forderungen des Priesters Bernhard Bubenleben die Übergabe, was sich für die Bauern verhängnisvoll auswirken sollte, denn sie waren nicht in der Lage, die Burg zu nehmen, und die Zeit arbeitete gegen sie. Dazu verwilderten die Bauernhaufen mehr und mehr. Ende Mai rückte von Süden das Heer des Schwäbischen Bundes heran. Die Odenwälder zogen ihm von Würzburg entgegen und wurden am 2. Juni bei Königshofen an der Tauber unter schwersten Verlusten geschlagen. Der Rest der fränkischen Bauern wurde wenig später bei Giebelstadt vernichtet. Das zum Teil grausame Strafgericht in der Markgrafschaft Brandenburg und ihrer Nachbarschaft vollzog Markgraf Kasimir. Unter den 25 in Rothenburg Hingerichteten befanden sich Teuschlin und der blinde Mönch Hans Schmid. Der Pfarrer Cristan konnte entkommen. Karlstadt, der auf die Bauernbewegung nie den gewünschten Einfluß gewonnen hatte, war schon vorher weitergezogen.

## *Das schwäbisch-fränkische Grenzland*

Auch vor dem schwäbisch-fränkischen Grenzland hatte der Aufstand nicht haltgemacht. Am 26. März bildete sich aus den Bauern im Gebiet der umliegenden württembergischen Klöster ein Haufen bei Schwäbisch Gmünd. Am 2. Mai wurde das Kloster Gotteszell geplündert. Trotz des wegen der Reformation entstandenen innerstädtischen Zwiespalts schloß sich Gmünd den Bauern auch nach mehrmaliger Aufforderung nicht an. Gleichwohl ging die Reformation in Gmünd mit dem Ende des Bauernkriegs unter. In Schwäbisch Hall hatte Johannes Brenz schon in der ersten Hälfte des März den Gehorsam selbst einer ungerecht handelnden Obrigkeit gegenüber eingeschärft, sofern nicht etwas gegen Gottes Gebot gefordert wird. Das Evangelium hebt die irdischen Ordnungen nicht auf; allerdings sind sie von Christen verantwortungsvoll zu praktizieren. Gewalttätiger Widerstand ist nicht erlaubt. Anfang April riet Brenz dem unschlüssigen Rat von Hall, der sich seiner Untertanen nicht sicher war, zur Festigkeit gegen die Bauern, und dies zahlte sich aus. Bei einem harmlosen Gefecht, dem »seligen Schießen« von Gottwollshausen, zeigte es sich, daß die Kampfkraft und der Kampfwille der Bauern nicht allzu groß waren. Der als Prediger zu den Bauern gezwungene Johann Herolt von Reinsberg konnte fliehen. Beraten von Brenz lehnte die Stadt Ende April weitere Beitrittsaufforderungen der Ottendorfer und der Limpurger Bauern ab.

Relativ friedlich verhielt sich der von dem Deininger Pfarrer Stephan Wolf geführte Bauernhaufen im Ries, dem es um die Durchsetzung der Zwölf Artikel ging. In den Unterschichten des benachbarten Nördlingen gab es Sympathisanten, die die Riesbauern unterstützen wollten. Der Rat der Stadt konnte am 4. April eines beginnenden Aufstands gerade noch Herr werden und das Bündnis mit den Bauern verhindern, indem er versprach, sich der Beschwerden der Zünfte anzunehmen. Nach der Leipheimer Schlacht löste sich der Rieshaufen von selbst auf. Unter dem Eindruck der Eroberung von Weinsberg bildete sich am 17. April der Limpurger oder Helle Haufen, der dann das Kloster Murrhardt besetzte, Lorch und Adelberg sowie den Hohenstaufen verbrannte. Gott zum Lob, den Armen zu Trost und Hilfe wollte der Helle Haufen das Evangelium gewaltsam aufrichten und die von Menschen erdachten, eigennützigen Mißbräuche abschaffen. Einer seiner Führer war der Pfarrer Heinrich Held aus Bühlertann, der sich später nur mit Hilfe seiner Nördlinger Verwandtschaft einer Bestrafung entziehen konnte. Hingegen wurde der als Schreiber mehr oder weniger zu den Bauern gezwungene Pfarrer Wolfgang Kirschenesser von Frickenhofen später verhaftet, gefoltert und in Schwäbisch Hall wegen Aufruhrs enthauptet.

Der Ellwanger Haufen hatte sich im Zusammenhang mit den Auseinandersetzungen um das Stiftskapitel und die Reformation im Stift gebildet. Er berief sich bewußt auf die Zwölf Artikel. Am 27. April öffnete sich die Stadt den Bauern. Sie zerstörten das Kloster Mönchsroth und besetzten am 2. Mai ohne größeren Widerstand auch kurzfristig Dinkelsbühl. Nach ihrer Rückkehr plünderten sie das Stift. Eine Abteilung des Schwäbischen Bundes lockte die Ellwanger Bauern in einen Hinterhalt und vernichtete sie. Der Stiftsprediger Kreß und der Pfarrer Muntpach wurden im Juli gefangengenommen und dem Bischof von Augsburg ausgeliefert. Am 7. November wurden sie wegen Ketzerei und Aufruhr enthauptet. Etwa um dieselbe Zeit ließ der Propst von Ellwangen 32 Personen verhaften, »die dem Mönch von Wittenberg mehr glaubten als dem Bischof von Rom«, und drei von ihnen hinrichten.

## *Herzogtum Württemberg*

Erst nachdem der Aufstand ringsum bereits begonnen hatte, griff er in der zweiten Hälfte des April auch auf das Herzogtum Württemberg über. Schon im Februar hatte Herzog Ulrich vom Hohentwiel aus versucht, mit Hilfe von Schweizer Söldnern den Aufstand zur Wiedergewinnung seines Landes zu nutzen, und war am 9. März bis vor Stuttgart vorgestoßen. Er mußte jedoch die Belagerung der Hauptstadt am 13. März abbrechen und sich zurückziehen, weil seine Schweizer Söldner zurückgerufen worden waren. So blieb diese Aktion lediglich eine Episode. Immerhin sympathisierte ein Teil der Aufständischen, der die Oligarchie der habsburgisch eingestellten Ehrbarkeit ablehnte, mit dem Herzog. Reutlingen hatte, beraten durch Matthäus Alber, schon am 6. April den Anschluß an den Pfullinger Haufen verweigert. Alber bezeichnete das Unternehmen der Bauern als unevangelisch. Die evangelische Freiheit taste den Gehorsam gegen die Obrigkeit nicht an, und die Stadt dürfe dem Kaiser nicht ungehorsam werden. Trotz aller Gefährdung des Evangeliums verzichtete Alber aus klarer theologischer Einsicht auf eine Absicherung durch den Aufstand. Der Pfarrer Epstlein aus Ober- oder Unterhausen soll hingegen den Pfullinger Bauern evangelisch gepredigt haben und wurde später deswegen von Dietrich Spät erhängt.

Der württembergische Aufstand begann im Bottwartal. Der wohlhabende, altgläubige Matern Feuerbacher aus Großbottwar wurde sein Anführer. Ihm ging es bewußt darum, mäßigend zu wirken, und es lag ihm vor allem an Recht und Gerechtigkeit, weniger am Evangelium. Der Anschluß an den aggressiveren Odenwälder Haufen wurde vermieden, die Verwüstungen des Limpurger Haufens bei dessen Einfall nach Württemberg kritisiert. Überhaupt wahrten die Württemberger gegenüber den übrigen Bauern eine gewisse Distanz. Radikaler als Feuerbacher war Hans Wunderer, der Führer des Zabergäuer Haufens, ein Anhänger Herzog Ulrichs. Immerhin verhinderte er später die Zerstörung des Klosters Maulbronn. Den Zabergäuern hatte sich nunmehr auch Jäcklein Rohrbach angeschlossen. Einer der Führer der Kraichgauer Bauern war der »Pfaffe« Anton Eisenhut, damals Kaplan in Eppingen, der später im Mai im Kraichgau auf eigene Faust Schlösser und Klöster verwüsten und plündern ließ und schließlich in Bruchsal hingerichtet wurde. Unter Feuerbacher hatten die Württemberger Bauern eine geordnete Kanzlei und wahrten eine solide Zucht. Täglich sollte gepredigt werden, Fluchen, Zutrinken und Unzucht waren verboten. Die Obrigkeit wurde prinzipiell anerkannt. Die Geistlichen hatten eine besondere Steuer zu entrichten. Anfangs berief man sich auf die Zwölf Artikel, später kam es noch zur Aufstellung eigener Beschwerden, über die aber nicht mehr verhandelt wurde. Am 25. April wurde Stuttgart besetzt. Der Bauernhaufen umfaßte damals 12000 Mann. Bis auf vier Ämter und sechs Amtsorte war das ganze Herzogtum vom Aufstand ergriffen. Die Bauern verstanden sich nunmehr als *die* Landschaft, d. h. als die einzige Repräsentation im Herzogtum, und erließen souveräne Anordnungen. Damals wurde aus jenen Kreisen der Ehrbarkeit, die gewisse Ansprüche der Bauern anzuerkennen bereit waren, eine Beteiligung der Bauern an Landtag und Regiment, die Säkularisierung der Klöster, die Zentralisierung und garantiert zweckbestimmte Verwendung des Zehnten zur Besoldung evangelischer Prediger, eine partielle Mitsprache der Bauern bei der örtlichen Verwaltung und die schiedliche Regelung des Landtags über sonstige bäuerliche Beschwerden vorgeschlagen. Ob die Bauern akzeptiert hätten, ist fraglich, da viele von ihnen nichts von der Landschaft (Landtag) hielten.

Zu Verhandlungen kam es nicht mehr, weil die Bauern trotz des Anfangserfolgs der Erstürmung von Herrenberg am 12. Mai die Böblinger Schlacht gegen den Truchseß verloren. Zwei- bis dreitausend Bauern kamen ums Leben. Der Henker des Schwäbischen Bundes, Berthold Aichelin, soll danach 40 evangelische Prediger aufgehängt haben. Jäcklein Rohrbach wurde in Neckargartach zu Tode geröstet. Matern Feuerbacher konnte entkommen und wurde erst 1526 in Rottweil gefaßt, nach einem langwierigen Prozeß jedoch freigesprochen. Noch während des Aufstands hatte man, sichtlich zur Beschwichtigung der Bauern, im katholischen Tübingen Luthers Ermahnung zum Frieden nachdrucken lassen.

Nach der Niederlage der Bauern schlugen die Städte am 19. Juni auf dem Landtag in Tübingen zur Bewältigung der Finanzlasten erneut die Säkularisierung der Kirchengüter vor, was wegen des damit verbundenen Ausscheidens der Prälaten aus der Landschaft eine erhebliche Verfassungsänderung nach sich gezogen hätte. Für noch wichtiger hielten sie Gehorsam und Einigkeit der Untertanen. Diese konnten aber nur »aus Liebe des Herzens« entstehen. Diese Liebe aber kommt aus dem Glauben, der Glaube aber »allein aus dem Wort Gottes«. Zu einer Zeit, wo das Wort Gottes überall lauter und klar hervorbricht, lasse sich der gemeine Mann nicht mehr mit aus Eigennutz und Fürwitz erdachtem menschlichem Tand sättigen, sondern verlange nach dem wahren Gotteswort. Wo man dem Volk dieses vorenthalte, erwachse Erbitterung gegen die Obrigkeit und schließlich Aufruhr. Die innere Bitterkeit beim Volk lasse sich nur durch die Verkündigung des »allein aus dem Glauben« gegründeten Evangeliums beseitigen. Die habsburgische Regierung ließ sich auf diese Forderung selbstverständlich nicht ein. Nichtsdestoweniger gewährt diese Beurteilung der Lage durch die am Ruder gebliebene Oberschicht einen einzigartigen Einblick in die damaligen in der Breite vorhandenen Sympathien für die evangelische Predigt.

## *Baden und Pfalz*

Auch in Baden und der Pfalz entwickelte sich der Aufstand erst relativ spät. Am 9. April sammelten sich die Bauern bei Durlach, lösten sich aber wieder auf, nachdem sie ihre Beschwerden vorgebracht hatten. Die Bauern im speyerischen Bruhrain besetzten am 23. April Bruchsal und plünderten dann die Klöster Herrenalb und Frauenalb. Bei den Verhandlungen in Herrenalb wurde der Bischof als Obrigkeit anerkannt, die Abgaben an das Domkapitel jedoch abgelehnt. Der Bischof und auch Markgraf Philipp von Baden mußten die freie Pfarrwahl zugestehen. Danach löste sich am 8. Mai dieser Haufen auf. Einen Tag zuvor jedoch hatte sich der Kraichgauer Haufen unter dem aggressiven Anton Eisenhut gebildet. Auf die linksrheinische Pfalz hatte der Aufstand vom Elsaß her übergegriffen. Am 10. Mai versprach Kurfürst Ludwig in Forst bei Neustadt den Bauern einen Landtag, der über ihre Forderungen entscheiden sollte. Als Sachverständige, oder wenigstens mit schriftlichen Gutachten, sollten sich Melanchthon und Brenz beteiligen.

Melanchthons Gutachten wies, ohne irgendein Verständnis aufzubieten, die Forderungen der Bauern schroff, ja manchmal mit geradezu zynischen Formulierungen ab. Hingegen war das Gutachten von Brenz über die Zwölf Artikel die ausführlichste und ausgewogenste Stellungnahme eines lutherischen Theologen zur Sache der Bauern. Er unterschied wie Luther klar zwischen dem Reich Christi, mit dem es das Evangelium zu tun hat, und dem Reich der Welt, in dem es um irdische Dinge geht. Die Wahl der Pfarrer stand für den patriarchalisch denkenden Brenz nicht der Gemeinde, sondern der Obrigkeit zu. Diese aber war vor Gott verpflichtet, für rechte Pfarrer zu sorgen. Brenz schärfte überhaupt jeweils beiden Seiten, Obrigkeit und Untertanen, ihre Pflichten ein. Der Zehnte ist zweckgebunden zu verwenden, die Untertanen haben ihn zu leisten. Die Leibeigenschaft tangiert die innere Freiheit des Christenmenschen nicht, die Herren aber sind für das Wohl ihrer Eigenleute verantwortlich. Die Jagd- und Fischereirechte der Obrigkeit wurden anerkannt, diese durften jedoch nicht eigennützig gebraucht werden. In Härtefällen sollte die Obrigkeit die Abgaben nicht nur mildern, sondern den Untertanen sogar in der Not beistehen. Brenz behaftete die Obrigkeit bei ihrem eigenen Gehorsam und ihrer Verantwortung vor Gott, die Untertanen aber bei dem gottgebotenen Obrigkeitsgehorsam. Das ermöglichte ihm ein nüchternes und kritisches Urteil nach beiden Seiten. Brenz vertrat zwar nicht die politische oder soziale Emanzipation – gegebenenfalls mußte der Christ bereit sein, Unrecht zu leiden –, aber faktisch sprach er mit seiner Aufforderung zu Mäßigung und Rücksichtnahme einer sozialen Entspannung das Wort. Ein direkter Erfolg war dem Gutachten nicht beschieden. Schon bevor es vorgelegt wurde, hatte Kurfürst Ludwig gerüstet. Während das Heer des Schwäbischen Bundes den Aufstand im Kraichgau niederschlug, unterwarf der Kurfürst den Bruhrain, die Markgrafschaft und Ende Juni die linksrheinische Pfalz. Damit war der Bauernkrieg im Südwesten beendet.

## *Rückblick*

Die Erhebungen der Bauern scheiterten, weil sie, schon strukturbedingt, auf die einzelne Region beschränkt bleiben mußten, weil die überregionale Führung fehlte und die Bauern ohne Reiterei militärisch unterlegen waren. Trotz der Zwölf Artikel, über die einzelne Bauernhaufen auch immer wieder revolutionär hinausgingen, fehlte ein einheitliches Ziel. Ursprünglich war es um die Beseitigung der konkreten Gravamina gegangen, und zu diesem Zweck hatte man sich zusammengeschlossen, zunächst durchaus auch in der Hoffnung auf eine friedliche Austragung des Konflikts. Die umfassenden Reformprogramme tauchten erst spät auf und blieben letztlich Papier. Eine Revolution im umfassenden Sinn war der Bauernkrieg wohl nicht; er blieb in vieler Hinsicht partikular. Die Bauern hatten die agrarischen Kreise in den Städten zum Teil für sich gewinnen können; einzelne Städte und Adlige hatten sie zum Anschluß gezwungen, die herrschenden Stände konnten sie jedoch nicht auf ihre Seite ziehen. Die reformatorische Predigt hatte, gewollt oder ungewollt, zur Schaffung des revolutionären Klimas beigetragen. Von den evangelisch gesinnten Geistlichen wurde die Erhebung der Bauern teils mehr oder weniger aktiv unterstützt, teils eindeutig abgelehnt, wobei die Motive und Begründungen in jedem einzelnen Fall besonders gewürdigt werden müssen. Von den bedeutenderen Theologen verstrickten sich nur Hubmaier, Schappeler und Teuschlin so in den Aufstand, daß sie sich nicht halten konnten oder gar umkamen. Alle anderen konnten ihre Stellung behaupten. Die Bauern kostete der Krieg 70000 bis 100000 Tote. Die Anführer wurden mit enormen Strafgeldern belegt. Viele mußten ganz oder auf Jahre ihre Heimat verlassen. Die Gesuche um Erlaubnis zur Rückkehr gingen, z. B. in Heilbronn, noch lange Jahre ein. Es war vor allem Johannes Brenz, der gegenüber der Stadt Hall und darüber hinaus sich mehrfach gegen eine zu harte Bestrafung der Bauern wandte. In der Flugschrift »Von Milderung der Fürsten« hielt er der Obrigkeit ihre Mitschuld am Aufstand vor, warnte vor einer Abwälzung sämtlicher Kriegskosten auf die Bauern und forderte eine differenzierte Bestrafung der Teilnehmer des Aufstands. Beiläufig rückte Brenz Luthers schlimmen Appell zum Totschlagen der Bauern zurecht.

Von verschiedenen Seiten ist behauptet worden, der Bauernkrieg sei gleichzeitig das Ende der Reformation als Volksbewegung, der Volksreformation, gewesen; von da an sei die Reformation obrigkeitlich verordnet worden. Für Südwestdeutschland trifft das keinesfalls zu. Schon der Ausdruck Volksreformation ist unangemessen. Die Reformation war immer von den drei Faktoren Prediger, Gemeinde und Obrigkeit abhängig und konnte nur bei deren Zusammenwirken glükken. Nach 1525 verstärkte sich dabei sichtlich das Gewicht der Obrigkeit, aber ohne Einverständnis der Gemeinde war eine Reformation unmöglich. Weiter ist festzustellen, daß sich die Reformation auf dem flachen Land vor 1525 und auch danach besonders schwer nachweisen läßt. Fast alle Nachrichten stammen aus Städten. Die Reformation in den Reichsstädten hat sich zwar zum Teil verlangsamt, aber aufzuhalten war sie in den meisten Fällen nicht. Ihre großen Fortschritte erreichte sie erst nach dem Bauernkrieg. Gescheitert ist die Reformation infolge des Bauernkriegs in Schwäbisch Gmünd und in der Fürstpropstei Ellwangen. In Memmingen kam es zu einer kurzfristigen, in Rothenburg und Bopfingen zu einer längerfristigen Rekatholisierung. Im Herzogtum Württemberg gab es auch nach dem Bauernkrieg punktuell evangelische Regungen. In Vorderösterreich hingegen war die Reformation nunmehr nahezu unterdrückt, aber dazu wäre es aufgrund der gegenreformatorischen Politik Habsburgs wohl auch ohne den Bauernkrieg gekommen. In Brandenburg-Ansbach blieb die evangelische Predigt bei gleichzeitiger politischer Repression durch den Markgrafen Kasimir erhalten. Die Untergrundbewegung des Täufertums war allenfalls zum Teil eine Folgeerscheinung des Bauernkriegs. Nur von wenigen Täufern, z. B. in Franken, ist eine vorhergehende Beteiligung am Bauernkrieg bekannt. Eine wesentliche Verformung der Reformation nach dem Bauernkrieg ist nicht festzustellen. Der Vorrang ihres geistlichen Auftrags vor einer politischen oder sozialen Weltveränderung war den führenden Reformatoren ohnedies immer klar gewesen, ohne daß dies den Verzicht auf eine christliche Lebensgestaltung bedeutete.

*Literatur und Quellen in Auswahl:*

*Torsten Bergsten,* Balthasar Hubmaier. Seine Stellung zu Reformation und Täufertum 1521–1528, Kassel (1961). – *Peter Blickle,* Die Revolution von 1525, München–Wien ($^2$1981). – Ders., Nochmals zur Entstehung der Zwölf Artikel im Bauernkrieg, in: Bauer, Reich und Reformation, Festschrift Günther Franz, hg. von *Peter Blickle,* Stuttgart (1982), S. 286–308. – *Martin Brecht,* Der theologische Hintergrund der Zwölf Artikel der Bauernschaft in Schwaben von 1525, in: ZKG 85 (1974), S. 174–208. – *Hermann Ehmer,* Schwäbisch Gmünd im Bauernkrieg, in: Gmünder Studien 2 (1979), S. 85–113. – *Günther Franz,* Der deutsche Bauernkrieg, Darmstadt ($^{10}$1975). – Ders., Der deutsche Bauernkrieg, Aktenband, Darmstadt (1972). – Ders., Quellen zur Geschichte des Bauernkriegs, München (1963). – *Grube,* S. 137–154. – Historischer Atlas Karte VI,11, mit Beiwort von *Hans-Martin Maurer.* – *Johann Lachmann,* Drei christliche Ermahnungen an die Bauernschaft, in: *Otto Clemen* (Hg.), Flugschriften aus den ersten Jahren der Reformation, Bd. 2 Halle (1907, Nachdruck Nieuwkoop 1967), S. 414–454. – *Gottfried Maron,* Art. Bauernkrieg, in: TRE 5, S. 319–338. – *Justus Maurer*, Prediger im Bauernkrieg, Calwer Theol. Monographien, Reihe B 5, Stuttgart (1979). – *Helmut Schmolz* u. a., 450 Jahre Reformation in Heilbronn, Ausstellung des Stadtarchivs Heilbronn, Heilbronn (1980).

# Der Abendmahlsstreit bis 1529

Ungefähr gleichzeitig mit dem Bauernkrieg brach der innerevangelische Streit um das Abendmahl aus. Er war zunächst zwar nur ein Konflikt unter den Theologen, aber im Laufe der Jahre wurden aus den verschiedenen Abendmahlsauffassungen konfessionelle Differenzen, die zu einer bis ins Politische sich auswirkenden Zersplitterung des Protestantismus führten. Die Hauptkontrahenten waren Luther und Zwingli. Südwestdeutschland wurde zu einem der wichtigsten Felder, auf dem die verschiedenen Auffassungen um Einfluß rangen. 1536 gelang mit der Wittenberger Konkordie noch einmal der Ausgleich der Oberdeutschen mit Luther. 1563 erfolgte der Übergang der Kurpfalz zum Calvinismus. Damit kam die konfessionelle Gestaltung Südwestdeutschlands mit dem Nebeneinander von Katholiken, Lutheranern und Calvinisten für lange Zeit im wesentlichen zum Abschluß. Der Abendmahlsstreit erreichte zwar nicht die momentane Akutheit und Breitenwirkung des Bauernkriegs – wiewohl auch er über die Theologen hinaus die Gemeinden erfaßte –, aber seine Auswirkungen für die Geschichte der Reformation waren einschneidender und nachhaltiger als dieser.

Das Problem, um das es ging, lag am Anfang des 16. Jahrhunderts gewissermaßen in der Luft. Es gab schon im Spätmittelalter Strömungen, die den bunten, anschaulichen, teilweise auch veräußerlichten Kult- und Frömmigkeitsformen kritisch gegenüberstanden und auf Verinnerlichung und Vergeistigung drangen. Der Humanismus nahm das auf und sparte nicht mit Spott über jene Lehren und Erscheinungen der Religion, die er für ungeistig, abergläubisch oder für monströse scholastische Konstruktionen hielt. Das verschärfte sich durch das reformatorische Schriftprinzip. Gemessen an diesem Maßstab ließen sich viele Vorstellungen, Bräuche und Riten nicht länger begründen und mußten entfallen oder reduziert werden. Eine einschneidende Vereinfachung des religiösen Lebens schien geboten. Das betraf z. B. viele Zeremonien, geistliche Bilder und die kirchliche Musik. Das zentrale Problem aber bildeten die Sakramente, besonders die Eucharistie. Hier war die Frage, ob die sakramentalen Zeichen die Heilsgabe von Leib und Blut Christi und seinen Erlösungstod verkörperten und anboten, wie es wohl immer auch Luthers Meinung gewesen war, oder ob sie lediglich symbolisch daran erinnerten. Erasmus von Rotterdam und viele der von ihm ursprünglich geprägten Reformatoren, darunter auch Zwingli und der vom Spiritualismus der Mystik beeinflußte Karlstadt, fühlten sich an diesem Punkt, abgesehen von der Ablehnung der massiven Wandlungslehre, unsicher und drückten sich unscharf aus. Eine Lösung des Problems schien ein Vorschlag des niederländischen Humanisten Hendricxz Hoen (gest. 1524) zu bieten, den der Utrechter Rektor Hinne Rode 1523 zunächst erfolglos an Luther herangetragen hatte, der aber wohl im August 1524 von Zwingli und ungefähr im Oktober in Straßburg als befreiende Lösung aufgenommen wurde. Hoen verstand die Abendmahlsworte als symbolische Bildrede: Nicht das *ist*, sondern das *bedeutet* meinen Leib. So schien es möglich, von den alten massiven Vorstellungen vom Sakrament loszukommen.

Am 24. August berichtete Franz Kolb aus Wertheim Luther erstmals über Zwinglis neue Auffassung. In der ersten Oktoberhälfte hielt sich der aus Kursachsen vertriebene Karlstadt vier Tage in Straßburg auf und machte mit seiner gleichfalls symbolisierenden Abendmahlsauffassung bei den Theologen und in der Gemeinde einen erheblichen Eindruck. Wenig später wandte sich Karlstadt nach Basel. Durch Mittelsmänner gab er dort fünf Traktate über seine neue Auffassung des Abendmahls zum Druck. Oekolampad war damit, wenn auch nicht völlig, so doch weithin einverstanden. Mitte November baten die verunsicherten Straßburger Prediger Zwingli, Oekolampad und Luther um eine Stellungnahme zu Karlstadt. Ihnen imponierte das von den fleischlichen Elementen nunmehr abgelöste, rein geistige Abendmahl als Gedächtnis des Todes Christi, aber sie befürchteten einen Streit im reformatorischen Lager. Luthers »Warnung vor dem Schwärmergeist« Karlstadt konnte freilich nicht verhindern, daß man in Straßburg weithin den Auffassungen Zwinglis und Oekolampads folgte.

Von der Schweiz aus wurde in der folgenden Zeit zielstrebig und mit geradezu missionarischem Eifer versucht, Anhänger für das neue Verständnis des Abendmahls zu werben. So wurde der Abendmahlsstreit keineswegs nur als theoretische Auseinandersetzung, sondern als Kampf um Einflußgebiete geführt. Ein umstrittenes Terrain war dabei Südwestdeutschland. Zwingli entfaltete seine neue Abendmahlslehre erstmals in einem zunächst handschriftlich verbreiteten, später auch gedruckten Brief an Matthäus Alber in Reutlingen vom 16. November 1524. Er hatte schon 1523 mit Alber korrespondiert. Ausgelöst war der Brief dadurch, daß der Reutlinger Franziskaner Konrad Hermann mit karlstadtischen Ansichten hervorgetreten war. Ihm wollte Zwingli Rückendeckung geben. Alber wurde über die symbolische Deutung der Abendmahlsworte belehrt. Das Abendmahl ist Gedächtnis des Todes Christi, in dem nicht eigentlich Leib und Blut Christi angeboten werden, sondern die Gemeinde, die sich zu ihrem Herrn bekennt, der Veranstalter ist. Gerechtfertigt wurde das mit Joh 6,63: »Das Fleisch (Christi) ist nichts nütze.« Alber verteidigte die Gegenwart von Leib und Blut Christi gegen Hermann, und dieser mußte weichen. Reutlingen blieb lutherisch. Anfang 1526 warnte Luther die Stadt ausdrücklich vor Zwingli. Hermann trat später gelegentlich als südwestdeutscher Informant Zwinglis in Erscheinung. Er war keineswegs der einzige Anhänger der neuen Auffassung. Wahrscheinlich waren es Anhänger Karlstadts, die in Wimpfen eine stark spiritualisierende Sakramentslehre vertraten. Im August 1525 beschwerte sich der Geistliche Ludwig Sigwyn von Ravensburg bei Zwingli, daß ihm die Lutheraner das Christentum absprachen. Am Ende des Jahres verfaßte er in Schwäbisch Gmünd eine Mahnschrift, die auf der Grundlage eines symbolischen Abendmahlsverständnisses zum Ausgleich zwischen Lutheranern und Karlstadtanhängern aufforderte.

Neben Zwingli und noch vor Karlstadt war Oekolampad (Abb. 12) in Basel der zweite wichtige und wohl durchaus selbständige Vertreter der neuen Abendmahlsauffassung. Zu einer Darlegung seines Standpunkts wurde er einmal wegen des Gegensatzes zu den Altgläubigen in Basel genötigt, außerdem waren sich die Evangelischen in der Stadt auch untereinander nicht einig. So ließ er im September 1525 sein lateinisches »Buch über die wahre Auslegung der Worte des Herrn ›Das ist mein Leib‹ gemäß den ältesten Autoren« (d.h. den Kirchenvätern) erscheinen. Gegen die scholastische Theologie bestritt er, daß die Einsetzungsworte eine wunderbare Wandlung der Elemente in Leib und Blut intendieren. Es handelt sich vielmehr um eine Bildrede. Die reale Gegenwart von Leib und Blut Christi ist unnötig, da die Christen durch den Glauben geistlich gespeist werden. Somit ist das Sakrament Mahnung und Tröstung. Oekolampad meinte, die Kirchenväter auf seiner Seite zu haben. In einem Nachwort zu dieser vor allem antikatholisch ausgerichteten Schrift wandte er sich »an die Brüder in Christo, die in Schwaben Christus verkündigen«, gemeint waren die reformatorischen Prediger im Kraichgau, Heilbronn und Schwäbisch Hall, die ihm fast alle von der Universität Heidelberg bekannt waren und mit denen er den geistigen Hintergrund gemeinsam hatte. Sie sollten sich nicht deshalb von ihm trennen, weil er mit seinen Ansichten von Luther abwich. Die Schrift erregte in Basel solches Aufsehen, daß sie dort verboten wurde und ihr Verfasser zunächst nichts mehr veröffentlichen durfte.

Wesentlich folgenreicher war allerdings die Reaktion der schwäbischen Prediger. 14 von ihnen, darunter Lachmann, Schnepf, Geiling, Eisenmenger und Brenz, berieten etwa Ende September über Oekolampads Buch. Was sie irritierte, war Oekolampads symbolische Auslegung bestimmter Schriftstellen, darunter Ex 12 und 1 Kor 10,4, denn auf diese Weise schien die Schriftauslegung gefährlich beliebig zu werden. Von Brenz wurde deshalb eine Entgegnung verfaßt, die er am 21. Oktober seinen Freunden vorlegte und die von diesen gebilligt wurde. Sie erhielt später den Titel Syngramma Suevicum, d.h. Schrift der Schwaben (Abb. 13). Mit Oekolampad war man sich zwar einig, daß das Abendmahl als Symbol und Bekenntnisakt verstanden werden kann, aber darin geht es nicht auf. »Weil es das Wort hat«, d.h. kraft der Einsetzungsworte, wird darin Leib und Blut Christi angeboten. Die reale Vermittlung des Heils durch das Wort vollzieht sich gerade auch im Abendmahl. Für die Syngrammatisten durfte das Gnadenmittel des Worts, an dem die Gewißheit ihres Glaubens hing, nicht in Frage gestellt werden. Oekolampads spiritualisierende oder patristische Gegenargumente wurden abgewiesen. Die Bedeutung des Syngramma lag darin, daß es deutlich machte, daß eine Reihe reformatorischer Geistlicher sich dem Ausgreifen von Zwinglis und Oekolampads Abendmahlslehre auf Südwestdeutschland widersetzten und eindeutig für Luther Partei nahmen. Dieser war darüber hochbefriedigt. Das Syngramma wurde in Wittenberg nachgedruckt und auch in zwei deutschen Übersetzungen, eine von Stephan Kastenbauer (Agricola) in Augsburg, veröffentlicht, die Luther beide mit einem zustimmenden Vorwort versah. Oekolampad verteidigte sich 1526 mit seinem Antisyngramma. Seine Wertschätzung der Verheißung für den Glauben zeigte, daß es bei allen Differenzen noch ansatzweise Gemeinsamkeiten zwischen ihm und seinen einstigen Freunden gab.

Zwingli äußerte mehrfach grollend seine eindeutige Ablehnung der Auffassung »der 14 Bischöflein«. Fast unaufhaltsam dehnte sich die Auseinandersetzung weiter aus. Im September und Oktober 1525 warb Bucer (Abb. 14) für die Auffassung der Schweizer bei dem Ritter Hans Landschad in Neckarsteinach und mit Erfolg bei Jakob Otter, der inzwischen Landschads Prediger geworden war. 1526 gab es im Kraichgau vereinzelte Anhänger der symbolischen Abendmahlslehre. Nachdem in Straßburg bekannt geworden war, daß die »schwäbischen Prediger« Oekolampads Abendmahlsschrift ablehnen wollten, setzte sich Bucer noch vor Abfassung des Syngramma für Oekolampad ein und bemühte sich, dem drohenden Streit zuvorzukommen. Gegenüber den unscharfen Formulierungen der Straßburger blieb Brenz bei seiner Aussage: Im Abendmahl wird durch das Wort Leib und Blut Christi gegenwärtig. Außer Hans Landschad hatte Bucer auch die Herren von Gemmingen, deren Pfarrer die »schwäbischen Prediger« zum Teil waren, auf seine Seite ziehen wollen. Auch die Entgegnung auf diese Briefe stammt von Brenz. Der Austausch zwischen den Straßburgern und den Schwaben zwischen September und Dezember 1525 führte immerhin zu gewissen Annäherungen. Brenz blieb zwar dabei, daß die Einsetzungsworte die reale Gegenwart von Leib und Blut Christi herstellen, während die Straßburger diese sich nur geistlich vorstellen konnten. Er konnte aber den Straßburgern ohne weiteres zugestehen, daß die Abendmahlsgaben geistliches Leben schaffen. So kam im November der Plan eines Einigungsgesprächs zur Überwindung des Konflikts auf. Es war das erste Projekt dieser Art in einer langen Reihe. An ihm zeigt sich, daß die Bemühung um Verständigung über das Abendmahl fast so alt ist wie der Streit. Das Gespräch fand dann nach Weihnachten 1525 auf dem Gemmingenschen Schloß Guttenberg statt, freilich ohne Beteiligung der Straßburger. Die Position der Schweizer vertrat der in Heidelberg lehrende Humanist Simon Grynaeus. An seiner Unnachgiebigkeit scheint dieser Ausgleichsversuch gescheitert zu sein. In der Folgezeit kühlten sich die Beziehungen zwischen Straßburg und Brenz zunächst merklich ab; dennoch war der Wille zur Verständigung auf beiden Seiten nicht völlig erloschen. Seit Ende 1525 ergriff der aus Erfurt gekommene Jakob Strauß, nunmehr Stiftsprediger in Baden-Baden, mehrfach gegen Oekolampad und Zwingli die Partei von Brenz, wobei seine eigene Position sichtlich noch ungeklärte Probleme, z. B., wie die Realpräsenz zu denken sei, enthielt. Aus Zwinglis Entgegnung gegen Strauß vom Januar 1527 erfährt man, daß Markgraf Philipp die Schriften der Schweizer verboten hatte.

Wie sehr den Straßburgern am Ausgleich lag, erkennt man daran, daß sie diese Tendenzen nicht nur gegenüber den Schwaben verfolgten, sondern auch Luther dafür zu gewinnen suchten und deshalb eigens am 8. Oktober 1525 den jungen Geistlichen Gregor Casel nach Wittenberg entsandten. Sie hielten einen Streit über die reale Gegenwart Christi im Abendmahl nicht für sinnvoll und wollten verschiedene Meinungen toleriert wissen. Da für Luther wie für seinen Schüler Brenz die Gewißheit, daß Leib und Blut Christi im Abendmahl angeboten werden, unverzichtbar war, mußte die Mission Casels scheitern. Die Beziehungen zwischen Straßburg und Wittenberg verschlechterten sich in der Folgezeit zusätzlich dadurch, daß Bucer ausgerechnet in seine Übersetzung von Bugenhagens Psalmenkommentar sein eigenes Abendmahlsverständnis eingetragen hatte. Auch um ein Einverständnis mit Nürnberg bemühte man sich von Straßburg aus. Dort hatte man schon im Frühjahr 1525 Karlstadts Auffassung abgelehnt. Später sprach sich Osiander gegen die Straßburger und Zwingli aus. Der Humanist Willibald Pirckheimer, der sich damals bereits wieder zum alten Glauben zurückwandte, verteidigte Ende 1525 die Realpräsenz gegen Oekolampad, was zu einer jahrelangen Auseinandersetzung führte.

Theobald Billican in Nördlingen war um die Wende 1524/25 zeitweilig von Karlstadt beeinflußt worden, hatte sich davon aber wieder freigemacht. Dann wurde bekannt, daß er in manchem mit der Abendmahlsauffassung seines ehemaligen Heidelberger Lehrers Oekolampad übereinstimmte. Auf Anfrage von Urban Rhegius in Augsburg legte er im Spätherbst 1525 seine Meinung dar. Er lehnte die symbolische Deutung der Einsetzungsworte zwar ab, aber seine Beweisführung war, obwohl ihr Luther zustimmte, nicht restlos überzeugend. Oekolampads Entgegnung vom Januar 1526 verunsicherte Billican zusätzlich. Er ging jedoch nicht einfach ins Lager der Schweizer über, sondern wollte an der realen Gegenwart von Leib und Blut Christi im Abendmahl festhalten, ohne die sich auf den geistlichen Christusleib (Kirche) richtende allegorische Auslegung der Einsetzungsworte völlig zu verwerfen. In diesem Sinne mühte sich Billican um eine Vermittlung der entgegengesetzten Standpunkte. Damit kam er 1527 freilich zwischen die Fronten. Vor allem in Nürnberg wurde seine lutherische Rechtgläubigkeit angezweifelt, obwohl er keineswegs ein Zwinglianer war. Insgesamt war Billicans Auffassung mit der gleichzeitigen Betonung der Realpräsenz und der geistlichen Deutung unklar und widersprüchlich. 1528 bezog er auch den Opfergedanken wieder in seine Abendmahlstheologie ein, ein deutliches Zeichen seiner Rückwendung zum alten Glauben. Mit all dem geriet er zunehmend in die Isolierung.

Auch in Augsburg hatten Karlstadts Abendmahlstraktate ihre Wirkung nicht verfehlt. Urban Rhegius trat ihnen zwar entgegen, ohne jedoch sogleich die neue Konzeption begründet widerlegen zu können. Ähnlich wie Billican taten sich Rhegius und einige weitere Augsburger Geistliche von ihrem humanistischen Hintergrund her mit einer klaren Stellungnahme schwer, so daß Zwingli auch Rhegius als seinen Parteigänger bezeichnen konnte. Allerdings betonte Rhegius 1526 klar sein Festhalten an der Realpräsenz. Hingegen bekannte sich der Prediger Michael Keller schon im Mai 1525 eindeutig zu Zwinglis Anschauungen vom Abendmahl als Gedächtnis-, Liebes- und Bekenntnismahl und gewann damit einen starken Anhang, der bis in die Kreise der Täufer reichte. Die Lutheraner Johann Frosch, Stephan Kastenbauer und auch Rhegius hatten gegen diese Partei einen schweren Stand. Die Veröffentlichungen der Druckerei von Philipp Ulhart machten wirksam Propaganda für die zwinglische Seite. 1527 war die Augsburger Gemeinde wegen des Abendmahls schwer zerstritten. Rhegius hatte noch immer nicht zu einem ganz klaren Standpunkt gefunden.

Ambrosius Blarer in Konstanz erklärte sich Anfang 1526 mit Zwinglis symbolisierender Auslegung der Einsetzungsworte nicht einverstanden, sondern wollte auf der Linie der Straßburger bleiben, die allerdings in der Sache nicht sehr weit von Zwingli entfernt waren. Immerhin ist es interessant, daß Blarer schon damals die Straßburger nicht einfach für Anhänger Zwinglis hielt. 1527 näherte sich Blarer stärker an die Schweizer an, aber in der Stadt waren die Meinungen über das Abendmahl schwankend. Im Sommer 1526 bemühte sich Zwingli, auch die Esslinger Gemeinde für sich zu gewinnen.

Zu den Anhängern Zwinglis gehörte auch Konrad Sam in Ulm. In einer Predigt von 1526 führte er dessen Gedanken aus, daß Christus nach seiner Menschheit nicht im Abendmahl gegenwärtig sei, sondern im Himmel weile. Etwa Ende 1526 mahnte Sam zur Einigung auf zwinglischer Basis. Sams Christologie wurde 1527 von dem Reutlinger Praezeptor Johann Schradin scharf angegriffen: Christus ist im Abendmahl gegenwärtig durch das Wort. Ähnlich äußerte sich auch Andreas Althamer gegen Sam. Zwingli selbst wandte sich im April 1527 an den Rat von Ulm, wobei er zwar nicht mit Sticheleien gegen die Lutheraner sparte, aber vor allem darauf hinwies, daß die Hauptfront für die Evangelischen der Gegensatz zu Rom sei. Als Johann Eck Sam im August wegen der Leugnung der Realpräsenz angriff, verbat sich der Rat diese Vorwürfe. Wie Schradins Angriff auf Sam zeigt, stand man in Reutlingen auf Luthers Seite. Dennoch war Brenz damals mit den Auffassungen der Reutlinger nicht ganz zufrieden, weil sie den Empfang der Abendmahlsgaben vom Glauben abhängig machten, was die Objektivität des Wortes gefährdete.

Sieht man von Luthers gegen Karlstadt gerichteter Schrift »Wider die himmlischen Propheten« von 1524/25 ab, so hatte sich der Abendmahlsstreit zunächst hauptsächlich in Südwestdeutschland und der Schweiz abgespielt; Luther hatte sich lediglich mit Briefen und Vorworten beteiligt. Erst von 1526 an erreichte der Konflikt seinen Höhepunkt in der großen Auseinandersetzung vor allem zwischen Luther und Zwingli. Die übrigen Beteiligten, in gewissem Sinn selbst Oekolampad, Bucer und Brenz, waren jetzt eher applaudierende Nebenfiguren. Sachlich weitete sich der Streit immer mehr auf das Gebiet der Christologie aus. Dabei ging es um die Frage, ob Christus nach seiner menschlichen Natur im Abendmahl gegenwärtig sein kann. Zwingli hielt dies für unmöglich, für Luther hing davon die Gegenwart des Heils ab. Die gegenseitigen Vorwürfe waren hart. Luther stellte seine Gegner als Schwärmer auf eine Stufe mit Karlstadt, diese warfen ihm Rückfall in den Katholizismus vor. Immer wieder spürt man aber wie bei den Straßburgern oder selbst bei Oekolampad auch das Interesse an einer Verständigung. Zwingli befleißigte sich wenigstens zeitweilig eines gemäßigten Tons gegenüber dem rasenden Luther. Eigentümlich war die Haltung von Brenz. In seinem im März 1527 erschienenen Johanneskommentar kam er einerseits den Gegnern mit der Betonung des geistlichen Aspekts der Speisung ehrlich entgegen, ohne sich in der Sache selbst untreu zu werden; nach wie vor hielt er zugleich an der Speisung der Unwürdigen fest. Andererseits rückte er von der Gegenseite ab, indem er nunmehr von Luther die Vorstellung von der Allgegenwart der menschlichen Natur Christi übernahm und sie in der Folgezeit ausbaute. Es ging ihm dabei nicht um theologische Spekulation, sondern um die Gegenwart des Heils in dem Mensch gewordenen Christus. Gerade an diesem Punkt blieb Brenz von nun an bis zu seinen christologischen Spätschriften der treue Schüler Luthers.

Die Berner Disputation vom Januar 1528 aus Anlaß der Einführung der Reformation in dieser Stadt wird gerne als Heerschau des Zwinglianismus bezeichnet. Aus Südwestdeutschland nahmen Bucer und Capito, Sam, Ambrosius Blarer, ferner Abgesandte aus Lindau, Isny, Memmingen und Augsburg teil. Darunter waren mit Althamer aus Ansbach, Gugy aus Memmingen und, mit Einschränkung, Gaßner aus Lindau auch einige Anhänger Luthers. Gaßner zeigte in seiner Berner Predigt jedoch Sympathien für Zwingli, Blarer sprach sich für eine Konkordie aus, während Sam gegen Luther stichelte. Im Herbst 1528 kam es in Memmingen zu Spannungen zwischen dem Zwinglianer Simprecht Schenck und dem Lutheraner Georg Gugy, die auch von Ambrosius Blarer nicht beigelegt werden konnten, weshalb Gugy im Februar 1529 trotz Luthers Protest schließlich gehen mußte. Etwa gleichzeitig bekannte sich Jakob Haistung in Kempten als Parteigänger Zwinglis. Damals wandte sich auch Martin Germanus aus Fürfeld im Kraichgau, einer der Unterzeichner des Syngramma, zu Brenzens Ärger Zwingli zu. Die Anfang 1529 erfolgte Aufsehen erregende Abschaffung der Messe in Straßburg und Memmingen galt allgemein als Parteinahme für die Richtung Zwinglis.

Insgesamt hatte der Zwinglianismus seit 1528 noch einmal in Südwestdeutschland an Boden gewonnen. Eigentlich hatte sich kaum einer der evangelischen Prediger oder Orte dem seit 1524 bestehenden Konflikt entziehen können. Die Abgrenzung der Fronten war weder sachlich noch regional vollständig erfolgt. Einigermaßen geschlossen lutherisch waren Württembergisch-Franken, Brandenburg, Nürnberg und dazu Reutlingen, wenn man von Abweichlern wie Germanus oder Sebald Heyden in Nürnberg absieht. In Straßburg, Augsburg und Memmingen gab es lutherische Minderheiten, während die Mehrheit dieser Gemeinden wie auch in Ulm bewußt zur Richtung Zwinglis hielt. Manche Theologen waren in ihrer Stellungnahme anfänglich schwankend und unsicher, was sich in den meisten Fällen im Laufe der Zeit jedoch klärte. Das gilt auch für Rhegius, während Billican zwischen allen Fronten blieb. Abgesehen von den Unklarheiten wirkte sich das auf beiden Seiten vorhandene Unbehagen über den Streit und das Interesse an einer Verständigung gegen eine schroffe Abgrenzung der innerevangelischen Lager aus. In unterschiedlicher Weise findet es sich bei Brenz, Rhegius, Michael Keller, Sam, Ambrosius Blarer und vor allem bei den Straßburgern. Nicht zuletzt war es Zwingli bewußt, daß eine Einigung der Evangelischen schon durch die politische Vernunft geboten war. Angesichts der politischen Gefährdung des Protestantismus im Jahre 1529 mußte es sich zeigen, welche Rolle der innere Konflikt der Evangelischen für ihren äußeren Zusammenhalt spielte. Spätestens von da an war der Abendmahlsstreit nicht mehr nur eine Sache der Theologen, sondern ein bedeutendes Politikum.

*Literatur und Quellen:*

*Walther Köhler,* Zwingli und Luther. Ihr Streit über das Abendmahl nach seinen politischen Beziehungen, 2 Bde., QFRG 6 und 7, Leipzig (1924 und 1953). – *Gottfried W. Locher,* Die Zwinglische Reformation im Rahmen der europ. Kirchengesch., Göttingen und Zürich (1979).

*Martin Brecht,* Matthäus Albers Theologie, in: BWKG 62 (1962), S. 63–97, bes. 86f. – Ders., Kritischer Spiritualismus aus den Anfangsjahren der Reformation – Drei Texte, in: ZKG 79 (1968), S. 363–374. – Ders., Die frühe Theologie des Johannes Brenz, BHTh 36, Tübingen (1966), S. 89–111 und 208–213. – *Johannes Brenz,* Werke, Frühschriften Bd. 2, Tübingen (1974), S. 340–393. – *Gerhard Simon,* Humanismus und Konfession, Theobald Billican, Leben und Werk. AKG 49, Berlin – New York (1980), S. 103–127.

# Die Täufer

Die Reformation führte nicht nur zur Entstehung der evangelischen Landeskirchen, sondern auch zur Bildung von abgesonderten religiösen Sekten und Kleingruppen. Die wichtigsten unter ihnen waren die Täufer, daneben die Anhänger Kaspar Schwenckfelds. Die losen Gemeinschaftsbildungen der Schwenckfelder sollen unten bei ihrem Auftreten in einzelnen Orten behandelt werden; hingegen verdienen die Täufer eine Darstellung in einem eigenen Kapitel. Zahlenmäßig fielen sie kaum ins Gewicht. Von 1525 bis 1529 sind in Schwaben 716, von 1530 bis 1549 822 Täufer bekannt, nicht eben viel, auch wenn man eine erhebliche Dunkelziffer dazurechnet. Allerdings traten sie alsbald fast überall auf, wo die Reformation Fuß gefaßt hatte. Mit ihren radikalen Anschauungen stellten sie die hergebrachte Einheit von Kirche und Gesellschaft, die auch die Reformatoren bejahten, in Frage, weshalb sie bis zum 30jährigen Krieg verfolgt wurden. Über die Wurzeln und die Entstehung des Täufertums wird nach wie vor intensiv diskutiert. Derselbe verbreitete, verinnerlichte und kritische Spiritualismus, der zur Ausbildung einer neuen Abendmahlsauffassung geführt hatte, stellte auch die Säuglingstaufe und die bestehende Gestalt der Kirche sowie ihre Rolle in der Welt in Frage. Das Unbehagen an den bestehenden Zuständen läßt sich fast gleichzeitig bei Karlstadt, Thomas Müntzer, dem Laienprediger Clemens Ziegler in Straßburg und in Zürich feststellen. Solche Vorstellungen führten nicht immer zu einer Umgestaltung; und wenn, erfolgte diese auf unterschiedliche Weise, je nachdem, als wie bedrängend die konkrete Situation empfunden wurde. Nicht zuletzt konnten eschatologische Naherwartungen die religiöse Absonderung modifizieren, beschleunigen oder radikalisieren. Insofern ist das Täufertum nicht aus einer einzigen lokalen oder theologischen Wurzel entstanden, sondern aus unterschiedlichen verwandten Strömungen, die sich dann vielfach vermischten. Das besagt zugleich, daß das Täufertum nicht einfach als Untergrundbewegung nach dem Bauernkrieg oder als Reaktion auf gegenreformatorischer Repression verstanden werden kann, obwohl diese Faktoren sein Aufkommen in Einzelfällen begünstigten und beeinflußten.

Die erste Täufergemeinde bildete sich 1524/25 in Zürich. Ihre Gründer waren Schüler Zwinglis, die daran Anstoß nahmen, daß die Reformation aus Rücksicht gegenüber der Obrigkeit nicht konsequent genug nach dem Schriftprinzip verwirklicht wurde. Ihnen ging es um den klaren Gehorsam gegen das Evangelium, die konsequente Nachfolge, die Bildung einer heiligen Gemeinde und die Absonderung von der Welt. Da die Taufe den Glauben und die Entscheidung für die Nachfolge voraussetzte, traten sie energisch für die Erwachsenentaufe ein, was jedoch nur ein Element in ihrem radikalen christlichen Gesamtkonzept war.

Nicht zuletzt infolge der Zerschlagung und Verfolgung der Züricher Täufergemeinde 1525 breitete sich das Täufertum in Südwestdeutschland, Tirol und Mähren aus. Straßburg und Augsburg wurden wichtige Zentren, in denen führende Persönlichkeiten der Täufer auftraten. Südwestdeutschland war eines der Missionsgebiete; es wurde außerdem von den Täufern auf ihren Durchzügen ständig berührt.

Das erste Zentrum des Täufertums in Südwestdeutschland war Waldshut. Balthasar Hubmaier hatte schon 1523 gegenüber Zwingli seine Zweifel hinsichtlich der Kindertaufe geäußert. Im Februar/März 1525 hatte ihn der Züricher Täuferführer Konrad Grebel für das Täufertum gewonnen. Schon im Januar hatte der aus Zürich vertriebene radikale Wilhelm Reublin (geb. ca. 1484 in Rottenburg) einige Waldshuter getauft. Am Ostersamstag vollzog er aus einem Milchkübel die Taufe an Hubmaier und angeblich 300 weiteren Personen, womit Waldshut faktisch zu einer täuferischen Gemeinde wurde. Anders als die Züricher Täufer lehnte Hubmaier die Obrigkeit und den Gebrauch des Schwerts nicht ab. Pazifisten wurden aus dem bedrängten Waldshut ausgewiesen, weshalb Hubmaier von ihnen als »Blutsäufer« bezeichnet wurde. Von Hubmaier stammte die erste gedruckte Schrift der Täufer, die im Juli 1525 erschien. Er führte auch alsbald die literarische Auseinandersetzung mit Zwingli. Von diesem unterschied er sich durch eine höhere Schätzung der Taufe, wobei wohl lutherische Vorstellungen nachwirkten. Die Taufe ist das Zeugnis des inwendigen, aus dem Wort entstandenen Glaubens und zugleich Pflichtzeichen für das neue Leben. So kann die Taufe auch der Ausgangspunkt für die Gemeindezucht werden. Weder Zwingli noch Oekolampad noch die Straßburger ließen sich auf Hubmaiers Tauflehre ein; sein Freund Sebastian Hofmeister aus Schaffhausen ging zu Zwingli über.

Als sich Waldshut Anfang Dezember 1525 den Österreichern ergeben mußte, floh Hubmaier nach Zürich, wo man ihn bis zum April 1526 gefangensetzte. Er war damals ein schwer angeschlagener und zermürbter Mann. Angeblich von Zwingli überzeugt, widerrief er am 22. Dezember seine Bestreitung der Kindertaufe. Die eine Woche später angesetzte öffentliche Wiederholung des Widerrufs verweigerte er jedoch, wodurch er sich eine harte Behandlung bis zur Folter zuzog. Ein Mandat des Züricher Rats vom März 1526 bedrohte hartnäckige aktive Täufer mit dem Tod durch Ertränken. Hubmaier schwor im April erneut ab und durfte dann die Stadt verlassen. Über Konstanz ging er nach Augsburg, wo er mit dem schon früher aus Zürich ausgewiesenen Ludwig Hätzer, mit dem Spiritualisten Hans Denck aus Nürnberg und dem Müntzerschüler Hans Hut, die alle inzwischen dem Täufertum anhingen, zusammentraf. Damals bildete sich die Augsburger Täufergemeinde. Im Juli fand Hubmaier Zuflucht in Nikolsburg in Mähren, das zu jener Zeit noch nicht unter der Herrschaft der Habsburger stand. Ein Jahr lang konnte er dort noch einmal eine Täuferreformation verwirklichen, bis ihn die Habsburger – Erzherzog Ferdinand war inzwischen böhmischer König geworden – gefangennahmen, folterten und schließlich am 10. März 1528 wegen Aufruhrs in Wien verbrennen ließen. Seine Frau wurde in der Donau ertränkt. Der eigentliche Gegenspieler Hubmaiers war dabei sein inzwischen zum Bischof von Wien aufgestiegener ehemaliger Freund Johann Fabri.

Im März 1526 kam der Täufer Wilhelm Reublin von Straßburg nach Horb und taufte in mindestens 25 Häusern. Ihm folgte 1526/27 Michael Sattler, worauf Reublin in seine Heimatstadt Rottenburg ging. Sattler war Benediktinerprior in St. Peter bei Freiburg gewesen und hatte sich nach dem Austritt aus dem Kloster im Züricher Gebiet aufgehalten, wo er im November 1525 als Täufer ausgewiesen wurde. Danach hatte er in Straßburg eine Täufergemeinde organisiert und war darüber in Auseinandersetzungen mit Bucer und Capito gekommen. In Straßburg wurden die Täufer, anders als in Zürich, zunächst geduldet, sofern sie die kirchliche Gemeinschaft nicht sprengten. Wo dies jedoch der Fall war, kam es zu Ausweisungen.

Sattler muß, anders als Reublin, eine beeindruckend integre Persönlichkeit gewesen sein. Von ihm stammen die wichtigen Artikel über die »Brüderlich Vereinigung etzlicher Kinder Gottes«, über die bei einer Zusammenkunft von Täufern am 24. Februar 1527 in Schleitheim bei Schaffhausen beraten wurde. Diese Artikel stellen so etwas wie eine erste Ordnung und Abgrenzung des Schweizer Täufertums dar. Eine solche Abgrenzung war nötig geworden gegenüber freieren Auffassungen, wie sie von dem aus Augsburg nach Straßburg gekommenen Hans Denck vertreten wurden. Die Artikel wandten sich gegen einen Mißbrauch der Freiheit des Geistes und betonten die Absonderung von der Welt. Die Erwachsenentaufe nach vorausgegangener Buße gliedert in den Leib Christi ein. Der Bann ist das Mittel der Gemeindezucht. Das Brotbrechen zum Gedächtnis des Leidens Christi vereinigt den Leib Christi und separiert damit zugleich von aller anderen kirchlichen und bürgerlichen Gemeinschaft. An der Spitze der Gemeinden sollten Hirten stehen, die lehrten, straften und den Gottesdienst leiteten. Auf die Ausübung jeglicher Schwertgewalt und Obrigkeit sollte von den Mitgliedern der Täufergemeinschaft ebenso verzichtet werden wie auf den Eid. Nach dieser Ordnung der Schweizer Brüder richteten sich vielfach auch die Täufer in Württemberg.

Kurz nach der Rückkehr aus Schleitheim wurde Sattler zusammen mit 15 Männern und 10 Frauen in Horb verhaftet. Eine kleinere Gruppe wurde in Rottenburg gefangengenommen. Einige konnten nach Reutlingen entkommen. Am 17. Mai begann der Prozeß gegen die Täufer in Rottenburg, eines der frühesten derartigen Verfahren. Die Anklage lautete auf Verstoß gegen die kaiserlichen Religionsmandate. Sattler forderte, durch die Schrift widerlegt zu werden, erntete aber mit diesem Ansinnen bei seinen Richtern nur Hohn. Am 21. Mai starb er in einem tapferen Martyrium den Feuertod. Seine Frau wurde im Neckar ertränkt, vier weitere Täufer geköpft. Die anderen – außer Reublin, der aus dem Gefängnis entkommen war – widerriefen ebenso wie eine weitere Gruppe von 24 Täufern am 17. Juli und wurden des Landes verwiesen.

Durch Wilhelm Reublin und andere Flüchtlinge aus Hohenberg wurde das Täufertum Anfang 1527 nach Esslingen getragen und faßte dort vor allem in den Weilern Hainbach, Hegensberg, Sulzgries, Krummenhart und Hohenacker, aber auch in der Stadt selbst Fuß. Im Herbst kamen außerdem einige Mitglieder der verfolgten Augsburger Täufergemeinde, darunter Christoph Freisleben und Hans Leupold, nach Esslingen. Sie dürften mindestens teilweise von dem Müntzerschüler Hans Hut beeinflußt gewesen sein, der für Pfingsten 1528 den Beginn des Gerichts der Frommen an den Gottlosen erwartete. Darüber war ohne abschließendes Ergebnis auf dem sog. Täuferkonzil am 24. August 1527 in Augsburg beraten worden. Der wichtigste Beschluß war die planmäßige intensive Mission vor dem möglicherweise nahen Ende. Somit mischten sich in Esslingen das gewaltlose Schweizer Täufertum und die potentiell zur Gewaltanwendung bereite Eschatologie Huts.

Ende 1527 bestand in der Stadt eine blühende Gemeinde mit annähernd 200 Mitgliedern, die nach dem Wegzug der auswärtigen Brüder von dem Zunftmeister der Weingärtner, Lienhart Lutz, geleitet wurde und eigene Säckelmeister hatte. Ihre Mitglieder kamen vor allem aus den Kreisen der Handwerker, aber auch die Oberschicht war vertreten. Die Täufer versammelten sich an wechselnden Orten im Freien, im Winter auch in den Häusern. Anfang 1528 wurden Lutz und andere prominente Mitglieder der Gemeinde aus Esslingen ausgewiesen. Sie kamen bei Freunden in Reutlingen unter. Dort hatten sich schon 1527 aus dem Hohenberger Gebiet geflüchtete Täufer aufgehalten. Man ging nicht gewaltsam gegen sie vor, sondern der Prediger Matthäus Alber versuchte sie durch Gespräche für die Kirche zurückzugewinnen. Damit hatte er – ein seltener Fall – bei Lutz und seinen Freunden tatsächlich echten Erfolg. Dieser bemühte sich nun seinerseits, eine Reihe von Esslinger Täufern zu überzeugen. In einigen Fällen gelang ihm dies, hingegen warf ihm Reublin, der sich wieder einmal in Esslingen aufhielt, Leidensscheu vor. Lutz wies das zurück. Bei Ausbruch der Verfolgung hatte sich Reublin – und das war nicht das einzige Mal – als einer der ersten aus dem Staub gemacht. Lutz und seine Freunde durften erst 1529 nach Esslingen zurückkehren. 1532 war er wieder Zunftmeister und eine Stütze der neuen evangelischen Gemeinde.

Die Ursache für das Vorgehen gegen die Täufer in Esslingen waren Aussagen des nach Heilbronn geflüchteten Täufers Hans Pfau und des Hans Zuber aus Hegensberg über eine für Ostern 1528 geplante Erhebung, Massentaufen, die Praktizierung der Gütergemeinschaft, die Trennung von den Ungetauften und den Vollzug des Gerichts an der bestehenden Obrigkeit und Kirche gewesen. Das entsprach in manchem den Vorstellungen von Hans Hut, und derartiges war in Esslingen wahrscheinlich erörtert worden. Irgendwelche konkreten Pläne konnte man den dortigen Täufern aber nicht nachweisen. Die Angst vor einem täuferischen Aufruhr war damals bei den Mitgliedern des Schwäbischen Bundes erheblich, der deshalb durch eine eigene Truppe nach Täufern fahnden ließ und mit der Todesstrafe gegen sie vorging. In Esslingen wurden 1529 und 1530 insgesamt sechs Täufer hingerichtet, weil sie entweder selbst getauft hatten oder gegen ihr Versprechen in die Stadt zurückgekehrt waren. Unter ihnen befand sich der junge Joachim Fleiner, der seit 1529 der Führer der dezimierten Gemeinde gewesen war. Auch nach der Einführung der Reformation hielt sich das Täufertum in der Stadt und ihren Dörfern. Selbst der Pfarrer Jakob Ringlin galt als ihr Anhänger. 1535 wurden 11 Personen ausgewiesen. Erst um die Mitte des Jahrhunderts ging die Bewegung zurück, ohne allerdings ganz zum Erliegen zu kommen.

Esslinger Flüchtlinge brachten das Täufertum 1527/28 nach Heilbronn. Von dem Vorsteher Hans Feigenbutz weiß man, daß er in den Bauernkrieg verwickelt war. 1528/29 umfaßte die Gemeinde 30 bis 40 Personen. Ihr Prediger Klaus von Esslingen wirkte auch im Kraichgau und Bruhrain. Der Rat ließ auswärtige Täufer ausweisen, ebenso verfuhr man mit Bürgern der Stadt, bei denen die Belehrung durch die Geistlichen keinen Erfolg hatte. Der wohlhabende Endris Besserer widerrief nach der Ausweisung. Der saure, ungenießbare Wein des Jahres 1529 wurde spöttisch als Wiedertäufer bezeichnet. Der Weingärtner Endris Wertz, in manchem eine widersprüchliche Persönlichkeit, wurde 1530 wegen Eidesverweigerung der Stadt verwiesen und arbeitete dann bei den Adligen in der Nachbarschaft, wobei er ständig für seine Überzeugung agitierte. Dennoch kämpfte er um seine Rückkehr und prozessierte deswegen sogar jahrelang vor dem Reichskammergericht, bis 1541 seine Klage abgewiesen wurde. Auch nach der Einführung der Reformation wurde man der Täufer nicht Herr. Als Gründe werden unzulängliche Predigt in den Dörfern oder auch die Wirkungslosigkeit der evangelischen Predigt für die Lebensführung genannt. Zahlreiche Täufer finden sich unter den Dienstboten. Viele Täufer aus dem unteren Neckarraum waren »philippische Brüder«, die sich nach dem Täuferführer Philipp Plener nannten. 1540 gebrauchte man eine von dem Pfarrer Menrad Molther verfaßte Absageformel für widerrufende Täufer, die die kirchliche Predigt und die Sakramente anerkannte und einer angeblichen Sündlosigkeit widersprach. 1551 kamen die Täufer im Haus Melchior Erers, des Sohnes des Altbürgermeisters Konrad Erer, zusammen. 1557 wurde eine Reihe von Bürgern ausgewiesen, die den Eid und den Kriegsdienst für die Stadt ablehnten, unter ihnen erneut Endris Besserer und Anna Grünbach, eine Nichte Melanchthons. Danach scheint auch das Täufertum in Heilbronn zurückgegangen zu sein.

In Schwäbisch Gmünd fand das Täufertum 1527/28 von Augsburg her Eingang. Die Täufer nahmen am altgläubigen Gottesdienst nicht mehr teil. Im Herbst 1528 kam der in Augsburg getaufte Martin Zehendtmaier aus Langenmosen im Donaumoos nach Gmünd und begann eine rege Predigttätigkeit. Zahlreiche Personen wurden von ihm getauft. Mitte Februar 1529 ließ ihn der Rat zusammen mit sechs Gesinnungsgenossen verhaften. Die heimlichen Zusammenkünfte der Täufer hörten deshalb aber nicht auf, und so gab es bis zum November weitere Verhaftungen. Ausdrücklich mußte der Bevölkerung der Kontakt mit den Gefangenen untersagt werden. Der Rat traute sich allein die Unterdrückung des Täufertums nicht zu, sondern rief, nachdem er sich der Loyalität der Zünfte versichert hatte, ähnlich wie 1525, die Truppen des Schwäbischen Bundes. Sie kamen am 3. Dezember nach Gmünd; in ihrem Gefolge befand sich auch der Henker des Schwäbischen Bundes Berthold Aichelin. Am folgenden Tag wurde den sieben hartnäckigsten Täufern, unter ihnen neben Zehendtmaier ein Knabe von 15 Jahren, der Prozeß wegen Verstoß gegen das kaiserliche Täufermandat von 1528 gemacht; am 7. Dezember wurden sie hingerichtet. Dabei fehlte es nicht an Sympathiebezeugungen für die Opfer und Kritik am Vorgehen des Rats, weshalb die Bundestruppen nicht sogleich abgezogen werden konnten. Später ging das tapfere Sterben der Gmünder Täufer in die Lieder der Täufer ein. Die übrigen Gefangenen ließ der Rat belehren, worauf sie widerriefen.

Von Esslingen griff das Täufertum Anfang 1528 punktuell auch auf das Herzogtum Württemberg, und zwar auf den Stuttgarter Raum, das Remstal und Göppingen, über. Auf den Nordwesten des Landes strahlte das Heilbronner Täufertum um 1530 aus. In die Maulbronner Gegend drang es von der Pfalz her ein. Hinrichtungen haben angeblich in Herrenberg (12), Böblingen (7) und Tübingen (5) stattgefunden. Im Schwarzwald gab es vereinzelte Verhaftungen. Auf dem Mantelhof bei Aalen hob der Bundesprofos Berthold Aichelin 1531 eine Versammlung von 20 Täufern aus. Der Bauer wurde gehängt, die übrigen Täufer mit dem Hof verbrannt. Dem anfänglichen scharfen Vorgehen gegen die Täufer zog auch die württembergische Regierung die zum Widerruf führende theologische Belehrung, ausgeübt vor allem durch Tübinger Professoren, vor, und man hatte damit wenigstens teilweise Erfolg. Insgesamt scheint die täuferische Bewegung zwar verbreitet, aber nicht sehr stark gewesen zu sein. Bis 1534 weiß man von 37 Personen, die nach Mähren ausgewandert sind. Die Täufer wurden nicht nur wegen ihres abweichenden Glaubens verfolgt, sondern auch aus Angst vor einem Umsturz. Man wußte seit Anfang 1528 aus den Verhören, daß es bei den Täufern endzeitlich-revolutionäre Vorstellungen gab. Besonderes Aufsehen erregte der Fall des Kürschners Augustin Bader, der 1528 einer der Vorsteher der Augsburger Täufergemeinde gewesen und dort wohl mit Huts chiliastischen Ideen bekannt geworden war, die er aber dann eigenwillig weiterentwickelte. Seinen 1529 geborenen Sohn hielt er für den wiedergekommenen Messias, sich selbst für dessen Stellvertreter. In Ulm ließ er eigens königliche Insignien anfertigen. Den Anbruch des Tausendjährigen Reichs mit der Revolution aller gesellschaftlichen Verhältnisse und dem Gericht über die Gottlosen erwartete er für Anfang 1530. Bader hatte nur einige wenige Anhänger, mit denen er im Januar 1530 in Lautern bei Blaubeuren gefangengenommen wurde. Am 30. März wurde er in Stuttgart mit seinem eigenen Königsschwert hingerichtet. Er war ein Einzelgänger, an dem aber deutlich wurde, wie aggressiv die chiliastischen Theorien werden konnten. Aus diesem Grunde distanzierte sich der 17. Artikel des Augsburger Bekenntnisses ausdrücklich vom Chiliasmus, worunter dann Jahrhunderte später der Pietismus zu leiden hatte.

Die Täufer sind selbstverständlich auch in Ulm aufgetreten; darüber ist jedoch bisher leider wenig bekannt. Ihnen stand der Ratsherr Hans Müller nahe. Nach dessen Auffassung sollte jeder taufen dürfen, wann und wo er es für richtig hielt. Anfang 1531 hatte das Täufertum derart zugenommen, daß der Rat beschloß, diejenigen, die dafür warben, auszuweisen. Konstanz hatte mit den Täufern nur wenig Probleme; es gab nur einige wenige Ausweisungen. Aufsehen erregte allerdings 1528/29 der Prozeß gegen Ludwig Hätzer, den ehemaligen gebildeten Anhänger Zwinglis, der sich dann den Täufern zugewandt hatte und, beeinflußt von seinem Genossen Hans Denck, schließlich die Gottheit Christi in Frage stellte. Hätzer wurde 1529 wegen Bigamie mit Anna Regel, der Frau des Augsburger Patriziers und Täufers Jörg Regel, und deren Magd hingerichtet. Solches laxe sittliche Verhalten ist bei einem Freund Dencks nicht ganz überraschend. Man hat dieses Delikt für vorgeschoben erklärt und den eigentlichen Grund der Verurteilung in Hätzers Irrlehre sehen wollen, womit dieser Prozeß ein Vorläufer der berüchtigten Hinrichtung Michael Servets 1553 in Genf wegen Leugnung der Trinität gewesen wäre. Das dürfte sich trotz der erheblichen Vorbehalte von Ambrosius Blarer, Zwingli und Rhegius gegen

Hätzers Anschauungen nicht halten lassen. Bigamie war damals ein todeswürdiges Verbrechen.

Nur gelegentlich begegnen Täufer in Baden, z. B. von 1528 an in Lahr oder später im württembergischen Grenzgebiet. Die Regierung scheint sich auch nicht allzu intensiv um sie gekümmert zu haben. Der Kurpfalz machten zunächst die Täufer in Alzey und im benachbarten Worms zu schaffen; sie traten allerdings auch im Nekkarraum auf.

Nach Franken gelangte das Täufertum direkt oder indirekt durch Hans Hut. Nach seiner Taufe durch Denck an Pfingsten 1526 hielt er sich in Franken auf und gewann auch unter seinen früheren Bekannten aus dem Bauernkrieg Anhänger. Das Augsburger Täuferkonzil 1527 bestimmte dann Huts Schüler Jörg Nespitzer aus Passau zur Mission in Franken. Als einen der ersten dürfte Hut 1526 den Pfarrer in Eltersdorf Wolfgang Vogel, der 1524 in Bopfingen gepredigt hatte, getauft haben. Vogel, dessen Sendschreiben an Bopfingen von 1526 unter einer lutherischen Oberfläche Hut'sches Gedankengut enthält, ließ der Nürnberger Rat im März 1527 nicht als Täufer, sondern wegen Aufruhrs gegen die Obrigkeit hinrichten. Huts endzeitlich revolutionäre Ideen waren bekannt, und entsprechend scharf reagierte die Obrigkeit auf sie. Im September 1527 wurde Huts Freund Ambrosius Spittelmeier aus Linz in Erlangen gefangengenommen und fünf Monate später hingerichtet. Täufergemeinden entstanden 1526 und 1527 u. a. im brandenburgischen Alterlangen und Uttenreuth. Von dort breitete sich das Täufertum auch im nürnbergischen Gebiet, in Rothenburg, im Bistum Würzburg und wohl auch in Hohenlohe aus. 1530 wurde in Crainthal bei Creglingen eine Gruppe von Täufern gefangengenommen, an deren Spitze der aktive Marx Maier aus Alterlangen stand. 1529/30 erreichte die Bewegung einen ersten Höhepunkt.

Nicht nur in altgläubigen, sondern auch in evangelischen Gebieten waren die Täufer seit ihrem ersten Auftreten, entsprechend den kaiserlichen Gesetzen von Worms und speziell vom Januar 1528, streng, ja sogar blutig verfolgt worden. Seit 1528 setzten jedoch in Nürnberg und Brandenburg-Ansbach Überlegungen über das angemessene Vorgehen gegen die Täufer ein. Die Bemühung, sie durch Belehrung zum Widerruf zu bringen, findet sich wenig später selbst bei der habsburgischen Regierung in Württemberg. Die erschreckend hohe Zahl von Hinrichtungen ging seit 1530 merklich zurück.

Einen beachtlichen Anteil an einer maßvolleren Behandlung der Täufer hatte Johannes Brenz. Er war im Haller Gebiet zunächst nicht unmittelbar mit ihnen konfrontiert. Dort regten sich die Täufer erst in dem Jahrzehnt nach 1545, was Brenz nur als Folge von Verführung und Verblendung deuten konnte. Der bedeutendste aus Hall stammende Täufer, der Kürschner Melchior Hoffmann (gest. 1543 in Straßburg), der geistige Vater des Täuferreichs von Münster, hatte spätestens 1523 Hall verlassen. Seine spätere weitgespannte Wirksamkeit berührte seine Vaterstadt nicht.

Aufgrund einer Anfrage, wahrscheinlich von dem Nürnberger Ratsschreiber Lazarus Spengler, wie man mit den inhaftierten Täufern verfahren solle, schrieb Brenz im Juli 1528 sein später auch gedrucktes Gutachten »Ob ein weltliche Obrigkeit mit göttlichem und billichem Recht möge die Widertäufer durch Feuer oder Schwert vom Leben zum Tod richten lassen«. Er machte klar, daß Irrlehre nur geistlich und nicht durch das Schwert gerichtet werden kann; anders steht es freilich mit dem Tatbestand des Aufruhrs. Als äußerste Maßnahme schien ihm die Ausweisung angemessen, weil die Täufer sich selbst außerhalb der bürgerlichen Gemeinschaft stellten. Der sonst so obrigkeitsfromme Brenz kritisierte damit faktisch das geltende römische Recht und die kaiserliche Gesetzgebung. Anders als Melanchthon und auch der ältere Luther war er gegen eine Kriminalisierung der Täufer. Sebastian Castellio nahm 1554 dieses Gutachten in seine berühmte Dokumentation auf, mit der er sich, veranlaßt durch die Verbrennung Servets, gegen die Bestrafung von Häretikern wandte, und damit gingen die Gedanken von Brenz in das Arsenal der Verfechter der Toleranz ein. Brenz war jedoch nicht eigentlich für die Toleranz, sondern nur gegen die Todesstrafe für Häretiker. In einem Gutachten von 1530 bezeichnete er die Landesverweisung von Täufern durch die Obrigkeit für erlaubt. Sie galt ihm nicht als Eingriff in die Gewissensfreiheit. Eine völlige Freigabe der Religionsausübung, wie sie damals aufgrund von Luthers Zweireichelehre konsequent von einem unbekannten Nürnberger gefordert wurde, lehnte Brenz, wenn auch gewunden, ebenso wie Spengler, Osiander und auch Luther ab. Er konnte sich das Nebeneinander verschiedener Konfessionen in einem bürgerlichen Gemeinwesen noch nicht vorstellen.

Auch die brandenburgisch-ansbachische Regierung zog Brenz 1529/30 zu Beratungen über Täuferfragen heran. Er bemühte sich, das dem Anführer der Creglinger Täufer Marx Maier drohende Todesurteil abzuwenden, und setzte sich allgemein für eine differenzierte Behandlung der Täufer ein. Ähnlich hatte er schon im Blick auf die Teilnehmer am Bauernkrieg geurteilt. Brenz ist seinem Standpunkt lebenslang treu geblieben und hat ihn später wirksam in Württemberg und auch gegenüber der Pfalz vertreten. Er lehnte die Anwendung der Todesstrafe gegen die Täufer ab, war überhaupt für milde Bestrafung, wollte sie jedoch auch nicht toleriert wissen.

*Literatur und Quellen in Auswahl:*

*Günther Bauer,* Anfänge täuferischer Gemeindebildungen in Franken, EKGB 43, Nürnberg (1966). – *Torsten Bergsten,* Balthasar Hubmaier. Seine Stellung zu Reformation und Täufertum 1521–1528, Kassel (1961). – *Martin Brecht,* A Statement by Johannes Brenz on the Anabaptists, in: MQR 44 (1970, Nr. 2), S. 192–198. – *Claus-Peter Clasen,* Anabaptism. A social History, 1525–1618, Ithaca and London (1972). – Ders., Die Wiedertäufer im Herzogtum Württemberg und in benachbarten Herrschaften, VKGLBW. B, Bd. 32, Stuttgart (1965). – Ders., The Anabaptists in South and Central Germany, Switzerland and Austria, Goshen (1978). – *Klaus Deppermann,* Die Straßburger Reformatoren und die Krise des oberdeutschen Täufertums im Jahr 1527, mit dem folgenden Briefwechsel zwischen J. H. Yoder und Klaus Deppermann, MGB 30 (1973), S. 24–52. – Ders., Melchior Hoffmann. Soziale Unruhen und apokalyptische Visionen im Zeitalter der Reformation, Göttingen (1979). – *Hermann Ehmer,* Das Gmünder Täufergericht 1529, in: Gmünder Studien 1 (1976), S. 131–161. – *Hans Jürgen Goertz* (Hg.), Umstrittenes Täufertum 1525–1975, Neue Forschungen, Göttingen (1975). – *J. F. Gerhard Goeters,* Ludwig Hätzer, QFRG 26, Gütersloh (1957). – *Ernst Friedrich Peter Güß,* Die Kurpfälz. Regierung und das Täufertum bis zum Dreißigjährigen Krieg, VKGLBW. B, Bd. 12, Stuttgart (1960). – *Walther Köhler* (Hg.), Brüderlich Vereinigung etzlicher Kinder Gottes sieben Artikel betreffend. Item ein Sendbrief Michael Sattlers an eine Gemeinde

Gottes samt seinem Martyrium (1527), in: *Otto Clemen,* Flugschriften aus den ersten Jahren der Reformation Bd. 2, Leipzig (1908), S. 277–337. – *Georg Lenckner,* Täufer im Gebiet der Reichsstadt Schwäbisch Hall, in: Württ. Franken 48 (1964), S. 16–28. – *Elfriede Lichdi,* Die Täufer in Heilbronn 1528–1559, in: MGB 35 (1978), S. 7–61. – Quellen zur Gesch. der Täufer, Bd. 1 Württemberg, Bd. 2 Markgraftum Brandenburg (Bayern, 1. Abt.); Bd. 4 Baden-Pfalz; Bd. 5 Bayern, 2. Abt. – *Hans-Christoph Rublack,* Die Einführung der Reformation in Konstanz von den Anfängen bis zum Abschluß 1531, QFRG 27, Gütersloh (1971), S. 168–171. – *Hans Dieter Schmid,* Täufertum und Obrigkeit in Nürnberg, Nürnberger Werkstücke zur Stadt- und Landesgesch. 10, Nürnberg (1972). – *Gottfried Seebaß,* Bauernkrieg und Täufertum in Franken, in: ZKG 85 (1974), S. 284–302. – *Matthias Simon,* Evangelische Kirchengeschichte Bayerns, Bd. 1, München (1942), S. 197–205. – *James M. Stayer,* Eine fanatische Täuferbewegung in Esslingen und Reutlingen?, in: BWKG 68/69 (1968/69), S. 53–59. – *James M. Stayer, Werner O. Packull, Klaus Deppermann,* From Monogenesis to Polygenesis. The historical Discussion of Anabaptist Origins, MQR 49 (1975, Nr. 2), S. 83–121. – *Christof Windhorst,* Täuferisches Taufverständnis. Balthasar Hubmaiers Lehre zwischen traditioneller und reformatorischer Theologie, Studies in Medieval and Reformation Thought 16, Leiden (1976).

# Reichspolitik und Reformation in Südwestdeutschland von 1526–1530

Die Entwicklung der Reformation in den einzelnen Territorien nach dem Bauernkrieg wurde wesentlich durch die übergreifenden reichspolitischen Vorgänge mitbestimmt. Bevor deshalb erneut auf die einzelnen Territorien eingegangen wird, empfiehlt es sich, in den beiden folgenden Kapiteln diese Vorgänge darzustellen. Das evangelische Lager bestand damals im Südwesten vor allem aus einer Reihe von Reichsstädten mit mehr oder weniger starker evangelischer Bewegung, dazu der Markgrafschaft Brandenburg-Ansbach und Kulmbach. Ihre Kontrahenten waren die freilich sehr unterschiedlich engagierten übrigen Territorien und das Reich. Die Auseinandersetzungen spielten sich teils auf der Ebene des Reiches, teils auf der des Schwäbischen Bundes ab.

Der Bauernkrieg hatte dem Ruf der Reformation erheblich geschadet. Die Bereitschaft zu proreformatorischen Maßnahmen war in den meisten Territorien gering. Rechtlich war noch der Nürnberger Reichstagsabschied von 1524 in Geltung, den der Augsburger Reichstag vom November 1525 bestätigt hatte und der nach Möglichkeit eine Befolgung des Wormser Edikts vorschrieb. In der Praxis verhielten sich die einzelnen Territorien gegenüber der Reformation höchst unterschiedlich, was auf die Dauer als untragbarer Zustand empfunden wurde. Städte wie Nürnberg und Straßburg hielten eine erneute Unterrichtung des Kaisers über die religiöse Situation für notwendig und waren an einer reichsrechtlichen Anerkennung ihrer reformatorischen Neuerungen interessiert.

## *Der Reichstag zu Speyer 1526 und seine Folgen*

Die notwendigen Maßnahmen zur Herstellung »einer heilsamen, einhelligen christlichen Reformation, Ordnung, Satzung und Leben« wollte der Kaiser jedoch nicht den Reichsständen überlassen, sondern selbst mit dem Papst aushandeln. Der für den Sommer 1526 nach Speyer einberufene Reichstag sollte lediglich über bis zu einem Konzil begrenzte Lösungen zur Erhaltung von Glauben, kirchlicher Ordnung, Einigkeit und Vermeidung künftiger Aufstände beraten. Erzherzog Ferdinand als Vertreter des Kaisers erhielt darüber hinaus die zunächst geheime zusätzliche Instruktion, daß hinsichtlich des Glaubens und der kirchlichen Verhältnisse nichts verändert werden durfte, sondern wie bisher das Wormser Edikt befolgt werden sollte. Die überwiegende Mehrheit des Reichstags war bereit, den Vorschlägen des Kaisers zu folgen. Lediglich gegen die Mißbräuche in der Kirche sollte vorgegangen werden, wobei man sich aber über deren Ausmaß nicht verständigen konnte.

Im Gegensatz dazu wiesen die Reichsstädte, die von Nürnberg, Straßburg und Ulm angeführt wurden und unter denen die Anhänger der Reformation das Übergewicht hatten, darauf hin, daß die kaiserliche Stillhalteforderung mit dem Verzicht auf baldige Reformen bei ihnen zu zerstörerischen Spannungen führen würde. Gegen einen derartigen Reichstagsabschied erwog Nürnberg eine Protestation und eine Appellation an den Kaiser. Mit ihrer festen Haltung erreichten die Städte, daß ein Ausschuß eingesetzt wurde, der sich mit den Mißbräuchen befassen sollte. Begünstigt wurde die evangelische Seite dadurch, daß es eben damals zum Zusammenschluß der Gegner des Kaisers, zu denen auch der Papst gehörte, in der Liga von Cognac kam und außerdem die Türkengefahr drohte. Deshalb mußte rasch ein Ausgleich gefunden werden. Die Städte forderten, daß die wegen der bestehenden Mißstände notwendigen Eingriffe der Obrigkeiten in kirchliche Angelegenheiten einstweilen geduldet werden sollten.

Als der Reichstag sich doch intensiver mit der Religionsfrage beschäftigte als vom Kaiser vorgeschrieben, machte Erzherzog Ferdinand von seiner Zusatzinstruktion Gebrauch, die jede Neuerung in Glaubensdingen verbot. Die Reichsstände reagierten darauf verständlicherweise mit Unwillen und ließen sich von ihrer Verantwortung für die Religionsfrage nicht abdrängen. Auf eine erneute Initiative der Städte hin wurde eine Gesandtschaft an den Kaiser beschlossen, die ihn über die religiöse Situation informieren und die Notwendigkeit eines Konzils verdeutlichen sollte: Ein Bestehen auf der Geltung des Wormser Edikts mußte die Eintracht im Reich gefährden. Die Reformen waren unaufschiebbar und durften nicht unterbleiben. Darüber hinaus mußte sich der Reichstag über die einstweilige Behandlung der Religionsfrage verständigen. An diesem Punkt war man sich aber überhaupt nicht einig, denn die einen forderten Reformen, die anderen deren Rücknahme, die dritten wenigstens deren Unterlassung. So kam es zu einer Verlegenheitslösung: Bis zu einer Entscheidung möge sich in den Dingen, welche den Glauben und die kirchlichen Einrichtungen betreffen, ein jeder Reichsstand so verhalten, wie er es vor Gott und dem Kaiser zu verantworten sich getraue. Die evangelischen Stände verstanden diese Lösung als einen Sieg. Insbesondere hatten die Städte ihre Vorstellungen durchgesetzt. Ihre eigentliche Bedeutung erlangte die Speyrer Formel erst in der Folgezeit, als die Reform des Kaisers ausblieb. Die evangelischen Obrigkeiten konnten einstweilen ohne rechtliches Risiko nach dem Evangelium und Wort Gottes verfahren, wenn auch noch immer die Wiederinkraftsetzung des Wormser Edikts drohte. Ursprünglich hatte man in Speyer nur den status quo kurzfristig festschreiben wollen, dann aber wurde aus der Speyrer Entscheidung die Rechtsgrundlage für die Neuordnung der Kirche durch die Territorien.

In der Folgezeit mußte es das Interesse der zur Reformation hinneigenden Territorien sein, daß der Speyrer Reichstagsabschied in Kraft blieb. Den durch Speyer gewährten Spielraum nützten die einzelnen Obrigkeiten höchst unterschiedlich, so daß sich z. B. unter den Städten nunmehr sehr unterschiedliche Entwicklungen feststellen lassen, die sich alsbald auch politisch bemerkbar machten. Einstweilen konnten sich die reformationsfreundlichen Territorien sicher fühlen. Es ist charakteristisch, daß die Bemühungen Hessens um konfessionelle Bündnisse damals kaum von der Stelle kamen oder, wie von Augsburg und Frankfurt, sogar abgelehnt wurden.

Während auf der Ebene des Reiches die Neuerungen hingenommen wurden, versuchten die Altgläubigen jahrelang beharrlich mittels des Schwäbischen Bundes ihre Beschwerden und Forderungen durchzusetzen, stießen dabei aber auf den zähen und hinhaltenden Widerstand der reformationsfreundlichen Bundesmitglieder. Streitpunkt auf dem Bundestag in Ulm im Januar 1527 war die Ausübung der bischöflichen Jurisdiktion, vor allem in Nürnberg und Brandenburg-Ansbach durch den Bischof von Bamberg. Memmingen wurde wegen der Duldung verheirateter Priester gerügt, Nürnberg und das an sich altgläubige Esslingen, weil sie den kleinen Zehnten aufgehoben hatten. Auf dem Bundestag in Donauwörth Anfang Juni 1527 beschwerte sich der Bischof von Bamberg wegen der Besteuerung der Geistlichen und der Einführung einer neuen Kirchenordnung durch Brandenburg-Ansbach. Markgraf Kasimir berief sich dagegen auf den Speyrer Abschied und wies darauf hin, daß nur durch eine neue Kirchenordnung ein künftiger Aufstand verhindert werden könnte. Erzherzog Ferdinand mahnte hinsichtlich der lutherischen Sekte, fernere Irrung und Widerwärtigkeit zu verhüten. Gegen Ulm und Nürnberg klagte der Deutschorden wegen Beeinträchtigung. Der Bischof von Konstanz beschwerte sich über Eingriffe in seine Jurisdiktion und andere kirchliche Rechte durch Esslingen, Reutlingen, Biberach und Isny. Im August 1527 erhielt Überlingen ein kaiserliches Schreiben mit der Aufforderung, seine Nachbarn bei der alten Religion zu erhalten, das an Ravensburg, Wangen, Pfullendorf und Buchhorn weitergegeben wurde.

Angesichts dieser ständigen Klagen wegen reformatorischer Maßnahmen berieten sich die städtischen Mitglieder des Bundes im November 1527 in Nördlingen. Von evangelischer Seite wurde dabei einheitlich bestritten, daß geistliche Angelegenheiten zu den Konfliktpunkten gehörten, die der Bund zwischen seinen Gliedern zu regeln hatte. Man berief sich stattdessen auf den Speyrer Abschied. Die altgläubigen Städte Esslingen, Schwäbisch Gmünd, Ravensburg, Kaufbeuren, Wangen, Giengen und Bopfingen pflichteten dieser Auffassung nicht ohne weiteres bei; Überlingen widersprach und meinte, der Entscheid der Mehrheit des Bundes habe zu gelten. Der Bundestag in Donauwörth im Dezember wurde abgebrochen, ehe die Jurisdiktionsfrage zur Sprache kam. Auf dem folgenden Bundestag in Augsburg im Februar/März 1528 brachte der Bamberger Bischof zwar seine Klage gegen Nürnberg und Brandenburg ein, desgleichen beschwerte sich der Konstanzer Bischof über Ulm, Biberach, Reutlingen und Isny. Die Verhandlungen wurden auch aufgenommen, wobei sich aber Unmut erhob, daß nun auch auf Bundestagen Glaubensdisputationen stattfanden. Die Sache wurde dann erneut vertagt.

Im Zusammenhang mit den Packschen Händeln mußte man mit einem Vorgehen des Schwäbischen Bundes gegen Hessen rechnen. Nürnberg lehnte damals die Bundeshilfe auf einem Bundesstädtetag im Juni ab, geriet mit diesem Verhalten jedoch in eine problematische Isolation und setzte sich dem Verdacht aus, die Aggression des Landgrafen unterstützt zu haben. Auf dem Bundestag in Ulm Juni/Juli 1528 mußten sich Brandenburg und Nürnberg wegen der Durchführung der Visitation verantworten, die als nicht vereinbar mit dem Speyrer Abschied galt. Beide Territorien beriefen sich auf ihre Verantwortung und die Notwendigkeit der rechten Predigt. Memmingen verwickelte sich damals in einen Streit mit dem Augsburger Bischof, wiederum über die Jurisdiktion.

Im Juni 1528 hielten Straßburg, Nürnberg, Frankfurt und Ulm die Lage der Städte infolge des Glaubenszwiespaltes für so bedroht, daß sie einen Städtetag nach Esslingen einberiefen. Erzherzog Ferdinand warnte die Städte deshalb vor einem unerlaubten Bündnis. Nur wenige Städte waren für einen engeren Zusammenschluß, darunter Konstanz, das schon wegen seines Bündnisses mit Zürich hinsichtlich seiner Reichstreue verdächtig war; einige hielten sich mindestens zurück, andere lehnten ab. Im Anschluß an den Esslinger Städtetag berieten Straßburg, Nürnberg, Augsburg und Ulm gesondert über ein Bündnis, aber niemand hatte recht Lust, sich auf ein so gewagtes Unterfangen einzulassen.

Der Bundestag in Augsburg im November/Dezember 1528 beschloß eine Gesandtschaft an Nürnberg und Brandenburg mit der Aufforderung zur Unterlassung der Visitation. Beide Territorien waren jedoch weiter fest entschlossen, sich vom Bund nicht in ihre kirchlichen Angelegenheiten hineinreden zu lassen. Auf dem Bundestag in Ulm im Februar 1529 wurde die Klage Bambergs wegen der Visitation in Nürnberg und Brandenburg ausdrücklich anerkannt und Gewaltmaßnahmen wurden erwogen. Die Klagen des Konstanzer Bischofs sollten hingegen auf dem Reichstag vorgebracht werden. Daß der Bund nunmehr energischer gegen die Evangelischen auftreten wollte, machte sich schließlich in der Ablehnung des Memmingers Hans Keller als Bundesstädterat bemerkbar, die mit der Abschaffung der Messe in Memmingen begründet wurde. Nürnberg war zwar mit der Haltung Memmingens in der Abendmahlsfrage nicht einig, hielt aber die Ablehnung des von den Städten nominierten Keller für nicht gerechtfertigt. Hier machten sich erste Risse im evangelischen Lager selbst bemerkbar.

Der Verlauf der religionspolitischen Auseinandersetzungen auf Reichs- und Bundesebene im Südwesten zwischen 1526 und 1529 war komplex. Infolge der ständigen Reibungen lebten sich die religiösen Gruppen auseinander, und das galt auch für die Städte untereinander. Die Konflikte erforderten einen erheblichen Aufwand an politischer Kraft. Immerhin konnten sich die reformationsfreundlichen Territorien dabei behaupten, ja wie in Brandenburg, Nürnberg, Memmingen, Reutlingen und Konstanz die Reformation sogar teilweise weiter ausbauen. Infolge des bestehenden Druckes unterblieb in manchen Städten, darunter Ulm oder dem infolge des Bauernkrieges eingeschüchterten Heilbronn, eine eingreifende kirchliche Neuordnung; manche Städte orientierten sich auch bewußt wieder zur altgläubigen Seite hin.

## *Die Speyrer Protestation von 1529*

Wichtige Entscheidungen mußten auf dem für Frühjahr 1529 angesetzten zweiten Speyrer Reichstag fallen. Geradezu ostentativ hatte Straßburg noch vorher im Februar die Messe abgeschafft, weil sie kein gottgefälliges Werk sei. Den reformationsfreundlichen Städten mußte es darum gehen, daß der Beschluß von 1526 in Kraft blieb, der ihnen die Verantwortung für die Glaubensdinge überließ. So waren die Gesandten von Ulm und Konstanz instruiert. Nördlingen wollte sich vorsichtig abwartend verhalten. Dagegen verlangte Überlingen eine Wiederinkraftsetzung des Wormser Edikts und wollte gegen eine Verlängerung des Beschlusses von 1526 protestieren. Die Reichstagsproposition Erzherzog Ferdinands stellte zwar erneut ein Generalkonzil in Aussicht, hob aber den Beschluß von 1526 auf. Die Mehrheit der Städte plädierte für dessen weitere Geltung, da sonst Aufruhr und Entzweiung drohe. Die Nürnberger Prediger bezeichneten eine Zustimmung zur Propostition als Abfall von Gottes Wort. Solchem unmoralischen Zwang zur Sünde dürfe man sich nicht beugen. Die Nürnberger Juristen hielten einen derartigen Beschluß für unrecht und unbillig. Die evangelischen Stände mußten dagegen notfalls protestieren und an den Kaiser appellieren. Nach Ulms Auffassung mußte man Gott selbst dann gehorchen, wenn des Kaisers Ungnade drohte. Gegenvorstellungen katholischer Städte wie Überlingen und Rottweil wurden schroff abgewiesen.

Erzherzog Ferdinand bemühte sich jetzt offensichtlich, die altgläubigen und die reformationsfreundlichen Städte auseinanderzubringen. Zu der zweiten Gruppe zählten aus Südwestdeutschland Straßburg, Frankfurt, Wimpfen, Nürnberg, Augsburg, Ulm, Nördlingen, Rothenburg, Reutlingen, Memmingen, Heilbronn, Konstanz, Lindau, Kempten, Schwäbisch Hall, Worms, Schweinfurt, Windsheim, Dinkelsbühl, Aalen, Bopfingen und Biberach. Ihnen drohte Erzherzog Ferdinand am 4. April die Ungnade des Kaisers an, falls sie nicht in einen gemeinsamen Reichstagsbeschluß einwilligen würden. Im Namen dieser Städte erklärte sich der Straßburger Stättmeister Jakob Sturm zwar zu Frieden und Einigkeit bereit, aber nicht zu einer Unterwerfung unter das Wormser Edikt. In Glaubensdingen lasse ihr Gewissen keine Änderung zu. In einer besonderen Bittschrift baten diese Städte, es beim Beschluß von 1526 bleiben zu lassen, mit dem allein Frieden und Einigkeit erhalten werde.

Als es sich abzeichnete, daß die evangelischen Stände mit ihren Vorstellungen gegen die Mehrheit nicht durchdringen würden, bereiteten sie eine gemeinsame Protestation und Appellation vor und antworteten damit am 19. April endgültig auf den Mehrheitsbeschluß. Der zentrale Satz der Protestation lautete: »In Sachen Gottes Ehre und der Seelen Seligkeit belangend muß ein jeglicher für sich selbst vor Gott stehen und Rechenschaft geben, also daß sich dabei niemand mit dem Handeln oder Beschließen einer Minderheit oder Mehrheit entschuldigen kann.« Getragen wurde die Protestation, die eine Mischung von Rechtsverwahrung und Bekenntnis war, von fünf Fürsten, darunter neben Kursachsen und Hessen von Brandenburg-Ansbach, und vierzehn durchweg südwestdeutschen Städten: Straßburg, Nürnberg, Ulm, Konstanz, Lindau, Memmingen, Kempten, Biberach, Nördlingen, Heilbronn, Isny, St. Gallen, Weißenburg und Windsheim. Alle zusammen bezeichnete man bekanntlich als die Protestanten.

Längst nicht alle reformationsfreundlich eingestellten Städte hatten protestiert. Vor die konkrete Entscheidung gestellt, zögerte manche Stadt oder wurde wieder wankend. Vielfach spielte dabei die Rücksicht auf den Kaiser und die Sorge um die eigene Rechtsfreiheit eine Rolle. Während Nördlingen »um der göttlichen Wahrheit willen« der Protestation nach einigem Zögern beitrat, tat Augsburg diesen Schritt entgegen seiner ursprünglichen Auffassung schließlich doch nicht. Dabei waren offensichtlich die wirtschaftlichen Interessen dieser Stadt von Bedeutung. Frankfurt hielt sich aus ähnlichen Gründen zurück, obwohl klar war, daß auf die Dauer Änderungen in Kirchendingen erfolgen mußten. Die Gesandten von Schwäbisch Hall erklärten sich für nicht betroffen, da ihre Stadt angeblich keine Neuerungen eingeführt habe, wogegen sich in der Stadt bei ihrer Rückkehr vom Reichstag Widerspruch erhob. Der Prediger Johannes Brenz machte in einer Predigt über Lk 12,8 unmißverständlich klar, daß damit Christus verleugnet worden sei, und forderte zur Umkehr auf. Er entwarf dann auch das Schreiben Halls an die Protestanten, das klarstellte, daß Hall nicht vom Evangelium abgefallen sei. Dennoch trat die Stadt auch nachträglich der Protestation nicht bei. Der altgläubige Esslinger Gesandte Hans Holdermann votierte ganz bewußt für die Mehrheit, auch wenn infolgedessen die Einheit der Städte zerbrach. Er lehnte die Abschaffung der Messe in manchen Städten ab. Das schwer verschuldete Esslingen konnte sich schon finanziell den Standpunkt der Protestanten nicht leisten. In der Tat wurden den altgläubigen Städten Nachlässe bei den Reichssteuern gewährt. Die protestierenden Städte wie Konstanz und Straßburg hingegen waren allerlei Pressionen ausgesetzt und mußten mit weiterer Verfolgung rechnen. Der Memminger Gesandte Ehinger riet seiner Stadt, gerüstet zu sein, da der Wind rauh werden könnte. Bei ihm taucht bereits der Plan eines Bündnisses der oberschwäbischen protestierenden Städte auf. Unter dem Druck der Entscheidung von Speyer wurde nicht nur das Zerbrechen der Einheit der Reichsstädte offenkundig, das deren Position im Reich insgesamt erheblich schwächen mußte; selbst die reformationsfreundlichen Städte verhielten sich nicht mehr einheitlich. Die Zukunft mußte zeigen, wie weit die evangelischen Städte überhaupt noch in der Lage waren, dem kaiserlichen Druck zu begegnen.

Es legte sich nahe, daß die Protestanten sich politisch zu einem Bündnis zusammenschlossen. Daran war außerdem schon vor Speyer Ulrich Zwingli interessiert, der deswegen Verbindung mit Philipp von Hessen aufgenommen hatte. Kursachsen und Nürnberg standen nach den schlechten Erfahrungen der Packschen Händel und zugleich wegen des Abendmahlsstreits einem Bündnisprojekt reserviert gegenüber. Schon in Speyer sondierte deshalb Landgraf Philipp wegen einer Verständigung im Abendmahlsstreit. Im Zusammenhang mit der Protestation kam es bereits im April zwischen Kursachsen, Brandenburg-Ansbach, Hessen und den drei großen Städten Nürnberg, Straßburg und Ulm zu ersten Sondierungen wegen eines Bündnisses, wobei aber Kursachsen wegen der Haltung Straßburgs am Rande auch schon das Problem des gemeinsamen Bekenntnisses anrührte. Im Mai gab es außerdem Kontakte zwischen Ulm, Memmingen, Kempten, Isny, Lindau und Biberach wegen eines oberschwäbischen Nachbarschaftsbündnisses. Viel bedeutsamer war allerdings das große Bündnis zwischen den Fürsten und Städten. Noch ehe darüber aber die ersten konkreten Verhandlungen begonnen hatten, hatte Luther seinem

Kurfürsten von einem Bündnis und Einigungsverhandlungen mit den »Sakramentierern« abgeraten. In diesem Sinne beeinflußte dann Kurfürst Johann Markgraf Georg von Brandenburg. So führten die Bündnisverhandlungen am 7. und 8. Juni in Rodach zu keinem Ergebnis, weil Kursachsen das Bekenntnisproblem in den Vordergrund schob. Einen Monat später führte Kursachsen mit Brandenburg und Hessen Sonderverhandlungen. Hessen trat trotz der Differenzen wegen des Abendmahls für ein Bündnis mit den Städten ein, aber seine Partner lehnten das ab und die Zusammenkunft blieb ohne Ergebnis. Die für den 24. August angesetzte Tagung der Bündnispartner wurde so kurzfristig abgesagt, daß die Ulmer und Straßburger Gesandten umsonst angereist waren. Wenig später wurden von den sächsischen Theologen Lehrartikel, die sog. Schwabacher Artikel, aufgestellt, die die Voraussetzung für ein etwaiges Bündnis sein sollten. Sie grenzten sich gegen Papisten, Zwinglianer und Täufer ab, betonten die Realpräsenz im Abendmahl, waren allerdings nicht extrem formuliert. Man ließ es aber darauf ankommen, daß Straßburg wegen dieser Artikel aus dem Bündnis ausscheren würde.

Die Entscheidung, ob eine Verständigung über das Abendmahl unter den Evangelischen gelingen würde, mußte bei dem Gespräch fallen, zu dem Landgraf Philipp für Anfang Oktober nach Marburg eingeladen hatte. Beteiligt waren Zwingli und Oekolampad, dazu Jakob Sturm, Bucer und Kaspar Hedio aus Straßburg. Aus Wittenberg kamen Luther und Melanchthon. Luther versprach sich freilich nichts von dem Unternehmen. Der lutherischen Seite sind noch Osiander aus Nürnberg und Brenz, der sich als Vertreter der lutherischen Städte verstand und später die Reutlinger unterrichtete, zuzurechnen. Urbanus Rhegius aus Augsburg wurde durch den Lutheraner Stephan Agricola (Kastenbauer) vertreten. Verhandelt wurde teils in Einzelgesprächen, teils in Plenarsitzungen. Die Atmosphäre blieb nicht zuletzt wegen Luthers Verhandlungsunwilligkeit meist gespannt. Die Straßburger erhielten die von ihnen gewünschte Anerkennung ihrer rechtmäßigen Predigt nicht. Brenz, Osiander und Agricola spielten nur am Rand eine Rolle. Dennoch blieben die Verhandlungen nicht ohne Ergebnis, denn man konnte sich in allen Punkten, ausgenommen die Frage der Realpräsenz, einigen. Eine nachträglich eingebrachte Einigungsformel, die die Gegenwart von Leib und Blut Christi im Abendmahl zwar behauptete, aber das Wie dieser Gegenwart offen ließ, war für Zwingli und seine Freunde immer noch unannehmbar. Diese Formel sollte aber später in den entscheidenden Anfängen der württembergischen Reformation noch einmal eine Rolle spielen. Der scheinbar kleine Dissens war für Luther gleichwohl so erheblich, daß er die Zwinglianer nicht als christliche Brüder anerkennen wollte.

Mit dem Scheitern der Verständigung in Marburg war faktisch schon darüber entschieden, daß das Bündnis der Protestanten nicht zustande kommen würde. Bei der Zusammenkunft der Bündnispartner Mitte Oktober in Schwabach wurden den Städten die Schwabacher Artikel als Bekenntnisvoraussetzung für ein Bündnis ausgehändigt. Dem Ulmer Bernhard Besserer war damit klar, daß Ulm nicht in das Bündnis eintreten konnte. Straßburg und Ulm lehnten eine sofortige Zustimmung, für die sie nicht bevollmächtigt waren, ab. Neuerliche Verhandlungen waren auf den 28. November in Schmalkalden festgesetzt. Zu diesem Termin wollten sich ohnehin alle protestierenden Stände treffen. Sie mußten darüber beraten, daß der Kaiser ihre durch eine Gesandtschaft nach Piacenza überbrachte Appellation verworfen hatte, wobei nicht nur die Gesandten insgesamt schlecht behandelt worden waren, sondern der Nürnberger Michel von Kaden wegen eines lutherischen Büchleins, das er dem Kaiser übergeben wollte, gefangengesetzt worden war. Im September hatten die Protestanten ein kaiserliches Mandat erhalten, das ihnen die Annahme des Speyrer Abschieds befahl.

Es wäre zu erwarten gewesen, daß sich die Protestanten unter diesem Druck zusammengeschlossen hätten. Gegen ein Defensivbündnis bestanden jedoch Vorbehalte unterschiedlicher Art. Gegen Philipps von Hessen Bejahung des Widerstandsrechts äußerte der Nürnberger Ratsschreiber Lazarus Spengler erhebliche Bedenken, ob Widerstand gegen den Kaiser erlaubt sei. Die Tatsache, daß der Kaiser unrecht handelte, hob nach Spengler seine Stellung als gottgesetzte Obrigkeit nicht auf. Johannes Brenz pflichtete Spengler darin bei. Philipp von Hessen hingegen berief sich auf seine Verantwortung auch für das Seelenheil seiner Untertanen und außerdem auf seine unabhängige Stellung als Reichsfürst. Brenz lehnte dagegen Anfang 1530 eine gewaltsame Verteidigung des göttlichen Worts ab. Dem Christen bleibt in diesem Fall nur das Leiden. Auch Luther dachte damals noch ähnlich. Unter dem Einfluß von Spengler und Brenz kam es dann dahin, daß sowohl Nürnberg als auch Brandenburg-Ansbach sich in der Folgezeit an einem protestantischen Verteidigungsbündnis nicht beteiligten. Diese Haltung mag politisch schwach erscheinen, und es dürften bei Nürnberg und Brandenburg auch noch besondere politische Rücksichten gegenüber dem Kaiser mit im Spiel gewesen sein; gleichwohl bleibt die klare theologische Begründung dieses Gewaltverzichts eindrücklich.

Schon bei den Vorberatungen der Tagung in Schmalkalden wurde Bernhard Besserer vollends klar, daß man Ulm und Straßburg aus dem Bündnis drängen wollte. Die Straßburger Gesandten lehnten in Schmalkalden jede Fixierung auf ein Bekenntnis ab. In Ulm hatte Konrad Sam den Schwabacher Artikeln nicht zugestimmt. Straßburg und Ulm mußten somit aus den weiteren Bündnisverhandlungen ausscheiden, wobei man Straßburg die Schuld zuschieben wollte. Am 5. Januar 1530 trat Straßburg in das Burgrecht mit Zürich ein, um nicht völlig isoliert zu sein. Eigentümlich war die Haltung Nürnbergs, das einerseits kein Bündnis mit den Sakramentierern eingehen, andererseits aber nicht als einzige Stadt sich an einem Bündnis der Fürsten beteiligen wollte. Durch eine Gesandtschaft ließ man den Kaiser Ende Januar 1530 wissen, daß man in keinem Bündnis mit dem Landgrafen stand. Der Kaiser reagierte darauf nicht ungnädig. Nürnberg wurde nicht direkt mit der Forderung nach der Annahme des Speyrer Abschieds konfrontiert. Auch die übrigen protestierenden Städte waren an einem Bündnis nicht interessiert, obwohl Reutlingen und Heilbronn im Januar 1530 ihre Zustimmung zu den Schwabacher Artikeln erklärten. Heilbronn lehnte wie Nürnberg sowohl den Widerstand gegen den Kaiser als auch ein Bündnis mit den Sakramentierern ab. Faktisch hatten damit die Bündnisverhandlungen nach dem zweiten Speyrer Reichstag vor allem wegen des Abendmahlsstreits zu keinem Ergebnis geführt. Die protestantischen Stände mußten sich jeder für sich auf die Auseinandersetzung mit dem Kaiser einstellen.

Zwar hatten, wie erwähnt, die oberschwäbischen Städte Ulm, Memmingen, Lindau, Kempten, Biberach und Isny ein eigenes Bündnis in Aussicht genommen und deswegen auch Kontakte mit Konstanz angeknüpft, das bereits mit Zürich im Burgrecht stand. Verständlicherweise wartete man aber in Ulm, der bedeutendsten Stadt dieser Gruppe, ab, was aus dem Bündnis mit den Fürsten werden würde. Nachdem dieses Projekt gescheitert war, ließ Ulm auf einer Zusammenkunft in Biberach am 29. Dezember 1529 auch die oberschwäbischen Bündnisverhandlungen im Sande verlaufen. Die oberschwäbischen Städte waren für sich zu schwach, und in ein reichspolitisch problematisches Bündnis mit den Schweizern wollte man sich auch in Ulm und ebenso in Memmingen nicht begeben. Freilich befand sich Ulm damit in einer üblen Isolation und zugleich in einer ausweglosen Lage. Wegen der Protestation schien »alles Walkwasser« auf die Stadt zuzukommen. Aus Gewissensgründen und auch der Gemeinde wegen konnte man den Speyrer Abschied nicht annehmen; zur Gegenwehr war man allein zu schwach, und den Zorn des Kaisers auf sich zu nehmen schien unerträglich. Die Ulmer Politik in der Folgezeit kann man nur als schwächlich und halbherzig bezeichnen. Alle weiteren reformatorischen Maßnahmen mußten unterbleiben. Die Prediger durften sich nicht mehr über Abendmahl und Messe äußern. Dem Kaiser wollte man mitteilen, daß man den Speyrer Abschied bis zum nächsten Reichstag befristet befolgen werde, wobei die Gesandten zu beteuern hatten, daß man faktisch dem Abschied nie entgegengehandelt habe. Dennoch wollte Ulm zugleich den Anschein vermeiden, es nehme den Abschied an. Aber die Ulmer Gesandten wurden beim Kaiser nicht einmal vorgelassen, vielmehr wurde von ihnen die bedingungslose Annahme des Abschieds gefordert. Bestärkt durch Jakob Sturm, wurde sich Bernhard Besserer Anfang Juni darüber klar, daß dieses Ansinnen für die Ulmer nicht mit dem Gewissen vereinbar war und abgelehnt werden mußte. Ganz gab man das Taktieren auch jetzt noch nicht auf. Auf dem Augsburger Reichstag wurde Ulm zu den Städten gerechnet, die dem Speyrer Abschied aus Menschenfurcht zugestimmt hatten. Infolge seiner gescheiterten Politik spielte die bedeutende Reichsstadt in Augsburg kaum eine Rolle.

Als einzige Stadt trat Nördlingen im Januar 1530 von der Protestation zurück und nahm den Speyrer Abschied an, nachdem eine Befragung der Zünfte entsprechend ausgefallen war. Maßgebend war die Sorge, daß der Ungehorsam gegen den Kaiser zum Verlust der reichsstädtischen Rechte führen könnte. Zudem war man inzwischen der Meinung, daß der Speyrer Abschied den Bestand der Reformation nicht unbedingt tangierte.

## *Der Augsburger Reichstag von 1530*

Auf dem Augsburger Reichstag wollte Karl V. eine Lösung der Religionsfrage im Reich finden. Er war gewillt, die unterschiedlichen Auffassungen und Meinungen anzuhören und dann eine Entscheidung zu treffen. Dies führte dazu, daß die Lutheraner mit der öffentlich verlesenen Confessio Augustana und vier oberdeutsche

Städte mit der Confessio Tetrapolitana ihre Bekenntnisse vorlegten. Der Confessio Augustana stellten die Altgläubigen die Confutatio entgegen, die der Kaiser sich zu eigen machte. Anschließend bemühte man sich in Ausschußverhandlungen um einen Ausgleich der Gegensätze, der aber trotz teilweiser Übereinstimmungen nicht gelang. Schließlich standen sich die Positionen unversöhnt gegenüber, so daß sich der Kaiser im Reichstagsabschied auf seine alte Forderung der Befolgung des Wormser Edikts zurückzog. Somit lag das eigentliche Ergebnis des Reichstags vor allem in der Ausbildung des lutherischen Bekenntnisses. Die südwestdeutschen evangelischen Territorien waren an diesen Vorgängen in sehr unterschiedlicher Weise beteiligt. Auch König Ferdinand hatte bei den Universitäten Freiburg und Tübingen vorbereitende Gutachten in Auftrag gegeben.

Markgraf Georg von Brandenburg forderte zur Vorbereitung des Reichstags am 29. Januar 1530 von den Superintendenten Begründungen der Lehre und der Kirchenordnung an. 28 sehr unterschiedliche Antworten gingen ein. Georg Amerbach aus Blaufelden stützte sich dabei auf Formulierungen von Brenz. Diese Gutachten haben dann aber eigentlich keine Rolle gespielt, denn Brandenburg-Ansbach bemühte sich, wie es nach den Vorgängen im Jahr 1529 nahelag, um ein Zusammengehen mit Kursachsen und Nürnberg und trat Mitte Juni der »sächsischen Konfession« bei. Als der Kaiser gleich nach seinem Einzug am 15. Juni von den protestantischen Fürsten die Unterlassung der evangelischen Predigt forderte, machte ihm u. a. Markgraf Georg klar, wie ernst es den Fürsten mit ihrer Überzeugung war: »Ehe ich wolle meinen Gott und sein Evangelium verleugnen, ehe wolt ich hie für Ew. Kaiserl. Maj. niederknien und mir den Kopf lassen abhauen.« Der überraschte Kaiser konnte nur erwidern: »Nicht Kopf ab, nicht Kopf ab.« Später hielt sich Georg dann eher zurück, da er für seine Gebietsansprüche in Schlesien auf das Wohlwollen des Kaisers angewiesen war.

Im Gefolge Georgs befanden sich außer den ansbachischen Theologen Johann Rurer, Martin Meglin und Adam Weiß aus Crailsheim Johannes Brenz aus Hall und später auch noch Andreas Osiander aus Nürnberg. Unter ihnen trat Brenz am stärksten hervor, wiewohl auch er nicht viel mehr als eine Zuschauerrolle hatte. Er unterstützte zunächst Melanchthons nicht unumstrittene, auf den Frieden ausgerichtete Ausgleichsbemühungen und suchte mit diesem deswegen den päpstlichen Legaten Campeggio auf. Gemeinsam mit Melanchthon lehnte er ein Zusammengehen mit den Zwinglianern ab. Neben diesem und Erhard Schnepf gehörte er zu den lutherischen Theologen im ersten Verständigungsausschuß. Melanchthon und Brenz wurden später wegen ihrer zu großen Nachgiebigkeit verdächtigt, obwohl ein Zweifel an der Festigkeit ihrer Überzeugung eigentlich nicht berechtigt ist.

Wie erwähnt, hatte sich Nürnberg seit Anfang 1530 von seinen fürstlichen lutherischen Partnern isoliert. Aus Angst vor dem Kaiser wollte man Luther während des Reichstags nicht in der Stadt aufnehmen. Bei der Vorbereitung des Reichstags standen die besonderen Nürnberger Probleme, d. h. vor allem der alte Streit mit dem Bamberger Bischof um die geistliche Jurisdiktion, im Vordergrund. Die Instruktion für die Nürnberger Gesandten Kreß und Volckamer sah daher dann doch das Zusammengehen mit Kursachsen und Brandenburg vor, und diese Linie wurde, von einigem Schwanken abgesehen, schließlich auch durchgehalten und von Kursachsen, wenn auch widerwillig, akzeptiert. Die Nürnberger Theologen billigten die Confessio Augustana, nur Osiander kritisierte sie als zu mild. Die späteren weitgehenden Zugeständnisse Melanchthons vor allem hinsichtlich der Wiederaufrichtung der Jurisdiktion der Bischöfe waren für Nürnberg verständlicherweise unannehmbar.

Als zweite Stadt neben Nürnberg trat erstaunlicherweise das exponierte Reutlingen der Confessio Augustana sofort bei. Wahrscheinlich hatte der Reutlinger Gesandte in Augsburg Jos Weiß die Weisung, sich an Kursachsen und Nürnberg zu halten, ohne auf das Verhalten anderer Städte zu achten. Das war immerhin dadurch vorbereitet, daß sich Reutlingen im Januar mit den Schwabacher Artikeln einverstanden erklärt hatte. Mit seiner lutherischen Haltung tat sich Reutlingen gegenüber dem Kaiser dann auch in der Tat leichter als die angeblich zwinglianischen Städte. Wie Nürnberg verwarf auch der Reutlinger Prediger Matthäus Alber Melanchthons Konzessionen an die Gegenseite vom August. Für Alber war auch eine teilweise Rückkehr zum alten Kultus und die Anerkennung der bischöflichen Jurisdiktion ein nicht mit dem Gewissen zu vereinbarender, aus falscher Friedensliebe erwachsener fauler Kompromiß.

Philipp von Hessen hatte ursprünglich den Reichstag überhaupt nicht besuchen wollen, da er von der Ausgleichspolitik des Kaisers nichts hielt. Daß er dann dennoch nach Augsburg kam, geschah vor allem, um die gewaltsame Rückführung Herzog Ulrichs nach Württemberg vorzubereiten. In Augsburg selbst bemühte er sich – u. a. auch gegenüber Melanchthon und Brenz –, den oberdeutschen Städten den Beitritt zur Confessio Augustana zu ermöglichen und die Kluft zwischen ihnen und den Lutheranern nicht zu groß werden zu lassen. Das hat seinen Niederschlag in der deutschen Formulierung des Abendmahlsartikels des Augsburger Bekenntnisses gefunden. Dennoch wurden die Oberdeutschen schließlich doch nicht zum gemeinsamen Bekenntnis zugelassen.

Als der Kaiser die protestierenden Städte zu einer Stellungnahme aufforderte, traten Mitte Juli auch Heilbronn, Kempten, Windsheim und Weißenburg der Confessio Augustana bei (Abb. 15). In keiner dieser Städte war bis dahin die Reformation im eigentlichen Sinn eingeführt. Der Beitritt Kemptens verwundert auch insofern, als es dort eine starke zwinglianische Strömung gab. Heilbronn hatte für den Reichstag eigene Verteidigungsschriften vorbereitet, die interessanterweise auf Vorlagen von Brenz zurückgreifen, was man bisher nicht gesehen hat. Infolge des Beitritts zum Augsburger Bekenntnis wurde davon kein Gebrauch gemacht.

Straßburg war nach wie vor an einem Zusammengehen der Protestanten auf dem Reichstag interessiert, jedoch nicht um den Preis seiner Abendmahlsauffassung. Im Juni wurden Bucer und Capito nach Augsburg abgeordnet, um die theologische Verteidigung gegen Johann Eck und die Behauptung des Straßburger Standpunkts gegenüber den Lutheranern zu übernehmen. Der etwas wirklichkeitsfremde Versuch, sich unter Ausklammerung des Abendmahlsartikels an das Augsburger Bekenntnis anzuschließen, scheiterte. Nach dessen Überreichung machte sich Bucer offensichtlich sehr eilig an die Abfassung eines eigenen Bekenntnisses, das freilich insgesamt schwerfälliger und weniger klar als die Confessio Augustana ausfiel. Alsbald stellte sich heraus, daß Konstanz, Memmingen und Lindau daran interessiert waren, mit Straßburg zusammenzugehen, obwohl Konstanz über eine eigene Verteidigungsschrift von Ambrosius Blarer verfügte und Memmingen eine solche von Simprecht Schenck anfertigen lassen wollte. Lindau und Konstanz war allerdings der Abendmahlsartikel in Bucers Entwurf zu scharf, d. h. zu zwinglianisch, und zu lang, und er wurde deshalb gekürzt. Sachlich artikulierte Bucer seine mittlere Linie zwischen Luther und Zwingli, indem eine Speisung der gläubigen Seele, aber nicht eine solche des Leibes vertreten wurde. Am 9. Juli wurde die Confessio Tetrapolitana, das Vierstädtebekenntnis, dem Vizekanzler übergeben, da der Kaiser zur Jagd ausgeritten war. Am 25. Oktober wurde eine Confutatio auch dieses Bekenntnisses öffentlich auf dem Reichstag verlesen. Im folgenden Jahr gab Bucer dagegen eine Apologie heraus. Bereits in Augsburg wurde den Straßburger Politikern und Theologen klar, daß sie auf die Dauer zu einer Verständigung mit den Lutheranern kommen mußten; Bucer bemühte sich damals um neue Verbindungen zu Brenz, Melanchthon und Luther. Damit begann sein zähes Ringen um eine Einigung der Evangelischen. Bucers Hoffnung, daß sich Lutheraner und Zwinglianer schließlich auf der Basis der Tetrapolitana finden könnten, sollte sich freilich nicht erfüllen.

Im Verlauf des Reichstages wurden die protestierenden Städte durch den Kaiser gezielt eingeschüchtert und unter Druck gesetzt, während man gehorsamen Städten wie Überlingen, Rottweil, Ravensburg und Kaufbeuren eine bevorzugte Behandlung angedeihen ließ. Zwischen beiden Gruppen gab es in einer gewissen Isolation einige reformationsfreundliche Städte, die aber den Speyrer Abschied angenommen hatten. Zu ihnen gehörten Frankfurt, Augsburg, Schwäbisch Hall, und auch Ulm wurde ihnen inzwischen zugerechnet. Die Ulmer Gesandten hatten sich auf dem Reichstag auf die Forderung nach dem Konzil beschränkt. Von einem Beitritt zum Augsburger Bekenntnis riet Konrad Sam in milden Formulierungen wegen der Abendmahlsfrage ab. Bereits im Oktober zeichnete es sich dann ab, daß Ulm den Reichstagsabschied nicht annehmen würde, wie es dann am 8. November beschlossen wurde. Schon vorher hatte Augsburg gleichfalls abgelehnt. Johannes Brenz hatte seit Juli dem Haller Rat mehrfach klargemacht, daß man einen Abschied gegen Gottes Wort nicht annehmen, freilich auch dem Kaiser keinen Widerstand entgegensetzen durfte. Entsprechend entschied sich Hall am 4. November. Biberach und Isny entzogen sich zunächst einer Entscheidung, indem sie ihre Gesandten abberiefen. Biberach schloß sich dann später der Haltung Ulms an.

Statt zu einer Verständigung hatte der Augsburger Reichstag schließlich zu einer Klärung, ja Verhärtung der Fronten geführt. In manchen Städten, wie Heilbronn, Ulm und Biberach, bedeutete die Ablehnung des Augsburger Abschieds das Signal zur offiziellen Einführung der Reformation und war insofern ein wichtiger Impuls. Offen war zunächst, ob und wie die Evangelischen sich gegen die Bedrohung durch den Kaiser zusammenschließen würden. In manchen Territorien wurde dies abgelehnt. Andere Herrschaften und Städte hatten schon in Augsburg die Frage eines Bündnisses erneut erörtert.

*Quellen und Literatur:*

*Martin Brecht,* Die gemeinsame Politik der Reichsstädte und die Reformation, in: ZSGR 94, Kan. Abt. 63 (1977), S. 180–263, bes. 220 ff. – *Martin Bucers* Deutsche Schriften Bd. 3, Gütersloh (1969). – *Ekkehart Fabian,* Die Abschiede der Bündnis- und Bekenntnistage der protestierenden Fürsten und Städte 1529–1530, SKRG 6, Tübingen (1960). – *Herbert Grundmann,* Landgraf Philipp von Hessen auf dem Augsburger Reichstag 1530, SVRG 63 Nr. 176, Gütersloh (1959). – *Wilhelm Gussmann,* Quellen und Forschungen zur Geschichte des Augsburgischen Glaubensbekenntnisses, Bd. 1 und 2, Leipzig und Berlin (1911). – *Friedrich Wilhelm Kantzenbach,* Johannes Brenz in markgräflichem Dienst auf dem Reichstag in Augsburg, in: Jahrbuch des hist. Vereins für Mittelfranken 82 (1965), S. 50–80. – *Walther Köhler,* Zwingli und Luther, Band 2, QFRG 7, Gütersloh (1953). – Deutsche Reichstagsakten, jüngere Reihe Bd. 7 und 8, Göttingen ($^{2}$1963 und 1971). – *Hans-Christoph Rublack,* Nördlingen zwischen Kaiser und Reformation, in: ARG 71 (1980), S. 113–133. – *Heinz Scheible,* Das Widerstandsrecht als Problem der deutschen Protestanten 1523–1546, in: TKTG H. 10, Gütersloh (1969). – *Wilhelm Ferdinand Schmidt* und *Karl Schornbaum* (Hgg.), Die fränkischen Bekenntnisse, München (1930).

# Der Schmalkaldische Bund, die Sittenzucht und die Abendmahlskonkordie in Oberdeutschland

Nach dem »rauhen« Abschied des Augsburger Reichstages mußten die evangelischen Stände binnen kurzem mit einem Vorgehen des Kaisers gegen sie rechnen. Mit Sicherheit war eine Lawine von Prozessen kirchlicher Institutionen beim Reichskammergericht und beim Rottweiler Hofgericht gegen evangelische Obrigkeiten und ehemalige Geistliche zu erwarten, die äußerst lästig werden konnten und an deren Ende die Zwangsvollstreckung des Kaisers drohte. Faktisch bestand eine ähnliche Konstellation wie nach dem Speyrer Abschied im Vorjahr. Allein ein gemeinsames Bündnis schien eine Chance für eine Behauptung der Evangelischen zu bieten. Nur unter seinem Schutz ließ sich die Reformation tatsächlich durchführen oder weiter ausbauen. Wie sich jedoch gezeigt hatte, standen einem Bündnis erhebliche Schwierigkeiten entgegen. Luther und seine Anhänger in Franken hielten ein Bündnis gegen den Kaiser für nicht zulässig. Ende 1530 hatten die kursächsischen Juristen Luther jedoch klargemacht, daß der Kaiser nicht befugt sei, in die Religionsangelegenheiten der Stände einzugreifen und darum Widerstand gegen ihn erlaubt sei, worauf Luther, nicht jedoch seine fränkischen Freunde, seine Bedenken hintanstellte. Ein Bündnis der Evangelischen war nur möglich, wenn es gelang, den innerprotestantischen Zwiespalt zu einem gewissen Ausgleich zu bringen. Dies hatten die Straßburger schon in Augsburg klar erkannt, und Martin Bucer war in diesem Sinne bereits tätig. In der Tat hat das Bündnis die Evangelischen in Deutschland wieder näher an Luthers Auffassungen heranrücken lassen und auch sonst eine gewisse Konformität der Reformation bewirkt. Vor allem aber bot es den politischen Rahmen, innerhalb dessen sich die Reformation anderthalb Jahrzehnte relativ ungestört weiterentwickeln konnte.

Noch in Augsburg hatten zwischen den evangelischen Ständen neue Sondierungen über ein Bündnis stattgefunden. Ende Dezember trafen in Schmalkalden die Vertreter von Kursachsen, Hessen, Brandenburg-Ansbach, Ulm, das Memmingen, Biberach, Isny und Kempten vertrat, Nürnberg, Heilbronn, Straßburg, das Konstanz, Zürich und Basel vertrat, Reutlingen, Windsheim, Magdeburg und Bremen zusammen. Wie fast zu erwarten, wollten sich Brandenburg, Nürnberg und Windsheim in kein Bündnis begeben und schieden aus den weiteren Verhandlungen aus. Wenig später trafen Schwäbisch Hall und Heilbronn zunächst die gleiche Entscheidung. Den übrigen Teilnehmern wurde ein Bündnisentwurf vorgelegt, über den sich die einzelnen Stände zu erklären hatten. In den Reformationsprozessen wollte man einander beistehen. Als die Sprache auf das gemeinsame Bekenntnis kam, legte Jakob Sturm die Tetrapolitana vor, wohl in der Meinung, sie enthalte genügend Übereinstimmung mit der lutherischen Confessio Augustana. Dieses Problem wurde zunächst nicht ausgetragen. Wegen einer gemeinsamen Kirchenordnung, Sittenzuchtordnung und Behandlung der Täufer sollten die Theologen binnen zwei Monaten Gutachten vorlegen.

In Südwestdeutschland war es zunächst lediglich eine Reihe von Reichsstädten, die sich für das Bündnis interessierten und ihm dann auch beitraten. Sie verständigten sich auf besonderen Bundesstädtetagen. Auf dem Städtetag in Ulm Anfang Februar 1531 oder schon vorher erklärten Ulm, Memmingen, Konstanz, Biberach, Lindau, Isny, Reutlingen und Straßburg ihren Beitritt zum Bündnis. Kempten zögerte noch, Esslingen schloß sich im September an. Die Schweiz versagte sich, weil ihr selbst die Confessio Tetrapolitana unannehmbar schien. Die Frage einer Mitgliedschaft der Schweizer erledigte sich, als nach dem verlorenen zweiten Kappeler Krieg, in dem Zwingli gefallen war, Zürich Ende 1531 seine groß angelegte Bündnispolitik aufgeben mußte. Die südwestdeutschen Reformationsstädte hatten damit keine Alternative mehr zum Schmalkaldischen Bund.

Auf dem Städtetag Ende Februar 1531 in Memmingen wurde auftragsgemäß über Kirchenordnung, Sittenzucht und die Täuferfrage verhandelt, weshalb diesmal die Theologen Sam (Ulm), Gaßner (Lindau), Schenck (Memmingen), Müller (Biberach), Frick (Isny), Alber (Reutlingen), Zwick und A. Blarer (Konstanz) beigezogen wurden, unter denen Blarer der führende Kopf war. Gegen die Täufer wurde ein mildes Vorgehen empfohlen. Die gottesdienstlichen Zeremonien sollten nicht uniformiert werden. Nur bei Taufe und Abendmahl sollte eine der Einsetzung Christi entsprechende Gleichförmigkeit geübt werden, ohne daß man die lutherische Messe übernahm.

Am meisten waren die oberdeutschen Theologen an der Aufrichtung einer effektiven und einigermaßen einheitlichen Sittenzucht interessiert, wobei sie freilich auf das Mißtrauen der Politiker stießen, die nicht erneut ein selbständiges geistliches Gericht in ihren Städten aufkommen lassen wollten. Die Memminger Beratungen haben hier richtungweisend gewirkt, weshalb an dieser Stelle etwas ausführlicher auf dieses Thema eingegangen werden soll. In allen Territorien war schon vor der Reformation nicht nur von der Kirche, sondern auch von der Obrigkeit durch Mandate über Trinken, Fluchen, Hurerei, Wucher usw. und die entsprechenden Polizeimaßnahmen Sittenzucht geübt worden, oft sogar mit christlicher Begründung. Bei der Einführung der Reformation stellte sich die Frage, wer die kirchliche Gerichtsbarkeit ausüben, wie sie sich zur weltlichen Sittenzucht verhalten und welchen Einfluß die Obrigkeit auf sie haben sollte. Gleichzeitig mußte anstelle der bisher bischöflichen eine obrigkeitliche Ehegerichtsbarkeit entwickelt werden. Den Geistlichen allein wollte man die kirchliche Sittenzucht eigentlich durchweg nicht überlassen. Vielfach wurde ein gemischtes Gremium aus Vertretern des Rats, der Gemeinde und einigen Geistlichen gebildet, manchmal waren die Geistlichen auch nur als Sachverständige zugelassen. Der springende Punkt war die Kompetenz. Meist konnte das Sittengericht zwar Vermahnungen und leichtere Strafen aussprechen, nicht jedoch den Bann, den Ausschluß aus der kirchlichen Gemeinschaft, der unweigerlich auch gesellschaftlich diskriminierte. Darüber behielt sich der Rat die Entscheidung vor, was die Kirche in ihren sittlichen Belangen freilich noch mehr von der Obrigkeit abhängig machte. In den Grundlinien war dieses System verstaatlichter Kirchenzucht in Memmingen gebilligt worden. Vorbildhaft haben die Basler Ordnungen gewirkt. Dort hatte man 1529 ein Ehegericht aus Geistlichen und Ratsmitgliedern eingerichtet, das zunächst auch als Sittengericht fungierte. Die Bannordnung von 1530 sah kleine Sittenzuchtgremien in den Pfarreien vor, wobei die Geistlichen nur assistierten. Ihnen war später zeitweilig auch die obrigkeitliche Sittenzucht übertragen, was sich aber auf die Dauer nicht bewähren konnte. Die Entscheidung über den Bann behielt sich alsbald der Rat vor. 1532 übernahm Straßburg zunächst im wesentlichen das Basler Modell. Auch die Reutlinger Zuchtordnung von 1531 dürfte von Basel abhängig sein.

In Ulm wollte die Obrigkeit alles, nur kein »neues Papsttum« haben. Vom Bann durfte nicht gesprochen werden, sondern nur vom »christlichen Ausschließen«, und darüber entschied der Rat. Neben der kirchlichen bestand die weltliche Sittenzucht fort. Hinsichtlich des Ehegerichts experimentierte man jahrzehntelang. Der Konstanzer Rat hatte seit Jahren ein echtes Interesse am heiligen Leben der Gemeinde. Die Zuchtordnung von 1531 folgte den Memminger Beschlüssen. Sie funktionierte selbst hier nur bedingt, angeblich weil der Rat, der für den Bann zuständig war, den Zuchtherren (Sittenrichtern) nicht genügend den Rücken stärkte. Durch A. Blarer wurde 1532 die Konstanzer Zuchtordnung von Esslingen übernommen. Dem Sittengericht wurde sogar eine gewisse Selbständigkeit zugestanden. Die Ordnung wurde anfangs intensiv und mit Erfolg praktiziert; der neu erwachte Eifer ging jedoch auch hier bald zurück. Auch Memmingen folgte 1532 dem Konstanzer Vorbild, desgleichen Lindau 1533, Kempten 1543 und Ravensburg 1546. Isny orientierte sich 1532 an Memmingen.

Befriedigend funktioniert hat die staatskirchliche Sittenzucht höchstens in Ausnahmefällen. Einerseits konnte und wollte sich die Obrigkeit die sittlichen Anforderungen der Kirche und der Geistlichen nicht zu eigen machen, andererseits waren kirchliche Sittenzucht und staatliche Polizeimaßnahmen nicht sauber geschieden. Bloße Appelle blieben vielfach wirkungslos. An dieser Stelle trat der innere Widerspruch der von der Obrigkeit abhängigen Reformationskirchen schon früh zutage, und das mußte sich langfristig auf die kirchliche Atmosphäre in den Gemeinden auswirken. Die Reibereien zwischen Obrigkeit und Geistlichkeit waren an diesem Punkt vorprogrammiert. Einerseits rissen die Klagen über die zu laxe Sittlichkeit nicht ab, andererseits wurde die Kirche als mit dem politischen System verbundene Zwangsanstalt erfahren. Gerechterweise wird man aber feststellen müssen, daß die alternative Organisation einer Freiwilligkeitskirche, in der eine seelsorgerliche Kirchenzucht vielleicht hätte geübt werden können, im 16. Jahrhundert nur bei Splittergruppen möglich war. Im Schmalkaldischen Bund insgesamt kam es weder zu einer Vereinheitlichung der Zeremonien noch der Sittenzucht.

Bis zum Ende des Jahres 1531 hatten sich die Bundesgenossen auf eine Verfassung ihres zunächst auf sechs Jahre befristeten Bündnisses geeinigt. Die Fürsten hatten im Bündnis zwei Stimmen, die Grafen eine, die sieben niederdeutschen und die neun oberdeutschen Städte ebenfalls je eine Stimme. Die Städte konnten also immer überstimmt werden. Von den Kosten hatten die oberdeutschen Städte hingegen ein Viertel (zunächst 17500 Gulden) aufzubringen, wovon Straßburg und Ulm weit mehr als die Hälfte übernahmen.

Im Frühjahr 1532 geriet das Bündnis in eine kritische Phase. Damals waren in Schweinfurt Vorverhandlungen über einen befristeten Friedenszustand für die evangelischen Stände angesetzt, die dann zu dem wichtigen sog. Nürnberger Anstand führten, der zunächst einmal die Bedrohung durch Kaiser und Reich aufhob und dann auch den lästigen Religionsprozessen nach und nach ein Ende machte. Es bestanden Tendenzen, den Friedenszustand nur für die Unterzeichner der Confessio Augustana gelten zu lassen. Ein Teil der südwestdeutschen Städte mußte also darauf achten, nicht ausgeschlossen zu werden. In Straßburg erkannte man, daß diese Städte in den Zwang geraten konnten, die Confessio Augustana anerkennen zu müssen, und deshalb versicherte man sich vorsorglich der Zustimmung der Gesandten auf dem Ulmer Städtetag im März 1532. In der Tat kamen die oberdeutschen Städte in Schweinfurt nicht daran vorbei, die Übereinstimmung der Confessio Tetrapolitana mit der Confessio Augustana zu deklarieren, d.h. das Vierstädtebekenntnis mußte nunmehr lutherisch interpretiert werden. Politisch war damit bereits die engere Verbindung von Lutheranern und Oberdeutschen erfolgt, die theologisch erst vier Jahre später erreicht wurde.

Der Schmalkaldische Bund trat in der Folgezeit vor allem für die Geltung des Nürnberger Anstands hinsichtlich der Niederschlagung der Reformationsprozesse ein. Dabei mußte oft zäh gerungen werden. So gab es 1534 einen Streit wegen der Befangenheit der Kammerrichter, da es oft eine Ermessensfrage war, welche Fälle Religionssachen waren. Der Bund drohte damals mit der Recusation (Nichtanerkennung) des Reichskammergerichts. Im November 1534 behandelten die Städte auf einer Zusammenkunft in Esslingen eigens ihre Schwierigkeiten mit den Gerichten, die sich nicht um die vom Kaiser verfügte Aufhebung der Prozesse kümmerten.

Die evangelischen südwestdeutschen Städte hatten ihren politischen Ort im Schmalkaldischen Bund gefunden. Wie Philipp von Hessen lehnten sie eine Verlängerung des auslaufenden Schwäbischen Bundes ab, da der Bund, wie beschrieben, in den Jahren zuvor vor allem die katholischen Mitglieder begünstigt hatte. Mit dem Ende des Schwäbischen Bundes und unter dem stillschweigenden Schutz des Schmalkaldischen Bündnisses wurde es 1534 für Philipp von Hessen endlich möglich, die Rückführung Herzog Ulrichs nach Württemberg und die Vertreibung der Habsburger zu verwirklichen. Am Zustandekommen des Friedensvertrags von Kaaden mit König Ferdinand war Kursachsen wesentlich beteiligt. Dabei wurde der lutherische Charakter der württembergischen Reformation politisch festgeschrieben. Es war nur konsequent, daß das Herzogtum Württemberg 1536 dem Schmalkaldischen Bund beitrat, der damit in Südwestdeutschland erheblich konsolidiert war, da er nicht mehr nur aus verstreuten Städten bestand. Damit bekam das Bündnis verstärkte Anziehungskraft, zumal es für die evangelischen Stände eigentlich keine politische Alternative mehr gab, sofern sie nicht wie die Franken in ihrer Isolation verharren wollten. 1536 traten Augsburg und Kempten dem Bündnis bei, was im Falle Augsburgs auch eine stärkere Annäherung an das Luthertum bedeutete. 1538 folgten Hall und Heilbronn, wo man sich inzwischen vom rein defensiven

Charakter des Bundes überzeugt hatte. Kurz vor dem Schmalkaldischen Krieg trat Ravensburg dem Bündnis bei. Nach langem Zögern erfolgte der Anschluß von Bopfingen erst am 21. September, der von Dinkelsbühl sogar erst Mitte Oktober 1546, wenige Wochen vor der Niederlage des Bundes in Süddeutschland.

Wie sich schon ständig angedeutet hat, war die politische Verbindung der oberdeutschen Städte mit dem Schmalkaldischen Bund möglich, weil seit 1530 gleichzeitig Bemühungen um eine theologische Annäherung zum Luthertum im Gang waren. Die Seele dieses Unternehmens war Martin Bucer. Ihm war von vornherein klar, daß Luther keine Konzessionen machen würde, aber er meinte, im letzten mit ihm einig zu sein. Bucer verstand das Abendmahl als »Speise der Seele«, nicht wie Zwingli als bloße Bekenntnisveranstaltung der Gemeinde. Luther konnte diese Formel freilich nicht genügen, da der Empfang von Leib und Blut Christi dabei immer noch vom subjektiven Glauben des Empfängers abhängig und somit nicht objektive Gabe war. So scheiterte Bucers erster Versuch 1530/31, die Lutheraner und Zwingli auf dieser mittleren Linie zusammenzubringen. Die Fronten verhärteten sich sogar wieder. Im August 1531 stellt Luther fest: »In Augsburg tobt der Satan durch die Feinde des Sakraments... Dasselbe geschieht in Ulm.« Ambrosius Blarer war verständlicherweise darüber empört, daß Luther behauptete, »die Schwärmer« hätten weder Taufe noch Abendmahl. Die Zürcher protestierten dagegen, daß Luther Zwinglis Tod am 11. Okt. 1531 als Gottesgericht wegen dessen Abendmahlslehre bezeichnete. Weder in Augsburg noch in Zürich war man jedoch gewillt, Luthers Auffassungen einfach hinzunehmen. Akute Konflikte gab es 1533 in Kempten, wo die beiden lutherischen Geistlichen Seeger und Rottach entlassen wurden, weil sie sich nicht auf eine vermittelnde Abendmahlslehre festlegen ließen. Den Augsburger Predigern untersagte Luther ausdrücklich, sich der Einigkeit mit ihm zu rühmen, und diese mußten gewisse Differenzen eingestehen.

Neue Impulse für eine Konkordie gab es erst wieder 1534. Bucer hatte sich mit neuen Formulierungen weiter an Luther angenähert. Der Friede von Kaaden schloß für die Reformation in Württemberg die Auffassungen der »Sakramentierer« (Zwinglianer) aus. Dabei lag Württemberg genau zwischen dem lutherischen und zwinglianischen Einflußbereich. Erhard Schnepf als Lutheraner und Ambrosius Blarer als Oberdeutscher sollten bei der württembergischen Reformation zusammenwirken und mußten sich notwendigerweise sofort über die Abendmahlsfrage einigen. Das geschah auf der Grundlage jenes lutherischen Einigungsvorschlages von Marburg, der dort nicht zum Zug gekommen war. Die wichtige Formel lautet: »Wir bekennen, daß aus vermög dieser Wort ›Das ist mein Leib, das ist mein Blut‹ der Leib und das Blut Christi wahrhaftiglich (hoc est substantive et essentialiter, non autem quantitative vel qualitative vel localiter) im Nachtmahl gegenwärtig sei und gegeben werd.« Die sog. Stuttgarter Konkordie vom August 1534 war die erste gelungene Verständigung über das Abendmahl. Blarer wurde ihretwegen freilich von seinen Freunden, einschließlich Bucer, kritisiert, weil ihnen die Anerkennung einer wahren und substantialen Gegenwart Christi im Abendmahl zu weit ging. Aus diesen Erfahrungen resultierte Blarers spätere folgenreiche Abneigung gegen weitere Konkordienprojekte. Für Ende 1534 wurden Vorverhandlungen von Bucer und Melanchthon in Kassel ins Auge gefaßt. Hierfür versuchte Bucer von den reichsstädtischen Theologen zu erreichen, daß sie »das wahre und wesentliche Darreichen... des wahren Leibs und wahren Bluts Christi« im Abendmahl, »an dem gegen D. Luther die Sach gar hanget«, akzeptierten. Dabei machten Konstanz und Zürich freilich nicht mit. Das Auseinandergehen von Oberdeutschen und Schweizern begann sich abzuzeichnen. In Kassel einigten sich Bucer und Melanchthon auf die Formel: Mit dem Brot wird der Leib Christi wesentlich und wahrhaftig empfangen. Wie das geschieht, ließ man offen. Luther erklärte sich damit einverstanden, sofern die Oberdeutschen wirklich so dachten. Er wollte jedoch den Abschluß einer Konkordie nicht übereilen. Man mußte das Echo der Oberdeutschen abwarten. Außerdem mußten auch seine mißtrauischen Freunde Brenz, Osiander und Rhegius gehört werden.

Einen echten Durchbruch gab es, als Augsburg im Sommer 1535 seine Hinwendung zum Luthertum zu erkennen gab und seine Differenzen mit Luther zu dessen großer Freude ausräumte. Der Augsburger Stadtarzt Gereon Sailer wurde nun zum rührigen Agenten für die Konkordie in den südwestdeutschen Städten. Esslingen und Ulm waren bereit, mitzumachen. Selbst die Schweizer hoffte man gewinnen zu können. Bucer persönlich brachte Brenz dazu, daß er seine Vorbehalte zurückstellte. Auf einem Konvent der oberdeutschen Theologen mit Luther sollte die Einigung beschlossen werden. Konstanz freilich blieb reserviert, und die Schweizer einigten sich damals auf ein eigenes Bekenntnis und wollten an dem Einigungskonvent auch nicht teilnehmen.

Die Zusammenkunft fand im Mai 1536 in Wittenberg statt. Auf kursächsischer Seite nahmen Luther, Melanchthon, Justus Jonas, Caspar Cruciger, Bugenhagen, Justus Menius und Friedrich Myconius teil. Die Oberdeutschen waren vertreten durch Bucer und Capito aus Straßburg, Martin Frecht aus Ulm, Jakob Otter aus Esslingen, Bonifacius Wolfhart und Wolfgang Musculus aus Augsburg, Gervasius Schuler aus Memmingen, Johannes Bernhardi aus Frankfurt, Martin Germanus aus Fürfeld im Kraichgau und Johannes Zwick aus Konstanz. Dazu kamen noch die Reutlinger Lutheraner Matthäus Alber und Johannes Schradin. Das gegenseitige Mißtrauen war noch keineswegs überwunden, zumal Luther an der eben erfolgten Neuausgabe der Werke Zwinglis schweren Anstoß genommen hatte. Er forderte darum brüsk von der Gegenseite einen Widerruf, denn an einer geheuchelten Konkordie wollte er sich nicht beteiligen. Sollte das Unternehmen nicht scheitern, mußte Bucer noch stärker auf Luthers Position einschwenken, als es ursprünglich beabsichtigt war. Die Diskussion spitzte sich dann auf die Testfrage zu, ob auch die Gottlosen Leib und Blut Christi empfangen, d. h. ob die Abendmahlsgabe unabhängig von den Qualitäten des Empfängers empfangen wird. Die Oberdeutschen gestanden das schließlich zu, nachdem der Ausdruck »Gottlose« durch den biblischen Begriff »Unwürdige«, der gewisse Interpretationsmöglichkeiten offen ließ, ersetzt worden war. In der Sache hatte sich damit Luthers Auffassung durchgesetzt. Die Wittenberger Konkordie wurde dann am 29. Mai von allen Teilnehmern außer dem dazu nicht bevollmächtigten Konstanzer Zwick unterzeichnet. In Kraft treten konnte sie erst, nachdem sie von den städtischen Obrigkeiten und Prädikanten angenommen war. Schon im Juli lagen die Zustimmungen von Frankfurt, Worms, Landau, Weißenburg, Esslingen, Augsburg, Memmingen, Kempten und Straßburg vor. Reutlingen folgte im September. Im Gegensatz zu seinen Predigern zögerte der Ulmer Rat bis zum Oktober. Offiziell bedeutete das, daß nunmehr auch nahezu alle südwestdeutschen Reformationskirchen lutherisch waren. Freilich regte sich der Zwinglianismus auch in der Folgezeit noch, z. B. in Augsburg, und das erregte Verstimmungen. Anhänger von Zwinglis Abendmahlsauffassung dürfte es noch längere Zeit in nicht wenigen Städten gegeben haben. An der Grundsatzentscheidung von Wittenberg änderte das jedoch nichts mehr. Konstanz hingegen lehnte Ende des Jahres die Konkordie ab, weil sie den Lutheranern mehr zugestehe, als mit dem Gewissen vereinbar sei. Damit begann die folgenschwere innere Isolation von Konstanz. Die Bemühungen um die Gewinnung der Schweizer zogen sich noch jahrelang hin. Erst im Oktober 1538 lehnten die Schweizer, und nicht etwa der sehr geduldige Luther, die Konkordie ab. Damit war entschieden, daß die Schweizer Reformation ihren eigenen konfessionellen Weg gehen würde.

*Literatur und Quellen:*

*Ernst Bizer,* Studien zur Geschichte des Abendmahlsstreits im 16. Jahrhundert, Darmstadt ($^2$1962). – *Martin Brecht,* Luthers Verhältnis zu den Oberdeutschen und Schweizern ab 1530/31, in: *Helmar Junghans* (Hg.), Leben und Werk Martin Luthers von 1526 bis 1546, Göttingen (1983), S. 497–517. – Reiches Material bietet die von *Ekkehart Fabian* herausgegebene Reihe Schriften zur Kirchen- und Rechtsgeschichte, Tübingen (1962 ff.). Besonders genannt seien: *Ekkehart Fabian*, Die Entstehung des Schmalk. Bundes und seiner Verfassung 1524/29–1531/35, SKRG 1 (1962). – Ders., (Hg.), Die Schmalk. Bundesabschiede. SKRG 7 und 8 (1958). – Ders. (Hgg.), Die Beschlüsse der oberdeutschen Schmalk. Städtetage Teil 1–3, SKRG 9/10, 14/15 und 21/24 (1959 und 1960). – *Walther Köhler,* Zürcher Ehegericht und Genfer Konsistorium, Bd. 2, Quellen und Abh. zur Schweizerischen Reformationsgeschichte 10, Leipzig (1942).

# Die Reformation in den Reichsstädten und nichtwürttembergischen Territorien von 1526–1546

Jede Reichsstadt und jedes Territorium haben ihre eigene Reformationsgeschichte. Gleichwohl bestehen zwischen manchen unter ihnen Beziehungen. Die Abfolge der Darstellung versucht dem behutsam, unter Berücksichtigung chronologischer, geographischer, historischer und sachlicher Gesichtspunkte Rechnung zu tragen. Die zeitliche Begrenzung wird durch den Bauernkrieg einerseits und den Schmalkaldischen Krieg andererseits markiert. Während dieser beiden Jahrzehnte griff die Reformation auf immer mehr Städte über und führte in unterschiedlichen Prozessen zum Ausbau eines neuen Kirchentums. Es lag in der Natur der Sache, daß sich der konkrete Verlauf der Reformation mit der Abschaffung der alten und der Einführung der neuen kirchlichen Ordnung häufig in ähnlicher Weise vollzog. Auch ein Stagnieren der Reformation und eine infolgedessen spätere Hinwendung zu ihr erfolgten oft aus den gleichen Umständen und Rücksichten. Je nach Quellenlage treten unterschiedliche Aspekte in der jeweiligen Reformation hervor. Fast immer liegen über die Einführung der Reformation und die Neuordnung mehr Informationen vor als über die folgende Phase der Einübung der neuen Ordnungen.

## Reutlingen

Die Reutlinger Reformation nahm ungehindert durch größere Hemmnisse einen erstaunlich stetigen und konsequenten Fortgang. Nachdem schon 1524 die erste evangelische Abendmahlsfeier gehalten worden war, betrieb Matthäus Alber etwa seit Herbst 1525 die Einrichtung einer neuen Gottesdienstordnung, die die Messe ersetzen sollte. Dagegen regte sich der Widerstand der altgläubigen Seite. Eine Disputation sollte die Entscheidung bringen; sie wurde jedoch von den Altgläubigen – sichtlich aus Beweisnot – schließlich abgelehnt. Weil sie die Messe aus der Schrift nicht zu begründen vermochten, wurde sie ihnen verboten. Die Reutlinger Gottesdienstordnung orientierte sich nicht am Vorbild der Messe, sondern, wie auch die spätere württembergische Gottesdienstform, am Modell des spätmittelalterlichen Prädikantengottesdienstes. Die Reutlinger hatten ihre äußerst schlichte Ordnung Anfang 1526 Luther vorgelegt, und er hatte sie ausdrücklich gebilligt, obwohl er gerade damals seine Deutsche Messe herausbrachte. Luther warnte lediglich vor zu langen Lesungen, die die Hörer ermüden mußten. Alber meinte damit den wahren Gottesdienst aufgerichtet und die unchristlichen Satzungen abgeschafft zu haben. Der Rat berief sich gegen den Einspruch, den der Abt von Königsbronn als Patron der Pfarrkirche wegen der Neuerungen vorbrachte, auf das vom Speyrer Reichstag 1526 zugestandene Reformationsrecht. Seit 1527 wurden deswegen allerdings den Reutlinger Geistlichen ihre Einkünfte im württembergischen

Degerschlacht und Sickenhausen nicht mehr gereicht, weil sie den Meßgottesdienst nicht mehr hielten. Der Bischof von Konstanz erreichte mit seinen Klagen gegen Reutlingen wegen Mißachtung seiner Jurisdiktion nichts. Lästig war jedoch, daß die verheirateten Reutlinger Geistlichen vor das bischöfliche Gericht zitiert und schließlich exkommuniziert wurden. 1529 folgte darauf die Vorladung vor das Hofgericht in Rottweil, das Alber 1530 in die Acht erklärte. Das Reichskammergericht verwarf 1531 Albers Berufung. Der Prozeß wurde erst 1532 nach dem Nürnberger Anstand niedergeschlagen.

In den kritischen Entscheidungen des Speyrer und Augsburger Reichstags 1529 und 1530 hielt Reutlingen seinen klaren lutherischen Kurs in erstaunlicher Konsequenz durch. Die Ablehnung des Augsburger Reichstagsabschieds wurde von der großen Mehrheit der Bevölkerung befürwortet. Der weitere Ausbau der Reformation erfolgte 1531 nach dem Beitritt zum Schmalkaldischen Bund. Nunmehr machten sich partiell auch die Einflüsse der oberdeutschen Nachbarschaft bemerkbar. So kam es in der Karwoche 1531 zu einem Bildersturm. Die überflüssigen Kirchenglocken wurden auf die Stadttore gehängt. Möglicherweise hatte sich hier Johann Schradin gegenüber Alber durchgesetzt, der zumindest später in der Bilderfrage eine wesentlich behutsamere Haltung einnahm. Damals erhielt Reutlingen auch eine Kirchenleitung, Senatus ecclesiae genannt, bestehend aus drei Ratsmitgliedern, sechs Gemeindegliedern und drei Predigern. Dabei ist sowohl die starke Beteiligung der Gemeinde als auch die der Prediger auffällig. Dieses Gremium war zuständig für die Kirchenordnung, die Ehehändel, die Sittenzucht und die Anstellung von Predigern und Schulmeistern. 1533 wurde die Reutlinger Kirche vollends in die Stadt integriert, als der Abt von Königsbronn das Patronatsrecht über die Pfarrkirche an das Reutlinger Spital verkaufte. An der Bewältigung des bösen Konflikts mit Herzog Ulrich von Württemberg wegen dessen Überfalls auf die Stadt 1519 hatte sich Alber schon seit Jahren beteiligt. So ergaben sich 1534 bei der Rückkehr Ulrichs nach Württemberg keine größeren Komplikationen. 1535 übergaben die Franziskaner ihr Kloster der Stadt, das von da an als neues Spital diente. In der politischen Führung der Stadt trat neben Jos Weiß (gest. 1542) seit 1536 immer mehr der Stadtschreiber Benedikt Grötzinger in den Vordergrund.

*Literatur:*

*Martin Brecht,* Reutlingen und die Reformation in Deutschland, in: BWKG 80/81 (1980/81), S. 5–23. – *Christoph Duncker,* Matthäus Alber, Reformator von Reutlingen (1970). – Ders. (Hg.), Gewonnene Freiheit, verlorene Einheit? Stuttgart (1980). – *Christoph Friedrich Gayler,* Hist. Denkwürdigkeiten der ehem. freien Reichsstadt... Reutlingen, vom Ursprung an bis ans Ende der Reformation 1577, Reutlingen (1840). – Reutlinger Geschichtsblätter 18 (1979). – *Paul Schwarz* und *Heinz Dieter Schmid* (Hgg.), Reutlingen. Aus der Geschichte einer Stadt, Reutlingen (1973), S. 85–112. – *Votteler*, Hans Schradin, Genosse Matth. Albers..., Progr. des Gymn. in Reutlingen (1892/93).

## Grafschaft Wertheim

Ähnlich unabhängig wie die Reformation in Reutlingen verlief die der Grafschaft Wertheim. Der Ausbau der Reformation erfolgte auf Initiative des Grafen Georg II. wohl in Verbindung mit dem Wertheimer Prediger Eberlin von Günzburg. Bis zum Tod Georgs im Jahr 1530 waren die Pfarrstellen offensichtlich zum großen Teil evangelisch besetzt. 1526 wurden geistliche Stiftungen, z. B. Seelenmessen, verboten und 1528 die Feiertage behutsam reduziert. Der Graf übte keinen Glaubenszwang aus, untersagte jedoch 1529 als Obrigkeit den Streit zwischen Alt- und Neugläubigen. Wahrscheinlich bestand neben dem evangelischen Predigtgottesdienst auch noch der alte Kultus fort. Wohl von 1526 an bekam die Grafschaft schrittweise auch eine eigene Eheordnung. Nach Georgs Tod wurde zwar der Prediger Eberlin entlassen, zu einer eigentlichen Rekatholisierung kam es jedoch nicht. Allerdings ist über die kirchlichen Verhältnisse in der Grafschaft während der folgenden Jahrzehnte wenig bekannt.

*Literatur:*

*Hermann Ehmer,* Recuperati Evangelii Defensor et Instaurator. Die reformatorischen Ordnungen und Mandate des Grafen Georg II. von Wertheim, in: Würzburger Diözesan-Geschichtsblätter 42 (1980), S. 215–234. – *Sehling* XI, S. 703–706.

## Markgrafschaft Brandenburg-Ansbach-Kulmbach

Die Markgrafschaft wurde neben Kursachsen und Hessen zu einem der wichtigsten evangelischen Territorien in den Anfängen der Reformation. Wegen des Widerstands der altgläubigen Stände und der Bischöfe und um seiner Beziehungen zum Kaiser willen verzichtete Markgraf Kasimir nach dem Bauernkrieg zunächst auf weitere reformatorische Maßnahmen, obwohl Adam Weiß von Crailsheim und Johann Rurer von Ansbach solche forderten. Lediglich der Laienkelch wurde »heimlich und stille« zugestanden. Vereinzelt wurden Prediger entlassen. Bevor Kasimir im Herbst 1526 mit König Ferdinand nach Ungarn ging, fand im Oktober ein Landtag statt. Sein Abschied legte die Beibehaltung der lateinischen Messe fest, bei der aber die Einsetzungsworte laut gesprochen werden sollten. Die Priesterehe blieb verboten; hingegen wurden die deutsche Taufe und der Laienkelch zugestanden. Kasimirs Bruder Georg stimmte dieser konservativen Lösung nur zögernd zu. Kasimir fand mit diesem unentschiedenen Verhalten weder die Zustimmung der Bischöfe noch der Anhänger der Reformation. Wegen seiner Kritik wurde der Kanzler Georg Vogler gefangengenommen, und Rurer mußte fliehen. Faktisch setzte eine Restauration ein, die erst mit Kasimirs Tod im Herbst 1527 ein Ende fand.

Sein Nachfolger wurde Markgraf Georg, später der Fromme genannt, der Georg Vogler erneut zu seinem Kanzler machte und Johann Rurer als Hofprediger zurückholte. Andreas Althamer wurde Pfarrer in Ansbach. Auf dem Landtag im März 1528 erfuhren die früheren Landtagsabschiede eine eindeutig evangelische Auslegung. Der Eid, den die Priester der markgräflichen Patronatspfarreien zu leisten hatten, legte sie auf die evangelische Predigt und auf die Anerkennung der landesherrlichen Jurisdiktion in kirchlichen Angelegenheiten fest. Keine Pfründe durfte mehr ohne die Zustimmung des Landesherrn vergeben werden.

Wohl schon im Jahr 1528 wurde Johannes Brenz aus dem benachbarten Hall einer der einflußreichsten geistlichen und theologischen Berater des Markgrafen, der ihn mit seinen Schriftauslegungen und Vorschlägen zur Abschaffung der Messe und zur Einrichtung einer evangelischen Kirchenordnung ermutigte. 1529 entwarf er für den Markgrafen eine Klosterordnung, die die Umwandlung der Klöster in Schulen vorsah; außerdem legte er sein großes Gutachten »Von Ehesachen« vor, das einen wichtigen Beitrag zu einem evangelischen Eherecht darstellte. Brenz wurde auch zu Verhören von Täufern herangezogen. Der Markgraf empfahl ihn als Teilnehmer am Marburger Religionsgespräch und nahm ihn schließlich auf den Augsburger Reichstag mit. Obwohl die Markgrafschaft mit Weiß und Rurer fähige Theologen besaß, kam offenbar keiner von ihnen an das anerkannte Format von Brenz heran. In der Folgezeit trat Brenz in der Markgrafschaft neben den ansbachischen Theologen erstmals als kirchlicher Organisator eines größeren Territoriums in Erscheinung.

Schon im März 1528 hatte Adam Weiß dem Markgrafen jährliche Visitationen der Pfarreien vorgeschlagen. Melanchthons um Ostern dieses Jahres erschienener »Unterricht der Visitatoren« gab dafür dann das konkrete Modell ab. Weiß, Althamer und der Prior Schopper von Heilsbronn stellten im Mai 40 Frageartikel für die Visitation auf. Mit dem Plan einer Visitation trug sich damals auch der Nürnberger Ratschreiber Lazarus Spengler. Er strebte nunmehr ein Zusammengehen von Nürnberg und der Markgrafschaft an, wobei nicht zuletzt auf diese Weise auch die bisherigen Reibereien zwischen beiden Herrschaften überwunden werden sollten. Der Markgraf war einverstanden, und so kam es in der Folgezeit zu der bedeutsamen Zusammenarbeit von Nürnberg und der Markgrafschaft in Fragen der Kirchenordnung und Kirchenpolitik. Im Juni einigte sich eine Kommission von Räten und Theologen in Schwabach auf die auf 30 reduzierten Ansbacher Visitationsfragen und Osianders 23 Visitationsartikel, die sich zwar in manchem mit den Visitationsfragen überschnitten, aber die evangelische Auffassung bereits inhaltlich umschrieben. Eine Voraussetzung für die Visitation war das Vorhandensein einer mindestens vorläufigen Kirchenordnung. Auch sie wurde bereits in Schwabach entworfen und trat im August nach weiteren Beratungen in Kraft. Die Taufe wurde von allen nicht schriftgemäßen Riten gereinigt und die evangelische Messe in einer lateinisch-deutschen Mischform gefeiert. Die Theologen forderten zur Wahrung der Sittenzucht den sog. kleinen Bann, d. h. die Möglichkeit des Ausschlusses vom Abendmahl. Es wurde dann festgelegt, daß vor Verhängung einer solchen Maßnahme die Obrigkeit zu unterrichten sei. Die Geistlichen sollten in dieser heiklen Angelegenheit nicht selbständig vorgehen dürfen. Die Visitation im Ansbacher Bereich wurde von August bis November im wesentlichen durchgeführt. Viele Pfarrer folgten der Vorladung mit Rücksicht auf den Bischof oder die auswärtigen Patrone nicht. Aus den Informationen über das Crailsheimer und Creglinger Amt ergibt sich ein disparates Bild. Ein evangelischer Geistlicher vom Format eines Adam Weiß war eine Ausnahme. Viele Pfarrer hatten ihre Konkubinen bei sich, manche waren bereits verheiratet. Ein beträchtlicher Teil hielt noch am alten Kultus fest und predigte »dem Evangelio nit gar gemäß«.

Die Ausarbeitung einer endgültigen Kirchenordnung, wie sie vor allem von Lazarus Spengler betrieben wurde, zog sich lange hin, führte aber schließlich zu einem beachtlichen Ergebnis. Einen ersten Entwurf lieferte Osiander erst im Januar 1530. Spengler war mit dieser Arbeit nicht in allen Stücken einverstanden und ließ den Entwurf von den übrigen Nürnberger Theologen einschneidend überarbeiten. Im Juni übersandte man dann beide Fassungen dem Markgrafen. Infolge des Augsburger Reichstags stockte das Vorhaben, zumal der Markgraf auf eine gemeinsame lutherische Kirchenordnung drängte, die aber von den oberdeutschen Reformationsstädten im Februar 1531 in Memmingen abgelehnt wurde. Etwa gleichzeitig berieten die markgräflichen Theologen zusammen mit Brenz die Nürnberger Entwürfe, wobei die überarbeitete Fassung zugrunde gelegt wurde. U.a. wurde die Einrichtung eines Sittengerichts akzeptiert, wie sie Brenz kurz zuvor für Hall vorgeschlagen hatte. Die Nürnberger Theologen erklärten sich Ende April/Anfang Mai zum großen Teil mit den Ansbacher Änderungen einverstanden, lehnten aber das von Brenz vorgesehene kirchliche Sittengericht ab. Außer dem Bann sollte es keine besondere kirchliche Gerichtsbarkeit geben. Mit speziellen Änderungswünschen zu der Aussage, daß das Gesetz nur dem alten und das Evangelium nur dem neuen Menschen gelte und zur Beibehaltung der Konditionaltaufe bei Kindern, von denen nicht feststand, ob sie recht getauft waren, drang Osiander schließlich nicht durch. Die Äußerungen der Nürnberger wurden darauf wieder von Brenz und den Ansbachern durchgesehen. Brenz hielt an seiner Forderung nach einem Sittengericht fest. Eine rasche Annahme der Kirchenordnung verhinderte nunmehr der Nürnberger Rat, der sie seinen Juristen zur Durchsicht übergab. Bedenken bestanden wegen der Abschaffung der täglichen Messen, der Elevation und des Banns. Sie ließen sich weder durch Spengler noch durch die Theologen ausräumen, weshalb Spengler nun vorschlug, auf eine Regelung des Banns zu verzichten. Der Markgraf ließ diese neue Fassung der Ordnung Ende November umgehend beraten, wobei wieder Brenz hinzugezogen wurde. Die Ansbacher Theologen blieben zwar weithin bei ihren alten Einwänden, wiesen auch auf noch bestehende Lücken hin, stellten sich der neuen Ordnung jedoch insgesamt nicht in den Weg. Die Fertigstellung der Ordnung wurde dann allerdings aufgeschoben, bis das Ergebnis der bevorstehenden Ausgleichsverhandlungen mit dem Kaiser im Sommer 1532 feststand. Danach bat man die Wittenberger Theologen um eine Prüfung der Ordnung, die insgesamt positiv ausfiel. Die Pfarrer hatten das Recht, unwürdige oder unwissende Personen vom Abendmahl auszuschließen. Die Endfassung wurde im September und Oktober gemeinsam von Osiander und Brenz in Nürnberg erstellt. Nach Überwindung letzter Hemmnisse sowohl in Nürnberg als auch in der Markgrafschaft konnte die Ordnung Anfang 1533 erscheinen und in Kraft gesetzt werden.

Die brandenburgisch-nürnbergische Kirchenordnung mit ihren Ausführungen über die Lehre, ihren Gottesdienstordnungen und den als Katechismus dienenden angehängten Kinderpredigten Osianders ist eines der bedeutendsten Kirchenordnungswerke des 16. Jahrhunderts geworden. Sie wurde nicht nur in vielen fränkischen Herrschaften und Städten übernommen, sondern z. B. auch in Mecklenburg (1540). Zahlreiche andere Kirchenordnungen schöpften aus ihr und übernahmen ihr liturgisches Gut (Gebete), darunter auch Württemberg und sogar das Kurerzstift Köln (1543). Mit ihr verbreitete sich die Führung von sog. Kirchenbüchern, in denen zunächst Taufen und Trauungen (später auch Beerdigungen) festgehalten wurden, was ursprünglich zur Überwachung der Täufer und der Sittenzucht diente.

In den ersten Regierungsjahren Markgraf Georgs hatte die Markgrafschaft eine bedeutende Rolle als evangelisches Territorium gespielt. In den späteren Jahren merkt man jedoch eine deutliche Zurückhaltung. Die Markgrafschaft beteiligte sich nicht am Schmalkaldischen Bund. Ein Grund war die Rücksicht auf den Kaiser, mit dem man es wegen der schlesischen Besitzungen Georgs nicht verderben wollte. Ende 1553 wurde der Kanzler Vogler entlassen. Georgs Bruder, der Würzburger Domherr Friedrich, machte seinen Einfluß geltend. Die evangelische Neuordnung der Klöster und Stifte blieb unvollständig. Immerhin wurde 1536 in Teilen der Markgrafschaft eine weitere Visitation durchgeführt. Der dabei gebrauchte ausführliche Fragenkatalog läßt erkennen, daß man auf die Einhaltung der Kirchenordnung und die rechte geistliche Versorgung der Gemeinden achtete.

*Quellen:*

*Johannes Brenz,* Werke, Frühschriften Bd. 2, Tübingen (1974) passim. – *Andreas Osiander d. Ä.,* Gesamtausgabe Bd. 3 und 4, Gütersloh (1979 und 1981), passim. – *Sehling* XI, 1, S. 59ff.

## Schwäbisch Hall

Es liegt nahe, an die Beschreibung der Markgrafschaft die der Haller Reformation anzuschließen. Dafür spricht die räumliche Nachbarschaft, die Wirksamkeit von Brenz in beiden Gebieten und die daraus resultierenden Gemeinsamkeiten, z. B. hinsichtlich der ursprünglichen Abneigung gegen ein protestantisches Bündnis.

Der unumstrittene Kopf und Motor der Haller Reformation war der Prediger Brenz, mit dem der Pfarrer Johann Eisenmenger und die übrigen Geistlichen reibungslos zusammenarbeiteten. Nachdem in Hall – wenn auch nicht politisch, so doch faktisch – schon 1524 die Entscheidung für die Reformation gefallen war, erfolgte durch ihn der Ausbau des evangelischen Kirchentums. Ostern 1526 wurde die Frühmesse nach Luthers Formula Missae von 1523 umgestaltet und am Christfest desselben Jahres die erste deutsche Abendmahlsfeier gehalten. Wenige Monate später legte Brenz mit der »Reformation der Kirchen« den umfassenden Entwurf einer Kirchenordnung vor. Davon wurden jedoch nur die wichtigsten Gottesdienstordnungen in Kraft gesetzt. Eine vollständige Gottesdienstordnung wurde erst 1543 im Druck veröffentlicht.

Nach Luthers Anregung verband Brenz mit dem Frühmeßgottesdienst den Katechismusunterricht, für den er alsbald seinen ersten Katechismus, die »Fragstück des christlichen Glaubens für die Jugend zu Schwebischen Hall« verfaßte, den er dann 1535 durch eine Neufassung ersetzte. Dieser zweite Katechismus wurde wegen seiner prägnanten Kürze nach Luthers Kleinem Katechismus der verbreitetste lutherische Katechismus überhaupt und wird in Teilen bis heute gebraucht. Anders als Luther folgte Brenz dem Gang des Christenlebens, indem er mit der Taufe einsetzte und an sie das Glaubensbekenntnis anschloß. Aus dem Glauben folgt das Gebet und die Erfüllung der Gebote. Das Abendmahl ist als Stärkung des Christenlebens verstanden. 1527 schuf Brenz aus älteren Vorlagen auch das »Gemein Kirchengebet«, ein umfassendes Fürbittengebet, das durch die brandenburgisch-nürnbergische Kirchenordnung weite Verbreitung fand.

In seinem Ordnungsentwurf hatte Brenz ein kirchliches Sitten- oder »Sendgericht« aus Geistlichen und Laien gefordert, das an die Stelle des bisherigen bischöflichen Sendgerichts treten und jene Vergehen strafen sollte, die die Obrigkeit nicht ahndete, die die Kirche aber als heilige Gemeinschaft auch nicht hinnehmen konnte. Aber auch in Hall wollte man von einem unabhängigen kirchlichen Gericht nichts mehr wissen, sondern behalf sich mit Ratsmandaten gegen Gotteslästerung, Zutrinken, langes Zechen, Kuppelei usw. Besondere Aufpasser hatten die Übertreter anzugeben. Anstoß erregte die sehr konservative Feiertagsregelung des Rats, denn die Handwerker lehnten die zu große Anzahl der arbeitsfreien Tage ab. 1529 erging im Zusammenhang mit der Einrichtung besonderer Bittgottesdienste wegen der Türkengefahr ein neues Sittenmandat. Sein eigentliches Ziel eines Sendgerichts verlor Brenz jedoch nicht aus den Augen. 1531 schlug er wenigstens für das Landgebiet eine solche Einrichtung vor, allerdings wieder ohne Erfolg. Etwa seit 1525 war Brenz immer wieder mit Fragen des Eherechts befaßt. Auf diesem Gebiet bedurfte es der Entscheidungen und neuen Regelungen, nachdem das bischöfliche Ehegericht nicht mehr anerkannt wurde. Besonders brennend war das Problem der heimlichen Eheversprechen ohne Zustimmung der Eltern, aber auch die Fragen der verbotenen Verwandtschaftsgrade und der Ehescheidung mußten neu geordnet werden. Die Eheordnung für das bereits 1527 bestehende Ehegericht stammte von Brenz. In den Anfangsjahren der Reformation nahm Brenz auch mehrfach und nicht immer zur Freude der Juristen zu Strafprozessen in Hall Stellung, wobei er auf die Korrektheit der Verfahren und möglichst auf die Mindeststrafe drang.

Zu seinem erstaunlich umfassenden Wirken in Hall gehörte auch sein Bemühen um die Reformation der Schule. Brenz hielt Aufwendungen für die Bildung für besser angelegt als solche für die Verteidigung. Bei den Eltern warb er von der Kanzel, daß sie ihre Kinder einschließlich der Mädchen zur Schule schickten und nicht nur als billige Arbeitskräfte ausnützten. 1542 wurde das ehemalige Haller Landkapitel umgestaltet. Sein erster Superintendent wurde Johann Eisenmenger, der Pfarrer der Michaelskirche. Damit besaß die Haller Pfarrerschaft ihre eigene Organisation. 1543 wurde die umgearbeitete Kirchenordnung veröffentlicht. Die Haller Reformation strahlte über das Gebiet der Reichsstadt hinaus in die Nachbarschaft aus und bereitete dort die Hinwendung zur Reformation vor.

Brenz hatte zur Haller Obrigkeit, den Stättmeistern und auch dem Rat insgesamt ein gutes Verhältnis. Sein Einfluß war beträchtlich. Aber selbst er mußte es immer wieder erleben, daß zwischen Obrigkeit und Kirche Interessendifferenzen bestanden, bei denen die Kirche ins Hintertreffen geriet. Nicht nur die Sittenzucht, sondern auch Halls ängstliche und wankelmütige Reichspolitik auf den Reichstagen von Speyer 1529 und Augsburg sind dafür Beispiele. Obwohl die Haller Geistlichen z. B. 1529 ausdrücklich gegen die noch fortbestehenden Messen in der Kirche des Johanniterordens und in der dem Stift Komburg gehörenden Schuppachkirche protestierten, wurden diese erst 1534 abgeschafft. Brenz diente seiner Haller Gemeinde in erster Linie als Prediger. Ein großer Teil seiner Predigten hat sich einzeln oder in den während der Woche gehaltenen kontinuierlichen Bibelauslegungen erhalten. Sie wurden zum großen Teil alsbald von dem Drucker Peter Braubach veröffentlicht und wirkten so über Hall hinaus. Die Predigten vermitteln nebenbei einen Einblick in die mühsame Aufbauarbeit der Reformatoren. Selbst ein so gediegener Prediger wie Brenz hatte nicht immer eine volle Kirche. Bei aller Dankbarkeit für das wiederentdeckte Evangelium war ihm auch ständig dessen innere und äußere Gefährdung bewußt. Einerseits dauerte es lange, bis die alten Glaubensvorstellungen und Bräuche überwunden waren, andererseits gab es den Mißbrauch der evangelischen Freiheit, verbunden mit Gleichgültigkeit und Trägheit. In späteren Jahren machten sich die Täufer und Schwenckfelder bemerkbar. Eine neue Frömmigkeitssitte wurzelte erst allmählich ein. Trunk- und Putzsucht, Fluchen, Hurerei und Wucher waren trotz der häufigen und ernsten Bußrufe nicht auszurotten. Solche sittenkritischen Predigten waren freilich nicht beliebt und konnten Trotzreaktionen auslösen. Der Prediger mußte sich auch für die Armenfürsorge einsetzen, zumal das Almosengeben nun nicht mehr verdienstlich war. Als im Haller Spital einmal die Unzufriedenheit der Alten besonders groß wurde, erörterte er auch dieses Problem auf der Kanzel. Die Obrigkeit wurde u. a. auch in den Ratswahlpredigten immer wieder auf ihre Pflichten und nicht zuletzt auf die Fürsorgepflicht für die Kirche hingewiesen.

Insgesamt bietet Schwäbisch Hall aufgrund der Organisation und Verkündigung von Brenz ein ausgesprochen originelles und kreatives Modell einer reichsstädtischen Reformation. Zwar wurden die Haller Ordnungen andernorts nur vereinzelt übernommen, aber der Haller Prediger wirkte von 1525 an persönlich bei der Neuordnung nicht weniger lutherischer Territorialkirchen, genannt seien nur Brandenburg-Ansbach und Württemberg, mit und wurde dadurch neben Bucer und Blarer der wichtigste Kirchenorganisator Südwestdeutschlands.

*Literatur und Quellen:*

*Martin Brecht,* Anfänge reformatorischer Kirchenordnung und Sittenzucht bei Johannes Brenz, in: ZSRG 86, Kan. Abt. 55 (1969), S. 322–347. – Ders., Brenz als Zeitgenosse, in: BWKG 70 (1970), S. 3–39. – *Johannes Brenz,* Werke, Frühschriften Bd. 1 und 2, Tübingen (1970 und 1974). – *Hans-Martin Maurer* und *Kuno Ulshöfer,* Johannes Brenz und die Reformation in Württemberg, Forschungen aus Württ. Franken 9 (1970). – *Kuno Ulshöfer,* Die evangelische Politik der Reichsstadt Hall vom Augsburger Reichstag bis zum Eintritt der Stadt in den Schmalkaldischen Bund, in: Württ. Franken 55 (1971), S. 67–83. – *Christoph Weismann,* Die Katechismen des Johannes Brenz, 2 Bde., Diss. (masch.), Münster (1979).

## Heilbronn

In Heilbronn bestand an sich eine beträchtliche reformatorische Bewegung, die in Johann Lachmann auch einen befähigten geistlichen Führer hatte. Daneben gab es jedoch auch eine nicht unerhebliche katholische Partei mit Rückhalt im Rat und bei den klösterlichen Niederlassungen. Beide Gruppen beschuldigten und beschimpften sich gegenseitig. Die zwiespältige Situation, evangelische Verkündigung neben altgläubigem Kultus, wurde in breiteren Kreisen auf die Dauer als unhaltbar empfunden. Eine eindeutige Entscheidung herbeizuführen, war jedoch zunächst schwierig. Der selbständige Handlungsspielraum der Stadt gegenüber dem Reich und dem Schwäbischen Bund war wegen der Verwicklung Heilbronns in den Bauernkrieg eingeschränkt. Jahrelang war sie deswegen Vorwürfen ausgesetzt. Immer wieder hatte man sich mit Bürgern zu befassen, die am Bauernkrieg beteiligt gewesen waren. Die früheren Maßnahmen gegen die Klöster und die Besteuerung der Geistlichen wurden nicht zurückgenommen.

Die Initiativen zur Förderung der Reformation gingen vor allem von Lachmann aus. Anfang 1526 forderte er den Rat auf, sich an das Wort Gottes zu halten und den Untertanen damit ein Vorbild zu geben. Im April heiratete er. Im Mai wollte der Bischof von Würzburg die lutherischen Prediger wegen Ketzerei vor sein Gericht zitieren. Rat und Prediger wiesen dies zurück, und nach dem Speyrer Reichstag erfolgte dann auch nichts. In der Folgezeit konzentrierte sich die innerstädtische Auseinandersetzung auf die Messe; außerdem verlangte Lachmann vom Rat immer wieder Maßnahmen zur Wahrung der Sittenzucht. Dies verdichtete sich im Herbst 1527 zur Forderung nach einem evangelischen Pfarrer und faktisch zur Einführung einer evangelischen Kirchenordnung. Der Rat erkundigte sich in Augsburg und Schwäbisch Hall, ob dort beiderlei Gestalt beim Abendmahl ausgeteilt würde, wollte aber einstweilen nichts entscheiden. Lachmann selbst riet am 28. April 1528 zunächst zu einer klärenden Disputation mit den Altgläubigen über die Messe, um späteren Auseinandersetzungen die Spitze zu nehmen. Dazu kam es nicht, aber am 7. Mai konnte anstelle der Frühmesse erstmals ein evangelisches Abendmahl gehalten werden. Höchstwahrscheinlich übernahm man dabei die Haller Ordnung, was von der Forschung bisher nicht gesehen worden ist. Wie in Hall sollte im Rahmen dieses Gottesdienstes auch der Katechismus behandelt werden. Dafür schuf der von Brenz 1527 als Schulmeister nach Heilbronn empfohlene Kaspar Gretter (Gräter) den Heilbronner Katechismus. Die bisherige Meßfeier bestand daneben weiterhin fort. Als der Stadt wegen der Neuregelung wieder einmal vorgeworfen wurde, sie verhalte sich »bäurisch«, wollte der Rat das evangelische Abendmahl im Juni wieder sistieren, was nur wegen Lachmanns energischen Protestes unterblieb, daß man den Glauben aus politischen Rücksichten nicht verleugnen dürfe.

Lachmann hatte auch weiterhin Erfolg. Am 24. Juni wurde anstelle des altgläubigen Patriziers Konrad Erer der aus einfachen Kreisen stammende Hans Riesser zum Bürgermeister gewählt, der in den folgenden Jahren Entscheidendes zur Einführung der Reformation beitrug. Mit der Einführung einer evangelischen Abendmahlsfeier war ein wichtiger Schritt in dieser Richtung getan, wodurch zunächst freilich die Spannungen zwischen alt- und neugläubigen Geistlichen eher noch zunahmen. 1529 trat Heilbronn der Speyrer Protestation bei, beteiligte sich jedoch wie die anderen lutherischen Städte in Franken nicht an den protestantischen Bündnisverhandlungen. Man hoffte auf Gottes Schutz für die evangelische Stadt. Hingegen erklärte man sich mit den (lutherischen) Schwabacher Artikeln einverstanden. Lachmann hielt es nach der Protestation für konsequent, daß die Fastenregelungen, Klostergelübde und Messen abgeschafft würden; das Armenwesen, die Feiertage und die Sittenzucht sollten neu geregelt werden.

Die bis dahin durchgeführten Änderungen gedachte die Stadt auch auf dem Augsburger Reichstag zu verantworten, was sich durch den Beitritt zum Augsburger Bekenntnis dann erübrigte. Sowohl dem Bürgermeister Riesser als auch Lachmann war es klar, daß die Stadt den Abschied des Augsburger Reichstags trotz der drohenden Ungnade des Kaisers nicht annehmen konnte. Die Büchse, mit der man sich bewaffnen wollte, sollte der Glaube sein, das Zündpulver das demütige Gebet. Aufgrund der Besserung des Lebens und Bestrafung der Laster erhoffte man die Errettung aus der Bedrohung. Die definitive Entscheidung für die Reformation erfolgte am 18. November mit dem Eid des Rats, bedingungslos zum Augsburger Bekenntnis zu stehen. Am 26. November bestätigte die Bürgerschaft diese Entscheidung in einer Abstimmung, »daß sie bei dem Wort Gottes... bleiben wolle«, die dann auch in den Bürgereid aufgenommen wurde.

Die Abschaffung des alten Gottesdienstes und die Einführung neuer Ordnungen zogen sich freilich noch eine Weile hin. Im März 1531 verlangte der Rat vom Pfarrer und den drei von ihm belehnten Kaplänen die Aufgabe der Messe und statt dessen wöchentlich eine Predigt. Diese wiesen jedoch darauf hin, daß sie nicht in der Lage seien zu predigen. Lachmann mußte den Rat wieder wegen Maßnahmen zur Besserung des Lebens bedrängen, ohne die auf Gottes Schutz nicht zu hoffen sei. Im Herbst wurde der alte Gottesdienst im Karmeliterkloster trotz Protests des Provinzials unterbunden. Am 8. Dezember versicherte sich der Rat der Zustimmung der Bürgerschaft für die Abschaffung der Messe auch in den Klöstern der Stadt. Das gelang vollständig allerdings nur an der Pfarrkirche, da sich die Klöster an das Reichskammergericht, den Bischof von Würzburg und den Schwäbischen Bund wandten. Der Besuch der Messe in der Deutschordenskirche wurde den Bürgern daraufhin verboten. Wenig später übernahm die Stadt die Ehegerichtsbarkeit. Im August 1532 wurde endlich eine vorläufige Gottesdienstordnung eingeführt, die sich an der lutherischen Messe ausrichtete und dem Kirchengesang einen großen Platz einräumte. Nach dem Haller Vorbild erfolgte 1543 eine Überarbeitung. Eine neue Schulordnung nach Melanchthons Unterricht der Visitatoren hatte Kaspar Gretter schon 1531 vorgeschlagen. Sie wurde aber erst zwei Jahre später in Kraft gesetzt. 1533 wurde als zweiter Prediger neben Lachmann der Augsburger Menrad Molther (1500–1558) angestellt, der zuvor an der Heidelberger Universität tätig gewesen war. Nach Lachmanns Tod 1539 wurde er dessen Nachfolger. 1534 schloß sich auch der bisherige Pfarrverweser Dietz der Reformation an.

*Literatur:*

Vgl. oben S. 76. – *Moriz von Rauch,* Johann Lachmann, der Reformator Heilbronns, Heilbronn (1923).

## Konstanz

Von kaum einer Stadt, ihrem Rat und ihren Theologen, wurde die Reformation in Südwestdeutschland bis etwa zum Ende der 30er Jahre bewußt so gefördert wie von Konstanz. Konstanzer Theologen wie Johann Wanner, Johann Zwick und vor allem Ambrosius Blarer (Abb. 16) wirkten kürzere oder längere Zeit mit bei der Reformation in Kaufbeuren, Mindelheim, Memmingen, Isny, Ulm, Esslingen, im Herzogtum Württemberg, in Kempten und im Thurgau. Wie in kaum einer anderen Stadt arbeiteten in Konstanz die evangelischen Prediger, an ihrer Spitze Ambrosius Blarer und Johann Zwick, und die städtischen Politiker, zu denen Thomas Blarer, Konrad Zwick und der Stadtschreiber Jörg Vögeli gehörten, zielstrebig und weithin harmonisch zusammen. Die Gemeinsamkeit bestand nicht nur in den verwandtschaftlichen Beziehungen, sondern in der gemeinsamen Front gegen den Konstanzer Bischof. In der Stadt gab es zwar eine altgläubige Opposition, aber die Reformation hatte in allen Schichten der Bevölkerung eine solide Mehrheit. Außenpolitisch begann sich Konstanz seit 1525 aus dem Schirmvertrag mit Österreich zu lösen und begab sich statt dessen 1527 in das Burgrecht mit Zürich, das freilich 1531 nach dem Kappeler Krieg aufgegeben werden mußte. Das Zusammengehen mit der evangelischen Schweiz schien sich auch um der Konstanzer Interessen im Thurgau willen zu empfehlen. Die Habsburger deuteten dieses Verhalten allerdings als Entfernung vom Reich. Die zugleich gegen den Bischof und Österreich gerichtete Politik von Konstanz wurde schließlich zur gefährlichen Bedrohung der Freiheit der Stadt, als der Schutz durch den Schmalkaldischen Bund nach dessen Niederlage nicht mehr bestand.

Bei der Durchführung der Reformation wurde schrittweise vorgegangen. Ihre Durchsetzung mittels einer Disputation gelang nicht, weil sich die altgläubigen Geistlichen, insbesondere der Domprediger Pyrata, nicht stellten. Darum wurde 1527 die katholische Predigt verboten. Schon seit 1525 gestattete der Rat den Austritt aus den Klöstern, die 1527/1528 schließlich aufgelöst wurden. 1525/1526 mußte sich der Klerus in das Bürgerrecht aufnehmen lassen. Ein Jahr später zogen der Bischof und das Domkapitel aus Konstanz aus und siedelten nach Meersburg und Überlingen über. 1527 befahl der Bischof auch den altgläubigen Geistlichen den Auszug aus der Stadt, womit der alte Gottesdienst weithin erlosch. Bis 1529 durften die altgläubigen Bürger noch die Messe auswärts besuchen. Die Kirchen der Stadt wurden vom Rat übernommen. Die Prediger wurden von der Gemeinde gewählt, der Rat übertrug ihnen die Stelle, und ihm unterstanden sie auch. 1528 wurden die Bilder in den Kirchen abgeschafft. Eine fixierte Gottesdienstordnung gab es, abgesehen von der Taufe, erstaunlicherweise zunächst nicht.

Von Anfang der Reformation an wurde in Konstanz auf die Erneuerung des Lebens gedrungen, ein Interesse, das selbst die Äußerungen des Rates durchfärbte. 1526 wurde das Bordell aufgrund von A. Blarers Kritik geschlossen. Ein Jahr später erging ein Mandat gegen Konkubinate und Ehebrecher. 1530 wurde die Pflicht zur Teilnahme am Gottesdienst eingeschärft. Die Versorgung der Armen wurde in der Armenordnung von 1527 sehr ernst genommen. Bezeichnenderweise bildet die bedeutende und einflußreiche Konstanzer Zuchtordnung von 1531 den Abschluß der reformatorischen Neuordnung. Der Rat war am Sittengericht maßgeblich beteiligt und bejahte seine Verantwortung für die Sittenzucht wie für Einigkeit, Frieden und Seelenheil seiner Bürger. Ein heiliges Leben in der Stadt sollte Gottes Strafe fernhalten. Hinsichtlich der konsequenten Durchführung der Sittenzucht kam es aber sogar auch in Konstanz zu Reibereien zwischen dem Rat und den Predigern. Die evangelische Lehre wurde vom Rat nicht reglementiert; angesichts der Einigkeit der Prediger war das auch nicht nötig. Fast von selbst fand man in Konstanz trotz des starken Einflusses Zwinglis zu einer mittleren Linie, ähnlich wie in Straßburg. Die Aufsicht über das Schulwesen übten seit 1531 die Schulherren aus, zu denen auch Ambrosius Blarer und Johann Zwick gehörten. 1540 wurde eine Schulordnung erlassen. Für die Ausbildung des theologischen Nachwuchses wurde Sorge getragen.

Da Ambrosius Blarer seit 1531 lange Jahre auswärts tätig war, lag die geistliche Führung der Konstanzer Reformation in jener Zeit bei Johann Zwick. Er gab 1533/1534 das Konstanzer Gesangbuch heraus, von dem 1540 eine weitere Auflage mit 151 Liedern erschien. Zwick und Blarer gehören zu den großen Liederdichtern der Reformationszeit. An diesem Punkt unterscheiden sie sich charakteristisch von Zwingli. Von Zwick stammen z.B. die Morgenlieder »All Morgen ist ganz frisch und neu« und »Du höchstes Licht ewiger Schein«, dazu das Himmelfahrtslied »Auf diesen Tag bedenken wir«. Blarer ist u.a. das großartige Pfingstlied »Jauchz Erd und Himmel juble hell« und das Lied über die Kirche »Wach auf, wach auf, s'ist hohe Zeit« zu verdanken. Eine feine, himmelwärts gerichtete Frömmigkeit und ein intensiver Führungsglaube sprechen sich in diesen Liedern aus.

1538 macht sich ein Einschnitt in der Konstanzer Reformationsgeschichte bemerkbar. Die Stadt litt unter wirtschaftlichen Schwierigkeiten. Mit ihrer Weigerung, der Wittenberger Konkordie beizutreten, geriet sie in eine zunehmende Isolation. Man war auch gegen jeglichen Ausgleich mit der katholischen Seite, wie er in den Religionsgesprächen der 40er Jahre gesucht wurde, da man bei einer Annäherung an den Bischof um den inneren Bestand der Reformation in der Stadt fürchtete. Die Epidemien der Jahre 1540 bis 1542 begriff man als Gottes Strafe. Deshalb wurde zwar intensiver auf ein heiliges Leben gedrungen, aber eine Erneuerung der nicht mehr einwandfrei funktionierenden Zuchtordnung erfolgte nicht. 1542 wurde Johann Zwick ein Opfer der Pest.

Die Konstanzer Reformation ging infolge des verlorenen Schmalkaldischen Krieges unter. Aus Sorge um die Bewahrung der heiligen evangelischen Lebensform bemühte man sich so lange nicht um einen Ausgleich mit dem Kaiser, bis es zu spät war. Im August 1548 wurde die Reichsacht über die Stadt verhängt, im Oktober mußte sie sich ergeben. Sie verlor ihre Reichsfreiheit und wurde österreichische

Landstadt. Mit der Rückkehr des Bischofs erfolgte zugleich die Rekatholisierung. Eine enorme Schuldenlast fesselte die Stadt überdies wirtschaftlich. Ambrosius Blarer mußte in die Schweiz ins Exil, 1551–1559 war er als Pfarrer in Biel, danach 1563 in Leutmerken tätig, 1564 starb er in Winterthur.

*Literatur:*

Vgl. oben S. 64. – *Diethelm Heuschen,* Reformation, Schmalk. Bund und Österreich in ihrer Bedeutung für die Finanzen der Stadt Konstanz, SKRG 36, Tübingen und Basel (1969). – *Bernd Moeller,* Johannes Zwick und die Reformation in Konstanz, QFRG 18, Gütersloh (1961). – Ders. (Hg.), Der Konstanzer Reformator Ambrosius Blarer 1492–1564, Gedenkschrift zu seinem 400. Todestag, Konstanz und Stuttgart (1964).

## Memmingen

Infolge des Bauernkriegs war die evangelische Predigt in Memmingen während der Besetzung durch den Schwäbischen Bund zum Erliegen gekommen. Einschneidende gegenreformatorische Änderungen erfolgten jedoch nicht. Die Volksreformation war auch hier nicht zu Ende, auch wenn sich der Einfluß des Rates nunmehr verstärkte. Schon im Oktober 1525 wurde der Schweizer Georg Gugy als Prediger an St. Martin angestellt. Zeitweilig unterstützte ihn Johann Wanner aus Konstanz. Der Rat beteiligte sich nicht an den Prozessionen und schritt auch gegen Zehntverweigerer nicht ein. Nach dem Speyrer Reichstag von 1526 holte man Simprecht Schenck als zweiten Prediger zurück. Sofort begann eine scharfe Auseinandersetzung vor allem mit dem altgläubigen Prediger Johannes Mack, dem am 4. November die Kanzel verboten wurde. Der Antoniterpraezeptor Kaspar von Leutzenbrunn, der der Kirchherr von St. Martin war, und einige katholische Bürger verließen die Stadt, deren Führung, an ihrer Spitze Hans Keller, Eberhart Zangmeister, Hans Ehinger und der Stadtschreiber Jörg Maurer, nunmehr eindeutig evangelisch war. Wegen der Entlassung Macks wurde die Stadt beim Bischof von Konstanz und dem Schwäbischen Bund verklagt, was aber keine weiteren Folgen hatte. Eine erste Kirchenordnung von Anfang 1528 traf Regelungen für die Sittenzucht, verbot die Konkubinate der Priester und sah die Reichung des Abendmahls unter beiderlei Gestalt sowie die Taufe in deutscher Sprache vor. Der Rat ließ das Vermögen des Augustinerklosters inventarisieren und die Marienbilder abschaffen. Die Armenfürsorge wurde schon 1527 dem Gemeinen Kasten übertragen.

In der Folgezeit war die Memminger Reformation belastet durch den Abendmahlsstreit zwischen dem Zwinglianer Schenck und dem Lutheraner Gugy. Man holte deshalb zunächst wiederum Wanner und, nach dessen Tod im Spätjahr 1528, Ambrosius Blarer aus Konstanz. Er erreichte zwar zunächst einen äußerlichen Ausgleich, jedoch konnten sich Schenck und Gugy über die Gegenwart von Leib und Blut Christi im Abendmahl nicht einigen, weshalb Gugy im Februar 1529 die Stadt verlassen mußte. Unter Blarers Mitwirkung erfolgte im Dezember 1528 die Abschaffung der Messe, der 90 von 104 Vertretern der Zünfte zustimmten. Dagegen protestierte der Bischof von Augsburg, außerdem verfaßte Johann Eck eine Verteidigungsschrift für die Messe, die Schenck und Blarer dann zurückweisen mußten.

Auch Luther kritisierte das radikale Vorgehen in Memmingen. Vor allem aber weigerte sich der Schwäbische Bund aus diesem Grund, den Memminger Bürgermeister Hans Keller als einen der Bundesräte anzuerkennen. In diese schwierige Situation hatte sich die Stadt dadurch gebracht, daß an die Stelle der Messe nicht sofort, sondern erst Ostern 1529 eine evangelische Abendmahlsordnung gesetzt wurde, die sich an Vorbildern aus Zürich und Basel orientierte. Jedes Abendmahl schloß mit der Verlesung der Zehn Gebote. Mit seinem groben und rücksichtslosen Eifer sorgte Schenck immer für Spannungen mit den Altgläubigen, was ihn bei den konservativen Patriziern nicht beliebt machte.

Die Beteiligung Memmingens an der Confessio Tetrapolitana war das Verdienst der besonnenen städtischen Politiker wie Hans Ehinger, die Schenck nicht ohne weiteres folgten. Der Augsburger Reichstagsabschied wurde von 751 Bürgern abgelehnt, nur 51 stimmten für seine Annahme. Am 9. Januar 1531 wurde der ehemalige Stadtschreiber Vogelmann, der nunmehr im Dienst des Bischofs von Augsburg stand, hingerichtet, obwohl er im Besitz eines kaiserlichen Geleits war. Man warf ihm Hochverrat vor, weil er die Klagen des Antoniterpraezeptors gegen die Stadt beim Kaiser unterstützt hatte.

Die endgültige Einführung der Reformation durch den Rat erfolgte im Zusammenhang mit dem Besuch von Bucer und Oekolampad im Juli 1531, nach deren Aufenthalt in Ulm. Aufgrund der 18 Ulmer Artikel Bucers wurden auch die Priester des Landgebiets verhört und die Altgläubigen unter ihnen teilweise entlassen. In manchen Dörfern hielt sich der alte Gottesdienst jedoch noch jahrelang. Außerdem wurden die Heiligenbilder nunmehr vollständig abgeschafft. Die Mönche und Nonnen verließen zum Teil die Stadt. Große Schwierigkeiten machte die Durchsetzung eines evangelischen Lebens. Schenck mit seiner Schroffheit hatte keinen Erfolg. An Fastnacht 1532 war die Kirchenzucht wieder völlig zusammengebrochen. Damals mußte Wolfgang Capito von Straßburg mehrere Wochen aushelfen. Wenige Monate später mußte A. Blarer einspringen, da Schenck erkrankt war. Schon zu Ostern 1532 war nach Ulmer und Konstanzer Vorbild eine Zuchtordnung eingeführt worden, die neben Laien auch Geistliche direkt am Sittengericht beteiligte. An der Memminger Reformation zeigt sich einmal mehr, wie viel von den Predigern abhing. Anfang 1534 konnte Gervasius Schuler, der zuvor in der Schweiz tätig war, als führender Geistlicher für Memmingen gewonnen werden, der sich gegenüber Schenck dann auch durchzusetzen vermochte. Dieser mußte 1535 wegen eines Fehltritts die Stadt verlassen. 1534 wurde auch die Memminger Gemeinde kurzfristig durch das Auftreten des Spiritualisten Kaspar Schwenckfeld fasziniert.

*Literatur:*

Vgl. oben S. 69. – *Ascan Westermann,* Eberhart Zangmeister. Ein Lebensbild aus der Memminger Reformationszeit, Memmingen (1932).

## Lindau

Der führende Theologe und Pfarrer in Lindau war seit November 1525 Thomas Gaßner (gest. 1548). Theologisch versuchte er zwischen Luther und Zwingli neutral zu bleiben, und davon wurde auch die Lindauer Reformation geprägt. Sie verlief weithin stetig. Seit 1527 wurde evangelischer Gottesdienst mit deutschen Psalmen gefeiert. Damals kam es auch zu einer ersten Regelung der Sittenzucht und zur Schließung des Frauenhauses. Ein Jahr später wurde die Messe in der Pfarrkirche St. Stephan abgeschafft, und die Klöster wurden aufgelöst. Die Versuche Johann Fabris, des nominellen Inhabers der Pfarrstelle, der 1530 Bischof von Wien wurde, Lindau auf dem Augsburger Reichstag von den übrigen protestantischen Städten abzuspalten, schlugen fehl. Anfang 1532 hielten sich Wolfgang Capito und Johann Zwick wegen der Einrichtung einer Kirchenordnung in Lindau auf, die jedoch nicht zustandekam. Abgesehen von dem hochadligen Damenstift wurde jetzt die Messe in der Stadt abgeschafft. 1533 wurde eine Zuchtordnung erlassen, die 1539 erneut eingeschärft werden mußte. Aus dem gleichen Jahr stammen die Almosenordnung und die Fürsorge für den theologischen Nachwuchs. 1534 verbot der Rat die Messe auch in dem reichsunmittelbaren Damenstift, was jedoch beträchtliche Verwicklungen zwischen Österreich und dem Schmalkaldischen Bund nach sich zog. 1538 wurde Lindau deswegen mit der Reichsacht bedroht, ohne daß dies freilich Folgen hatte. Der Wittenberger Konkordie stand Lindau wie Konstanz zunächst reserviert gegenüber, trat ihr aber schließlich doch bei. Dennoch wurde 1545 Benedikt Burgauer, der mit Gaßner nicht gut harmonierte, angeblich wegen seiner lutherischen Einstellung, entlassen. Sein Nachfolger Matthias Rot hatte in Wittenberg studiert, und mit ihm begann der Übergang Lindaus zum Luthertum.

*Literatur:*

*Albert Schulze,* Bekenntnisbildung und Politik Lindaus im Zeitalter der Reformation, EKGB, Fotodruckreihe 3, Nürnberg (1971). – *Sehling* XII, 2, S. 181 ff.

## Kempten

Kaum eine Gemeinde wurde durch den Abendmahlsstreit jahrelang so sehr in Atem gehalten wie Kempten. Der Pfarrer Sixt Rummel war Lutheraner, ebenso seine Helfer Johannes Rottach und Johannes Seeger (seit 1528), wobei Rummel aber eine vermittelnde Haltung einnahm. Der Kaplan Jakob Haistung war Zwinglianer. Nach Rummels Tod 1529 befehdeten sich beide Seiten. Eine Disputation über das Abendmahl endete zwar mit einem Sieg der Lutheraner, aber Haistung gab sich nicht geschlagen. Er hatte in der Bevölkerung beträchtlichen Rückhalt, so daß er sogar eine Änderung des konservativen Rats erreichte. Außerdem wurde er u. a. von Zwingli und Sam gestützt. Die Stellung der Lutheraner wurde deswegen immer schwieriger. Zwar trat Kempten 1530 dem Augsburgischen Bekenntnis bei, aber Haistung legte dessen Abendmahlslehre in seinem Sinn aus und wurde deshalb von Seeger als Lügner bezeichnet. Kaum hatte man sich im März 1532 auf Ausgleichsartikel geeinigt, mußte man sich von dem nach Kempten gekommenen Capito sagen lassen, daß die Artikel ungenügend seien, und damit brach der Streit aufs neue aus. Rottach und Seger wollten Capito nicht predigen lassen, und dieser konnte eine Befriedung nicht erreichen. Haistung stellte die Geltung des Augsburgischen Bekenntnisses in Frage und forderte mehr Bewegungsfreiheit. Der Rat sprach sich für ein Nebeneinander beider Auffassungen aus, aber dagegen hatten die Lutheraner Bedenken. Die Kemptener Theologen legten ihre Auffassungen in Straßburg, Nürnberg und Augsburg vor. Nürnberg ergriff für die Lutheraner Partei, während die Straßburger von ihrer Position aus zu vermitteln suchten. Am 31. Januar 1533 entließ der Rat schließlich die beiden Lutheraner Rottach und Seeger.

Damit wurde der Weg frei für eine Reformation in zwinglianischem Sinne. 500 Bürger sprachen sich für die Abschaffung der Heiligenbilder aus, eine beträchtliche Minderheit von 174 war dagegen. Dennoch kam es zu einem radikalen Bildersturm. Die Orgel wurde nicht mehr benutzt, die Wandbemalung der St.-Mang-Kirche wurde übertüncht; der Kopf des Palmesels diente nunmehr dem Bürgermeister als Tafelaufsatz. 1534 wurde die Messe abgeschafft. Damals wanderte der ehemalige Bürgermeister und Förderer der Reformation Gordian Seuter nach Ottobeuren aus. Einer der Nachfolger der lutherischen Geistlichen war der schroffe Zwinglianer Paul Roßdorfer. 1535 trat Simprecht Schenck, der sich in Memmingen unmöglich gemacht hatte, an die Stelle von Haistung. Er verwickelte sich auch hier in Konflikte mit seinen Kollegen und mußte 1539 gehen. Angesichts dieser personellen Querelen wundert es nicht, daß die Gemeinde nicht zur Ruhe kam, gab es doch eine altgläubige und eine lutherische Minderheit und außerdem Anhänger Kaspar Schwenckfelds, deren man nicht Herr wurde. 1539/1540 half Ambrosius Blarer in Kempten aus. Der Beitritt zur Reformation hatte die Wirtschafts- und Handelsbeziehungen zum katholischen Umland, auf die die Stadt angewiesen war, beeinträchtigt. Auch die Abgaben an die St.-Mang-Kirche wurden von den umliegenden Dörfern nicht mehr entrichtet. Wegen des Widerstands des Abts von Kempten erwies sich die Reformation im Kemptener Gebiet als schwierig. Bezeichnenderweise war die Neuordnung der Kirche unter diesen Umständen erst spät möglich. Die Sittenzucht wurde vom Rat ausgeübt. 1542 wurde eine radikale Feiertagsordnung erlassen. Die Ordnung der Lateinschule stammt von 1543. Erst 1545 gelang Johannes Jung aus Konstanz die Konsolidierung der Gemeinde.

*Literatur:*

*Otto Erhard,* Die Reformation der Kirche in Kempten, Kempten (1917). – *Sehling* XII, 2, S. 169 ff. – 450 Jahre Reformation in Kempten, Dokumentation, Kempten (1977).

## Isny

Die Reformation in Isny war auch nach dem Bauernkrieg nach wie vor beherrscht von dem Konflikt mit dem Abt des Benediktinerklosters, dem die Pfarrkirche inkorporiert war. Die Stadt ließ sich einen altgläubigen Pfarrer nicht aufdrängen, der Abt aber weigerte sich, einen evangelischen zu besolden. Der geistliche Führer der

Reformation war der Prediger Konrad Frick. Wegen der Stagnation der Reformation schrieb der Münzmeister Baumgarten 1527 an Zwingli: »Bei uns muß Christus unter der Bank liegen und der verführerische Antichrist oben auf dem Federkissen.« Für die Situation in Isny war es bezeichnend, daß sich die Stadt auf dem Augsburger Reichstag an keine der protestantischen Parteien anschloß. Immerhin trat sie wenig später dem Schmalkaldischen Bund bei. Daraufhin wurde im März 1531 die Messe eingestellt. Im September 1532 kam A. Blarer für ein halbes Jahr nach Isny. Zu seinem Kummer konnte er den Rat nicht zu einem energischen Vorgehen dem Kloster gegenüber, was die Verhältnisse bereinigt hätte, veranlassen. Die eigentliche reformatorische Neuordnung gelang 1534 in der politisch günstigen Situation nach der Einführung der Reformation in Württemberg. Nunmehr kam es auch in der Klosterkirche zu einem Bildersturm. 1535 hielt sich Bucer in Isny auf. Damals wurde das städtische Ehegericht eingerichtet.

Einer der reichen Gönner der »lutherischen« Partei war der Kaufmann Peter Buffler. Auf Anregung von A. Blarer und Bucer machte er im April 1534 eine Stiftung, die über Isny hinaus Bedeutung hatte. Für je einen Theologiestudenten aus Isny, Konstanz, Lindau und Biberach setzte er jährlich ein Stipendium von 30 Gulden aus, ein weiteres mußte jede Stadt selbst finanzieren. Nach Züricher Vorbildern sollte auf diese Weise der Nachwuchs an Theologen gesichert werden. Nach Bucers Absicht sollte die Ausbildung auf der sich eben entwickelnden Straßburger Hohen Schule erfolgen.

In Isny waren u. a. zwei interessante Theologen tätig: Paul Fagius, geb. 1504 in Bergzabern, gest. als Professor in Cambridge 1549, war 1527 Rektor der Schule in Isny geworden. 1537–1542 war er Pfarrer in Isny. Fagius war u. a. ein nicht unbedeutender Hebraist, der in einer von Peter Buffler unterstützten eigenen Druckerei ca. 20 hebräische Schriften herausbrachte. Nach J. Zwicks Tod ging er 1543 nach Konstanz, ein Jahr später nach Straßburg. Sein Nachfolger wurde der aus Lindau stammende Johann Marbach, der eben in Wittenberg zum Doktor der Theologie promoviert worden war und sich mit seinen lutherischen Ansichten in Isny nicht ganz leichttat. 1545 ging auch er nach Straßburg und wurde dort nach dem Interim einer der führenden Theologen. An die Stelle von Marbach trat Benedikt Burgauer, der sich in Lindau nicht hatte halten können.

*Literatur:*

*Immanuel Kammerer,* Die Reformation in Isny, in: BWKG 53 (1953), S. 3–64. – *Richard Raubenheimer,* Paul Fagius, Veröffentl. des Ver. für Pfälz. Kirchengesch. 6 (1957).

## Ulm

Das Verhalten des Ulmer Rats gegenüber der Religionsfrage nach dem Bauernkrieg bietet ein typisch zwiespältiges Bild. Der alte Gottesdienst und die Klöster wurden zunehmend eingeschränkt. Dem entsprach aber aus politischen Rücksichten nicht der Ausbau eines evangelischen Kirchentums. Anders als in ihrer Außenpolitik war die Ulmer Obrigkeit mit konkreten reformatorischen Maßnahmen sehr vorsichtig. Um ordnungswidrigem Taufen zu begegnen, wurde 1526 allerdings die deutsche Taufe freigegeben. Der Prediger Konrad Sam taufte damals in den Häusern. Die Priesterehe wurde erlaubt und die Konkubinate verboten, obwohl der Konstanzer Bischof die verheirateten Priester Bartholomäus Strehler und Andreas Zierlin exkommunizierte und die Acht gegen sie beim Hofgericht in Rottweil erwirkte. Sam selbst heiratete 1526. Die Fronleichnamsprozession wurde reduziert, und die Priester wurden nicht mehr gezwungen, die Messe zu lesen. Nichtsdestoweniger wurde Anfang 1526 Sam erneut eingeschärft, sich nicht für irgendwelche Änderungen einzusetzen. Dieser drohte darauf mit dem Rücktritt, falls man ihm in seinen Predigten nicht Freiheit lasse, und so erlaubte ihm der Rat zu predigen, was er aus der Schrift zu verantworten vermochte. So wenig wie Sam ließ sich auch die Gegenseite in ihren Äußerungen auf der Kanzel einschränken.

Nach dem Speyrer Reichstag 1526 begrenzte der Rat die Zahl der Klosterinsassen und verbot die Almosensammlungen für die Klöster. Die Bettelorden durften keine neuen Prediger mehr aufstellen, die Polemik gegen Sam wurde ihnen untersagt, ließ sich aber nicht unterbinden. Die Stadt setzte Pfleger zur Überwachung des Vermögens der Klöster ein, das immer stärker besteuert wurde. Der Protest des Bischofs von Konstanz nützte nichts. Seine Bannverhängungen durften nicht mehr verkündigt werden. Faktisch wurden seine Einmischungen in die kirchlichen Angelegenheiten der Stadt nicht mehr geduldet. 1527 wurden der Umzug mit dem Palmesel, die Feier von Fronleichnam, Himmelfahrt und die Kreuzwoche aufgehoben. Die innerkirchlichen Spannungen in der Stadt waren nahezu unerträglich, zumal Sam in grober zwinglianischer Polemik die Meßpriester »Metzger« schalt, was den Protest Bayerns, Johann Fabris und Johann Ecks hervorrief. Sam drohte zur politischen Belastung für Ulm zu werden, weshalb Nürnberg 1528 zu seiner Entfernung riet, wogegen ihn Zwingli entschieden verteidigte. Ähnliche Auseinandersetzungen gab es in Geislingen zwischen dem altgläubigen Pfarrer Dr. Georg Oßwald und dem Kaplan Paul Beck, der von Oßwald als Teilnehmer am Bauernkrieg und Zwinglianer denunziert wurde. Der Rat beschränkte sich aufs Beschwichtigen. Auch in Leipheim gab es Spannungen zwischen der Gemeinde und dem Klerus. Zur notwendigen Neuordnung der kirchlichen Verhältnisse konnte sich der Rat nicht aufraffen. 1528 erkundigte er sich zwar wegen der Taufordnung in Nürnberg und Straßburg, aber auf eine neue Regelung darüber konnte man sich ebensowenig einigen wie über eine Feiertagsordnung. Lediglich eine »christliche Unterweisung« für die Jugend konnte von dem Schulmeister Michael Brodhag herausgebracht werden. Die 1529 vorgesehene Änderung des Meßgottesdienstes unterblieb infolge der damals eingetretenen politischen Isolation Ulms. Verständlicherweise übte Sam immer wieder deutliche Kritik an der lauen Zurückhaltung der Obrigkeit. Ostern 1529 forderte er geradezu dazu auf, nur solche Leute in den Rat zu wählen, die der Reformation günstig gesonnen seien. Das evangelische Abendmahl sollte zugestanden und für die Schulen und das Landvolk etwas getan werden. Solche Kritik war freilich dazu geeignet, die Distanz zwischen den führenden Politikern wie dem Bürgermeister Bernhard Besserer und den evangelischen Geistlichen zu vergrößern, was später die Ulmer Reformation erheblich belastete.

Als es dem Ulmer Rat Mitte Oktober 1530 klar wurde, daß er um eine Entscheidung über die Annahme oder Ablehnung des Augsburger Reichstagsabschieds, über den Verzicht auf kirchliche Neuerungen oder mögliche politische Verwicklungen nicht herumkam, wollte er dafür nicht allein die Verantwortung auf sich nehmen, sondern überließ den Zünften in der berühmten Abstimmung vom 3. bis 8. November die Entscheidung. Die Ablehnung des Abschieds galt als gleichbedeutend mit dem Bleiben beim Evangelium. Auf eine Kurzformel gebracht, ging es um des Kaisers Gnade und Gottes Ungnade oder Gottes Gnade und des Kaisers Ungnade. Die Zünfte, die Geschlechter und die Pfahlbürger stimmten teils einstimmig, teils mit überwältigender, aber alle mit deutlicher Mehrheit für die Ablehnung. Manchmal gingen die Risse mitten durch die Familien. Immerhin gab es auch in der Folgezeit eine altgläubige Minderheit in allen Schichten der Bevölkerung, der zwar keine Religionsausübung zugestanden, auf die aber auch kein Zwang ausgeübt wurde. Der alte Gottesdienst bestand in der Niederlassung des deutschen Ordens und in dem reichsrechtlich geschützten Wengenstift fort. Auf dem Land war die Entwicklung längst nicht so weit fortgeschritten wie in der Stadt. In Geislingen und auch an anderen Orten konnten sich die Vertreter des alten Glaubens noch lange Jahre halten.

Mit der Ablehnung des Augsburger Abschieds und dem sich im Februar 1531 anschließenden Beitritt zum Schmalkaldischen Bund war faktisch auch über die Einführung der Reformation in Ulm entschieden. Durchgeführt und verantwortet wurde sie ganz bewußt vom Rat, der sich dabei in außerordentlich starkem Maße Einflußmöglichkeiten auf die Kirche sicherte, der somit wenig Spielraum blieb. Ein Ausschuß des Rats bereitete die notwendigen Maßnahmen vor. Mit der Erstellung einer Kirchenordnung wurde bezeichnenderweise nicht Sam beauftragt, sondern man berief dazu auf den 21. Mai 1531 Bucer, Oekolampad und A. Blarer, fraglos die fähigsten Experten in Sachen Kirchenordnung, die es in Oberdeutschland gab. Von ihnen wurden als erste Maßnahmen eine Belehrung der Bevölkerung des Landgebiets durch Predigten und eine Befragung aller Geistlichen über ihre Stellung zur Reformation vorgeschlagen. Am 5. Juni wurden die Geistlichen der Stadt, am 6. Juni die Mönche und am 7. Juni die Landgeistlichen befragt. Als Grundlage dienten 18 von Bucer aufgesetzte Artikel. Sie stellten nach dem Maßstab des Evangeliums die alleinige Mittlerschaft und Herrschaft Christi heraus und lehnten von daher alle genugtuenden Werke und die Hierarchie ab. Menschensatzungen dürfen nicht verbindlich gemacht werden. Ausdrücklich anerkannt wird die Obrigkeit und ihre Verantwortung für das christliche Leben der Untertanen. An sich wollte der Rat keine Disputation über die Artikel; die Geistlichen hatten lediglich ihre Zustimmung oder Ablehnung zu erklären. Nur 5 von 35 Geistlichen in der Stadt stimmten ihnen zu, auf dem Land waren es 22 von 67. Qualifizierter Widerspruch erfolgte nur von dem Prior der Dominikaner Ulrich Köllin und dem Geislinger Pfarrer Oßwald, über den am 27. Juni eigens noch verhandelt wurde. Am 16. Juni wurde die Messe abgeschafft, einen Monat später das erste evangelische Abendmahl gefeiert. Schon am 19. Juni erfolgte die Abschaffung der Bilder ohne eigentlichen Bildersturm. Die ehemaligen Stifter oder Eigentümer konnten ihre Bilder abholen. Im Münster wurden die 52 Altäre entfernt, ebenso die dem Meßgottesdienst dienenden Orgeln. Die Auflösung der Bettelordensklöster erfolgte im Herbst.

In der zweiten Junihälfte wurde aufgrund eines Gutachtens wohl vor allem von Bucer eine Kirchenordnung ausgearbeitet, die am 6. August proklamiert wurde (Abb. 17). Über seine kirchlichen Neuerungen unterrichtete der Rat die Reichsstände am 31. Juni in einem »Gemein Ausschreiben«. Schon am 30. Juni hatten Bucer und Oekolampad Ulm verlassen. Blarer blieb zunächst noch und bemühte sich dann von Ende Juli bis Mitte September um die Überwindung des altgläubigen Widerstands in Geislingen. Die Ulmer Kirchenordnung ist die erste große Kirchenordnung in Oberdeutschland und darum in ihrer Bedeutung nicht zu unterschätzen. Sie umfaßt die Komplexe Lehre, Zeremonien und Leben. In die Ausführungen über die Lehre wurden die 18 Artikel übernommen. Typisch oberdeutsch sollte die Predigt auf das fromme christliche Leben ausgerichtet sein, das aus der Vergebung der Sünden und der Verleihung des Geistes kommt. Der Ordnung war bewußt, daß dabei viel von der Lehre und dem vorbildlichen Leben der Pfarrer abhing. Infolge der schlechten Besoldung der Ulmer Geistlichen hatte die Ulmer Kirche aber in der Folgezeit erhebliche personelle Schwierigkeiten. Die Anstellung der Pfarrer erfolgte durch Examinatoren, zwei vom Rat bestimmte Geistliche und einen Prädikanten; die letzte Entscheidung lag auch hier beim Rat. Als kirchenleitende Gremien waren im Wechsel Synoden und Visitationen vorgesehen. Bei den Synoden wurden die Pfarrer und Abgeordnete der Gemeinden in der Stadt über die Amtsführung des Pfarrers und die finanziellen und geistlichen Zustände in der Gemeinde befragt. Sie waren also eher obrigkeitliches Leitungsinstrument als gemeinsames Beratungsgremium. Bei den Visitationen besuchte eine Kommission aus Ratsmitgliedern und Prädikanten die Gemeinden, informierte sich an Ort und Stelle über die Probleme und traf die notwendigen Entscheidungen. Die Protokolle über die abgehaltenen Synoden und Visitationen geben ein ungeschminktes Bild der Zustände. Zwar fehlt es nicht an positiven Aussagen, aber unübersehbar sind die großen Schwierigkeiten bei der Abschaffung der Altäre, der Durchführung des Katechismusunterrichts und bei der Verwurzelung einer neuen Gottesdienstsitte. Trunksucht und Sittlichkeitsdelikte waren weit verbreitet. Die altgläubige Opposition war erheblich. Die Pfarrer machten sich mit ihrer Sittenkritik unbeliebt und wurden von den Amtleuten nicht immer unterstützt. Eine echte Konsolidierung der kirchlichen Verhältnisse auf dem Land wurde in den ersten Jahrzehnten nicht erreicht.

Vom Rat bestimmte Schulpfleger (zwei Laien, ein Theologe) hatten die Schulen zu überwachen. Begabte Schüler bekamen Stipendien und studierten dann vor allem im oberdeutschen Straßburg. Verglichen mit der Größe der Stadt hielt sich der Aufwand für die Bildung freilich in Grenzen. Die Gottesdienstordnung, konkret ausgestaltet durch Sams »Handtbüchlin«, orientierte sich in Ulm an einer sehr kargen oberdeutschen Form. Wie Zwingli lehnte Sam Krankenabendmahl und Nottaufe ab. Hinsichtlich des Ehegerichts experimentierte man längere Zeit, die letzte Instanz blieb jedoch immer die Obrigkeit.

Besonders hart war das Ringen um die Ordnung der Kirchenzucht. Bernhard Besserer lehnte wie schon bei den Beratungen der Oberdeutschen in Memmingen im Februar 1531 ein relativ selbständiges kirchliches Sittengericht mit der Befugnis zur Verhängung des Banns kategorisch ab. Die Sittenrichter durften lediglich warnen, ein Ausschluß aus der Kirche mußte vom Rat genehmigt werden. In dieser Hinsicht war die Kirche völlig gleichgeschaltet. Neben dem kirchlichen gab es zudem noch ein weltliches Sittengericht, das gegen Zutrinken, Spielen, Wucher, Wirtschaftsvergehen, Hurerei, Ehebruch, Notzucht und Kuppelei vorzugehen hatte. So sehr die Obrigkeit formal an einem heiligen Leben interessiert war, in der Praxis funktionierte auch die doppelte Sittenzucht nicht, was den Predigern viel Anlaß zur Klage gab und ein ständiger Herd neuer Spannungen zwischen ihnen und der Obrigkeit war.

Möglicherweise aufgerieben durch den unter den gegebenen Bedingungen besonders schwierigen Aufbau einer evangelischen Kirche, starb Konrad Sam bereits am 20. Juni 1533. Nicht zuletzt seine plastische, das Münster füllende Predigt hatte die Basis für die Reformation in Ulm geschaffen. Seine persönliche Heftigkeit und Einseitigkeit hatten freilich auch ihr Teil zu dem gespannten Verhältnis zwischen der Obrigkeit und den Theologen beigetragen. Als Sam starb, weilte bereits seit zwei Jahren wieder Martin Frecht (1494–1556) in Ulm, der nunmehr eindeutig die theologische Führung der Ulmer Kirche übernehmen mußte, weil auch für den wählerischen Ulmer Rat niemand anderes verfügbar war. Er war selbst Ulmer Stadtkind, sein Vater und Bruder gehörten zur Schuhmacherzunft und waren Ratsherren. Seit 1514 hatte er in Heidelberg studiert, dort 1518 Luthers Auftreten erlebt, zuletzt war er Vertreter einer theologischen Professur. Bereits 1529 hatte ihn seine Vaterstadt gewinnen wollen. Im Sommer 1531 wurde ihm die theologische Lektur angetragen, die die Fortbildung der Geistlichen in Ulm sicherstellen sollte. Theologisch stand er Bucer nahe. In seiner Ulmer Zeit begegnet er als intensiver und gleichwertiger Briefpartner fast aller oberdeutschen Theologen. Anders als Sam war Frecht eher ein Mann des Ausgleichs, was jedoch in Ulm eine undankbare, ja schier unmögliche Aufgabe war, verbunden mit einer riesigen Arbeitslast als Lektor, Seelsorger, Prediger, Visitator, Examinator, Sittenrichter, Eherichter, Schulpfleger, Gutachter usw. Für die 19000 Gemeindeglieder standen nur sechs, zeitweilig sogar nur vier Geistliche zur Verfügung. Die Hauptverantwortung für die Ulmer Kirche lag auf Frecht, obwohl der Rat ihm die Ernennung zum Superattendenten versagte. Dennoch war er mit allen praktischen und geistlichen Nöten der Pfarrer des Ulmer Gebiets befaßt. An dem Leiter der Ulmer Politik Bernhard Besserer, für den die Kirche sich mehr und mehr der Politik unterzuordnen hatte, hatte Frecht wenig Rückhalt, eher schon an Besserers Sohn Georg. Besonders schwierig war der Umgang mit dem altgläubigen Bürgermeister Ulrich Neithart. Die Stellung des Prädikanten gegenüber den vier, später neun die Kirchendinge entscheidenden Religionsherren war schwach. Wichtige Entscheidungen wurden oft bewußt verzögert.

Frechts ohnehin schwieriges Amt wurde zusätzlich erschwert durch die undankbare Auseinandersetzung, die er mit zwei Gegnern aus dem protestantischen Lager zu führen hatte. Der eine war Sebastian Franck (1499–1542) aus Donauwörth, der ursprünglich evangelischer Pfarrer in Brandenburg-Ansbach gewesen war. Irritiert durch die ausbleibenden sittlichen Früchte der evangelischen Predigt und die innerprotestantischen Streitigkeiten schied er aus dem Pfarramt aus. Sein Ideal war eine Geistkirche, und von daher kritisierte er alles in Ämter und Riten veräußerlichte Kirchentum. Nach seiner Meinung konnte man auch die so oft widersprüchliche Heilige Schrift nicht nach dem Buchstaben verstehen, sondern es bedurfte dazu des Geistes. Mit diesem Spiritualismus stellte er auch die reformatorische Kirche samt ihrem biblischen Fundament in Frage. Franck war an sich ein Einzelgänger, aber gerade die radikalen Geister im protestantischen Lager beriefen sich auf ihn. 1532 war er deswegen aus Straßburg ausgewiesen worden und hatte sich zunächst in Esslingen als Seifensieder niedergelassen. Weil er dort sein Auskommen nicht finden konnte, siedelte er ein Jahr später nach Ulm über, wo er neben seiner eigenen Schriftstellerei seit 1535 auch eine Druckerei betrieb. Wegen Francks Schriften, z. B. der auf die unvereinbaren Aussagen in der Bibel aufmerksam machenden Paradoxa von 1534, betrieb Frecht die Ausweisung Francks und schaltete dazu auch Bucer und Landgraf Philipp von Hessen ein. Gedeckt von Bernhard Besserer konnte sich Franck aber zunächst in der Stadt halten, indem er versprach, in Ulm nichts mehr zu veröffentlichen. Seine eigenen Schriften ließ er nunmehr auswärts drukken. Frecht gab sich damit nicht zufrieden. Er empfand Francks individualistische Kirchenkritik als destruktiv und verunsichernd. Er konnte dessen an sich imponierende Forderung nach Glaubens- und Gewissensfreiheit unter den gegebenen Umständen nicht anerkennen und suchte ihn auf ein bestimmtes Bekenntnis festzulegen. Die Durchführung des Ausweisungsbeschlusses von Mitte 1538 konnte Franck noch einmal aufhalten, aber Anfang 1539 mußte er Ulm verlassen. 1540 wurden seine Auffassungen vom Schmalkaldischen Bund verurteilt. Zwei Jahre später starb er in Basel.

Weit gefährlicher als das Auftreten Francks war das des schlesischen Edelmannes Kaspar von Schwenckfeld (1489–1561) (Abb. 18). Er war ursprünglich Anhänger Luthers gewesen, entwickelte aber seit Mitte der 20er Jahre seine eigenen Anschauungen. Ihm ging es vor allem um die Erkenntnis und Erfahrung Christi in seiner Glorie, dessen verklärtes Fleisch die Speise der Gläubigen ist. Der Mensch soll loskommen aus seiner sündigen Kreatürlichkeit, zu der auch alles Äußerliche, wie Amt, Organisation, Ordnung und Sakramente der Kirche, gerechnet wird. Mit seiner faszinierenden persönlichen Ausstrahlung vermochte Schwenckfeld zeitweilig fast alle südwestdeutschen Reformatoren, angefangen von Zwingli, Oekolampad, Bucer, Capito und A. Blarer, zu beeindrucken, bis ihnen aufging, daß sich mit seinem Spiritualismus keine Kirche aufbauen ließ. 1533 mußte er nach vierjährigem Aufenthalt Straßburg verlassen und wandte sich nach Augsburg. Dort lernte ihn Bernhard Besserer kennen und war alsbald von ihm beeindruckt. Ab 1535 hielt sich Schwenckfeld, abgesehen von seinen häufigen Reisen, ständig in Ulm als Gast Besserers auf. Dank seiner vorzüglichen Beziehungen zum evangelischen Adel hatte er in jenem Jahr in der sog. Tübinger Konkordie erreicht, daß man ihn in Oberdeutschland duldete, obwohl unüberbrückbare Differenzen zwischen ihm und seinen Kontrahenten Bucer, A. Blarer und Frecht bestanden. Nicht nur Bernhard Besserer, sondern auch die Frauen des Ulmer Patriziats, z. B. der Familie Streicher, und der Adel des Umlandes waren seine einflußreichen Gönner. Anhänger besaß er selbst unter den Pfarrern.

Als Schwenckfeld gegen die für ihn zu massive Wittenberger Konkordie agitierte und angeblich auch Gemeindemitglieder vom Abendmahl abzog, verklagte ihn Frecht beim Rat, der vergeblich mit Friedensappellen nach beiden Seiten zu beschwichtigen suchte, obwohl z. B. Schwenckfelds Geringschätzung der Kindertaufe offensichtlich war. Den Antrag auf Schwenckfelds Ausweisung beantwortete der Rat 1538 zunächst damit, daß er den Predigern die Angriffe gegen Schwenckfeld verbot. Bei dem Religionsgespräch im Januar 1539 ging es um seine Auffassung von der vergotteten Menschheit Christi. Frecht hatte trotz guter Argumente gegenüber dem sympathisch auftretenden Schwenckfeld einen schweren Stand. Die Entscheidung wurde damals erneut vertagt. Erst als im September sämtliche Ulmer Geistlichen ihren Rücktritt einreichten, weil gegen falsche Lehre nicht vorgegangen werde, verließ Schwenckfeld Ulm, hielt sich aber später häufig noch heimlich in der Stadt auf, wo er 1561 im Streicherschen Haus auch starb. 1540 verurteilte der Schmalkaldische Bund neben Franck auch die Lehren Schwenckfelds und gab damit Frecht recht. Schwenckfeld selbst fand einen neuen Unterschlupf bei den benachbarten Herren von Freyberg, von wo aus er weiter höchst aktiv in Südwestdeutschland für seine Sache warb.

*Literatur:*

Vgl. oben S. 73. – *Julius Endriß,* Das Ulmer Reformationsjahr 1531, Ulm [2](o. J.). – Ders., Die Ulmer Synoden und Visitationen der Jahre 1541–47, Ulm (1935). – Ders., Sebastian Francks Ulmer Kämpfe, Ulm (1935). – Ders., Kaspar Schwenckfelds Ulmer Kämpfe. – *Paul Hofer,* Die Reformation im Ulmer Landgebiet – religiöse, wirtschaftliche und soziale Aspekte, Diss. Tübingen (1977). – *Peter Lang,* Die Ulmer Katholiken im Zeitalter der Glaubenskämpfe: Lebensbedingungen einer Minderheit, Europ. Hochschulschriften R. 23, 89, Frankfurt/M. (1977). – *Eugen Specker* und *Reinhard Wortmann,* 600 Jahre Ulmer Münster, Forschungen zur Gesch. der Stadt Ulm 19 (1977). – *Eugen Trostel,* Das Kirchengut im Ulmer Territorium unter bes. Berücksichtigung der Stadt Geislingen, Forschungen zur Gesch. der Stadt Ulm 15 (1976). – *Franz Michael Weber,* Kaspar Schwenckfeld und seine Anhänger in den freybergischen Herrschaften Justingen und Öpfingen, VKGLBW. B, Bd. 19, Stuttgart (1962).

## Biberach

Über die Reformation in Biberach stehen nur wenige Daten zur Verfügung. Stark wirkte sich hier der Einfluß Memmingens und Ulms aus. Nach der Wahl des mit der Reformation sympathisierenden Bürgermeisters Christoph Gräter 1528 beanspruchte der Rat die Jurisdiktion über die Geistlichen und geriet deswegen in einen Konflikt mit dem Bischof von Konstanz. 1529 ließ der Rat die Bürgerschaft über die Annahme des Speyrer Abschieds abstimmen. Nur eine Minderheit war dafür; dennoch trat der Rat der Protestation nicht bei, weshalb die altgläubigen Patrizier aus dem Rat verdrängt wurden und der Schneider Jakob Schmidt Bürgermeister wurde. Die Patrizier spielten darauf Österreich die wertvolle Pfandschaft Warthausen wieder zu. Der führende evangelische Geistliche war der Prediger an der Spitalkapelle Bartholomäus Müller (gest. 1553), bei dem sich seit 1524 reformatorische Neigungen feststellen lassen. Er wurde von einigen weiteren Geistlichen unterstützt, unter ihnen seit 1530 der aus Göppingen stammende Martin Cless, der aber 1536 nach Württemberg zurückkehrte. Nach allem, was zu erkennen ist, war die Reformation in Biberach zunächst an Zwingli orientiert, weshalb die Stadt sich wie Ulm auf dem Augsburger Reichstag schwer tat. Auch in späteren Jahren, als Müller auf Bucers Linie umgeschwenkt war, traten noch Zwinglianer auf. Nach dem Beitritt zum Schmalkaldischen Bund wurde am 11. April 1531 die Messe abgeschafft. In jener Zeit kam es zu einem radikalen Bildersturm. Altarglocken wurden danach als Hausglocken und die Prozessionsstangen bei der Fasnacht verwendet. Auf ihrem Rückweg von Ulm besuchten Bucer und Oekolampad Anfang Juni Biberach. Der altgläubige Pfarrer wich nach der Einführung der Reformation in das Filial Rißegg aus. Der Priester Heinrich von Pflummern verließ die Stadt. Ihm und seinem Bruder sind jene Aufzeichnungen zu verdanken, die so eindrücklich wie selten beschreiben, welch reiches und buntes Brauchtum mit der Reformation in Abgang gekommen ist. Die Verwaltung der Pfründen übernahm der Rat, das Frauenkloster wurde inventarisiert und nach zwei Jahren aufgehoben. Auch in den dem Spital gehörenden Dörfern wurde seit 1535 für evangelische Predigt gesorgt. In die Bufflersche Schulstiftung war, wie erwähnt, auch Biberach einbezogen. Schwierigkeiten gab es wegen der Besoldung derjenigen Pfarrer, deren Patrone katholisch waren. Von 1543 bis 1545 hielten die Auseinandersetzungen wegen des Zwinglianismus an, da der früher in Basel tätige Prediger Benedikt Widmann die Hinwendung zum Luthertum, die durch den in Wittenberg ausgebildeten Jakob Schopper verstärkt worden war, nicht mitmachen wollte. Die Schlichtung erfolgte durch Martin Frecht aus Ulm.

*Literatur:*

*Albert Angele,* Biberach um die Jahre der Reformation, Biberach (1962). – *Reinhold Mildenberger,* Die ersten evangelischen Prediger in Biberach und den Dörfern des Spitals, in: Zeit und Heimat, Beitr. zur Geschichte, Kunst und Kultur von Stadt und Kreis Biberach, Beilage zur Schwäb. Zeitung, Ausg. Biberach. 16. Dez. 1982. – *Bernhard Rüth,* Der Prediger Bartholomäus Müller und die Biberacher Reformation, in: Heimatkunde. Blätter für den Kreis Biberach, Jg. 5 (1982), S. 15–20.

## Esslingen

Die Reformation in Esslingen verlief eigentümlich zweigleisig. Bis zum Augsburger Reichstag unterstützte der Rat weithin die alte Kirche. Die reformatorische Bewegung mußte sich ohne seine Hilfe behaupten. Die Täufer wurden von ihm verfolgt. Das Nebeneinander zweier Glaubensparteien schuf schwere Spannungen. Das veranlaßte den Prokurator am Reichskammergericht Ludwig Hierter im Mai 1526, Brenz um ein mäßigendes Schreiben an die evangelische Seite zu bitten. Brenz warnte vor Aufruhr und Zwietracht und mutete den Evangelischen als den »Starken« zu, die im Glauben schwachen Altgläubigen zu ertragen. Eindrücklicher als dieser Beschwichtigungsbrief dürfte ein Schreiben Zwinglis vom 20. Juli gewesen sein. Ausgelöst war es durch den Auftritt des Pfarrers Sattler auf der katholisch beherrschten Disputation in Baden in der Schweiz. Sattler hatte dort in einer Predigt u. a. geäußert, Christus sei nur einmal für uns geopfert. Daraus leitete Zwingli eine Widerlegung des bestehenden katholischen Kultus ab. Außerdem nützte er die Gelegenheit, für seine Abendmahlsauffassung zu werben, und in der Tat scheint er damals schon Anhänger in Esslingen gehabt zu haben. Allerdings lösten die diesbezüglichen Ausführungen Befremden aus, so daß Zwingli im Oktober eine weitere Erklärung nachreichen mußte. Damals wies er auf die Notwendigkeit eines befähigten Predigers, wie man ihn in den benachbarten Städten hatte, hin. Tatsächlich wurde in Esslingen 1526 Ulrich Villinger als Prediger angestellt. Möglicherweise war dies eine der wenigen Maßnahmen, mit denen der Rat den Evangelischen entgegenkam.

Insgesamt bemühte sich der Rat, die alte kirchliche Ordnung aufrechtzuerhalten, schärfte die Feiertagsordnung ein und drohte 1528 denen, die ohne den Segen der Kirche sterben würden, die Verweigerung eines ehrlichen Begräbnisses an. Dennoch war auch die altgläubige Seite mit dem Rat nicht zufrieden. Das Domkapitel von Speyer klagte, daß gegen die Zehntverweigerer nicht entschieden vorgegangen werde. Der Bischof von Konstanz beschwerte sich beim Schwäbischen Bund, daß die Esslinger Geistlichen 1525 ins Bürgerrecht aufgenommen und zu Abgaben herangezogen worden waren. Die Stadt hatte damals ihre Rechte gegenüber der Geistlichkeit ausgedehnt und war nicht gesonnen, dies zurückzunehmen. Sie hatte auch die übliche Präsentation von Bewerbern für Kirchenstellen, die der Rat zu vergeben hatte, beim Bischof unterlassen. Die Informationen des Bischofs stammten von dem Pfarrer Sattler. Als der Rat 1529 von diesem Verhalten erfuhr, weigerte er sich, Sattler weiter als Pfarrer anzuerkennen, und dieser mußte gehen. Vom Domkapitel in Speyer erbat man sich einen Nachfolger, der weder lutherisch noch ein übermäßiger Polemiker sein sollte. Trotz dieser Schwierigkeiten sah der Bürgermeister Holdermann 1529 in Speyer wegen der Armut und der exponierten Lage der Stadt keine andere Möglichkeit für Esslingen, als die antireformatorische Politik des Kaisers zu akzeptieren. Er plädierte auch 1530 für die Annahme des Augsburger Reichstagsabschieds, vor allem, weil er die äußere Bedrohung fürchtete, und noch einmal folgte ihm der Rat.

Sichtlich ermutigt durch die Einführung der Reformation in Ulm kam es in Esslingen 1531 dann doch zu einem Umschwung. Nach einer Straßburger Vorlage gab der Rat am 20. August die Predigt des Gottesworts frei und stellte Leonhard Werner von Waiblingen als Prädikanten an. Zwar versuchte das Speyrer Domkapitel nunmehr mit dem Dominikaner Dr. Johannes Burchardi endlich wieder einen Pfarrer einzusetzen, aber dieser zog sich angesichts der Entschlossenheit des Rats zur Reformation schon im Oktober wieder zurück. Bereits im September verhandelten der Stadtschreiber Johannes Machtolf und der Zunftmeister Bernhard Motzbeck in Ulm wegen des Beitritts Esslingens zum Schmalkaldischen Bund, der dann auch gegen eine kaisertreue Minderheit beschlossen wurde. Für die Einführung der Reformation hatte man Ambrosius Blarer gewinnen können, der im September seine Geislinger Tätigkeit abbrach und nach Esslingen kam. Blarer gewann alsbald die Freundschaft Machtolfs und hatte überhaupt ein ausgezeichnetes Verhältnis zur Esslinger Gemeinde. Selbst manche Täufer kehrten nunmehr in die Kirche zurück.

Am 11. November ließ der Rat über die Abschaffung der Messe und Heiligenbilder sowie die Einführung eines wahrhaft christlichen Gottesdienstes abstimmen. Von 1076 Stimmberechtigten erklärten sich nur 142 gegen die Änderungen. Danach forderte der Rat die Geistlichen auf, ihre Schriftbeweise für Messe und Bilder vorzubringen. Zu einer eigentlichen Disputation kam es nicht. Die Geistlichen reichten im Dezember ihre Stellungnahme ein und warnten vor dem Zwinglianismus und dem Ungehorsam gegenüber dem Kaiser. Blarer aber bestritt die Zuständigkeit des Kaisers in Religionsangelegenheiten. Die Durchführung der Reformation erfolgte zügig. Im Januar 1532 wurden die Bilder abgeschafft. Sämtliche Mönche wurden im Franziskanerkloster konzentriert und vom Kontakt mit der Bevölkerung abgeschnitten. Die Esslinger Zuchtordnung räumte den Sittenrichtern mehr Strafbefugnis ein als in Ulm; etwaige Sittenvergehen waren anzuzeigen. Blarer konnte hier seine eigenen Vorstellungen weitgehend verwirklichen. Diese für die Reformation günstige Konstellation verbesserte sich sogar noch, als sich bei den Ratswahlen vom Juli 1532 die Vertreter der Zünfte stärker durchsetzten und der bewußt evangelische Bernhard Motzbeck Bürgermeister wurde. Hans Holdermann kam nicht mehr in den Rat und gab 1533 sein Bürgerrecht auf.

Als schier unlösbar erwies sich das Problem, einen geeigneten Pfarrer für Esslingen zu finden, weshalb Blarer viel länger als geplant, bis zum Juni 1532, bleiben mußte. Die Kandidatensuche wurde zusätzlich noch dadurch erschwert, daß man bewußt keinen Lutheraner, sondern einen Mann der oberdeutschen Richtung in Esslingen haben wollte. Deshalb lehnte man Franz Irenicus oder Johann Eisenmenger (Isenmann) aus Hall und noch einige andere ab. Der Prädikant Leonhard Werner war der Aufgabe nicht gewachsen, und auch der nach Esslingen zurückgekehrte Martin Fuchs kam als Pfarrer nicht in Frage. Nach fieberhaften Bemühungen Blarers und Bucers gelang es schließlich, Jakob Otter zu gewinnen, der seit seiner Vertreibung aus Neckarsteinach in der Schweiz untergekommen war. Unglücklicherweise geriet Otter alsbald mit seinen Kollegen, vor allem mit Martin Fuchs, in Streit, und das mußte die Stellung der Geistlichen schwächen. Der Konflikt fand erst 1534 mit dem Weggang von Fuchs sein Ende. Das geschah zu dem Zeitpunkt, als die strenge Ordnung der Sittenzucht in eine Krise geriet und in der Gemeinde auf Widerstand stieß. Schließlich zog auch in Esslingen die Obrigkeit die kirchliche Strafgewalt an sich. Die Zuchtordnung mußte in den folgenden Jahren mehrfach modifiziert werden, ein Signal dafür, daß die Schwierigkeiten auf diesem Gebiet anhielten. Unter Otter erfolgte dann der Ausbau der Reformation. Durch ihn wurde die Verteilung der Gottesdienste geregelt. Schon 1532 hatte er einen in der Sakramentslehre und der Ethik oberdeutsch gefärbten Katechismus verfaßt. Auch die Schulordnung von 1534 stammt von ihm. Wie die befreundeten Reichsstädte ließ auch Esslingen seine Theologen in Straßburg ausbilden. 1537 erschien erstmals Otters illustriertes »Bettbüchlein für allerley gemeyn Anliegen der Kirchen«, eines der schönsten seiner Art, das das Gebet als Mitte und Ziel des Gottesdienstes bezeichnet. Bevor sein Werk durch das Interim in Frage gestellt wurde, starb Otter im März 1547.

*Literatur:*

Vgl. oben S. 75. – *Helmuth Krabbe, Hans-Christoph Rublack* (Hgg.), Akten zur Esslinger Reformationsgeschichte, Esslinger Studien Schriftenreihe 5 (1981). – *Hans-Christoph Rublack,* Esslingen, die Reformation und das Interim, in: Esslinger Studien 20 (1981), S. 73–90.

## Giengen an der Brenz

Anfang 1529 forderten vier Bürger in Giengen die Berufung eines evangelischen Predigers. Im Verlauf dieses Jahres wurde dann Martin Rauber angestellt, der aber 1531 nach Ulm ging. Sein Nachfolger Kaspar Pfeiffelmann predigte gleichfalls evangelisch, erregte aber wegen der Polemik, die zwischen ihm und dem Pfarrer Johann Amann hin und her ging, Anstoß. Ab 1532 klagt der Rat über mangelnde kirchliche Versorgung und macht dafür das Kloster Herbrechtingen verantwortlich, dem die Pfarrkirche inkorporiert war. Im Frühjahr 1534 bemerkt man ein starkes Abbröckeln der altgläubigen Gebräuche. Im Juni wurde erneut Rauber als Prädikant angestellt, der dabei die Einführung der Reformation zur Bedingung machte. Der Rat ging aber trotz Raubers Drängen sehr behutsam vor. Zunächst wurden die Teilnahme am alten Kultus freigestellt und die Konkubinate verboten, was auch den Pfarrer betraf. 1535 wandte sich der Pfarrer Amann der Reformation zu. Erst ein Jahr später wurde die Messe abgeschafft. Die Einführung einer evangelischen Gottesdienstordnung scheint sich verzögert zu haben, weil Rauber, anders als der Pfarrer Amann, mit der Wittenberger Konkordie nicht einverstanden war. Offensichtlich wurde deshalb Martin Bucer eingeschaltet. Er schlug am 8. Juli 1537 zusammen mit Rauber und Amann die Einführung der württembergischen Kirchenordnung vor. Der Rat stimmte zu, lehnte jedoch die Entfernung der Bilder und Altäre aus der Kirche ab. Deswegen drohte Rauber im Herbst mit seinem Weggang, falls die ärgerlichen Bilder nicht entfernt würden und der Rat, wie schon früher gefordert, nicht energischer gegen die Laster vorgehe. Tatsächlich kündigte Rauber Anfang 1539 und ging zurück nach Ulm, weil er seine oberdeutschen Vorstellungen, zu denen die Reduzierung der Feiertage gehörte, nicht hatte durchsetzen können. Der Theologennachwuchs wurde in Giengen durch Stipendien gefördert. 1537 konnte so Jakob Heerbrand (1521–1600), der spätere bedeutende lutherische Theologe und Kanzler der Universität Tübingen, sein Studium in Wittenberg beginnen.

*Literatur:*

*Andler,* Die Reformation in Giengen a. d. Brenz, in: BWKG NF 1 (1897), S. 97–113 und 163–173.

## Rottweil

Wie früher schon in Weil der Stadt und Gmünd, so ist auch die Reformation in Rottweil gescheitert. Das lag mit an den besonderen Gegebenheiten in dieser Stadt. Rottweil hatte in seinen Mauern das kaiserliche Hofgericht, an dem gerade auch die Führungsschicht der Stadt interessiert war. Eine Einführung der Reformation hätte den Verlust dieser Institution nach sich ziehen können. In seiner Reichspolitik gab sich Rottweil deshalb geradezu als der Musterknabe der altgläubigen Städte. Politisch gehörte die Stadt seit 1519 als zugewandter Ort zur Eidgenossenschaft, hielt es aber dort nicht mit den evangelischen, sondern mit den altgläubigen innerschweizerischen Kantonen. In der Leitung der Stadt stand der Rat als Obrigkeit sehr selbstbewußt der Gemeinde gegenüber.

Am Anfang der reformatorischen Bewegung in Rottweil steht der Stadtarzt Valerius Anshelm, der 1525 in seine Vaterstadt zurückgekehrt war, nachdem er in Bern wegen seiner reformatorischen Haltung Schwierigkeiten bekommen hatte. In Rottweil bildeten sich evangelische Konventikel, in denen die Bibel gelesen wurde. Ab 1526 predigte der Pfarrer der Heilig-Kreuz-Kirche Konrad Stücklin evangelisch und brachte damit zeitweilig die Mehrheit der Gemeinde hinter sich. Der Exponent des alten Glaubens war der Lesemeister der Dominikaner Georg Neudorfer, der sich 1526 mit den Konstanzer Reformatoren angelegt hatte. Im Gegenzug richtete der aus Rottweil stammende Konstanzer Geistliche Johann Spreter 1527 eine Aufforderung, das göttliche Wort anzunehmen, an seine Vaterstadt. Damals kam es bereits zur Gefangennahme und Ausweisung evangelischer Bürger. Die Einladung zur Berner Disputation lehnte der Rat im Dezember 1527 ab, billigte allerdings auch nicht die polemische Zurückweisung der Berner Thesen durch Neudorfer. 1528 forderte der Bischof von Konstanz, unterstützt durch Erzherzog Ferdinand, den Pfarrer Stücklin vor sein Gericht. Als dieser dem keine Folge leistete, wurde er gebannt. Eine Gemeindeversammlung setzte sich auf seine Bitten für die Aufhebung des Banns ein. Der Pfarrer sollte das Alte und Neue Testament rein predigen. Der Rat hielt sich jedoch nicht an diesen Beschluß und legte Stücklin auf die herkömmliche Predigt fest. Anshelms Vertrag als Stadtarzt wurde vorzeitig gekündigt. Die Evangelischen in Rottweil baten Zürich und Bern um Vermittlung, aber diese scheiterte aufgrund der Gegenmaßnahmen der katholischen Kantone. In seiner Absicht, beim alten Glauben zu bleiben, hatte der Rat eine vermutlich knappe Mehrheit hinter sich. Die Situation in der Stadt verschärfte sich. Wie in den antireformatorischen kaiserlichen Mandaten vorgesehen, fanden Hausdurchsuchungen nach Lutherbibeln statt. Neudorfer bezeichnete Zwingli und Oekolampad auf der Kanzel als Ketzer und wurde deshalb verprügelt. Auf der andern Seite nannte Stücklin die Altgläubigen gottlos und den empfindlichen Rat einen neidigen und gehässigen Hinderer von Gottes Wort. Darauf wurden beide aus der Stadt gewiesen.

Zu einer Entscheidung der gespannten Situation kam es, als am 18. Juli 1529 die Evangelischen in einer Bittschrift die Freigabe der evangelischen Predigt forderten, worauf von altgläubiger Seite die Bestrafung der Bittsteller beantragt wurde. Beide Seiten versammelten sich bewaffnet. Der Rat zog zuverlässiges Volk aus dem Landgebiet in die Stadt. Als über die Bittsteller eine Strafe verhängt wurde, wurde u. a. der Bürgermeister Gall Möckh tätlich angegriffen, was der Beginn eines Aufruhrs war. An einen letzten Versuch der Aussöhnung hielt sich der Rat nicht, sondern entließ die Evangelischen, unter ihnen zwölf Mitglieder des Rats, aus ihren Ämtern. Am 26. August muß es zu neuen Gewaltmaßnahmen der Evangelischen gekommen sein, und im Zusammenhang damit erfolgte die Ausweisung von 80 bis 100 Familien, insgesamt 400 Personen, ein ziemlich einzigartiger Fall in der Reformationsgeschichte. Der Rat behauptete nachträglich, nur so habe der Frieden in der Stadt erhalten werden können. Die Exulanten suchten Unterschlupf in Baden, Straßburg, Konstanz und der Schweiz. Über das Exulantenproblem gab es in den folgenden Jahren zahlreiche Verhandlungen zwischen der Eidgenossenschaft und Rottweil, die aber nur zur Auszahlung ihrer Vermögensreste führten. Einzelne Flüchtlinge gaben später ihren Glauben auf und kehrten in die Stadt zurück. Der Kaiser dankte der Stadt 1530 die Unterdrückung der Reformation mit mehrjährigem Erlaß der Reichssteuer. In späteren Jahren begegnen nur noch gelegentlich Anhänger der Reformation in Rottweil.

*Literatur:*

*Martin Brecht,* Die gescheiterte Reformation in Rottweil, in: BWKG 75 (1975), S. 5–22.

## Nördlingen

Die Stagnation der Reformation in Nördlingen nach 1525 hat verschiedene Gründe. Der Prediger Billican wandte sich mehr und mehr wieder dem alten Glauben zu. Daneben scheint seine Sorge der Verbesserung des Schulunterrichts gegolten zu haben, für den er eigene Lehrbücher verfaßte. Die Einführung eines Katechismusunterrichts nach lutherischem Vorbild lehnte er ab. Nördlingen beteiligte sich, wenn auch nicht ohne Bedenken, an der Speyrer Protestation, revidierte jedoch als einzige Stadt diese Entscheidung aus Rücksicht auf den Kaiser und die eigene Reichsfreiheit im Januar 1530. Abgesehen von der Zuchtordnung von 1531, die nicht zuletzt die städtischen Verhältnisse religiös stabilisieren sollte, entwickelte der Rat kaum eigene Initiativen zum Ausbau eines neuen Kirchenwesens, obwohl Nördlingen als evangelisch galt. Trotz Billicans Rückwendung zum alten Glauben zitierte Johann Eck in seinen 404 gegen die Reformation gerichteten Artikeln auch häretische Sätze von ihm; Billican begab sich darauf selbst nach Augsburg und erlangte vom Legaten Campeggio gegen eine Geldleistung einen Dispens, sein Predigtamt trotz seiner Verehelichung weiterführen zu dürfen. Gegenüber dem Vorwurf der Häresie beteuerte er feierlich seine Übereinstimmung mit der katholischen Kirche. Allerdings praktizierte er nach der Rückkehr von Augsburg weiter die Kirchenordnung von 1525. Im Jahr 1535 gab er seine Predigerstelle auf. Sein Nachfolger wurde Kaspar Kantz, der in den Jahren zuvor lediglich deutscher Schulmeister gewesen war. 1538 gestattete der Rat endlich die Einführung einer neuen Gottesdienstordnung. Sie kombinierte in *einer* Veranstaltung auf eigenartige Weise Predigt, katholische Messe und Abendmahl und hielt damit die Entscheidung zwischen den Religionsparteien weiterhin offen. Erst eine scharfe Predigt von Kantz führte 1541 dazu, daß die Messe abgeschafft und nunmehr ein Auszug der brandenburgisch-nürnbergischen Kirchenordnung benutzt wurde. Anhänger des alten Glaubens gab es nach wie vor. Nachdem Kantz sein Amt krankheitshalber aufgegeben hatte, wurde 1544 Kaspar Loner, bis dahin Domprediger in Naumburg, als Pfarrer und Prediger berufen. Er tat sich in den unentschiedenen Nördlinger Verhältnissen nicht leicht. Seiner Tatkraft gelang es jedoch immerhin, gegenüber dem Rat eine

Kirchenordnung nach Naumburger Vorbild durchzusetzen. Nach längerem Ringen wurde sogar die Anmeldung zum Abendmahl zugestanden, die die Prediger längst wegen der Sittenzucht gefordert hatten. Unglücklicherweise starb Loner schon Anfang 1546, so daß die Stadt in der folgenden schwierigen Zeit keinen tatkräftigen Geistlichen hatte. Mit gewissem Recht hat man von einer »bürgerlichen« Reformation in Nördlingen gesprochen, weil diese sich hier trotz des Vorhandenseins tüchtiger evangelischer Geistlicher immer wieder den sonstigen Bedürfnissen und Rücksichten der Stadt anzupassen hatte. Eine solche Tendenz zu einer problematischen Integration der Reformation in die übrigen Interessen einer Stadt dürfte nicht nur in Nördlingen bestanden haben. Auch das gehörte zum Alltag, in dem die neue Kirche sich bewähren mußte.

*Literatur:*

Vgl. oben S. 70. – *Sehling* XII, 2, S. 273 ff.

## Dinkelsbühl

Während die Reformation der schwäbischen Reichsstädte vor allem von Konstanz, Straßburg und Zürich geprägt worden war, machte sich in den fränkischen Städten, ähnlich wie schon in Heilbronn, der Einfluß Schwäbisch Halls und der Markgrafschaft Brandenburg bemerkbar. In Dinkelsbühl gab es zwar einige reformatorisch gesinnte Zunftmeister und Geistliche, es wurde evangelisch gepredigt und das Abendmahl unter beiderlei Gestalt ausgeteilt, aber die Evangelischen hatten keine Mehrheit im Rat. Der altgläubige Pfarrer Rötinger wurde 1529 wegen seines Lebenswandels aus dem Amt entfernt. Sein Nachfolger Johann Brecheisen machte 1531 nach dem Augsburger Reichstagsabschied das evangelische Abendmahl zum Verdruß eines großen Teils der Bürgerschaft rückgängig. Aufgrund von Exzessen bei einer Zecherei wurde er im Juli 1531 aus der Stadt ausgewiesen. Im folgenden Jahr erwarb der Rat das Patronatsrecht an der St.-Georgs-Kirche. Im Herbst 1533 stimmte er endlich der Berufung eines evangelischen Pfarrers zu. Mit Hilfe von Adam Weiß und Johannes Brenz, der selber an eine zeitweilige Übersiedlung nach Dinkelsbühl gedacht hatte, konnte Bernhard Wurzelmann aus Wimpfen, der bis dahin Pfarrer in Schwaigern gewesen war, gewonnen werden. Er schaffte, wohl mit stillschweigender Billigung des Rats, Anfang 1534 die Messe in der St.-Georgs-Kirche ab, im Spital blieb sie bestehen. Hinsichtlich der Kirchenordnung richtete man sich nach Brandenburg-Nürnberg. 1537 wurde in der St.-Georgs-Kirche ein evangelischer Altar mit der Darstellung des Abendmahls aufgestellt. Auch das Landgebiet wurde mit evangelischen Pfarrern besetzt. Die neue Ordnung für das Landkapitel stammte von A. Osiander. Entgegen Wurzelmanns Empfehlungen schloß sich der Rat dem Schmalkaldischen Bund einstweilen nicht an und verhielt sich damit ähnlich wie die benachbarten lutherischen Franken.

*Literatur:*

Vgl. oben S. 70.

## Rothenburg

Nach ihrer Niederlage im Zusammenhang mit dem Bauernkrieg hatte die Reformation in Rothenburg zunächst keine Chance. Ab 1526 besetzte zwar der Rat die kirchlichen Stellen ohne Rücksicht auf das Patronatsrecht des Deutschordens, weil dieser keine Bewerber präsentieren konnte, aber Regungen der Reformation wurden unterdrückt. Dennoch nahm die reformatorische Bewegung im Lauf der 30er Jahre wieder zu. Unter dem evangelischen Bürgermeister Johannes Hornburg zog der Rat 1540 die unbesetzten kirchlichen Stellen an sich und besetzte sie nach und nach evangelisch. 1544 erfolgte der Beschluß zur Einführung der Reformation. Damals lieh man sich aus Nürnberg Thomas Venatorius als Prediger. Bei der Berufung von Geistlichen wurde Hornburg von Brenz beraten. Die Messe wurde bis 1545 noch in der Jakobskirche, danach nur noch in der Johanneskirche geduldet. Die Kirchenordnung übernahm man von Brandenburg-Nürnberg. Wie die Nachbarn schloß sich auch Rothenburg nicht dem Schmalkaldischen Bund an.

*Literatur:*

Vgl. oben S. 76. – *Ludwig Schnurrer,* Schwäbisch Hall und Rothenburg, in: Württ. Franken 65 (1981), S. 145–176.

## Wimpfen

Wohl infolge des Bauernkriegs trat in der reformatorischen Bewegung in Wimpfen ein jahrelanger Stillstand ein. Ende 1526 verließ der Prediger Erhard Schnepf die Stadt und ging zu den Grafen von Nassau. Erst durch den 1543 angestellten Prediger Jacob Pfaffinger kam die reformatorische Verkündigung wieder in Gang. In der Passionszeit 1545 forderte der Rat vom Pfarrer die Unterlassung der üblichen Segnungen von Salz, Wasser, Wein, Palmen usw., außerdem sollten die Meßpriester vor allem die Seelenmessen, Vesper- und Salvegottesdienste aufgeben. Den Zünften wurde empfohlen, sich nicht mehr daran zu beteiligen. Als das Wormser Domkapitel als Patron der Pfarrkirche sich gegen diese Neuerungen wandte, wurde es mit der Bitte nach einem evangelischen Pfarrer konfrontiert. Die Beteiligung der Schüler an den nicht schriftgemäßen Salvegottesdiensten wurde unterbunden. Im August wurden die Messen im Langhaus der Kirche verboten und eine evangelische Feiertagsordnung eingeführt. Der Pfarrer mußte seine Haushälterin entlassen. Im Dezember wurde die Bitte an das Wormser Domkapitel um einen evangelischen Pfarrer wiederholt, diesmal unterstützt durch ein Schreiben des pfälzischen Kurfürsten, obwohl dieser der Bruder des Wormser Bischofs war. Ehe eine Entscheidung erfolgte, wurden im Januar 1546 die alten Zeremonien abgeschafft. Zur Durchführung der Reformation erbat man sich Johann Eisenmenger (Isenmann) von Schwäbisch Hall, der nach dortigem Vorbild eine Kirchenordnung schuf. Pfarrer in Wimpfen wurde Jakob Gräter, der Neffe von Eisenmenger und Brenz.

*Literatur:*

Vgl. oben S. 76.

## Bopfingen

Der offizielle Übergang zur Reformation erfolgte in Bopfingen erst 1546 mit der Annahme des Augsburger Bekenntnisses. Der Pfarrer Ulrich Con und der seit 1529 angestellte Prediger Johann Vogler, der 1536 selbst Pfarrer wurde, scheinen alte und neue Gottesdienstbräuche nebeneinander praktiziert zu haben. Der Rat dehnte nach 1530 seinen Einfluß auf das Kirchenwesen aus, indem er die sieben Kaplaneipfründen einzog und daraus Kirche und Schule finanzierte. Über weitere Einzelheiten der Bopfinger Reformation, insbesondere auch über die Gottesdienstordnung, ist kaum etwas bekannt. Vielleicht benützte man – und das wäre bezeichnend – die aus katholischen und evangelischen Elementen kombinierte Kölner Reformationsordnung.

*Literatur:*

Vgl. oben S. 80.

## Kinzigtal, Ortenau, Offenburg und Gengenbach

Die Grafschaft Fürstenberg war 1509 so geteilt worden, daß Graf Wilhelm die Herrschaft Kinzigtal und die Reichspfandschaft Ortenau, Graf Friedrich den östlichen Besitz des Hauses bekam. Anders als sein Bruder Friedrich führte Wilhelm die Reformation in seinem Gebiet ein. Zwischen der Reformation der Ortenau und der der dort gelegenen Reichsstädte Offenburg und Gengenbach bestanden intensive Beziehungen.

Graf Wilhelm von Fürstenberg (1491–1549), seit 1522 Heerführer in verschiedenen Diensten, war mit der Reformation in Straßburg in Berührung gekommen. Er hatte am Marburger Religionsgespräch teilgenommen und 1534 Philipp von Hessen bei der Rückführung Herzog Ulrichs nach Württemberg unterstützt. 1539 kehrte er in seine Herrschaft zurück und wurde dort zum tatkräftigen Förderer der Reformation. Diese hatte in der Ortenau mit Wilhelms Unterstützung schon etwa seit 1525 von Straßburg aus Fuß gefaßt. In diesem Jahr stellte Offenburg zwei evangelische Prediger an. Es muß dort eine erhebliche evangelische Bewegung gegeben haben, über die aber nicht viel bekannt ist. Nach dem Augsburger Reichstag 1530 hielt sich Offenburg, vielleicht unter dem Einfluß Straßburger Domherren, wieder zum alten Glauben. In Gengenbach wurde 1526 ein evangelischer Leutpriester angestellt, der den hergebrachten Kultus scharf kritisierte; den Protest des dortigen Benediktinerklosters wies man unter Hinweis auf den Reichstagsabschied von Speyer zurück. In den 30er Jahren galt Gengenbach als evangelische Reichsstadt. Das an sich reichsfreie Benediktinerkloster wollte Graf Wilhelm mediatisieren, stieß dabei aber auf den hartnäckigen Widerstand des Straßburger Bischofs. Unter dem dem Grafen willfährigen Abt Melchior Horneck von Hornberg wurde der Personenbestand des Klosters fast ganz reduziert. Das Kloster hatte 1536 den Unterhalt für den Schulmeister Matthias Erb und später auch für die evangelischen Prediger, die im Kloster wohnten, zu tragen. Im Januar 1538 beantragten die Prediger die Einführung einer

Kirchenordnung, und diese ist dann auch bis zum Sommer erlassen worden. 1545 veröffentlichte der Prediger Thomas Lindner einen eigenen Gengenbacher Katechismus, der Anregungen sowohl von Luther als auch von Brenz aufnahm. Lindner hatte sich schon 1538 in Tübingen mit Katechismusarbeiten beschäftigt und war dabei mit Brenz in Berührung gekommen.

In der Herrschaft Kinzigtal führte Graf Wilhelm von 1540 an die kirchliche Neuordnung durch. Er sorgte für evangelische Geistliche und regelte deren Besoldung. Das Priorat Rippoldsau wurde aufgehoben und das Nonnenkloster Wittichen inventarisiert. Sowohl in den Besitzungen des Grafen Wilhelm als auch in Gengenbach kam es 1548 zur Einführung des Interims, das aber hier nur die Vorbereitung zur vollständigen Rekatholisierung war.

*Literatur und Quellen:*

*Peter Bläsi,* Die Reformation in Gengenbach, in: Die Ortenau 57 (1977), S. 196–227. – *Ernst-Wilhelm Kohls,* Der Evangelische Katechismus von Gengenbach aus dem Jahre 1545, Päd. Forschungen 14, Heidelberg (1960). – Ders., Evangelische Bewegung und Kirchenordnung, Ver. des Vereins für Kirchengesch. in der evang. Landeskirche Badens 25, Karlsruhe (1966). – *Manfred Krebs,* Politische und kirchliche Geschichte der Ortenau, in: Die Ortenau 16 (1929), S. 95–216, bes. 134ff. – *Werner Thoma,* Die Kirchenpolitik der Grafen von Fürstenberg im Zeitalter der Glaubenskämpfe, RGST 87, Münster (1963), S. 16–29.

## Ravensburg und Leutkirch

Die wirtschaftliche Entwicklung der durch ihre Handelsgesellschaft einst reichen Stadt Ravensburg war mindestens seit 1520 rückläufig. Ein Teil der großen Vermögen der herrschenden Patrizier wurde nach und nach aus der Stadt abgezogen. Infolgedessen war der Einfluß der Zunftbürger, die später die Reformation trugen, gegenüber den Geschlechtern gestiegen. Die Liebfrauenkirche und die St.-Jodokus-Kirche, die beiden Hauptkirchen, waren den Klöstern Weingarten und Weißenau inkorporiert. Bei der Besetzung der zahlreichen Kaplaneien hatte der Rat ein Mitspracherecht. Auch die Helfer der Pfarrer durften nicht ohne sein Wissen angestellt werden. Außerdem besaß der Rat die Schutzvogtei über das für das geistliche Leben der Stadt wichtige Karmeliterkloster, in das er bei Mißständen auch eingriff. Die Hauptlast der kirchlichen Versorgung lag auf den Pfarrern und ihren schlecht bezahlten Helfern; die besser gestellten Kapläne beteiligten sich kaum daran, und das erregte Anstoß. Ihren festen Rückhalt hatte die katholische Kirche nicht zuletzt an dem Abt Gerwig Blarer von Weingarten. Die Reformation hatte zunächst zwar vereinzelte Anhänger unter den Kaplänen, wie z. B. Michael Hummelberg, aber diese hatten keinen erkennbaren Einfluß. In Ravensburg hielt man zumeist nichts von den religiösen Neuerungen, lediglich eine gewisse Erosion der hergebrachten frommen Sitten läßt sich bemerken; auch gingen die Opfer zurück. Außenpolitisch orientierte sich der Rat wie Überlingen ganz bewußt an den altgläubigen Ständen, was freilich nach 1531 zu einer Isolation und starken Abhängigkeit von Österreich führte. Eine Umorientierung kündigte sich an, nachdem sich Ravensburg von 1541 an durch Ulm auf den Kreis- und Reichstagen vertreten ließ. Auf der Linie mittelalterlicher Stadtpolitik lag die 1527 erfolgte Zurückdrängung der bischöflichen Gerichtsbarkeit über Kleriker und Laien. Die Einrichtung einer obrigkeitlichen Sittenzucht richtete sich bereits nach den Vorbildern der evangelischen Städte.

Daß es nach 1540 – zu einem nicht mehr allzu günstigen Zeitpunkt – zu einem kirchlichen Umschwung in Ravensburg kam, hatte verschiedene Gründe. Der Einfluß der Zünfte im Stadtregiment verstärkte sich. Der seit 1541 amtierende Vogt der österreichischen Landvogtei Schwaben, Hans Wilhelm von Laubenberg, war insgeheim ein Anhänger Schwenckfelds und begünstigte die neue Entwicklung. Am 29. Juni 1544 hielt der Helfer an der Liebfrauenkirche Konrad Konstanzer erstmals eine lutherische Predigt, ohne daß der Rat gegen ihn vorging. Schon am Ende des Jahres hatte die reformatorische Bewegung die Mehrheit der Bürgerschaft ergriffen, wobei jetzt auch Spannungen gegenüber dem altgläubigen Patriziat bemerkbar wurden. Der Rat, besorgt um den Frieden in der Stadt, bemühte sich, die Kontrolle über die weitere Entwicklung zu behalten. Im Oktober verbot er den Geistlichen die gegenseitigen Beschimpfungen auf der Kanzel und befahl die reine und lautere Predigt des Wortes Gottes. Hinter dieser Formulierung dürfte sich bereits eine Option für die Reformation verborgen haben. Den Geistlichen wurde außerdem ein ehrbares Leben eingeschärft. Aufgrund der Beschwerden der Helfer wegen mangelnder Unterstützung lud der Rat die Kapläne vor und griff damit in die Zuständigkeit der auswärtigen Patrone ein. Im März 1545 gab der Pfarrer an der Liebfrauenkirche Pfrund seine Stelle auf. Abt Gerwig forderte darauf auch die Entlassung der evangelisch eingestellten Helfer, aber der Rat gab dem nicht statt. Im Juni erging deshalb ein kaiserlicher Befehl, beim alten Glauben zu bleiben, den Helfer Konstanzer zu entlassen und den in der evangelischen Bewegung führenden Stadtschreiber Kröttlin zu bestrafen. Der Rat suchte Zeit zu gewinnen und bestritt, vom alten Glauben abgefallen zu sein. Die Schuld für die Maßnahmen schob man auf Abt Gerwig, der sich nicht um die kirchliche Versorgung der Stadt gekümmert habe. Nachdem dieser die Pfarrstelle im August neu besetzt hatte und Konstanzer entlassen worden war, schienen sich die kirchlichen Verhältnisse noch einmal zu stabilisieren.

Die Stimmung unter den Bürgern entsprach dem freilich nicht. Im Oktober wollte die Büchsenschützengesellschaft auf die übliche Messe bei ihrem Schützenfest verzichten. Als der Rat die Teilnahme an der Messe befahl, wollte man lieber das ganze Schießen unterlassen und beschied, ohne den Rat zu fragen, die Gemeinde aufs Rathaus. Demgegenüber konnte sich der Rat nicht durchsetzen, und das bedeutete den kirchlichen Umschwung. Der Rat sollte Konstanzer mit der Verkündigung des für das Seelenheil notwendigen Wortes Gottes beauftragen. Bürgerschaft und Rat legten sich dann gemeinsam darauf fest, »daß man hinfüro das Wort Gottes hie pur, lauter und rein verkünden und predigen solle...« Auf Kosten der Obrigkeit des Rats hatte die Gemeinde damit die Initiative an sich gezogen, und dabei blieb es auch in der Folgezeit. Das Zentrum des evangelischen Gottesdienstes wurde die Karmeliterkirche, über die der Rat verfügen konnte. Eine Vorladung Konstanzers vor das bischöfliche Gericht lehnte dieser ab; die Gemeinde erreichte, daß er nun vom Rat besoldet wurde. Im Fortgang dieses Verfahrens beschworen Bürgerschaft und Rat am 24. November feierlich die fernere Zulassung und Beschützung der Predigt des Gottesworts.

Bereits in jener Zeit wurden die ersten Kontakte zum Schmalkaldischen Bund geknüpft; am 22. Februar 1546 erfolgte dann der Antrag um Aufnahme. Das bedeutete, daß die Stadt das Augsburger Bekenntnis annehmen mußte. Die Ausrichtung der Ravensburger Reformation war hingegen bisher eher zwinglianisch gewesen. Wegen der notwendigen politischen Absicherung mußte sich der Rat gegen die Gemeinde um eine lutherische Orientierung der Reformation bemühen. Kurzfristig halfen der von Nürnberg gesandte Blasius Stöckel und die Lutheraner Johann Marbach und Jakob Schopper, Prediger in Biberach, aus, wobei es zu erheblichen Spannungen in der Gemeinde kam. Dennoch gelang die Aufrichtung einer Kirchenordnung nach Nürnberger Vorbild. Im April 1546 wurde das Karmeliterkloster aufgelöst, im Mai die Messe abgeschafft. Der Besuch auswärtiger Messen wurde verboten. Im Juni wurde ein Teil der Bilder und Altäre in der Liebfrauenkirche entfernt. Vor einem scharfen Strafmandat des Kaisers schützte die Stadt nunmehr ihre Mitgliedschaft im Schmalkaldischen Bund.

Die weitere geistliche Versorgung erfolgte durch den Straßburger Pfarrer Johannes Lenglin und durch Thomas Lindner (Tilianus), der zuvor in Gengenbach gewesen war. Wie für Gengenbach schuf Lindner auch für Ravensburg einen Katechismus, der dann bis ins 18. Jahrhundert benutzt wurde. Im September stellte der Rat die katholischen Geistlichen vor die Alternative, das Augsburger Bekenntnis anzunehmen oder abzuziehen. Die Pfründen nichtresidierender Kapläne wurden eingezogen; hingegen scheiterte der Versuch, auch auf die in der Landvogtei gelegenen Pfründen die Hand zu legen. Wie die anderen oberdeutschen Städte führte auch Ravensburg im Oktober eine Zuchtordnung und ein städtisches Ehegericht ein, außerdem wurde eine Armenversorgung organisiert. Aus dem Kirchengut wurden die deutschen Knaben- und Mädchenschulen sowie die Lateinschule finanziert, für die man den Melanchthonschüler Kaspar Hedelin gewonnen hatte. Im Dezember beantragten die Geistlichen ihre Aufnahme ins Bürgerrecht. Während der Schmalkaldische Krieg bereits begonnen hatte, war damit Ravensburg noch der Aufbau eines evangelischen Kirchentums gelungen.

Ähnlich spät wie in Ravensburg kam es auch in Leutkirch zur Einführung der Reformation. Das Patronatsrecht über die Pfarrkirche St. Martin besaß das Kloster Stams in Tirol. Inhaber der Pfarrstelle war seit 1514, ähnlich wie in Lindau, der aus Leutkirch stammende Johannes Fabri, der sie durch einen Verweser versehen ließ. Seinem Einfluß gelang es zunächst, die sich seit 1533 ankündigenden Neuerungen zu verhindern; 1535 erfolgten dann aber doch gewisse Einschränkungen des alten Gottesdienstes durch den Rat. Damals muß es auch eine evangelische Bewegung gegeben haben. Aber erst nach dem Tod des Pfarrers Ulrich Freyherr im Herbst 1546, schon während des Schmalkaldischen Krieges, kam es zu einem Aufruhr in der Bürgerschaft, vor allem in der Weberzunft, wegen der evangelischen Predigt, wobei man sich der Stadtkirche bemächtigte. Aus diesem Grund gab das Kloster Stams das Patronat an den energischen Abt Gerwig Blarer von Weingarten ab.

Der Vollständigkeit halber ist noch anzumerken, daß es 1531 zeitweilig auch in Wangen i. A. eine evangelische Minderheit gab, die sich aber gegen die katholische Obrigkeit nicht durchsetzen konnte. In Buchhorn predigte 1528 der Pfarrer Paul Adler evangelisch und wurde deswegen von Abt Gerwig Blarer aus Weingarten als dem Patron entlassen.

*Literatur und Quellen:*

*Hans-Georg Hofacker,* Die Reformation in der Reichsstadt Ravensburg, in: ZWLG 29 (1970), S. 71–125. – *Ernst-Wilhelm Kohls,* Die evangelischen Katechismen von Ravensburg 1546/1733 und Reichenweier 1547/1559, VKGLBW, Reihe A, Bd. 10, Stuttgart (1963). – *Rudolph Roth*, Geschichte der ehem. Reichsstadt Leutkirch, 2. Teil, Leutkirch (1872). – *Hermann Tüchle,* Die oberschwäbischen Reichsstädte im Jahrhundert der Reformation, in: ZWLG 29 (1970), S. 53–70.

# Die wichtigeren Territorien, in denen es nicht oder zunächst nicht zur Einführung der Reformation kam

In nicht wenigen Territorien setzte sich die Reformation vorläufig oder überhaupt nicht durch. Dennoch muß mindestens auf die bedeutenderen Herrschaften unter ihnen eingegangen werden. Die Kurpfalz und die Markgrafschaft Baden nahmen die Reformation zwar zunächst nicht an, dennoch konnte sich in beiden Gebieten eine reformatorische Bewegung halten, die eine der Voraussetzungen zum späteren Übergang zur Reformation bildete. Selbstverständlich ist auch den reformatorischen Regungen im Herzogtum Württemberg unter habsburgischer Herrschaft nachzugehen. Wegen seines erheblichen politischen Gewichts ist schließlich das habsburgische Vorderösterreich zu berücksichtigen.

## Kurpfalz bis zum Tod Ludwigs V. (1544)

Die abwartende und infolge politischer Rücksichten manchmal etwas schwankende Haltung gegenüber der Reformation, die schon bei manchen Reichsstädten begegnete, findet sich auch in der Kurpfalz unter der Regierung Ludwigs V. Die Reformation galt ihm einerseits als mitschuldig an den politischen Unruhen des Bauernkriegs, und dementsprechend lehnte er sie ab. Andererseits lag ihm nichts an einer Zuspitzung des Konflikts mit den Protestanten in der Reichspolitik. Er trat 1526 in Speyer für das fällige Konzil ein und zeigte 1529 ein gewisses Verständnis für die Reformation. Er gehörte zu den Fürsten, die auf dem Augsburger Reichstag gegen ein gewaltsames Vorgehen gegen die Evangelischen waren, und er beteiligte sich zusammen mit Albrecht von Mainz als Vermittler der Aushandlung des Nürnberger Anstands 1532 sowie an der Vorbereitung des Frankfurter Anstands von 1539. Entsprechend der kaiserlichen Ausgleichspolitik machte die Pfalz auch bei den Religionsgesprächen der 40er Jahre mit. Auf dem Religionsgespräch in Worms 1540 ließ sie sich bezeichnenderweise durch einen altgläubigen und einen evangelischen Theologen vertreten.

Ein Teil der pfälzischen Ritterschaft sympathisierte mit der Reformation. Eine Adelsversammlung in Heidelberg wies den Kurfürsten im September 1525 darauf hin, daß der gemeine Mann die evangelische Predigt verlange. Ludwig V. reagierte darauf mit einem hinhaltenden Bescheid. Im Juni 1526 verlangte er, vermutlich auf Betreiben Erzherzog Ferdinands, von dem Ritter Hans Landschad in Neckarsteinach die Rücknahme gottesdienstlicher Änderungen und die Entlassung seines Predigers Jakob Otter. Ein durch Dietrich von Gemmingen vermitteltes Gutachten von Johannes Brenz riet Landschad damals eindringlich, nicht nachzugeben, und dieser blieb dann auch bei einer Vorladung an den kurfürstlichen Hof im Februar 1527 standhaft. 1529 mußte Otter dann aber doch aus Neckarsteinach weichen.

1526 machte sich auch in Heidelberg ein stärker antireformatorischer Kurs bemerkbar. Den Studenten der Universität wurde der Besuch der Messe eingeschärft. Der Prediger an der Heilig-Geist-Kirche Wenzel Strauß wurde mit einer Abfindung entlassen und Friedrich Gro, vorher Domprediger in Speyer, als Hofprediger angestellt. Aber zu einer dauerhaften und umfassenden Verdrängung evangelisch gesinnter Geistlicher kam es nicht. An der Universität konnte sich der vorsichtige Martin Frecht halten. Nach seinem Weggang 1531 fand er in Heinrich Stoll aus Backnang, der schon seit 1527 Prediger an der Heilig-Geist-Kirche gewesen war, einen Nachfolger. Messe und Abendmahl scheinen vielfach nebeneinander bestanden zu haben, ohne daß wie früher irgendein Zwang ausgeübt wurde. Unter diesen Umständen konnte sich die Reformation wenig gehemmt am Hof, in der Beamtenschaft, in der Hauptstadt und im Land ausbreiten.

Das Bistum Speyer hatte bis 1529 der Bruder Ludwigs V., Georg, inne, unter dem das Hochstift von Kurpfalz geradezu ausgesaugt wurde. Sein Nachfolger Philipp von Flersheim lehnte sich stärker an den Kaiser und das Haus Österreich an und konnte später durch Reformen die kirchlichen Verhältnisse konsolidieren. Wie in der Pfalz gab es auch im Hochstift Speyer vereinzelt evangelische Geistliche, die sich aber auf die Dauer nicht halten konnten. Der Domvikar Jakob Beringer gab 1526 eine Evangelienharmonie und das übrige Neue Testament in Luthers Übersetzung mit reichen Illustrationen von Heinrich Vogtherr heraus. In der Reichsstadt Speyer selbst hatte es schon früh Sympathisanten der Reformation gegeben. 1538 unterstützte der Rat offen die evangelische Predigt des Priors der Karmeliten Eberhard und des Augustinerpriors Diller. 1540 wurden beide offiziell als Prediger angestellt und trotz des Protestes des Kaisers nicht entlassen. In der Fastenzeit 1543 teilte Diller das Abendmahl unter beiderlei Gestalt aus, was den Widerspruch des Bischofs hervorrief.

*Literatur:*

Vgl. oben S. 88. – *Johannes Brenz*, Werke, Frühschriften, Bd. 1, Tübingen (1970), S. 111–122. – *Sehling* XIV. – *Ludwig Stamer,* Kirchengeschichte der Pfalz, Teil 2, Speyer (1949).

## Markgrafschaft Baden

Im Zusammenhang mit dem Bauernkrieg ergingen in der Markgrafschaft einige wichtige, die Geistlichen betreffende Mandate des Landesherrn ohne Mitwirkung der zuständigen Bischöfe. Die Geistlichen wurden in die Bürgerschaft aufgenommen und somit auch besteuert. 1529 wurde diese Bestimmung rückgängig gemacht. Gleichfalls 1525 waren den Geistlichen die Konkubinate verboten und die Eheschließung freigestellt worden, worauf nicht wenige von ihnen heirateten. Die Neuregelung der Besoldung der einem Kloster oder Stift inkorporierten Pfarreien wurde in Angriff genommen; hingegen wurden die Gebühren für Amtshandlungen (Stolgebühren) abgeschafft. Wo die Besoldung der Stellen nicht ausreichte, schlug man ihnen andere Pfründen zu. Zahlreiche Stiftungen wurden nunmehr für die Armenfürsorge verwendet. Anstelle der Prozessionen und Stundengebete wurde die Predigt bevorzugt. Die Gottesdienste wurden mehr und mehr in deutscher

Sprache gehalten. Eine Abschaffung der Messe konnte der Hofprediger Franz Irenicus von Markgraf Philipp 1526 freilich nicht erreichen, da dieser sichtlich durch den Abendmahlsstreit irritiert war. 1527 legte ein Mandat fest, daß nach herkömmlicher Praxis der Kirche im Abendmahl nur die Hostie ausgeteilt werden sollte, lediglich bei Lebensgefahr durfte auf Verlangen beiderlei Gestalt gereicht werden. In den Predigten war die Erörterung von Streitpunkten zwar verboten, faktisch durfte aber evangelisch gepredigt werden. Auch lutherische Lieder waren in Gebrauch. Den Klöstern wurde die Aufnahme von Novizen untersagt, was erst 1529 zurückgenommen wurde, und die landesherrliche Aufsicht über sie wurde verstärkt. Durch Proteste der Bischöfe von Speyer, Straßburg und Konstanz ließ sich Markgraf Philipp nicht beeindrucken. Faktisch hatte der Landesherr die Kirchenleitung an sich genommen und praktizierte sie in einem reformerischen, allerdings nicht eindeutig reformatorischen Sinn. Immerhin fanden nicht wenige andernorts verfolgte evangelische Geistliche in Baden ein Unterkommen.

Im Juli 1528 verbot ein eigenartiges Religionsmandat die Beseitigung hergebrachter Zeremonien. Tod und Himmelfahrt Christi – also nur Christusbilder – sollten nach wie vor bildlich dargestellt und das Fronleichnamsfest beibehalten werden. Die Pfarrer durften aber den Kanon bei der Messe auslassen. Nachträglich wurde eine Änderung der Zeremonie zugestanden, sofern sie mit der Bibel bewiesen werden konnte. Möglicherweise war dieses Mandat durch den Kanzler Vehus inspiriert, dem an der Beibehaltung der Zeremonien lag. Aufgrund dieser Anordnung verließ eine Reihe von Geistlichen die Markgrafschaft, und zwar offensichtlich lauter Anhänger Zwinglis, deren Einstellung der Markgraf ablehnte.

Eine Rückwendung der markgräflichen Kirchenpolitik vollzog sich nach dem Augsburger Reichstag. Ein Teil der Räte empfahl zwar eine Beibehaltung der bisherigen Bestimmungen über die verheirateten Geistlichen, das Abendmahl und die Predigt, die anderen aber rieten zur Befolgung des Abschieds, einschließlich der Anerkennung der bischöflichen Jurisdiktion. Nunmehr verließen weitere evangelische Geistliche, unter ihnen Franz Irenicus, die Markgrafschaft. Das Religionsmandat vom Juni 1531, das dann jährlich neu eingeschärft werden sollte, stellte die kirchlichen Zeremonien weithin wieder her, nur der Zölibat, beiderlei Gestalt im Abendmahl, die Anrufung der Heiligen und die Ordensgelübde wurden nicht verbindlich gemacht. Von der Befolgung der alten Ordnungen erhoffte man sich nicht zuletzt eine Hebung der Sittlichkeit. Ein Mandat der Räte des bereits erkrankten Markgrafen von 1533 machte dann auch die Feier der Messe wieder verbindlich. Sieht man von den evangelischen Geistlichen ab, die seit 1531 Baden verließen, hört man nur wenig von Widerstand gegen die Wiederherstellung der alten Zustände.

Nach dem Tod Philipps wurde die Markgrafschaft 1535 unter seine Brüder Bernhard III. und Ernst in die Landesteile Baden-Baden und Baden-Pforzheim geteilt. Bernhard III. starb jedoch bereits 1536, so daß Baden-Baden unter eine altgläubig eingestellte vormundschaftliche Regierung kam. Die Kirchenpolitik wurde auch in der Folgezeit wesentlich von dem Kanzler Vehus bestimmt und blieb damit auf der bisherigen Linie. Ab 1534 kamen altgläubige Pfarrer, die sich in Württemberg nach der Reformation nicht halten konnten, nach Baden. Die Kirchengeschichte der folgenden Jahre ist für Baden kaum erschlossen. Lediglich soviel läßt sich sagen, daß es nicht zu einem völligen Erliegen der reformatorischen Bewegung kam.

*Literatur:*

Vgl. oben S. 89.

## Vorderösterreich und Württemberg (bis 1534)

König Ferdinand suchte durch scharfe und wiederholte Mandate der Ausbreitung der Reformation in den österreichischen Ländern zu wehren und das Wormser Edikt in Geltung zu erhalten. Die Regierung und daneben auch einzelne Städte, weniger die Kirche selbst, waren das Zentrum der Verteidigung des alten Glaubens. Das führte allerdings auch in den katholischen Gebieten zu einer Verstärkung des staatlichen Einflusses auf die Kirche und zu zunehmenden obrigkeitlichen Eingriffen. 1531 wurden die Bischöfe ermahnt, ungeschickte Pfarrer, die Ärgernis erregten, zu bestrafen. In der gefährdeten Grafschaft Hohenberg wurde auf eifrige Predigt gedrungen.

Seit 1527 richteten sich die Mandate nicht nur gegen das Luthertum, sondern auch gegen den Zwinglianismus und das Täufertum. Auf Lästerung der Gottheit und Menschheit Christi und Ausübung des Priesteramtes ohne Weihe stand der Feuertod. Wer dem täuferischen Kommunismus anhing und die Jungfrau Maria lästerte, sollte mit dem Schwert gestraft werden. Für Verachtung der Heiligen, Verlassen der Orden, Verehelichung von Geistlichen, Änderung von Taufe, Messe und Ölung drohten Gefängnis und Landesverweisung. Mit Gefängnis allein wurde der Verstoß gegen die Fastengebote und das Unterlassen der Beichtpflicht bestraft. Häuser, in denen das Abendmahl gefeiert wurde, sollten konfisziert und zerstört werden; Bilderfrevel waren an Leib und Gut zu ahnden. Bedienstete des Landesherrn sollten bei Verstößen ihre Ämter, und Städte, die Ketzerei duldeten, ihre Privilegien verlieren. Lutherische oder zwinglianische Schriften, Drucke und Gemälde waren nach wie vor streng verboten und gegebenenfalls abzuliefern. Von 1527 an sollten diese Bestimmungen zweimal jährlich verlesen werden. 1532 und 1535 wurde ausdrücklich wieder auf sie hingewiesen. Zur Kontrolle der Erfüllung der Beichtpflicht und der jährlichen Osterkommunion wurden seit 1530 Beichtregister geführt. Anläßlich der Türkengefahr, von Epidemien und Hungersnot bis hin zum Schmalkaldischen Krieg wurden besondere Bittprozessionen und Kreuzgänge angeordnet. Schon 1524 war Studenten der Besuch der Universität Wittenberg verboten worden. Glücklicherweise wurden die Mandate nicht wörtlich durchgeführt, aber schon 1526 klagte der bewußt altgläubige Ulrich Zasius in Freiburg über die scharfe kirchliche Überwachung ebenso wie über den Wahnsinn von Oekolampads Abendmahlslehre.

Der Erfolg der antireformatorischen Maßnahmen war in den einzelnen Regionen höchst unterschiedlich, obwohl die äußere Konstellation überall ähnlich war. Zumeist gab es in der Nachbarschaft evangelische Territorien. Im Breisgau gelang weitgehend die Unterdrückung der reformatorischen Bewegung. Die Bevölkerung verhielt sich erstaunlich passiv. Hier war das bewußt katholische Freiburg ein starker Stützpunkt des alten Glaubens. 1525 nahm Freiburg die geflüchteten Stiftsherren des Straßburger Thomasstifts gegen die literarischen Angriffe Capitos in Schutz. Nach Einführung der Reformation in Basel wurde 1529 das dortige Domkapitel und ein Teil der Professoren und Studenten in Freiburg aufgenommen. Der lockere Lebenswandel der Domherren brachte freilich auch einigen Ärger mit sich.

Eine Ausnahme bildeten lediglich die Städte Rheinfelden und Neuenburg, die bereits früher mit der Reformation sympathisiert hatten. 1526 sollte die vorderösterreichische Regierung gegen Rheinfelden vorgehen, weil dort christliche Satzung, Ordnungen und Gebräuche unterdrückt würden. 1527 wurde sogar ein militärischer Handstreich gegen Rheinfelden vorbereitet, der aber mißglückte. Gütliche Verhandlungen mit der Stadt lehnte König Ferdinand ab, obwohl für ein gewaltsames Vorgehen keine Mittel zur Verfügung standen. Kriegerische Aktionen waren auch gegen angebliche Täufer in Neuenburg geplant; sie kamen gleichfalls nicht zur Durchführung. 1535 wurde der Pfarrer des Orts verwiesen. Aber auch danach wollte König Ferdinand die Stadt bestraft wissen. Man hat den Eindruck, daß der Landesherr gegenüber diesen beiden Städten übertrieben reagierte, denn tatsächlich gab es in beiden allenfalls kleine evangelische Minderheiten. Vermutlich ging es dabei nicht allein um die Religion, sondern um die Aufhebung städtischer Sonderrechte, auf die sich einst schon Waldshut berufen hatte.

Über die österreichischen Gebiete in Oberschwaben liegen leider nur wenige Informationen vor. Sie bieten jedoch ein anderes Bild. 1531 besuchten die Bürger von Riedlingen und Munderkingen den evangelischen Gottesdienst in Biberach. In beiden Städten hatte es schon früher reformatorische Regungen gegeben. Außer Riedlingen und Munderkingen wurde auch Waldsee, Saulgau und Mengen der Vorwurf gemacht, sie befolgten die Mandate gegen die lutherische Sekte »ganz liederlich«.

Am wenigsten scheint man im Herzogtum Württemberg der neuen Bewegung Herr geworden zu sein. Möglicherweise traute sich hier die Regierung auch nicht, hart durchzugreifen. Von 1531 an suchte man, ähnlich wie zuvor schon gegenüber Reutlingen, den Besuch der evangelischen Predigten in Esslingen durch Einwohner der umliegenden Ämter zu verhindern. Immer wieder kam es zu Ausbrüchen von Antiklerikalismus und Gottesdienststörungen, nicht zuletzt in Stuttgart. Einzelne Geistliche und Laien verbreiteten heimlich die neue Lehre. Der Vertrieb lutherischer Schriften durch umherziehende Buchführer ließ sich nicht unterbinden; sie wurden sogar in die Klöster geschmuggelt. Austritte aus den Klöstern waren nicht selten, 1528 stand das Augustinerkloster in Tübingen leer. Die Opfer und Almosen gingen drastisch zurück, in Stuttgart um 90 Prozent. 1529 wurde der Ausbau des Tübinger Stiftskirchenturms eingestellt. Die Tübinger Universität hielt sich ähnlich wie die Freiburger treu zur alten Kirche, was ihrem Ansehen allerdings nicht förderlich war. Immerhin war der Rückgang der Studentenzahlen in Tübingen nicht so gravierend wie in Freiburg. In Tübingen wurde gezielt das antireformatorische Schrifttum von Eck, Cochlaeus, Schatzger und anderen gedruckt.

Das Verhältnis der verschiedenen Bevölkerungsschichten zur Reformation war im Herzogtum Württemberg auch durch politische und soziale Faktoren bestimmt. Die Ehrbarkeit und hohe Beamtenschaft hatte ihr Schicksal mit dem altgläubigen Haus Habsburg verbunden, hingegen genoß der inzwischen evangelisch gewordene Herzog Ulrich in weiten Kreisen der Bevölkerung unverhohlene Sympathien. Insofern waren reformationsfreundliche Äußerungen politisch zusätzlich riskant. Schon 1530 berichtete die Regentschaft, die Mehrheit der württembergischen Untertanen sei evangelisch. 1532 ist die Rede davon, daß die lutherische und zwinglische Irrsal täglich mehr einbreche. An der Türkenabwehr beteiligte sich der Landtag nur mit Bedenken. Ihm machte Herzog Ulrichs Anhang Sorgen »durch die, so sich evangelisch oder lutherisch nennen«. 1531 sprach man von drei Sekten, aus denen sich die innere Opposition zusammensetze: Anhänger Herzog Ulrichs, des jungen Herzogs Christoph und Lutheraner. Als 1534 die Rückführung Herzog Ulrichs bevorstand, sah sich die Regierung wegen dieser inneren Opposition zunächst nur in der Lage, die Hauptorte wie Stuttgart und Tübingen zu verteidigen. Darauf rechnete die Ehrbarkeit damit, daß alsbald im ganzen Land der »Aufstand des gemainen bövels« losbrechen würde. Die Habsburger hatten mitsamt ihrer antireformatorischen Politik keine eigentliche Basis in der Bevölkerung.

*Literatur:*

*Rohde* und *Hagenmaier* (vgl. oben S. 96). – *Grube,* S. 156–174. – *Johannes Haller,* Die Anfänge der Universität Tübingen 1477–1537, Stuttgart (1927), S. 316–320. – *Rauscher,* Reformationsgeschichte, S. 49–61.

*Abb. 9:* Johann Lachmann (1491–1539) in der Gestalt des Propheten Habakuk am Erker des Käthchenhauses am Marktplatz in Heilbronn, 1535.

*Abb. 10:* Erzherzog Ferdinand I. von Österreich (geb. 1503, 1521–1564). Holzschnitt von Bartel Beham, um 1524.

*Abb. 11:* Plünderung des Klosters Weißenau im Bauernkrieg.
Aus der Chronik des Abtes Jakob Murer, 1525/26.

IOANNES OECOLAMPADIVS
Baſilienſis Eccleſiæ Paſtor.
Quem coluit Baſilea ſacrorum clara miniſtrum:
Sim LAMPAS Domini, quod vocor, opto, DOMVS.
M.D.XXXI.


*Abb. 12:* Johannes Oekolampad (1482–1531).
Holzschnitt von Tobias Stimmer.

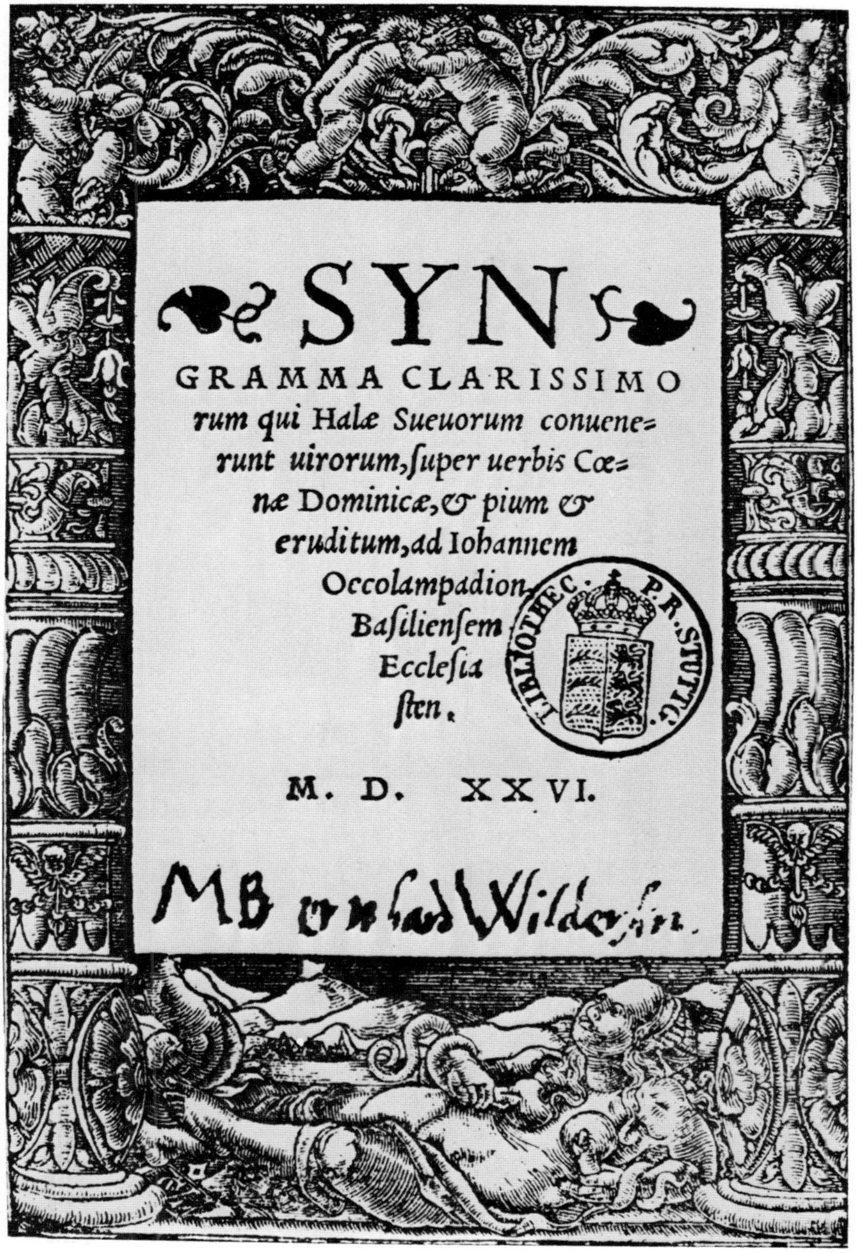

SYN

GRAMMA CLARISSIMO
rum qui Halæ Sueuorum conuene=
runt uirorum, super uerbis Cœ=
næ Dominicæ, & pium &
eruditum, ad Iohannem
Occolampadion
Basiliensem
Ecclesia
sten.

M. D. XXVI.



*Abb. 13:* Johannes Brenz u. a., Syngramma Suevicum.
Titelblatt des Augsburger Erstdrucks 1526.

MARTINVS BVCCER
BVCCER·HAT·VIEL·GLITEN·VN̄·GLERT
ENGELANT·HAT·ER·AVCH·BEKERT
DAR·IST·BEGRABĒ·NACH·SEIM·ENDT
AVCH·WIDR·AVSGRABEN·VN̄·VERBRENT
ABER·DIE·KŌNGIN·LOBESAN
HAT·DIE·ASCH·EHRLICH·BSTATTEN·LAN


*Abb. 14:* Martin Bucer (1491–1551).
Holzschnitt von Balthasar Jenichen.

*Abb. 15:* Die Vertreter der Reichsstädte, die das Augsburger Bekenntnis unterschrieben haben, als ›Bekenner‹ neben Luther.
Aus einem Konfessionsblatt des Augsburger Stechers J. W. von 1784 nach dem Vorbild der Konfessionsgemälde.

AMBROSIVS BLAVRERVS, CONSTAN-
TIENSIS, VERITATIS EVANGELICÆ
PRÆCO CONSTANTISSIMVS.

*Abb. 16:* Ambrosius Blarer (1492–1564).
Zeitgenössischer Holzschnitt.

Ordnung die ain Ersamer Rath
der Statt Vlm/ in abstellung hergeprachter
etlicher mißpreuch/ in jrer Stat vnd gepietten zůhalten fürge-
nomen/ wie alle sündtliche/ widerchristliche laster (Gott
dem allmechtigen zů lob/ auch zů braiterung der liebe
des nechsten) abgewendt/ vermitten/ Vnd wie
die übertretter derselben gestrafft vnd ge-
püßt werden söllen/ Anno Domini
Tausent/ Fünffhundert/ dreyssig
vnd ain jar.

*Abb. 17:* Ulmer Kirchenordnung von 1531.

CASPAR A SCHVENC-
feld EQ.
Sit gens clara licet, me ſancta profeſsio vitæ,
Et mea ſecta magis, relligioq; iuuat.


*Abb. 18:* Kaspar von Schwenckfeld (1489–1561).
Holzschnitt von Tobias Stimmer.

*Abb. 19:* Herzog Ulrich von Württemberg (geb. 1487, 1503–1550).
Holzschnitt von Hans Brosamer.

*Abb. 20:* Landgraf Philipp von Hessen (geb. 1504, 1518–1567).
Holzschnitt von Hans Brosamer.

*Abb. 21:* Erhard Schnepf (1495–1558).
Epitaph von Peter Gottland in der Stadtkirche zu Jena. Dargestellt ist Schnepf auf der linken Seite, hinter ihm seine Söhne, rechts seine beiden Frauen mit den beiden Töchtern.

GEmein kir-
chen ordnung/ wie
die diser zeit allenthalb im Fürstenthumb Wirtemberg gehalten soll werden.

Anno M. D. XXXVI.



*Abb. 22:* Württembergische Kirchenordnung 1536.

*Abb. 23:* Katechismus von Johannes Brenz. Druck von Johann Guldenmundt in Nürnberg 1535/36.

*Abb. 24:* Gleichnis von den Weingärtnern.
Aus dem Mömpelgarder Altar von Heinrich Füllmaurer von Herrenberg, um 1540.

Dritter Teil

# Die Reformation des Herzogtums Württemberg bis zum Schmalkaldischen Krieg

# Herzog Ulrich

Herzog Ulrich von Württemberg (Abb. 19) wurde am 8. Februar 1487 im Schloß zu Reichenweier im Elsaß geboren. Sein Vater war Graf Heinrich aus der Stuttgarter Linie des Hauses Württemberg. Durch den Vertrag von Münsingen 1482 war das seit 1442 geteilte Land unter Graf Eberhard aus der Uracher Linie wiedervereinigt worden. Graf Heinrich war als nachgeborener Sohn für den geistlichen Stand bestimmt gewesen, blieb aber dann doch weltlich und wurde mit den überrheinischen Besitzungen, der Grafschaft Mömpelgard in Burgund, der Grafschaft Horburg und der Herrschaft Reichenweier abgefunden. Karl der Kühne von Burgund bestritt dem Grafen diesen Besitz, nahm ihn gefangen und hielt ihn drei Jahre lang unter ständiger Todesdrohung in harter Haft. Vielleicht ausgelöst durch diese traumatischen Erlebnisse zeigten sich bei Heinrich alsbald Anzeichen einer Geisteskrankheit, die wohl durch seine Großmutter Henriette von Mömpelgard in die Familie gebracht worden war. 1490 ließ Graf Eberhard den Vetter zur Sicherungsverwahrung nach Hohenurach bringen, wo er 1519 starb. Da Graf Eberhard, den Kaiser Maximilian 1495 in die Würde eines Herzogs erhob, keine Nachkommen hatte, wurde der Sohn des Grafen Heinrich noch 1487 nach Stuttgart gebracht und von Eberhard adoptiert.

Der Tod des Adoptivvaters Herzog Eberhard 1496 und die Einflüsse der wechselnden Lehrer schufen kein günstiges Entwicklungsklima für den jungen Ulrich. Besonders eindrücklich dürfte auf ihn gewirkt haben, daß sein Onkel Eberhard II. nach zweijähriger Mißwirtschaft 1498 kurzerhand von den Ständen abgesetzt wurde und diese selbst die Regierung des Landes übernahmen. Nur wenig später, im Jahre 1503, erklärte Kaiser Maximilian den erst Sechzehnjährigen für volljährig, eine Parallele zu dem ebenfalls in jugendlichem Alter in die Regierungsverantwortung gekommenen Vetter und späteren Freund Philipp von Hessen. Die Volljährigkeitserklärung war nicht nur ein Akt persönlicher Sympathie Maximilians gegen den jungen Herzog, sondern auch ein Ergebnis des politischen Kalküls der Habsburger. So trat Ulrich 1504 beim Landshuter Erbfolgekrieg auf die kaiserliche Seite, was zugleich auch Württemberg die Gelegenheit bot, gegenüber der Kurpfalz alte Rechnungen zu begleichen. Der Krieg brachte auf Kosten der Pfalz reichen Macht- und Landgewinn, nämlich die Vogtei über das begüterte Kloster Maulbronn und den Anfall der Pfandschaft Besigheim, der Grafschaft Löwenstein und der Herrschaft Weinsberg sowie der Ämter Neuenstadt und Möckmühl.

Ulrich führte eine glanzvolle und kostspielige Hofhaltung. Der Höhepunkt war seine Hochzeit mit Sabina von Bayern 1511, die mit unerhörter Prachtentfaltung gefeiert wurde. Die Kosten vermehrten die herzoglichen Schulden, die durch Erhöhung der Abgaben gedeckt werden mußten. Die Abwälzung der Schulden auf das

Ungeld, eine Verbrauchssteuer, erweckte aber 1514 die Erhebung des Armen Konrad im Remstal und anderwärts, die nur mit Mühe unterdrückt werden konnte. Es trat daraufhin in Tübingen ein Landtag zusammen, der mit dem Herzog den Tübinger Vertrag vereinbarte, der der Landschaft gegen die Übernahme der herzoglichen Schulden wichtige Rechte sicherte, wie die Entscheidung über die Führung von Kriegen, die Freizügigkeit und das Recht der Ausschreibung von Schatzungen oder Steuern. Der mit der Ehrbarkeit, den städtischen Oberschichten, ausgehandelte Vertrag konnte den gemeinen Mann nicht befriedigen, so daß es vor allem im Remstal wieder zu Zusammenrottungen des Armen Konrad kam. Es gelang aber, diese Bewegung zu dämpfen, wobei sich die dem Herzog treuen Städte Stuttgart und Tübingen gegen die Landstädte wandten.

Bald darauf geriet Herzog Ulrich in persönliche Schwierigkeiten. Sein Verhältnis zu seiner Gemahlin Sabina war denkbar schlecht, er selber zeigte eine Vorliebe für die Tochter seines Erbmarschalls Hans Konrad Thumb, die mit seinem Stallmeister Hans von Hutten verheiratet war. Wegen dieser Beziehung kam es dann zu der Ermordung Huttens durch Ulrich im Schönbuch am 8. Mai 1515, wenige Tage bevor Sabina ihren einzigen Sohn Christoph gebar. Die Herzogin fühlte sich nun selbst von Ulrich bedroht, so daß sie nach wenigen Monaten unter Zurücklassung ihrer beiden Kinder zu ihrer Familie nach Bayern floh. Beihilfe zu dieser Flucht leistete der Adlige Dietrich Spät, seit 1510 württembergischer Erbtruchseß, der damit den unversöhnlichen Haß des Herzogs auf sich zog. Die Brüder Sabinas rechtfertigten die Flucht durch ein öffentliches Ausschreiben, dem Ulrich ebenfalls mit einem Ausschreiben antwortete. Noch mehr Aufsehen erregte aber der Mord an Hutten. Der Humanist Ulrich von Hutten, ein entfernter Verwandter des Ermordeten, brachte durch seine Streitschriften die öffentliche Meinung gegen den Herzog auf. Der Kaiser konnte sich nun den Klagen der Hutten und Bayern nicht mehr verschließen, er zitierte Ulrich zu sich, der allerdings die Aufforderung nicht befolgte. Hierauf verhängte Maximilian die Reichsacht über den Herzog. Schließlich kam es aber doch zu Verhandlungen, die im Oktober 1516 zum Blaubeurer Vertrag führten, in dem Ulrich versprach, die Regierung für sechs Jahre einem Regimentsrat zu übergeben. Er hielt sich freilich nicht an diese Bestimmung, vielmehr ließ er drei führende Männer der Ehrbarkeit foltern und hinrichten und entledigte sich so auch der Hemmnisse, die ihm die Stände durch den Tübinger Vertrag auferlegt hatten. Zum zweiten Mal wurde die Reichsacht über ihn verhängt, es gelang aber, die Verhandlungen darüber in die Länge zu ziehen, bis Kaiser Maximilian im Januar 1519 starb. Wenige Tage nach dem Tod des Kaisers rückte Ulrich mit einem Landesaufgebot vor die Reichsstadt Reutlingen, nahm sie nach mehrtägiger Belagerung und Beschießung ein und machte sie zur württembergischen Landstadt. Diese Tat bewegte nun den Schwäbischen Bund zum Vorgehen gegen den Herzog. Das bündische Heer besetzte das Land, die Städte ergaben sich, Ulrich mußte fliehen und ließ in Tübingen seine beiden Kinder zurück. Ein im Sommer von der Pfalz aus unternommener Versuch, das Land zurückzuerobern, scheiterte. Der Bund übergab 1520 das Herzogtum gegen Ersatz der Kriegskosten dem Kaiser, der es seinem Bruder Ferdinand abtrat. Damit war es dem Haus Habsburg gelungen, Württemberg, diese wichtige Position in Süddeutschland, in die Hand zu bekommen.

Seinen einzigen Rückhalt hatte Herzog Ulrich jetzt nur noch bei den Eidgenossen. Er hielt sich zeitweilig in Solothurn auf, Luzern und Basel verliehen ihm das Bürgerrecht, während ihn der Kaiser auf dem Wormser Reichstag 1521 in die Acht erklärte. Im selben Jahr gelang es Ulrich, den Hohentwiel im Hegau zu erwerben und zu einem uneinnehmbaren Stützpunkt auszubauen. Es mußte also damit gerechnet werden, daß er die erste sich bietende Gelegenheit nutzen würde, sich von dort aus wieder in den Besitz seines Landes zu setzen. Eine gewisse Unterstützung erfuhr er von König Franz I. von Frankreich, da beide die Gegnerschaft zu Habsburg verband.

In die Zeit, in der sich Ulrich meist in den Städten der Westschweiz, in Mömpelgard oder im Elsaß aufhielt, fällt seine Hinwendung zur Reformation. Motive und Umstände dieser Entscheidung sind kaum bekannt. Persönliche Religiosität und politisches Kalkül dürften gleicherweise eine Rolle gespielt haben, zumal sich Ulrichs Entschluß in eben der Zeit, nämlich zwischen 1524 und 1526 vollzog, als sich die Reformation in Zürich, Bern und Basel durchzusetzen begann. Freilich verbanden sich mit Ulrichs Entscheidung nicht nur politische Vorteile, sondern auch große Risiken, zumal sich die katholischen Kantone nunmehr von ihm abwandten. Man wird daher auch das persönliche Moment in Rechnung stellen müssen. Hier wird wohl dem Ritter Hartmut von Kronberg im Taunus ein gewisses Verdienst zuzuschreiben sein. Kronberg war ein naher Verwandter Sickingens und war nach dessen Niederlage nach Basel geflüchtet, wo er mit Ulrich zusammentraf und ihm von Luther erzählte. In Basel wurde er auch mit Johannes Oekolampad aus Weinsberg bekannt, ebenso mit dem Franzosen Wilhelm Farel, den er 1524 als evangelischen Prediger in Mömpelgard anstellte. Nicht zu vergessen ist Johann Geiling von Ilsfeld, der als Schüler Luthers dem Theologenkreis um Brenz angehörte. 1524 mußte dieser aus Württemberg fliehen und suchte den Herzog in Solothurn auf, der ihn als Prediger in Mömpelgard anstellte. Auf den Einspruch des Erzbischofs von Besançon und der benachbarten katholischen Kantone der Schweiz mußte Herzog Ulrich Geiling auf den Hohentwiel versetzen und später auch Farel entlassen. Ende 1524 nahm Zwingli Verbindung mit dem Herzog auf, der den Reformator auch in Zürich besuchte. Damals war Ulrich wieder mit Vorbereitungen für einen Feldzug nach Württemberg beschäftigt. Dieser fand noch vor der Bauernerhebung statt, nahm aber ein schnelles Ende, als seine schweizerischen Söldner auf die Nachricht von der Schlacht bei Pavia in die Heimat zurückgerufen wurden. Einen Augenblick zeigte sich dann noch die Hoffnung, daß Ulrich mit Hilfe der aufständischen Bauern ins Land zurückkehren könnte, zumal seine Sympathien beim gemeinen Mann ungebrochen waren. Die Niederlage der Bauern bei Böblingen machte dann aber auch diese Hoffnung zunichte.

Nach den Mißerfolgen des Jahres 1525 scheint Ulrich eine Zeitlang über seine nächsten Schritte unsicher gewesen zu sein, doch zeigten nun seine ständigen Appelle an die fürstlichen Standesgenossen Wirkung. Landgraf Philipp von Hessen (Abb. 20) begann sich für Ulrich einzusetzen, wobei sich dieses Engagement nicht nur auf die fürstliche Solidarität gegenüber dem Kaiser und die enge Verwandtschaft der Häuser Württemberg und Hessen gründen konnte, sondern auch darauf, daß Ulrich sich inzwischen auf der evangelischen Seite befand und seine Zurückführung eine beträchtliche Stärkung der reformatorischen Sache bedeuten würde. Um die Jahreswende 1526/27 begab sich Ulrich nach Hessen.

Die folgenden Jahre waren erfüllt von fieberhafter politischer Aktivität, die darauf abzielte, möglichst viele Fürsten in ein Bündnis zugunsten Herzog Ulrichs zu bringen. Ulrich hat offenbar dem Landgrafen die oberdeutsch-schweizerische Dimension der Reformation zu Bewußtsein gebracht und vor allem eine Verständigung zwischen Wittenberg und Zürich in der Abendmahlsfrage angeregt. Diese Verständigung war um so notwendiger, als der Speyrer Reichstag 1529 sich recht eindeutig gegen die Reformation gewandt und damit die Protestation der evangelischen Minderheit hervorgerufen hatte. So fand im Oktober 1529 in Marburg ein Gespräch zwischen Luther, Melanchthon und Brenz, Zwingli, Oekolampad, Bucer und anderen statt, bei dem die erhoffte Verständigung in der Abendmahlsfrage allerdings nicht erreicht wurde. Doch konnte Herzog Ulrich, der die Verhandlungen geduldig mitverfolgte, hier einen persönlichen Erfolg verbuchen, da die Reformatoren den Mann, den ihnen Ulrich von Hutten als Bestie und Tyrann geschildert hatte, als durchaus interessiert an theologischen Problemen erleben konnten.

Das politische Ergebnis des Marburger Gesprächs war allerdings, daß eine Union aller evangelischen Stände unmöglich erscheinen mußte. Die Politik des Landgrafen zielte deshalb jetzt darauf ab, die fürstliche Solidarität und die europäische Opposition gegen Habsburg zu vereinen. Nun trat jedoch – gefördert von der bayerischen Verwandtschaft – auch Herzog Christoph mit seiner Anwartschaft auf das Herzogtum auf den Plan. Freilich war die bayerische Politik hier nicht einlinig. Man hätte zwar den noch altgläubigen Christoph lieber im Besitz des Herzogtums gesehen, verhandelte aber dennoch mit dem Landgrafen, da die habsburgische Hegemonie in Süddeutschland inzwischen für Bayern unbequem geworden war. Auch Frankreich setzte zunächst auf beide Herzöge. So intervenierte der französische Gesandte auf dem Tag des Schwäbischen Bundes 1533 für Christoph, während mit dem Landgrafen Verhandlungen zugunsten von Ulrich liefen. Positiv für die württembergische Frage war jedenfalls, daß der Schwäbische Bund, dessen Mitglieder wegen des religiösen Gegensatzes uneinig geworden waren, sich zu Lichtmeß 1534 auflöste. Günstiger stand es nun auch in Württemberg selber. Der gemeine Mann sympathisierte nach wie vor mit Ulrich, die Ehrbarkeit, die seither mit dem österreichischen Regiment zusammengearbeitet hatte, neigte jetzt zu Christoph, da die habsburgische Herrschaft zunehmend drückender wurde.

*Literatur:*

*Deetjen.* – *Heyd.* – *Frida Sauter,* Herzogin Sabine von Wirtemberg, in: ZWLG 8 (1944–1948), S. 298–355.

# Herzog Ulrichs Rückkehr und Restitution

Dem Landgrafen Philipp gelang es, durch eine überlegene Diplomatie alle Fäden in der Hand zu behalten und sein Ziel unbeirrt anzustreben. Der sächsische Kurfürst und die Wittenberger Reformatoren, denen er 1533 anvertraute, daß er nach gehöriger diplomatischer Vorbereitung zum militärischen Eingreifen bereit sei, rieten ihm von diesem Vorhaben ab. Dies konnte Philipp aber nicht von seinem Plan abbringen, da er die Rückführung Herzog Ulrichs nicht als Religionskrieg, sondern als Kampf um die Wahrung der fürstlichen Libertät ansah. Im Januar 1534 wurde in Bar le Duc ein Vertrag mit dem französischen König geschlossen, der gegen die Verpfändung von Mömpelgard die notwendigen Gelder sicherte. Vertraglich verpflichtete sich Herzog Ulrich zur Rückerstattung der hessischen Kriegskosten.

Die Truppen wurden an zwei Plätzen, im Hessischen und auf straßburgischem Territorium, unter jeweils anderem Vorwand gesammelt. Dennoch war dem Kaiser und seinem Bruder Ferdinand bewußt, was hier vorbereitet wurde. Ihre Möglichkeiten, auf die Rüstungen Philipps zu reagieren, waren allerdings gering. Der Kaiser weilte in Spanien und war mit dem Kampf gegen Frankreich und die Türken beschäftigt, König Ferdinand hatte in Ungarn zu tun, so daß man in Württemberg bestenfalls hinhaltenden Widerstand leisten konnte. Dem Statthalter in Württemberg, Pfalzgraf Philipp, gelang es jedoch, Ehrbarkeit und Prälaten, die eine Restitution Ulrichs fürchten mußten, zu gemeinsamen Anstrengungen für die Abwehr zu vereinen.

Landgraf Philipp und Herzog Ulrich brachen am 23. April 1534 von Kassel auf, am 2. Mai vereinigte sich das Heer bei Pfungstadt, am 10. Mai wurde Neckarsulm erreicht. Am 12. Mai kam es erstmals zur Berührung der beiden feindlichen Heere bei Nordheim, südlich von Heilbronn, am 13. Mai erfolgte bei Lauffen links des Neckars das entscheidende Gefecht, durch das das Heer des Statthalters in die Flucht geschlagen wurde. Das Land stand nun offen, die Städte huldigten dem Herzog, einzig die Burgen Hohenurach, Asperg und Hohenneuffen hielten sich noch einige Wochen, um sich dann zu ergeben.

Es galt nun, das Ergebnis des Feldzugs vertraglich zu sichern. Dies gestaltete sich aber ungleich schwieriger und zeitraubender als die Besetzung des Landes. Habsburg konnte es sich leisten, auf Zeit zu spielen, um dann seine Machtreserven zu mobilisieren, während die beiden verbündeten Fürsten schon wegen der Kosten des von ihnen unterhaltenen Heeres auf ein rasches Ergebnis aus sein mußten. Da König Ferdinand keine Bereitschaft zum Nachgeben zeigte, beschlossen Philipp und Ulrich, militärischen Druck auf ihn auszuüben, und verlegten Ende Juni das Lager ihres Heeres nach Daugendorf bei Riedlingen an der Donau, von wo aus sie die österreichischen Lande beunruhigten. In Daugendorf traf dann auch Herzog Christoph zum ersten Mal seit 15 Jahren wieder mit seinem Vater zusammen.

Im Reich drängte man auf die Lösung dieses Spannungszustandes zwischen Württemberg und Österreich, da andere Probleme, wie die Religionsfrage oder der Täuferaufruhr in Münster, anstanden. Die Verhandlungen, die schließlich zum Ergebnis führten, wurden deshalb auch fernab vom eigentlichen Schauplatz des Geschehens geführt, nämlich zunächst in Annaberg in Sachsen, dann in Kaaden an der Eger. Kurfürst Johann Friedrich von Sachsen hatte sich bereit erklärt, die Verhandlungen über die württembergische Frage zu übernehmen. Diese wurden schließlich vom Kurfürsten mit König Ferdinand persönlich geführt. Ulrich und Philipp mußten damit einverstanden sein, da sich Ferdinand weigerte, direkt mit den beiden »Landfriedensbrechern« zu verhandeln. Andererseits mußte der Landgraf beim Heer bleiben, um eventuelle übereilte Aktionen Ulrichs zu verhindern. Der Kurfürst war aber kein besonders überzeugter Anwalt der württembergischen Sache, da er die militärische Aktion abgelehnt hatte und auch befürchten mußte, daß in Württemberg eine Reformation nach oberdeutschem oder schweizerischem Muster durchgeführt werden würde. Zudem war die württembergische Frage bei den Verhandlungen nur ein Thema unter anderen.

Die beiden entscheidenden Punkte bei der Lösung des Problems waren einmal die Form, in der Herzog Ulrich restituiert werden sollte, zum andern die Frage, inwiefern Ulrich ein Recht zur Reformation zugestanden werden würde. König Ferdinand hatte keinen Zweifel daran gelassen, daß er auf den Titel eines Herzogs von Württemberg nicht verzichten würde, an eine ausdrückliche Zulassung der Reformation im Herzogtum war von seiner Seite ebenfalls nicht zu denken. Das schließlich unter großen Mühen am 29. Juni 1534 zustande gebrachte Vertragspaket enthielt eine Verlängerung des Nürnberger Anstands von 1532, des Waffenstillstands, der zwischen evangelischen und katholischen Fürsten vereinbart worden war, ferner die kursächsische Anerkennung der Wahl Ferdinands zum König. Die Württemberg betreffenden Bestimmungen legten fest, daß das Land ein Lehen der Erzherzöge von Österreich, also ein Afterlehen des Reiches sein sollte, jedoch ohne Nachteil für die Stellung des Herzogs als Reichsfürst. Diese Bestimmung hatte schwerwiegende Folgen für die künftige württembergische Politik: Herzog Ulrich wurde nach dem Schmalkaldischen Krieg von König Ferdinand wegen Felonie, wegen Bruchs des Lehnseids, angeklagt. Für die Nachfolger Ulrichs, Christoph und Ludwig, wurde die Anlehnung an Habsburg zur Grundregel der Politik, die sie gewiß manchmal an einem vorbehaltloseren Einsatz für die evangelische Sache hinderte. Erst 1599 gelang es Herzog Friedrich, die österreichische Afterlehenschaft durch beträchtliche Geldzahlungen abzukaufen.

Über die Reformationsfrage sagte der Kaadener Vertrag nichts oder nur Unklares aus, das jede Seite in ihrem Sinne interpretieren konnte. Wurde die im Vertrag enthaltene Verlängerung des Nürnberger Anstandes auch auf Ulrich bezogen, so konnte er von einem Recht zur Reformation ausgehen. Allerdings enthielt diese Friedenszusicherung für die evangelische Seite den problematischen Sakramentiererartikel, der festlegte, daß »sacramentirer, widerteufisch secten, auch andere newe unchristliche secten« vom Frieden ausgeschlossen seien. Unter die Sakramentierer fiel unzweifelhaft Zwingli; eine Reformation in Württemberg nach schweizerischem Muster verbot sich also von vornherein. Sie mußte – wenigstens annähernd – lutherisches Gepräge haben.

Der Kaadener Vertrag mußte noch von Philipp und Ulrich ratifiziert werden, ferner hatten sie König Ferdinand fußfällig um Verzeihung zu bitten. Herzog Ulrich war maßlos enttäuscht und zornig, als man ihm in Daugendorf diesen Vertrag präsentierte. Der Landgraf und seine Räte versuchten alles, ihn davon zu überzeugen, daß er den Vertrag annehmen könne. Die beiden Fürsten schieden zwar freundschaftlich voneinander, doch wurde hier der Grund für eine tiefgehende Vertrauenskrise gelegt, wozu auch die Regelung der Kriegskostenfrage beitrug. Erst im Februar 1535 konnte die Verstimmung zwischen den beiden Fürsten beigelegt werden.

Problematischer war, daß Ulrich sich weigerte, den Kaadener Vertrag anzuerkennen. Erst einen Tag vor Ablauf der Frist wurde er von den württembergischen Gesandten ratifiziert. Ulrich zögerte auch, zum Empfang der Lehen nach Wien zu reisen, einerseits weil er eine Bedrohung durch die Bayern fürchten mußte, andererseits wollte er hinsichtlich der Reformation zunächst vollendete Tatsachen schaffen. Erst im Sommer 1535 ging er nach Wien, empfing die Lehen und erlangte die Verzeihung Ferdinands. In einem besonderen Abkommen anerkannte er den Kaadener Vertrag, wobei es ihm gelang, sein Reformationsrecht durchzusetzen. Für die Orte im württembergisch-vorderösterreichischen Grenzbereich sollte die Landeshoheit Rechtsgrundlage für die Reformation sein. Dieser Grundsatz, der ja auch im Augsburger Religionsfrieden 1555 ausgesprochen wurde, diente zur Abgrenzung der gegenseitigen Interessen bei der Überschneidung von Rechten.

Die Restitution Herzog Ulrichs war damit abgeschlossen, die bereits begonnene Reformation gegenüber dem Lehnsherrn abgesichert. Es stand noch die Einlösung der verpfändeten Landesteile aus. Mömpelgard war schon im Frühjahr 1535 wieder ausgelöst worden. Das 1521 von der österreichischen Regierung zur Deckung der Schulden an Ulm verkaufte Amt Heidenheim wurde 1536 zurückgekauft, die Wiedereinlösung des an den Bischof von Würzburg verkauften Amtes Möckmühl gelang erst 1542.

Die Verhältnisse im Inneren, die Stellung des Volkes zu dem nach 15jährigem Exil wieder ins Land gekommenen Herzog werden charakterisiert durch eine eigenartige Szene, die sich am 14. Mai 1534 im Lager vor Stuttgart abspielte. Als Abgesandter der Stadt erschien der Stiftsdekan Dr. Johann Ofterdinger, der dem Herzog ein Stadtbuch vorwies, in dem dessen Name »ungecontzelirt«, d. h. nicht ausgestrichen worden war. Die ebenso unbeholfene wie rührende Ergebenheitserklärung dürfte den Herzog wenig beeindruckt haben. Dennoch blieb ein Strafgericht, das mancher befürchtet haben mag, aus. Der Herzog brauchte die Landstände zur Bewilligung der Kriegskosten, wobei er darauf bedacht war, daß dafür vor allem die Prälaten und die reiche Oberschicht herangezogen und der gemeine Mann geschont wurde. Mit der tragenden Rolle, die die Landstände in österreichischer Zeit auf der Grundlage des Tübinger Vertrags gespielt hatten, war es allerdings aus. Die Stände wurden auch wegen der Reformation nicht konsultiert, diese erfolgte kraft landesherrlicher Autorität. Ulrich berief zuletzt 1538 einen Plenarlandtag ein. Dieses Verhalten gegenüber den Ständen entspricht dem, das er schon vor seiner Vertreibung zeigte, andererseits aber auch der verbreiteten Tendenz, das Ständewesen zugunsten einer frühabsolutistischen Regierungsform zurückzudrängen. Erst Herzog Christoph gelang es dann, die Stände in den Territorialstaat einzubauen.

*Literatur:*

*Deetjen.* – *Heyd.* – *Wilhelm Bofinger,* Kirche und werdender Territorialstaat, in: BWKG 65 (1965), S. 75–149.

# Die Hauptpersonen, Interessengruppen, politischen und theologischen Kräfte

## *Die Regierung und die führenden Theologen*

Die württembergische Reformation vollzog sich innerhalb eines überaus komplizierten Kräftespiels und war selbst ein Teil desselben. Mit der bisherigen österreichischen Herrschaft hatte die führende bürgerliche Ehrbarkeit ebenso zusammengearbeitet wie die Beamtenschaft. Nach der Rückkehr Herzog Ulrichs erfolgte ein Führungswechsel. Die Mitglieder der Rats- und Gerichtsgremien wurden daraufhin überprüft, ob sie Anhänger des Herzogs und des Evangeliums waren. Ein Teil der Anhänger des alten Systems blieb jedoch im Land und mindestens zeitweilig auch in seinen Funktionen. Diese sympathisierten selbstverständlich auch mit dem alten Glauben. Von ihnen hatte die Reformation keine Förderung, sondern gelegentlich Schwierigkeiten zu erwarten, wie sich an den Beamten und Stadträten in Stuttgart, Leonberg und Calw zeigte. Ende 1537 mußte der Stuttgarter Vogt Strölin entlassen und ein Teil von Rat und Gericht gegen evangelische und dem Herzog ergebene Bürger ausgetauscht werden. Die hohe und niedere Geistlichkeit stand natürlich nahezu geschlossen auf der Seite der alten Kirche. Der Herzog hatte seinen Rückhalt in breiten Volksschichten. Er konnte auch Teile des führenden Bürgertums wieder für sich gewinnen. Die Anhänglichkeit an den Herzog war jedoch nicht unbedingt identisch mit einer positiven Einstellung zur Reformation. Der Pfarrer Nikolaus Ringler von Kornwestheim hatte zwar die Rückkehr Herzog Ulrichs begrüßt, kritisierte jedoch später in Predigten die Aufgabe der alten Kirchenbräuche und deutete an, daß das neue Regiment deswegen nicht lange Bestand haben konnte, was ihm Kerker, Geldstrafe und Entlassung einbrachte. Überdies gab es auch noch die christophinische Partei, die den Herzog durch seinen Sohn ersetzen und zugleich katholisch bleiben wollte. Je länger je mehr vollzog die Beamtenschaft loyal den Willen des Herzogs. Beim Durchsetzen der Interessen der Regierung ergaben sich in den Grenzbereichen der Vermögensverwaltung, Sittenzucht und Polizei nicht selten Reibereien mit den Pfarrern und kirchenleitenden Geistlichen.

Zur politischen und gelegentlich auch gesellschaftlichen Polarisation kamen die Gegensätze im evangelischen Lager selbst hinzu. Seit dem Abendmahlsstreit überlagerten sich im Herzogtum die Einflußbereiche der schweizerischen und lutherischen Reformation. Um Ausgleich waren die Oberdeutschen unter der Führung Straßburgs bemüht, aber diese hatten 1534 selbst noch nicht den völligen Anschluß an das lutherische Lager erreicht. Der Kaadener Vertrag begünstigte mit seinem Verbot der Sakramentierer eindeutig die Lutheraner. Dennoch war der Einfluß der Oberdeutschen, zu denen viele der benachbarten Reichsstädte gehörten, beträchtlich. Neben dem Gegensatz zur bisherigen katholischen Kirche und dem von Herzog Ulrich energisch praktizierten landesherrlichen Kirchenregiment erweist sich der innerevangelische Machtkampf als der wichtigste Faktor in den ersten Jahren der württembergischen Reformation, der sich auf zahlreichen Gebieten bemerkbar machte. Die erste evangelische Predigt, die der Hofprediger Konrad Öttinger am 16. Mai 1534 in Stuttgart hielt, benützte er sogleich zu einem scharfen Ausfall auf die Oberdeutschen, z. B. die Esslinger, die man ebensowenig hören sollte wie die Papisten. Der Esslinger Prediger Otter trat dagegen seinerseits in Stuttgart auf und wurde deswegen von dem Lutheraner Johann Geiling, der damals gerade in Stuttgart war, angegriffen. Der Streit war also sofort da.

Die Weichen mußten von den politisch Verantwortlichen gestellt werden. Herzog Ulrich war von Oekolampad in Basel für die Reformation gewonnen worden und hatte gute Beziehungen zu Zwingli gehabt. Man hat ihm deshalb mit Recht ursprüngliche Sympathien zur Schweizer Reformation unterstellt. Allerdings erbat er sich dann von Landgraf Philipp den bewußten Lutheraner Erhard Schnepf als Reformator, und Öttinger war sein Hofprediger. Nach Bucers Ansicht war der Herzog kein Zwinglianer, lehnte diese jedoch nicht völlig ab. Falls es dem Herzog nicht ohnedies bewußt gewesen sein sollte, wurde er sehr rasch von verschiedenen Seiten darauf hingewiesen, daß er neben den Lutheranern auch die Oberdeutschen bei der Reformation berücksichtigen mußte, und er scheint zu einer fairen Zusammenarbeit mit beiden Seiten bereit gewesen zu sein.

Erheblichen Einfluß hatten neben dem Herzog die leitenden Beamten. Der bisherige Kanzler Graf Georgs in Mömpelgard, Dr. Johann Cnoder, wurde nun Ulrichs Kanzler und später sein Hofkanzler. Er hatte in Leipzig, Heidelberg und Tübingen studiert und kannte von daher Melanchthon und vielleicht auch Brenz und Schnepf. Melanchthon erinnerte Cnoder im August 1534 an ihre Jugendfreundschaft. So könnte seine offensichtliche Bevorzugung der Lutheraner nicht nur der Einsicht in die Notwendigkeiten des Kaadener Vertrags, sondern auch persönlichen Sympathien entstammen. Cnoders Nachfolger als Kanzler wurde 1535 der Hesse Nikolaus Müller gen. Maier. Er hatte zusammen mit Brenz in Heidelberg studiert, der später während seiner Mitarbeit in Württemberg die Beziehungen zu Maier pflegte. Maier hatte allerdings 1538 und später auch gelegentlich Kontakte zu Schwenckfeld. 1543 wurde er wegen überhöhter Ausgaben während einer Reise nach Spanien entlassen. Der Erbmarschall Hans Konrad Thumb von Neuburg hatte die Reformation auf seinen Besitzungen Köngen und Stetten schon vor 1532, etwa gleichzeitig mit Esslingen, eingeführt. Er war mit Schwenckfeld verwandt und trat als dessen Sachwalter in Württemberg auf, worunter Schnepf, Blarer und andere zu leiden hatten. Auch einige adlige Obervögte waren mit Schwenckfeld befreundet. Auf diese Weise hatten die »Sakramentierer« doch einen gewissen Einfluß. 1543 fiel wegen verschiedener Dienstvergehen Thumb in Ungnade. Ein alter Anhänger Herzog Ulrichs und der Reformation war der Bietigheimer Vogt Sebastian Hornmold. Bei der Durchführung der Reformation wurden der Statthalter und Hofrat Georg von Ow und der Rat Balthasar von Gültlingen besonders intensiv herangezogen. Über ihre theologische Einstellung ist nichts bekannt. Gewisse Hoffnungen setzten die Oberdeutschen auf den Rat Johann Jakob Truchseß von Rheinfelden. Auch den Rat Ulrich Schilling von Cannstatt rechneten sie zu ihren Sympathisanten. Entschiedene Anhänger Blarers wurden der Tübinger Obervogt Hans Harter und einige andere Obervögte. Insgesamt wird die konfessionelle Bindung der führenden Beamten nicht sehr präzise faßbar. Es ist jedoch deutlich, daß die Lutheraner einen gewissen Rückhalt hatten, der den Oberdeutschen fehlte. Störmanöver konnten von seiten der Schwenckfelder ausgehen.

Sofort nach der Rückkehr wurden Herzog Ulrich von außen personelle Vorschläge hinsichtlich der Berufung der führenden Theologen gemacht, die alle darauf abzielten, den Einfluß der Lutheraner oder der Oberdeutschen zu sichern. Der frühere Hofprediger Johann Geiling brachte Johannes Brenz in Erinnerung, der aber erst später beigezogen wurde. Andreas Osiander sollte nach Tübingen berufen werden, was sich jedoch zerschlug. Die Straßburger Theologen Capito und Bucer wollten im Blick auf die von ihnen betriebene innerevangelische Verständigung über das Abendmahl das Aufrichten neuer konfessioneller Fronten in Württemberg vermieden wissen. Sie schlugen schon im Mai 1534 Ambrosius Blarer als Reformator und Simon Grynaeus aus Basel als theologischen Lehrer für die Universität Tübingen vor und warnten gleichzeitig vor den die Kirche zersetzenden Umtrieben Schwenckfelds. Blarer und Grynaeus erfreuten sich auch der Schätzung Melanchthons. Der führende Zürcher Theologe Heinrich Bullinger mahnte den Herzog, wie die guten Könige Israels David, Hiskia, Josia und Josaphat den wahren Gottesdienst wiederherzustellen. Soweit sich erkennen läßt, legten die Straßburger auch in der Folgezeit das stärkste Interesse an der württembergischen Reformation an den Tag und begleiteten sie mit ihren guten Ratschlägen. Ebenso, wenn auch nicht mit gleicher Intensität, nahm Melanchthon an den württembergischen Vorgängen teil. Man hoffte längere Zeit, daß er persönlich nach Württemberg kommen würde, und auf ihn hätten sich die verschiedenen Seiten einigen können. Aber daraus wurde nichts. Wie sich Brenz verhielt, ist nicht bekannt.

Herzog Ulrich entschied sich in der Personalfrage für eine Kompromißlösung, indem er den Lutheraner Erhard Schnepf (1495–1558) und den Oberdeutschen Ambrosius Blarer (1492–1564) als führende Theologen berief. Die Doppelbesetzung trug den vorhandenen unterschiedlichen Interessen Rechnung, sie konnte jedoch Reibungen und Spannungen mit sich bringen. Schnepf (Abb. S. 21) stammte aus Heilbronn, hatte gleichzeitig mit Brenz in Heidelberg studiert und war durch den dortigen Humanismus geprägt worden. Er gehörte zu den Kraichgauer Predigern, die sich mit Brenz im Abendmahlsstreit sofort für Luther entschieden hatten, eine Überzeugung, die Schnepf auch nicht mehr aufgab. Nach einer kurzen Tätigkeit in Weilburg in Nassau berief ihn 1527 Landgraf Philipp als Theologieprofessor an die neugegründete Universität Marburg. Eine gerechte Beurteilung von Schnepf ist nicht ganz einfach, weil über ihn weit weniger Quellen vorhanden sind als über Blarer, dessen wichtiger und ausgedehnter Briefwechsel erhalten ist. Außerdem fehlt eine moderne Darstellung über Schnepf. Offensichtlich vertrat er seinen Standpunkt geradlinig und mit Festigkeit, manchmal sogar heftig, womit er sich nicht nur Freunde machte. Er war jedoch nicht in einem engen Sinne doktrinär und durchaus bereit zur Zusammenarbeit. Von seinem organisatorischen Geschick zeugen die von ihm entworfenen kirchlichen Ordnungen und seine praktische Tätigkeit als Reformator und Superattendent. Als Prediger wurde er sowohl von Herzog Ulrich als auch später von den Tübinger Studenten geschätzt, eckte jedoch mit seinen direkten Aussagen über das Abendmahl, Almosengeben und die ungebildeten Bischöfe bei den Beamten auch an. In seinen ersten Predigten in Stuttgart griff er den Papst heftig an und erklärte, man habe bisher dem Volk Spreuer statt Korn und Lügen statt Wahrheit gepredigt. Schnepf war, wie auch Blarer, eine der kleineren Figuren der Reformationszeit, die jedoch an dem Platz, an den sie gestellt waren, Tüchtiges leisteten. Ihr Auftrag brachte es mit sich, daß beide in Württemberg Geschichte machten.

Ambrosius Blarer ist bereits früher als von Luther gewonnener ehemaliger Mönch erwähnt worden. Er wurde dann einer der führenden Theologen seiner Vaterstadt Konstanz und war von dort aus bei der Einführung der Reformation in mehreren schwäbischen Reichsstädten behilflich. Er brachte von daher eine große Erfahrung in reformatorischer Praxis mit. Theologisch teilte er damals die vermittelnde Linie Bucers. Die neue Tätigkeit in Württemberg übertraf an Schwierigkeit und Umfang die gewiß nicht leichten Aufgaben, vor die er bis dahin in den Reichsstädten gestellt worden war. Mindestens zeitweilig und teilweise dürfte er dadurch überfordert gewesen sein, wie seine wiederholten, oft geradezu resignierten Klagen wegen Überlastung zeigen.

## *Die Festlegung des Abendmahlsverständnisses*

Die Berufung Blarers stand zuerst fest. Der Kanzler Cnoder zögerte sie jedoch drei Wochen hinaus, so daß tatsächlich Schnepf Ende Juli noch einen Tag vor Blarer in Stuttgart eintraf und damit den wichtigen Platzvorteil als Prediger in der Hauptstadt bekam. Bei der ersten Begegnung beglückwünschte er Blarer kurz zu seiner Ankunft, um dann sofort auf den springenden Punkt zu kommen: Wenn in der Abendmahlsfrage keine Einigung zu erreichen war, mußte einer von beiden weichen. Der Herzog begrüßte Blarer ehrenvoll. Wegen des ungeklärten Abendmahlsproblems wurde alsbald Schnepf hinzugezogen. Dieser bezeichnete als Voraussetzung für einen gemeinsamen Aufbau der Kirche die Übereinstimmung, daß im Abendmahl Leib und Blut Christi sowohl den Frommen als auch den Gottlosen gereicht werde. Es ging ihm also um die Sicherstellung der Gegenwart von Leib und Blut Christi unabhängig vom Empfänger, was bis dahin die Oberdeutschen den Lutheranern nicht zugestanden hatten. Sie hatten immer auf einer geistlichen Speisung allein der Gläubigen beharrt. Das stellte jedoch die für die Lutheraner notwendige Objektivität der Abendmahlsgabe in Frage. Schnepfs spätere Aussage, daß er keineswegs glücklich war über diese sofortige Auseinandersetzung, dürfte zutreffen. Er konnte jedoch nicht anders, denn die konkrete Situation erforderte eine sofortige Bewältigung des innerevangelischen Konflikts, die seit Jahren nicht gelungen war. Herzog Ulrich zeigte sich bekümmert. Er mußte auf dem Boden des lutherischen Bekenntnisses bleiben und konnte doch zugleich den erklärten Dissens zu den benachbarten oberdeutschen Reichsstädten nicht wollen.

In seiner Herberge schrieb Blarer dem Herzog dann einen Brief, in dem er sich zunächst beklagte, daß Schnepf die 1532 erklärte Zustimmung der Reichsstädte zum Augsburger Bekenntnis nicht genügte, und bat um eine weitere Unterredung. Bucer hatte Blarer bereits zuvor einige Dokumente aus seinen Einigungsverhandlungen mit den Lutheranern zukommen lassen, die bis dahin jedoch nicht zu einer Verständigung geführt hatten. Unter diesen Papieren befand sich wohl mehr zur Information jene Formel, die die Lutheraner 1529 am Schluß des Marburger Religionsgesprächs der Gegenseite angeboten hatten, die aber von den Schweizern und Straßburgern nicht angenommen worden war. Vermutlich war dies Blarer nicht völlig bewußt. Er hielt sie nämlich auch für seine Seite akzeptabel. Die Formel lautete: »Wir bekennen, daß aus vermög dieser Wort ›Das ist mein Leib, das ist mein Blut‹ der Leib und das Blut wahrhaftiglich (hoc est substantive et essentialiter, non autem quantitative vel qualitative vel localiter) im Nachtmahl gegenwärtig sei und gegeben werd.« Die Formel sicherte die reale Gegenwart von Leib und Blut Christi im Abendmahl, klammerte jedoch krasse Vorstellungen über das Wie dieser Gegenwart aus und sagte nichts über die Speisung der Gottlosen. Diese Formel präsentierte Blarer dem Herzog als Kompromißvorschlag. Dieser ließ sofort Schnepf kommen, und der erklärte sich einverstanden. Dem Herzog fiel ein Stein vom Herzen. Der drohende theologische Zwist mit den benachbarten Städten schien abgewendet. Er ließ sich das erreichte Einverständnis von Blarer und Schnepf schriftlich bestätigen. Tatsächlich ist mit der sog. »Stuttgarter Konkordie« erstmals eine Überbrückung des Zwiespalts zwischen den Oberdeutschen und Lutheranern erreicht worden. Die spätere Wittenberger Konkordie von 1536, mit der sich die Oberdeutschen den Lutheranern wieder anschlossen, mußte über die Stuttgarter Verständigung hinaus sogar die Speisung der Unwürdigen zugestehen. 1534 jedoch war man noch nicht so weit. Blarer war weit vorgeprescht, und es war keineswegs sicher, daß er die Zustimmung seiner Freunde finden würde. Wie sich zeigen sollte, war die Angelegenheit noch keineswegs ausgestanden, sondern hielt Blarer in der folgenden Zeit nur zu sehr in Atem. Zeitweilig dachte man sogar daran, das Abendmahlsproblem in einer großen Disputation aufzurollen. Insofern läßt sich die Stuttgarter Konkordie auch nicht ohne weiteres als Lehrgrundlage der württembergischen Reformation oder als Markstein ökumenischer Verständigung feiern.

Bucer deutete Blarer an, daß er zu weitgehende Konzessionen gemacht hatte. Von Straßburg drang man darauf, daß die Augsburger Konfession und sonst nichts die Lehrgrundlage im Herzogtum sein sollte, und hatte damit auch Erfolg. Die Pfarrer sollten entsprechend diesem Bekenntnis predigen. So kam es, was kaum bekannt ist, faktisch zum Anschluß Württembergs an die Augsburger Konfession. Schnepf wurde doktrinäre Härte vorgeworfen. In Hall jedoch jubelte man über seinen Sieg. Gegenüber Blarer scheint er sich korrekt verhalten zu haben. Von Blarer aber hieß es, er habe die oberdeutsche Auffassung vom Abendmahl widerrufen. Er mußte erklärende Briefe schreiben, fand bei seinen Freunden dann zum Teil auch Verständnis, dagegen sah Bullinger in der Konkordie die Quelle für neue

Streitigkeiten. Damals rückten die evangelischen Kantone der Schweiz von einem geplanten Bündnis mit Württemberg ab. Den Gedanken an eine Verteidigungsschrift wies Blarer zunächst von sich. Dann aber veröffentlichte Johann Eck eine Flugschrift »Ain Widerruf Ambrosi Blarers«, und nun mußte dieser reagieren. Den »Bericht Ambrosii Blarer von dem Widerruf«, der Anfang 1535 erschien, hatte Bucer entworfen. Blarers Zugeständnisse wurden dabei herabgespielt, was nun wieder Luther und seine Freunde irritierte. Blarer hatte den Herzog um ein empfehlendes Vorwort gebeten, das seine Position gestärkt hätte, aber dieser lehnte ab; er wollte verständlicherweise nicht in den Streit hineingezogen werden. Auch Schnepf kam einer entsprechenden Bitte nicht nach, ja er reagierte nicht einmal auf die Zusendung der Verteidigungsschrift. Blarer mußte sich im Stich gelassen fühlen. Er bezweifelte nunmehr die Möglichkeiten einer umfassenden Konkordie, wie sie Bucer damals betrieb und 1536 in Wittenberg auch erreichte, und das führte zur Entfremdung zwischen den bisherigen Freunden. Blarer und die Konstanzer versagten sich wie die Schweizer der Konkordie mit den Lutheranern. Blarers Abrükken von der Konkordie wurde vollends offenbar auf dem Bundestag des Schmalkaldischen Bundes im Februar 1537, an dem wegen des angeblich bevorstehenden Konzils in Mantua auch die Theologen teilnahmen. Von dem mißtrauischen Osiander herausgefordert, äußerte er sich über die Realpräsenz Christi und die Speisung der Unwürdigen im Abendmahl nur sehr allgemein und zweideutig. Einen deswegen drohenden Streit bog Melanchthon ab. Aus dem gleichen Grunde verweigerte Blarer die Unterschrift unter Luthers Schmalkaldische Artikel und unterschrieb nachträglich lediglich das Augsburger Bekenntnis und Melanchthons Traktat über die Macht des Papstes. Diese Distanzierung von der Wittenberger Konkordie war nicht nur für die Oberdeutschen, sondern vor allem für die Württemberger peinlich, denn sie machte deutlich, daß er nicht mehr auf dem gemeinsamen Boden stand. Damit wurde Blarers Position in verschiedener Hinsicht in Württemberg vollends unhaltbar.

Die eigentliche Entlassung zog sich noch mehr als ein Jahr hin. Sie vollzog sich in undankbarer Form. Am 20. Mai 1538 erhielt Blarer von der Rentkammer 200 Gulden »zu seiner Ab- und Hinwegfertigung« und zur Deckung seiner Unkosten in Tübingen ausbezahlt. Bis dahin hatte er überhaupt keine Vergütung für seine Tätigkeit in Württemberg erhalten. Weder der Herzog noch die leitenden Beamten hielten es für angebracht, Blarer die Entlassung selbst mitzuteilen und ihm für seine Dienste zu danken. Dieser wies in einem würdigen Schreiben darauf hin, daß diese Summe nicht einmal seine Verpflichtungen in Tübingen deckte, ganz zu schweigen von den Auslagen, die er z. B. nicht selten für mittellose Prediger, die bei ihm ankamen, gehabt hatte. Blarers strapazenreiche und entsagungsvolle Tätigkeit – mehrfach mußte er sein Quartier wechseln und oft war er monatelang von seiner Frau getrennt –, seine organisatorische Leistung und sein trotz allem konstruktiver Beitrag beim Aufbau der württembergischen Reformationskirche fanden keine Anerkennung. Ohne Dank blieb auch die Unterstützung, die die Stadt Konstanz Blarer z. B. durch die Stellung eines Knechts dabei gewährt hatte. Der letzte Wunsch Blarers galt dem Herzog und der ihm gestellten Aufgabe: »Der allmächtige treue Gott, der Eure Fürstliche Gnaden durch Mittel seines von neuem herglänzenden Worts gnädiglich und väterlich wiederum in ihrer Erbväter Land geführt und eingesetzt hat, der wolle sie auch mit seiner gewaltigen Hand in dem selbigen mit glücklicher, friedlicher Regierung und Wohlfahrt Leibs und der Seelen, auch Mehrung alles Guten beständiglich erhalten und letztlich begaben mit immerwährendem Heil und Seligkeit.« Herzog Ulrich reagierte nicht mehr. Erst 1554 ließ ihm Herzog Christoph weitere 300 Gulden ausbezahlen. Blarer fand alsbald ein neues Tätigkeitsfeld in Augsburg und kehrte dann nach Konstanz zurück.

Die ursprüngliche Konzeption eines Zusammenwirkens von Lutheranern und Oberdeutschen bei der Reformation Württembergs scheiterte letztlich. Die Tragfähigkeit der gemeinsamen theologischen und kirchlichen Basis erwies sich als zu begrenzt, zumal die Differenzen weit über die Abendmahlsfrage hinausreichten. Trotz aller Gegensätze, Spannungen und Reibungen zeitigte die Zusammenarbeit des Oberdeutschen Blarer und des Lutheraners Schnepf, in die die Vorstellungen beider Seiten eingingen, ein beachtliches Resultat, durch das die württembergische Kirche bleibend geprägt wurde.

*Quellen und Literatur:*

*Walter Bernhardt,* Die Zentralbehörden des Herzogtums Württemberg und ihre Beamten 1520–1629, VKGLBW.B 70 und 71, Stuttgart (1972). – Ders., Nikolaus Müller genannt Maier, in: *Robert Uhland* (Hg.), Lebensbilder aus Schwaben und Franken, Bd. 12, Stuttgart (1972), S. 23–48. – *Gustav Bossert d. Ä.*, Kleine Beiträge zur Geschichte der Reformation in Württemberg, in: BWKG 8 (1904), S. 155f. – *Gustav Bossert d. J.*, Drei Briefe von E. Schnepf, in: BWKG 38 (1934), S. 259f. – *Martin Brecht,* Ambrosius Blarers Wirksamkeit in Schwaben, in: *Bernd Moeller* (Hg.), Der Konstanzer Reformator Ambrosius Blarer. Gedenkschrift zu seinem 400. Todestag, Konstanz und Stuttgart (1964), S. 140–171. – *Deetjen,* S. 78–94. – *Julius Hartmann,* Erhard Schnepff, Der Reformator in Schwaben, Nassau, Hessen und Thüringen, Tübingen (1870). – *Friedrich Held,* Die Tätigkeit des Ambrosius Blarer im Herzogtum Württemberg in den Jahren 1534–1538, in: BWKG 65 (1965), S. 150–206. – *Heyd* Bd. 3, S. 46. – *Immanuel Kammerer,* Schweizer Quellen zur württembergischen Reformationsgeschichte, in: BWKG 57/58 (1957/1958), S. 14–25. – *Sattler* Bd. 3, Beil. 12–14. – *Schieß* Bd. 1. – *Otto Winkelmann,* Politische Korrespondenz der Stadt Straßburg im Zeitalter der Reformation Bd. 2, Straßburg (1887), S. 219–223 und 239f. – *Hans Volz,* Urkunden und Aktenstükke zur Geschichte von Martin Luthers Schmalkaldischen Artikeln (1536–1574), Kleine Texte 179, Berlin (1957). – *Gerd Wunder,* Johann Cnoder, in: *Robert Uhland* (Hg.), Lebensbilder aus Schwaben und Franken, Bd. 12, Stuttgart (1972), S. 49–58.

# Die Neubesetzung der Pfarrstellen

Eine der ersten und wichtigsten Aufgaben der beiden Reformatoren war die Neubesetzung der Pfarrstellen. Man hatte dazu nach einer gelegentlich geübten Praxis, die sich z. B. für die Schulaufsicht auch noch später findet, das Herzogtum in zwei Teile aufgeteilt. »Ob der Steig«, gemeint ist die Stuttgarter Weinsteige, sollte Blarer amtieren und seinen Sitz in Tübingen haben. Das Gebiet »unter der Steig« mit Sitz in Stuttgart war Schnepf zugewiesen, dem damit der Platz in der Hauptstadt zufiel. Seine Predigtstätte war die Hospitalkirche. Der Vorteil des direkteren Kontakts zur Regierung fiel anfänglich nicht so schwer ins Gewicht, da der Herzog viel im Land unterwegs war. Später hielt Bucer es für einen Fehler, daß Blarer nicht auch eine Stelle in Stuttgart übernommen hatte.

Ende August 1534 reiste Blarer mit dem Herzog nach Urach. Etwa drei Wochen später predigte er – nach Johann Zwicks Bericht »mit Autorität« – erstmals in Tübingen. Er war sich bewußt, daß er in der Universitätsstadt keinen leichten Stand haben würde.

Die personelle Neuordnung wurde zunächst so gehandhabt, daß die Geistlichen eines Landkapitels oder Amtes in die Amtsstadt geladen wurden. Vermutlich erstmals wurde dies im September in Urach praktiziert. Den Geistlichen wurde mitgeteilt, daß der Herzog das heilige Gotteswort im Lande aufrichten, pflanzen und schützen wolle. Die Geistlichen sollten von dem Irrtum der Messe und anderer Sakramente und Zeremonien abstehen und Gottes Wort predigen. Wer sich weigerte, sollte entlassen werden, denn der Herzog werde seine Schäflein wegen der Hirten nicht verderben lassen. Die Uracher Geistlichen baten um Bedenkfrist und wandten sich an den Konstanzer Bischof, dem sie sich eidlich verpflichtet wußten. Sieben von ihnen entschieden sich dann doch für die Reformation. Am 28. September versammelten der Obervogt und Blarer die Pfarrer des Tübinger Amtes aus gleichem Anlaß auf dem Rathaus. Sieben erklärten sich zur fleißigen und treuen Predigt des Wortes Gottes bereit. Im Namen der zwölf anderen forderte der gar nicht geladene Balinger Pfarrer Vincenz Hartweg wiederum Bedenkzeit. Sie mußte jeweils gewährt werden, obwohl sich dadurch das weitere Vorgehen verzögerte.

Vermutlich besuchte Blarer im Lauf des Jahres 1534 noch weitere Ämter. Gewisse Indizien gibt es für Böblingen und Sulz a. N. Er selbst klagte damals über die Mühe des Hin- und Herreitens. Wahrscheinlich wurden aber nicht sofort alle Ämter erreicht. Der personelle Wechsel ließ sich nur in einem jahrelangen Prozeß vollziehen. Von Schnepf ist ein Besuch in Vaihingen/Enz im Februar 1535 bekannt. Um diese Zeit dürfte er auch in Bietigheim und Lauffen gewesen sein. Als mit dem Evangelium unvereinbar bezeichnete er das Meßopfer, die Fürbitte der Heiligen, die Fürbitte für die Verstorbenen und das Fegfeuer. In Vaihingen scheinen sich die meisten Pfarrer in das Neue gefügt zu haben. Etwa Anfang 1535 wurden den altgläubigen Pfarrern die Konkubinate verboten.

Der Übergang zur Reformation dürfte aus sehr unterschiedlichen Motiven vollzogen worden sein, die von echter Überzeugung bis hin zu Opportunismus und Versorgungsinteresse reichten. Eine starke Stütze für die neue Kirche waren diese übernommenen Geistlichen zunächst gewiß nicht. Blarer hielt sie für wenig geeignet. Nicht wenige der ehemaligen Pfarrer versagten sich dem Neuen, und darum ergab sich ein enormer Mangel an evangelischen Geistlichen. Manche Gemeinden baten von sich aus um einen Pfarrer oder Prediger, wobei die Unzufriedenheit mit dem bisherigen Stelleninhaber eine Rolle spielen konnte.

In dieser Notlage halfen besonders die benachbarten evangelischen Territorien nach Kräften aus, obwohl in ihnen die Personallage meist auch nicht rosig war. Ehemalige Württemberger wie Geiling und Vannius, die sich schon früher der Reformation angeschlossen hatten, kehrten aus der Markgrafschaft Brandenburg zurück. Aus dem Reutlinger Gebiet kamen 18 Pfarrer nach Württemberg. Über die besseren personellen Beziehungen verfügte Blarer. Seine Freunde wie Frecht in Ulm, Otter in Esslingen und andere in Augsburg, Memmingen, Konstanz, Zürich, Basel und Straßburg schickten ihm Bewerber zu. Darunter befanden sich tüchtige Kräfte wie Markus Heiland aus Basel, der nach Calw, Andreas Keller aus Straßburg, der nach Wildberg kam, aber verständlicherweise war es oft nicht die erste Garnitur. Manchmal handelte es sich auch um unruhige Personen wie der aus Schaffhausen nach Tuttlingen gekommene Benedikt Burgauer, die es nirgends lange aushielten, oder um solche wie den aus Memmingen abgeschobenen Simprecht Schenck, deren Ruf nicht ganz makellos war, so daß Blarer auch zur Vorsicht ermahnt werden mußte. Er wehrte sich gegen den Vorwurf, »Heiden und Kreter« angestellt zu haben. Wegen der schlechten Bezahlung wechselten nicht wenige Ulmer Pfarrer nach Württemberg, obwohl dort anfänglich manche Ankömmlinge mit ihren großen Familien auch bittere Not litten, solange die Besoldungen noch nicht endgültig geregelt waren. Die Unterstützung der Oberdeutschen und der Schweizer war nicht ganz selbstlos. Jakob Otter aus Esslingen äußerte die Befürchtung, daß »die Herde der Lutheraner« die ersten Plätze einnehmen werde. Die Lutheraner galten den Freunden Blarers von vornherein als verdächtig. Tatsächlich haben sowohl Blarer als auch Schnepf im Rahmen ihrer Möglichkeiten eine gezielte Personalpolitik betrieben, die einerseits die Oberdeutschen und Schweizer, andererseits die Lutheraner begünstigte. Der innerevangelische Gegensatz machte sich auch auf diesem Gebiet voll bemerkbar. Als einen der Gründe seines Bleibens in den letzten schwierigen Monaten vor seinem Weggang gab Blarer 1538 die Abdeckung der von ihm berufenen Pfarrer an, von denen manche tatsächlich später das Land wieder verließen.

Die ganze Kompliziertheit der personellen Neuordnung kann man sich exemplarisch an einigen Ämtern klarmachen, wobei zum Teil auch über die ersten Anfänge hinausgegriffen wird. Das Böblinger Amt gehörte zu Blarers Sprengel. Der dortige einst engagiert katholische Pfarrer Hans Wern konnte zuerst nicht versetzt werden, da er auf einer Hirsauer Klosterpfarrei saß; erst später kam er nach Dagersheim. Man gab ihm zunächst einen Prädikanten zur Seite. In vier Dörfern blieb der alte Pfarrer, zwei wurden von ehemaligen Bebenhausener Mönchen versorgt, eine Pfarrei wurde eingezogen und acht mit Geistlichen aus dem oberdeutschen Bereich besetzt. Im Amt Sulz blieben die alten Pfarrer in zwei Dörfern. Sulz selbst und zwei weitere Stellen wurden mit Oberdeutschen besetzt. Nach Dornhan kehrte der alte Anhänger der Reformation Heinrich Finentz zurück. Von 18 Geistlichen in den Ämtern Nagold und Wildberg gingen mindestens 13 in den neuen Kirchendienst über. Nur der neue Pfarrer in Ebhausen stammte aus Solothurn, während Andreas Keller aus Straßburg kam. Im Altensteiger Gebiet, das damals zu Baden gehörte, wurde die Reformation erst 1556 eingeführt.

Besonders kompliziert waren die Verhältnisse im Tuttlinger Amt. Wahrscheinlich kam Blarer erstmals im August 1535 nach Tuttlingen. Der Obervogt Georg von Hewen unterstützte die Reformation nicht. Die hoheitlichen Rechte Württembergs überschnitten sich in diesem Gebiet besonders stark mit denen Österreichs, Fürstenbergs und adliger Herren, außerdem wurden manche Pfarreien durch auswärtige Patrone wie das Kloster Reichenau vergeben. So mußte man zum Teil auf die Einführung der Reformation verzichten oder konnte lediglich neben die alten Pfarrer zunächst einen Prädikanten setzen. Das Verbleiben der altgläubigen Geistlichen war auch dann nicht immer unproblematisch, wenn sie ihr Amt nicht mehr ausübten und nur noch ihre Einkünfte genossen. Nach Trossingen kehrte der einstige Pfarrer Johann Spreter aus Konstanz zurück. In Tuttlingen amteten nacheinander Hans Wiser aus St. Gallen und Benedikt Burgauer aus Schaffhausen. In Balingen und Entringen trafen die von Blarer eingesetzten Schweizer Pfarrer auf heftigen altgläubigen Widerstand.

Die im Vergleich mit Blarer anders ausgerichtete Personalpolitik von Schnepf wird in der Umgebung von Besigheim erkennbar. Nach Gemmrigheim und Lauffen kamen Theologen, die in Wittenberg studiert hatten. Der Lauffener Prädikant stammte aus Brandenburg-Ansbach. In Bietigheim wurde ein Heidelberger Studienfreund Schnepfs Pfarrer. Großingersheim wurde dem strammen Lutheraner Johann Engelmann aus Wasserburg am Inn zugewiesen. Der Pfarrer von Kirchheim a. N. wurde belassen. Er hatte schon früher mit der Reformation sympathisiert. Die Rahmenbedingungen waren dieselben wie in Blarers Gebiet. In Löchgau konnte der alte Pfarrer unter dem Schutz Badens bis 1542 die Messe feiern. Gewisse Schwierigkeiten ergaben sich mit den Speyrer Patronatspfarreien. Einige Angaben stehen auch für den späteren Welzheimer Bezirk zur Verfügung. Die Pfarrei Lorch erhielt unter Übergehung des Patronatsrechts des Domstifts Augsburg Jeremias Mayer, der schon früher als Sympathisant der Reformation aufgefallen war. Ihm wurde der als Lutheraner aus dem evangelischen Kempten vertriebene Johannes Rottach zur Seite gestellt. In Welzheim selbst konnte die Besetzung mit einem evangelischen Pfarrer wegen der Limpurger Rechte erst 1539 durchgesetzt werden. In Wäschenbeuren vermochten die Herren von Rechberg die Reformation zu verhindern. In Alfdorf konnte sie gegen die Rechberger erst 1539 durchgesetzt werden. In den vom Kloster St. Peter im Schwarzwald zu besetzenden Pfarreien Nabern, Bissingen und Weilheim mußte man die alten Pfarrer belassen. Bissingen und Weilheim bekamen jedoch zusätzlich evangelische Prädikanten. Nach der Rückkehr Herzog Ulrichs wagte es Ulm 1534, die Reformation im Heidenheimer Amt einzuführen, konnte jedoch nicht alle Pfarrstellen neu besetzen. 1536 gab Ulm das Amt an Württemberg zurück. Weitere Regelungen erfolgten dort im Zusammenhang mit der Visitation. Schwierigkeiten ergaben sich in den Pfarreien des damals noch katholischen Klosters Königsbronn. Als problematisch erwies sich auch hier die versuchte Zusammenlegung von Pfarreien, die oft eine Unterversorgung der Gemeinden zur Folge hatte.

Die Neubesetzung der kirchlichen Stellen ließ sich also nicht kurzfristig verwirklichen, sondern zog sich über Jahre hin, wobei in jedem Fall einzeln entschieden werden mußte. Der Abzug jener Pfarrer, die sich nicht für die Reformation entschieden hatten, erfolgte oft erst nach Jahren. Relativ groß war die Zahl der Pfarreien, in denen Württemberg die Reformation gegen andere Herrschaften und Institutionen durchsetzen mußte oder durchzusetzen versuchte, was häufig mindestens zu Verzögerungen führte. Auswärtige Patronatsrechte im württembergischen Gebiet wurden auf die Dauer nicht respektiert; es gab jedoch Übergangslösungen, daß man neben den altgläubigen Pfarrer einen Prädikanten setzte. Umgekehrt konnte Württemberg seine Patronatsrechte in anderen Herrschaften oft nicht mehr durchsetzen. In Orten, die der Oberhoheit anderer Herrschaften unterstanden oder die Württemberg nur zum Teil besaß, bedurfte es häufig zäher und langwieriger Verhandlungen über das Reformationsrecht. Das war nicht nur hinsichtlich der größeren Territorien wie Österreich, Baden und Fürstenberg der Fall, sondern in erstaunlichem Ausmaß auch hinsichtlich der adligen Herrschaften. Zum Teil versuchte Württemberg, die kirchlichen Rechte durch Kauf an sich zu bringen, manchmal, z. B. auf der Münsinger Alb, änderte man die Pfarreigrenzen und löste Dörfer von ihrem bisherigen Pfarrort, gelegentlich wurde auch Druck ausgeübt, oder die fremden Rechte wurden einfach ignoriert. In den von Herzog Ulrich besetzten Herrschaften Gammertingen und Hettingen seines Feindes Dietrich Späth wurde auch die Reformation eingeführt. Etwa 1550 mußten diese Gebiete zurückgegeben werden, und damit wurde auch die Reformation einschließlich der des Benediktinerinnenklosters Mariaberg rückgängig gemacht. Die territoriale Abklärung der Konfessionsgrenzen war ein Prozeß, der sich stellenweise durch das ganze Jahrhundert hinzog.

Neben dieser territorialen Durchsetzung der Reformation verlief in den Anfängen das innerevangelische Ringen zwischen Oberdeutschen und Lutheranern um die Einflußbereiche, das in der Personalpolitik Blarers und Schnepfs klar erkennbar wird. Lutheraner wie Wenzeslaus Strauß in Urach oder Kaspar Gräter in Herrenberg finden sich in Blarers Bereich nur ausnahmsweise. Der zwinglianisch eingestellte Prädikant Leonhard Werner kehrte nur darum nach Waiblingen zurück, weil er dort früher Pfarrer gewesen war. Die Pfarrei übertrug Schnepf 1535 dem aus Brandenburg-Ansbach gekommenen Georg Hala, mit dem sich Werner alsbald stritt. Diese Gegensätze beruhigten sich erst allmählich, nachdem der Oberdeutsche Blarer das Feld geräumt hatte.

*Quellen und Literatur:*

Die Darstellung stützt sich vor allem auf *Schieß* Bd. 1; *WKG; Rauscher,* Reformationsgeschichte; *Schneider* und die orts- bzw. bezirksgeschichtlichen Aufsätze zur Reformation in BWKG 1898, 1904, 1909–1911, 1917, 1921, 1924, 1926, 1934 und 1936.

# Die Reformation und die Klöster

Ein Drittel des Herzogtums war Besitz der 14 bzw. 15 großen Mannsklöster. Durch ihre Prälaten waren sie im Landtag vertreten. Dazu kamen, sieht man von den beiden Benediktinerprioraten Nellingen und Reichenbach ab, elf kleinere Mannsklöster, die fast alle den Bettelorden zugehörten. Unter ihnen hatten die sechs Niederlassungen der regulierten Terziaren vom 3. Orden des Heiligen Franz nur geringe Bedeutung. Noch weniger ins Gewicht fielen die ca. 25 Klausen, Einsiedeleien und Waldbrüderhäuser der anderen Terziaren. Ferner gab es zwölf Frauenklöster und daneben ca. 20 weitere Klausen von Terziarinnen. Nach seiner Rückkehr verfolgte Herzog Ulrich zuerst das Ziel, sich gegenüber diesen geistlichen Institutionen politisch durchzusetzen und sie an den finanziellen Lasten zu beteiligen. Darüber hinaus bestand das Problem, was aus den Klöstern bei der Durchführung der Reformation werden sollte, zumal sie von ihrer Interessenlage her Bastionen des alten Glaubens waren. Wegen der politischen, wirtschaftlichen, gesellschaftlichen und religiösen Bedeutung der Klöster im Herzogtum stellt ihre Einbeziehung in die Reformation ein in vieler Hinsicht wichtiges, interessantes und instruktives Kapitel dar.

Zur Tilgung der Kriegskosten berief der Herzog bereits am 30. Mai 1534 einen Landtag, auf dem er von der Landschaft 60000 Gulden und von den Prälaten wie von allen kirchlichen Einrichtungen bis hin zu den einzelnen Geistlichen die Hälfte ihres Jahreseinkommens forderte, womit die Kirche, wie auch schon früher, deutlich stärker als die Landschaft belastet wurde. Die Prälaten hatten etwa 50000 Gulden aufzubringen. Der Zustimmung der Bevölkerung konnte sich der Herzog dabei sicher sein. Er benötigte das Geld offenkundig, aber sein Vorgehen galt zugleich bereits als ein Signal dafür, was auf die Klöster zukommen würde. So ist es verständlich, daß die Äbte von Bebenhausen, Hirsau und Maulbronn zeitweilig oder ganz außer Landes gingen, andere wie die von Alpirsbach und Blaubeuren brachten wenigstens ihre Wertsachen und Dokumente in Sicherheit. Noch Jahre später mußte man sich um deren Rückgewinnung bemühen. Die geforderten Abgaben konnten nur mit Mühe aufgebracht werden.

Einen bereits viel stärkeren Zugriff auf die Klöster stellte die Inventur ihrer Vermögen im November 1534 dar, mit der man einem hessischen Vorgang folgte. Der Landesherr gewann damit nicht nur Einblick in ihre Vermögenslage, sondern griff auch in ihr Verfügungsrecht ein, indem er Veräußerungen verbot, Wertsachen, Geld und Dokumente unter Verschluß legte und die Befolgung der Befehle beschwören ließ. Auch am Personenstand der Klöster durfte nichts mehr geändert werden, was die Aufnahme neuer Bewerber verbot. Der Herzog war an einem Nachwuchs in den Klöstern, den er dann später u. U. zu versorgen hatte, nicht interessiert. Kommissionen, gebildet aus herzoglichen Beamten, hatten die Inventur vorzunehmen. Sie stießen vielfach auf Proteste, die in Maulbronn bis an das Reichskammergericht gingen; zum Teil schalteten sich auswärtige Herrschaften ein, wo wie in Nellingen oder Herrenalb die württembergischen Ansprüche bestritten wurden. In Zwiefalten ist die Inventur wahrscheinlich gescheitert, ebenso im Priorat Reichenbach, das unter dem Schirm der Markgrafen von Baden stand. Die Brenztalklöster befanden sich unter dem besonderen Schutz König Ferdinands. Deshalb konnten Herbrechtingen und Anhausen erst 1536 inventarisiert werden, hingegen scheiterten Ulrichs mehrfache Versuche, auch Königsbronn an sich zu bringen, am Einspruch der Habsburger. Die Inventur der kleinen Mannsklöster erfolgte nicht so systematisch wie die der großen und wurde teilweise mit späteren Maßnahmen verbunden. Bei den meisten Frauenklöstern kam die Inventarisation überhaupt nicht zum Ziel, bei den Klausen wurde sie wohl auch nicht konsequent betrieben. Einzelne Nonnenklöster wurden der herzoglichen Verwaltungsaufsicht unterstellt oder erhielten einen Klosterverwalter. In Lauffen mußte dabei der Zutritt zum Kloster gewaltsam erzwungen werden. Insgesamt war die Inventur der erste Schritt des Herzogs zur sog. Possession, d.h. der Übernahme ihres Besitzes.

Bei der einmaligen Umlage für die Kriegsschulden von 1534 blieb es nicht. Ein neuer Landtag vom März 1534 verlangte dieselben Abgaben für zwei weitere Jahre. Während die Landschaft um eine Ermäßigung um 20000 Gulden bat, erklärten die Prälaten sich außerstande, der Forderung nachzukommen, und wollten lediglich ihre Überschüsse abgeben. Der Herzog reagierte hart. Jetzt wurden die 20000 Gulden von der Landschaft auch noch auf die Prälaten abgewälzt, was bei sparsamem Wirtschaften für zumutbar gehalten wurde. Der Herzog operierte dabei geschickt mit der sozialen Komponente seiner Steuerpraxis und verbot überdies noch, den Klosteruntertanen die Abgaben aufzubürden. An der Schonung der Klöster hatte er kein Interesse. Die Steuern konnten zum Teil nur durch Anleihen und Verpfändungen aufgebracht werden. Unnachgiebig, wenn auch nicht immer erfolgreich, wurden die Abgaben auch von den auswärtigen kirchlichen Institutionen, die Besitz in Württemberg hatten, z.B. den Domstiften Konstanz und Speyer sowie dem Deutschorden, eingefordert. Bezeichnend war, daß die Prälaten an den Verhandlungen über den Tübinger Vertrag, d.h. über die Rechte der Landschaft, auf demselben Landtag nicht beteiligt wurden. Ihr ständisches Mitspracherecht erscheint in Frage gestellt. Zum folgenden Landtag von 1538 wurden sie nicht mehr geladen. Sieht man einmal davon ab, daß Herzog Ulrich in der Folgezeit überhaupt möglichst ohne den Landtag regierte, zeichnet sich mit dem Ausscheiden der Prälaten eine Verfassungsänderung erheblichen Ausmaßes ab, die allerdings später zurückgenommen wurde.

Als erstes Ziel der herzoglichen Klosterpolitik hat sich zunächst die finanzielle Heranziehung der Klöster, ja der Zugriff auf ihren Besitz herausgestellt. Davon wurde nicht mehr abgegangen, das eigentliche Ziel war jedoch noch weiter gesteckt. In einer reformatorischen Kirche war eigentlich kein Platz für die bisherigen Klöster. Auf die Dauer lief das auf ihre Aufhebung, die Säkularisation, hinaus, wobei ihr Gebiet völlig dem Land eingegliedert und die Einkünfte vom Herzog vereinnahmt werden sollten. Wäre es dabei geblieben, hätte die Reformation hinsichtlich der Klöster zu nichts als eben der Säkularisation zugunsten des Landesherrn geführt.

Herzog Ulrich und ebenso die Reformatoren Blarer und Schnepf hatten es jedoch nicht nur auf den äußeren Gewinn abgesehen. Man wollte die Klosterinsassen auch innerlich gewinnen und überzeugen. Außerdem sollte mindestens für eine Übergangszeit das noch bestehende Klosterleben den Einsichten des reformatorischen Glaubens angepaßt werden. Daran lag gerade dem durch Luther bekehrten ehemaligen Mönch Blarer viel. Bei seiner wichtigen Besprechung mit dem Herzog auf dem Einsiedel am 13. Dezember 1534 wurde beschlossen, Mittel und Wege zu suchen, um die Klosterinsassen mit dem Wort Gottes zu belehren und zu erbauen. Ferner sollten auch die von den Klöstern als Patronen zu vergebenden Pfarreien mit evangelischen Geistlichen besetzt werden. Wie ernst man die evangelische Belehrung der Klosterinsassen nahm, zeigt sich daran, daß Blarer trotz des bedrängenden Personalmangels sich um ausgesprochen qualifizierte und gebildete Lektoren für die Klöster bemühte.

Im Januar 1535 wurde der Memminger Hans Schmölz, der in Wittenberg studiert hatte, nach Bebenhausen geschickt. Dort war kurz zuvor der Abt Johannes von Fridingen gestorben; die Wahl eines Nachfolgers ließ der Herzog nicht zu. Etwa die Hälfte des Konvents ließ sich für die Reformation gewinnen, ein Teil der Mönche bezog die Universität Tübingen zum Theologiestudium. In Hirsau erregte der bisherige Humanist Theodor Reysmann, der an sich kein Geistlicher war, zunächst Anstoß, weil er seine Frau mit ins Kloster brachte. Auch sonst gab es mit diesem etwas schwierigen Charakter Spannungen, aber seine Arbeit war nicht ganz ohne Erfolg und fand auch bei der Bevölkerung Anklang. In Blaubeuren richtete der aus Lothringen stammende Petrus Tossanus nichts gegenüber dem geschlossen zusammenstehenden Konvent aus und wurde später durch Schmölz ersetzt. In Alpirsbach beschwerten sich der Abt Ulrich Hamma und der als Lektor eingesetzte Konrad Öttinger gegenseitig übereinander. Der aus Rottweil gebürtige Johann Spreter gab die Predigerstelle in St. Georgen nach kurzer Zeit wieder auf. Auch der in Wittenberg ausgebildete Arsacius Seehofer aus Bayern, der 1523/1524 in ein Aufsehen erregendes Widerrufsverfahren in Ingolstadt verwickelt worden war, kam dort als Lektor nicht gut an. Ähnlich erging es dem ehemaligen Ulmer Schulmeister Michael Brodhag in Adelberg. Für Lorch und Murrhardt scheint man keine Lesemeister gefunden zu haben. Für das Pfullinger Nonnenkloster suchte Blarer mehrfach keinen geringeren als Konrad Pellikan von Zürich zu gewinnen. Dieser kam freilich nicht, sondern begnügte sich mit der Übersendung einer Schrift »Wie man die Nonnen trösten soll« (De monialibus consolandis).

Insgesamt ergibt sich folgendes Bild: In Adelberg, Blaubeuren, Murrhardt und St. Georgen blieb die Überzeugungsarbeit ohne Erfolg, in Alpirsbach, Herrenalb, Hirsau und Maulbronn konnten einzelne Mönche gewonnen werden. Eine echte Offenheit fand sich in Bebenhausen und Denkendorf. Diese geistlichen Bemühungen standen sichtlich auch im Dienst von Herzog Ulrichs fortschreitenden Säkularisierungsbestrebungen und wurden davon überschattet.

Den kleinen Mannsklöstern der Bettelorden wurde damals wohl die öffentliche Wirksamkeit verboten. Von den Frauenklöstern besuchte Schnepf Weiler bei Blaubeuren und Blarer Pfullingen. Man untersagte die Betreuung dieser Klöster durch ihre Priester und Beichtväter. Die Predigten, die die Pfarrer am Ort oder aus der Nachbarschaft statt dessen den Nonnen gegen Bezahlung halten sollten, waren nicht beliebt. Blarer litt sehr darunter, daß für die Nonnen geistlich nicht mehr getan werden konnte. Zunächst war der Reformation in den Frauenklöstern kein Erfolg beschieden, und das sollte sich auch später nicht wesentlich ändern.

Herzog Ulrich hielt sein Vorgehen gegen die Klöster für theologisch, kirchlich, politisch, juristisch und sozialpolitisch gerechtfertigt. Er mußte jedoch damit rechnen, daß dies von König Ferdinand bestritten wurde, zumal die Bestimmungen des Kaadener Vertrags über das Reformationsrecht nicht eindeutig waren. Mit aus diesem Grunde zögerte er die persönliche Ratifizierung des Vertrags und den Lehnseid in Wien bis in den August 1535 hinaus. Zur Rechtfertigung seines Vorgehens ließ er sich ein vielleicht von Schnepf verfaßtes juristisch-theologisches »Bedenken, ob man die Stiftungen der Alten verändern und die Klostergüter zu der evangelischen Kirchen Unterhaltung verwenden möge« erstellen. Es argumentiert ähnlich wie früher schon Brenz damit, daß es den Stiftern um den Gott wohlgefälligen Gottesdienst gegangen sei, den sie freilich in falschen Dingen gesucht hätten. Dem Herzog als Landesherrn und Vogt der Klöster ist die Umwidmung zum Zweck der evangelischen Verkündigung, des rechten Gebrauchs der Sakramente und der treuen Hilfe für die Armen erlaubt. In Wien mußte Herzog Ulrich gegenüber König Ferdinand die exemte Stellung des Klosters Zwiefalten und des Blasianer Priorats Nellingen anerkennen, deren Einbeziehung in das Herzogtum und damit auch ihre Reformation unterbunden wurden. Wegen der Brenztalklöster hatte sich Ulrich mit Ulm zu verständigen, das die Herrschaft Heidenheim erworben hatte. Im übrigen war Ulrich der Meinung, daß seine reformatorischen Maßnahmen von König Ferdinand nicht angefochten wurden und so der Weg bis hin zur Säkularisation der Klöster frei war, was sich später als nicht völlig zutreffend erwies.

Noch vor der Abreise nach Wien im Juli hatte der Herzog die Württembergische Klosterordnung in Kraft gesetzt. Sie stellte eine notwendige Zwischenregelung dar, da eine rasche Aufhebung der Klöster offensichtlich nicht erreichbar war. Mit dem Entwurf war höchst wahrscheinlich der in Klosterfragen erfahrene und daran interessierte Blarer betraut worden. Die Klosterordnung ist auf ihrem Gebiet eine der bedeutendsten Leistungen der Reformation, weil sie sich nicht nur mit organisatorisch-rechtlichen Maßnahmen befaßte, sondern zuerst eine evangelische Neugestaltung des Klosterlebens anstrebte. Die letztlich verfolgten Ziele werden an dem damaligen Vorgehen gegenüber Kloster Denkendorf erkennbar: Jedem Mönch, der aus dem Kloster austreten wollte, wurde ein jährliches Leibgeding von 40 Gulden zugesagt. Die Messe und alle päpstlichen Zeremonien waren einzustellen. Die von der Inventur erfaßten und weggeschlossenen Wertgegenstände und Dokumente nahm die herzogliche Kommission nach Stuttgart.

Mit der Klosterordnung wollte der Herzog (!) die Gewissen der verblendeten Klosterleute befreien und anstelle der menschlichen Satzungen mit einem Unmaß leiblicher Übungen den schriftgemäßen Gottesdienst einrichten. Die Anleitung sollte ein Lesemeister geben. Die Stundengebete wurden nicht abgeschafft, aber reduziert. Predigt und Bibelauslegung fanden darin ihren Platz. Der reformatorischen Auffassung, daß die Klöster ursprünglich Schulen zum Bibelstudium gewesen seien, trug ein Lehrangebot an die jungen Konventualen Rechnung. Messe und Beichte wurden abgeschafft und die Abendmahlsfeier eingeführt, zu der aber niemand gezwungen wurde. Fasten, Reden oder Schweigen und die Kleidung wurden in die Freiheit des einzelnen gestellt. Alle wurden zu Arbeit und Bibelstudium verpflichtet. Das Gehorsamsgebot wurde für alles, was nicht wider Gott ist, bestätigt. Ohne Genehmigung der Oberen sollte niemand das Kloster verlassen. Bestimmte liturgische und pädagogische Elemente dieser evangelischen Klosterordnung lebten auch nach der Aufhebung der Klöster fort in der Ausbildung der württembergischen Theologen. Ein besonderes Gutachten über die Gültigkeit der Mönchsgelübde, das vor allem den Gedankengängen Luthers folgte, wurde wohl Ende 1535 höchstwahrscheinlich von Blarer für die Mönche von Lorch und Murrhardt verfaßt.

Die Ordnung sollte angepaßt auch für die Frauenklöster gelten, in denen der Gottesdienst jedoch deutsch zu halten war. Die »Sprechgitter«, Ausdruck für die strikte Abschließung von der Welt, wurden abgeschafft, die Klausur sonst beibehalten. Neuaufnahmen waren auch hier verboten, die Novizen sollten nach Hause geschickt werden. Besonders wichtig waren die Regelungen über den Austritt aus den Klöstern. Austrittswillige sollten entweder ihre ins Kloster eingebrachte Mitgift zurückerhalten oder ein jährliches Leibgedinge von 40 bzw. bei Laienbrüdern von 25 Gulden erhalten. Wer in ein anderes Kloster außerhalb des Herzogtums überwechseln wollte, erhielt lediglich eine Wegzehrung. Die Versorgung der Beginen (Terziarinnen) und Bettelmönche wurde besonders geregelt. Die Bettelmönche wollte man zum Teil in einem Sammelkloster zusammenfassen.

Die Klosterordnung sollte wieder von herzoglichen Kommissionen durchgeführt werden, denen auch einer der Reformatoren (Superattendenten), Blarer oder Schnepf, angehörte. Fast alle Prälaten und Konvente lehnten die Ordnung energisch ab und wollten bei ihren alten Zeremonien und Rechten gelassen werden. Sie machten Gegenvorschläge und verschleppten die Verhandlungen. Immerhin ließen sich einzelne Mönche in Bebenhausen, Herrenalb, Hirsau, Lorch, Maulbronn und vor allem in Denkendorf »abfertigen«. Insgesamt erreichte der Versuch einer freiwilligen Selbstauflösung der Klöster sein Ziel nicht, weshalb der Herzog ab Herbst 1535 zu Zwangsmaßnahmen griff.

In Alpirsbach sicherten herzogliche Truppen die Tätigkeit des Lektors Öttinger ab, in Herrenalb erzwangen sie die Herausgabe der Wertsachen und Dokumente. Das verfehlte seinen Eindruck nicht. Die Äbte von Adelberg, Alpirsbach, Blaubeuren, Denkendorf, Herrenalb und Hirsau leisteten den vorgeschriebenen Verzicht und ließen sich fast alle als Räte des Herzogs verpflichten. In den folgenden Monaten wurde die Auflösung oder Vertreibung der Konvente durchgesetzt. Ein Teil des Bebenhausener Konvents blieb beim alten Glauben und zog zuerst nach Schönau, später nach Kloster Stams in Tirol. In Alpirsbach ließen sich alle Mönche verleibdingen. Neun der Denkendorfer Chorherren traten in den Pfarrdienst, die übrigen ließen sich bis auf einen verleibdingen. Die eine Hälfte der Hirsauer Mönche übernahm früher oder später ein Pfarramt, die andere bekannte sich als durch die Reformation noch nicht überzeugt, nahm aber die Leibgedinge an. Ein Teil des Maulbronner Konvents siedelte in die Tochterabtei Pairis über. Maulbronn wurde zum Sammelkloster für jene Mönche bestimmt, die das Klosterleben nicht aufgeben wollten. Dorthin wurden z.B. vier renitente Mönche aus Herrenalb eingewiesen. Die meisten Adelberger Mönche wichen in das Kloster Roggenburg aus; einige wenige widersetzten sich jahrelang und mit Erfolg der Verlegung nach Maulbronn. Der größte Teil des Blaubeurer Konvents ging nach zähen Verhandlungen ins Exil nach Markdorf am Bodensee. Die Mönche von St. Georgen wurden am 6. Januar 1536 vertrieben und folgten ihrem Abt nach Villingen. Das Schicksal der Vertreibung traf auch die meisten Mönche von Murrhardt und Lorch. Sofort nach dem Rückerwerb der Herrschaft Heidenheim betrieb der Herzog die Auflösung der Klöster Anhausen und Herbrechtingen.

Die Durchsetzung der Reformation in den Klöstern verlief also nicht reibungslos. Ein Teil der Mönche ließ sich für die Arbeit in der neuen Kirche gewinnen, ein Teil, darunter nicht wenige Äbte, schickte sich in das Unvermeidliche, ein Teil blieb dem alten Glauben und dem Klosterleben eindrucksvoll treu und wählte das mit Armut verbundene Exil. Als sich später nach dem Schmalkaldischen Krieg die Möglichkeit einer Wiederherstellung der Klöster eröffnete, waren fast überall wieder ehemalige Mönche zur Stelle, die das Klosterleben wieder aufnahmen.

Der letzte Schritt war die Übernahme und Verwaltung des Klosterbesitzes durch die herzogliche Administration. Die Wertgegenstände, manchmal sogar die Glokken, wurden nach Stuttgart überführt und meist eingeschmolzen. Ebenso wurden die Klosterarchive und auch die Bibliotheken zentralisiert, wobei es beim Bücherbestand schwere Verluste gab. Den außerhalb des Herzogtums gelegenen Klosterbesitz konnte die Regierung nur teilweise an sich bringen. König Ferdinand ließ ihn in seinem Gebiet den geflohenen Konventen zuweisen. In Sachen St. Georgen, Maulbronn und auch Königsbronn wurde Herzog Ulrich in lästige Kammergerichtsprozesse verwickelt, die seinen Ruf belasteten. Der Klosterbesitz wurde durch die Rentkammer als besonderer Teil des Kammerguts, über das allein der Herzog verfügte, verwaltet. Vor Ort wirkten dabei, sofern noch vorhanden, die Äbte mit, sonst traten Amtleute an ihre Stelle. Die Erträge wurden teils für die laufenden Ausgaben verwendet, teils dem Staats- und Kriegsschatz zugeführt. Die Klosteruntertanen mußten dem Herzog huldigen.

Die Auflösung der kleinen Mannsklöster verlief weniger aufsehenerregend als die der Prälaturen. Ihr Vermögen vereinnahmte größtenteils der Herzog, in manchen Fällen wurde es den örtlichen Armenkästen überlassen. Die Mönche ließen sich teils im Pfarrdienst verwenden, teils wurden sie verleibdingt, teils schob man sie ins Maulbronner Sammelkloster ab, teils wurden sie anderweitig versorgt oder wanderten aus. Das Kloster der Stuttgarter Dominikaner wurde in ein Spital umgewandelt, in dem auch die zurückgebliebenen Mönche zunächst versorgt wurden. Bei den Leonberger Franziskanern sollten die nichtwürttembergischen Mitglieder ausgewiesen werden, der restliche Konvent wurde 1540 aufgelöst und das Kloster den

Pfullinger Klarissen als Unterkunft angewiesen. Die restlichen drei Tübinger Augustinereremiten wurden 1536 im Spital untergebracht. Das Kloster nahm später das herzogliche Stipendium auf. Die Kartäuser in Güterstein waren schon 1534 aus Furcht vor Herzog Ulrich bis auf zwei geflohen. Das reiche Markgröninger Hospital verlor seine Selbständigkeit; die Hospitalbrüder durften allerdings bleiben. Die Klausner beließ man bis 1540 in ihren Klausen. Sie wurden danach in die Spitäler von Stuttgart und Leonberg eingewiesen.

Noch entschiedener und auch erfolgreicher als die Mannsklöster widersetzten sich die Frauenklöster der Reformation, und dieser Widerstand erlosch zum Teil erst nach Jahrzehnten mit dem Tod der letzten Insassen. Neben der Glaubenstreue spielten dabei auch andere Faktoren eine Rolle. Die meisten Nonnen hatten, anders als die Mönche, außerhalb des Klosters weder eine Bleibe noch eine Betätigungsmöglichkeit. Sie besaßen außerdem einen gewissen Rückhalt an den adligen oder vornehmen bürgerlichen Familien, aus denen sie stammten. Darum vermied die Regierung möglichst ein aufsehenerregendes Vorgehen. Das bloße Gerücht energischer Maßnahmen gegen die Frauenklöster löste zusätzliche Angriffe auf Blarer aus. Zum Teil war es die billigste Lösung, die Terziarinnen in ihren bisherigen Häusern zu belassen. Abgesehen von der Übernahme der Vermögensverwaltung hatte man bis 1536 nur die alten Zeremonien in den Frauenklöstern nach Möglichkeit unterbunden, und auch danach wurde ihre Auflösung nicht systematisch betrieben. Meist neigte man eher zum Zuwarten als zur Gewaltanwendung. Offensichtlich war die Klosterordnung den Frauenklöstern nicht zugestellt worden. Ohne schriftliche Befehle und später auch gegen solche weigerten sich die Nonnen, den hergebrachten Gottesdienst aufzugeben und sich von den evangelischen Pfarrern betreuen zu lassen; vielmehr hatten weiterhin altgläubige Geistliche bei ihnen Zugang. Allenthalben klagten die Pfarrer über die Halsstarrigkeit der Nonnen, bei denen die evangelische Predigt nichts bewirkte. Hatte sich wie in Lauffen oder Rechentshofen doch eine evangelische Minderheit gebildet, wurde sie von der Mehrheit bedroht oder gar tätlich angegriffen. Selbst die Verwaltung der Frauenklöster ließen sich deren Vorsteherinnen trotz Inventuren und Visitationen nicht ohne weiteres aus der Hand nehmen. 1539 erhielt Rechentshofen wegen schlechter Haushaltung dann eine evangelische Klosterordnung, die auch den Gottesdienst regelte. Ausdrücklich wurde festgestellt, daß hinsichtlich des Glaubens kein Zwang ausgeübt werden sollte. Nur einzelne Nonnen waren bereit, ein Leibgedinge anzunehmen.

Von 1537 bis 1543 ließ man die Nonnen von Frauenzimmern-Kirchbach unbehelligt, dann wurden die beiden letzten Insassinnen verleibdingt. In dem Augustinerinnenkloster auf dem Böselberg bei Horrheim hatte »Sankt Christophels Zahn« die Wallfahrer angezogen. Als die Wallfahrt unterbunden wurde, kam das Kloster in finanzielle Schwierigkeiten und wurde 1545 zunächst aufgehoben. Das Klarissenkloster in Pfullingen war das größte Frauenkloster im Land. 1540 verfügte der Herzog seine Aufhebung. Die Nonnen wurden nach Leonberg verlegt. Auch sonst kamen manchmal Zusammenlegungen oder Verlegungen von Terziarinnen vor. Die meisten Niederlassungen blieben jedoch bestehen. Man versuchte, ihre Außenkontakte abzuschneiden, hatte aber auch damit wenig Erfolg. Die Visitatoren hatten 1545 und später ihr besonderes Augenmerk auf die Frauenklöster und auch auf die Unruhe schaffenden Beginen zu richten, die offenbar immer noch ihre Tracht trugen und Gaben sammelten.

Die Klosterpolitik Herzog Ulrichs wurde schon damals sogar von seinen Bundesgenossen und dann auch später vor allem in der katholischen Geschichtsschreibung als besonders rücksichtslos, bösartig und egoistisch kritisiert. In der Tat verwandte der Herzog unter Berufung auf das Evangelium die Kirchengüter zu staatlichen Zwecken, während nach Auffassung der Theologen damit die kirchlichen, schulischen, karitativen und sozialen Aufgaben finanziert werden sollten. Zum Teil geschah das auch in Württemberg, aber den Löwenanteil behielt der Landesherr. Allerdings dienten diese Einnahmen insofern dem gemeinen Nutzen, als sie die Untertanen von zusätzlichen Abgaben entlasteten. Die Beanspruchung des Kirchenguts und die Verfügung war schon von Ulrichs Vorgängern und auch den Habsburgern praktiziert worden. Ulrich übertraf sie in der Weise, wie er das Kirchenvermögen für den Staat beanspruchte, freilich an Konsequenz und Energie. Dazu zwang ihn die angetroffene Staatsschuld, die durch die Kosten der Rückführung noch erheblich vermehrt worden war. Die Erträge aus den Kirchengütern dienten auch der politisch-militärischen Absicherung der Reformation. Ulrichs landesherrliches Selbstverständnis als Oberherr auch über die kirchlichen Institutionen des Herzogtums und der dringende aktuelle Finanzbedarf führten gemeinsam dazu, daß er sich zu einer von ihm für zweckvoll gehaltenen Nutzung der Kirchengüter für berechtigt hielt. Keiner der protestantischen Fürsten hat völlig auf Einkünfte aus den Kirchengütern verzichtet, auch wenn sie größere Anteile davon zweckgebunden verwandten. Durch den energischen Zugriff des Staates wurde in Württemberg die Verschleuderung oder der Verlust des Kirchenguts an andere, etwa den Adel, weithin vermieden. Die neue Kirche und ihre Geistlichen waren zwar nur sehr sparsam ausgestattet, aber sie war in vieler Hinsicht eher besser funktionsfähig hinsichtlich ihrer geistlichen, schulischen und sozialen Aufgaben als in anderen Territorien. Insofern konnte der Herzog die Vorwürfe gegen ihn mit einem gewissen Recht zurückweisen. Die Freiheit des Glaubens, wie man sie damals verstand, wurde respektiert. Eine sachgemäßere Verwendung des Kirchen- und Klosterguts, die die Bedürfnisse der Kirche besser deckte, erfolgte später durch Herzog Christoph.

*Literatur:*

Die Darstellung folgt im wesentlichen der Arbeit von *Deetjen,* die Quellen und Literatur verarbeitet hat. – Vgl. ferner: *Werner-Ulrich Deetjen,* Die Reformation der Benediktinerklöster Lorch und Murrhardt unter Herzog Ulrich und das »Judicium de votis monasticis« vom Dezember 1535, in: BWKG 76 (1976), S. 62–115.

# Gottesdienst, Unterweisung, Bilder, Sittlichkeit, Eherecht und Sekten

Die Reformation machte eine weitgehende Neugestaltung der gesamten kirchlichen Ordnungen notwendig. Wo sich wie in Württemberg der Übergang zur Reformation nicht in einem längeren Prozeß, sondern abrupt vollzog, mußte wie auf dem personellen Sektor ein erheblicher Teil der Neuordnung relativ kurzfristig geleistet werden. Den Verantwortlichen war damit eine immense und in jeder Hinsicht anspruchsvolle Aufgabe gestellt, die sie neben den laufenden Verpflichtungen bewältigen mußten. Die Vorstellungen, die sie dabei leiteten, waren auch in diesem Bereich keineswegs einheitlich.

## *Die Gottesdienstordnung*

Der katholische Gottesdienst war von den Reformatoren an vielen Stellen scharf kritisiert worden. Das betraf im Zentrum die Messe mit dem Meßopfer, erstreckte sich jedoch auch auf die übrigen Sakramente und gottesdienstlichen Handlungen sowie die Predigt. Bei der Umgestaltung hatten die Evangelischen unterschiedliche Wege eingeschlagen. Luther hatte eine gereinigte Meßliturgie geschaffen und war auch sonst relativ konservativ verfahren. Die meisten der von ihm beeinflußten Kirchen, z. B. Nürnberg, Brandenburg-Ansbach, Schwäbisch Hall und auch Heilbronn, waren ihm darin gefolgt. In der Schweiz und in Oberdeutschland hatte man hingegen vielfach auf eine andere überkommene Form, die des spätmittelalterlichen Prädikantengottesdienstes, zurückgegriffen und diesen u. U. mit einer am biblischen Vorbild orientierten, sehr schlichten Abendmahlsfeier kombiniert. Verschiedentlich baute man dabei einzelne Stücke aus der Meßliturgie ein. Die Tätigkeit der Prädikanten war oft der Ausgangspunkt der Reformation gewesen, und sie hatte sich durchsetzen müssen gegen die daneben noch vielfach weiterbestehende Messe. An sich ging die Reformation nicht auf liturgische Uniformität aus. Luther hatte 1526 den Reutlinger Prädikantengottesdienst gebilligt. Dieser ist also nicht unbedacht als schweizerisch-reformiert zu bezeichnen, was schon wegen seines spätmittelalterlichen Ursprungs nicht zutrifft. Aber in den unterschiedlichen Gottesdienstformen und ihrer konkreten Ausgestaltung konnten sich eben doch die jeweiligen Auffassungen der lutherischen oder schweizerisch-oberdeutschen Seite ausdrücken. Darum war es keineswegs belanglos, wie die neue Gottesdienstordnung in Württemberg gestaltet wurde. Und so kam es auch hier zu einem Ringen beider Seiten.

Als einer der ersten hat wohl Bucer dieses Problem erkannt. Er riet Blarer sofort, sich an die Reutlinger zu halten. Sie schienen ihm theologisch und wohl auch liturgisch *die* Vertreter der lutherischen Seite zu sein, mit denen man übereinkommen konnte. Ende August 1534 hoffte Blarer, daß die Kirchenbräuche allenfalls denen des lutherischen Reutlingen entsprächen. Dort fand weder eine Elevation im Abendmahl statt, noch gebrauchte man eine spezielle Kleidung der Geistlichen im Gottesdienst und hing auch anderem, was Blarer für abergläubisch hielt, nicht an. Realistischer und mehr an der Konkordie mit den Lutheranern orientiert äußerte sich am 13. Oktober Bucer. Ihm war klar: die Zeremonien sind Teil der kirchlichen Lehre. Wie in den benachbarten lutherischen Städten Schwäbisch Hall, Heilbronn und Reutlingen sollten wenigstens die als abergläubisch geltenden Bilder entfernt werden, nur der weiße Chorrock sollte als Ornat zugelassen sein, und die Elevation sollte unterbleiben. Er war gegen die lateinischen Gesänge, die das Volk zum bloßen Lippendienst verleiten konnten. Am liebsten wäre es Bucer gewesen, wenn ein Gremium von je sechs Theologen, darunter auch er selbst, und geeigneten Beamten die Kirchenordnung ausgearbeitet hätte. Aber Ende des Monats war man noch nicht einmal so weit, daß man das Allerseelenfest abschaffen konnte. Anfang Dezember wies Bucer auf die Gefahr hin, die das Ausbleiben einer Kirchenordnung mit sich brachte. Das Volk wurde dadurch der Reformation entfremdet und die altgläubigen Gegner ermutigt.

Am 22. Dezember erhielt Blarer dann vom Herzog erste Informationen und Anweisungen hinsichtlich der geplanten Kirchenordnung. Ein Mandat, das sich wohl gegen die Altgläubigen richtete, sollte alle Schmähungen wegen der Religion verbieten. Blarer und der Tübinger Professor Grynaeus sollten eine vorläufige Abendmahlsordnung für die kommende Fastenzeit entwerfen. Zu einem einheitlichen Vorgehen in den Bereichen Blarers und Schnepfs kam es dann jedoch nicht; vielmehr scheint Schnepf die Initiative ergriffen zu haben. Am 2. Februar 1535 wurde nach einem letzten Gottesdienst der Stiftsherren die Messe in Stuttgart, ebenso in Cannstatt und Herrenberg, abgeschafft, in Tübingen dagegen erst am 7. März. Schnepf praktizierte eine eigene Abendmahlsordnung. Es muß sich um eine lutherische Messe mit deutschem und lateinischem Gesang gehandelt haben, bei der selbstverständlich der Chorrock verwendet wurde. Schnepf wollte keine voreiligen Neuerungen, bei denen man sich um das eigentlich Christliche nicht kümmerte. Blarer, vielleicht schlecht informiert, erhob zunächst keine Einwendungen, obwohl der lutherische Charakter von Schnepfs Feier offenkundig war. Anders als dieser hielt sich Blarer in der Tübinger Abendmahlsfeier am 21. März an die schlichtere Konstanzer Ordnung. Damit geriet er ins Gerede. Die Räte alarmierten den Herzog wegen der unterschiedlichen Zeremonien. Bucer wußte sehr wohl, daß hinter den äußeren Unterschieden solche in der Sache standen. Er beschwor Blarer, keine Verwirrung aufkommen zu lassen und die Liebe zu bewahren. Auch Frecht wies ihn auf die Notwendigkeit einer einheitlichen Kirchenordnung hin.

Bei einer Besprechung am 10. Juni in Stuttgart wurden die Probleme der kirchlichen Ordnung erörtert. Schnepf warf Blarer sofort vor, daß er die von ihm geordneten Zeremonien nicht befolgt habe. Dafür war Blarer aber nicht zu haben und machte sich auf den Heimweg. Während die Räte auf der Seite Schnepfs standen, ließ der Herzog Blarer zurückholen und beteiligte sich selbst sieben Stunden an den

Beratungen, deren Ergebnis nicht bekannt ist. Jedenfalls sollte nunmehr eine einheitliche Ordnung beachtet werden (Vadianische Briefsammlung Bd. 5, S. 234–236). Blarer gefiel zwar nicht alles an ihr, aber er sah keinen Grund, daraus eine große Tragödie zu machen. Aber Ende August mußte Bucer Blarer schon wieder mahnen, die Tübinger Zeremonien den Stuttgarter anzugleichen. Die Klagen über die Unterschiede wurden gerade auch von den Anhängern der Reformation ständig erhoben.

Nach etwa einjähriger Tätigkeit der Reformatoren gab es immer noch keine einheitliche Kirchenordnung. Die Schuld für die Differenzen wurde in Stuttgart Blarer angelastet. So verwundert es nicht, daß zu der nunmehr unumgänglichen Ausarbeitung kirchlicher Ordnungen nicht der von Anfang an daran interessierte Bucer herangezogen wurde, sondern Brenz von Schwäbisch Hall, der damit schon jetzt gestaltenden Einfluß auf die württembergische Reformation gewann. Mitte Juli 1535 forderte ihn der Herzog von Schwäbisch Hall an zu dem Zweck, »christliche Ordnung anzurichten«. Im August und September hielt sich Brenz in Stuttgart auf. Damals scheint er den Entwurf oder wahrscheinlich die Ergänzung einer Gottesdienstordnung verfaßt zu haben. Er betonte stark den Segen und die Notwendigkeit einer festen, sachgemäßen Ordnung, die sogar »billig für Gottes Ordnung gehalten werden soll« und darum verbindlich zu machen ist. Die Lehrnorm sollte die Bibel sein, die nach dem Augsburger Bekenntnis und dessen Apologie auszulegen ist. Wie Luther setzte sich auch Brenz wegen der Schüler für die teilweise Beibehaltung des Lateinischen im Gottesdienst ein und wies den Vorwurf, dies sei ein papistischer Rest, zurück. Man kann von daher annehmen, daß Brenz, wie in Schwäbisch Hall üblich, eine evangelische Messe als Gottesdienstform vorschwebte. Er hielt mit Rücksicht auf die Schwachen, für die der in Alltagskleidern amtierende Pfarrer Anstoß erregte, auch am weißen Chorrock fest. Brenz wollte relativ viele Feiertage, darunter sogar drei Marienfeste, belassen. Seine Anweisungen für die Predigtordnung waren stark am Kirchenjahr orientiert. Für die Zeit nach Trinitatis wurden die sonntäglichen Evangelienperikopen oder Reihenpredigten über ein Evangelium zur Wahl gestellt. Ob Brenz auch zum Verlauf der Gottesdienste Vorschläge gemacht hat, ist unbekannt.

Spätestens am 14. März 1536 lag die »Gemein Kirchenordnung, wie die dieser Zeit im Fürstentum Württemberg gehalten werden soll« gedruckt vor (Abb. 22). Über den Prozeß ihrer Entstehung seit Sommer 1535 gibt es nur spärliche Nachrichten. Blarer berichtet, er habe unzählige Dinge, die von Brenz angeflickt worden waren, wieder abgeschnitten und sei dabei vom Herzog unterstützt worden. Melanchthon erwähnt noch im Herbst 1536, daß die Vorschläge von Brenz zur Kirchenordnung nicht angenommen worden seien. Man ahnt, daß es wiederum zu harten Auseinandersetzungen gekommen ist. Blarer war keineswegs zufrieden, manches war ihm, wie auch Bullinger, immer noch zu abergläubisch, aber Schlimmeres hatte er verhüten können. Der eigentliche Verfasser der Ordnung war sehr wahrscheinlich Schnepf. Am nächsten verwandt war sie mit dem Prädikantengottesdienst von Schnepfs Vaterstadt Heilbronn von 1532, den es ähnlich auch in Augsburg und Frankfurt gab. Die Vorrede betont behutsamer den Ordnungsgesichtspunkt von

Brenz. Als Gottesdienstsprache war allein deutsch vorgesehen, und die Bibel sollte die einzige Lehrnorm sein. Hier wird das Augsburger Bekenntnis also nicht genannt. In den Predigten sollten ganze neutestamentliche Schriften ausgelegt werden. Vor Beginn des eigentlichen Gottesdienstes wurde ein Kapitel aus dem Neuen Testament vorgelesen. An die nicht mehr als einstündige Predigt schloß sich das von Brenz aus älteren Kollekten geschaffene große Gemeine Gebet für alle Stände an. Unter der Woche sollte in den großen Städten täglich, sonst mindestens zweimal gepredigt werden.

Vor und nach der Predigt wurden deutsche Psalmen und Kirchenlieder gesungen. Soviel sich erkennen läßt, handelte es sich dabei um Liedgut vor allem aus dem lutherischen Bereich. Ein eigenes württembergisches Gesangbuch ließ noch Jahrzehnte auf sich warten. Die Gemeinden wurden zum fleißigen und wohltönenden Gesang aufgefordert. In Merklingen bei Leonberg kam der Pfarrer damit freilich einmal schlecht an. Die Gemeinde setzte mit dem gewagten weltlichen Lied ein: »Er nahm sie bei der weißen Hand und führt' sie in den Wald...« Eine reiche musikalische Ausschmückung erfuhr alsbald der Hofgottesdienst durch die Hofkapelle.

Bis dahin war der weiße Chorrock »geduldet« worden. Jetzt ließ man ihn fallen, weil man nichts von »langen pharisäischen Röcken« hielt. Ebenso wurde auch kurze, »zuviel beschnittene und balgische Kleidung« abgelehnt. Die Pfarrer sollten »ersamlich und züchtig bekleidet sein«. Zweck der Feiertage ist Predigt, Gebet, Danksagung, Sakramentsfeier und auch die leibliche Ruhe. Außer den Sonntagen wurden lediglich die Christusfeiertage und Pfingsten voll begangen. Am Dreikönigstag, Gründonnerstag, Karfreitag, zwei Marienfesten und den Aposteltagen sollte morgens zwar gepredigt, nachmittags jedoch gearbeitet werden.

Sechsmal im Jahr war die Feier des Nachtmahls vorgesehen. Zu ihr gehörte ein Vorbereitungsgottesdienst am Samstag, bei dem die teilnehmenden Personen festgestellt und gezählt wurden. Das diente einem doppelten Zweck: Es sollten nicht zu viele Hostien konsekriert werden und ebenso bei der Feier kein Wein übrig bleiben. Hier machen sich deutlich lutherische Vorstellungen bemerkbar, an denen Schnepf sehr gelegen war. Außerdem bot der Vorbereitungsgottesdienst Möglichkeit zur Einzelseelsorge. Vor allem konnte der Pfarrer unwürdigen Gemeindegliedern wegen ihres ärgerlichen Lebens und ihrer Laster die Zulassung versagen, was man allerdings nicht als Bann, d.h. Ausschluß aus der Kirchengemeinschaft, verstand. An dieser Stelle konnte also vom Pfarrer Kirchenzucht geübt werden. Weitere Einzelheiten in diesem schwierigen Bereich sind wohl bewußt offengelassen. Die Abendmahlsfeier ersetzte den sonstigen Predigtgottesdienst, ihre Predigt handelte vom Abendmahl. Auf diese folgte vom Altar eine vorformulierte Abendmahlsvermahnung. Das Abendmahl gilt als Trost der betrübten Gewissen. Es ist Verkündigung des Todes Christi und zugleich Austeilung des wesentlichen und wahrhaftigen Leibes und Blutes Christi. Der Gemeinschaftsgedanke wird damit verbunden. Auf die Vermahnung – nicht etwa schon im Vorbereitungsgottesdienst – folgte die offene Beichte mit Absolution. Daran schloß sich das gesungene Vaterunser an, »die weil es ein sonderlich herzlich Gebet und auch dazu ein offentlich Beicht ist«. Die

Einsetzungsworte sprach der Pfarrer hinter dem Altar, der Gemeinde zugewendet stehend. Wegen der Verständlichkeit wurden sie nicht gesungen. Schon wegen der Verwendung des Altars als Tisch hatten auf ihm weder Kerzen noch Kruzifix Platz. An die Einsetzungsworte schloß sich die Kommunion an, während der die Gemeinde das deutsche Sanctus oder ein anderes Lied sang; gedacht war an solche aus dem lutherischen Bereich. Geschlossen wurde mit Gebet und Segen. Seiner Form nach war dieser Abendmahlsgottesdienst oberdeutsch. Die verwendeten Ansprachen und Gebete stammten, wie übrigens auch bei der Taufe, entweder von Luther oder aus der brandenburgisch-nürnbergischen Kirchenordnung. Die oberdeutsche Form, die auch für die Lutheraner akzeptabel war, war mit lutherischem Inhalt gefüllt. Aus der gleichen Tradition stammte auch das vorgesehene Krankenabendmahl, dessentwegen es später im schweizerisch beeinflußten Mömpelgard Schwierigkeiten gab. Im Mittelpunkt des Vespergottesdienstes am Sonntagnachmittag stand die Verlesung und kontinuierliche Auslegung des Katechismus.

Bei der Taufe wurde auf den von Luther geübten Exorzismus und die Absage an den Teufel verzichtet. Vor der Trauung mußte sich der Pfarrer vergewissern, daß kein Ehehindernis vorlag. Dem diente auch die vorhergehende zweimalige Proklamation. Ausführliche Anweisungen wurden gegeben, »wie man einen Sterbenden trösten soll«. Die Vermahnung, Gebete und Sprüche weisen auf die Vergebung, den gnädigen Willen Gottes auch im schweren Geschick und die Todesüberwindung durch Christus hin. Die Ordnung des Begräbnisses kannte in Württemberg keinen Unterschied zwischen arm und reich. Die Beteiligung am Begräbnis gilt als Akt christlicher Solidarität. Außer der Anbefehlung des Verstorbenen in die Hand Gottes gehörte zu dieser Feier die durchaus nicht in allen evangelischen Gebieten übliche Leichenpredigt auf dem Kirchhof oder in der Kirche, für die zunächst nur 1Thess 4,13ff. als Text vorgesehen war.

Vergleicht man die Vorstellungen von Brenz mit denen Blarers, so ist offensichtlich, daß dieser an vielen Stellen erfolgreich die kargeren oberdeutschen Formen durchgesetzt hat, was jedoch nicht erkennbar auf den Inhalt durchschlug. Das Grundmodell des württembergischen Gottesdienstes war damit geschaffen. 1553 wurde es von Brenz in der sog. kleinen Kirchenordnung mit lutherischen Elementen erweitert und bereichert, jedoch in seiner Grundfigur nicht mehr entscheidend verändert. Der schlichte Predigtgottesdienst blieb die liturgische Hauptform der württembergischen Kirche.

*Quellen und Literatur:*

*Emil Arbenz* und *Hermann Wartmann* (Hgg.), Vadianische Briefsammlung Bd. 5, St. Gallen (1903), S. 234–236. – *Blarer* Bd. 1. – *Gustav Bossert,* Die Lage des Pfarrstandes in Württemberg (1534–1548), in: BWKG 12 (1908), S. 101. – *Julius Hartmann* und *Karl Jäger,* Johann Brenz Bd. 2, Hamburg (1842), S. 16ff. und 517–519. – *Christoph Kolb,* Die Geschichte des Gottesdienstes in der evangelischen Kirche Württembergs, Stuttgart (1913). – *Otto zur Nedden,* Zur Frühgeschichte der protestantischen Kirchenmusik in Württemberg, in: Zeitschrift für Musikwissenschaft 13. Jg. (1930/1931), S. 309–316. – *Pressel,* S. 156–166. – *Reyscher* Bd. 8, S. 42–59. – *Hermann Waldenmaier,* Die Entstehung der evangelischen Gottesdienstordnungen Süddeutschlands im Zeitalter der Reformation, SVRG 125/126 (1916). – *Eberhard Weismann,* Der Predigtgottesdienst und die verwandten Formen, in: *Karl Ferdinand Müller* und *Walter Blankenburg* (Hgg.), Leiturgia. Handbuch des evangelischen Gottesdienstes, Bd. 3, Kassel (1956), S. 1–97.

## *Der Katechismus*

Für die Unterweisung benötigte man einen Katechismus. Anfang 1535 sollte ein solcher abends im Tübinger Pädagogium »gebetet« werden. Sonntags war für die Studenten der Artistenfakultät eine öffentliche Vorlesung über den Katechismus vorgesehen. Zu diesem Zweck verfaßte Joachim Camerarius 1538 seine »Capita Christianismi«. Nach der Kirchenordnung vom März 1536 sollte ein »gleichförmiger, beständiger, kurzer und kleiner Katechismus«, der sich auswendig lernen ließ und aus Fragen und Antworten bestand, von den Visitatoren und Superattendenten, nämlich Schnepf und Blarer, eingeführt werden. In der möglicherweise aus der gleichen Zeit stammenden Instruktion für die Visitatoren wird ein einheitlicher Katechismus für die Schulen gefordert. Entsprechende Vorschläge hatte Brenz wohl schon 1535 bei seinem Aufenthalt in Stuttgart gemacht. An die Übernahme von Luthers Katechismus oder eines entsprechenden Werks war offenbar nicht zu denken. Kurz bevor die Kirchenordnung im März 1536 veröffentlicht worden ist, muß die Entscheidung zugunsten des 1535 entstandenen Katechismus von Brenz gefallen sein. Er war zuerst 1535 als »Fragstück des christlichen Glaubens für die Jugend«, nämlich die in Schwäbisch Hall, veröffentlicht worden und sollte dort an die Stelle der früheren Katechismen von Brenz von 1528 treten, mit denen er nicht mehr zufrieden war. Vielleicht dachte er dabei auch schon an die Bereitstellung eines Katechismus für Württemberg.

Daß der Katechismus von Brenz in Württemberg zum Zug kommen würde, war nicht von Anfang an ausgemacht. Blarer hatte sich im Oktober 1535 um Katechismen aus Straßburg, vermutlich den Bucers von 1534, bemüht. Der Herrenberger Pfarrer Kaspar Gräter hatte wahrscheinlich 1535 ebenfalls einen Katechismus veröffentlicht – er trug sogar das württembergische Wappen auf dem Titelblatt –, der sich vor allem auf Luther, aber auch auf die früheren Katechismen von Brenz stützte und eine Umarbeitung seiner einstigen für die Heilbronner Schule geschaffenen Catechesis darstellt.

Durchgesetzt hat sich dann ohne erkennbare Schwierigkeiten der Brenzsche Katechismus (Abb. 23), der mit seiner Kürze – 10 kleine Oktavseiten im Erstdruck – und seinen theologischen Qualitäten zum erfolgreichsten lutherischen Katechismus nach Luther selbst wurde. Begünstigt wurde dieser Erfolg gerade durch seine Einführung in Württemberg. Die anders als bei Luther angeordneten sechs Hauptstükke Taufe, Glaubensbekenntnis, Vaterunser, Zehn Gebote, Nachtmahl und Schlüssel des Himmelreichs wurden einschließlich der Einleitung in 15 Fragen behandelt. In der Einleitung wird unter Rückgriff auf ältere Vorlagen bekannt: »Ich bin ein Christ« und dies mit dem Glauben an Christus und die Taufe begründet. Klassisch geworden sind die beiden Definitionen der Sakramente als Wortzeichen, d.h. Wahrzeichen, verbürgendes Zeichen oder Pfand, in denen der dreieinige Gott seine gnädige Haltung, die Sündenvergebung und die Annahme an Kindes Statt bzw. die reale Mitteilung von Leib und Blut Christi und damit die Sündenvergebung und das himmlische Erbe verspricht. Das Glaubensbekenntnis, Vaterunser und die Zehn Gebote werden anders als bei Luther nicht einzeln ausgelegt. Es wird jedoch als »Nutz des Glaubens« die Rechtfertigung, Geistbegabung und Befähigung zum Gebet angegeben und damit das Apostolicum mit der reformatorischen Zentrallehre verbunden. Die Gebote dienen erstens, gut lutherisch, der Sündenerkenntnis und zweitens als Anweisung zu guten Werken und göttlichem Leben. Die Erfüllung der Gebote ist dem sündigen Menschen unmöglich, hier bleibt er auf Christus angewiesen. Die guten Werke verdienen nicht das ewige Leben, sondern bezeugen den Glauben und die Dankbarkeit gegen Gott. Die Schlüssel des Himmelreichs werden nicht eng auf die Absolution bezogen, sondern ganz umfassend mit der Predigt des Evangeliums, durch die Sündenvergebung geschieht, in eins gesetzt.

Der Katechismus von Brenz behauptete, freilich mit Modifikationen und schließlich auch Abschwächungen, seine Vorrangstellung in der evangelischen Unterweisung in Württemberg bis in die Gegenwart und wurde so zu einem Jahrhundertwerk, das Hunderte von Auflagen erlebte. Für die höheren Schulen wurde er ins Lateinische übersetzt; aus Katechismuspredigten von Brenz entstand 1551 eine umfängliche Auslegung. Er wurde erweitert und 1696 mit dem Luthers kombiniert. Längerfristig oder zeitweilig war er in den Städten Schwäbisch Hall, Heilbronn, Esslingen, Reutlingen, Ulm, Biberach, Kempten, Colmar, Münster und Hagenau, dazu in Limpurg, Hohenlohe, Baden-Durlach, Pfalz-Neuburg, Kurpfalz, Leiningen-Westerburg, Oettingen, Castell und Erbach im Gebrauch oder beeinflußte mindestens die dortigen Katechismen. Seine Ausstrahlung blieb nicht auf Südwestdeutschland beschränkt. Sie reichte nach Hessen, Diepholz und Ostfriesland und ist darüber hinaus in Frankreich, Italien, Slowenien und Kroatien, Polen und Siebenbürgen nachzuweisen. Auswanderer in die Vereinigten Staaten benützten den Katechismus, und auch in den Missionsgebieten in Asien und Afrika fand er im 19. Jahrhundert Verwendung.

*Literatur:*

*Christoph Weismann,* Die Katechismen des Johannes Brenz, Diss. (masch.), Münster (1979); erscheint gedruckt in: Quellen und Forschungen zur Reformationsgeschichte.

## *Die Bilder*

Mit am frühesten waren die Heiligenbilder, Altäre, Gemälde und Statuen zum innerevangelischen Gegenstand des Streites geworden. Unter Berufung auf das Bilderverbot des Dekalogs und in Ablehnung jeglicher bildhaften Vergegenständlichung des als geisthaft verstandenen Göttlichen forderten zuerst Karlstadt und dann Zwingli und seine Anhänger die Abschaffung sämtlicher Bilder in den Kirchen. Der große Sieg der schweizerischen Reformation während der Berner Disputation 1528 manifestierte sich auch in der gleichzeitig vollzogenen Niederlegung der »Götzen«. Luther war von Anfang an nicht nur gegen ein gewaltsames Vorgehen gegen die Bilder gewesen, sondern ihm kam es vielmehr darauf an, die Bilderverehrung durch die Menschen zu überwinden. War dies erreicht, konnten wenigstens die unärgerlichen biblischen Bilder durchaus in den Kirchen verbleiben. Diese unterschiedlichen Auffassungen führten dahin, daß sich die Kirchenräume bei den Lutheranern einerseits und den Zwinglianern und Oberdeutschen andererseits höchst unterschiedlich präsentieren. So verwundert es nicht, daß es auch in Württemberg über diese Frage zu Differenzen kam.

Bucer hatte im Oktober 1534 gewünscht, daß wenigstens die ärgerlichen Bilder aus den Kirchen entfernt würden. Konkrete Maßnahmen erfolgten jedoch erst, als im Februar 1536 die eigentliche Neuordnung begann. Damals ließ Herzog Ulrich die ärgerlichen Bilder und Altäre abschaffen. Ob die Information zutrifft, daß in der Stuttgarter Schloßkapelle alle Bilder entfernt worden seien, läßt sich nicht mehr überprüfen. Während der damals anlaufenden Nürtinger Visitation erging eine Anweisung an die Visitatoren, die die Beibehaltung der unärgerlichen Bilder erlaubte. An Pfingsten wurde in Stuttgart befohlen, die ärgerlichen Bilder mit Vorwissen der Obrigkeit und Prediger wegzunehmen. Das entsprach der wenige Tage zuvor erlassenen Landesordnung. In Tübingen begann man mit der Entfernung der Bilder erst Ende Oktober. Das Ausräumen zog sich über einen Monat hin. Die Entscheidung, welche Bilder zu entfernen waren, fiel je nach Standpunkt unterschiedlich aus. In Tübingen und auch sonst in Blarers Bereich, z. B. Herrenberg und Nürtingen, wurde rigoroser verfahren als in Stuttgart unter dem Einfluß von Schnepf. Allerdings wurden die Steinfiguren Christi und der Apostel im Chor der Tübinger Stiftskirche zunächst belassen. Sie entgingen schließlich auch einem späteren Säuberungsversuch. Die Ungleichheit des Vorgehens wurde auch an diesem Punkt als anstößig empfunden. Die den Täufern nahestehende Stuttgarter Schuhmachersfrau Barbara Löffler nahm im August 1537 nicht nur Ärgernis am ungöttlichen Haushalten Schnepfs, wofür ihr die samtenen Goller (Brustlätze) und goldenen Ringe von dessen Frau Beweis waren, sondern auch an dem halbherzigen Vorgehen gegen die Bilder, von denen ein Teil in den Kirchen belassen worden war.

Eine Zusammenkunft führender Beamter mit den Theologen am 10. September 1537 in Urach, die alsbald als »Götzentag« bezeichnet wurde, sollte eine Klärung bringen. Beteiligt waren Hans Konrad Thumb von Neuburg, Balthasar von Gültlingen, der Hofkanzler Cnoder und der Rat Philipp Lang von seiten der Regierung, Brenz und Paul Phrygio kamen von der Universität Tübingen. Außer Blarer und Schnepf zog man Kaspar Gräter von Herrenberg und Wenzeslaus Strauß, den Uracher Ortspfarrer, hinzu. Ferner war Matthäus Alber von Reutlingen eingeladen, der von Johann Schradin begleitet wurde. Die lutherische Seite war unter den Theologen ungleich stärker vertreten, zumal auch Phrygio für eine Beibehaltung der nicht ärgerlichen Bilder stimmte. Alber wollte nur die zur Messe dienenden Altäre abgeschafft wissen. Er hatte mit diesem Standpunkt jedoch auch den früheren Reutlinger Bildersturm nicht verhindern können. Für Gräter war das Problem ein Adiaphoron, d. h. theologisch an sich neutral. Unterstützung fand Blarer lediglich bei dem Lutheraner Schradin, der aber eigentlich nicht redeberechtigt war. Eine gewisse Rolle spielte bei den Verhandlungen die Frage, wer für die Entscheidung zuständig sei. Blarer wollte sie dem Herzog überlassen, den er in dieser Frage auf seiner Seite vermutete; Schnepf forderte ein Gutachten der Universitäten. Hier macht sich die Spannung zwischen Theologen und Regierung bemerkbar, die Schnepf übel vermerkt wurde. Eine Einigung kam nicht zustande. Die Parteien sollten ihren Standpunkt schriftlich dem Herzog unterbreiten. Die Stellungnahme von Brenz, Schnepf und Strauß, wohl von Brenz verfaßt, ist noch erhalten. Sie lehnte eine pauschale Abschaffung der Bilder ab. Bilder können dem Wort Gottes auch förderlich sein. Das wird nicht wie bei Luther damit begründet, daß das alttestamentliche Bilderverbot für die Christen aufgehoben ist, sondern unter Hinweis auf die alttestamentlichen Gedenkzeichen und Denkmale wird die Angewiesenheit des Menschen auf Zeichen betont. Zwinglis Ablehnung der Bilder wird geschickt in Beziehung mit dessen Abendmahlsauffassung gesetzt. Eine völlige Verwerfung der Bilder wäre auch problematisch im Verhältnis zur Praxis der anderen lutherischen Kirchen. Außerdem wird eine zweite Phase der Abschaffung für untunlich gehalten. Man soll in dieser Angelegenheit ein Gutachten von Wittenberg einholen.

Vereinzelt wurden nach dem Götzentag weiterhin Bilder entfernt. Der Herzog ließ sich mit seiner Entscheidung bis Anfang 1540 Zeit, dann fiel sie im Sinne Blarers, dessen Vorstellungen sich an diesem Punkt noch einmal durchzusetzen vermochten. Die Bilder nützten nichts, wurden jedoch immer noch verehrt, deshalb waren sie abzuschaffen. Das sollte, um Geschrei zu verhüten, ohne Stürmen und Poltern bei geschlossener Kirchentür vor sich gehen. Gegebenenfalls sollte das Gold abgeschabt werden und der Erlös dem Armenkasten zugute kommen. Auch dieser Befehl wurde nicht vollständig durchgeführt. Einzelne Altäre, Statuen, Gemälde und Wandmalereien blieben erhalten. Gerade die Altäre wurden damals jedoch zum größten Teil zerstört.

Dennoch ist der Kirchenraum in Württemberg auf die Dauer nicht völlig bilderlos geblieben, wie sich vor allem an den Emporenbrüstungen, Kanzeln und Epitaphen zeigt. Merkwürdigerweise sind sogar schon während der Regierungszeit Herzog Ulrichs zwei riesige evangelische Altäre neu entstanden, von denen einer für die Schloß- oder Stiftskirche in Stuttgart, der andere für Mömpelgard bestimmt war (Abb. 24). Beide sind erhalten und befinden sich in Gotha bzw. Wien. Der Gothaer Altar hatte auf seinen drei Doppelflügeln nicht weniger als 162, der Mömpelgarder 157 Bilder, die Leben, Lehre und Werk Christi darstellten. Im Zentrum stand die Kreuzigung. Der biblische Text war den Bildern jeweils beigegeben. Aller Wahrscheinlichkeit nach ist der fähige Heinrich Füllmaurer mit seiner Werkstatt der Maler beider Altäre gewesen, und der mit ihm von Herrenberg her bekannte Kaspar Gräter dürfte ihn dabei theologisch beraten haben.

*Quellen und Literatur:*

*Gustav Bossert,* Quellen zur Geschichte der Wiedertäufer, Bd. 1 Herzogtum Württemberg, Leipzig (1930), S. 996f. – *Werner Fleischhauer,* Renaissance im Herzogtum Württemberg, Stuttgart (o. J.), S. 156–159. – *Herbert von Hintzenstern,* Die Bilderpredigt des Gothaer Tafelaltars, Berlin (1964). – *Reinhard Lieske,* Protestantische Frömmigkeit im Spiegel der kirchlichen Kunst des Herzogtums Württemberg (1973), S. 9–12. – *Pressel,* S. 192–196. – *Reyscher* Bd. 8, S. 62. – *Martin Scharfe,* Evangelische Andachtsbilder, Stuttgart (1968), S. 7–15. – *Schieß* Bd. 1 – WKG, S. 355.

## *Landesordnung und staatlich-kirchliche Sittenzucht*

Die kirchliche Neuordnung des Jahres 1536 vollzog sich nicht isoliert, sondern im Verbund mit einem großen, politischen, juristischen, gesellschaftlichen und wirtschaftlichen Gesetzgebungswerk, das in der Landesordnung vom 1. Juni 1536, die bereits wenige Tage später in Stuttgart öffentlich verkündigt wurde, vorliegt. Bezeichnenderweise betrafen nicht wenige ihrer Bestimmungen auch ausgesprochen kirchliche Angelegenheiten. Sie dokumentiert einerseits den christlich-protestantischen Charakter des Staatswesens, andererseits die wie selbstverständlich praktizierte Beteiligung und Mitwirkung des Staates im religiösen Bereich. Das war wie das ganze landesherrliche Kirchenregiment nicht neu und hatte Vorgänger in den früheren Landesordnungen Herzog Eberhards im Bart und Herzog Ulrichs sowie in der unter den Österreichern erlassenen Landesordnung von 1521. Schon im Dezember 1534 hatte der Herzog eine Sittenzuchtordnung zur Bestrafung von Gotteslästerung, Ehebruch, unehelichen Verhältnissen, Zutrinken, Wucher und anderen Lastern vorgesehen, die von Schnepf und anderen christlichen und die Ehrbarkeit liebenden Männern, gedacht war wohl an Beamte, ausgearbeitet werden sollte. Man betraute also nicht Blarer, den Experten einer kirchlichen Sittenzucht. Bei den schwierigen Verhandlungen über die Kirchenordnung im Juni 1535 war es auch um die Sittenzucht gegangen. Bekannt ist nur das Resultat, die in die staatliche Landesordnung integrierte Sittenzucht.

Die Obrigkeit selbst war es, die für die Aufrechterhaltung christlicher Sitte sorgte; den Pfarrern war lediglich das erwähnte Abmahnungsrecht gegenüber unwürdigen Teilnehmern am Abendmahl eingeräumt. Die erste Schutzbestimmung, die es in den früheren Ordnungen so nicht gegeben hatte, galt dem Wort Gottes als der lebendigmachenden Speise der Seele und Wegweiserin in das himmlische Vaterland. Dieses ließ der Herzog durch seine (!) Kirchendiener verkünden und wollte, daß die Untertanen dazugezogen wurden. Das nach der Schrift und der »Concordia«, gemeint ist die Stuttgarter Abendmahlskonkordie, gepredigte Wort Gottes durfte bei Strafe nicht geschmäht und gelästert werden. Wenigstens einmal sollten die Familien und das Hausgesinde sonntags die Predigten besuchen. Hingegen wurde der Besuch von Meßgottesdiensten in nichtwürttembergischen Orten verboten. Während der Predigten durfte nicht getanzt, gespielt, gezecht und spazieren gegangen werden. Zuwiderhandlungen wurden jeweils mit Geld- oder Haftstrafen geahndet.

Der Fürst, verantwortlich für die Ehre Gottes, deren Mißachtung Strafe für das Land nach sich ziehen würde, verbot Gotteslästerung und Fluchen. Ein ganzer Katalog einschlägiger Ausdrücke wurde aufgeführt. Für jeden Fluch war ein Pfennig zu entrichten, im Weigerungsfall drohte Anzeige bei den Amtleuten. Zur Anzeige war jeder verpflichtet, sonst verfiel er selbst der Strafe. Auch das übliche Zu- und Volltrinken wurde als Quelle vieler Laster verboten, ebenso Würfel- und Kartenspiel. Hurerei sollte nicht mehr geduldet werden, derartige Verhältnisse waren aufzugeben oder durch Heirat zu legalisieren. Huren drohte Landesverweisung. Ledige, die bei der Hurerei ertappt wurden, mußten ins Gefängnis. Schwere Strafen, im

Wiederholungsfall bis zur Landesverweisung, drohten Ehebrechern. Der Staat mischte sich mit diesen Vorschriften weiter in das Leben der Untertanen ein, als es seine eigenen Erkenntnisse erlaubten. Er war darum auf die Mitwirkung der Untertanen bei der Überwachung angewiesen, und deshalb wurde das nicht unproblematische, denunziatorische Angeben der Laster ihnen zur Pflicht gemacht. Das konnte schwerlich funktionieren, der Staat traute dabei noch nicht einmal der Unbestechlichkeit der Amtleute.

Neben Vorschriften wegen Totschlags, Streits und Diebstahls gab es solche mit ausgesprochen politischem Hintergrund wie das Verbot von Gemeindeversammlungen ohne Wissen der Amtleute oder des privaten Besitzes von Trommeln und Schußwaffen. Unter Bezug auf das neunte Gebot wurden Wuchergeschäfte untersagt. Spekulationen mit Nahrungsmitteln wurden wegen der Schädigung des gemeinen Manns unterbunden. Den Wirten wurde wegen unerlaubter Profitmacherei auf die Finger gesehen. Die Beamten durften im Umgang mit den Untertanen sich nicht leichtfertig des Eides als Druckmittel bedienen. Luxuriöser Aufwand bei Hochzeiten, durch den sich die Betroffenen verschuldeten, wurde untersagt. Mit dem Verbot des Verkleidens wurde dem Fastnachtsbrauchtum im evangelischen Württemberg ein Ende bereitet. Aber noch 1545 zogen Leute in Stuttgart zum Ärger des Pfarrers Vannius in »Butzenkleidern« herum. Ebenso wurden die großen Kirchweihfestlichkeiten aufgehoben, auf die Dauer freilich ohne Erfolg. Die Sozialfürsorge mit der Unterbindung des Bettels regelte die später zu behandelnde Kastenordnung. Sie wurde in der Landesordnung wiederholt, weil sie zugleich als Maßnahme gegen die kriminell verdächtigen Landstreicher gedacht war. Unter den weiteren juristischen und wirtschaftlichen Bestimmungen finden sich auch solche über die Juden und Zigeuner. Geldgeschäfte mit den Juden, die als »nagende und schädliche Würm« oder »arglistig« bezeichnet werden, wurden um des gemeinen Nutzens willen verboten und für ungültig erklärt, da sie oft die Notlagen von Verschwendern ausnützten. Den Zigeunern war der Aufenthalt im Herzogtum untersagt.

Mit der Vielzahl ihrer Vorschriften traf die Landesordnung in vielen Bereichen zweifellos sinnvolle und nützliche Bestimmungen, zugleich reglementierte sie jedoch auch das Leben der Untertanen in erheblichem Umfang. Allerdings funktionierte der Staatsapparat nicht so effizient, daß alle Maßnahmen umgesetzt wurden, und insofern war der Zugriff des Staates nicht ganz so fest, wie es zunächst den Anschein hat. Württemberg verwandelte sich nicht in ein puritanisches Gemeinwesen. Den Arm des Staates verkörperten dabei vor allem die Amtleute und Beamten, die neben den Pfarrern auch als Hüter der christlichen Sitte fungierten. Problematisch war, daß auch die die Kirche betreffenden Bestimmungen wie die anderen sozusagen polizeilich gehandhabt und durchgesetzt wurden. Der Staat betrachtete den Schutz des Wortes Gottes und der christlichen Ethik auch als seine Aufgabe und führte sie mit seinen Mitteln aus. Daß die Praxis des Staates dabei nicht ohne weiteres mit dem Geist der Kirche übereinstimmte, scheint nicht bewußt geworden zu sein. Die auftretenden Spannungen zwischen Pfarrern und Amtleuten hatten hier eine ihrer Wurzeln.

*Quellen und Literatur:*

*Wilhelm Bofinger,* Kirche und werdender Territorialstaat, in: BWKG 65 (1965), S. 75–149. – *Deetjen,* S. 69–77. – *Reyscher,* Bd. 12, S. 84–122. – *Schieß,* Bd. 1.

## *Die Eheordnung*

1536 verurteilte das Tübinger Stadtgericht die Margarete Trinklerin aus Urach wegen Bigamie zum Tod durch Ertränken. Es handelte sich um einen tragischen Fall, zu dem es vor allem wegen des Umbruchs und der Unsicherheit des Eherechts gekommen war. Die Frau war mit dem Cannstatter Stadtschreiber Matthäus Engker verheiratet gewesen. Dieser hatte außereheliche Verhältnisse mit seinen Mägden; aus einem gingen insgesamt sechs Kinder hervor. Die Frau hatte ihrerseits ein Verhältnis mit dem Priester Michael Back. Einen Prozeß gegen ihren Mann vor dem geistlichen Gericht in Konstanz brach sie vor einer Entscheidung ab. Sie verließ ihn und hielt sich außerhalb Württembergs auf. Engker erreichte 1523 vom geistlichen Gericht, daß die Kinder aus seinem Verhältnis mit der Magd Agnes Diepolt als legitim angesehen wurden. 1524 verließ Back angeblich wegen lutherischer Gesinnung das Herzogtum und wandte sich in das Zürcher Gebiet. Margarete Trinklerin lebte dort mit ihm zusammen. 1530 schied das Zürcher Ehegericht ihre Ehe mit Engker wegen dessen Ehebruch, und Back heiratete sie. 1535 kehrte er mit seiner Frau nach Württemberg zurück und wurde Pfarrer in Dusslingen. Ein Jahr später kam es zu der erwähnten Anklage, Back selbst wurde Entführung der Frau vorgeworfen. Das Problem war, ob wie in Zürich Ehebruch als Scheidungsgrund gelten konnte. Weder die Regierung noch die Tübinger Professoren der juristischen Fakultät gaben dem Stadtgericht eine Entscheidungshilfe. Dieses urteilte im herkömmlichen Sinn und anerkannte die Scheidung nicht, was bedeutete, daß die Trinklerin sich des Kapitalverbrechens der Bigamie schuldig gemacht hatte. So geriet sie unter die Räder der Justiz und wurde ertränkt. Back wurde vom Henker eine Viertelstunde in das Halseisen gestellt, dann mit Ruten zum Tor hinausgetrieben und des Landes verwiesen.

Der Fall zeigt deutlich, wie dringend notwendig eine baldige Neuordnung des Eherechts nach der Einführung der Reformation war. Die Reformatoren wurden alsbald mit Ehesachen konfrontiert, ohne daß ein Ersatz für das alte kirchliche Eherecht vorhanden war. Ende 1534 bestimmte der Herzog, daß solche Angelegenheiten durch Schnepf und Beauftragte der Regierung behandelt werden sollten, wobei die schweren Fälle bis zu einer bereits in Aussicht genommenen Ordnung aufzuschieben waren. Vereinzelte Entscheidungen von Schnepf sind bekannt. Mitte Januar 1535 klagte Blarer dann über einen von Schnepf stammenden Entwurf der Eheordnung, der ganz von Brenz abhängig sei und mit dessen abergläubischen, d. h. dem katholischen Eherecht nahestehenden Vorschriften man dem Elend der Menschen nicht begegnen konnte. Ob Brenz Schnepf damals schon eine Vorlage geliefert hatte oder ob dieser auf Brenzens ausführliche gedruckte Schrift über die Ehesachen von 1529 zurückgegriffen hatte, ist nicht klar. Eine Eheordnung erschien jedenfalls erst im Zuge der sonstigen Ordnungen Ende 1536, wenn nicht sogar noch etwas später.

Ein Entwurf von Brenz, der wahrscheinlich aus dem Sommer 1535 stammt, ist noch vorhanden. Ihm ging es um ein möglichst einheitliches Eherecht in den verschiedenen Territorien und einen größtmöglichen Schutz der Ehe gegen Mutwillen und Unzucht des »gemeinen Pöbels«, der sich auf eine falsch verstandene evangelische Freiheit berief. Man erkennt den konservativen Grundzug bei Brenz. Gut lutherisch und im Gegensatz zur bisherigen Praxis der Kirche verlangte er die Zustimmung der Eltern zur Verlobung. Heimliche Verlobungen waren nicht gültig. Hinsichtlich der für die Ehe verbotenen Verwandtschaftsgrade war das Kanonische Recht besonders streng gewesen, und das römische Recht war ihm darin gefolgt. Brenz ließ diese Bestimmungen bestehen, räumte aber den Eherichtern ein Dispensrecht ein. Das römische Recht sah im Ehebruch einen Scheidungsgrund und gestattete dem unschuldigen Teil die Wiederverheiratung. Brenz war gegenüber der Wiederverheiratung sehr zurückhaltend, denn dadurch wurde eine etwaige Aussöhnung der Partner unmöglich. Der Entwurf der Eheordnung wurde im November 1536 auch noch von Melanchthon begutachtet.

Die Eheordnung (Abb. 25), übrigens die erste gedruckte im Protestantismus, sah gleichfalls die Zustimmung der Eltern bei den Verlöbnissen vor. Eheversprechungen waren nur gültig, wenn sie vor Zeugen abgegeben worden waren. Die verbotenen Verwandtschaftsgrade wurden etwas gelockert. Ehen zwischen Verwandten vierten Grades waren jetzt erlaubt. Unschuldig Geschiedene durften sich nach Jahresfrist wieder verheiraten, der schuldige Teil wurde des Landes verwiesen. Wiederverheiratung bei böswilliger Abwesenheit des Partners konnten nur die Eherichter bewilligen. Insgesamt ist die Eheordnung also nicht ganz so streng ausgefallen wie der Entwurf von Brenz. Ehen, die der Eheordnung nicht entsprachen, durften die Pfarrer weder abkündigen noch mit der kirchlichen Trauung bestätigen. Voreheliche Geschlechtsbeziehungen zwischen Verlobung und Trauung kamen offenbar häufig vor. Sie wurden verboten und mit Strafe bedroht. Die Einrichtung des Ehegerichts mit Sitz in Stuttgart läßt sich erst 1541 nachweisen. Es war mit zwei Theologen, zwei Juristen und drei sonstigen Räten besetzt. Die Theologen waren in Württemberg, anders als in vielen Reichsstädten, im Ehegericht zwar stimmberechtigt; sie befanden sich jedoch gegenüber den weltlichen Räten in der Minderzahl. Spannungen scheinen sich hieraus nicht ergeben zu haben. Aus der Zeit Herzog Ulrichs sind nur wenige Entscheidungen des Ehegerichts überliefert. Später betrafen über die Hälfte der Fälle die Gültigkeit von Eheversprechen, über ein Viertel Scheidungsfälle und ein Sechstel Zulässigkeit von Eheschließungen. Die zweite Eheordnung Herzog Christophs von 1553 baute auf der ersten auf. Dabei wurden manche Vorstellungen von Brenz stärker als bisher berücksichtigt.

*Quellen und Literatur:*

*Günther Erbe,* Das Ehescheidungsrecht im Herzogtum Württemberg seit der Reformation, in: ZWLG 14 (1955), S. 95–144. – *Heyd,* Bd. 3, S. 163–166. – *Walther Köhler,* Zürcher Ehegericht und Genfer Konsistorium, Bd. 2, Quellen und Abh. zur schweizerischen Reformationsgeschichte Bd. 10, Leipzig (1942), S. 232–268. – *Pressel,* S. 171–183. – *Sattler,* Bd. 3, S. 138–142. – *Schieß,* Bd. 1.

## *Die Täufer und Schwenckfeld*

Einer der ersten Befehle, die Herzog Ulrich in kirchlichen Dingen im Juni 1534 noch während des Feldzugs erließ, ordnete die Gefangennahme der Täufer, besonders ihrer Anführer an. Das dürfte vor allem im Blick auf das Verbot der Sakramentierer im Kaadener Vertrag, über den damals noch verhandelt wurde, geschehen sein. Am 10. April 1535 drangen die Räte nicht nur auf einheitliche Zeremonien zwischen Blarer und Schnepf, sondern wiesen auch auf die Umtriebe der Schwenckfelder im Schorndorfer und der Täufer im Maulbronner Amt und die damit verbundene Gefahr eines Aufruhrs hin, der gegenüber man wegen des Täuferreichs zu Münster besonders sensibel war. Wenige Tage später erging ein Erlaß, der heimliche Winkelpredigten, Versammlungen und aufrührerische Sekten erneut verbot, die Wachsamkeit gegen sie einschärfte und die Gefangennahme vor allem der Anführer befahl. Im Juni wurde dann die erste Wiedertäuferordnung erlassen, der nach wenigen Tagen noch ein Mandat gegen die Münsterischen Täufer folgte. Sie richtete sich auf die Rückgewinnung der Täufer und ihrer Kontaktpersonen. Die Kinder mußten getauft, der Herzog als Obrigkeit anerkannt und die Teilnahme am kirchlichen Leben zugesagt werden. Auswärtige Täufer, vor allem ihre Prediger, durften nicht beherbergt oder unterstützt, sondern mußten angezeigt werden. Rückfälligen wurde Strafe an Leib und Leben angedroht. In jedem Fall mußten die Täufer schriftlich in einer Urfehde ihren Widerruf dokumentieren. Mehrere solcher Dokumente sind aus verschiedenen Ämtern erhalten. Wurde der Widerruf verweigert, erfolgte die Landesverweisung.

Die angestrebte Integration des Täufertums in die junge, noch kaum konsolidierte evangelische Kirche und damit seine Überwindung gelang nicht, weshalb man wohl an ein verschärftes Vorgehen gegen dessen Anhänger dachte. Anfang Juni 1536 ließ der Herzog die juristische und theologische Fakultät in Tübingen wegen der Bestrafung der Täufer befragen. Die Juristen rieten unter Berufung auf das Römische Recht kurz und bündig zur Anwendung des Schwerts, also zur Todesstrafe. Schwerer machten es sich die Theologen. Sie anerkannten, daß die strenge Lebensführung der Täufer, die sehr abstach von der durchschnittlichen Kirchlichkeit, attraktiv wirkte. Die Todesstrafe lehnten sie in jedem Fall ab. Die Anführer sollten gefangengehalten werden. Ihre Anhänger sollte man kurzfristig in den Turm legen und vermahnen. Half das nichts, wurden sie freigelassen, durften jedoch keinen gesellschaftlichen Umgang haben und mußten eine entsprechende Tafel tragen. Brach auch das ihre Hartnäckigkeit nicht, sollten sie des Landes verwiesen werden.

Die neue »Ordnung der Widertäufer« vom Jahr 1536 befahl dann die Gefangennahme aller Täufer und legte das Frageschema ihres Verhörs fest. Man erkundigte sich nach der Teilnahme am Bauernkrieg, nach den Kontakten, nach den Anschauungen über Taufe, Abendmahl, Obrigkeit, Landesverteidigung, die Wiederbringung aller Dinge und die Christologie. Mit den zum Widerruf Bereiten sollte wie bisher verfahren, die Rädelsführer hingegen an Leib und Leben gestraft werden. Besonders interessierte man sich für die Beziehungen zu den münsterischen und mährischen Täufern und für etwaige Anschläge gegen das Herzogtum. Hartnäckige, aber politisch ungefährliche Täufer wurden des Landes verwiesen und ihr Besitz konfisziert. Im Falle ihrer Rückkehr drohte ihnen Bestrafung an Leib und Leben. Faktisch ist jedoch weder unter Herzog Ulrich noch unter Herzog Christoph ein Todesurteil gegen einen Täufer ausgesprochen worden. In jedem Fall sollten die Täufer durch die Prädikanten unterwiesen und von ihrem Irrtum abgebracht werden. Auch die Visitatoren in den Gemeinden hatten auf Täufer, Schwenckfelder und andere Rottengeister ein besonderes Augenmerk zu haben. Gegenüber den religiösen Untergrundbewegungen war die Macht des Systems freilich begrenzt. Im Juli 1538 beklagte ein Generalreskript, daß die Täuferordnung nur nachlässig gehandhabt würde und nach wie vor heimlich Zusammenkünfte der Täufer stattfänden.

Vor Schwenckfeld und seinen die Kirche destabilisierenden Umtrieben war Herzog Ulrich sofort im Sommer 1534 von den Straßburger Theologen gewarnt worden. Schwenckfeld war nicht zuletzt ein Gegner von Bucers Bemühungen um eine Konkordie zwischen den Oberdeutschen und Lutheranern, denn diese mußte auf eine realistischere Abendmahlsauffassung hinauslaufen als ihm lieb sein konnte. So kommentierte er die Konkordie zwischen Blarer und Schnepf bissig mit der Bemerkung: »Sie mögen umkommen, wenn sie verstehen, was sie sagen.« Dementsprechend agitierte er gegen sie. Im April 1535 hatten die Stuttgarter Räte auch auf die Versammlungen der Schwenckfelder hingewiesen, aber dank der Geschicklichkeit Schwenckfelds blieben sie zunächst unbehelligt. Er bemühte sich um gute Kontakte zu Grynaeus in Tübingen, wobei er dessen Aversionen gegen Schnepf ausnützte.

Vor allem schaltete Schwenckfeld nunmehr seinen »Schwager« Hans Konrad Thumb von Neuburg ein. Hinter den Anschuldigungen stand für ihn der ihm feindlich gesinnte Blarer, der aber seinerseits nichts als das Werkzeug von Schwenckfelds Feind Bucer war. Er wünschte eine Gegenüberstellung mit diesen beiden Theologen in der Gegenwart Thumbs und meinte, dabei bestehen zu können. Thumb erkundigte sich zunächst bei Blarer nach den Vorwürfen gegen den ihm als christlich und aufrichtig geltenden Schwenckfeld. Blarer nannte die Geringschätzung der Kindertaufe und der Kirche. Er hatte nicht gegen Schwenckfeld agitiert, sondern ihn nur auf Befragen des Herzogs als schädlichen Mann und Trenner der christlichen Einheit bezeichnet, was den Erfahrungen der Oberdeutschen mit Schwenckfeld entsprach. Dieser betrieb bei Thumb weiter das Projekt eines Kolloquiums. Zwar rechnete auch er nicht mit einer Verständigung, aber schon die Plattform und die Wirkung auf die Zuhörer waren etwas wert. Seine Geringschätzung der Kindertaufe bestritt er zwar nicht, aber das konnte kein Streitpunkt sein, weil er darüber nichts veröffentlicht hatte. Seine destruktive Wirkung auf den Aufbau der Kirche stellte er energisch ebenso in Abrede wie alle Vorwürfe der Straßburger Theologen, über die er inzwischen informiert war.

Am 28. Mai kam es dann zu dem Kolloquium in Tübingen. Den Vorsitz führten der Tübinger Obervogt Hans Harter, ein Freund Blarers, der Kirchheimer Obervogt Hans Friedrich Thumb von Neuburg, wie sein Bruder ein Freund Schwenckfelds, und der Theologe Simon Grynaeus, der wohl trotz allen Werbens von Schwenckfeld näher bei Blarer stand, aber sich dieser Aufgabe nicht hatte entziehen können. Da Blarer nicht allein gegen Schwenckfeld auftreten wollte, wurden auch Bucer und Frecht beigezogen, beide in Auseinandersetzungen mit dem Schlesier nur zu erfahren. Schwenckfeld brachte als Protokollanten den Adligen Jakob Held von Tieffenau mit.

Der erste Vorwurf bestand darin, daß Schwenckfeld sich immer geweigert hatte, seine Kontrahenten als Prediger des wahren Evangeliums Christi und Diener des Geistes Gottes, d. h. ihre geistliche Vollmacht, anzuerkennen. Er ließ sie als Diener des Buchstabens oder der Schrift gelten und vermißte den Ausweis der bewirkten geistlichen Frucht. Ihre Wirkung blieb eigentlich im Äußerlichen und Vorläufigen und war nicht die des Evangeliums und des Geistes. Von dieser selbstbewußten, weitgehenden Abqualifizierung der Gegenseite und ihres Wirkens ging Schwenckfeld nicht ab. Ebenso ließ er offen, ob sie zur wahren Kirche gehörten. Aus seiner Geringschätzung der Kindertaufe machte er keinen Hehl. Man sollte nach der Taufe Christi im Heiligen Geist und im Feuer der Liebe streben, die nichts mit äußerlichen Zeremonien zu tun hatte. Leib und Blut Christi und die Vereinigung mit ihm werden im unmittelbaren Einsprechen Christi empfangen und nicht in einer äußerlichen Zeremonie. Von der erstrebten Konkordie der Oberdeutschen mit den Lutheranern hielt er schon deshalb nichts, weil er Luthers realistische Abendmahlsauffassung ablehnte. In der Christologie sprach Schwenckfeld nur von einer himmlischen Menschheit Christi, die wahre Menschheit lehnte er wie alles Irdische ab.

Schwenckfeld beeindruckt jeweils mit der Darlegung seiner Position. Die eigentlichen Probleme zeigen sich erst, wenn man die kirchlichen Konsequenzen seines Spiritualismus mitbedenkt. Das Gespräch hatte in jedem Punkt die unüberbrückbare Differenz zwischen Schwenckfeld und den Theologen zum Vorschein gebracht. Um so erstaunlicher war, daß die Präsidenten darauf die »Konkordie« vorschlugen, die von beiden Seiten akzeptiert wurde: Die Prädikanten sollten ihren christlich lieblosen Unwillen gegen Schwenckfeld fallenlassen und ihm künftig keine Beschwerung oder Beleidigung zufügen. Schwenckfeld sollte dagegen deren Dienst am Wort, Sakrament und an der Haushaltung der Kirche nicht schelten oder stören, was dieser jedoch nur zugestand, sofern ihre Lehre und ihr Dienst Christus, dem Glauben und der Schrift gemäß wären und entsprechend ausgeübt würden. Faktisch hatte er sich damit nicht gebunden. Die Theologen jedoch durften Schwenckfeld nicht mehr als Widerfechter der Wahrheit und Zerstörer der Kirche bezeichnen. Die Übereinkunft bestand allenfalls darin, die Gegensätze nicht gegeneinander auszuspielen.

Man ist bis heute verblüfft, daß die Theologen nach diesem Gesprächsverlauf in eine solche Abmachung einwilligten. Das kann nicht ohne Druck von seiten der Präsidenten geschehen sein. Schwenckfeld hatte damit für die kommende Zeit faktisch einen Freibrief für seine Wirksamkeit neben der seiner Kontrahenten bekommen. Er drang darauf, daß sie in den verschiedenen Reichsstädten ihre früher gegen ihn geäußerte Kritik auch zurücknahmen. Bucer wußte sehr wohl, daß diese Konkordie zu Fehldeutungen Anlaß gab und von den Freunden Schwenckfelds ausgenützt werden konnte. Einstweilen hielt man sich jedoch an die Abmachungen. Im November 1536 griff jedoch Bucer zu Blarers Verwunderung Schwenckfeld wieder an. Im August 1537 klagte Frecht über die Schranken, die ihm die Konkordie gegenüber Schwenckfeld auferlegte und die er eigentlich nicht mehr zu respektieren vermochte. Schon die Anweisung an die Visitatoren von 1536 hatte diesen auch die Aufmerksamkeit auf die Schwenckfelder geboten. Die Tübinger Konkordie war ein unter gewissem Druck zustande gekommener Waffenstillstand, jedoch keine Bewältigung des Konflikts gewesen. Es konnte nicht lange dauern, bis das Problem Schwenckfeld wieder anstand.

*Quellen und Literatur:*

*Gustav Bossert,* Quellen zur Geschichte der Wiedertäufer, Bd. 1 Herzogtum Württemberg, Leipzig (1930). – *Claus-Peter Clasen,* Die Wiedertäufer im Herzogtum Württemberg und in benachbarten Herrschaften, VKGLBW. B, Bd. 32, Stuttgart (1965). – *Corpus Schwenckfeldianorum,* Vol. 5, Leipzig (1916). – *Schieß,* Bd. 1.

## *Schwenckfelds Anhänger und Gegner in Süddeutschland*

Schwenckfelds Auseinandersetzungen, vor allem mit Martin Frecht, die nach mühsamem Ringen 1539 zu seiner Ausweisung aus Ulm führten, wurden bereits dargestellt. Der Einfluß Schwenckfelds erstreckte sich in jener Zeit aber nicht nur auf Ulm, sondern auch auf die übrigen oberdeutschen Städte und das Herzogtum Württemberg. Gerade in Württemberg hatte Schwenckfeld einflußreiche Gönner, wie den Erbmarschall Hans Konrad Thumb und Margarete von Grafeneck, die Gattin des Klaus von Grafeneck, der in Blaubeuren, Kirchheim und Urach als Obervogt wirkte. Die Pfarrer in den Thumbschen Besitzungen Stetten im Remstal, Mühlhausen an der Enz und Köngen am Neckar waren schwenckfeldisch gesinnt, so daß diese Orte für Schwenckfeld regelrechte Stützpunkte bildeten. Besonders in Stetten hielt sich Schwenckfeld öfter auf, und viele Leute von auswärts, besonders aus Cannstatt, Esslingen und Stuttgart besuchten ihn dort. Der Stuttgarter Pfarrer Valentin Vannius wandte sich in einer Predigt gegen diese Einmischung Schwenckfelds in seiner Gemeinde. Dieser stellte ihn deswegen brieflich zur Rede, worauf ihm Vannius erwiderte, daß er ihn lediglich wegen seiner abweichenden Lehre vom Predigtamt, den Sakramenten und der Christologie angegriffen habe. Die Antwort Schwenckfelds und die Gegenantwort von Vannius zeigen deutlich die Differenz zwischen dem Pfarrer, der an eine konkrete Gemeinde gewiesen ist, und dem Dissidenten Schwenckfeld, der einen vollkommenen Individualismus vertritt, der bestenfalls eine Bruderschaft der Gleichgesinnten ermöglicht. Der Streit konzentrierte sich somit letztlich in der Ekklesiologie, womit die Standpunkte der beiden unvereinbar blieben.

Schwenckfelds Einwirkung auf das Herzogtum war viel größer, als der Briefwechsel mit Vannius ahnen läßt. In Cannstatt bestand zu dieser Zeit eine größere schwenckfeldische Gruppe unter der Leitung des Buchführers Neff. Es ist dies eine der wenigen schwenckfeldischen Gemeindebildungen, die trotz des von ihm vertretenen Individualismus zustande kam. Während der Amtszeit des bis 1540 als Pfarrer in Cannstatt weilenden Kaspar Gräter scheint sich die schwenckfeldische Gruppe noch nicht bemerkbar gemacht zu haben, oder es gelang ihr, die Sympathien, die Schwenckfeld bei verschiedenen hochgestellten Beamten im Land besaß, sich zunutze zu machen. Die Situation änderte sich, als der Schwenckfeld freundlich gesinnte Kanzler Dr. Nikolaus Maier 1543 entlassen wurde und ein Verfahren gegen die beiden Rentkammerbeamten Martin Nüttel und Johann Hafenberg eine Untersuchung gegen den Erbmarschall Hans Konrad Thumb nach sich zog. Thumb war ein erklärter Freund Schwenckfelds; unter seinem Einfluß war seinerzeit die Tübinger Konkordie zustande gekommen. Thumbs wankende Stellung muß den Cannstatter Vogt dazu ermuntert haben, gegen die schwenckfeldische Gruppe am Ort vorzugehen. Diese umfaßte rund fünfzig Personen, worunter mehrere Gerichts- und Ratsverwandte waren, die sämtlich aus ihren Ämter entlassen wurden. Eine von Theologen unternommene Befragung zeigte, daß die Leute wohl nicht in jedem Punkt mit Schwenckfeld einig gingen; vielmehr handelte es sich in der Mehrzahl um Leute, die religiös interessiert und engagiert waren und mehr suchten, als ihnen die obrigkeitliche Kirche bot. Soweit noch ersichtlich, scheint man deshalb nur mit dem Anführer Andreas Neff ein längeres Verfahren vorgenommen zu haben. Noch 1551 wurde von ihm ein Bekenntnis bezüglich des Wortes Gottes, der Christologie und der Sakramente verlangt.

Nach seiner Ausweisung aus Ulm fand Schwenckfeld Aufnahme bei den Herren von Freyberg auf deren Besitzungen Justingen bei Münsingen auf der Schwäbischen Alb und Öpfingen bei Ehingen an der Donau. Die Freybergs besaßen das Ulmer Bürgerrecht und haben Schwenckfeld wohl in der Stadt kennengelernt. Ähnlich wie die Thumbschen Besitzungen in Württemberg wurden die Freyberger Orte nun auch zu Stützpunkten für Schwenckfeld. 1545 unternahm er von Justingen aus, wo er in dieser Zeit hauptsächlich seinen Wohnsitz hatte, eine Reise ins Allgäu, wo er vor allem in Kaufbeuren großen Anklang fand. In Augsburg, das er früher schon besucht hatte, besaß er an dem Pfarrer zu St. Moritz, Bonifatius Wolfhart, einen treuen Freund. Auch sonst war Schwenckfeld in dieser Zeit nahezu unablässig auf Reisen, daneben aber auch schriftstellerisch und als Briefschreiber tätig.

Die Freybergs hatten auf ihren Besitzungen etwa ab 1536 die Reformation in ihrer oberdeutschen Prägung eingeführt. Einzelne ihrer Prediger standen Schwenckfeld nahe, so daß seine Gedanken auch auf die Gemeinden einwirken konnten. Zu einer bewußt schwenckfeldischen Gemeindebildung ist es aber nicht gekommen. Ein Ende fand die freybergische Reformation zunächst durch die Besetzung der Herrschaften durch kaiserliche Truppen im Schmalkaldischen Krieg, durch ihre Konfiskation durch den Kaiser. Auf die Fürsprache der einflußreichen Schwenckfeld-Freunde in Ulm wurden die Herren von Freyberg schon 1549/50 wieder restituiert. Obwohl sie versprechen mußten, beim katholischen Glauben zu bleiben, hielten sich die schwenckfeldischen Konventikel in ihren Herrschaften bis zur endgültigen Rekatholisierung am Ende des Dreißigjährigen Krieges.

Während Schwenckfelds Justinger Zeit arbeitete Martin Frecht in Ulm unablässig daran, die süddeutschen Theologen zu einem einheitlichen Vorgehen gegen Schwenckfeld zu bewegen. Denn gerade Frecht war es, der am meisten unter

Schwenckfeld und seinem immer noch großen Einfluß in Ulm litt. So korrespondierte Frecht mit Vadian in St. Gallen, der 1539 eine Schrift gegen Schwenckfeld erscheinen ließ, desgleichen mit Brenz in Hall, dessen Mitarbeiter Sebastian Coccius drei Schriften gegen Schwenckfeld veröffentlichte.

Nach der Auflösung der schwenckfeldischen Gruppe in Cannstatt entließ man auch den Pfarrer Burkhard Schilling in Stetten, wo Württemberg das Pfarrbesetzungsrecht hatte. Der schwenckfeldische Pfarrer Alexander Höldt in Mühlhausen konnte sich noch länger halten, weilte aber 1548 außer Landes. Hans Konrad Thumb beschützte bis zu seinem Tod 1555 die Schwenckfelder; bei seinem Sohn fanden sie keine Unterstützung mehr.

*Quellen und Literatur:*

Vgl. S. 239, ferner: *Gustav Bossert*, Aus der nebenkirchlichen religiösen Bewegung der Reformationszeit in Württemberg, in: BWKG 33 (1929), S. 1–41. – *Ehmer.* – *Schieß,* Bd. 2 – *Selina G. Schultz*, Caspar Schwenckfeld von Ossig (1489–1561), Pennsburg (1977). – *Franz Michael Weber*, Kaspar Schwenckfeld und seine Anhänger in den freybergischen Herrschaften Justingen und Öpfingen, VKGLBW. B, Bd. 19, Stuttgart (1962).

# Kirchengut, Kastenordnung und Visitation

Die neue Kirche bedurfte für ihre Aufgaben einer geordneten finanziellen Grundlage, und ihre Einkünfte und ihr Besitz mußten verwaltet werden. Bis dahin waren Vermögen und Geldmittel der Kirche aus vielen Quellen wie dem Zehnten, sonstigen Abgaben, Erträgen aus Grundbesitz, Stiftungen und Opfern zusammengeflossen. Die rechtlichen Verhältnisse waren oft äußerst verwickelt. Weltliche Personen waren im Besitz kirchlicher Einkünfte, hatten daraus aber für gewisse kirchliche Belange aufzukommen. Viele Pfarreien waren geistlichen Institutionen inkorporiert, die deren Einkommen vereinnahmten, aber daraus den Pfarrer besolden mußten. Solche Gemeinden hatten allenfalls ein kleines Stiftungsvermögen. Kirchliche Stiftungen und Pfründen wurden von den weltlichen Stiftern verwaltet und vergeben. Stiftungen bildeten neben den bis dahin als verdienstlich geltenden Opfern und Almosen auch den Grundstock der caritativen Tätigkeit, die einen erheblichen Anteil an der sozialen und gesundheitlichen Fürsorge trug. Ein Großteil der Stiftungen war für gottesdienstliche Zwecke wie Messen oder Kerzen bestimmt, die nunmehr entfielen. Es bedurfte rascher Neuregelungen, damit es nicht zum Verlust oder zur Verschleuderung des kirchlichen Vermögens und seiner Erträge kam. Die Neuordnung war jedoch auch in diesem Fall keineswegs nur ein innerkirchlicher Vorgang. Hinter der mit der Reformation sich vollziehenden erheblichen Ausdehnung der Einflußnahme des Staates auf die Kirche stand nicht zuletzt auch das Interesse, den kirchlichen Besitz für die Finanzierung staatlicher Bedürfnisse heranzuziehen. Insofern trägt die Reformation auch in diesem Bereich ein doppeltes Gesicht.

Eine Reihe bedrängender Probleme erforderte eine rasche Lösung: Die personelle Versorgung der Gemeinden mit Pfarrern mußte finanziell sichergestellt und geregelt werden. Die altgläubigen Inhaber von Pfarreien und Pfründen galt es abzufinden und zu versorgen. Die Ausstattung der Gemeinden für die Unterhaltung der kirchlichen Gebäude, Schulen und caritativen Einrichtungen mußte geordnet werden. Über die Verwendung nicht mehr benötigter Stellen und Vermögenswerte war zu entscheiden. Dazu bedurfte es besonderer Verhandlungen und Verfügungen in jeder Stadt und jedem Amt, ein Vorgang, der Jahre in Anspruch nahm. Im Zuge dieser Maßnahmen bildeten sich ansatzweise die Strukturen einer neuen Finanzierung und caritativen Tätigkeit der Kirche heraus. Aus ihrer Organisation entwickelten sich außerdem die Anfänge einer Kirchenleitung.

Sofort im Sommer 1534 verfügte Herzog Ulrich, daß die Abgaben an die Kirche weiter zu leisten waren und nicht eingestellt werden durften. Ferner mußten die Amtleute ein Verzeichnis aller geistlichen Stellen mit Angaben, wer sie zu verleihen und wer sie innehatte, einreichen. Besonders aufzuführen war, ob die österreichische Regierung die Stelle neu besetzt hatte. Die Maßnahme diente einerseits der Personalpolitik, die die Anhänger der vorigen Regierung aus ihren Stellen entfernen wollte, andererseits dem Überblick über die vorhandenen Stellen und den Zugriffsmöglichkeiten des Herzogs. Konsequent folgte am 8. März 1535 der nächste Schritt. Den von der österreichischen Regierung eingesetzten Pfründeninhabern wurde gekündigt. Außer im Fall von Alter und Schwäche oder der Konversion wurden sie ohne Entschädigung entlassen. Betroffen waren vor allem die Inhaber der einträglichen Stiftspfründen. Sie stammten vielfach aus der Ehrbarkeit, weshalb ihre Entlassung teilweise auf Widerstand stieß. Der Herzog interessierte sich auch für nicht besetzte Pfründen, die sich einziehen ließen.

Nachdem damals die Messe abgeschafft worden war, wurden die nunmehr funktionslosen Kirchenkleinodien zunächst inventarisiert. Wenige Monate später waren die Gold- und Silberkleinode, mit Ausnahme der für das Abendmahl benötigten Geräte, an die Münze in Stuttgart abzuliefern, um dort eingeschmolzen zu werden. Auf diese Weise wurden die bisherigen Kultgeräte, darunter nicht nur Kelche und Patenen, sondern auch wertvolle Monstranzen und Reliquiare oder die Eberhard im Bart vom Papst geschenkte Uracher goldene Tugendrose, also der gesamte jeweils vorhandene Kirchenschatz, zugunsten des Staates liquidiert. Abzuliefern waren auch die Perlen und Edelsteine, mit denen kostbare Ornate bestickt waren. Stadt und Amt Böblingen lieferten 39 Kelche, 15 Monstranzen, 14 silberne Kapseln, 49 silberne Knöpfe und 12 silberne Haften von Ornaten, 5 Sakramentarien, 14 silberne Löffel und Schüsseln, 2 silberne Meßkännchen und ein silbernes Ringlein ab. In Blaubeuren waren es u. a. 15 Kelche mit Patenen. Aus der Tübinger Stiftskirche stammten mehrere kostbare vergoldete silberne Kreuze. Sofern es sich bei den Ornaten, Fahnen, Tüchern und Decken um brauchbare Woll- und Leinentücher handelte, machte sie der Herzog (!) sozusagen als der sozial eingestellte Eigentümer den Armen zum Geschenk. Sonstige Textilien aus Samt oder Seide oder Bücher wurden verkauft. Nicht überall wurden diese Maßnahmen sofort konsequent durchgeführt, so daß 1541 ein neuer Befehl erlassen werden mußte. Gelegentlich sind bei der Veräußerung der Kirchenkleinodien auch Unterschlagungen vorgekommen.

Welche Pfarr- und Diakonatsstellen bestehen bleiben und wie sie finanziert werden sollten, konnte nicht einheitlich, sondern mußte von Fall zu Fall geregelt werden. Eine generelle Rahmenbestimmung wurde darüber nicht erlassen. Bei der Besoldung der Pfarrer wurde im allgemeinen möglichst gespart; in Einzelfällen erfolgten allerdings auch Aufbesserungen. Die Besoldung der Pfarrer war meist karg bemessen, und bei Notlagen drohte Verarmung. Gelegentlich machte die Verwaltung Schwierigkeiten bei der Reichung der Besoldung. Manchmal mußten sich die

Pfarrer auch mit ihren Bauern wegen des unbeliebten Zehnten streiten. Der Pfarrer von Weiler zum Stein wurde dabei mit dem Rechen sogar blutig geschlagen. Insgesamt war jedoch die Sicherstellung der Pfarrerbesoldung eine beachtliche und in den Anfängen der Reformation keineswegs selbstverständliche Leistung. Die Zahl der geistlichen Stellen suchte man niedrig zu halten, weshalb nicht selten Pfarreien zusammengelegt wurden und von einem Geistlichen versorgt werden mußten. Sofern es dabei zu offensichtlicher Unterversorgung kam, wurden solche Maßnahmen auch gelegentlich wieder revidiert. Die Einkünfte der meisten überflüssig gewordenen oder eingesparten Pfründen, insgesamt 600 bis 700 Stellen, zog der Herzog an sich.

Anders als hinsichtlich der Ausstattung und Besetzung der Pfarrstellen wurde für die Zusammensetzung, Aufgaben und Verwaltung des Ortskirchenvermögens eine grundlegende Ordnung, die sog. Kastenordnung, geschaffen, die einen wichtigen Pfeiler der reformatorischen Neuordnung darstellte. Wahrscheinlich wurde auch über sie schon im Juni 1535 beraten. Fast gleichzeitig mit der Kirchenordnung lag die »Ordnung eines gemeinen Kastens« (Abb. 26) dann im März 1536 gedruckt vor. An ihrer Abfassung dürften neben den Reformatoren vor allem die herzoglichen Beamten, darunter der von Hessen ausgeliehene maßgebliche Experte für Spitalwesen und Visitation, Heinz von Lüder, beteiligt gewesen sein. Die Vorbilder der Kastenordnung waren vor allem die hessischen Kastenordnungen von 1530 und 1533 sowie die württembergische Bettlerordnung von 1531. Vereinzelt gibt es auch Parallelen in anderen vorreformatorischen und reformatorischen Ordnungen. Eindrücklich ist zunächst die Vorrede. Sie geht vom Doppelgebot der Liebe aus. Der allmächtige Gott bedarf unserer Hilfe nicht, sondern der Nächste. Seines Hungers und seiner sonstigen Nöte haben wir uns in Entsprechung zu Gottes Barmherzigkeit anzunehmen. Der erheblichen Anzahl der Armen im Herzogtum mußte geholfen werden. Die Kastenordnung sollte Gott und Christus zu Lob und Ehre, dem Armen zu Hilfe und Trost, dazu der Besserung des gemeinen Nutzens dienen, »damit reich und arm desto füglicher beieinander bleiben und wohnen mögen«. Sie richtete sich auf die Solidarität der verschiedenen Gesellschaftsschichten und wollte sozialen Spannungen entgegenwirken.

Das feste Einkommen des Gemeinen Kastens setzte sich zusammen aus den bisherigen Stiftungen für Messen, ewiges Licht, Wachs, Kerzen und Öl, dem Vermögen aufgehobener Pfründen, das der Kasten jedoch nur in Einzelfällen erhielt, teilweise dem Besitz der Bruderschaften und den Stiftungsvermögen der Pfarreien, dem sog. »Heiligen«. Während manche Städte ein stattliches Kastenvermögen besaßen, bestand es in anderen und ebenso in vielen Dörfern fast nur aus dem »Heiligen«. Die vorhandenen caritativen Einrichtungen wie Spitäler und Siechenhäuser wurden jedoch meist mit dem Gemeinen Kasten nicht organisatorisch vereinigt, sondern aus praktischen Gründen gesondert verwaltet. Der Kasten hatte für Bau-, Schul- und Besoldungsaufwendungen aufzukommen. Was darüber hinaus übrig blieb, kam den Armen zugute. Spenden und Opfer wurden nur selten im Gottesdienst, dafür wöchentlich in den Häusern gesammelt, dazu kamen die Erträge des Opferstocks und der Wirtshausbüchse. Die aufgebrachten Summen waren gering;

Stiftungen gab es zunächst keine mehr. Die Motivation für Opfer und Spenden war zusammengebrochen und mußte erst im Laufe vieler Jahre wieder neu entwickelt werden.

Völlig mittellose Personen mußten vom Kasten unterstützt werden. Sie hatten das Bettlerabzeichen zu tragen. Bei befristeten Notlagen wurde mit Darlehen geholfen. Betteln in den Häusern und auf der Gasse war verboten. Fremde Bettler sollten, abgesehen von tatsächlich Bedürftigen, an den Landesgrenzen abgewiesen werden. Diese Maßnahme dürfte schwer durchführbar gewesen sein. Arbeitsscheue und sonstiger Mißbrauch des Almosens wurde wie die Veräußerung von Naturalspenden mit Strafe bedroht. Kinder durften nicht zum Betteln mißbraucht, sondern sollten als Dienstboten untergebracht werden. Die Armen waren zu gegenseitiger Hilfeleistung verpflichtet. Zechen und Spielen war ihnen untersagt. Die Armenfürsorge wurde also als öffentliche Aufgabe begriffen und zugleich verbunden mit einer intensiven Kontrolle und Reglementierung der Bedürftigen. Ein Bereich für private caritative Initiativen war bezeichnenderweise zunächst nicht vorgesehen.

Für die Versorgung der Siechen, d.h. der Kranken und alten Armen, waren die Siechenhäuser am Heimatort oder des Amtes zuständig, Fremde sollten nicht aufgenommen werden. Eine Krankenversorgung auf Landesebene gab es noch kaum. Nach Möglichkeit mußte für die Pflegekosten bezahlt werden. Waisen sollten eine Ausbildung, mittellose Gesellen ein Darlehen erhalten. Hausarme, deren Verdienst nicht ausreichte, bekamen eine Unterstützung. Geeigneten armen Knaben wurde der Besuch der Lateinschule ermöglicht. Notfalls wurden Räume und Mittel für Syphiliskranke bereitgestellt. Im Falle akuter Erkrankung wurde auch Fremden geholfen.

Eindringlich wurden alle Untertanen, Arme wie Reiche, samt ihren Angehörigen zum Hören des Wortes Gottes angehalten. Die Mahnung bezweckte hier ein geordnetes Leben im Rahmen der Familie, vor allem die Bekämpfung der Laster und ein sittliches Leben, also die Festlegung sozialer Randgruppen auf die geltende Sittlichkeit. Armut, Not und Trübsal sollten mit Geduld und Freuden getragen werden; nach dem elenden Jammertal war dann das ewige, überherrliche Reich verheißen. Die Kastenordnung zeigt, daß der christliche Staat die Aufgabe der Sozialfürsorge erkannt hatte und daß sie auch angegangen wurde, wobei anzunehmen ist, daß die zureichenden Mittel nicht überall und nicht zu jeder Zeit vorhanden waren.

Die Verwaltung des Kastens war neben dem Pfarrer und Schultheißen besonderen Pflegern und Diakonen übertragen, die aus Gericht und Gemeinde gewählt wurden. Bewußt knüpfte man dabei an das urchristliche Vorbild an. Das Mitspracherecht der Pfarrer dürfte je nach den örtlichen Gegebenheiten unterschiedlich gewesen sein. Die Verwaltung der vermögenderen Kästen hatte sichtlich die Tendenz zur kommunalen Verselbständigung gegenüber der Kirche, der ihrerseits durch die staatliche Verwaltung Grenzen gesetzt waren. Hier drohte die Gefahr der teilweisen Herauslösung der Sozialfürsorge aus der caritativen Verantwortung der Kirche. Die Regierung achtete auf eine sparsame und korrekte Verwaltung des Kastens. Bei der Rückforderung von Darlehen wurde allerdings sehr geduldig verfahren. Gelegentlich beanspruchten die Gemeinden oder auch der Staat in Notzeiten die Mittel der Kästen. Nicht selten wurden sie durch die Gebäudeunterhaltung so schwer belastet, daß für ihre eigentliche Aufgabe nicht viel übrig blieb.

Die Kastenordnung blieb jahrhundertelang das Herzstück württembergischer Sozialpolitik und stellt insofern eine der großen Ordnungsleistungen aus den Anfängen der Reformation dar. Die christliche Nächstenliebe und der staatliche Ordnungswille sind hier in eigenartiger Weise verbunden. Eine gewisse Schwäche besteht darin, daß es mehr um die Verwaltung vorhandener Mittel als um neues caritatives Engagement geht. Die Opfer und Spenden spielen nur eine geringfügige Rolle. Man begnügte sich nicht mit einer bloßen äußeren Versorgung der Bedürftigen, sondern bemühte sich um deren christlich-moralische Stabilisierung und soziale Integration. Die Solidarität mit dem Schwachen und dessen soziale Disziplinierung, Zurechthelfen und Reglementierung dürften sich dabei immer wieder vermischt haben. Eine verläßliche Mindestabsicherung der sozial Schwächsten konnte der Armenkasten nicht jederzeit garantieren, wie sich an Fällen zunehmender Verarmung wegen unzureichender Unterstützung zeigt.

Sowohl die Festlegung, Abgrenzung und Dotierung der Pfarrstellen als auch das Einkommen und die Verpflichtungen des jeweiligen Gemeinen Kastens mußten in den Städten und Ämtern geregelt werden. Dazu bedurfte es einer außerordentlichen administrativen Aktion, der sog. Visitation.

## *Die Visitation*

Die kirchliche Neuregelung in den einzelnen Orten erfolgte in Kursachsen seit 1527 durch vom Landesherrn beauftragte Visitatoren, einer Kommission aus Adligen, Beamten und Theologen. Die Markgrafschaft Brandenburg-Ansbach hatte 1528 dieses Instrument übernommen. In der Ulmer Kirchenordnung von 1531 war die Visitation neben den Synoden bereits eine feste Einrichtung zur kirchlichen Beaufsichtigung der Landgemeinden, die an die Stelle der bisherigen Überwachung durch bischöfliche Beauftragte trat. Theologisch war die durch Superintendenten oder Superattendenten vorzunehmende Visitation von Luther und anderen Reformatoren als rechte Wahrnehmung des bischöflichen Aufsichtsamtes gedacht. Die sog. Umritte der Reformatoren Schnepf und Blarer 1534/1535 in den Ämtern hatten nur erste personelle Maßnahmen treffen können. Bezeichnenderweise waren zunächst weder Funktion noch Amtsbezeichnung der Reformatoren genau definiert. Es konnte nur eine aus dem Zwiespalt zwischen Lutheranern und Zwinglianern sich ergebende Verlegenheitslösung sein, daß in dem Befehl vom 15. April 1535 gegen die Täufer und Schwenckfelder den Vögten die Überwachung der Einheitlichkeit der Predigt und des ordentlichen Lebenswandels der Pfarrer zur Aufgabe gemacht wurde. Mit der Erstellung der ersten reformatorischen Ordnungen 1535/1536, vor allem der Kirchen- und Kastenordnung, mußte gleichzeitig deren systematische Einführung im ganzen Land organisiert werden.

Der konkrete und bereits auf den Ausbau einer Kirchenleitung abzielende Vorschlag scheint auch in diesem Fall von Brenz mit seiner »Ordnung der Visitation« gemacht worden zu sein. Zum Bau der Kirche hatten das gemeine Volk mit Beten und anderen gebührlichen Stücken – an was dabei gedacht ist, wird nicht angegeben –, die Pfarrer mit Predigen und Reichen der Sakramente und die Obrigkeit (!) mit dem Handhaben (Schutz) der Kirchenämter und Ordnung beizutragen. Für diese obrigkeitliche Aufgabe hielt Brenz nichts für nützlicher und nötiger als eine »Visitation und jährliche Besuchung« der Kirche, die er sich neben den geschriebenen Ordnungen als eine »lebendige Kirchenordnung« dachte, die jeweils auf die konkreten Verhältnisse einging. Wegen Unterlassung der rechten Visitation durch die Bischöfe waren die Schäden in der Kirche eingerissen. Als das beste Mittel zur Erhaltung des Evangeliums, einer einheitlichen Kirchenordnung und Sittenzucht gilt die Visitation.

Die Visitatoren – gedacht war wohl an Adlige, Juristen und Theologen – sollten die Rechts- und Einkommensverhältnisse der Pfarreien und den Zustand der Pfarrhäuser in Erfahrung bringen. Von den Pfarrern mußte erfragt werden, welche Texte sie predigen, was sie von den Sakramenten lehren, ob sie Wochenpredigten und Katechismus halten, die Kranken besuchen und mit dem Abendmahl versehen und welches Leben sie führen. Sichtlich war hier eine lutherische Pfarrpraxis im Blick. Weitere Punkte waren die Kapläne, ihre Stellen und Tätigkeit, ebenso die des Mesners, der Zustand und die Einkünfte der Kirche, die Bilder, Kleinodien und Ornate, die Stiftungen, Person, Unterhalt, Leben und Lehre des Schulmeisters, Almosen, die durch die Amtleute geübte Sittenzucht und die Konkubinate. Es ging jedoch nicht nur um eine Bestandsaufnahme. Der Überfluß reicher Pfarreinkommen sollte zugunsten der Kirche umverteilt, arme Pfarreinkommen aus sonstigen Stiftungen aufgestockt, die Pfarreigrenzen sinnvoll geändert werden, wobei schon Brenz an die Zusammenlegung mehrerer Dörfer zu einer Pfarrei dachte.

Den Pfarrern wurde vor allem die Beachtung der neuen Kirchenordnung eingeschärft. Ein Pfarrer, der mit seiner Gemeinde nicht auskam, sollte versetzt werden. Erregte er mit seinem Lebenswandel Anstoß, mußte er ermahnt werden, u. U. wurde er sogar entlassen. Dem Almosen sollten die überflüssigen Stiftungen zugute kommen, jedenfalls mußte auch seine Ausstattung beraten werden. Anstelle der bisherigen Kapitelsdekane sah Brenz bereits einen Superattendenten zur Beaufsichtigung der Pfarrer einer Vogtei vor. Hier kündigt sich der Aufbau kirchlicher Mittelinstanzen an, der jedoch noch auf sich warten ließ.

Im Dezember 1535 rechnete Brenz damit, daß er zur Visitation im Herzogtum herangezogen werden würde. Dazu kam es allerdings nicht. Die im März 1536 erschienene Kirchenordnung sah bereits die Visitatoren und Superattendenten vor. Damit waren jedoch nicht die Mittelinstanzen, sondern Blarer und Schnepf gemeint sowie die weltlichen Mitglieder der Visitationskommission, vor allem die Räte Georg von Ow und Martin Nüttel. Deren Hauptaufgabe war nunmehr die Durchführung der Visitation. Sie sollte die gesamten Verhältnisse und nicht nur die wirtschaftlichen, wie man früher gemeint hat, in den Gemeinden regeln, und deshalb waren neben den Räten auch die Theologen beteiligt.

Möglicherweise ist unter dem falschen Datum 1546 noch die ursprüngliche Instruktion von 1536 für die Visitatoren erhalten. Sie sah zunächst eine gründliche Befragung der Amtleute und Vertreter von Gericht und Gemeinde über Lehre, Leben, Zeremonien und etwaige sektiererische oder papistische Neigungen der Pfarrer, Prädikanten, Diakone, Schulmeister und Kastenpfleger sowie deren direkte Prüfung vor. Besondere Aufmerksamkeit galt der korrekten Verwaltung des Armenkastens. Die Einkünfte und Rechtsverhältnisse der geistlichen Stellen mußten für die Rentkammer aufgenommen werden. Wiedertäufer und Schwenckfelder und besonders deren Anführer waren ebenso wie zu Kirchenämtern unfähige Personen der Rentkammer zu melden. Die Ausführung der notwendigen Maßnahmen sollte also ursprünglich wohl von dieser doch an sich nur für die Finanzen zuständigen Behörde ausgehen, was keinesfalls eine endgültige Lösung sein konnte. Wahrsagern und Teufelsbeschwörern war unter Androhung von Strafe ihr Tun zu untersagen. Besonders überwacht wurde die Einheitlichkeit der gottesdienstlichen Zeremonien, die sich an den Kirchen von Stuttgart und Tübingen orientieren sollte. Die offensichtlich immer noch aktiven Beginen wurden zu Gottes Wort und christlicher Religion angehalten. Das Tragen ihrer Tracht und das Sammeln von Almosen sollten sie unterlassen, man wollte sie anderweitig versorgen. Die Visitation ordnete auch die Schulverhältnisse und selbstverständlich den Armenkasten.

Eindeutig in den politischen Bereich hinüber griff die Anweisung, daß Gericht, Rat und Stadtschreiberstellen nur mit Anhängern Herzog Ulrichs zu besetzen seien. Im übrigen wurde die Einhaltung der Ordnungen dem jeweiligen Gericht und Rat dringlich eingeschärft. Versäumnisse und Verstöße waren dem Landesherrn zu melden. Die Befolgung war im wohlverstandenen Interesse der Kommunen. Unordentliche Haushaltung und Zwiespalt konnten zu schädlichem Aufruhr und Empörung führen.

Kurz bevor die Kirchen- und Kastenordnung gedruckt vorlagen, begann im Januar 1536 die Visitation in Stadt und Amt Stuttgart. Die Ergebnisse wurden in einer vom Herzog ausgestellten und von der Stadt entgegengenommenen »Begnadigung« festgehalten. Aus christlicher brüderlicher Liebe und zugleich besonders als gottgesetzte Obrigkeit weiß sich der Herzog schuldig zu Hilfe, Rat, Fürsorge und milder Handreichung. Deshalb weist er trotz großer finanzieller Belastungen und Schulden der Stadt bestimmte kirchliche Güter zu. Die christliche Begründung ist dabei ebenso interessant wie die völlig selbstverständlich gehandhabte Verfügung des Herzogs über die kirchlichen Güter. Der Inhaber der Staatsgewalt übt auch das Landeskirchenregiment aus. Die Kommunen sind dabei nicht gleichberechtigte Partner, sondern Weisungsempfänger.

Im Falle Stuttgarts handelte es sich um beträchtliche Vermögensteile: den Besitz der Salvebruderschaft sowie fünf weiterer Bruderschaften, die vorhandenen Armenstiftungen und bestimmte Teile aus dem Einkommen der Stiftskirche. Das Spital wurde ins Dominikanerkloster verlegt, die Schule ins Beginenhaus. Beide Einrichtungen wurden ebenso wie das Sondersiechenhaus der Stadt übergeben. Die Bezahlung des Predigers an der Leonhardskirche und alsbald auch die der anderen drei evangelischen Geistlichen übernahm der Herzog, zog dafür aber den größten

Teil der übrigen Pfründen ein. Die Unterhaltung der Türme der Stifts- und Leonhardskirche mußte die Stadt übernehmen. Das Kastenvermögen sollte normalerweise nicht besteuert werden. Seine Verwaltung wurde von der Regierung überwacht.

Die überflüssig gewordenen Pfründhäuser der ehemaligen Priester – in Stuttgart waren es 27 Objekte – wurden im Lauf der folgenden Jahre verkauft; der Erlös ging an die Rentkammer. Er betrug für das gesamte Land bis 1547 ca. 36000 Gulden. In manchen Ämtern war die Zahl der Objekte sehr groß, z. B. in Nürtingen handelte es sich um 126 Posten, in andern wurde fast nichts verkauft. Manche Veräußerung war voreilig. Für bestimmte Objekte interessierten sich der Staat oder auch einzelne Beamte. Die Stiftsherren der Stiftskirchen in Stuttgart und anderen Orten erhielten ein Leibgedinge.

Nach dem Stuttgarter Vorbild verliefen die weiteren Visitationen. Noch im Februar 1536 schloß sich die in Nürtingen an. Die Akten geben ein anschauliches Bild von den Aufwendungen für baufällige Pfarrhäuser, den notwendigen Aufbesserungen mancher Pfarreinkommen, dem Einzug vieler Pfründen zugunsten der Rentkammer oder der Zuweisung anderer an den Gemeinen Kasten. Der Pfarrer von Beuren hatte seit 1539 auch Erkenbrechtsweiler gegen ein zusätzliches Entgelt zu versehen. Vermutlich wegen der sonstigen Inanspruchnahme der Mitglieder der Visitationskommission, die ihre anderen Verpflichtungen auch nicht ohne weiteres zurückstellen konnten, wie Schnepf klagte, kam die Visitation längst nicht so zügig voran wie eigentlich vorgesehen. Erst im August und September visitierte man in Tübingen. Wahrscheinlich folgten noch im gleichen Jahr Vaihingen und Herrenberg und 1537 dann Wildberg, Urach, Blaubeuren, wo man schon lange auf die Visitation gewartet hatte, Göppingen und Schorndorf. Bei der Schorndorfer Visitation wurden die Vertreter des Gerichts, Pfarrer und Pfleger der kirchlichen Stiftungen der einzelnen Dörfer in die Amtstadt geladen. Von den 13 geistlichen Pfründen in Schorndorf selbst blieben die Stellen des Pfarrers und eines Diakons, die Organistenpfründe erhielt der Kasten, die übrigen ließ der Herzog einziehen, wobei er zunächst für die Leibgedinge der bisherigen Stelleninhaber aufzukommen hatte. Das Beispiel Schorndorfs ist für die Städte einigermaßen repräsentativ.

Zur Enttäuschung Blarers kam es 1538 zu keinen weiteren Visitationen. Er hatte nicht zuletzt deswegen so lange auf seinem Posten ausgeharrt, um die von ihm eingesetzten oberdeutschen und schweizerischen Pfarrer bei der Visitation abzuschirmen. 1539 dürften Nagold, 1540 Kirchheim T. und Heidenheim und 1541 Leonberg und Cannstatt visitiert worden sein. Auch in den folgenden Jahren wird die Visitation nicht ganz geruht haben, darüber ist bis jetzt jedoch kaum etwas bekannt. Bietigheim, Lauffen, Möckmühl und Neuenstadt wurden erst 1547 visitiert. Insgesamt sind bis 1547 die Visitationen von 22 Ämtern bekannt.

Brenz hatte bereits jährliche Visitationen vorgesehen, durch die die Überwachung der Pfarrer und Gemeinden geschehen sollte. Daran war in den Anfangsjahren offensichtlich nicht zu denken. Dennoch wurde die Visitation zum Ansatzpunkt für die Ausbildung einer Kirchenleitung. Ende März 1538 wurde den Superattendenten Schnepf und Blarer befohlen, Kirchenstellen nur noch mit solchen Bewerbern zu besetzen, die vorher von den Visitatoren geprüft worden waren; andere durften auch von den Amtleuten nicht mehr angenommen werden. Ebenso haben die Visitatoren weitere finanzielle Maßnahmen zum Teil auch nach der Visitation angeordnet bzw. die früheren korrigiert. Das schwerfällige Vorankommen der Visitation darf nicht über die tiefgreifende Umgestaltungsleistung hinwegtäuschen, die sich mit ihr vollzog. Erst mit der Visitation war das alte Kirchentum weitgehend beseitigt und das neue mit seinen Ordnungen und Stellen etabliert. Die evangelische Kirche war damit im wesentlichen funktionsfähig, und das war die Hauptsache. Einen beträchtlichen Teil ihres Vermögens und ihrer Einkünfte, abgesehen von den Klöstern etwa drei Viertel des bisherigen Kirchenguts, hatte freilich der Staat an sich gebracht und sich dafür manche berechtigte, ernste Kritik zugezogen, die auch der Hinweis auf die an sich effektive Neuordnung nicht sofort zum Verstummen brachte. Nicht zuletzt war deren zentralistisch-staatskirchlicher Charakter tief problematisch.

*Quellen und Literatur:*

*Wilhelm Bofinger,* Kirche und werdender Territorialstaat, in: BWKG 65 (1965), S. 130–138. – *Gustav Bossert*, Die Lage des Pfarrstands in Württemberg, in: BWKG 12 (1908), S. 97–104. – *Martin Brecht*, Kirchenordnung und Kirchenzucht in Württemberg vom 16. bis zum 18. Jahrhundert, QFWKG 1, Stuttgart (1967), S. 21–28. – *Deetjen*, S. 106–145. – *Pressel*, S. 166–170. – *Rauscher*, Visitationsakten. – *Sattler*, Bd. 3, Beylagen Nr. 32 und 78. – *Schieß*, Bd. 1. – *Schneider*, S. 18–28.

# Das Bildungswesen: Schule, Herzogliches Stipendium und Universität

Die Notwendigkeit eines ausgebauten Bildungswesens von der Schule bis zur Universität war Herzog Ulrich offenbar durchaus bewußt. Das Land brauchte gut ausgebildete Pfarrer und Schulmeister. Der Mangel auf diesem Gebiet war anfänglich nur zu spürbar. Ebenso mußte für den Nachwuchs an Beamten und Ärzten gesorgt werden. Sieht man genau zu, waren es bezeichnenderweise in erster Linie die Bedürfnisse des Staats- und Kirchenapparats und nicht unmittelbar die der Bevölkerung oder der Wirtschaft, die die Bildungsmaßnahmen und die Aufwendung der dazu benötigten Mittel veranlaßten. Man bemühte sich zwar bald um die Einführung eines Katechismus und seine Behandlung in den sonntäglichen Vespergottesdiensten, womit die religiöse Elementarbildung sichergestellt werden sollte, aber eine systematische Alphabetisierung der ganzen Bevölkerung war nicht das vorrangige Ziel.

## *Die Schule*

In zahlreichen Städten waren schon vor der Reformation Trivial-, d.h. Lateinschulen vorhanden. Deutsche Schulen waren hingegen selten; bekannt ist eine für Tübingen. Das Schulwesen wurde im Zusammenhang mit der Ordnung des Gemeinen Kastens durch die Visitation neu geregelt. Die Aufwendungen für Schule und Schulmeister hatte abgesehen von dem auf die Universität vorbereitenden Tübinger Pädagogium der Kasten, d.h. die Gemeinden und Städte zu tragen. Die Einrichtung und Beaufsichtigung erfolgte durch die Visitation. Das Bildungswesen war sozial offen. Arme Schüler wie Jakob Andreae, der Sohn eines Schmiedes in Waiblingen, der sonst Handwerker geworden wäre, wurden durch den Kasten unterstützt. Das kam z.B. auch Knaben aus Dörfern zugute, die die Schule nicht von daheim aus besuchen konnten. Die ausführlichsten Bestimmungen enthält die wohl von 1536 stammende Instruktion für die Visitatoren. In den Lateinschulen sollten die (alten) Sprachen, die freien Künste, wohl vor allem Grammatik, Dialektik, Rhetorik und besonders auch die Musik – der Herzog war ein großer Musikliebhaber –, getrieben werden. Es handelte sich um Knabenschulen; von solchen für Mädchen ist zunächst nicht die Rede. Wo der Schulmeister die Knaben nicht allein betreuen konnte, sollte er vom Diakon, d.h. dem zweiten Pfarrer, oder einem ehemaligen Kaplan unterstützt werden. Man wollte die Personalkosten auch hier möglichst niedrig halten. Die Schulmeister mußten wie die Pfarrer vor Amtsantritt geprüft werden. Sie mußten »geschickt, gelehrt, evangelischen, christlichen und ehrbaren Wesens« sein. Wie das Beispiel Waiblingen zeigt, gab es gelegentlich Schwierigkeiten. Der Schulmeister Sebastian Lang soll zwinglianische Schmähschriften gegen den Pfarrer Hala geschrieben haben und wurde seines Amtes enthoben. Sein Nachfolger war vermutlich Trinker. Der dritte Schulmeister vermochte den Kindern offensichtlich nichts beizubringen, so daß man wieder auf Lang zurückgriff. Nach einigen Jahren standen bereits Schulmeister zur Verfügung, die das Herzogliche Stipendium in Tübingen durchlaufen hatten.

Immer wieder hat die Bestimmung Erstaunen erregt, daß vor allem in den kleinen Städten die deutschen Schulen abgeschafft werden sollten, da sie die Existenz der dortigen Lateinschulen bedrohten und damit das auf die Ehre Gottes und den gemeinen Nutzen gerichtete Ziel der Gewinnung von gebildetem Nachwuchs gefährdeten. Lateinschüler konnten nebenbei auch deutsch lesen und schreiben, die deutschen Schulen vermittelten jedoch kein Latein. Wer also lesen und schreiben lernen wollte, sollte es auf der Lateinschule tun. Anders als für die deutschen Schulen wurde das Schulgeld für die Lateinschulen gesenkt oder gar keines erhoben. Diese drastische Bevorzugung der Lateinschule läßt auf ein vergleichsweise großes Interesse an der deutschen Schule zu jener Zeit schließen, während die Ausbildung in Latein, nachdem es keine geistlichen Pfründen mehr gab, weit weniger gefragt war. Der fortbestehende Bedarf an Lateinkenntnissen und ihre Verwendbarkeit im Beruf war der Bevölkerung offensichtlich zunächst nicht erkennbar, so daß hier eine bildungspolitische Gegensteuerung erfolgen mußte. Der Unterricht an den deutschen Schulen scheint weithin von den Mesnern erteilt worden zu sein, die im übrigen die Pfarrer beim Singen in der Kirche zu unterstützen hatten.

Daß diese Deutung richtig ist und es nicht zu einem umfassenden Abbau der deutschen Schule kam, beweisen die Visitationsakten. In Stuttgart und einigen anderen Städten wurden die lateinische und deutsche Schule im Beginenhaus untergebracht. Die Leitung der Stuttgarter Lateinschule übernahm wieder der unter der österreichischen Regierung nach Esslingen abgewanderte erfahrene Alexander Märklin, der noch einen Provisor neben sich hatte. Für Tübingen hatte Blarer den Memminger Schulmeister Hans Kleber gewonnen. Dort wurde zugleich eine Pfründe zur Unterhaltung eines deutschen Schulmeisters bestimmt, »der der Jugend mit Fleiß getreulich vorseie«. In Herrenberg erhielt der deutsche Schulmeister und Mesner kaum weniger Besoldung als der an der Lateinschule. In Urach und Kirchheim T. wurde dem Lateinschulmeister der Unterricht an der deutschen Schule abgenommen und dem Mesner übertragen, dem dafür das erwähnte höhere Schulgeld zu entrichten war. Man wird auch da, wo es nicht ausdrücklich erwähnt ist, davon ausgehen können, daß die Mesner deutsche Schule hielten. Manche Lateinschulmeister dienten wie zum Teil schon bisher auch weiterhin als Stadtschreiber und übten damit eine Funktion aus, an der die Städte ebenso interessiert waren wie die Dörfer an schreibkundigen Mesnern. In Metzingen, Beilstein und Lauffen wurde die Verbindung mit dem Stadtschreiberamt allerdings gelöst. Die Förderung der Lateinschule hatte Erfolg. In Sulz hatte sie 1550 20–30 Schüler. Selbst kleine Orte wie Grötzingen bei Nürtingen, Haiterbach und Ilsfeld besaßen Lateinschulen. In Weinsberg mußte sich der Schulmeister 1543 von seinem Vorgänger unterstützen lassen. In kleineren Verhältnissen blieb es bei der Verbindung von Lateinschule und deutscher Schule. Über die deutschen Schulen auf den Dörfern ist wenig bekannt; sie dürften jedoch bestanden haben. 1539 wurde ein aus der Pfalz stammender Weber in Dagersheim zum Mesner in Tailfingen bestellt, weil dort niemand war, der lesen und schreiben konnte. Viel mehr als dieses Können wurde von den Dorfschulmeistern wohl nicht erwartet. Zu den Lehrbüchern gehörte der Brenzsche Katechismus, an den Lateinschulen in lateinischer Übersetzung. Insgesamt schuf die Bildungspolitik Herzog Ulrichs auf dem Gebiet der Schule eine solide Grundlage, auf der später weitergebaut werden konnte.

*Quellen und Literatur:*

Geschichte des humanistischen Schulwesens in Württemberg, Bd. 1 und 3,2, Stuttgart (1912 und 1928). – *Rauscher*, Visitationsakten. – *Sattler*, Bd. 3, Beil. 78. – *Eugen Schmid*, Geschichte des Volksschulwesens in Altwürttemberg, Stuttgart (1927). – *Schneider*, S. 60–62. – *Martin Zeller*, Die Lateinschule von 1267–1634, in: Waiblingen in Vergangenheit und Gegenwart, Bd. 2, Waiblingen (1962), S. 137–168.

## *Das Herzogliche Stipendium*

Die Heranbildung eines gelehrten Nachwuchses mußte über die Lateinschule hinaus auf der Universität geschehen. Innerhalb der Aufrichtung des Gemeinen Kastens wurde dafür eine wesentliche Bestimmung getroffen, die erstmals im Begnadigungsbrief für Stuttgart vom 5. Februar 1536 und danach entsprechend bei den weiteren Visitationen begegnet. Die Stadt hatte aus dem Pfründenvermögen für drei Studenten – in kleineren Ämtern konnten es auch weniger sein –, die kein eigenes Vermögen zum Studieren besaßen, »sondern allein armer, frommer Leute Kinder und eines fleißigen, christlichen gottesfürchtigen Wesens und Anfangs und zu studieren geschickt«, jährlich je 25 Gulden aus dem Kasten zu bezahlen. 19 Gulden waren für Kost und Wohnung, der Rest für die eigenen Aufwendungen der Stipendiaten bestimmt. Die Kosten wurden auf die Amtsorte umgelegt. Die Bewerber wurden von den Prädikanten oder gelehrten Examinatoren geprüft und erhielten dann durch die Kanzlei ihr Stipendium zugesprochen. Sie mußten dafür versprechen, an keiner andern Universität als Tübingen zu studieren, und durften ohne Zustimmung des Herzogs keinen Dienst außerhalb des Landes annehmen, sondern mußten sich je nach ihrer Ausbildung als Prädikanten, Räte oder Diener (Beamte) verwenden lassen. Das Vorschlagsrecht hatte die Stadt. Falls sie keinen geeigneten Bewerber präsentieren konnte, sollte ein Student aus dem Amt das Stipendium erhalten. Die Maßnahme sollte nicht nur den Nachwuchs an Geistlichen, sondern an akademischen Beamten überhaupt sicherstellen. In der Gegenurkunde der Stadt Stuttgart ist allerdings nur von künftigen Pfarrern die Rede: »Damit Gottes Ehre gefördert und der gemeine arme Mann mit der Zeit Mangel des Wortes Gottes nicht befinden werde.« Imponierend klingt auch hier, daß das Stipendium für arme Studenten bestimmt wird, die damit eine Chancengleichheit erhalten. Man wollte nicht für vermögende Studenten bezahlen. Wie sich bald zeigen sollte, interessierten sich jedoch auch etablierte Kreise für diese Studienförderung.

Daß das Gemeinwesen die Ausbildung des gelehrten Nachwuchses unterstützen mußte, war damals allgemein bewußt. In einigen oberschwäbischen Städten war 1534 die Bufflersche Schulstiftung gegründet worden, die teils von dem Kaufmann Peter Buffler aus Isny, teils von den Kommunen finanziert wurde und die Ausbildung reichsstädtischer Theologen vor allem in Straßburg ermöglichte. Diese Einrichtung war Blarer bekannt. In Württemberg griff man jedoch auf ein anderes Modell zurück, mit dem sowohl Schnepf als auch vor allem der hessische Finanzexperte Heinz von Lüder vertraut waren. 1529 hatte Philipp von Hessen die Marburger Stipendiatenanstalt geschaffen. Sie wurde gleichfalls aus dem kirchlichen Vermögen der Städte und Ämter finanziert und war ebenfalls für unterstützungsbedürftige künftige Geistliche und Beamte bestimmt, wobei sich auch hier der Anteil rasch zugunsten der Theologen verschob.

Schon am 14. Februar 1536 wurde die erste Stipendiatenordnung erlassen. Sie regelte vor allem die Verwaltung der Gelder. Ein Mitglied der Universität und eines der Tübinger Bürgerschaft – sie werden als Superattendenten (Aufseher) bezeichnet – hatten die eingehenden Gelder entgegenzunehmen. Der Propst oder Hausvater der Anstalt mußte ihnen Rechenschaft ablegen. Jährlich fand eine Rechnungsprüfung statt, bei der auch über den Studienerfolg und das Verhalten der Stipendiaten zu berichten war. Galt dies als »wurmstichig«, wurden sie vermahnt, und wenn sie sich nicht besserten, ausgemustert. Der Propst sollte für eine möglichst kostengünstige und zugleich zureichende Haushaltung und Speisung sorgen. Als Suppe durfte nicht ein »Scherwasser vorgesetzt werden, da die Gerstenkörner einander jagen«. Als Leiter des Hauses ist ein Magister domus, dazu ein Praezeptor vorgesehen. Die wirtschaftliche Organisation einschließlich des Amtes der Superattendenten und des Propstes ahmte deutlich das hessische Vorbild nach.

Die Universitätsordnung von 1536 drang darauf, daß diejenigen Stipendiaten, die Theologie studierten, aus der Artistenfakultät in die theologische vorrücken sollten. Man war wohl an einem zügigen Studienabschluß interessiert. Der Bestimmung kann nicht entnommen werden, daß ausschließlich Theologen gefördert werden sollten. Tatsächlich finden sich unter den Stipendiaten auch Artisten (künftige Schulmeister), Juristen und Mediziner. 1537 wird die Förderung folgendermaßen begründet: Der Herzog will Land und Leute wohl regieren und versehen; das geschieht zu Lob und Ehre Gottes und »daß die Unsern von Jugend auf desto besser zur Lehre und Erkenntnis ihrer Seligkeit gefördert werden mögen«. Das Hauptinteresse galt sichtlich dem theologischen Nachwuchs. Die ersten Stipendiaten wurden im März 1537 angenommen. Zunächst wohnten sie unter den übrigen Studenten in der Bursa. Alsbald konstatierte man das Fehlen eines religiösen Bildungsangebots, d.h. eines Katechismusunterrichts für die Stipendiaten. Dafür sollte ein Praezeptor sorgen. Die nächste Maßnahme, daß den Stipendiaten eine der Bursen eingeräumt wurde, war seit 1537 beantragt, wurde jedoch erst 1541 verwirklicht. Nunmehr erhielt die Anstalt auch einen eigenen Magister domus und einen Prokurator (Verwalter), der die Funktion des früher vorgesehenen Propstes hatte. Zugleich wurde die Stipendiatenordnung überarbeitet. Besonders betreut wurden die Studenten, die noch in der Artistenfakultät studierten. Insgesamt wurden bereits fast fünfzig Stipendiaten gefördert. Die Unterbringung in der Burse blieb unbefriedigend, gelegentlich gab es Disziplinschwierigkeiten; die Anstalt brauchte ein eigenes Gebäude. Bereits richtete sich der Blick auf eines der leerstehenden Klöster. Die Städte und Ämter waren immer wieder säumig mit ihren Zahlungen. Von 1544 bis 1548 war Erhard Schnepf, nunmehr Tübinger Professor, einer der Superattendenten. Sein Nachfolger wurde der berühmte Mediziner Leonhard Fuchs.

1547 wurde dem Stipendium trotz der Kriegsnot überraschenderweise das ehemalige Augustinerkloster als endgültige Bleibe zugewiesen. (Abb. 27) Nachdem die nötigen Umbaumaßnahmen zügig durchgeführt worden waren, fand noch im Herbst der Umzug statt. Möglicherweise wollte man damit einer Wiederbesetzung durch Mönche zuvorkommen. Schon im Frühjahr waren die ersten Statuten für die Stipendiaten erlassen worden. Sie hatten sich ihres vom Herzog gewährten, aus »Almosen« bezahlten Stipendiums würdig zu erweisen. Der Tag begann mit dem Gebet um den Geist Gottes für das Studium und der Fürbitte für den Landesherrn. Während der Mahlzeiten wurde aus der Bibel und aus Geschichtsschreibern vorgelesen. Danach gab es eine Freistunde zum Spazierengehen oder ehrbarem Spiel. Unehrbares Spiel und Tanzen waren verboten, das ganze Leben wie auch sonst in den Bursen streng reglementiert. Übertretungen wurden mit Strafen vom Weinentzug bis zum Karzer geahndet. Bis 1550 wurden 160 Stipendiaten aufgenommen. 92 von ihnen stammten aus den Städten, der Rest aus den Ämtern. Darunter befanden sich 86 Theologen, 9 spätere Lehrer, 9 Juristen und 4 Mediziner. Nicht wenige rückten bald in führende Stellungen der Kirche und Beamtenschaft auf. Die Bildungsinvestitionen des Stipendiums zahlten sich schnell aus. Daß diese von Herzog Ulrich geschaffene Einrichtung darüber hinaus ein tragendes Element der württembergischen Kirche und Gesellschaft werden und deren Charakter mitprägen würde, war noch nicht abzusehen.

*Quellen und Literatur:*

*Walter Heinemeyer* (Hg.), Studium und Stipendium. Untersuchungen zur Geschichte des hessischen Stipendiatenwesens, Ver. d. Hist. Kom. für Hessen 37, Marburg (1977). – *Martin Leube*, Geschichte des Tübinger Stifts im 16. und 17. Jahrhundert, BWKG 1. Sonderheft, Stuttgart (1921). – Ders., Die Zweckbestimmung des Tübinger Stifts, in: BWKG 49 (1949), S. 154–164. – *Rauscher*, Visitationsakten, S. 67 f. und 72. – *Otto Schmoller*, Die Anfänge des Theologischen Stipendiums (›Stifts‹) in Tübingen unter Herzog Ulrich 1536–1550, Stuttgart (1893).

## *Die Universität*

Die Einführung der Reformation an der Universität Tübingen war von vornherein eine schwierige Aufgabe. Als Institution war sie ein eigener Rechtskörper, der eingreifenden Veränderungen abhold war. Ihre Verfassung, Lehre und ihre Personen waren vielfach und tief mit der katholischen Kirche verflochten. Wegen ihrer Bedeutung als Ausbildungsstätte für die kirchlichen und weltlichen Führungskräfte mußte ihre Reformation zügig und energisch angepackt werden. Die Aufgabe fiel Blarer zu, der in Tübingen seinen Sitz hatte. Er war zwar selbst Tübinger Magister, aber im akademischen Bereich weder besonders erfahren noch ausgewiesen. So hatte er gegenüber der selbstbewußten und mißtrauischen Professorenschaft einen schweren Stand. Auf seine Predigten reagierten sie mit Vorwürfen. Den Augiasstall auszumisten konnte nicht leicht sein. Auf die Aufforderung des Herzogs an die Theologen, sich zur Predigt und Lehre des wahren Wortes Gottes bereit zu erklären, hatten diese zunächst nicht reagiert. Hingegen wurde am 18. Oktober 1534 ostentativ der altgläubige Theologe Johannes Armbruster zum Rektor gewählt. Eine erste Gegenmaßnahme war das Predigtverbot für den Professor Gallus Müller, der zugleich Pfarrer der Stiftskirche war. Es war klar, daß Blarer allein in Sachen der Universitätsreform nur wenig ausrichten konnte. Dazu bedurfte es eines angesehenen Hochschullehrers und Theologen. Zunächst bemühte man sich, Melanchthon an seine frühere Wirkungsstätte zurückzuholen. Er wurde jedoch von Kurfürst Johann Friedrich nicht freigegeben. Danach zerschlugen sich Verhandlungen mit Andreas Osiander. Es war klargeworden, daß dieser eigenwillige Lutheraner schwerlich nach Württemberg und Tübingen gepaßt hätte. So konzentrierten sich die Bemühungen auf den Basler Professor Simon Grynaeus (Grüner – geb. 1493), den die Straßburger von Anfang an neben Blarer vorgeschlagen hatten. Er stammte aus Veringen bei Sigmaringen und lehrte seit 1529 anstelle des Erasmus Griechisch an der Universität Basel. Er war kein promovierter Theologe. Mit seinen theologischen Anschauungen stand er den Straßburgern nahe. Bei seinen ersten Verhandlungen Anfang November in Stuttgart kam er damit, wie einst Blarer, in scharfen Gegensatz zu Schnepf, so daß er sofort wieder an die Abreise dachte. Er nahm aber dann doch seine Tätigkeit in Tübingen auf. Der Basler Rat hatte ihn allerdings lediglich für ein Jahr nach Tübingen beurlaubt.

Die Einführung einer neuen Ordnung der Universität mußte gegen die Verschleppungstaktik der Theologen durchgesetzt werden. Der Professor Balthasar Käuffelin hielt nach wie vor die Messe. Dennoch wurde am 30. Januar 1535 die »Reformation und neue Ordnung der Universität« erlassen. Sie übertrug die Visitation der Universität Blarer und Grynaeus. Die bisherige Unterscheidung der beiden spätmittelalterlichen Schulrichtungen, der thomistischen via antiqua und der nominalistischen via moderna, wurde sofort aufgehoben und die beiden auf sie festgelegten Bursen vereinigt. Es wurde in Aussicht genommen, sowohl die Bibel als auch die aristotelische Philosophie anhand der Urtexte zu unterrichten. Für eine Übergangszeit mußte man sich jedoch noch mit den lateinischen Übersetzungen begnügen, da den Studenten einstweilen noch die entsprechenden Sprachkenntnisse fehlten, die u. a. das der Universität vorgeordnete Tübinger Paedagogium vermitteln sollte. Die Universitätsreform orientierte sich an den humanistisch-reformatorischen Prinzipien eines sauberen Quellenstudiums. Sie konnte dabei an Ansätze anknüpfen, die schon in der Universitätsordnung Erzherzog Ferdinands von 1525 enthalten waren.

Neben der Veränderung des Lehrplans hatten die personellen Umbesetzungen entscheidende Bedeutung. Für die Medizin sollte zusätzlich der bedeutende Leonhard Fuchs aus Ansbach gewonnen werden (nach dem übrigens die »Fuchsie« benannt ist). Bei den Juristen verloren die Vertreter des Kanonischen Rechts ihre

Stellen. Von den Theologen wurde Gallus Müller entlassen. Er ging, wie auch manche Studenten, nach Freiburg. Peter Braun wurde pensioniert. Er warb weiterhin für die Scholastik. Den damaligen Rektor Johannes Armbruster beließ man, allerdings ohne Lehrauftrag, noch für kurze Zeit. Von der bisherigen theologischen Fakultät wurde allein der anpassungsfähige Balthasar Käuffelin übernommen, obwohl er keineswegs ein eindeutiger Vertreter der Reformation war. Ungelöst blieb zunächst das Problem des Kanzleramtes. Der Kanzler war der Repräsentant des Papstes an der Universität, und ohne ihn konnten keine akademischen Grade vergeben werden. Der damalige Kanzler Ambrosius Widmann hatte sich in das habsburgische Rottenburg zurückgezogen und ließ sich auf keine Abmachungen ein. Anstelle der entlassenen Professoren mußte man sich um neue Lehrkräfte bemühen. Konrad Pellikan aus Zürich sollte das Hebräische lehren, er kam jedoch nicht. Am wichtigsten war die Gewinnung eines weiteren Theologen neben Käuffelin. Man bemühte sich um Paul Constantin Phrygio aus Basel, der im Sommer 1535 auch kam. Er versah neben seiner Professur auch die Tübinger Pfarrstelle. Sein Format als Theologe und Universitätslehrer war begrenzt. Für die juristische Fakultät konnten Johann Sichard und später Melchior Volmar aus Rottweil, der frühere Lehrer Calvins, gewonnen werden. Mit Joachim Camerarius (1500–1574), dem Freund Melanchthons, kam einer der angesehensten jüngeren Humanisten nach Tübingen, der die weitere Ausgestaltung der Universität wesentlich mitbestimmte.

Es war vor allem Grynaeus zu danken, daß die Universität, abgesehen von der Theologie, sich beachtlich entwickelte. Grynaeus selbst kehrte jedoch schon im Sommer 1535, noch vor Ablauf seines Urlaubs, nach Basel zurück, das ihn trotz aller Bemühungen Blarers und der Straßburger nicht mehr für Tübingen freigab. Wahrscheinlich hatte auch er selbst an der Fortsetzung der schwierigen Tübinger Tätigkeit kein Interesse. Für die weitere Neuordnung der Universität fehlte Blarer dieser Mitarbeiter sehr. Die oberdeutsche Richtung hatte an der Universität ihren wichtigsten Vertreter verloren, und so gewann die lutherische Seite an Einfluß. Gleichzeitig machte sich um Käuffelin und Braun immer noch eine katholische Opposition bemerkbar.

Die Universitätsordnung von 1535 war lediglich eine Übergangsregelung gewesen. Wie sich an Mängeln im Studienbetrieb zeigte, waren dauerhafte Bestimmungen für eine effektive Arbeit der Universität unbedingt erforderlich. Die Verhandlungen darüber zogen sich allerdings wiederum in die Länge. Im September 1536 besuchte Melanchthon Camerarius in Tübingen und hatte damals auch Kontakte zu anderen Mitgliedern der Universität. Die Beziehungen zu Blarer scheinen äußerlich freundlich gewesen zu sein, aber offensichtlich verfolgten beide nicht die gleichen Ziele. Die Kritik der Universitätskreise an Blarer war Melanchthon bekannt. Am 15. Oktober fand in Nürtingen eine Zusammenkunft zwischen dem Herzog, Melanchthon und einigen Professoren statt, bei der die neue Universitätsordnung beraten wurde. Damals fiel bereits die Entscheidung, Brenz nach Tübingen zu berufen, der dann auch im folgenden Frühjahr für ein Jahr kam. Die neue Ordnung vom 3. November legte die Zahl der Lehrstühle neu fest. Für die Theologie waren jetzt drei Professuren vorgesehen. Neben der Professur für Griechisch sollte auch der Unterricht in Hebräisch sichergestellt werden. Im übrigen lag die Bedeutung dieser Ordnung vor allem in den wesentlich präziseren Bestimmungen zum Lehrbetrieb insgesamt. Die durch die Verbindung von Humanismus und Theologie bestimmten Prinzipien der Tübinger Universitätsreform brauchten von Melanchthon nicht geändert zu werden. Sie hatten von Anfang an der Wittenberger Konzeption entsprochen.

Anfang April 1537 nahm Brenz seine Tätigkeit in Tübingen auf. Er las über das 2. Buch Mose und Psalm 51, predigte und war gleichzeitig zusammen mit Camerarius nunmehr anstelle von Blarer herzoglicher Beauftragter für die Universitätsreform. In seinen Vorlesungen rechtfertigte Brenz das staatskirchliche System, wobei er zugleich den Landesherrn zur Absicherung der evangelischen Lehre verpflichtete. Er bemühte sich um die Konsolidierung der neuen Kirchenordnung und Sittlichkeit. Dabei sprach er sich z. B. hinsichtlich der Festtage, Bilder, des Ornats und der Ordination eindeutig für die konservativen lutherischen Formen und gegen einen oberdeutsch-schweizerischen Puritanismus aus. Damit wurden nunmehr offensichtlich ganz bewußt die lutherischen Konzeptionen an der Universität vertreten. Nicht von ungefähr wurde während der Tätigkeit von Brenz in Tübingen Blarers dortige Position immer unhaltbarer. Seine Entlassung im Mai 1538 war nur noch die letzte Konsequenz.

Unter den Kommissaren Brenz und Camerarius erhielt die Universität 1537 ihre ausführlichen Statuten, die den Rahmen der Universitätsordnung ausfüllten. Die Mitglieder der Universität wurden dadurch auf die Teilnahme am evangelischen Gottesdienst und auf ein sittliches Leben festgelegt. In den folgenden Jahren erhielten auch die einzelnen Fakultäten ihre Statuten. Bei den Theologen hatte der Dekan u. a. auch über die Reinheit der Lehre zu wachen. Ihnen wurde der vorbildliche Lebenswandel besonders eingeschärft.

Ungelöst war nach wie vor das Problem des Kanzleramts und damit die Möglichkeit der Erteilung akademischer Grade. Der bisherige Amtsinhaber Widmann ließ nicht mit sich reden. Camerarius erbat im Mai 1538 als Rektor ein Gutachten Melanchthons und der Universität Wittenberg. Von den beiden Wittenberger Stellungnahmen war die eine von Luther und dem sächsischen Altkanzler Gregor Brück, die andere von dem Juristen Melchior Kling verfaßt. In Tübingen folgte man nicht den komplizierten Vorschlägen Luthers und Brücks, sondern der Herzog erklärte entsprechend dem Ratschlag von Kling den bisherigen Kanzler Widmann für abgesetzt und übertrug das Amt aus landesherrlicher Machtvollkommenheit dem früheren Stuttgarter Stiftsdekan Johann Scheurer von Ofterdingen. Widmann kehrte allerdings im Interim noch einmal in sein Amt zurück.

Im November 1538 verhandelte Camerarius in Wittenberg wegen der nach der Rückkehr von Brenz nach Hall dringenden Besetzung der dritten theologischen Professur und weiterer Besetzungsfragen. Als Theologen hatte man den ehemaligen Wittenberger Hebraisten Johannes Forster in Aussicht genommen, der damals Prediger in Augsburg war. Melanchthon hatte ihn schon früher für ungeeignet erklärt, Luther hingegen äußerte sich positiv. Forster wurde berufen. Er trat wie in Augsburg als Vertreter der strengen lutherischen Richtung auf. Demonstrativ ließ er sich das Abendmahl nicht von seinem ihm als Zwinglianer verdächtigen Kollegen Phrygio, sondern von Alber in Reutlingen reichen, und entsprechend äußerte er sich auch in seinen Vorlesungen. Mit dieser Verschärfung der Gegensätze war Forster in Tübingen nicht der geeignete Mann. Um die Jahreswende 1541/1542 wurde er entlassen. Nach einigen weiteren Zwischenstationen wurde er 1549 Professor für Hebräisch in Wittenberg. Bald nach Forster verließ auch der mit ihm befreundete Camerarius Tübingen und übernahm eine Professur in Leipzig, für Tübingen ein schwerer Verlust. Ein Nachfolger für Forster ließ sich zunächst nicht finden, und die Tübinger Theologie mußte mit der schwachen Besetzung Käuffelin und Phrygio auskommen. Die Lage spitzte sich zu, als am 1. August 1543 Phrygio starb. Er war der letzte Repräsentant der oberdeutsch-schweizerischen Richtung gewesen. Sein Nachfolger wurde, nachdem Brenz abgelehnt hatte, Schnepf, der damit aus seinem schwierigen Stuttgarter Amt wieder auf eine Professur wechselte, bis er nach vier Jahren wegen des Interims das Land verlassen mußte. Über seine Lehrtätigkeit ist kaum mehr bekannt als über die seiner Kollegen. Immerhin war er eine stärkere Persönlichkeit als Phrygio und Käuffelin. Die Studenten prägte er mit seiner streng lutherischen Theologie und seiner direkten und anschaulichen Predigtweise.

Die Reformation der Universität Tübingen spiegelt auf der geistig-wissenschaftlichen Ebene noch einmal das Ringen der Kräfte im damaligen Württemberg überhaupt. Am Ende hatten sich der Landesherr und die Lutheraner gegen die Altgläubigen und die oberdeutsch-schweizerische Richtung durchgesetzt. Das Bild, das die Universität bot, war wie das der evangelischen Kirche überhaupt nicht ohne weiteres imponierend. Nichtsdestoweniger war es gelungen, solide Fundamente zu legen, auf denen weitergebaut werden konnte. Insofern hatte bereits die Anfangsphase der württembergischen Reformation über ein bloßes Provisorium hinausgeführt.

*Quellen und Literatur:*

*Martin Brecht*, Die Reformation in der Tübinger Vorlesung von Johannes Brenz, in: Festschrift Reinhold Rau, Tübingen (1966), S. 13–16. – *Johannes Haller*, Die Anfänge der Universität Tübingen 1477–1537, Stuttgart (1927). – *Richard Leigh Harrison*, The Reformation of the University of Tübingen 1534–1555, Diss. Nashville, Tennessee (1975), University Microfilm International, Ann Arbor (1977). – Melanchthons Briefwechsel, Bd. 2, hg. von *Heinz Scheible*, Stuttgart-Bad Cannstatt (1978). – *Bernd Moeller*, Neue Nachträge zum Blarer-Briefwechsel, in: BWKG 68/69 (1968/1969), S. 60–80. – *Pressel*. – *Rudolph Roth*, Urkunden zur Geschichte der Universität Tübingen aus den Jahren 1476–1550, Tübingen (1877). – *Schieß*, Bd. 1. – *Hans Volz*, Luthers und Melanchthons Beteiligung an der Tübinger Universitätsreform im Jahre 1538, in: *Martin Brecht* (Hg.), Theologen und Theologie an der Universität Tübingen, Contubernium 15, Tübingen (1977), S. 65–96. – *Carl von Weizsäcker*, Lehrer und Unterricht an der Theologischen Facultät, Tübingen (1877).

# Kirchenaufbau und Kirchenleitung

Die reformatorischen Visitationen durch Blarer und Schnepf und die Neubesetzung der Pfarrstellen hatten gezeigt, daß die geistliche Jurisdiktion jetzt nicht mehr in der Hand der Bischöfe, sondern in der des Herzogs lag und von seinen Beauftragten ausgeübt wurde. Damit waren nicht nur Veränderungen bei den einzelnen Pfarrstellen verbunden, vielmehr wurde so auch der ganze Aufbau und die Leitung der Kirche verändert, da an die Stelle der außerhalb des Landes residierenden Bischöfe von Konstanz, Speyer, Worms, Würzburg und Augsburg der Landesherr trat.

Die neue Aufgabe der Kirchenleitung und -verwaltung kam nun zu den sonstigen Aufgaben der herzoglichen Regierung hinzu. Als günstige Vorbedingung für die Bewältigung dieser neuen Aufgabe ist zu erwähnen, daß der Herzog bei seiner Rückkunft die Verwaltung seines Landes nach österreichischem Muster neu organisiert vorfand. Als Zentralbehörden waren zwei Kollegien geschaffen worden, nämlich der Rat oder später Oberrat als Regierung und die Rentkammer für die Finanzverwaltung. Diese Organisation behielt Herzog Ulrich mit gewissen Änderungen bei. Die wichtigste war, daß sich der Herzog mit dem Hofrat ein persönliches Regierungsorgan schuf, das in Konkurrenz zu dem Rat als der eigentlichen Regierung trat. Diese Neuerung war besonders darauf zurückzuführen, daß der Herzog sich häufig außerhalb von Stuttgart aufhielt, doch führte dies zu vielfachen Hemmungen und Verzögerungen der Regierungsgeschäfte.

Der Kirchenrat als dritte Zentralbehörde trat erst unter Herzog Christoph zu den beiden schon genannten hinzu. Es stellt sich daher die Frage, von welcher Behörde die Aufgabe der Kirchenleitung und -verwaltung in der Zeit Herzog Ulrichs wahrgenommen wurde. Die Kirchenordnung von 1536 gibt als Gottesdienstordnung über diese Frage keinen Aufschluß. Eher beiläufig werden dort die Visitatoren und Superattendenten genannt, an die sich die Pfarrer in Fragen der Kirchenordnung zu wenden haben. Die Superattendenten sind Schnepf, Blarer und ihre Nachfolger, die Visitatoren sind weltliche Beamte, die zumeist in der Rentkammer tätig waren. Dieser Einfluß der Finanzverwaltung auf das Kirchenwesen war einerseits bedingt durch die Sicherstellung der kirchlichen Vermögen, andererseits durch die Neuordnung der Pfarreinkommen. Dadurch fiel eine große Anzahl von Pfründen der Aufhebung anheim, insbesondere die Kaplaneipfründen, von denen es auch in kleineren Städten oft mehrere gab. Erhalten blieben in den Städten und größeren Dörfern die Pfarr- und Diakonatspfründen. Die Vermögensmassen der aufgehobenen Pfründen wurden ämterweise zusammengefaßt und gesondert verwaltet. Diese Aufgabe wurde meist dem Vogt zugewiesen, im Laufe der Jahre wurden damit besondere »geistliche Verwalter« betraut. Die geistlichen Verwaltungen waren der Rentkammer unterstellt, bei der eine Zentralkasse, der nachmalige Kirchenkasten, eingerichtet wurde. Die Rechnung führte zunächst der Rentkammermeister Philipp Seiblin, dann der Landschreiber Johann Hafenberg und dessen Amtsnachfolger. Diese geistliche Zentralkasse, an die die Überschüsse der lokalen Verwaltungen abgeführt wurden, war zwar von der Rentkammer getrennt, ihre beträchtlichen Überschüsse wurden aber an diese übertragen.

Da so in der Anfangszeit besonders viele Anordnungen zu treffen waren, die finanzielle Angelegenheiten betrafen, finden wir mit Kirchensachen zunächst im Finanzwesen erfahrene Beamte befaßt. Zu ihnen gehören vor allem der Statthalter und Hofrat Jörg von Ow, dann Hans Dietrich von Plieningen, Obervogt von Marbach, Sebastian Hornmold, Vogt von Bietigheim, und andere. Dies waren die Männer, die nacheinander an maßgeblicher Stelle das württembergische Kirchenwesen geleitet haben.

Die erdrückende Fülle der Bestimmungen, die die materiellen Angelegenheiten der Kirche besonders durch die Visitation ordneten und regelten, verstellt etwas den Blick für die theologische Seite der Kirchenleitung. Doch haben Schnepf und Blarer bekanntlich in den Visitationskommissionen mitgewirkt und hatten daneben auch noch andere übergreifende kirchenleitende Aufgaben. Erkennbar wird dies etwa daran, daß Schnepf einen großen Teil seines Gehalts aus der geistlichen Zentralkasse bezog, die bei der Rentkammer geführt wurde.

Besonders deutlich wird die kirchenleitende Tätigkeit von Ambrosius Blarer anhand seines in einiger Dichte überlieferten Briefwechsels. Eine wichtige Aufgabe der beiden Superattendenten, wie Schnepf und Blarer genannt wurden, war die Prüfung der Geistlichen, die im Herzogtum eine Anstellung suchten. Auf diesen Zuzug von außen war man noch so lange angewiesen, bis man Theologen in hinreichender Anzahl im Lande ausbilden konnte. Recht zahlreich sind daher die Empfehlungsschreiben der Straßburger und Schweizer Freunde Blarers, aber auch von Martin Frecht in Ulm, für stellungsuchende Theologen. In gleicher Weise hat man auch Schnepf von außerhalb Theologen empfohlen; dergleichen Briefe sind etwa von Melanchthon erhalten. Selbstverständlich erleichterte ein solcher Empfehlungsbrief die Einstellung, da die Bewerber hinsichtlich ihrer Lehre und ihrer Lebensführung an ihren früheren Aufenthaltsorten zu überprüfen waren. Sicher haben Blarer und Schnepf diese Prüfungstätigkeit schon von Anfang an ausgeübt. Ein herzoglicher Befehl aus dem Jahre 1538, der den beiden diese Aufgabe überträgt, dürfte nur eine Festschreibung der bereits bestehenden Praxis sein.

Nach ihrer Anstellung hatten die Pfarrer oftmals Schwierigkeiten, wegen derer sie sich an die Superattendenten wandten, auch wenn diese Probleme materieller Natur waren. So klagt der Pfarrer von Herrenberg, Kaspar Gräter, im Dezember 1534 bei Blarer, daß für ihn noch kein Gehalt bestimmt sei und er lediglich einen Wochenlohn von einem Gulden erhalte, womit er sich mit seiner Familie nicht durchbringen könne. Blarer übergab diese Klage mit einer Empfehlung dem Herzog, der für Abhilfe sorgte.

Diese Bemühungen der beiden Superattendenten, den Geistlichen zu einer angemessenen Besoldung zu verhelfen, liefen nicht immer so glatt ab wie im Falle Gräters, wo der Herzog persönlich eingegriffen zu haben scheint. So setzte sich Schnepf

1539/40 für den Prediger von Schorndorf ein, der sich über eine Verringerung seines Gehalts beschwerte. Er stellte deswegen den Rentkammermeister Philipp Seiblin zur Rede. Hierbei gab ein Wort das andere, es kam zum Streit, der rasch ins Prinzipielle geriet, wobei Schnepf dem Herzog das Recht zur Säkularisierung des Kirchenguts bestritt. Der Vorfall blieb letztlich ohne Konsequenzen, doch zeigt sich an ihm mit aller Deutlichkeit die Problematik der landesherrlichen Reformation.

Die Prüfungstätigkeit der beiden Superattendenten erstreckte sich nicht nur auf die neu einzustellenden auswärtigen Geistlichen, sondern auch auf die ins herzogliche Stipendium in Tübingen aufzunehmenden Stipendiaten. Bekannt ist die Prüfung, die Schnepf mit dem damals zehnjährigen Jakob Andreae veranstaltete, die dieser nicht bestand. Doch Schnepf erkannte dennoch die Begabung des Waiblinger Schmiedsohnes und ließ ihm weitere Förderung angedeihen. Hieraus ergibt sich, daß Schnepf und Blarer auch für das Schulwesen in ihren Bezirken zuständig waren, doch gibt es hierüber keine näheren Nachrichten.

Nachdem Blarer 1538 entlassen worden war, hat Schnepf dessen Funktionen mit übernommen. Da das Amt durch die häufigen Konfrontationen mit den weltlichen Beamten, wie an dem Streit mit Seiblin zu sehen war, ohnehin schwierig genug war, dachte er bereits 1539 daran, die Stelle aufzugeben. Er nahm deshalb, als in Tübingen durch den Tod von Paul Constantin Phrygio ein Lehrstuhl frei wurde, den Ruf der Universität an und zog am 1. Februar 1544 nach Tübingen. Mit der Verwaltung der Stuttgarter Amtsgeschäfte von Schnepf wurde der Pfarrer an der Leonhardskirche, Valentin Vannius, betraut. Diese provisorische Besetzung erfolgte deshalb, weil man vorhatte, einen namhaften Theologen zur Leitung der württembergischen Kirche zu berufen. Hierfür war zunächst Johann Marbach von Lindau vorgesehen, der nach seiner Doktorpromotion in Wittenberg 1543 als Nachfolger von Fagius nach Isny gegangen war. In Isny stieß der strenge Lutheraner Marbach aber auf allerhand Widerstand, so daß er sich 1545 anderwärts um eine Anstellung bemühte, unter anderem auch in Tübingen. Während ihm die Universität eine Absage erteilte, wollte man ihn auf die Stelle von Schnepf nach Stuttgart berufen. Jedoch zögerte man zu lange damit, und inzwischen wurde Marbach von Bucer nach Straßburg geholt. 1546 versuchte man Kaspar Huberinus zu gewinnen, der 1544 von den Grafen von Hohenlohe aus Augsburg nach Öhringen berufen worden war. Huberinus zeigte anfänglich Neigung, nach Württemberg zu kommen, blieb aber dann doch in Öhringen. Valentin Vannius hatte also weiterhin die Stelle des Superattendenten zu versehen, wobei er von Georg Schnizer, Pfarrer in Kirchheim/T., unterstützt wurde. Schnizer erscheint 1544 als theologisches Mitglied einer Visitationskommission, die mindestens das Amt Brackenheim visitierte. Vannius hatte früher schon Schnepf in kirchenleitenden Funktionen vertreten, wenn dieser abwesend war. So prüfte er 1541 den jungen Andreae zum zweiten Mal und empfahl ihn zur Aufnahme ins Stipendium. Auch sonst war Vannius als Prüfer tätig, sei es bei Geistlichen, die sich um eine Anstellung bewarben, oder bei solchen, die um eine Besoldungserhöhung nachsuchten. Im Frühjahr 1546 prüfte er den Pfarrer von Eglosheim, Johann Bollinger, der um eine Besoldungsverbesserung gebeten hatte. Vannius ließ ihn in der Stuttgarter Leonhardskirche eine Probepredigt halten und erklärte Bollingers Leistungen und Fähigkeiten für zufriedenstellend. Dieser Pfarrer war nicht der einzige, der persönlich mit seinem Anliegen nach Stuttgart kam. In einer Eingabe aus dem Jahre 1547 schreibt Vannius, daß er viele Unkosten durch die Bewirtung der »armen Kirchendiener« und sonstiger Gäste habe. Zu diesen mag auch die Witwe des Pfarrers von Kornwestheim, Johann Fabri, gehört haben, für die Vannius im Sommer 1547 eigenhändig ein Gesuch um weitere Reichung der Besoldung verfaßte. Hervorzuheben ist, daß diese Zeugnisse und Berichte lediglich die Funktion von Gutachten hatten, die dem Statthalter Jörg von Ow zur Beschlußfassung übermittelt wurden. Es ist daher anzunehmen, daß dieses Verfahren auch schon zur Zeit von Schnepf und Blarer üblich war.

Während die Leitung der württembergischen Kirche in den Reformationsjahren unter Herzog Ulrich zumindest in den wichtigsten Umrissen deutlich wird, bleibt die mittlere Ebene der kirchlichen Organisation ziemlich im Dunkel. Wir wissen nicht, inwieweit die alten Landkapitel weiterbestehen konnten. Man muß wohl annehmen, daß sie sich aufgelöst haben, zumal sich die neue Ordnung auf dieser Ebene an den Vogteien orientierte. Da die mittlere Ebene der kirchlichen Organisation offensichtlich zunächst vernachlässigt wurde, zeigte sich alsbald seitens der Pfarrer das Bedürfnis, diese Lücke selbst auszufüllen. Ein Beleg dafür ist eine am 27. Juni 1544 in Sindelfingen für das Amt Böblingen abgehaltene Synode, bei der der Böblinger Prediger Johann Otmar Mailänder eine programmatische Ansprache hielt. Als Anlaß zu dieser Bezirkssynode, die allerdings eine reine Pfarrersversammlung ohne Beiziehung von Laien oder Vertretern der Obrigkeit war, nennt Mailänder die Uneinigkeit in der Lehre und den gottesdienstlichen Gebräuchen, ferner das Anstoß erregende Verhalten mancher Geistlicher. Nachdem Mailänder die Grundzüge evangelischer Lehre und Kirchenordnung dargelegt hatte, kam er auf die Notwendigkeit solcher Synoden oder Pfarrerskonferenzen zu sprechen, die ihm wegen der Einigkeit in Lehre und Gottesdienst und zur brüderlichen Ermahnung der Pfarrer notwendig erscheint. Er macht auch Vorschläge zur Organisation einer solchen Synode, zu deren Besuch die Pfarrer verpflichtet sein sollten. Gefordert wird ferner eine eigene Synodalkasse zur Bestreitung der gemeinsamen Ausgaben.

Es ist offensichtlich, daß Mailänder bewußt an die vorreformatorischen Landkapitel anknüpft, wobei daran erinnert werden darf, daß Böblingen der Sitz eines solchen Landkapitels der Konstanzer Diözese gewesen ist. Allerdings wird nicht mehr auf den territorialen Bestand des alten Landkapitels zurückgegriffen, die Synode soll lediglich die Pfarreien des Amtes Böblingen umfassen. Es ist nun wahrscheinlich, daß Mailänder seine Vorschläge bei den Visitationsräten eingereicht hat, um die Einrichtung solcher Synoden im ganzen Land anzuregen. Dies ist allerdings vorerst nicht erfolgt, es sei denn, daß anderwärts auf Initiative einzelner Geistlicher solche Synoden zustande kamen, wovon wir jedoch keine Kenntnis haben.

Die Sindelfinger Synode zeigt, daß beim Aufbau der evangelischen Kirche des Herzogtums zunächst versucht worden war, die Kirche bis herunter zur einzelnen Kirchengemeinde durch eine zentrale Visitation zu leiten, ohne eine Mittelinstanz einzuschalten. Dieses Verfahren mußte naturgemäß Ungleichheiten schaffen. Es gab Ämter, die in wenigen Jahren zweimal hintereinander visitiert worden waren. So erwartete man in Wildberg, wo 1537 schon eine Visitation gewesen war, 1541 bereits eine zweite. Andererseits scheint das Amt Dornstetten bis 1542 überhaupt noch nicht visitiert worden zu sein, da Konrad Ber, der Prädikant zu Baiersbronn, darum bittet, daß sich die Visitatoren auch einmal dieses Amt vornehmen sollten, damit seine schlechte Besoldung verbessert werden würde.

Angesichts dieser Situation scheint der Vorschlag der Sindelfinger Synode nun doch einige Überlegungen in Gang gebracht zu haben. Eine Instruktion für die Visitatoren, die wohl aus dem Anfang des Jahres 1545 stammt, bestimmt, daß diese erfragen sollten, ob Zusammenkünfte der Pfarrer oder Kapitel bestehen und was bei diesen verhandelt wird. Doch kam es vorerst noch nicht zu weiteren Maßnahmen. Der unglückliche Ausgang des Schmalkaldischen Kriegs und die drohenden Eingriffe des Kaisers in das evangelische Kirchenwesen scheinen dann aber doch dazu geführt zu haben, daß man daranging, die Leitungsstrukturen der Kirche zu verbessern.

Zuerst wurde das wichtigste Instrument der Kirchenleitung, die Visitation, durch eine Ordnung vom 4. Mai 1547 weiter ausgestaltet, indem ihr ein bestimmtes Verfahren vorgeschrieben wurde. Dieses sollte in drei Stufen vor sich gehen. Die Visitation oder Inquisition war durch einen Theologen, einen adligen und einen bürgerlichen Rat mit einem Schreiber durchzuführen. Die Ergebnisse der vor Ort durchgeführten Inquisition sollten dann in der Konsultation durch eine weitere Kommission beratschlagt werden. Die Konsultationskommission hatte regelmäßig alle vier bis sechs Wochen in Stuttgart zu tagen. Ganz besonderen Wert legt die Ordnung darauf, daß die von der Konsultation gefaßten Beschlüsse auch zur Exekution, zur Durchführung gelangten. Zur Abkürzung des Verfahrens wurde bestimmt, daß alle Angelegenheiten, die die kirchliche Lehre, das Predigtamt und die Besoldung der Kirchendiener betreffen, von der Konsultation entschieden werden konnten.

Bemerkenswert ist hieran, daß die Konsultationskommission nichts anderes ist als die Versammlung der Visitationsräte, zu denen ein Theologe, ein Jurist und je zwei adlige und bürgerliche Räte gehören. Es ist somit diese Visitationsordnung ein wichtiges Zwischenstück für die Weiterentwicklung der Kirchenleitung zu einer eigenen Behörde, dem Kirchenrat, da den Visitationsräten regelmäßige Sitzungen zur Pflicht gemacht werden. Es wird dabei noch bestimmt, daß die Termine dieser Sitzungen im Land bekanntgemacht werden sollten, damit die Pfarrer und Amtleute Gelegenheit hätten, eilbedürftige Anträge einzubringen.

Ganz ausführlich widmete sich die Visitationsordnung den Synoden oder Ruralkapiteln. Nun wird nicht mehr nur erhoben, ob solche bestehen, vielmehr wird deren Einrichtung empfohlen. Dies geschah mit derselben Begründung, wie sie Mailänder gegeben hatte, nämlich um Uneinigkeit in Gottesdienst und Lehre zu vermeiden und eine gegenseitige Überwachung des Lebenswandels der Geistlichen zu gewährleisten. Diese Synoden sollten zwei oder mehrere Ämter umfassen, deren Pfarrer mindestens einmal jährlich zusammenkommen sollten, um sich über die anstehenden Fragen zu unterreden. Bei diesen Synoden mußte ein herzoglicher Rat oder der Obervogt zugegen sein, der eventuelle Beschlüsse an die Visitationsräte zur Genehmigung weiterleiten sollte. Diese Bestimmung ist kennzeichnend für die landesherrliche Reformation, daß die Synoden in Abänderung des Vorschlags von Mailänder der Kirchenleitung unterstellt wurden, wobei ein weltlicher Beamter die Verbindung herzustellen hatte.

Der Schluß der Visitationsordnung enthält den Auftrag an die Visitationsräte, eine Synodalordnung zu verfassen. Diese erschien am 1. August 1547. Sie teilt das Land in 23 Bezirke ein, für die von den Visitationsräten Dekane ernannt werden sollen. Bei Abgang eines Dekans steht dem Kapitel, d.h. den Pfarrern des Bezirks, das herkömmliche Recht zu, einen neuen zu erwählen. Aufgabe des Dekans ist die jährliche Visitation der ihm untergebenen Pfarreien und die Amtseinführung neuer Pfarrer. Dem Dekan zur Seite stehen der Kämmerer, der die Kapitelskasse führt und den Dekan vertritt, und drei bis fünf Räte, wobei der Kämmerer vom Kapitel, die Räte aber durch Dekan und Kämmerer gewählt werden. Jährlich ist zweimal eine Synode zu veranstalten, zu der der Superattendent eingeladen werden muß. Hierbei findet zunächst die Zensur statt, d.h. das Kapitel wird über Lehre und Leben eines jeden Mitglieds befragt, während der Betreffende abzutreten hat. Diejenigen, die sich vergangen haben, müssen einzeln ermahnt werden. Bei jeder Synode sind ferner noch die Statuten zu verlesen, die der Ordnung beigegeben sind.

Man hat früher gemeint, daß die beiden Ordnungen des Jahres 1547 wegen der Auswirkungen des verlorenen Schmalkaldischen Krieges und insbesondere wegen der Einführung des Interims im November 1548 nicht mehr zur Durchführung gekommen seien. Dies ist nicht richtig, zumindest gibt es Anzeichen dafür, daß die Ordnungen in Kraft gesetzt wurden. Es sind noch Exekutionsinstruktionen für die Ämter Lauffen, Weinsberg und Güglingen aus dem Dezember 1547 vorhanden, die deutlich machen, daß die Visitation dort nach dem in der neuesten Ordnung vorgeschriebenen Verfahren erfolgt ist. Die Instruktionen bieten interessante Einzelheiten aus den betreffenden Pfarreien. Es werden die Kompetenzen der Pfarrer, d.h. die von ihnen zu beanspruchenden Gehälter festgesetzt, und Bestimmungen bezüglich der Bauunterhaltung der Pfarrhäuser getroffen. In Lauffen befindet sich noch ein betagter Kaplan auf der Zwölfbotenpfründe, die er bis an sein Lebensende genießen darf. Der Pfarrer dort, Matthias Thomä, erhält ein gutes Zeugnis, dennoch wird gerügt, daß die Lauffener noch mit manchen »päpstischen Superstitionen« umgehen und insbesondere noch die Reliquien der heiligen Regiswindis vorhanden sind. Im Gemmrigheim geht der Mesner mit »seltsamen abergläubigen Phantasien und Teufelssegen« um, weshalb die Exekutoren beauftragt werden, seine Bücher zu besichtigen und Verdächtiges zu verbrennen. Der Weinsberger Pfarrer, Johann Geiling, hat etliche »Fehl und Mängel«, die ihm zu untersagen sind. Dennoch soll er auf der Pfarrei bei seiner hergebrachten Besoldung bleiben.

Diese Visitationen in drei Ämtern des Unterlandes belegen auch die Inkraftsetzung der Synodalordnung. Da der Pfarrer von Ilsfeld bei der Visitation nicht zu Hause war, soll er von den Exekutoren examiniert werden, die auch zu veranlassen haben, daß er gemäß der Synodalordnung installiert wird. Die genannte Ordnung enthält eine Agende für die vom Dekan vorzunehmende Amtseinführung. Demnach muß bereits ein Dekan für die Ämter Lauffen, Brackenheim und Güglingen ernannt worden sein.

Die beiden Ordnungen aus dem Jahre 1547 kennzeichnen den Abschluß einer Entwicklung auf dem Gebiet der Kirchenleitung und des Kirchenaufbaus in der Zeit Herzog Ulrichs. Die Entwicklungslinie geht von der vollständigen Abhängigkeit der Kirche von der weltlichen Gewalt bis zur Herausbildung eines Freiraums für das kirchliche Handeln, wie er sich in der weitgehenden Unabhängigkeit der Bezirkssynoden zeigt. Offenbar hatte man schließlich doch die Überzeugung gewonnen, daß sich die weltlichen Beamten nicht als Aufsichtsorgane über die Pfarrerschaft eigneten, da die Synodalordnung nicht mehr die Beiziehung solcher Beamten zu den Synoden vorsieht wie noch die Visitationsordnung. Die Dreistufigkeit der kirchlichen Organisation, wie sie sich gerade in den beiden Ordnungen des Jahres 1547 herausgebildet hat, ebenso die Verfestigung des kirchenleitenden Gremiums ist das Verbindende und Gemeinsame mit der kirchlichen Ordnung, wie sie wenige Jahre später von Brenz und Herzog Christoph endgültig eingerichtet wurde. Der wichtige Unterschied, der beide Organisationsformen trennt, ist der, daß der christophinische Aufbau der Kirche wesentlich straffer von oben nach unten durchorganisiert ist, während die Konzeption des Jahres 1547 auf den unteren Ebenen mehr den hergebrachten Strukturen der katholischen Kirche verwandt ist. Die Zeitumstände versagten freilich diesem letzten Entwurf des Kirchenaufbaus der Ulrichzeit die Bewährungsprobe. Nach den Umwälzungen der Interimszeit, in die auch noch der Regierungswechsel fiel, bot sich für den neu in den württembergischen Kirchendienst eingetretenen Brenz die Möglichkeit, die Kirche streng hierarchisch zu strukturieren.

*Quellen und Literatur:*

*Walter Bernhardt*, Die Zentralbehörden des Herzogtums Württemberg und ihre Beamten 1520–1629, VKGLBW.B, Bd.70–71, (1973). – *Gustav Bossert*, Acta in synodo Sindelfingensi, 24. Juni 1544, in: BWKG 12 (1908), S. 1–31. – *Ders.*, Zur Geschichte Stuttgarts in der ersten Hälfte des sechzehnten Jahrhunderts, in: Württembergische Jahrbücher 1914, S. 138–243. – *Martin Brecht*, Die Ordnung der Württembergischen Kirche im Zeitalter der Reformation, in: Kirchenordnung und Kirchenzucht in Württemberg vom 16. bis zum 18. Jahrhundert, QFWKG 1, Stuttgart (1967), S. 9–52. – *Ehmer*. – *Viktor Ernst*, Die Entstehung des württembergischen Kirchenguts, in: Württembergische Jahrbücher 1911, S. 377–424. – *Rauscher*, Visitationsakten. – *Reyscher,* Bd. 8. – Melanchthons Briefwechsel, Bd. 2, hg. von *Heinz Scheible,* Stuttgart-Bad Cannstatt (1978). – *Schieß*, Bd. 1. – *Eugen Schneider*, Die württembergische Kirchenvisitation vor dem Interim, in: ThSW 4 (1883) S. 211–220.

# Die Reformation in Mömpelgard und Horburg-Reichenweier

Bei den überrheinischen Besitzungen des Hauses Württemberg, der burgundischen Grafschaft Mömpelgard und der elsässischen Herrschaft Horburg-Reichenweier wiederholte sich – wenngleich auch zunächst anders als im Herzogtum – die innerprotestantische Auseinandersetzung zwischen der zwinglisch-oberdeutschen und der lutherischen Richtung. In Mömpelgard hatte die evangelische Predigt von Wilhelm Farel, Johann Geiling und Johann Baptist Piscatorius 1524/25 vor allem auf Einspruch des Erzbischofs von Besançon und der katholischen Kantone der Schweiz abgebrochen werden müssen. Es scheint aber dennoch eine kleine evangelische Gemeinde weiterbestanden zu haben. Die eigentliche Einführung der Reformation erfolgte dann ab 1535 nach der Auslösung der Grafschaft von Frankreich unter der Statthalterschaft von Graf Georg, dem Halbbruder Herzog Ulrichs. Aus Württemberg wurde Pierre Toussain nach Mömpelgard geschickt, der damit zum eigentlichen Reformator der Grafschaft wurde. Der Lothringer Toussain, ehemaliger Kanoniker in Metz, hatte sich schon früh der Reformation zugewandt und war Ende 1534 auf der Reise durch Württemberg von Blarer und Grynaeus als Prediger für Blaubeuren gewonnen worden. Der Aufenthalt dort war jedoch von kurzer Dauer, da klar war, daß Toussain in Mömpelgard von größerem Nutzen sein würde. Er ging dort auch eifrig ans Werk, und es gelang ihm, 1539 die Abschaffung der Messe durchzusetzen. In der Lehre und der kirchlichen Organisation richtete sich Toussain nach dem Vorbild der französischen und schweizerischen Kirchen, zumal die Geistlichen, die er gewinnen konnte, sämtlich aus dem französischen Sprachgebiet kamen. Als Kirchenordnung schuf Toussain »L'ordre qu'on tient en l'église de Montbéliard en instruisant les enfans, et administrant les saints sacremens avec la forme du mariage et des prières.«

Mit der Bürgerschaft bekam Toussain 1539 Schwierigkeiten wegen seiner strengen Sittenzucht. Mit der Herrschaft bahnte sich 1542 ein tiefgreifender Konflikt an, als Herzog Christoph als Statthalter nach Mömpelgard kam mit dem Auftrag, die württembergische Kirchenordnung von 1536 einzuführen. Die Ordnung war dafür von Schnepf ins Lateinische übersetzt und 1543 gedruckt worden. Toussain und seine Kollegen weigerten sich, die Ordnung anzunehmen. Zum Anwalt der württembergischen Ordnung machte sich Christophs Hofprediger, der wenig konziliante Johann Engelmann. Auf Anraten von Calvin erklärten sich Toussain und seine Kollegen zu einem Kompromiß bereit, indem sie in allen strittigen Punkten, außer in der Sakramentslehre, nachgaben. Dies brachte sie selbstverständlich in den Verdacht, der zwinglischen Lehre anzuhängen. Ein daraufhin abgegebenes Bekenntnis von den Sakramenten benutzte geschickt bucersche Formulierungen und konnte, da es die wirkliche Gegenwart Christi im Abendmahl bekannte, nicht verworfen werden. In diesen Streit schaltete sich nun auch Martin Bucer ein, der Brenz um Vermittlung ersuchte. Calvin wandte sich in demselben Sinne an Schnepf. Es wird hier das Bemühen der oberdeutsch-schweizerischen Theologen sichtbar, über der Mömpelgarder Kontroverse mit den Lutheranern in der Abendmahlsfrage wieder ins Gespräch zu kommen. Dies gelang freilich nicht; wenig später erschien Luthers Kurzes Bekenntnis vom Sakrament, das eine Absage an die Schweizer bedeutete.

Die Kontroverse in Mömpelgard bestand nach wie vor. Toussain wich schließlich im Sommer 1545 nach Basel aus, weil er des Streites müde wurde. Schließlich wurde die Angelegenheit durch den Herzog bereinigt, der Toussain im Herbst zu einem Kolloquium nach Stuttgart kommen ließ. Gegen den Widerstand der Theologen fand man einen Kompromiß, wonach die Mömpelgarder die Württembergische Kirchenordnung annahmen, wobei man ihnen aber in den Punkten, in denen sie Bedenken hatten, Zugeständnisse machte. Toussain wurde rehabilitiert und als Leiter der Mömpelgarder Kirche bestätigt.

Die weitere Geschichte der Mömpelgarder Kirche ist eng mit der Person Toussains verbunden, so daß sie hier wiedergegeben werden muß; überdies war mit dem 1545 gefundenen Kompromiß die Auseinandersetzung zwischen schweizerischer und lutherischer Theologie noch nicht ausgestanden. Wie im Herzogtum, so mußte auch in Mömpelgard im November 1548 das Interim eingeführt werden. Alle Kirchendiener bis auf Toussain und den Geistlichen von Blamont wurden wegen Nichtannahme des Interims entlassen. Dieser Zustand dauerte bis zum Jahre 1552, in dem das Interim wieder abgeschafft wurde. Herzog Christoph übergab nach seinem Regierungsantritt Mömpelgard wieder dem Grafen Georg zur Verwaltung. Unter dessen Regierung baute Toussain die Kirche der Grafschaft als Superintendent neu auf. Nach dem Tode des Grafen 1558 beschloß die Vormundschaft seines minderjährigen Sohnes Friedrich, nämlich Herzog Christoph, Pfalzgraf Wolfgang von Zweibrücken und Graf Philipp von Hanau, nunmehr das Luthertum in Mömpelgard einzuführen. Die weiteren Vorgänge gleichen denen von 1542 bis 1545. Eine theologische Kommission, bestehend aus Eberhard Bidembach und Konrad Flinsbach, wurde nach Mömpelgard geschickt und versuchte, die Württembergische Kirchenordnung von 1559 einzuführen. Der Widerstand der Mömpelgarder Geistlichen nötigte allerdings zu Kompromissen, die Liturgie Toussains blieb vorläufig in Kraft. 1568 wurde jedoch die schon früher angefertigte Übersetzung der Großen Württembergischen Kirchenordnung gedruckt und ihre Annahme verbindlich gemacht. Die Geistlichen, die sich weigerten, wurden abgesetzt. 1571 kam Jakob Andreae nach Mömpelgard, um die Geistlichen zu prüfen. Pierre Toussain wurde pensioniert, an seine Stelle trat der württembergische Theologe Heinrich Efferhen. Toussains Sohn Daniel, der allerdings kein Amt bekleidete, sondern vorübergehend bei seinem Vater aushalf, mußte die Grafschaft verlassen, er fand bald darauf in Heidelberg eine Anstellung als Hofprediger bei Kurfürst Friedrich III. Pierre Toussain starb 1573. Mit ihm endet die eigenständige Periode der Mömpelgarder Kirche, die fortan eng mit der des Herzogtums verbunden war. Diese Verbindung zeigte sich auch darin, daß aufgrund einer Stiftung des Grafen Georg vom Jahre 1555 in der Folgezeit ständig zehn Stipendiaten aus den überrheinischen Besitzungen im Tübinger Stift studieren konnten, die dort die »welsche Stube« bewohnten.

Der Gang der Ereignisse in den württembergischen Besitzungen im Elsaß, in der Grafschaft Horburg und der Herrschaft Reichenweier gleicht dem in Mömpelgard. Herzog Ulrich hatte 1513 diese Besitzungen an seinen Bruder Graf Georg als Sekundogenitur abgetreten, 1520 wurden diese jedoch von Habsburg eingezogen und erst wieder 1534 zurückgegeben. Durch Georgs Verbindung mit Kaspar Hedio wurden Theologen der Straßburg-Züricher Richtung zur Reformation eingesetzt. 1535–1537 wirkte Erasmus Fabricius, 1537–1560 Matthias Erb, der zuvor Rektor an der Lateinschule in Gengenbach gewesen war, in Reichenweier. Die Kirche in dieser Herrschaft vermochte dann aber ihre schweizerische Prägung beizubehalten, bis sie 1559/60 ebenfalls die Württembergische Kirchenordnung annehmen mußte.

*Literatur:*

*Jean-Marc Debard*, Les visites ecclésiastiques dans l'Église Lutherienne de la Principauté de Montbéliard du XVI^e au XVIII^e siècle et leur utilisation comme source d'histoire religieuse, sociale et démographique, in: Sensibilité religieuse et discipline ecclésiastique, Strasbourg (1973), S. 41–67. – *Deetjen*. – *Ehmer*. – *Ernst-Wilhelm Kohls*, Ein neuentdeckter evangelischer Katechismus von Reichenweier vom Jahre 1560, in: BWKG 68/69 (1968/69), S. 139–163. – *Jean Viénot*, Histoire de la Réforme dans le Pays de Montbéliard depuis les origines jusqu'à la mort de P. Toussain, Montbéliard (1900).

# Außen- und Religionspolitik 1534–1546

## *Der Aufstieg des Schmalkaldischen Bundes*

Als Kernland des deutschen Südwestens war das Herzogtum Württemberg für die evangelischen Stände und deren Politik von großer Bedeutung. Die süddeutschen Reichsstädte und die ritterschaftlichen Gebiete, die schon vor 1534 der Reformation beigetreten waren, bekamen nun einen Rückhalt an einem größeren Territorium. Selbst in den mächtigen Reichsstädten Augsburg und Frankfurt führte die Reformation in Württemberg dazu, daß dort jetzt auch reformiert wurde. Die württembergische Reformation bildete ferner für die Oberdeutschen die Brücke, auf der sie zur Wittenberger Abendmahlskonkordie gelangen konnten. Theologisch hatte die Stuttgarter Konkordie zwischen Schnepf und Blarer vom 2. August 1534 den Weg bereitet, indem eine 1529 beim Marburger Gespräch schon diskutierte Einigungsformel von beiden Seiten anerkannt wurde. Politisch bildete Württemberg für die Oberdeutschen nunmehr die Verbindung zu den hessisch-sächsischen Kernlanden des Schmalkaldischen Bundes, so daß es jetzt auch die Magistrate der Reichsstädte für geraten hielten, sich – wenn auch etwas zögernd wie in Ulm – in dieser Richtung zu orientieren. Ohne Zweifel war diese Entwicklung auch mitbestimmt durch den Sakramentiererartikel im Kaadener Vertrag, der die oberdeutschen Städte bewußt isolierte.

Die württembergische Reformation brachte auch in anderer Hinsicht eine neue politische Konstellation. Im November 1534 taucht ein von Bayern angestrebtes Bündnisprojekt zwischen Bayern, Württemberg, Ulm, Augsburg und Straßburg auf. Zweifellos war dieser Annäherungsversuch auf der Seite Bayerns von dem Bedürfnis motiviert, ein Gegengewicht gegen die habsburgische Vormacht in Süddeutschland zu besitzen. Allerdings war die Verwunderung und das Mißtrauen wegen dieses Plans auf protestantischer Seite viel zu groß, so daß es nicht zu einem Vertragsabschluß kam.

In den Jahren nach 1534 wurden noch verschiedene andere Bündnisse projektiert. Versuche zur Wiederbelebung des Schwäbischen Bundes scheiterten jedoch daran, daß den oberdeutschen Städten bezüglich der Religion unzumutbare Bedingungen gestellt wurden. An der religiösen Frage entschied sich jetzt offenbar – wie sich schon an dem bayerischen Bündnisprojekt gezeigt hatte – die Bündnisfähigkeit. Von Landgraf Philipp und Straßburg wurde angestrebt, den Schmalkaldischen Bund zu erweitern. Der sächsische Kurfürst schien jedoch keine große Lust zu bezeigen, das Bündnis auszubauen, so daß ein oberdeutscher evangelischer Bund mit Hessen, Württemberg und den Städten ins Gespräch gebracht wurde. Damit erklärte sich auch Herzog Ulrich einverstanden, obwohl es mit Reutlingen wegen der für den Überfall 1519 geforderten Entschädigung und mit Ulm wegen der Auslösung des in der österreichischen Zeit verpfändeten Amts Heidenheim noch Schwierigkeiten gab.

Die Städte ergriffen in dieser Situation die Initiative und schickten im Sommer 1535 eine Gesandtschaft zu Kurfürst Johann Friedrich, der allerdings die Frage einer Erweiterung des Schmalkaldischen Bundes einem Bundestag vorbehalten sehen wollte. Die Städte hatten großes Interesse an einer Stärkung des Bundes, da sie eben in jener Zeit durch die Religionsprozesse am Reichskammergericht bedroht wurden. Der Kurfürst zweifelte jedoch, ob für neue Mitglieder auch der Nürnberger Religionsfriede von 1532 und der Kaadener Vertrag gelten würden. Bei einem Zusammentreffen mit König Ferdinand in Wien sicherte ihm dieser zwar einen Stillstand der Prozesse am Reichskammergericht zu, wollte aber den Nürnberger Vertrag nur auf die seinerzeit genannten Stände beschränkt wissen. Ein im Dezember 1535 abgehaltener Bundestag in Schmalkalden faßte daher in der Frage der Aufnahme neuer Mitglieder den Entschluß, zunächst mit den Bewerbern in nähere Verhandlungen einzutreten. So sollte Hessen mit Württemberg und Pfalzgraf Ruprecht von Zweibrücken verhandeln. Herzog Ulrich willigte ein, da der Bund nur religiöse Ziele verfolge. Er bot an, die Hälfte des hessischen Beitrages zu bezahlen und forderte dafür eine Stimme im Bundestag, während der Landgraf und der sächsische Kurfürst zwei hatten. Auf dem Bundestag, der in Frankfurt vom 24. April bis 11. Mai 1536 abgehalten wurde, nahm man Württemberg in den Schmalkaldischen Bund auf. Wegen der zu bezahlenden Bundesanlage und der Anzahl der Stimmen sollte der Landgraf persönlich mit Herzog Ulrich verhandeln.

Der nächste Bundestag, der in Schmalkalden stattfand, hatte die Einberufung eines Konzils zum Gegenstand, die am 2. Juni 1536 durch eine päpstliche Bulle ergangen war. Eine der Grundforderungen der Reformation war die Abhaltung eines Konzils zur Abschaffung der Mißstände in der Kirche gewesen, deshalb stellte sich jetzt für die Protestanten die Frage, ob dieses vom Papst nach Mantua einberufene Konzil in der Lage sein würde, diese Aufgabe zu erfüllen. Man hat sich die Beantwortung dieser Frage nicht leicht gemacht; vor allem die Wittenberger Theologen urteilten in dieser Frage so, daß ihre Hoffnung, durch das Konzil eine Verbesserung der Kirche zu erreichen, deutlich wird. Der Kurfürst hingegen mußte das Konzil von der rechtlichen Seite betrachten, zumal nicht nur die Bischöfe, sondern auch die Fürsten geladen waren. Er bemängelte, daß das Konzil nicht frei, christlich und unparteilich sei und dazuhin noch im italienischen Mantua abgehalten werden solle. Die Bezugnahme auf frühere Konzile bestätigte diese und stellte sie nicht etwa in Frage. Das Problem war nun, ob man die Einladung überhaupt annehmen sollte, oder ob man damit schon den Papst als Richter in der religiösen Frage anerkenne. Ferner war zu prüfen, wie man das Konzil ablehnen könne, ohne den Kaiser zu verletzen. Zuletzt stellte sich noch die Frage des Widerstandsrechts für den Fall, daß Beschlüsse des Konzils durch den Kaiser mit Gewalt vollzogen werden würden.

Die Wittenberger Theologen waren zunächst der Ansicht, daß man das Konzil besuchen solle, um dort Rechenschaft von seinem Glauben abzulegen. Anders urteilten freilich die hessischen Theologen, die meinten, daß dieses Konzil nicht das geforderte sei und nicht besucht werden sollte. Der Landgraf forderte ein neues Bekenntnis und ein evangelisches Gegenkonzil. Davon rieten die Wittenberger ab, um nicht als Schismatiker in Verruf zu kommen. Sie billigten jedoch den Fürsten ein Widerstandsrecht gegen eine etwaige Exekution von Konzilsbeschlüssen zu. Für einen solchen Fall hatte Luther den Auftrag erhalten, die Punkte seiner Lehre, die er für unverzichtbar hielt, in Artikeln zusammenzufassen.

Entsprechend der Bedeutung der zu fällenden Entscheidung war der Bundestag in Schmalkalden, der vom 7. Februar bis 6. März 1537 dauerte, recht zahlreich besucht. Die Fürsten waren persönlich erschienen; sie und die übrigen Bundesstände hatten auch ihre Theologen mitgebracht. Über die Ablehnung des Konzils kam rasch ein Beschluß zustande, der die Linie des Kurfürsten bestätigte. Der kaiserliche Gesandte, Vizekanzler Dr. Held, trug den Wunsch des Kaisers vor, daß man das Konzil besuche. Er erhielt zur Antwort, daß der Papst auf dem Konzil Richter in eigener Sache sein wolle, so daß man dieses ablehnen und den Kaiser um ein anderes Konzil bitten müsse. Konsequent nahm daher der Kurfürst von dem päpstlichen Legaten, der ebenfalls erschienen war, die Konzilsbulle nicht an.

Die Theologen hatten die Aufgabe, im Blick auf etwaige Konzilsbeschlüsse die Augsburger Konfession durchzugehen und besonders Aussagen über die päpstliche Vorrangstellung und Autorität zu machen. Diesen Auftrag erfüllte Philipp Melanchthon mit seinem »Tractatus de potestate papae«, der von allen anwesenden Theologen gebilligt wurde. Die von Luther erarbeiteten Artikel, die nachmals als die Schmalkaldischen Artikel bekannt wurden, fanden in bezug auf die Aussagen zum Abendmahl den Widerspruch Bucers und seiner Freunde. Man sah deshalb davon ab, sie den Theologen zur Unterschrift vorzulegen, wenngleich auch die meisten unaufgefordert unterzeichneten. Das Ergebnis der Prüfung des Augsburger Bekenntnisses war, daß dieses – zusammen mit der Apologie – von den Theologen neu unterschrieben wurde. Zuletzt wurde Melanchthon noch damit beauftragt, eine offizielle Schrift mit der Begründung der Verwerfung des Konzils zu verfassen.

In der Antwort an den kaiserlichen Gesandten hatte man sich noch über das Reichskammergericht beschwert, das durch seine überwiegend katholische Besetzung parteiisch urteile. Man legte dar, daß die in den Prozessen zurückgeforderten Kirchengüter nicht entfremdet, sondern für kirchliche und wohltätige Zwecke verwendet werden würden. Die Kirchengüterfrage sollte noch die folgenden Tage des Schmalkaldischen Bundes beschäftigen.

Der Bundestag zu Braunschweig im Frühjahr 1538 hatte sich mit der Person Herzog Ulrichs von Württemberg zu befassen. Bekannt war sein schlechtes Verhältnis zu seinem einzigen Sohn Christoph, den er nach seiner Rückkehr 1534 in die Dienste des französischen Königs gegeben hatte, ohne ihm eine ausreichende Versorgung zu sichern. Der Straßburger Stättmeister Jakob Sturm hatte Landgraf Philipp darauf aufmerksam gemacht, daß der Erbe Herzog Ulrichs leicht in eine antievangelische Einstellung geraten und die Reformation des Landes nach seinem Regierungsantritt rückgängig machen könnte. Ferner bereitete ihm Sorge, daß Graf Georg, der Halbbruder Ulrichs, nach Christoph der nächste Erbberechtigte, immer noch unverheiratet war. In diesen Sorgen des vorausschauenden Straßburger Stättmeisters um die Zukunft der württembergischen Dynastie drückt sich einmal mehr die Schlüsselstellung des Herzogtums für die Reformation in Süddeutschland aus. Dies wurde offenbar auch von den anderen Bundesständen erkannt, denn auf dem Braunschweiger Tag wurde beschlossen, daß alle Bundesstände Vorkehrungen treffen sollten, um den Fortbestand des Evangeliums auch nach ihrem Tode oder Ausscheiden aus der Regierung zu sichern. Daß diese allgemein gehaltene Bestimmung zunächst für Herzog Ulrich galt, zeigt sich daran, daß eine Gesandtschaft an ihn abging, bestehend aus Jakob Sturm und dem hessischen Beamten Hermann von der Malsburg, um ihm die Aussöhnung mit seinem Sohn auch noch persönlich nahezulegen. Der Herzog zeigte sich allerdings unzugänglich, doch hatten die Gesandten den Eindruck, daß er die Wichtigkeit der Sache einsah.

Die württembergische Frage wurde alsbald überschattet von der allgemeinen Entwicklung, die auf eine kriegerische Auseinandersetzung zwischen den Schmalkaldenern und dem Kaiser hinzutreiben schien. Am 10. Juni 1538 hatten Karl V., König Ferdinand, die bayerischen Herzöge und andere katholische Fürsten den Nürnberger Bund geschlossen, der sich zwar wie der Schmalkaldische Bund als Defensivbündnis verstand, aber doch durch die beiderseitigen Rüstungen zur Verschärfung der Lage beitrug. Dies belegen die Nachrichten über die kriegerischen Vorbereitungen des Kaisers, die seitdem zwischen den Schmalkaldenern gewechselt wurden und die auch darin begründet waren, daß der Kaiser nach seinem Feldzug in Frankreich mit Franz I. Frieden geschlossen hatte und freie Hand zu haben schien.

Auf dem Bundestag zu Frankfurt im März 1539 bemühten sich deshalb die Kurfürsten von Brandenburg und der Pfalz mit Einwilligung des Kaisers zwischen den Schmalkaldenern und dem katholischen »Kontrabund« zu einem Friedensvertrag zu kommen. Mittlerweile gingen die beiderseitigen Rüstungen weiter. Der sonst in französischen Diensten stehende Landsknechtsführer Graf Wilhelm von Fürstenberg hielt sich im heimatlichen Ortenberg bereit, um gegebenenfalls die Führung der evangelischen Truppen zu übernehmen; Herzog Christoph, so wußte man zu berichten, sei ebenfalls aus Frankreich gekommen, um mit Hilfe seiner bayerischen Vettern seinen Vater zu vertreiben. Die Bereitschaft des in Spanien weilenden Kaisers zu Verhandlungen rührte von der erneuten Türkengefahr her. Dennoch kam es erst in wochenlangen schwierigen Verhandlungen zum »Frankfurter Anstand« vom 19. April 1539. Hiernach gewährte der Kaiser den gegenwärtigen Anhängern der Augsburger Konfession einen 15monatigen Waffenstillstand und die Suspendierung der schwebenden Reichskammergerichtsprozesse. Der Nürnberger Friede sollte ebenfalls für die jetzigen Anhänger der Konfession gelten. Der Kaiser versprach, etwa auf 1. August beide Teile zu einem Religionsgespräch nach Nürnberg einzuladen. Die protestantischen Stände hingegen verpflichteten sich zur Türkenhilfe. Große Schwierigkeiten hatte es bereitet, daß der Anstand nur für die gegenwärtigen Anhänger der Augsburger Konfession gelten sollte, also eine Erweiterung des Bundes nicht zuließ, andererseits aber eine Erweiterung des katholischen Bundes nicht ausgeschlossen wurde. Über diesen Punkt hatte in den Verhandlungen keine Übereinkunft erzielt werden können. Trotz dieses offenkundigen Mangels war der Abschluß des Frankfurter Anstands ein Fortschritt, da der Kaiser wieder Bereitschaft zu Verhandlungen mit den Evangelischen gezeigt hatte.

Zwei Tage vor Abschluß des Frankfurter Anstands starb Herzog Georg von Sachsen, der alte Gegner Luthers. Seine Nachfolge trat sein Bruder Heinrich an, der seit langem evangelisch gesinnt war und sogleich auch die Wittenberger Theologen nach Leipzig holte, um nun auch das albertinische Sachsen zu reformieren. Der Schmalkaldische Bund erfuhr durch diesen Umschwung eine wesentliche Stärkung.

## *Die Ära der Religionsgespräche und der Niedergang des Schmalkaldischen Bundes*

Trotz des Frankfurter Anstands hörten die Rüstungen des Kaisers und der Schmalkaldener nicht auf. Ein neuer Konflikt hatte sich durch den Tod des Herzogs Karl von Geldern im Jahre 1538 angebahnt. Der ohne Erbe verstorbene Herzog hatte zunächst mit Karl V. den Anfall von Geldern an das habsburgische Brabant vereinbart, gab dann aber dem Drängen seiner Stände nach und bestimmte Herzog Wilhelm von Kleve zum Erben. Herzog Wilhelm schien der Reformation geneigt, so daß die bevorstehende Auseinandersetzung zwischen ihm und dem Kaiser zugleich auch die beiden Religionsparteien auf den Plan rufen mußte.

Das mit dem Frankfurter Anstand geplante Religionsgespräch fand nicht in der vereinbarten Weise statt, da der Kaiser den Anstand weder ratifizierte noch gänzlich verwarf. Statt dessen wurde auf Juni 1540 zu einem Gespräch nach Speyer, dann nach Hagenau eingeladen, an dem König Ferdinand in Vertretung des Kaisers teilnahm. Kurfürst Johann Friedrich und Landgraf Philipp blieben dem Gespräch fern, da es nicht gemäß den Frankfurter Vereinbarungen stattfand. In der Tat wollte die katholische Seite unter Leitung des Bischofs Johann Fabri von Wien bei den Verhandlungen auf dem Augsburger Reichstag von 1530 anknüpfen, wo man sich über einige Punkte bereits geeinigt habe. Dem widersprachen die Evangelischen, unter denen sich Bucer, Capito, Calvin, Schnepf, Brenz, Osiander, Cruciger und Amsdorf befanden, und betonten, daß man sich in Augsburg über nichts geeinigt hätte und somit über das gesamte Bekenntnis disputiert werden müsse. In dieser Situation blieb nur noch die Möglichkeit einer Vertagung des Gesprächs. Erhard Schnepf hatte für den Schmalkaldischen Bundestag, der dem Hagenauer Gespräch vorausging, ein Bekenntnis von den hauptsächlichsten streitigen Artikeln des Glaubens erstellt, in dem er neun der wichtigsten Streitpunkte behandelte. Nach mehrmaliger Aufforderung durch Melanchthon veröffentlichte er dieses Bekenntnis 1545 und widmete es Herzogin Anna Maria, der Frau Herzog Christophs (Abb. 28).

Über dem Hagenauer Gespräch lag bereits der Schatten des Gerüchts von der Doppelheirat des Landgrafen Philipp. Dieser war mit einer Tochter Herzog Georgs von Sachsen verheiratet, der er aber längst abgeneigt war. Durch außereheliche Verhältnisse hatte er sich die Syphilis zugezogen, die 1539 zu einem gesundheitlichen Zusammenbruch führte, so daß er die Hauptmannschaft des Schmalkaldischen Bundes niederlegen wollte. Er beabsichtigte damals eine außereheliche Verbindung zu legalisieren. Seine Wahl fiel auf Margarete von Saale, eine Hofdame seiner Schwester. Martin Bucer erhielt den Auftrag, unter Hinweis auf die angebliche Gewissensnot des Landgrafen bei den Wittenberger Theologen die Zustimmung zu einer zweiten Eheschließung zu erreichen. Luther gab diese nur als einen Rat, wie man ihn in der Beichte gibt, das heißt unter Ausschluß der Öffentlichkeit. Danach sollte diese Nebenehe nur zur Beruhigung des Gewissens des Landgrafen geschlossen werden, darüber hinaus aber keine rechtliche Bedeutung haben dürfen. Die am 4. März 1540 stattgefundene Eheschließung blieb selbstverständlich nicht geheim, so daß der Tatbestand der Bigamie erfüllt war. Der Landgraf hatte sich damit in die Hand des Kaisers gegeben, denn er konnte nicht erwarten, daß ihm die Verbündeten beistehen würden, wenn der Kaiser ihn wegen der Doppelehe bestrafte. So äußerten sich die württembergischen wie auch andere Theologen strikt ablehnend gegen die Doppelehe. In der Folgezeit mußte der Landgraf sich das Stillhalten des Kaisers durch Zugeständnisse erkaufen. Die Stellung des Schmalkaldischen Bundes als politischer Kraft im Reich, die seit dem württembergischen Feldzug 1534 noch stärker geworden war, wurde dadurch erheblich geschwächt.

Da der Kaiser jetzt der weiteren Entwicklung ruhig zusehen konnte, wurde das ursprünglich auf den 18. November einberufene Wormser Religionsgespräch mit nur einem Monat Verspätung begonnen, gleichzeitig wurde auch ein Reichstag nach Regensburg ausgeschrieben. In Worms traf eine Reihe von Theologen beider Seiten zusammen. Von den Protestanten gehörten dazu Melanchthon, Bucer, Capito, Calvin, Wenzeslaus Link, Andreas Osiander, Schnepf, Brenz und Frecht. Der größte Teil der Zeit wurde mit Vorverhandlungen über die Formalien des Gesprächs zugebracht, obwohl der Hagenauer Abschied recht eindeutige Aussagen darüber gemacht hatte. Da jede Seite elf Stimmen haben sollte, bestand für die Katholiken die Gefahr, überstimmt zu werden, da Brandenburg, Pfalz und Jülich der evangelischen Seite zuneigten. Der kaiserliche Bevollmächtigte Granvella verlangte daher, daß jede Partei für sich abstimme und nur eine Stimme abgebe. Ebenfalls in Abweichung vom Hagenauer Abschied forderte man von den Evangelischen eine Aufstellung derjeniger Punkte, in denen sie nicht nachgeben zu können glaubten. Diese beharrten statt dessen auf dem vereinbarten Verfahren, daß die Augsburger Konfession und die Apologie durchberaten werden sollten.

Während dieser Vorverhandlungen hatte Granvella unter Ausnützung der durch die Doppelehe des Landgrafen entstandenen Situation Geheimverhandlungen zwischen Bucer, Capito und dem Kölner Theologen Johannes Gropper zustande gebracht. Gropper gehörte der vermittelnden erasmianischen Richtung an und vermochte sich mit den Straßburgern über die Fragen der Erbsünde und der Rechtfertigung, Schrift und Tradition sowie der Zeremonien zu verständigen, zumindest gelang es den beiden Parteien, sich gegenseitig nahezukommen. Sie erarbeiteten einen Vergleichsentwurf, nach dessen Fertigstellung Granvella das offizielle Gespräch abbrach, um es während des bereits ausgeschriebenen Reichstags in Regensburg fortzusetzen.

Der Versuch, das von Bucer und Gropper erarbeitete Wormser Buch zur allgemeinen Anerkennung zu bringen, schlug allerdings fehl, weil die vorgeschlagenen

Formulierungen einerseits einen Bruch mit der dogmatischen Tradition der katholischen Kirche bedeuteten, andererseits aber die gottesdienstliche Praxis und die Hierarchie der Papstkirche unangetastet ließen.

Der Regensburger Reichstag wurde in Anwesenheit des Kaisers am 5. April 1541 eröffnet. In seiner Proposition für den Reichstag legte der Kaiser seinen Plan für das Religionsgespräch dar, wonach einige wenige Personen die strittigen Punkte prüfen und darüber berichten sollten, so daß man sich deswegen mit dem Papst in Verbindung setzen könne. Als Gesprächsgrundlage wurde den genannten Theologen das Wormser Buch vorgelegt. Bei den Verhandlungen gab es allerdings Uneinigkeit über die Rechtfertigungslehre. Eine neue Formel wurde zwar gefunden, auf die sich alle einigen konnten, doch stellte es sich bald heraus, daß sie zu undeutlich war und letztlich keine der beiden Seiten befriedigen konnte. Beim Artikel von der Messe trennten sich die Wege bei der Transsubstantiationslehre, so daß dieser Punkt unentschieden bleiben mußte. Ebenso verhielt es sich mit der Beichte und Absolution und erst recht bei der Lehre von der Kirche, bei der die Stellung des Papstes zum entscheidenden Punkt wurde.

Im Ergebnis hatte man also nur in einigen wenigen Punkten Einigung erzielt, in erheblich mehr Punkten aber Uneinigkeit feststellen müssen. Versuche, auf politischem Wege noch zu einer Einigung zu kommen, schlugen fehl. Auch der Gedanke einer interimistischen Reichsreligion auf der Grundlage der Artikel, über die Einmütigkeit erzielt worden war, während die übrigen bis zu einem Konzil geduldet werden sollten, fand auf beiden Seiten keine Gegenliebe. Erst in der politisch veränderten Situation nach dem Schmalkaldischen Krieg konnte den Evangelischen eine solche Lösung vorgeschrieben werden.

Das Religionsgespräch von Regensburg endete also da, wo es begonnen hatte. Selbstverständlich wurde jetzt wieder der Konzilsgedanke aufgebracht, wobei die Evangelischen sofort betonten, daß sie kein päpstliches Konzil beschicken würden. Der Reichsabschied bestätigte deshalb den Abschied von Augsburg, d.h. die Aussetzung des Wormser Edikts, und den Nürnberger Frieden für weitere 18 Monate, innerhalb derer man ein General- oder Nationalkonzil erwartete. Falls dieses nicht eintreten sollte, wollte man auf einem Reichstag eine Einigung herbeiführen. Zusätzlich zum Reichsabschied erging eine Erklärung des Kaisers, wonach er den Protestanten ihren Besitzstand garantierte, die Reformation von Kirchen und Klöstern in ihren Gebieten zuließ und am Reichskammergericht Parität einführen wollte. Außerdem sollten die von diesem Gericht angestrengten Prozesse eingestellt werden.

Da die religiöse Einigung auf dem Weg des Kolloquiums einmal mehr gescheitert war, mußte der Kaiser für dieses wichtige Ziel seiner Politik andere Wege suchen. Der Vorbereitung seiner weiteren Politik diente ein Vertrag mit dem Landgrafen, der ihm versprechen mußte, keine auswärtigen Bündnisse, etwa mit dem König von Frankreich, abzuschließen, den Kaiser bei allen Bündnissen als möglichen Gegner auszunehmen und die Aufnahme des Herzogs von Kleve in den Schmalkaldischen Bund zu verhindern. Hierfür sicherte ihm der Kaiser Verzeihung für alle seine bisher begangenen Vergehen zu.

Einstweilen machte die evangelische Seite noch Fortschritte. Im Bistum Naumburg ließ der sächsische Kurfürst nach dem Tod des bisherigen Bischofs 1542 Nikolaus von Amsdorf als protestantischen Bischof einsetzen und das Stift reformieren. Das Domkapitel hatte allerdings Julius Pflug zum Bischof gewählt, der 1545 vom Kaiser auch mit dem Bistum belehnt wurde. Damit war der Anspruch des Kurfürsten auf Landsässigkeit des Bistums abgelehnt. Erst die Ereignisse des Schmalkaldischen Krieges ermöglichten es Pflug, sein Bistum – wenigstens kurzfristig – in Besitz zu nehmen.

Zum vordringlichsten Problem war inzwischen die Türkengefahr geworden, da Sultan Soliman am 2. September 1541 Ofen erobert hatte. Der am 9. Februar 1542 eröffnete Reichstag in Speyer hatte deshalb vornehmlich mit dieser Frage zu tun. Besonders von den protestantischen Städten wurde »Frieden und Recht« als Gegenleistung verlangt, nämlich ein beständiger Friede für die Evangelischen, die paritätische Besetzung des Reichskammergerichts und die Suspendierung der Religionsprozesse. Unglücklicherweise wurde damit die Frage des Stimmrechts der Städte auf den Reichstagen verknüpft, so daß die evangelischen Städte durch den damit heraufbeschworenen Gegensatz zu den Fürsten mit der Forderung nach Frieden und Recht allein standen, während sie die Türkenhilfe nicht verweigern konnten, um sich nicht angesichts der drohenden Gefahr schuldig zu machen. Immerhin sicherte der König den Protestanten in einer allerdings reichsrechtlich nicht bindenden Erklärung einen fünfjährigen Frieden und die Visitation des Reichskammergerichts zu.

Während des ohne besonderen Nachdruck geführten Feldzugs gegen die Türken im Sommer 1542 spielten sich auch im Reich kriegerische Ereignisse ab. Zwischen Kurfürst Johann Friedrich von Sachsen, dem Landgrafen Philipp und Herzog Heinrich von Braunschweig-Wolfenbüttel hatte schon einige Zeit eine Feindschaft bestanden, die sich vor allem auch in einer regen Flugschriftenproduktion äußerte. Eine Achterklärung des Reichskammergerichts gegen die Stadt Goslar, die dem Schmalkaldischen Bund angehörte, zugunsten des Herzogs gab für die beiden Bundeshauptleute den Anlaß zum Eingreifen, um damit den gefährdeten Städten Goslar und Braunschweig zu Hilfe zu kommen. In einem raschen Feldzug wurde das Herzogtum besetzt, unter eine kommissarische Regierung gestellt und reformiert. Die Frage, ob und in welcher Weise Braunschweig dem Herzog oder seinen Söhnen restituiert werden sollte, beschäftigte alle künftigen Bundestage der Schmalkaldener. Selbstverständlich ließ der vertriebene Herzog nichts unversucht, den Kaiser zur Hilfe zu bewegen. Bei einem Versuch, 1545 das Herzogtum wieder einzunehmen, geriet Herzog Heinrich in die Gefangenschaft des Landgrafen und gewann erst nach der Schlacht von Mühlberg die Freiheit und sein Land zurück.

Der Nürnberger Reichstag vom 24. Juli bis 26. August 1542 war selbstverständlich durch den gleichzeitig stattfindenden braunschweigischen Feldzug belastet. Hauptthema war wieder die Türkenhilfe, gegen die sich vor allem die Städte sträubten, da ihnen die Hauptlast zufiel. Die Meinungsverschiedenheit zwischen Städten und Fürsten zeigte sich weiterhin an der Frage des städtischen Stimmrechts und in der Stellung zum Reichskammergericht, das die evangelischen Fürsten ganz ablehnen wollten, während es den Städten doch immerhin noch einige Rechtssicherheit bot. Diese Recusation des Reichsgerichts erfolgte dann durch Beschluß eines Schmalkaldischen Bundestages am 4. Dezember, weil das Gericht sich für den vertriebenen Herzog Heinrich einsetzte.

Der zweite Nürnberger Reichstag dieser Epoche, der im Januar 1543 eröffnet wurde, hatte nicht nur die Türkenfrage, sondern auch das geldrische Problem zum Thema. Trotz der Entschlossenheit der Schmalkaldener, diesmal »Frieden und Recht« im Reichsabschied verankert zu wissen, erreichten sie nur eine Zusage der Visitation des Kammergerichts, so daß sie gegen den Abschied protestierten.

Nach Abschluß dieses Reichstages kam der Kaiser aus Spanien, um die geldrische Frage selbst in die Hand zu nehmen. Schon 1542 waren die Franzosen zusammen mit dem geldrischen Kriegsobersten in den habsburgischen Niederlanden eingefallen, so daß der Kaiser schon deswegen Grund zum Eingreifen hatte. Der Versuch des Herzogs Wilhelm von Kleve, der sich seither auf sein Bündnis mit Frankreich verlassen hatte, jetzt die Schmalkaldener zur Parteinahme für seine Sache zu bewegen, scheiterte am Widerstand des Landgrafen. Dem Kaiser gelang es deshalb, in einem kurzen Feldzug den Herzog zu besiegen, der im Vertrag von Venlo vom 7. September 1543 auf Geldern und Zütphen verzichten mußte, ebenso aber auch auf auswärtige Bündnisse und kirchliche Neuerungen.

Noch zu Beginn des Jahres 1540 hatten der Landgraf und der Kurfürst von Sachsen, die jetzt dem geldrischen Feldzug untätig zusahen, einmütig erklärt, Geldern nicht in die Hand des Kaisers fallen zu lassen. Dieser hatte aber jetzt eine Position am Niederrhein gewonnen, die es ihm ermöglichte, zu verhindern, daß der Protestantismus dort weiter Fuß faßte. Dies stand besonders im Kölner Erzstift bevor, denn Erzbischof Hermann von Wied hatte schon längere Zeit eine Reform seiner Kirche geplant und hierfür schon 1536 ein Provinzialkonzil veranstaltet. Mit protestantischen Gelehrten und Fürsten war er in freundschaftlichem Verkehr gestanden. Seine Reformbemühungen hatte er mit neuer Tatkraft aufgenommen, nachdem der päpstliche Legat Contarini auf dem Regensburger Reichstag 1541 die deutschen Bischöfe ermahnt hatte, ihre geistlichen Pflichten wahrzunehmen und für Predigt und Unterricht zu sorgen.

Im Februar 1542 war Bucer nach Köln gekommen, um zusammen mit Johannes Gropper, den er vom Wormser Gespräch 1540/41 kannte, die Reform durchzuführen. Die maßgeblichen Kräfte im Erzstift waren geteilter Meinung; der Kölner Rat und das Domkapitel lehnten die Reform ab, während die Landstände sie bejahten. Schließlich gerieten auch Bucer und Gropper auseinander, und der letztere legte einen eigenen Reformentwurf vor. Der Papst versuchte in mehreren Appellen, den Erzbischof von der Reform abzuhalten, und auch der Kaiser forderte ihn auf, die Reformen bis zum Konzil zu verschieben. Der Erzbischof wurde im April 1546 vom Papst seines Amtes entsetzt und mußte nach dem Schmalkaldischen Krieg auch wirklich verzichten. Die Reformation des Kölner Erzstifts war damit gescheitert. Vergeblich hatte Erzbischof Hermann – wie zuvor Herzog Wilhelm von Kleve – Unterstützung bei den Schmalkaldenern gesucht. Der Schwächezustand des Bundes, in dem er sich seit der Doppelehe des Landgrafen befand, vereitelte auch in

Köln einen nachdrücklichen Einsatz für die evangelische Sache. Für den Kaiser war aber seit dem Sieg im geldrischen Feldzug klar, daß es möglich sein mußte, eine Lösung der religiösen Frage auf kriegerischem Wege zu finden.

Der am 20. Februar 1544 in Speyer eröffnete Reichstag stand unter dem Eindruck des geldrischen Sieges des Kaisers. Dieser vermochte den Mißerfolg zu verdecken, den er bei dem Versuch erlitten hatte, die 1541 in Regensburg gemachte Zusage eines Konzils binnen 18 Monaten einzulösen. Das auf Allerheiligen 1542 nach Trient einberufene Konzil war nämlich auf Grund des Widerstands des französischen Königs und der Uninteressiertheit der deutschen und italienischen Prälaten nicht zustande gekommen. Der Kaiser forderte auf dem Reichstag Hilfe gegen Frankreich und die Türken, die ihm auch von den Protestanten zugesichert wurde, da sich Landgraf Philipp dafür verwandte. Es war Karl damit gelungen, die protestantischen Fürsten von ihrem alten Verbündeten, dem französischen König, zu trennen. Zwar wurde die alte evangelische Forderung nach »Frieden und Recht« wieder erhoben, doch wieder nur in unverbindlicher Form zugesagt. Immerhin sollte, falls das Konzil nicht stattfand, eine Reformation durch einen Reichstag, der damit ein deutsches Nationalkonzil geworden wäre, beschlossen werden. Der Protest des Papstes dagegen beirrte den Kaiser nicht. Er unternahm nach Beendigung des Reichstags sogleich den Feldzug gegen Frankreich, der nach kurzer Zeit zum Frieden von Crépy vom 14. September 1544 führte. In einem Geheimvertrag sicherte Franz I. dem Kaiser Hilfe gegen die Türken und die von der Kirche Abgefallenen zu, ebenso auch die Beschickung eines künftigen Konzils. Damit war auch der französische König von den deutschen Protestanten isoliert.

Nach den Beschlüssen des letzten Speyrer Reichstags und dem Frieden von Crépy sah sich der Papst gezwungen, sich mit der Konzilsfrage näher zu befassen. Die Kirchenversammlung wurde auf den 15. März 1545 nach Trient einberufen. Zu diesem Zeitpunkt war freilich noch kaum jemand am Ort des Konzils eingetroffen. Auf dem am 24. März in Worms eröffneten Reichstag verlangte König Ferdinand, daß nur politische Angelegenheiten verhandelt und die religiöse Frage an das Konzil verwiesen werden sollten. Die Protestanten forderten die Zusicherung, daß sie das vom Papst geleitete Konzil nicht anzuerkennen brauchten, und erneuerten die alte Forderung nach »Frieden und Recht«. Dies hatte um so größere Bedeutung, als der Kaiser die früheren befristeten Friedenszusagen mit dem Beginn des Konzils für beendet ansah.

Karl V. besuchte nur kurz den Reichstag und zog dann weiter nach Rom, wo er mit Papst Paul III. einen Vertrag schloß, der beträchtliche finanzielle und militärische Hilfen für den bevorstehenden Feldzug des Kaisers gegen die Protestanten vorsah. Gleichwohl eilte er nicht mit den weiteren Kriegsvorbereitungen. Den Protestanten wurde auf dem Reichstag lediglich ein neues Religionsgespräch zugestanden. Diese hingegen erklärten, daß sie das Konzil nicht anerkennen würden, und verwarfen aufs neue das Reichskammergericht.

In diesen Zeitraum fiel das endgültige Scheitern der Kölner Reformation, aber auch der Sieg des Landgrafen über Herzog Heinrich von Braunschweig, der versucht hatte, sein Land wieder einzunehmen. Wichtiger wäre es freilich gewesen, dem Erzbischof von Köln beizustehen, der vergeblich um die Hilfe der Schmalkaldener nachsuchte. Auch die Aufnahmegesuche des Pfälzer Kurfürsten und des Bischofs von Münster beschied man abschlägig.

Das in Worms erneut zugestandene Religionsgespräch begann am 27. Januar 1546 in Regensburg. Von der evangelischen Seite nahmen Bucer, Brenz, Schnepf und Major, dann auch Veit Dietrich teil. Auch jetzt nahmen die Vorverhandlungen über den Gesprächsmodus wieder breiten Raum ein. Die Protestanten bestanden auf einem zeitraubenden Verfahren, das die exakte Berichterstattung sicherstellen sollte. Als der Kaiser dieses ablehnte, brachen sie das Gespräch am 10. März ab und verließen bald darauf die Stadt. Während des Gesprächs traf die Nachricht vom Tod Martin Luthers am 18. Februar ein.

Der Reichstag wurde erst am 5. Juni eröffnet. Sein Beginn war überschattet von dem im April an dem evangelischen Spanier Juan Diaz in Neuburg/Donau durch dessen Bruder verübten Mord. Besonders erregt waren die Protestanten darüber, daß der in Innsbruck gefaßte Brudermörder vom Kaiser nicht bestraft wurde, weil er religiöse Motive vorwandte. In diesem aufsehenerregenden Vorfall sah man zukünftige Ereignisse angedeutet. Die kaiserliche Proposition nannte als wichtigste Themen des Reichstags die Religion und die Frage von Frieden und Recht. Die Katholiken hingegen wollten die religiöse Frage vom Konzil behandelt wissen, während die Protestanten ein freies Konzil oder eine Nationalversammlung, wenigstens aber die Weitergeltung der bisherigen Friedenszusagen forderten. Die kaiserlichen Rüstungen, die schon längere Zeit beobachtet wurden, veranlaßten die Protestanten am 12. Juni zu der Frage, gegen wen diese gerichtet seien. Der Kaiser erwiderte, daß er gegen ungehorsame Fürsten vorgehen werde. Dies war eine Kriegserklärung, doch ging der Reichstag nicht sofort auseinander, die Sitzungen wurden noch eine Zeitlang fortgesetzt. Der Abschied vom 24. Juli verschob dann die weiteren Beratungen auf den nächsten Reichstag.

Währenddessen hatte der Kaiser noch letzte Vorbereitungen für den Krieg getroffen; vor allem sicherte er seine Pläne durch verschiedene Verträge ab, wie mit dem evangelischen Herzog Moritz von Sachsen, dem Schwiegersohn des Landgrafen, dem bei einem Erfolg des Unternehmens die Kurfürstenwürde winkte. Auf seine Seite brachte der Kaiser auch die brandenburgischen Markgrafen Hans von Küstrin und Albrecht Alcibiades von Kulmbach. Die eigentliche Kriegserklärung bildete die Verhängung der Reichsacht gegen den sächsischen Kurfürsten und den Landgrafen wegen Bruch des Landfriedens durch die Vertreibung des Herzogs Heinrich von Braunschweig. Zur Vollstreckung der Reichsacht hatte der Kaiser bereits ein zahlreiches Heer gesammelt.

## *Württemberg im Schmalkaldischen Bund*

Auf dem wichtigen Bundestag zu Schmalkalden vom 7. Februar bis 6. März 1537 war Herzog Ulrich persönlich erschienen in Begleitung seines Rats Balthasar von Gültlingen und der Theologen Schnepf, Blarer und Öttinger. Dies war das erste und einzige Mal, daß Ulrich einen Bundestag der Schmalkaldener besuchte; während seiner zweiten Regierungszeit war er aber auch auf keinem der zahlreichen Reichstage zu finden. Er ließ sich stets durch seine Räte vertreten, gegebenenfalls entsandte er auch seine Theologen, sich selber ließ er aber immer aus gesundheitlichen Gründen entschuldigen. Doch war seine Gesundheit nicht gar so schlecht, denn er widmete sich oft und gerne der Jagd. Vielmehr scheinen ihm diese Versammlungen nicht sehr zugesagt zu haben. Immerhin fiel er auf dem Schmalkaldener Bundestag durch seine Bescheidenheit auf, da er anläßlich eines Rangstreits äußerte, daß man ihn auch hinter den Ofen setzen könne, wenn nur der Zweck der Versammlung erreicht werde.

Herzog Ulrich hatte etwas gezögert, dem Schmalkaldischen Bund beizutreten. Der für dieses Zögern stets angegebene Grund, daß ihn der kursächsische Theologe Johann Agricola in seiner Sprichwörtersammlung in unziemlicher Weise angegriffen habe, dürfte wohl nur eine Äußerlichkeit gewesen sein. Zwar leistete Agricola 1536 Abbitte beim Herzog und wurde auch nicht zum Schmalkaldener Bundestag mitgenommen, doch dürfte die zögernde Haltung Ulrichs gegenüber dem Schmalkaldischen Bund noch andere Gründe haben. Der Kaadener Vertrag hatte nicht nur hinsichtlich der theologischen Richtung der württembergischen Reformation die Weichen gestellt, er band auch durch die Afterlehenschaft den Herzog fester an das Haus Habsburg als andere Reichsfürsten. Ulrichs Politik ist deshalb gekennzeichnet von einer gewissen Vorsicht, wohl eine Lehre, die er aus seinem bisherigen Schicksal gezogen hatte.

Gleichwohl hatte es geraume Zeit gedauert, bis Herzog Ulrich zu dieser Politik der Vorsicht fand. Ein Zeichen dafür ist sein langes Zögern, den Kaadener Vertrag zu ratifizieren und den Lehenseid zu leisten. Die Belehnung erfolgte im Sommer 1535, gleichzeitig wurde der Wiener Vertrag abgeschlossen, dem Ulrich entnehmen konnte, daß König Ferdinand die Reformation des Landes zumindest duldete. Fortan war sich Herzog Ulrich bewußt, welche Fesseln ihn an das Haus Habsburg banden; er hat deshalb die Bündnisprojekte, die in den Jahren nach 1534 erwogen wurden, nur distanziert betrachtet.

Das Werben des Schmalkaldischen Bundes um den Beitritt Württembergs war freilich nicht ohne Kritik in den eigenen Reihen. Nicht nur der sächsische Kurfürst, sondern vor allem die Städte, namentlich die unmittelbar an das Herzogtum angrenzenden wie Esslingen, Reutlingen und Ulm, begegneten dem Herzog nach wie vor mit Vorbehalten, die nicht unbegründet waren. Ulm hatte während der österreichischen Zeit die Herrschaft Heidenheim gekauft, die Ulrich nicht auslösen wollte, sondern einfach zurückforderte, Reutlingen stellte Schadenersatzansprüche wegen des Überfalls 1519 und mit Esslingen bahnten sich Konflikte an, die später zu einer schweren Belastung des Schmalkaldischen Bundes werden sollten. Es bedurfte deshalb des politischen Einsatzes des Landgrafen und des Straßburger Stättmeisters Jakob Sturm wie auch der Einlösung Heidenheims, um den Eintritt Württembergs in den Schmalkaldischen Bund vorzubereiten. Dennoch versah Ulrich seine Beitrittserklärung mit dem Vorbehalt, daß er Mitglied werden wolle, soweit es sich um Religions- und Kirchensachen handele.

Ohne den Schmalkaldischen Bund hätte die württembergische Reformation jedoch schwerlich Bestand gehabt. So mußte in Kauf genommen werden, daß eine Konfrontation zwischen dem Bund und dem Kaiser für Herzog Ulrich den Bruch des Lehenseides bedeutete. Anders wären aber die Gefährdungen, denen Württemberg ausgesetzt war, nicht zu bestehen gewesen. Dazu zählte vor allem der Konflikt mit Bayern, der durch die Verweigerung einer Apanage für die Herzogin Sabina, die Gemahlin Herzog Ulrichs, die sich 1515 von ihm getrennt hatte, noch eine besondere Note erhielt. Die von Bayern ausgehende Gefährdung für Ulrich erhöhte sich dadurch, daß die Wittelsbacher mit Herzog Christoph einen legitimen Prätendenten für die württembergische Herzogswürde ins Feld führen konnten. Die Konfrontation verlief durch die stets umgehenden Nachrichten von Rüstungen beider Seiten jahrelang am Rande einer militärischen Auseinandersetzung, und nur dem Einsatz des Landgrafen und des Pfalzgrafen Ottheinrich war es zu verdanken, daß es schließlich 1541 im Lauinger Vertrag zu einer Verständigung zwischen Württemberg und Bayern kam.

Bei der Auseinandersetzung mit den Reichsstädten, die in jedem Fall die schwächeren Partner waren, handelte es sich um die traditionellen Konflikte wegen verschiedener Hoheitsrechte, wobei freilich das evangelische Esslingen keinen Vorzug genoß vor den katholischen Städten Schwäbisch Gmünd und Rottweil. In dem seit 1541 schwelenden Streit mit Esslingen, bei dem es die Stadt auch nicht an Unnachgiebigkeit fehlen ließ, ging es um angebliche Wildfrevel der Bürger. Die Auseinandersetzung steigerte sich bis zur Proviantsperre, die der Herzog über die Stadt verhängte, die ihrerseits kaiserliche Mandate gegen ihn erwirkte. Noch 1544/45, als die Bedrohung der Protestanten durch den Kaiser längst klar sein mußte, hielt der Konflikt an und stand kurz vor einer gewaltsamen Auseinandersetzung, so daß sich die Schmalkaldischen Bundesstände darüber klar werden mußten, ob sie Esslingen bei einem württembergischen Angriff beistehen würden oder nicht. So mußten sich wieder Straßburg und Hessen ins Mittel legen, da der Streit allmählich zu einer schweren Schädigung der evangelischen Sache wurde.

Das Verhältnis zu den übrigen Bundesständen war auf theologischem Gebiet nicht so problematisch, wie man anfangs befürchtet hatte. Allmählich wurde der Wechsel ins lutherische Lager vollzogen, der mit der Entlassung Blarers im Mai 1538 abgeschlossen war. In anderer Hinsicht verursachte Württemberg allerdings Schwierigkeiten, nämlich in der Kirchengüterfrage. Es lag im lebenswichtigen Interesse der protestantischen Stände, daß in dieser Frage nach einheitlichen, allgemein anerkannten Normen verfahren wurde. Nur so konnte die reichsrechtliche Anerkennung der Umwidmung der Kirchengüter für kirchliche, schulische und wohltätige Zwecke erreicht und die zahlreichen am Reichskammergericht anhängigen Prozesse abgewendet und »Frieden und Recht« erlangt werden. Dies konnte freilich nicht gelingen, wenn kirchliches Gut als fürstliches Kammergut betrachtet wurde, wie dies Herzog Ulrich tat. Wenn auch in Württemberg versucht wurde, die evangelische Kirche des Landes durch die Maßnahmen der Visitationen mit der notwendigen materiellen Grundlage zu versehen, so mußte doch die Säkularisation des Kirchenguts der gegnerischen Propaganda die besten Argumente liefern. Bereits am 18. Oktober 1536 legte der Herzog dem Landgrafen dar, wie man mit dem Personal der alten Kirche verfahre, nachdem ihn Philipp darauf aufmerksam gemacht hatte, daß am königlichen Hof allerhand böse Gerüchte über die württembergische Reformation umgingen. Nach Ulrichs Darstellung verlief alles in geordneten und rechtlich begründeten Bahnen: die Behandlung der Pfarrer, Mönche und Nonnen entbehrte darüber hinaus nicht einer sozialen Komponente, die vor allem daran sichtbar wird, daß es noch Jahre später alte Kapläne im Land gab, die mit der Reformation nichts anzufangen wußten, aber dennoch ruhig auf ihren alten Stellen ein nicht zu knapp bemessenes Gnadenbrot verzehrten. Nichtsdestoweniger blieb die Kirchengüterfrage ein wichtiges Thema bei allen Bundestagen, wie etwa 1540 in Schmalkalden, wo die württembergischen Gesandten Wilhelm von Massenbach und Dr. Philipp Lang ausführlich Rechenschaft ablegten.

Außer der reichlichen Versorgung von Pfarreien, Schulen, Universität, Spitälern und Armenkästen nennt der Schmalkaldener Rechenschaftsbericht keine weiteren Verwendungszwecke. Es wird lediglich erwähnt, daß der Überschuß gesondert verrechnet werde. Dieser Überschuß wurde, da der Herzog nicht mehr die kostspielige Hofhaltung seiner ersten Regierungszeit hatte, für die hessischen Kriegskosten, die Wiedereinlösung der verpfändeten Landesteile, für die Befestigung des Landes, dann aber auch für die Kosten des Schmalkaldischen Krieges, das heißt für die Rüstung und Unterhaltung des Heeres, aber auch für die immense, dem Kaiser zu zahlende Kriegsentschädigung verwendet.

Zunächst sind große Summen in den Ausbau der Landesverteidigung gesteckt worden, in den Umbau mittelalterlicher Burgen zu modernen Festungen, wie Hohenurach, Hohenneuffen und Hohenasperg sowie für die Befestigung von Schorndorf und Kirchheim/T. Dieser Festungsgürtel hatte die Aufgabe, das Kerngebiet des Herzogtums zu decken, er besaß also defensiven Charakter und entsprach damit der Politik Ulrichs, die auf Vermeidung einer allzu eindeutigen Parteinahme, soweit sie gegen das Haus Habsburg hätte gerichtet sein können, ausging. Diese Grundhaltung wird besonders deutlich in der Braunschweiger Angelegenheit 1542, mit der Herzog Ulrich gar nichts zu tun haben wollte, was sogar so weit führte, daß sich Württemberg weigerte, die Rechnungslegung der beiden Bundeshauptleute über den Feldzug entgegenzunehmen. Das Votum Herzog Ulrichs für die Wiedereinsetzung des vertriebenen Herzogs Heinrich war sicher nicht nur begründet durch fürstliche Solidarität und eigene bittere Erfahrungen. Vielmehr hat Ulrich klar erkannt, daß das Vorgehen gegen den Herzog, der zudem noch Mitglied des katholischen Nürnberger Bundes war, für den Kaiser ein Anlaß zum Krieg sein konnte. Dies traf ein, Karl V. erklärte am 20. Juli 1546 die Reichsacht gegen Landgraf Philipp und Kurfürst Johann Friedrich wegen Landfriedensbruchs durch die Vertreibung des braunschweigischen Herzogs.

*Quellen und Literatur:*

*Franz Lau* und *Ernst Bizer*, Reformationsgeschichte Deutschlands bis 1955, Die Kirche in ihrer Geschichte, Bd. 3K, Göttingen (1969). – Politisches Archiv des Landgrafen Philipp des Großmütigen von Hessen, Bd. 1–2 bearb. von *Friedrich Küch,* Publikationen aus den k. preußischen Staatsarchiven 78 u. 85 (1904 u. 1910), Bd. 3–4 bearb. von *Walter Heinemeyer,* Veröffentlichungen der

Histor. Kommission für Hessen und Waldeck 24, 1–2 (1954–1959). – Politische Correspondenz der Stadt Straßburg im Zeitalter der Reformation, Bd. 2–3 bearb. von *Otto Winkelmann*, Straßburg (1887–1898). – *Hanns Rückert*, Die Bedeutung der württembergischen Reformation für den Gang der deutschen Reformationsgeschichte, in: BWKG 38 (1934) S. 267–280. – WKG.

# Der Schmalkaldische Krieg

## *Der Donaufeldzug*

Es war unklar, wo der Kaiser angreifen würde, ob von Österreich aus nach Süddeutschland, von Böhmen nach Sachsen oder von den Niederlanden nach Hessen. Zu dieser Ungewißheit gesellte sich trotz der bislang durchgesickerten Nachrichten die Unkenntnis der Schmalkaldener über die ganz Europa umfassenden vertraglichen Abmachungen, mit denen der Kaiser sein Vorhaben vorbereitet und abgesichert hatte. Einstweilen rüsteten die Stände des Schmalkaldischen Bundes an drei Zentren, in Hessen, Sachsen und in Schwaben. Die oberdeutschen Städte und Württemberg veranstalteten Werbungen, durch die sie am Sammelplatz Göppingen 10 000 Knechte und 800 Reiter zusammenbrachten. Zusätzlich stellte Württemberg noch ein Landesaufgebot von 12 000 Mann auf. Württemberg trug auch die Hauptlast der oberdeutschen Truppenwerbung und der Unterhaltung des Heeres.

Der Kaiser war mit seiner Truppenwerbung in Süddeutschland nicht sehr erfolgreich, doch er konnte sich auf Zuzug aus Italien und Spanien verlassen. Zum Hauptmann des oberdeutschen Fußvolks der Schmalkaldener hatte der Landsknechtsführer Sebastian Schertlin von Burtenbach gewonnen werden können, der sich auf den oberitalienischen Schlachtfeldern schon längst einen Namen gemacht hatte. Seiner zupackenden Art entsprach es, sofort die Werbeplätze des Kaisers in Oberschwaben anzugreifen und damit die Aufstellung eines Heeres zu verhindern. Aus dieser Unternehmung entwickelte sich der Handstreich auf die Ehrenberger Klause bei Reutte, südlich von Füssen, am 10. Juli 1546. Mit dieser ersten Aktion des Schmalkaldischen Krieges wäre der Weg nach Tirol zur Sperrung der Alpenpässe offen gewesen, wodurch der Kaiser von seinem Zuzug aus Italien und Spanien hätte abgeschnitten werden können.

Der Vorteil, den man mit der Einnahme der Ehrenberger Klause in der Hand hatte, wurde jedoch nicht wahrgenommen; man fürchtete, mit einem Eingreifen in Tirol König Ferdinand gegen den Schmalkaldischen Bund aufzubringen. Dies ist kennzeichnend für die Situation der Verbündeten, die die Konfrontation nicht ausweiten wollten, obwohl der Kaiser schon alle wichtigen Kräfte in einer Koalition gegen die Protestanten versammelt hatte. Immerhin veranlaßte der Handstreich Schertlins auf die Ehrenberger Klause den Landgrafen und den sächsischen Kurfürsten dazu, mit ihren Heeren nach Süddeutschland zu ziehen. Am 4. August erreichten sie die Donau bei Donauwörth und vereinigten sich mit dem Heer der Oberdeutschen. Der Kaiser hatte sich bislang noch mit geringer Bedeckung in Regensburg aufgehalten, wo schon die ersten spanischen Truppen zu ihm stießen. Er wich dann nach Landshut aus; dorthin kamen die päpstlichen Streitkräfte, so daß die beiden Gegner nunmehr gleich stark waren. Nach einigen Märschen hin und her standen sich die Heere unter den Mauern von Ingolstadt gegenüber, ohne daß es zur Entscheidung kam. Die Schwäche der Schmalkaldener war ihre Führungsstruktur mit dem Landgrafen und dem Kurfürsten als gleichberechtigten Oberbefehlshabern. Während Philipp auf eine Entscheidung drängte, riet Johann Friedrich zum Abwarten. Der Kaiser hingegen hatte Zeit, die jeweilige Lage realistisch einzuschätzen, und stand nicht unter dem Zwang, eine rasche Entscheidung herbeizuführen. So gleicht der weitere Verlauf des Feldzugs einem Schachspiel, in dem der bereits unterlegene Teil die Niederlage durch nutzlose, aber zeitraubende Züge hinauszuziehen versucht. Zwar stand kräftemäßig die Niederlage der Schmalkaldener zunächst noch nicht fest, andererseits konnten sie aber auch nicht auf eine Niederlage des Kaisers aus sein, da sie keine Pläne für einen solchen Fall gemacht hatten. Grundsätzlich mußten sie einen Verständigungsfrieden anstreben; mit dem Zugeständnis von »Frieden und Recht« wäre ihr Kriegsziel erreicht gewesen. Der Kaiser hingegen hatte den festen Vorsatz, die Protestanten vernichtend zu schlagen.

Das Kriegsglück neigte sich bald deutlich auf die Seite des Kaisers, als am 15. September sich die bei Aachen gesammelten Truppen unter Maximilian von Büren ungehindert von den Schmalkaldenern bei Ingolstadt mit Truppen des Kaisers vereinigen konnten. Die beiden Heere kamen nun in Bewegung, wenngleich auch eine Entscheidung vermieden wurde. Die Initiative lag jetzt beim Kaiser: er nahm Neuburg ein und wandte sich gegen Nördlingen, dann in Richtung Ulm und bezog ein Lager bei Giengen. Währenddessen wurde es Herbst; die schlechte Jahreszeit begann ihre Wirkungen auf beide Heere auszuüben. Da fiel die Entscheidung in Sachsen. Herzog Moritz hatte sich bei König Ferdinand versichert, daß ihm die Kurwürde zufallen sollte, wenn er die Acht gegen Johann Friedrich vollziehe. Seine Landstände stimmten deshalb auch zu, um Schlimmeres zu verhüten. Am 30. Oktober marschierte Ferdinand in Sachsen ein, die kursächsischen Städte huldigten Herzog Moritz, um sich in seinen Schutz begeben zu können. Eine Woche später traf die Nachricht im Lager bei Giengen ein und verursachte unter dem sächsischen Landadel den Wunsch, sofort heimzuziehen. Immerhin ließ sich der Kurfürst noch zwei Wochen aufhalten, dann zog das Heer der Schmalkaldener ab und überließ das Feld dem Kaiser. Die oberdeutschen Bundesstände, die man mit dem Donaufeldzug hatte schützen wollen, waren nun wehrlos dem Kaiser ausgeliefert.

## *Die Unterwerfung Württembergs*

Vor dem Abzug aus dem Lager bei Giengen hatte man geplant, in der Nähe von Ellwangen ein Winterlager zurückzulassen, das die kaiserlichen Truppen binden sollte. Im Frühjahr hofften die Schmalkaldener dann mit neuer Kraft wieder im Feld erscheinen zu können. Das Winterlager kam jedoch nicht zustande, der Landgraf eilte nach Hessen, der Kurfürst nach Sachsen. Die Städte unterwarfen sich, allen voran Ulm. Damit konnte sich Herzog Ulrich von Württemberg auch nicht mehr halten.

Mitte November hatte Herzog Ulrich begonnen, das Land in Verteidigungszustand zu setzen; das Landvolk wurde aufgeboten und im Rems- und Filstal aufgestellt, die Festungen in Verteidigungszustand gesetzt. Der Kaiser versuchte aber nicht, den Übergang über die Alb zu erzwingen, er zog nach Franken, verbrachte die zweite Hälfte des Dezembers in Schwäbisch Hall und ging dann nach Heilbronn, wo er bis zum 20. Januar 1547 blieb. Seine Truppen lagen südlich von Heilbronn und verheerten das Land. Herzog Ulrich hatte bereits Mitte Dezember die Aussichtslosigkeit seiner Lage eingesehen, seine Truppen entlassen und sich über Bebenhausen nach dem Hohentwiel begeben. Die Kaiserlichen besetzten nun die nördlichen Ämter des Landes, sie plünderten Großbottwar, Marbach ergab sich ihnen nach kurzem Widerstand. Trotz zugesicherter Verschonung hausten die Soldaten des Prinzen Sulmona in der Weihnachtszeit drei Tage lang auf das Übelste in der wehrlosen Stadt. Die Schreckensnachricht von Marbach erscholl durch das ganze Land. Die Geistlichen flohen aus Stuttgart, lediglich der junge Diakon Jakob Andreae blieb zurück, wie dieser später nicht ohne Stolz erzählt. Auch die Tübinger Universität löste sich auf, Erhard Schnepf und andere suchten Unterschlupf in Konstanz.

Das Hauptheer des Kaisers unter dem Herzog von Alba besetzte das Land. Der Asperg wurde am 21. Dezember zur Übergabe aufgefordert, eine kaiserliche Besatzung rückte am 31. Dezember in Stuttgart ein. Währenddessen suchte der Herzog mit dem Kaiser zu verhandeln, indem er sich unter anderem um die Vermittlung von Bayern und Kurpfalz bemühte. Mehrere Gesandtschaften des Herzogs wurden abgewiesen, so lange bis sich der Herzog zu bedingungsloser Unterwerfung verstand. Die Minister Granvella und Naves ließen sich dieses Zugeständnis mit beträchtlichen Zuwendungen bezahlen. Durch den Heilbronner Vertrag vom 3./8. Januar 1547 wurde die Unterwerfung Württembergs besiegelt. Außer der unbedingten Unterwerfung unter Kaiser und Reichskammergericht mußte der Herzog freien Durchzug und Öffnung der Landesfestungen zugestehen, dem Kaiser den Asperg sowie Schorndorf und Kirchheim überlassen und sofort 300 000 Gulden Entschädigung bezahlen. Etwaige Ansprüche, die König Ferdinand stellen würde, blieben diesem ausdrücklich vorbehalten. Immerhin wurde aber der Kaadener Vertrag bestätigt. Auch Herzog Christoph mußte dem Heilbronner Vertrag beitreten, wenn auch unter Protest, da der Vertrag bedenkliche Hypotheken für die Zukunft enthielt. Als Zeichen seiner Unterwerfung mußte Herzog Ulrich vor dem Kaiser am 4. März in Ulm einen Fußfall tun. Damit war freilich nicht alles ausgestanden, eine Besatzung von 10 000 Spaniern lag im Land, die unterhalten werden mußte und mit der Bevölkerung nach Belieben umsprang. König Ferdinand strengte alsbald einen Felonieprozeß wegen Bruchs des Lehenseids gegen den Herzog an, der dessen letzte Lebensjahre belastete. Dennoch wollte er die Regierung nur im äußersten Notfall an seinen Sohn abgeben.

Zu den Rüstungen des Schmalkaldischen Bundes hatten auch die ihm angehörenden oberdeutschen Reichsstädte finanziell und mit Truppen beizutragen, wodurch sie bereits schwer belastet wurden. Die Kriegsbegeisterung war freilich nicht sehr groß. Je länger je mehr kam es gerade bei den städtischen Kontingenten zu Desertionen. Der erfolgreiche Vorstoß der von Schertlin von Burtenbach befehligten Truppen des Schmalkaldischen Bundes ins Allgäu bis zur Ehrenberger Klause am Anfang des Krieges begünstigte zunächst noch einmal die Reformation in einigen oberschwäbischen Städten. Ulm ließ das Deutschordenshaus, das Klarissenkloster in Söflingen, dazu die Klöster Roggenburg, Ursberg, Ochsenhausen und Elchingen besetzen und begann überall mit der Einführung der Reformation. Ende Juli 1546 wurde das Kloster in Isny besetzt und gebrandschatzt; den Mönchen wurde der katholische Gottesdienst verboten. In Leutkirch gelang nunmehr die Durchsetzung der Reformation. Isny und Kempten gingen sogar daran, die Reformation in Füssen und Oberstdorf einzuführen. Lindau zwang die Insassen des reichsfreien Damenstifts zur Teilnahme am evangelischen Gottesdienst und machte sich jetzt auch an die Reformation seines Landgebiets. Ähnlich verfuhr man in Konstanz, Memmingen, Isny, Biberach und in Ravensburg, wo die Reformation nunmehr ihre größte Ausstrahlung erreichte. Schwäbisch Gmünd wurde noch im November durch das Bundesheer belagert und geplündert, obwohl die Stadt eine Abstandssumme gezahlt hatte. Später mußte sie dafür von den Nachbarstädten entschädigt werden.

Die Schmalkaldener verloren dann alsbald ihren militärischen Vorteil, da die seit dem 20. September in Ulm tagende Bundesversammlung es nicht gewagt hatte, den Kaiser im bayerischen Donauraum anzugreifen, bevor dieser seine Truppen gesammelt hatte. Während dieses Abwartens wurde auch der östliche Teil des Ulmer Landgebiets durch den Krieg in Mitleidenschaft gezogen. Infolge des Einfalls von Moritz von Sachsen in das Kurfürstentum Sachsen zog das Bundesheer am 22. November aus seinem Lager bei Giengen an der Brenz ab. Damit war die Niederlage des Bundes in Süddeutschland besiegelt. Die evangelischen Territorien und Städte mußten sich dem Kaiser unterwerfen. Noch am 14. Oktober hatte die Ulmer Bürgerschaft geschworen, Leib und Ehre für das Evangelium zu lassen, schon am 29. Oktober beschloß jedoch der Rat, mit dem Kaiser zu verhandeln. Die Unterhandlungen zogen sich aber lange hin, weil die kaiserliche Seite, wie auch später gegenüber den anderen Städten, keine festen Zusagen für die Erhaltung der evangelischen Religion machen wollte. Allerdings wurde der evangelische Gottesdienst zunächst nirgends angetastet. Das blieb einer späteren Regelung vorbehalten. Der Kaiser hatte den Krieg angeblich nicht wegen der Religion, sondern wegen des politischen Ungehorsams der Schmalkaldener geführt. Erst am 23. Dezember erfolgte die kniefällige Unterwerfung der Gesandten Ulms vor dem Kaiser in Schwäbisch Hall. Abgesehen von seinen eigenen Kriegskosten mußte Ulm dem Kaiser 100 000 Gulden Kriegsentschädigung zahlen. Entsprechend hoch waren später die Summen für andere Städte: Heilbronn 20000 Gulden, Esslingen 40000 Gulden, Ravensburg 30000 Gulden, Dinkelsbühl 30000 Gulden, Reutlingen 20000 Gulden, Kempten 40000 Gulden, Biberach 30000 Gulden. Von Ende Januar bis Anfang März 1547 hielt sich Karl V. selbst in Ulm auf, das durch die Einquartierung seiner Truppen zusätzlich belastet war.

Dinkelsbühl, das erst Mitte Oktober dem Schmalkaldischen Bund beigetreten war, mußte sich schon am 19. November ergeben. Vergeblich hatte der Prediger Bernhard Wurzelmann die Öffnung der Stadt von der Zusage abhängig machen wollen, daß die evangelische Religionsausübung bestehen bleiben solle. Wegen seines Engagements mußte er Dinkelsbühl verlassen. Bopfingen wurde am 29. November durch das kaiserliche Heer geplündert. Schwäbisch Hall erhielt nach seiner Unterwerfung spanische Einquartierung. Von Mitte Dezember an hielt sich auch der Kaiser selbst, der zuvor in Rothenburg gewesen war, in der Stadt auf. Angeblich soll er auch eine Predigt von Brenz besucht haben. Dieser mußte sein Haus verlassen; dort wohnten der Kanzler Granvella und sein Sohn, der Bischof von Arras, die auf diese Weise auch Einblick in Brenzens vertrauliche politische Korrespondenz bekamen. Brenz zog es deshalb vor, sich bis zum Abzug der Kaiserlichen Anfang Januar aus der Stadt zu entfernen.

Kurz nach Hall hatte sich auch Heilbronn unterworfen. Dorthin zog der Kaiser am 24. Dezember und hielt sich dann bis zum 18. Januar in der Stadt auf. Während dieser Zeit wurde der evangelische Adel des Kraichgaus gebrandschatzt. Heilbronn hatte bis 1548 schwer unter der spanischen Einquartierung zu leiden. Esslingen unterwarf sich dem Kaiser Ende Dezember in Heilbronn. Es hatte in der Folgezeit die Schikanen einer kaiserlichen Besatzung zu ertragen. Immerhin konnte noch im Frühjahr 1547 anstelle des verstorbenen Jakob Otter zunächst Dr. Otmar Mailänder aus Böblingen als evangelischer Pfarrer angestellt werden. Reutlingen erlangte die Aussöhnung mit dem Kaiser erst Anfang März 1547. Ambrosius Blarer beklagte das Verhalten dieser beiden Städte, was aber nur beweist, daß man sich in Konstanz jener gefährlich falschen Einschätzung der Situation hingab, die später dieser Stadt zum Verhängnis wurde.

Schon von August 1546 an wurden alle evangelischen Regungen in der österreichischen Landvogtei Schwaben wieder unterdrückt. Die Ausstrahlung der Ravensburger Reformation auf das Umland hatte damit ein Ende. Die Stadt mußte sich im Januar wie kurz zuvor schon Memmingen dem Kaiser unterwerfen. Aus Anlaß der zusätzlichen Aussöhnung mit König Ferdinand als dem Landesherrn der Landvogtei mußte Ravensburg die katholische Minderheit formell anerkennen und ihr den Besuch der Messe außerhalb der Stadt erlauben. Ende Februar 1548 wurden auf kaiserlichen Befehl die beiden Pfarrkirchen an die Klöster Weingarten und Weißenau zurückgegeben. Der evangelischen Mehrheit war damit nur noch die Karmeliterkirche geblieben. Biberach mußte wegen der kaiserlichen Kriegsentschädigung eines seiner Dörfer verkaufen. Relativ günstig scheint Lindau davongekommen zu sein. Die militärische und politische Unterwerfung der Evangelischen war nur der erste Schritt des Kaisers gewesen, denn noch stand die Regelung der eigentlichen Religionsfrage aus.

## *Das Ende des Schmalkaldischen Krieges*

Während sich der Kaiser in Ulm erholte, war Kurfürst Johann Friedrich erfolgreich gegen Herzog Moritz vorgegangen. Das Blatt schien sich noch einmal zu wenden, zumal es dem Kurfürsten gelang, den gegen ihn vom Kaiser entsandten Markgrafen Albrecht Alcibiades gefangenzunehmen. Die Böhmen verweigerten König Ferdinand den Gehorsam für einen Krieg gegen den Kurfürsten. Der Kaiser mußte deshalb seinen ursprünglichen Plan, der zunächst ein Vorgehen gegen Hessen vorsah, ändern und eilte durch Böhmen nach Sachsen. Johann Friedrich erwartete bei Meißen den Zuzug der Böhmen, wollte sich dann aber beim Herannahen des Kaisers auf Wittenberg zurückziehen. Bei Mühlberg waren die beiden Heere, wobei das des Kurfürsten das weitaus schwächere war, nur durch die Elbe getrennt. Zur Überraschung der Sachsen gelang es dem kaiserlichen Heer am 24. April, den Fluß zu überqueren und dem abziehenden Kurfürsten nachzusetzen. Der Kurfürst, der nicht sofort den Ernst der Lage erkannte, wandte sich auf der Lochauer Heide zur Gegenwehr, seine zahlenmäßig weit unterlegenen Truppen wurden überwältigt, er selbst gefangengenommen. Wittenberg mußte sich daraufhin ergeben (Abb. 29).

Der Kaiser hatte nun die Hand frei, sich gegen den Landgrafen zu wenden. Es war jedoch kein kriegerisches Unternehmen gegen Hessen mehr geplant, vielmehr traten die Kurfürsten Moritz von Sachsen und Joachim von Brandenburg mit Philipp in Verhandlungen, wobei sie vom Kaiser ermächtigt waren, ihm die Zusage zu machen, daß er bei einer Unterwerfung von Leibesstrafen und ewigem Gefängnis verschont bleibe. Die beiden Kurfürsten glaubten, den Kaiser dahingehend verstehen zu können, daß sie ihm auch Freiheit und Besitz zusicherten. Hierauf begab sich der Landgraf am 19. Juni ins kaiserliche Lager bei Halle, leistete den Fußfall und ließ seine Abbitte verlesen. Nach dem anschließenden Abendessen mit Granvella, Alba und den beiden Kurfürsten wurde er jedoch nicht wieder freigelassen, obwohl sich Moritz, der sich getäuscht sah, darum bemühte. Der Krieg war damit zu Ende. Die norddeutschen Städte, die sich wie Bremen geweigert hatten, sich zu unterwerfen, schienen dem Kaiser nicht mehr einer Fortsetzung des Feldzugs wert. Er hatte sein Ziel erreicht; mit seinen beiden Gefangenen zog er nach Augsburg, wo am 1. September 1547 der Reichstag eröffnet wurde, der eine neue Ordnung des Reiches auf der Grundlage des kaiserlichen Sieges bringen sollte.

*Quellen und Literatur:*

*Heyd.* – *Franz Lau* und *Ernst Bizer*, Reformationsgeschichte Deutschlands bis 1555, Die Kirche in ihrer Geschichte, Bd. 3K, Göttingen (1969). – Politisches Archiv des Landgrafen Philipp des Großmütigen von Hessen, Bd. 1–2 bearb. von *Friedrich Küch,* Publikationen aus den k. preußischen Staatsarchiven 78 u. 85 (1904 u. 1910), Bd. 3–4 bearb. von *Walter Heinemeyer,* Veröffentlichungen der Histor. Kommission für Hessen und Waldeck 24, 1–2 (1954–1959). – Politische Correspondenz der Stadt Straßburg im Zeitalter der Reformation Bd. 4, 1–2 bearb. von *Harry Gerber*, Heidelberg (1931–1933). – *Schieß,* Bd. 2. – WKG. – Die einschlägige Literatur über die Reichsstädte ist S. 304 aufgeführt.

Vierter Teil

# Vom Interim zur Konkordie

# Das Interim

## *Der Augsburger Reichstag 1547/48*

Nach der siegreichen Beendigung des Schmalkaldischen Krieges konnte Kaiser Karl V. daran gehen, die religiöse Frage nach eigenem Gutdünken zu lösen. Dies sollte auf dem Reichstag geschehen, der am 1. September 1547 in Augsburg eröffnet wurde. Eine entsprechende Verordnung konnte freilich nur als Zwischenlösung gelten, da sich der Kaiser von dem Konzil, das im Frühjahr 1547 von Trient nach Bologna verlegt worden war, eine endgültige Lösung erhoffte. Mit der Ausarbeitung entsprechender Lehrbestimmungen für das Interim wurden die altgläubigen Theologen Julius Pflug, Bischof von Naumburg, und Michael Helding, Weihbischof von Mainz, sowie Johannes Agricola, Hofprediger des Kurfürsten Joachim II. von Brandenburg, ein Schüler Luthers, beauftragt. Personell waren damit günstige Voraussetzungen für einen tragfähigen Kompromiß geschaffen worden. Besonders Pflug, aber auch Helding, waren humanistisch gesinnte Vermittlungstheologen, die in gewissem Sinne die in den vorhergegangenen Jahren bei den Religionsgesprächen geleistete Arbeit fortsetzten. Wie hoch der Beitrag Agricolas zu veranschlagen ist, läßt sich schwer beurteilen, jedenfalls scheint er der Annahme gewesen zu sein, daß die von ihm mitverantworteten Lehrbestimmungen auch für die Katholiken gelten sollten.

Der von den Theologen in der Umgebung des Kaisers und seines Bruders Ferdinand überprüfte Entwurf wurde den Ständen auf dem Reichstag am 15. Mai vorgelegt und – da sich kein Widerspruch regte oder regen durfte – am 30. Juni dem Reichsabschied einverleibt. Damit erhielt diese Kirchenordnung Gesetzeskraft, jedoch nur interimistisch, bis zur endgültigen Entscheidung durch das Konzil. Hiervon erhielten diese Lehrbestimmungen den Namen »Interim«.

Das Interim machte den Protestanten einerseits zwei wichtige Zugeständnisse, indem es die Priesterehe und den Laienkelch gestattete. Andererseits wurden wesentliche Elemente des katholischen Gottesdienstes aufrechterhalten: das Meßopfer, die Heiligenverehrung, die Totengedächtnisse und andere Zeremonien. Auch an der kirchlichen Hierarchie wurde festgehalten. Der für die Protestanten so wichtige Artikel über die Rechtfertigung blieb unklar, weil er versuchte, beiden Seiten recht zu geben. Im großen ganzen führte das Interim für die Protestanten wieder zum herkömmlichen Katholizismus zurück. Entgegen ihren Hoffnungen war für sie damit ein Ausnahmegesetz geschaffen worden, denn die Altgläubigen wurden lediglich zur Treue zum hergebrachten Glauben ermahnt. Doch sollte das Interim nicht für alle protestantischen Stände in gleicher Weise gelten. Kurfürst Moritz von Sachsen hatte vom Kaiser für seine Parteinahme religiöse Zugeständnisse erhalten, und diejenigen Stände, die nicht im unmittelbaren Machtbereich des Kaisers waren, konnten das Interim einigermaßen abmildern. In Süddeutschland jedoch, im Herzogtum Württemberg und in den Reichsstädten, wo spanische Besatzung lag, sollte es am strengsten durchgeführt werden.

## *Das Interim in Württemberg*

Die Niederlage der Schmalkaldener hatte für Herzog Ulrich von Württemberg zu allem auch noch einen Felonieprozeß wegen Bruchs des Lehneids nach sich gezogen, der schlimmstenfalls mit dem Heimfall des Lehens Württemberg an das Haus Österreich enden konnte. Man riet dem Herzog deshalb, die Regierung an seinen von der kaiserlichen Ungnade nicht belasteten Sohn abzugeben. Ulrich, der Zeit seines Lebens von Mißtrauen gegen Christoph erfüllt war, lehnte dies ab, stellte aber doch in Aussicht, ihm bei einem ungünstigen Ausgang des Prozesses die Regierung zu übertragen. Immerhin wurde es im Frühjahr 1548 notwendig, daß dieser aus Mömpelgard zurückberufen und auf den Reichstag nach Augsburg gesandt wurde, um beim Kaiser um Vermittlung in dem schwebenden Verfahren nachzusuchen. Zur Vorbereitung für die auf dem Reichstag verhandelte religiöse Frage ließ Christoph sich von dem Stuttgarter Pfarrer Valentin Vannius ein Gutachten über die Messe anfertigen. Vannius zeigt in diesem Gutachten auf der Grundlage historischer Forschungen, daß die Messe aus schriftgemäßen, nicht schriftgemäßen und adiaphoristischen, d. h. neutralen Bestandteilen besteht. Schriftgemäß ist allein das evangelische Abendmahl, und dies ist auch die Richtung, die bei einer Neuordnung der Messe einzuschlagen wäre.

Als die kaiserlichen Pläne eines Ausgleichs des religiösen Zwiespalts konkretere Formen annahmen, wurden die württembergischen Theologen dazu aufgefordert, sich in Gutachten zu äußern. Ein solches ist wieder von Valentin Vannius überliefert, der darin zunächst die Frage des Widerstandsrechts der Reichsstände gegen den Kaiser bedenkt und damit für die kommende Zeit die Leitlinien des Handelns vorgibt. Angesichts der Religionsverordnungen des Kaisers hat der Herzog eine Fürsorgepflicht für seine Untertanen. Diese berechtigt ihn allerdings nicht zum offenen Widerstand gegen den Kaiser, verweist ihn jedoch auf den Rechtsweg und läßt allenfalls die Möglichkeit des passiven Widerstands offen.

Ein weiteres großes Gutachten württembergischer Theologen über das Interim stellt zwar die schwierige politische Lage des Herzogtums in Rechnung, setzt aber gleichwohl Gottesfurcht über Menschenfurcht. Zwar wollen die Theologen so weit wie möglich dem Interim entgegenkommen, sie müssen aber dennoch dessen Lehre von der Rechtfertigung und den Sakramenten ablehnen, insbesondere aber den Opfercharakter der Messe mit all seinen Konsequenzen wie der Fegfeuerlehre und den Totenbegängnissen.

Wohl aufgrund dieses Gutachtens antwortete Herzog Ulrich in einem ausführlichen Schreiben dem Kaiser, als das Interim am 15./16. Mai 1548 den Ständen publiziert worden war. Der Herzog bat, ihn mit dem Interim zu verschonen. Es gab aber schon längst keine Wahl mehr zwischen Annahme und Nichtannahme. Die Reichsstädte und schließlich auch Herzog Ulrich mußten sich dem kaiserlichen Willen beugen. Auf den 3. Juli berief der Herzog deshalb einen Landtag nach Nürtingen, der freilich nur aus Vertretern der Ritterschaft und der größeren Städte des Herzogtums bestand. Man riet dort wohl zu nichts anderem als zur Annahme des Interims, das inzwischen schon in den Reichsabschied aufgenommen war. Seitens des Kaisers und seiner Umgebung wurde auf Herzog Ulrich Druck ausgeübt, zumal in seinem Land – etwa von Schnepf in Tübingen – heftig gegen das Interim gepredigt wurde. Man suchte daher den Kaiser zunächst einmal durch eine Kanzelabkündigung am 22. Juli, dann durch eine am 25. Juli erlassene Verordnung zu besänftigen, die das Essen von Fleisch an bestimmten Tagen mit der Begründung verbot, daß sonst ein Mangel an Vieh eintreten würde. Zugleich sorgte man dafür, daß im Land nicht mehr gegen das Interim gepredigt wurde, weshalb Erhard Schnepf Tübingen verließ und schließlich in Jena eine neue Anstellung fand. Dagegen wurden die vertriebenen reichsstädtischen Theologen wie Alber und Brenz in Württemberg aufgenommen.

Als Kaiser Karl V. nach Beendigung des Reichstags in die Niederlande reiste, sorgte man dafür, daß an der Straße, die er durch das Herzogtum nahm, Interimsgottesdienste eingerichtet wurden, was freilich nur notdürftig gelang. Während der Durchreise hatte der Kaiser von seinen Soldaten auch die Burg Wirtemberg nach Brenz durchsuchen lassen, so daß man es für geraten hielt, ihn außer Landes zu schicken. Offensichtlich muß der Kaiser den Eindruck erhalten haben, daß das Interim in Württemberg nur nachlässig befolgt wurde. Von Brüssel aus erließ er deshalb am 24. Oktober 1548 ein Edikt, das die genauere Einhaltung des Interims einschärfte. Er befahl, die Prediger zu entlassen, die sich nicht daran halten wollten. Die Bischöfe wurden beauftragt, die Einführung des Interims in ihren alten Diözesen zu überwachen. Um etwaigen Maßnahmen von dieser Seite zuvorzukommen, mußte deshalb Herzog Ulrich selbst das Interim einführen.

Auf 11. November 1548 wurde die allgemeine Feier der Messe angeordnet, zugleich wurden alle Pfarrer und Diakone, die die Annahme des Interims verweigerten, aus ihren Ämtern entlassen. Bis auf einige wenige Ausnahmen waren dies sämtliche Kirchendiener des Landes, so daß bis auf weiteres jeder Dienst der Kirche an ihren Gliedern unterblieb. Auch fremden Patronen von Kirchen im Land wurde befohlen, ihre Pfarreien mit Interimspriestern zu besetzen.

Mit dieser Maßnahme wurden kurz vor Einbruch des Winters 300 bis 400 Pfarrer mit ihren Familien brotlos gemacht. Im allgemeinen scheint die Erwartung vorgeherrscht zu haben, daß eine baldige Wendung der Dinge wieder eine Anstellung ermöglichen würde. Dennoch suchten manche auswärtige Dienste, wie der Waiblinger Pfarrer Georg Hala, der eine Anstellung in Zwickau fand, oder Johann Geiling von Weinsberg, den die Grafen von Löwenstein aufnahmen. Einige gingen auch in die Schweiz und traten dort in den Kirchendienst ein. Viele bemühten sich um einen anderen Broterwerb, ernährten sich von Handarbeit oder erboten sich, irgend ein Amt anzunehmen, wie Nikolaus Mayer von Bissingen an der Enz, der sich bereit erklärte, die Jugend zu unterrichten und sie den Katechismus zu lehren.

Der Stuttgarter Diakon Jakob Andreae zog nach Tübingen, nahm Schüler und Studenten als Kostgänger auf und bereitete seine Promotion vor. Der Tübinger Diakon Jakob Heerbrand benutzte die erzwungene Muße, um Hebräisch zu lernen und sich wie Andreae auf das Doktorexamen vorzubereiten.

Aus dieser Zeit haben wir wieder zwei gutachtliche Äußerungen, die Vannius für Herzog Ulrich und Brenz für Herzog Christoph abgaben. In beiden Gutachten geht es um das Verhältnis der Obrigkeit, d. h. des Herzogs, zu den Untertanen einerseits und dem Kaiser, der in die kirchliche Ordnung eingreift, andererseits. In diesem Falle kann der Untertan – so Vannius – nur erdulden, was über ihn verhängt ist. Der Herzog hingegen hat die Möglichkeit, den Rechtsweg zu beschreiten, da sein Verhältnis zum Kaiser durch das Lehensrecht bestimmt ist. Damit wäre diese Frage durch die Juristen weiter zu behandeln. Brenz antwortet in seinem Gutachten ähnlich. Der Herzog hat auch in dieser Situation sein Amt wahrzunehmen, um die Untertanen vor weiteren Eingriffen zu schützen, da er nicht nur den wahren Gottesdienst, sondern auch den äußeren Frieden zu beschützen hat. Brenz verläßt dann aber die formalrechtliche Ebene und deutet die Möglichkeit an, daß der heilige Geist Männer zum Widerstand erweckt, wie Beispiele der Kirchengeschichte zeigen. Freilich müssen hier die Geister scharf unterschieden werden; der zelus pietatis darf nicht zum scelus seditionis, der fromme Eifer nicht zum verbrecherischen Aufruhr werden.

Die Einführung des Interims gab nun auch Veranlassung, die Leitung der Kirche auf neue Grundlagen zu stellen. Am 16. November 1548 befahl der Herzog dem Kanzler Dr. Feßler zusammen mit neun weiteren Männern einen »Rat zur Verrichtung der Kirchendienste« zu bilden. Es waren allesamt Männer, die in den zurückliegenden Jahren mit kirchlichen Angelegenheiten des Landes an maßgeblicher Stelle zu tun gehabt hatten. Die beiden Theologen, die diesem Gremium angehörten, waren Valentin Vannius und Georg Schnizer, die seither schon mit Visitationsaufgaben betraut gewesen waren. Dieser Interimskirchenrat bildete also eine Fortentwicklung der Konsultation, der kirchenleitenden Kommission, die durch die Visitationsordnung von 1547 eingerichtet worden war.

Diejenigen Geistlichen, die das Interim nicht annehmen wollten, waren zumeist auf Martini (11. November) 1548 entlassen worden, wobei man ihnen bedeutet hatte, daß sie sich in Stuttgart melden sollten, wenn ihnen besondere Schwierigkeiten entstünden. Der Rat zur Verrichtung der Kirchendienste und vor allem seine theologischen Mitglieder hatten daher die mannigfaltigen Gesuche dieser Kirchendiener zu bearbeiten, die ihnen schriftlich wie mündlich vorgetragen wurden. In der Regel wurde den Entlassenen noch die Besoldung des laufenden Quartals ausbezahlt, auch erhielten sie Unterstützungszahlungen aus den Armenkästen, die dafür die Einkünfte der vakanten Kaplaneien und Frühmessen zugewiesen bekamen.

Die entlassenen Geistlichen wurden, wo es möglich war, angewiesen, an ihrem bisherigen Amtsort zu bleiben, um die Bevölkerung in Notfällen mit Taufen, Krankenbesuch und Einsegnung von Ehen zu versorgen. Dieser Dienst durfte aber nicht öffentlich verrichtet werden. So konnte es geschehen, daß Kinder ungetauft starben oder auch Erwachsene ohne die Tröstung des Abendmahls aus dem Leben scheiden mußten. Für wichtiger jedoch als die Sakramente wurde vom Interimskirchenrat die »Reinerhaltung des Predigtstuhls« erachtet. Die wenigen Geistlichen, die sich bereit fanden, als Interimspriester zu dienen, wurden vor der Anstellung in Stuttgart examiniert, und man sah darauf, daß sie möglichst nicht predigten. Ausnahmsweise wurde dem für Schorndorf nach langen Mühen gefundenen Interimisten gestattet, zu predigen, da die in der Stadt liegenden Spanier sich schon lange daran stießen, daß die Einwohner weder Predigt noch Messe hatten. Die Suche nach Geistlichen, die unter den Bestimmungen des Interims zu wirken bereit waren, brachte mancherlei Schicksale ans Licht. Für Cannstatt meldete sich der frühere Pfarrer, der inzwischen ins Elsaß ausgewichen war. Der Pfarrer von Zuffenhausen, der schon seit 1512 auf seiner Stelle saß und 1534 evangelisch geworden war, machte sich kein Gewissen daraus, nunmehr auch noch interimistisch zu werden. Anderwärts ging es weniger reibungslos zu; man mußte eben diejenigen Leute nehmen, die sich gerade anboten. Besonders hielt man es für wichtig, die an verkehrsreichen Plätzen liegenden Stellen zu besetzen. So bittet die Gemeinde Schwieberdingen darum, ihr den nach Bietigheim versetzten Interimsprediger zu lassen, da der Ort an der Straße gelegen sei. Besonders dringend war auch, die Stellen im Gesichtskreis der im Lande liegenden spanischen Besatzungskontingente mit Interimisten zu besetzen. Diese Spanier, die auf dem Asperg, in Schorndorf, Kirchheim, Backnang, Weinsberg und anderen Orten lagen, spielten sich geradezu als Visitatoren auf und suchten mit allerlei Drangsalierungen die evangelischen Pfarrer heim, die noch auf ihren Stellen saßen. Wochenlang mußten sich so die Pfarrer des Remstals in Stuttgart aufhalten, weil sie von der spanischen Besatzung in Schorndorf bedroht wurden. Johann Geiling wich jedoch aus Weinsberg, weil der Interimist mit einer zahlreichen Familie zu ihm ins Pfarrhaus gezogen war und sich das Zusammenleben als unmöglich erwies.

In diese Situation gehört ein weiteres Interimsgutachten, das Brenz für Herzog Ulrich angefertigt hat. Es geht jetzt nicht mehr darum, einfach ja oder nein zum Interim zu sagen, vielmehr ist dieses bereits in Kraft gesetzt, so daß es nur darum gehen kann, festzustellen, wie man sich mit dem Interim gegen das Interim wehren kann. Die Prediger sollen sich dabei dessen Widersprüchlichkeit zunutze machen. Dafür geht Brenz den Text des Interims Artikel für Artikel durch und zeigt, wo richtig und wo falsch gelehrt wird. Stellen daher die Prediger ihren Zuhörern die richtige Lehre des Interims gegenüber der falschen vor Augen, so haben sie damit nicht gegen das kaiserliche Gebot verstoßen, das die Schmähung des Interims untersagt.

Nach diesem Ratschlag begegnete man dem Interim mit hinhaltendem passiven Widerstand, der deswegen möglich war, weil die neue Ordnung vom Volk nicht angenommen, sondern die Interimsgeistlichen gelegentlich gar verspottet wurden (Abb. 30). Es war deshalb möglich, noch vor Weihnachten 1548 in einige größere Städte des Landes Prediger zu schicken, nämlich nach Markgröningen, Vaihingen an der Enz, Brackenheim, Schorndorf, Heidenheim, Balingen, Ebingen, Cannstatt, Waiblingen, Leonberg, Tübingen und Göppingen. Diesen Predigern, die zumeist aus einer bestehenden Prädikaturpfründe besoldet werden konnten, wurde aufgetragen, nur das Evangelium zu verkünden und sich nicht gegen das Interim zu äußern. Da die Entlassung von Hunderten von Pfarrern keineswegs ihre Wirkung auf den Kaiser verfehlt hatte, konnte die Unterwanderung des Interims weiter fortgesetzt werden. Gelegenheit dazu bot das Osterfest 1549, für das eine Gottesdienstordnung festgelegt wurde, je nachdem, ob in den einzelnen Orten Interimisten, entlassene Pfarrer oder gar keine Geistlichen vorhanden waren. Für die letzteren Orte sah man die Anstellung der entlassenen Geistlichen als Schulmeister und Katechisten vor. Diese sollten zunächst sowohl den Schulkindern als auch den Erwachsenen den Katechismus lehren, aber auch sonstige kirchliche Handlungen verrichten. Selbstverständlich ging man mit der Anstellung der Katechisten behutsam vor und sah darauf, daß damit nicht die Rechte von bewußt katholischen Herren verletzt wurden. Am 16. September 1549 wurde schließlich gestattet, daß im ganzen Land Katechisten angestellt wurden. Damit war das Interim im Land eigentlich hinfällig geworden und wurde nur noch an solchen Orten durchgeführt, an denen etwa Klöster das Patronat innehatten. Überhaupt war ein Schritt zurück nicht möglich: die junge evangelische Kirche Württembergs hatte bereits ihr eigenes Selbstbewußtsein entwickelt. Dies zeigt sich an Jakob Andreae, der in Tübingen zuerst in der Kapelle bei den Sondersiechen, dann – wegen des wachsenden Zulaufs – in der Jakobuskirche predigte und schließlich auch vom Abt von Bebenhausen als Katechist angestellt werden mußte.

## *Die Restitution der Klöster*

Das Interim belebte die Klöster im Lande wieder neu. Sofern sie aufgehoben worden waren, wurden sie wieder von ihren Orden beansprucht, sofern sie sich bislang der Aufhebung noch hatten widersetzen können, erhielten sie jetzt neue Impulse. Besonders augenfällig ist dies bei den großen Mannsklöstern, wie Bebenhausen, Maulbronn, Hirsau, Anhausen, Adelberg, Lorch, Blaubeuren, Alpirsbach, St. Georgen und Denkendorf. Diejenigen Mönche, die nicht evangelisch hatten werden wollen, waren in Klöster ihres Ordens außerhalb des Landes gezogen und hatten dort Exilkonvente gebildet, wie die Maulbronner Mönche in ihrem Priorat Pairis im Elsaß oder die St. Georgener in ihrem Hof im österreichischen Villingen. Schwieriger hatten es die die Reformation ablehnenden Konventualen von Bebenhausen, die zunächst nach Stams in Tirol, dann nach Tennenbach bei Freiburg im Breisgau und schließlich nach Pairis zogen. Diesen intakt gebliebenen Teilkonventen gelang es recht schnell, ihre Restitution zu fordern und zu erlangen. So erhielt der 1547 in Pairis zum Abt von Maulbronn gewählte Heinrich Reuter schon am 17. Oktober 1548 sein Kloster zurück, ähnlich verhielt es sich mit Kloster Blaubeuren, dessen katholische Konventualen in Markdorf Christian Tübinger gen. Tubingius, den Chronisten des Klosters, zum Abt gewählt hatten, der 1548 ebenfalls restituiert wurde. Nicht aufgehoben war das Kloster Königsbronn, über dem das Haus Österreich die Hand gehalten hatte. Im Murrhardter Kloster war 1548 Abt Mörlin gestorben, worauf der letzte verbliebene Konventuale Thomas Carlin vom Herzog zum

Abt präsentiert und vom Würzburger Weihbischof konsekriert wurde. Da in Denkendorf der gesamte Konvent evangelisch geworden war, wurde der frühere Propst Ulrich Fehleisen dazu bewogen, wieder die Propstei zu übernehmen und den Interimsgottesdienst einzurichten, damit das Kloster nicht von anderer Seite beansprucht werden konnte. Dies zeigt, daß man darauf bedacht war, die Herrschaftsrechte über die Klöster nicht zu verlieren. Deshalb wurden die Klöster nicht insgesamt restituiert, sondern nur nach Einzelverhandlungen, bei denen in jedem Fall erreicht wurde, daß der Herzog von Württemberg zu künftigen Abtswahlen einen Gesandten schicken durfte und als Erbschirmherr und Kastenvogt anerkannt wurde. Die Klosteruntertanen sollten dem Herzog noch als Landesherrn huldigen, die Prälaten wurden als Räte des Herzogs verpflichtet und hatten als Landstände auf den Landtagen zu erscheinen. Von der Gerichtsbarkeit der Klöster sollte an das württembergische Hofgericht appelliert werden können. Die Klöster hatten der Herrschaft Württemberg die herkömmlichen Pflichten zu leisten, hingegen verzichteten die Mönche auf einen Ersatz für die durch die Aufhebung des Klosters entgangenen Nutzungen und übernahmen die für ausgetretene Konventualen ausgesetzten lebenslänglichen Pensionen.

Bewiesen so einige Mannsklöster, vor allem da, wo wie in Maulbronn eine energische Persönlichkeit wie Heinrich Reuter als Abt auftrat, eine gewisse Lebenskraft, so scheint diese bei den Kollegiatstiften nahezu erloschen gewesen zu sein. Nur Backnang, Tübingen und Herbrechtingen wurden von den ehemaligen Angehörigen wieder beansprucht und besetzt. Andernorts, wie in Stuttgart, Göppingen und Faurndau, wo der Interimsgottesdienst in den Stiftskirchen wegen ihrer exponierten Lage – in der Hauptstadt beziehungsweise an der Landstraße – schon im Interesse des Herzogs eingerichtet werden sollte, machte es große Mühe, dafür das erforderliche Personal zusammenzubringen.

Für die meisten der Frauenklöster, die bisher allen Reformationsversuchen widerstanden hatten, bedeutete das Interim nicht nur eine Atempause, sondern auch ein Sammeln neuer Kräfte, denn diejenigen Klosterfrauen, die ihre Konvente in manchen Fällen noch bis zum Ende des Jahrhunderts aufrechterhielten, müssen gerade in dieser Zeit in ihre Klöster eingetreten sein. Das Klarissenkloster Pfullingen, das in das leere Franziskanerkloster in Leonberg verlegt worden war, verlangte nunmehr auch seine Restitution, die ihm endlich 1551 gewährt wurde. Nicht so erfolgreich waren die ebenfalls verlegten Franziskanertertiarinnen von Markgröningen, denen die Rückkehr in ihr angestammtes Kloster versagt blieb.

## *Das Interim in den Reichsstädten*

Karl V. war daran gelegen, seine einstweilige Neuordnung der Religionsfrage, wie sie das Interim darstellte, auch in den Reichsstädten durchzusetzen und etwaigen Widerstand zu brechen. Mit als erste hatten Brenz und Eisenmenger in *Hall* in einem alsbald weitverbreiteten Gutachten für den Rat schon im Mai 1548 das Interim nahezu in allen Punkten abgelehnt und die Behandlung der Religionsfrage auf einem Konzil gefordert. Eine Haller Gesandtschaft sollte in diesem Sinn mit dem Kaiser in Augsburg verhandeln. Dem Kanzler Granvella war das Gutachten aber bereits bekannt geworden, worauf er die Haller Gesandten als Geiseln festsetzen ließ. Spanisches Militär sollte Brenz gefangennehmen. Offensichtlich wollte man an ihm ein einschüchterndes Exempel statuieren. Durch eine gelungene Indiskretion gewarnt, konnte Brenz in letzter Minute fliehen, mußte aber seine todkranke Frau zurücklassen. Es wurde sein endgültiger Abschied aus Hall. Unter dem Eindruck dieser Ereignisse nahm Hall das Interim an. Von den Spaniern wurde in der Michaelskirche wieder Messe gehalten. Mit der Entlassung des evangelischen Geistlichen und der Einführung des Interimsgottesdienstes ließ man sich Zeit. Sie kam erst im Frühjahr 1549 in Gang und funktionierte auch dann nicht recht. Allerdings bemühte sich der Bischof von Würzburg wieder um die Eingliederung der hallischen Geistlichkeit in das Bistum. Auch das Stift Komburg machte seine Patronatsrechte wieder geltend.

Die geplante exemplarische Bestrafung von Brenz war nicht gelungen, hingegen glückte ein noch weit drastischeres Vorgehen in *Ulm*. Der Rat hatte am 30. Juni 1548 das Interim annehmen müssen. Als daraufhin der Prediger Bonaventura Steltzer seine Gemeinde mit dem Hinweis auf die Christenverfolgungen tröstete, wurde er durch den kaiserlichen Befehlshaber in der Stadt gefangengesetzt und die Predigt dem Kaiser vorgelegt. Am 14. August traf Karl V. selbst in Ulm ein. Tags darauf weihte der Bischof von Arras die Altäre im Münster und hielt die erste Interimsmesse. Am nächsten Tag wurde von den Geistlichen die Annahme des Interims gefordert. Als diese bis auf zwei ablehnten, wurden sie auf Befehl des Kaisers gefangengenommen und in Ketten ins Gefängnis geführt. Unterwegs sprach der Schuhmacher Jörg Frecht seinem Bruder Martin Mut zu, weshalb man auch ihn als Aufrührer verhaftete. Das Schicksal der Gefangenen war schlimm: Zunächst wurden sie im Gefolge des Kaisers mitgeführt, dann in Kirchheim/T. inhaftiert, wo sie nach einem Fluchtversuch an eine Kette geschmiedet wurden. Zermürbt von der Haft nahmen sie im Dezember das Interim an, kamen jedoch erst im März 1549 frei. Frecht wurde die Rückkehr nach Ulm verboten.

Während seines Aufenthalts in Ulm änderte Karl V. die Stadtverfassung, eine Maßnahme, die in den anderen Reichsstädten erst Jahre später getroffen wurde. Der Rat wurde auf Kosten des Anteils der Zünfte verkleinert. Die Altgläubigen unter den Patriziern wurden sichtlich bevorzugt. In den Kirchen der Stadt wurde zwar die Messe wieder gefeiert; sie fand jedoch nicht viel Anklang bei der Bevölkerung. Weil er die katholische Predigt zunächst verhinderte, wurde der Rat vom Kaiser im November getadelt. Der eigentliche Aufbau einer Kirche nach der Ordnung des Interims gelang erst vom Sommer 1549 an mit der Anstellung des Pfarrers Adolf Bartholome aus Heidelberg. Eine größere Anzahl von Geistlichen aus dem Landgebiet akzeptierte nunmehr die neue Ordnung, die sie zuvor abgelehnt hatten. Im Ulmer Gebiet hatte mithin das Interim auf die Dauer doch einigen Erfolg. Einer völligen Wiederherstellung der alten Zeremonien setzte der Rat jedoch Widerstand entgegen. 1549 wurde das Wengenstift seinen früheren Besitzern zurückgegeben, hingegen nicht die Bettelordensklöster.

Auch *Esslingen* halfen seine Vorstellungen gegen das Interim beim Kaiser nichts. Zunächst versuchte man mit einem Nebeneinander von Messe und evangelischem Gottesdienst durchzukommen. Als der Kaiser mit seinen Gefangenen am 22. August 1548 selbst nach Esslingen kam, drohte der gleiche Vorgang wie in Ulm sich zu wiederholen. Die beiden evangelischen Geistlichen Otmar Mailänder und Stephan Schäffer, der Schwager Ambrosius Blarers, wurden vorgeladen und sollten das Interim annehmen. Beide lehnten ab, aber Schäffer ließ sich dann doch vom Bischof von Arras umstimmen. Mailänder entging nur auf Fürsprache der Verhaftung, hatte die Stadt aber sofort zu verlassen. Den kirchlichen Vorschriften des kaiserlichen Oberherren mußte man sich nunmehr hier wie andernorts weithin beugen. Verstöße gegen die Vorschriften des Interims wurden geahndet. Die Mehrheit der Bürger schickte sich, wenn auch widerwillig, in das Unvermeidliche.

Unter großer Mühe und mit großzügigen Angeboten wurden einige Geistliche aufgetrieben, die den Interimsgottesdienst hielten und sich um die Praktizierung der alten Zeremonien bemühten. Die entlassenen evangelischen Prediger wagte man hingegen nicht zu unterstützen.

Die Verantwortlichen in dem durch die spanische Einquartierung belästigten *Heilbronn* sahen im Interim die endgültige Entscheidung der Religionsfrage, die man wohl oder übel akzeptieren mußte. Als einer der wenigen oberdeutschen Theologen neben Kaspar Huberinus hielt der Prediger Menrad Molther das Interim für annehmbar, da die Predigt des Evangeliums nicht angetastet werde und die Messe nicht als Opfer gelte. Molther gab sich dann auch am 8. Juli 1548 zur Verkündigung des Interims her, setzte sich aber später in seinen Predigten doch nicht dafür ein. Es brauchte Monate, bis man einen Pfarrer fand, der sich jedoch dann auch nur an die hergebrachte Meßordnung und nicht an die des Interims (Abendmahl unter beiderlei Gestalt) halten wollte. Trotz aller intensiver Mühe gelang es dem Rat nicht, eine befriedigende kirchliche Versorgung sicherzustellen.

In *Reutlingen* sprach sich zwar eine erhebliche Minderheit unter den Bürgern, an ihrer Spitze der Stadtschreiber Benedikt Grötzinger, gegen die Annahme des Interims aus, aber die Bitte an den Kaiser, am bisherigen Glauben festhalten zu dürfen, fand natürlich kein Gehör. Am 4. Juli 1548 mußte man sich in das Unvermeidliche schicken. Die evangelischen Geistlichen Matthäus Alber, Johann Schradin und Martin Reiser verließen unter dem Eindruck der Gefangennahme der Ulmer Prädikanten die Stadt. Reutlingen wurde vom August an zunächst durch den Abt von Zwiefalten Nikolaus Buchner kirchlich versorgt, dann machte sich auch hier der notorische Priestermangel bemerkbar. Der Rat mußte den Besuch der evangelischen Gottesdienste in den umliegenden Dörfern verbieten.

In *Giengen* gelang der Übergang zur Interimsordnung relativ leicht; die beiden Geistlichen, die sie ablehnten, wurden entlassen. Allerdings mußten die Stadtknechte in der Kirche auf diejenigen achthaben, die über die neuen Zeremonien spotteten. Faktisch scheint neben der Messe die evangelische Predigt fortbestanden zu haben. Ähnlich verhielt es sich auch in *Dinkelsbühl*. Dort erreichte es jedoch Bischof und Kardinal Otto von Augsburg, daß Anfang November die große Georgskirche den Katholiken zurückgegeben wurde, während sich die evangelische

Mehrheit mit der kleinen Spitalkirche zu begnügen hatte. Auch in *Bopfingen* suchte Bischof Otto das Interim energisch durchzusetzen. Der Interimspriester Castolus Simon Moßburger und sein Kaplan waren freilich wegen ihres zweifelhaften Lebenswandels wenig glaubwürdig. In *Rothenburg* konnten nach der Einführung des Interims sowohl der Bischof von Würzburg als auch der Deutschorden wieder ihren Einfluß geltend machen.

In *Biberach* wurde dem ehemaligen katholischen Pfarrer der Pfarrhof eingeräumt, und dieser zelebrierte wieder in der hergebrachten Weise; daneben ging die evangelische Predigt weiter, bei der die Prediger jetzt den weißen Chorrock tragen mußten. Prediger und Gemeinde widersetzten sich dem Interim zum Mißfallen des Kaisers hartnäckig. In *Memmingen* sorgte wiederum der Augsburger Bischof für die Befolgung des Interims. Noch im August 1551 wurden die Prediger Bartholomäus Bertlin und Magnus Michael sowie der Schulmeister Johann Kleber deswegen vor den kaiserlichen Rat in Augsburg zitiert. Die evangelische Predigt wurde nunmehr verboten. Bertlin durfte nicht mehr nach Memmingen zurückkehren, obwohl seine Frau – der Bischof von Arras hatte sie als Hure bezeichnet – hochschwanger war.

In *Isny* mußte zwar Benedikt Burgauer zunächst entlassen werden, aber schon 1549 gab es neben dem Interimsgottesdienst in der Pfarrkirche wieder eine evangelische Unterweisung für die Kinder, verbunden mit einer Predigt, die alsbald von Burgauer übernommen wurde. In *Kempten* hatten sich die Prediger in ihren Predigten gegen das Interim gewandt. Schon im August 1548 wurden sie vom Bischof von Augsburg vorgeladen und gebannt, worauf die meisten von ihnen die Stadt verließen. Ende 1548 wurde in *Leutkirch* die Messe, nicht das Interim, von Abt Gerwig Blarer von Weingarten wieder eingeführt, da inzwischen Weingarten das Patronat über die Stadtkirche dem Kloster Stams abgekauft hatte. Auch hier bestand ein evangelischer Gottesdienst in der Spitalkirche fort. *Lindau* mußte von November 1548 an zunächst die Messe in der Frauenkirche, dann auch in der Pfarrkirche St. Stephan zulassen. Der Konstanzer Bischof klagte aber über die laxe Handhabung des Interims. Offenbar wurde neben der Messe weiter das Abendmahl gefeiert. Nicht von ungefähr forderte der Kaiser im August 1551 die Entlassung sämtlicher Prädikanten. In *Ravensburg* mußte an der den Evangelischen allein gebliebenen Karmeliterkirche das Interim eingeführt werden, dafür fand sich jedoch lange Zeit kein geeigneter Priester. Hingegen mußten alle Prädikanten entlassen werden, nur eine Art Katechismusgottesdienst scheint fortbestanden zu haben. In den Chor der Karmeliterkirche kehrten die Mönche zurück, was dann Anlaß zu ständigen Reibungen zwischen den Konfessionen gab.

Das Interim insgesamt bedeutete für die Religionsausübung gerade in den Reichsstädten eine enorme Krise. Die evangelischen Prediger, das Zentrum eines etwaigen Widerstands, waren weithin vertrieben. Um des Friedens willen mußten sich die städtischen Obrigkeiten dem Kaiser fügen, dem damit beinahe die Unterdrückung der Reformation doch noch gelang. Die eingeschüchterten Städte schritten auch später aus Gründen der Opportunität nur zögernd zur Abschaffung des Interims. Wo es, wie vom Augsburger Bischof, energisch durchgesetzt wurde, führte es fast zur Rekatholisierung. Meistens waren jedoch auch die kirchlichen Stellen nicht eigentlich an der religiösen Zwischenlösung interessiert. Zudem war das Interim seinerseits mit schweren Hypotheken belastet, die seinen Erfolg in Frage stellen mußten. Seine Einführung war unter politischem Druck erfolgt, auf den die Stadträte ebenso wie die Bürger je auf ihre Weise mit hinhaltendem passivem Widerstand reagierten. Auf der kaiserlichen Seite hatte man offenbar gar nicht das Problem einer gewinnenden Vermittlung des Interims bedacht. Die Interimisten waren meist wenig qualifiziert und bekamen dieselbe Ablehnung zu spüren wie zuvor der frühere Klerus. Das Interim hatte deswegen schließlich doch nur beschränkten und befristeten Erfolg. Eine endgültige Entscheidung der Religionsfrage konnte die kaiserliche Zwischenlösung in der Tat nicht sein.

Zur weiteren Stabilisierung seines politischen Einflusses in den Reichsstädten und zugleich zur Absicherung des Interims ergriff der Kaiser, beraten durch Leute wie den Abt Gerwig Blarer, zu einer weiteren einschneidenden politischen Maßnahme, die er zunächst nur in Ulm angewendet hatte. Den Reichsstädten, übrigens auch katholischen wie Überlingen, Wangen, Buchhorn, Buchau, Pfullendorf, Schwäbisch Gmünd und Aalen, wurde eine Verfassungsänderung aufoktroyiert, durch die die Stadträte auf Kosten der Zünfte verkleinert wurden, wodurch die eher konservativen, wenn nicht sogar katholischen Patrizier mehr Einfluß bekamen. Die Zünfte selbst wurden aufgelöst. Mit der Durchführung dieser »Revolution von oben« wurde 1551 vor allem der kaiserliche Rat Heinrich Haß beauftragt, weshalb man die neuen Gremien auch »Hasenräte« nannte. Die Verfassungsänderungen, über die es schon länger Gerüchte gegeben hatte, begannen Anfang September in Lindau. Das dortige Patriziat mußte allerdings zuerst erweitert werden. In konfessioneller Hinsicht trat keine Verschiebung an der Spitze der Stadt ein. Anfang Oktober war Haß in Memmingen, danach in Isny, wenige Tage später in Ravensburg. Auch dort erwies sich angesichts der Mehrheitsverhältnisse ein Übergehen der Evangelischen im Stadtregiment als unmöglich. Die nächste Station war am 13. November zunächst Biberach. Die Verfassungsänderung in Leutkirch erfolgte erst im Februar 1552. Zuvor war Haß in Dinkelsbühl gewesen. Dort durften künftig nur noch katholische Bürger dem Rat angehören. In Schwäbisch Hall brachte die Neuordnung keine wesentliche konfessionelle Verschiebung, wohl aber eine Stärkung des konservativen Elementes. In Heilbronn mußten u. a. der aus einer Zunftfamilie stammende Reformationsbürgermeister Hans Riesser und sein Sohn aus dem Rat ausscheiden. In Esslingen wurde mit den Zunftmitgliedern die gesellschaftliche Gruppe aus dem Rat ausgeschlossen, die die Reformation eigentlich getragen hatte, und das blieb nicht ohne Folgen. Sehr energisch griff Haß in Reutlingen durch, wo er am 17. Januar ankam. Der Stadtschreiber Benedikt Grötzinger mußte wegen seines Widerstandes gegen das Interim entlassen werden. Beeinträchtigungen des katholischen Gottesdienstes wurden geahndet. Reutlingen war eine der wenigen Städte, in der sich der »Hasenrat« auf die Dauer nicht halten konnte. Die kaiserliche Verfassungsänderung bewirkte auch, daß die Beseitigung des Interims in den folgenden Jahren gerade in den Städten auffallend zögernd und langsam vor sich ging.

*Literatur:*

Zu verweisen ist zunächst auf die oben bei den einzelnen Städten angeführte Literatur. – *Walter Bernhardt*, Was die »Lutherei« die Stadt Esslingen gekostet hat, in: Esslinger Studien 20 (1981), S. 92–101. – *Gustav Bossert*, Das Interim in Württemberg, SVRG 46/47, Halle (1895). – *Max Dunkker*, Heilbronn zur Zeit des Schmalkaldischen Kriegs und des Interims, in: WVJH (1914), S. 1–87. – *Friedrich Fritz*, Ulmische Kirchengeschichte vom Interim bis zum dreißigjährigen Krieg (1548–1612), in: BWKG 35 (1931), S. 130–169. – *Julius Gmelin*, Hall im Reformationsjahrhundert, in: Württ. Franken NF 7 (1900), S. 1–69. – *Hans-Christoph Rublack*, Esslingen, die Reformation und das Interim, in: Esslinger Studien 20 (1981), S. 73–90. – *Otto Schuster*, Kirchengeschichte von Stadt und Bezirk Esslingen, Stuttgart (1946). – *Emil Wagner*, Die Reichsstadt Gmünd in den Jahren 1546–1548, in: WVLG 9 (1886), S. 1–14 und 192–200. – *Paul Warmbrunn*, Zwei Konfessionen in einer Stadt. Das Zusammenleben von Katholiken und Protestanten in den paritätischen Reichsstädten Augsburg, Biberach, Ravensburg und Dinkelsbühl von 1548 bis 1648, Diss. (masch.), Freiburg (1982).

Ordnung in Ee=
sachen.

*Abb. 25:* Württembergische Eheordnung 1535/36.

Ordnung eins gemeinen kasten/ für die armen/ wie der allenthalb im Fürstenthumb Wirtemberg angericht soll werden.

Anno M. D. XXXVI.

*Abb. 26:* Württembergische Kastenordnung 1536.

*Abb. 27:* Das Tübinger Stift.
Ausschnitt aus der Stadtansicht von Matthäus Merian (1643).

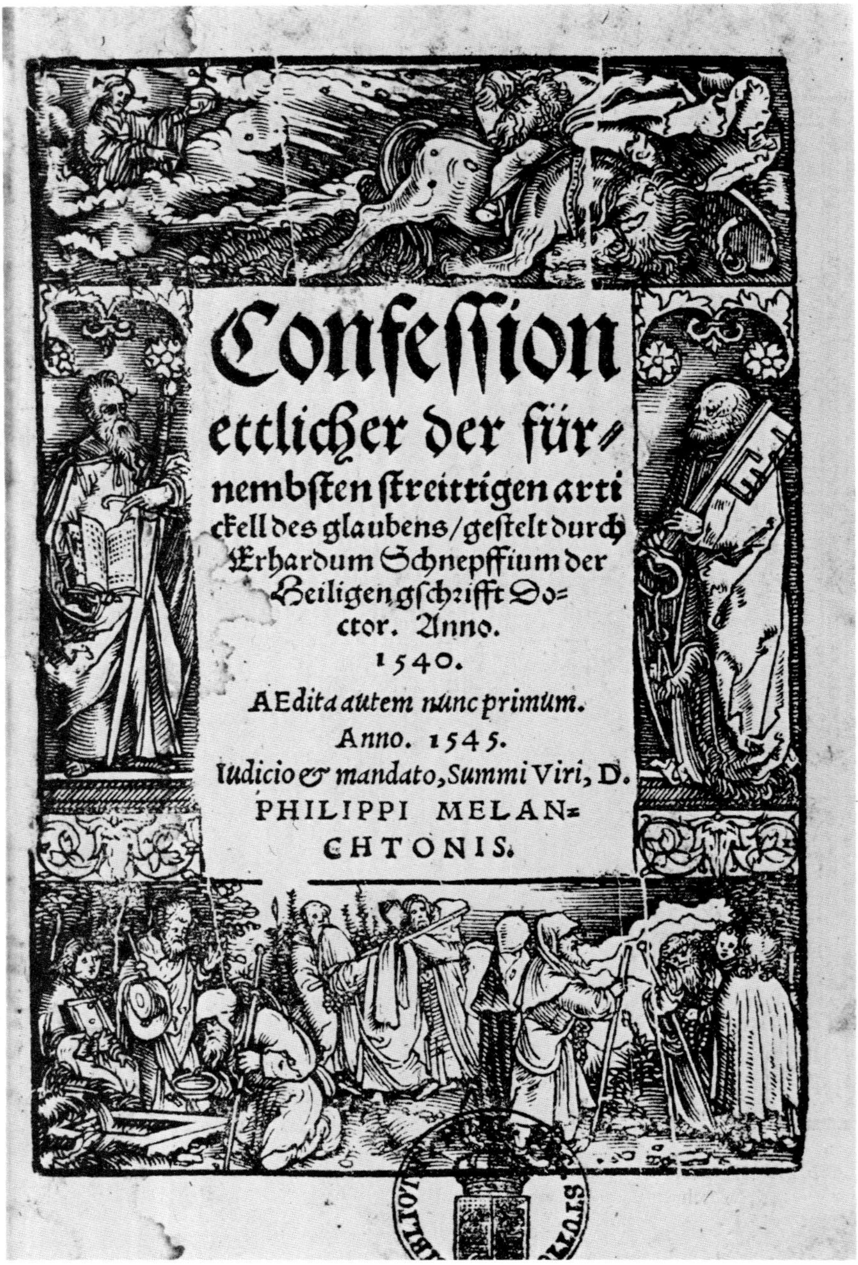
Confession
ettlicher der für-
nembsten streittigen arti
ckell des glaubens/ gestelt durch
Erhardum Schnepffium der
Heiligen gschrifft Do-
ctor. Anno.
1540.
AEdita autem nunc primum.
Anno. 1545.
Iudicio & mandato, Summi Viri, D.
PHILIPPI MELAN-
CHTONIS.

*Abb. 28:* Erhard Schnepf, Confession ettlicher der fürnembsten streittigen artickell des glaubens. Druck des für den Schmalkaldischen Bundestag von 1540 erstellten Gutachtens.

*Abb. 29:* Kaiser Karl V. während der Belagerung Wittenbergs im Mai 1547.
Holzschnitt des Monogrammisten MR.

*Abb. 30:* Flugblatt mit einem Spottlied auf das Interim.

*Abb. 31:* Herzog Christoph von Württemberg (geb. 1515, 1550–1568).
Holzschnitt von Jost Ammann in der im Auftrag des Herzogs 1564 in Frankfurt gedruckten deutschen Bibel.

IOANNES BRENTIVS VIXIT ANNOS LXXI MENSES II DIES XVIII.
OBIIT STVTGARDIE ANNO
LXX. DIE XII SEPTENBRIS.


*Abb. 32:* Johannes Brenz (1499–1570).
Titelholzschnitt der Werkausgabe 1576ff.

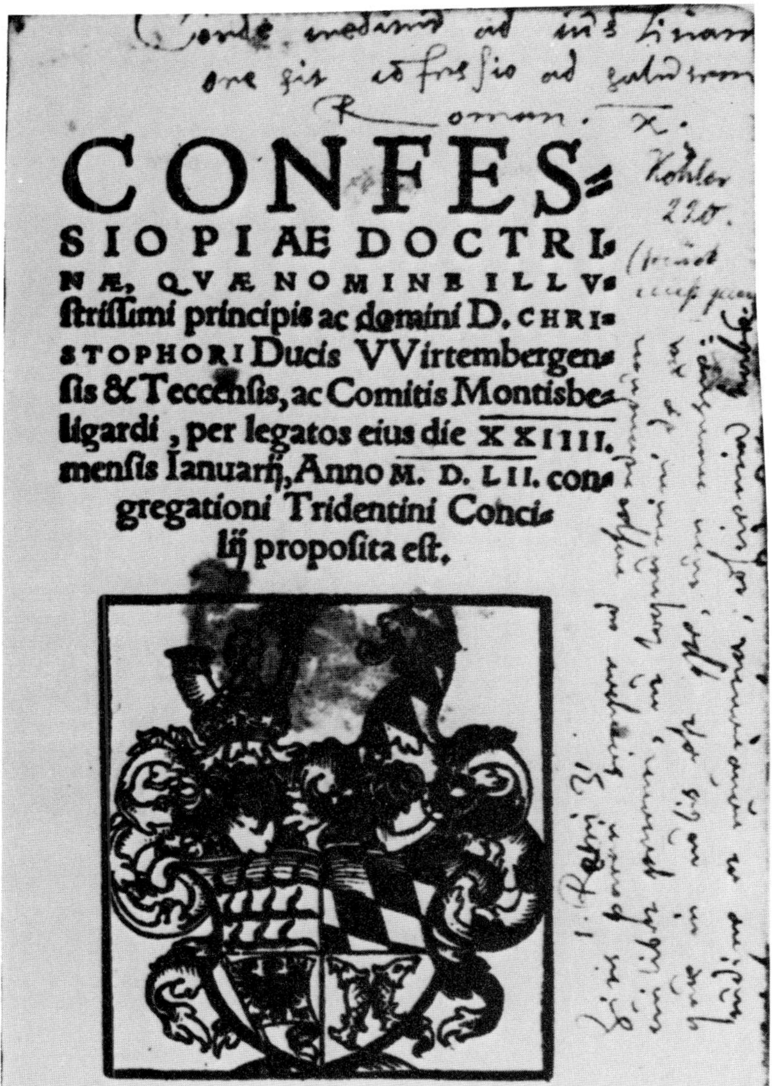
CONFES-
SIO PIAE DOCTRI-
NAE, QVAE NOMINE ILLV-
strissimi principis ac domini D. CHRI-
STOPHORI Ducis VVirtembergen-
sis & Teccensis, ac Comitis Montisbe-
ligardi, per legatos eius die XXIIII.
mensis Ianuarij, Anno M. D. LII. con-
gregationi Tridentini Conci-
lij proposita est.

TVBINGAE PER VLRI-
chum Morhardum.

Kohler 220.

*Abb. 33:* Confessio Virtembergica. Lateinischer Erstdruck des auf dem Konzil zu Trient 1552 übergebenen württembergischen Bekenntnisses.

Von Gottes
gnaden vnser Christoffs Her-
tzogen zů Würtemberg vnd zů Teckh/ Grauen
zů Mümpelgart/ ꝛc. Sūmarischer vnd einfäl-
tiger Begriff / wie es mit der Lehre vnd Ceremonien in den
Kirchen vnsers Fürstenthumbs/ auch derselben Kirchen
anhangenden Sachen vnd Verrichtungen/ biß=
her geübt vnnd gebraucht / auch fürohin
mit verleihung Göttlicher gnaden
gehalten vnd volzogen wer=
den solle.

Getruckt zů Tüwingen / Im jar
1559.

*Abb. 34:* Große Württembergische Kirchenordnung 1559.

*Abb. 35:* Evangelischer Gottesdienst.
Relief von Sem Schlör vom ehemaligen Altar der Schloßkirche in Stuttgart (1562/63).

*Abb. 36:* Jakob Heerbrand (1521–1600). Holzschnitt aus einer Reihe von Bildnissen Tübinger Professoren.

*Abb. 37:* Kurfürst Ottheinrich von der Pfalz (geb. 1502, 1556–1559). Holzschnitt mit dem kurpfälzischen Wappen, 1558.

*Abb. 38:* Markgraf Karl II. von Baden (geb. 1529, 1552–1577).
Porträtmedaille, 1559.

*Abb. 39:* Innenansicht der simultanen Pfarrkirche in Biberach.

*Abb. 40:* Herzog Christoph von Württemberg, umringt von seinen geistlichen Gegnern. Zeitgenössisches Flugblatt.

# Vom Tridentinum zum Religionsfrieden

## *Herzog Christoph*

Mitten in einer politisch wie kirchlich äußerst prekären Lage starb Herzog Ulrich am 6. November 1550 auf dem Schloß zu Tübingen. Sein Sohn und Nachfolger, Herzog Christoph (Abb. 31), war vom herannahenden Ende des Vaters verständigt worden und hatte sich in der Nähe aufgehalten. Sofort nach dem Ableben Ulrichs eilte er herbei und ließ sich von der Stadt Tübingen huldigen. Nach der Beisetzung seines Vaters ging er nach Stuttgart, um sich dort ebenfalls huldigen und im übrigen Land die Huldigung einnehmen zu lassen. Mit diesem reibungslosen Regierungswechsel war trotz schlechter Ausgangsbedingungen ein guter Anfang gemacht worden.

Als Christoph im Alter von 35 Jahren die Regierung antrat, hatte er bereits ein reich bewegtes Leben hinter sich. Am 12. Mai 1515 wurde er in Urach geboren, nur vier Tage, nachdem sein Vater im Schönbuch seinen Stallmeister Hans von Hutten erschlagen hatte. Die frühe Kindheit Christophs fällt demnach in den letzten Abschnitt der ersten Regierungszeit Ulrichs, die schließlich mit dessen Vertreibung durch den Schwäbischen Bund 1519 endete. Als nächster Anwärter für das Herzogtum wurde Christoph, nachdem das Land an den Kaiser übergeben worden war, nach Österreich verbracht, wo er unter der Aufsicht von Erzherzog Ferdinand aufwuchs. 1530 kam er an den Hof Karls V., von dem er sich 1532 entfernte, als der Kaiser sich nach Spanien begeben wollte. Christoph wurde hierauf von den bayerischen Verwandten seiner Mutter aufgenommen. Nach der Wiedereroberung des Landes 1534 nahm Ulrich den Sohn nicht zu sich, sondern sandte ihn an den Hof König Franz' I. von Frankreich, da er ihn als einen von der bayerischen Verwandtschaft geförderten Prätendenten ansah. Landgraf Philipp von Hessen suchte diese Einstellung Ulrichs gegenüber seinem Sohn zu verbessern, indem er ihn u. a. darauf hinwies, daß der bislang noch katholische Christoph nach seinem Regierungsantritt die Reformation des Landes in Frage stellen könnte. Endlich schlossen Vater und Sohn 1542 in Reichenweier einen Vertrag, der Christoph die alleinige Erbfolge zusicherte, wogegen er versprach, die evangelische Religion im Lande beizubehalten und die ihm vom Vater bestimmte Tochter Anna Maria des Markgrafen Georg von Brandenburg-Ansbach zu heiraten. Der trotz der loyalen Haltung Christophs immer noch mißtrauische Ulrich sandte den Sohn als Statthalter ins burgundische Mömpelgard. Die Eheschließung mit der Markgräfin Anna Maria fand 1544 statt.

Die Muße der Mömpelgarder Zeit hat Christoph, wie sein erster Biograph Balthasar Bidembach berichtet, zu theologischen Studien genutzt, mit der Lektüre der Werke Luthers und Brenz', aber auch katholischer und zwinglischer Autoren, um sich selbst ein Urteil in der religiösen Frage bilden zu können. Sein Interesse an theologischen Problemen und seine Kenntnisse, die später bei ihm festzustellen sind, dürften auf diese Zeit zurückgehen. Ob er damals schon endgültig zum evangelischen Glauben übergetreten ist, muß dahingestellt bleiben, zumal 1548 aus Augsburg das Gerücht verbreitet wurde, Christoph sei dort bei der Fronleichnamsprozession unter dem Baldachin gegangen. Dies wäre in der Tat verwunderlich, da sich Christoph später durchaus überlegen konnte, ob er durch den Besuch von Hochzeiten, etwa in seiner bayerischen Verwandtschaft, und die Teilnahme an den damit verbundenen kirchlichen Zeremonien nicht de facto die Messe anerkenne. So müßte man dann annehmen, daß seine endgültige Konversion in die Interimszeit zu verlegen ist. Jedenfalls war seine evangelische Überzeugung bei seinem Regierungsantritt so gefestigt, daß er alle Anträge ausschlug, durch ein Nachgeben in der religiösen Frage sich eine Erleichterung von den Belastungen zu verschaffen, unter denen das Land und seine Regierung standen.

## *Johannes Brenz*

Neben Herzog Christoph war für die weitere kirchliche Entwicklung Johannes Brenz (Abb. 32) maßgebend, der mit dem Herzog in einem engen Vertrauensverhältnis stand. Brenz hat den Herzog wohl erstmals in Mömpelgard kennengelernt, als er im Herbst 1548 von seinem Zufluchtsort in Württemberg, der Burg Hohenwittlingen, nach Basel gesandt wurde, weil er im Lande nicht mehr sicher war. Auf dieser Reise hielt er sich auch eine Zeitlang in Mömpelgard auf. Von dem in jener Zeit entstandenen und 1550 erschienenen Jesajakommentar, der sich mit der aktuellen Situation auseinandersetzt, existiert noch ein von Brenz eigenhändig dem Herzog gewidmetes Exemplar. Veranlaßt durch den Tod seiner Frau eilte Brenz von Basel nach Stuttgart, konnte dort jedoch nicht bleiben, weil der Kaiser nach ihm fahnden ließ. Die Sage will, daß er in Stuttgart vierzehn Tage lang auf dem Dachboden eines Hauses verborgen war und sich nur von Eiern ernährte, die eine Henne in seinem Versteck legte. Der Herzog sandte ihn dann auf die Burg Hornberg im Schwarzwald, wo er – ähnlich wie Luther auf der Wartburg als Junker Jörg – unter dem Deckmantel eines Vogts lebte. Im Herbst 1550 berief ihn Herzog Ulrich in seine Residenz Urach, konnte ihn aber nicht lange dort behalten, sondern sandte ihn nach Mägerkingen auf der Schwäbischen Alb. Herzog Christoph zog Brenz nach seinem Regierungsantritt in seine Nähe und wies ihm den Wohnsitz in Sindelfingen an. Anfang 1552 mußte er wegen der Pest in das nahegelegene Ehningen übersiedeln. Brenz konnte sich also während des Interims weder an einem größeren Ort Württembergs aufhalten noch ein Amt übernehmen, da er vor der Verfolgung durch den Kaiser nicht sicher war. Es bedeutete daher ein großes Wagnis, daß er an der theologischen Konzilsgesandtschaft nach Trient teilnahm. Erst als der letzte katholische Propst der Stuttgarter Stiftskirche gestorben war, wurde Brenz am 10. Januar 1553 als erster evangelischer Propst auf diese Stelle berufen, die er bis zu seinem Tode innehatte.

## *Die Lage Württembergs beim Regierungsantritt Herzog Christophs*

Die Lage des Landes beim Regierungsantritt Christophs war einzig und allein bestimmt durch die Folgen des Schmalkaldischen Kriegs. Hierbei mochten die 300000 Gulden, mit denen sich Herzog Ulrich im Januar 1547 den Heilbronner Vertrag, den Waffenstillstand mit dem Kaiser, erkauft hatte, noch am ehesten zu verschmerzen gewesen sein. Wesentlich drückender war die spanische Besatzung im Land, die sich als Sieger gegenüber Besiegten aufspielte. Äußerst gefährlich war jedoch der Felonieprozeß, den König Ferdinand gegen Herzog Ulrich anstrengte. Seit dem Kaadener Vertrag war Württemberg ja ein österreichisches Lehen, und durch die Teilnahme am Schmalkaldischen Krieg hatte Ulrich seinen Lehnseid gebrochen und damit das Lehen verwirkt. Es bot sich somit für König Ferdinand die Gelegenheit, die Niederlage des Hauses Habsburg im Jahre 1534 wiedergutzumachen. Bis zum Tode Herzog Ulrichs war der allerdings recht schleppend geführte Prozeß doch immerhin so weit fortgeschritten, daß die Lage trotz der Konsultation bedeutender Juristen durch Württemberg äußerst bedenklich war und man nur noch mit Mitteln der Verzögerung arbeiten konnte. Dieser Stand der Sache erklärt, weshalb Herzog Christoph darauf bedacht war, sich möglichst schnell huldigen zu lassen, um wenigstens die Untertanen auf sich verpflichtet zu wissen. Für den Fortgang des Prozesses war durch den Regierungswechsel zwar formal keine Änderung eingetreten, doch mußte die moralische Stellung König Ferdinands gegenüber dem unbelasteten Christoph ungleich schwächer sein. Der Kaiser zögerte, ein Urteil ergehen zu lassen, da es – wenn es gegen Christoph ausfiel – beträchtliche Unruhe auslösen würde, die die Pläne des Kaisers stören mußte. Hierzu gehörte, daß die Protestanten auf dem am 1. Mai 1551 wieder eröffneten Konzil in Trient erscheinen und sich dort verantworten sollten. Mittlerweile gab man dem Herzog unmißverständlich zu erkennen, daß ein Nachgeben in der Religionsfrage seine Lage grundlegend ändern würde, doch hier war er, der sonst dem Kaiser in vielem entgegenzukommen trachtete, zu keinem Kompromiß bereit. Ansonsten unterließ er aber nichts, um den Kaiser seiner Loyalität zu versichern, und erreichte so, daß der Abschluß des Felonieprozesses immer weiter auf die lange Bank geschoben wurde. Im Herbst 1551 ergab es sich schließlich, daß der Kaiser seine untätig in Württemberg liegenden Truppen in Italien benötigte und diese deshalb das Land – bis auf den Asperg – räumten. In dem hierüber abgeschlossenen Vertrag wurde freilich wieder die Einhaltung des Interims eingeschärft, das nach wie vor als weitere Hypothek des Schmalkaldischen Krieges auf dem Land lag. Die Entscheidung in der religiösen Frage sollte aber nach dem Willen des Kaisers das Konzil bringen. Es war deshalb nötig, daß Herzog Christoph sich auf diesem Konzil verantwortete, wie es den Protestanten seit dem Augsburger Reichstag 1548 immer wieder und zuletzt 1551 auferlegt worden war.

Verantwortung des Glaubens vor dem Konzil bedeutete, daß der Kirchenversammlung ein Glaubensbekenntnis vorgelegt werden mußte. Der Verfasser dieses Bekenntnisses, das in Württemberg für das Konzil vorbereitet wurde, war Johannes Brenz. Wenn es auf dem Konzil darum gehen sollte, daß die Evangelischen hier ihre Auffassung vom Glauben vortragen konnten und die Entscheidung darüber nicht von vornherein feststand, dann war er der richtige Mann für die Abfassung eines solchen Glaubensbekenntnisses. Seit dem Augsburger Reichstag 1530 war Brenz mit der Frage eines Ausgleichs der religiösen Gegensätze befaßt und hatte sich des öfteren zu diesem Problem geäußert. Im Interim gelangte er von einer zunächst strikt ablehnenden zu einer wesentlich differenzierenden Haltung gegenüber diesem im wesentlichen zum Katholizismus zurückführenden Vereinigungsversuch. Einen Schritt weiter ging er dann in der Vorrede seines zur Herbstmesse 1550 erschienenen Jesajakommentars. Dort stellt er fest, daß die Schrift und die drei altkirchlichen Bekenntnisse die Grundlage und der Maßstab rechter Lehre und rechtgläubiger Kirche sind. An einigen Lehrstücken zeigt er dann, daß die rechte Lehre eben von der evangelischen Seite vertreten wird. Damit hatte er den später noch weiter beschrittenen Weg eingeschlagen, neben der Schrift auch noch die Zeugnisse der Alten Kirche für die evangelische Lehre ins Feld zu führen.

Obwohl der Besuch des Konzils für Württemberg geradezu verpflichtend war, stellte sich die Frage, ob die Vorlage eines Bekenntnisses dort überhaupt einen Zweck haben könne, zumal deutlich war, daß der Papst, dessen kirchenleitende Funktion die Evangelischen nicht anerkannten, zugleich auch Richter sein würde. Dennoch, stellt Brenz fest, muß das Konzil besucht werden, um dort gewissermaßen der gesamten Christenheit das evangelische Bekenntnis vorzulegen. Ein weiterer Punkt, der Bedenken verursachte, war die Geleitsfrage. Zu deutlich stand das Schicksal des Johannes Hus auf dem Konstanzer Konzil vor Augen, der ja die Reise dahin ebenfalls mit kaiserlichem Geleit unternommen hatte. Ein ähnliches Schicksal konnte die evangelischen Gesandten in Trient erwarten, eine Befürchtung, die erst nach längeren diplomatischen Verhandlungen ausgeräumt werden konnte. Unsicher war ebenfalls, ob das Konzil, das inzwischen schon bindende Beschlüsse in der Glaubenslehre gefaßt hatte, im Zweifelsfall bereit war, diese Dekrete zu widerrufen, falls sie von den Evangelischen angefochten werden würden. Die Frage war also, ob man durch die Entsendung von Gesandtschaften zum Konzil die bereits verabschiedeten Dekrete anerkannte. Dieses Problem mußte natürlich dann hinfällig sein, als sich zeigte, daß auf dem Konzil keine Diskussion zwischen den beiden Parteien möglich war.

Nachdem sich Herzog Christoph im Frühjahr 1551 entschlossen hatte, das Konzil zu beschicken, wurde mit anderen evangelischen Ständen Fühlung aufgenommen, um festzustellen, ob ein gemeinsames Vorgehen möglich sei. Diese Kontakte mußten freilich recht behutsam erfolgen, um am kaiserlichen Hof nicht den Verdacht einer erneuten Konspiration der ehemaligen Schmalkaldener Bundesverwandten zu erwecken. Unter den süddeutschen Ständen hatte sich nur Straßburg zum Besuch des Konzils und einer Zusammenarbeit mit Württemberg entschlossen. Die beiderseitigen Theologen trafen sich deshalb am 4. Mai in Dornstetten, um miteinander den von Brenz erarbeiteten Entwurf der Württembergischen Konfession durchzugehen. Hocherfreut stellte man fest, daß man eines Sinnes war. Auf Wunsch von Brenz wurde die von ihm verfaßte Konfession, bevor sie nach Straßburg zur Vorlage beim dortigen Magistrat gesandt wurde, von einem einheimischen Theologenkonvent eingehend geprüft und angenommen. Das Glaubensbekenntnis wurde so auf eine breitere Grundlage gestellt.

Auch beim Straßburger Magistrat fand die Württembergische Konfession Zustimmung. Man regte noch an, sich mit Kurfürst Moritz und dessen Theologen zu verständigen, da zu hoffen war, daß sich auch noch andere an dem Vorhaben beteiligen würden, wenn Kursachsen zustimmte. Das weitergehende Ansinnen der Straßburger, daß sich die württembergischen und sächsischen Theologen über ein gemeinsames Bekenntnis einigen sollten, lehnte Herzog Christoph ab. So wurden die Bekenntnisse bei einer Zusammenkunft der Sachsen mit den Württembergern und Straßburgern in Langensalza in Thüringen am 19. August lediglich der Gegenseite vorgelegt. Die sächsische Delegation leitete Joachim Camerarius, Württemberg war durch Jakob Beurlin und Johann Isenmann (Eisenmenger) vertreten, Straßburg durch Johann Marbach. Man stellte die Einhelligkeit der beiderseitigen Konfessionen fest und anerkannte sie gegenseitig durch Unterschrift. Besondere Mühe erforderte es freilich, von den Sachsen eine Abschrift ihres Glaubensbekenntnisses zu erhalten; dies konnte erst auf Grund einer Entscheidung des Kurfürsten geschehen.

Entgegen einem Rat Melanchthons, die Glaubensbekenntnisse nicht unter dem Namen der Fürsten, sondern unter dem der Theologen ausgehen zu lassen, stellt sich die Confessio Virtembergica (Abb. 33) doch als Bekenntnis Herzog Christophs dar. Entsprechend seiner Situation setzt das Bekenntnis beim Interim ein, auf das es ausführlich eingeht und dessen Aufriß es auch weitgehend folgt. Es ist deshalb kein Bekenntnis, das sich gegen eine andere Position abgrenzt, sondern die Anknüpfung sucht. In jedem Artikel wird zunächst die positive Seite der katholischen Lehre gewürdigt, erst dann wird die evangelische Lehre dargestellt, d. h. die Praxis der gegenwärtigen Papstkirche wird durch ihr Abweichen von der »katholischen Lehre« kritisiert. Selbstverständlich wird diese Lehre belegt durch Schrift- und Väterzitate, so daß das ursprüngliche Schriftprinzip nunmehr durch die Lehre und die Praxis der Alten Kirche erweitert wird.

Der Versuch, Anknüpfungspunkte bei der Position der Gegenseite zu finden, zeigt sich besonders bei den zentralen Artikeln, wie etwa bei der Rechtfertigung. Das Bekenntnis setzt hier mit einem Lob der geistlichen Tugenden, Glaube, Liebe, Hoffnung und der guten Werke ein. Doch geschieht die Rechtfertigung nicht wegen dieser Tugenden, sondern durch den Glauben aufgrund des Verdienstes Christi. Gerade bei dieser Aussage steht für Brenz fest, daß sie mit der Lehre der Alten Kirche übereinstimmt. Ein weiterer zentraler Artikel ist der vom Nachtmahl Christi, der sich mit der Messe auseinandersetzen muß. Recht traditionell beginnt Brenz mit Ausführungen über Substanz und Gebrauch der Eucharistie. Er betont die Realpräsenz, die Gegenwart Christi im Abendmahl, stellt die Transsubstantiation, die Verwandlung der Elemente in Leib und Blut Christi, nicht in Abrede, merkt aber an, daß die Alte Kirche wohl nichts davon gewußt habe. Was die Messe betrifft, so vermag Brenz hier sogar den Opferbegriff zu akzeptieren, insofern man damit den Gottesdienst insgesamt bezeichnen möchte. Gleichwohl bleiben die strittigen Punkte nicht verborgen: die Stillmesse, die Messe als Opfer für Lebendige und Tote und die Prozessionen mit dem Sakrament sind weiterhin die Stellen, an denen die Kritik ansetzt. Insgesamt aber war das Württembergische Bekenntnis ein Gesprächsangebot, und es lag nun beim Konzil, diese ausgestreckte Hand anzunehmen oder nicht.

## *Die Württemberger auf dem Konzil zu Trient*

Am 8. Oktober 1551 wurden zunächst zwei weltliche Räte des Herzogs, Hans Dietrich von Plieningen und Hans Heinrich Höcklin von Steineck, gewissermaßen als Konzilsbeobachter nach Trient gesandt. Wenige Tage später reiste Johann Sleidan als Vertreter Straßburgs und zugleich der Städte Esslingen, Reutlingen, Lindau, Biberach und Ravensburg nach Trient ab. Die Städte hatten zwar – aus Furcht, in den Verdacht der Konspiration zu geraten – an den Vorverhandlungen nicht teilgenommen, hielten sich aber gegenüber dem Kaiser doch für verpflichtet, beim Konzil vertreten zu sein. Die Gesandten hatten den Auftrag, dem Konzil auf Anforderung das württembergische Glaubensbekenntnis vorzulegen und zugleich das Angebot zu machen, daß es von den Theologen verteidigt werden würde. Die württembergischen Gesandten hatten ferner den Befehl, mit den übrigen protestantischen Gesandtschaften auf dem Konzil in enger Fühlung zu bleiben und vor allem stets zu betonen, daß der Besuch des Konzils erfolgte, um dem Kaiser zu gehorchen, nicht um sich dem Konzil zu unterwerfen.

Am 16. November wurden zwei Theologen, Jakob Beurlin und Jodokus Neobolus, zum Konzil geschickt, damit sie sich dort mit dem Verfahren vertraut machen und die Verteidigung des Glaubensbekenntnisses vorbereiten konnten. Die folgenden Wochen vergingen jedoch mit den vergeblichen Versuchen der württembergischen Gesandten, beim päpstlichen Legaten eine Audienz zu erlangen. Diese wurde abgelehnt, weil die Instruktion der Gesandten keine Unterwerfung unter den Richterspruch des Konzils vorsah. Damit waren jedoch die kaiserlichen Pläne, den Protestanten auf dem Konzil Gehör zu verschaffen, durchkreuzt. Hinter den Kulissen begann nun ein diplomatisches Tauziehen zwischen Kaiser und Kurie über die Frage, wie mit den Protestanten zu verfahren sei. Der Kaiser entschied schließlich, daß diese sich auf dem Reichstag von 1548 bereits dem Konzil unterworfen hätten und deshalb ohne weiteres zum Konzil zugelassen werden und dort frei reden sollten.

Da diese Verhandlungen zu lange dauerten und die Gesandten inzwischen nutzlos in Trient saßen, reisten die Theologen im Januar 1552 wieder heim. Am 24. Januar wurden schließlich die württembergischen politischen Gesandten in der Kongregation der Konzilsväter vorgelassen und überreichten dort ihre Vollmacht, das Glaubensbekenntnis und die Beschwerdepunkte. Lediglich die Vollmacht wurde verlesen, ansonsten erhielten die Gesandten nur eine Empfangsbestätigung. Von den kaiserlichen Vertretern am Konzil bekamen die Gesandten den Auftrag, nunmehr für die rasche Entsendung der Theologen zu sorgen, die über alle strittigen Punkte gehört werden sollten.

Obwohl die vom Konzil neu ausgearbeitete Geleitsformel immer noch problematisch war, da ihre Annahme gewissermaßen eine Anerkenntnis der richterlichen Entscheidung des Konzils über die Glaubensfrage bedeutete, ging man in Württemberg unverzüglich daran, neue Konzilsgesandtschaften abzufertigen. Am 28. Februar reisten die politischen Gesandten, Werner von Münchingen und Hieronymus Gerhard, ab. Mit Straßburg hatte man ein Zusammengehen der beiderseitigen theologischen Gesandtschaften vereinbart. Johann Marbach und Christoph Söll kamen am 2. März in Tübingen an, wo sie sich mit Brenz und anderen württembergischen Theologen berieten und das gemeinsame Vorgehen festlegten. Am 7. März reisten die württembergischen Theologen mit den Straßburgern ab. Die württembergische Gesandtschaft bestand aus Johannes Brenz, Jakob Beurlin, Professor in Tübingen, Jakob Heerbrand, Pfarrer in Herrenberg, und Valentin Vannius, Pfarrer in Cannstatt. Am 18. März, dem Vortag der anberaumten Sitzung, kamen sie in Trient an.

Das Konzil war jedoch um diese Zeit schon in Auflösung begriffen, da Gerüchte von kriegerischen Erhebungen in Deutschland umgingen, die ohne Zweifel begründet waren, da die Rüstungen des Kurfürsten Moritz von Sachsen nicht geheimgehalten werden konnten. Die für den 19. März geplante Sitzung fand nicht statt. Die Württemberger, die um eine Beantwortung der Beschwerdepunkte und um eine Entschließung wegen ihres Glaubensbekenntnisses baten und darauf hinwiesen, daß die Theologen zu deren Verteidigung bereit seien, wurden vertröstet. Inzwischen hatte die Erhebung des Kurfürsten Moritz deutlichere Formen angenommen, die deutschen Bischöfe reisten ab, desgleichen auch viele italienische. Die württembergischen Gesandten baten daraufhin um ihre Entlassung, brachen am 8. April auf und kamen am Ostersonntag, dem 17. April, wohlbehalten in Tübingen an.

## *Fürstenkrieg, Passauer Vertrag und Augsburger Religionsfriede*

Kurfürst Moritz von Sachsen hatte im Schmalkaldischen Krieg die Partei des Kaisers ergriffen und dafür die Kurwürde erhalten, die seinem Vetter Johann Friedrich aus dem ernestinischen Hause aberkannt worden war. Für das evangelische Deutschland war Moritz dadurch mit dem Stigma des Verräters behaftet. Auch wurde er seines Bündnisses mit dem Kaiser nicht froh, der ihn auf das Interim verpflichtet und seinen Schwiegervater, den Landgrafen Philipp von Hessen, durch eine List in seine Gefangenschaft gebracht hatte, in der er trotz der Bitten Moritz' weiterhin gehalten wurde. Das Schlagwort, mit dem Moritz und seine Verbündeten dann ihren Kriegszug gegen den Kaiser begründeten, war deshalb die »viehische Servitut«, die Knechtschaft, in der Karl V. die deutschen Fürsten hielt und halten wollte.

Herzog Christoph war schon im Herbst 1551 in die Pläne des Kurfürsten Moritz eingeweiht worden, der sich seine Rüstungen vom französischen König, dem alten Gegner des Kaisers, finanzieren ließ. Christoph lehnte das Ansinnen ab, in das gegen den Kaiser gerichtete Fürstenbündnis einzutreten. Es ist wohl schon hier seine auch später zu bemerkende und zuletzt noch in seinen Testamenten festgehaltene Abneigung gegen den Krieg als Mittel der Politik zu erkennen. Mit größter Sorgfalt versuchte er während der Vorbereitungen für die Beschickung des Konzils jeden Verdacht zu vermeiden, daß er in eine Konspiration mit anderen Reichsständen eintreten würde. Später hielt er es sogar für seine Pflicht, den Kaiser vor der drohenden Gefahr zu warnen.

Eigenartig ist, daß Karl V. die Warnungen, die ihm Christoph und andere zukommen ließen, nicht ernst nahm. Während die Truppen des französischen Königs in das ihm preisgegebene Lothringen einrückten, zogen Moritz und seine Verbündeten durch Franken nach Schwaben und nahmen am 4. April Augsburg ein. Der Kaiser saß untätig in Innsbruck und mußte sich schließlich, von den Truppen Moritz' und seiner Verbündeten bedroht, durch die Flucht retten. Die Stärke des Kurfürsten war die Überraschung des im Augenblick wehrlosen Kaisers gewesen. Um mit seinem Schlag ein dauerhaftes Ergebnis zu erreichen, mußte er in Verhandlungen, die zuerst in Linz, dann in Passau geführt wurden, den Kaiser zu Zugeständnissen bringen. Was schließlich unter Vermittlung von König Ferdinand als Passauer Vertrag zustande kam, war eine Art Waffenstillstand. Kurfürst Moritz verpflichtete sich, seine Truppen zu entlassen, Landgraf Philipp erhielt dagegen die Freiheit. Die friedliche Religionsausübung sollte nicht weiter gestört und auf dem künftigen Reichstag sollten alle diesbezüglichen Anstände bereinigt werden. Dies bedeutete, daß das Interim hinfällig geworden war und die evangelischen Kirchen nicht mehr weiter behindert werden sollten. Damit war – wenigstens vorläufig – die reichsrechtliche Duldung der evangelischen Konfession erreicht.

Obwohl Kaiser Karl V. sich später von dem von ihm am 15. August 1552 in München ratifizierten Vertrag distanzierte, wurde dadurch die weitere Entwicklung nicht mehr behindert. Auch Markgraf Albrecht Alcibiades von Brandenburg-Kulmbach, einer der Kriegsfürsten, weigerte sich, dem Vertrag beizutreten, und setzte seinen Krieg gegen die Bischöfe von Bamberg und Würzburg und die Reichsstadt Nürnberg fort. Er wurde schließlich im folgenden Jahr von Kurfürst Moritz bei Sievershausen in Niedersachsen geschlagen. Noch auf dem Schlachtfeld starb Kurfürst Moritz an seinen Wunden, Albrecht endete 1557 geächtet und seiner Lande beraubt in Pforzheim.

Karl V. blieb dem versprochenen Reichstag, der am 5. Februar 1555 in Augsburg eröffnet wurde, fern. Eine Einflußnahme der Kurie auf den Reichstag wurde durch den Tod Papst Julius' III. am 23. März und den frühen Tod seines Nachfolgers Marcellus II. am 1. Mai gehindert. Fast ohne Einflußnahme von außen oblag es also König Ferdinand und den Reichsständen, eine dauerhafte Lösung für die religiöse

Frage zu finden. Der nicht ohne Mühen ausgehandelte Religionsfrieden sprach den protestantischen Landesherren die geistliche Jurisdiktion in ihren Gebieten zu. Sie erhielten somit das Recht, das später mit der Formel »cuius regio, eius religio« umschrieben worden ist. Der sogenannte »geistliche Vorbehalt« legte jedoch fest, daß geistliche Fürsten bei einem eventuellen Übertritt zum evangelischen Bekenntnis ihres Amtes verlustig gehen sollten. Immerhin bekamen die Landstände der geistlichen Territorien das Recht der freien Bekenntniswahl zugesichert; die bis zum Passauer Vertrag erfolgte Säkularisation landsässiger Klöster und Stifte wurde legalisiert. Für den einfachen Untertanen blieb, falls er anderen Bekenntnisses war als sein Landesherr, das Recht der Auswanderung, ein Fortschritt für solche Territorien, in denen – anders als in Württemberg – die Freizügigkeit nicht zu den Grundrechten gehörte. Parität des Bekenntnisses war nur in Reichsstädten realisierbar, dort – wie in Augsburg oder Biberach – wurde sie durch ein sorgfältig ausbalanciertes, aber stets gefährdetes System der Besetzung städtischer Amtsstellen aufrechterhalten. Bedeutsam für die nahe Zukunft wurde, daß der Religionsfrieden, der immer noch als Provisorium bis zur Überwindung der Spaltung durch ein Generalkonzil bezeichnet wurde, lediglich die Anhänger der Augsburger Konfession einschloß.

## *Die Auseinandersetzung um das Württembergische Bekenntnis*

Das Trienter Konzil hatte auf das Württembergische Bekenntnis nicht mehr geantwortet. Hingegen wurde die Confessio Gegenstand einer literarischen Auseinandersetzung zwischen einem Professor der Dillinger Universität, dem Dominikaner Petrus a Soto, dem früheren Beichtvater des Kaisers, und den württembergischen Theologen. A Soto ließ 1555 in Köln seine »Assertio catholicae fidei« erscheinen, ein katholisches Bekenntnis gegen die Confessio Virtembergica. Die Assertio, die übrigens einen kommentierten Abdruck des Württembergischen Bekenntnisses bietet, spricht zunächst dem Herzog das Recht ab, mit einem eigenen Bekenntnis aufzutreten. Das Amt der weltlichen Fürsten ist es, die Kirche zu schützen, wobei sie die Entscheidung in den Fragen der Lehre den Vorstehern der Kirche überlassen müssen. Als Kirche sieht a Soto freilich nur die Papstkirche an, die auf der Sukzession der Bischöfe aufgebaut ist, während die württembergischen Theologen außerhalb dieses Traditionszusammenhangs stehen. Trotz dieser prinzipiellen Ablehnung geht a Soto dennoch das ganze Bekenntnis Artikel für Artikel durch. Mittelpunkt seiner Argumentation ist die Rechtfertigungslehre, wo er zwar das »allein durch die Gnade« stehen läßt, das »allein durch den Glauben« aber verwirft. Er führt besonders die katholische Tugendlehre aus, die für Brenz im Bekenntnis nur Anknüpfungspunkt seiner Argumentation gewesen war. Somit bewirken die Tugenden die Rechtfertigung: sie werden durch Gottes Gnade in den Menschen eingegossen, der durch die Übung der Tugenden vor Gott gerecht wird, nicht etwa nur gerecht gesprochen. Es versteht sich, daß a Soto neben der Schrift auch die kirchliche Tradition als bestimmend für Lehre und Leben der Kirche ansieht. Damit verteidigt er die Messe mit allem, was dazugehört, ebenso die Verweigerung des Laienkelches, das Meßopfer, die Stillmesse und die Sakramentsverehrung. Zum Schluß kommt a Soto wieder auf die Kirche zu sprechen und entfaltet hier den katholischen Kirchenbegriff: die Kirche ist kraft ihres Lehramts der Schrift übergeordnet, und dieses Lehramt wird vom Papst an höchster Stelle ausgeübt, der dies in Übereinstimmung mit der zu allen Zeiten und an allen Orten geübten Lehre tut.

Ähnlich wie Melanchthon auf die Entgegnungen des Augsburger Bekenntnisses von 1530 verfaßte Brenz auf die Schrift des a Soto ebenfalls eine Apologie, ein umfängliches Werk, das in mehreren Lieferungen 1555–1559 erschien. In der Vorrede, den Prolegomena, handelt Brenz über den Beruf des Fürsten, der das Evangelium öffentlich zu bekennen hat, wie die Beispiele der Könige des Alten Testaments zeigen. Ferner befassen sich die Prolegomena mit den Problemen von Schrift und Tradition sowie mit dem Kirchenbegriff. Der Hauptteil der Apologie geht die Schrift des a Soto Stück für Stück durch und widerlegt sie. Im Schluß des Buches muß Brenz bereits auf eine neue Veröffentlichung von a Soto eingehen, die dieser auf die separat erschienenen Prolegomena verfaßt hatte. Diese 1557 in Antwerpen erschienene Schrift führt den Titel »Defensio Catholicae confessionis et scholiorum circa confessionem illustrissimi Ducis Vuirtembergensis nomine editam, adversus Prolegomena Brentii«. Die Defensio behandelt ein zentrales Problem der ganzen Kontroverse: den Kirchenbegriff. Hierauf antworteten die Württemberger mit einer Gemeinschaftsarbeit von vier der namhaftesten Theologen des Landes, nämlich Beurlin, Heerbrand, Isenmann (Eisenmenger) und Dietrich Schnepf, die sich je mit einem Abschnitt des Buches von a Soto befaßten. Das 1561 erschienene »große Buch von Tübingen«, wie es wegen seines Umfangs genannt wurde, legt nochmals ausführlich den evangelischen Standpunkt dar, bringt aber keine neuen Argumente in die Kontroverse. Bemerkenswert ist, daß das »Tübinger Buch« im Rahmen einer zweibändigen Dokumentation erschien, wobei im ersten Band die Konfession, die »Assertio« des a Soto, die »Apologia« von Brenz und die »Defensio« von a Soto abgedruckt sind. Die Tatsache, daß man die beiden gegnerischen Schriften im Wortlaut wiedergab, zeigt die Gewißheit, mit der die Württemberger ihre Sache verteidigten. A Soto kam wohl nicht mehr zu einer Entgegnung auf das Tübinger Buch, da er bereits 1555 Dillingen verlassen hatte und nach einer Lehrtätigkeit in England und Spanien seit 1561 bis zu seinem Tode 1563 als päpstlicher Konzilstheologe in Trient wirkte.

A Soto hat auf das Württembergische Bekenntnis so geantwortet, wie diesem wohl das Konzil entgegnet hätte, wenn dies möglich gewesen wäre. Kraß stehen sich in dieser Kontroverse die verschiedenen Auffassungen von der Kirche gegenüber: einmal die katholische Kirche, die mit dem in ihrem Oberhaupt, dem Papst, verkörperten Sukzessionsprinzip den Absolutheitsanspruch erhebt, die Kirche von Anbeginn und überall auf der Welt zu vertreten. Auf der anderen Seite lebt Kirche für die Bekenner der Württembergischen Konfession aus dem Wort und ist dem Wort untergeordnet, das in allen Fragen zur Richtschnur dient. Der Wert der Auseinandersetzung der Württemberger mit a Soto besteht also darin, daß hier nochmals in aller Ausführlichkeit der Stand der Sache der Reformation dargestellt wird, nicht nur in bezug auf den Kirchenbegriff, sondern auch in den anderen Artikeln des Glaubens. Für die zukünftige Entwicklung ist bedeutsam, daß Brenz in der Apologie erstmals eine Darstellung seiner Ubiquitätslehre gibt, die in der erneuerten Diskussion um das Abendmahl eine wichtige Rolle spielen sollte.

*Literatur:*

*Ernst Bizer* (Hg.), Confessio Virtembergica. Das württembergische Bekenntnis von 1551, BWKG Sonderheft 7 (1952). – Ders., Dokumente zur Geschichte der Confessio Virtembergica, in: BWKG 52 (1952), S. 65–95. – *Karl Brandi*, Deutsche Geschichte im Zeitalter von Reformation und Gegenreformation, Leipzig ([2]1942). – Ders., Kaiser Karl V. Werden und Schicksal einer Persönlichkeit und eines Weltreiches, München (1937). – *Martin Brecht*, Abgrenzung oder Verständigung. Was wollten die Protestanten in Trient? in: BWKG 70 (1970), S. 148–175. – *Hermann Ehmer*, Art. Christoph von Württemberg, in: TRE 8, S. 68–71. – *Ernst*, Briefwechsel. – *Julius Hartmann, Karl Jäger*, Johann Brenz, Hamburg (1840–1842). – *Kugler*. – *Ludwig Petry*, Der Augsburger Religionsfriede von 1555 und die Landesgeschichte, in: BDLG 93 (1957), S. 150–175. – *Pressel*.

# Die Neuordnung der Württembergischen Kirche

## *Das Ende des Interims*

Im Interim war die junge evangelische Kirche Württembergs auf eine nicht leichte Probe gestellt worden. Im Ergebnis kann festgestellt werden, daß die Kirchenreformation nach knapp anderthalb Jahrzehnten so im Volk verwurzelt war, daß das Interim keine Anhängerschaft fand. Die große Masse der Interimsgeistlichen war freilich auch nicht dazu geeignet, das Volk für diese Sache zu gewinnen. Bedingt wohl durch den vorläufigen Charakter des Interims, hatten sich im wesentlichen nur zweifelhafte Elemente dazu bereit erklärt, die kaiserliche Ordnung ins Werk zu setzen. Die einzigen namhaften Theologen, die das Interim annahmen, waren Kaspar Huberinus in Öhringen und Menrad Molther in Heilbronn. Bei Molther spielte wohl das Bedürfnis eine Rolle, der durch spanische Einquartierung bedrängten Reichsstadt etwas Luft zu verschaffen, für Huberinus muß das Interim einen Fortschritt gegenüber der zögernden Haltung der hohenlohischen Grafen zur Reformation bedeutet haben. Was die württembergischen Interimisten betrifft, so haben wir zahlreiche Klagen über ihre Nachlässigkeit im Dienst und ihren ärgerlichen Lebenswandel. Gewiß hatte sich unter den evangelischen Geistlichen zuvor auch mancher problematische Fall gefunden, aber die Interimisten scheinen das gewohnte Maß doch wesentlich überschritten zu haben.

Es kennzeichnet also die Situation, wenn Valentin Vannius, damals Pfarrverweser in Cannstatt, zu dem Fall der Anna Schererin in Esslingen, die eine wunderbare Schwangerschaft vortäuschte, nach deren Entlarvung erklärte, daß dies auf das Interim zu deuten sei: das sei im Grunde auch nichts anderes als »eitel Lumpen und altes Hudel«. So konnte Herzog Christoph noch vor der Ratifikation des Passauer Vertrags am 30. Juni 1552 einen Befehl erlassen, wonach die Messe nach päpstlichem Gebrauch an Orten, an denen sie noch gehalten wurde, abgeschafft werden sollte. Begründet wurde dieser Befehl damit, daß der Herzog sein Bekenntnis, in dem die Messe als unrechter und nicht schriftgemäßer Gottesdienst erkannt wird, dem Trienter Konzil vorgelegt habe und das Messehalten überdies bei den gegenwärtigen kriegerischen Ereignissen allerhand Gefahren bringen könnte. Gleichzeitig ging man daran, die Interimsgeistlichen zu entlassen.

In den Stiften, Klöstern und Klosterpfarreien konnte einstweilen noch Messe gelesen werden. Nach der Ratifikation des Passauer Vertrags am 15. August wurde der Interimsgottesdienst jedoch auch in den Stiften abgeschafft. Den Klöstern wurde am 11. Juli auferlegt, die jungen Mönche nicht gegen die Württembergische Konfession zu erziehen und keine Novizen mehr aufzunehmen, auch sollte in den Klosterpfarreien der katholische Gottesdienst abgeschafft werden. Dieser Befehl ist sicher nicht so durchgeführt worden, er war vielmehr nur die Ankündigung der erst nach dem Augsburger Religionsfrieden anlaufenden Klosterreformation.

Mit dem Ende des Interims war eine der Folgen des Schmalkaldischen Kriegs entfallen. Hier hatte Württemberg trotz seiner Neutralität von der Fürstenerhebung profitiert. Gleichzeitig mit den Verhandlungen, die zwischen den Kriegsfürsten, König Ferdinand und dem Kaiser liefen, hatte Herzog Christoph wegen des Lehensprozesses mit dem König verhandelt. Hier war die Situation genau umgekehrt. Anders als in der Religionsfrage war König Ferdinand hier der Unnachgiebige und sein Bruder Karl der Vermittler. Obwohl auch Herzog Albrecht von Bayern, der Schwiegersohn Ferdinands, sich für Christoph einsetzte, konnten diese Verhandlungen nicht zugleich mit dem Passauer Vertrag zum Abschluß gebracht werden. Erst am 6. Juni 1553 kam es zu einem Vertrag zwischen Herzog Christoph und König Ferdinand, wonach Württemberg ein österreichisches Afterlehen wurde, d. h. das Land sollte bei einem eventuellen Aussterben des Mannesstammes der Herzogsfamilie an Österreich fallen. Gegen eine Zahlung von 300000 Gulden sah Ferdinand ferner von einer Weiterverfolgung des Lehensprozesses ab. Zugleich wurde die letzte spanische Besatzung im Land vom Asperg abgezogen.

## *Die kirchliche Organisation*

Unter Herzog Christoph erhielt die evangelische Kirche in Württemberg ihre organisatorische Gestalt, die sie im wesentlichen heute noch hat. Im Jahre 1547 war mit der Visitationsordnung und der Synodalordnung bereits ein Anfang damit gemacht worden. Von der Visitationsordnung wissen wir bestimmt, daß sie ins Werk gesetzt und einige Ämter visitiert wurden. Die Visitation war Ausdruck des landesherrlichen Kirchenregiments, doch stellten die damit betrauten Kommissionen noch keine kirchenleitende Behörde dar. Eine Weiterentwicklung ergab sich erst im Interim durch die Einrichtung des »Rats zur Verrichtung der Kirchendienste«.

Über die Durchführung der Synodalordnung, die die Einteilung des Landes in 23 Landkapitel verfügte, wissen wir nicht so gut Bescheid. An der Spitze eines jeden Kapitels sollte ein Dekan stehen, dem ein Kämmerer und drei bis fünf Räte aus den Pfarrern beigegeben werden sollten. Der Dekan hatte die Aufsicht über die Pfarrer seines Bezirks zu führen. Zweimal jährlich war eine Synode abzuhalten in Anwesenheit des Superattendenten, d. h. eines der beiden kirchenleitenden Geistlichen in der Nachfolge von Schnepf und Blarer.

Gegen Ende des Interims begegnet uns eine neue Ordnung, die gleichwohl an Altes anknüpft. Wegen der Entlassung der meisten Geistlichen im Interim dürfte die Synodalordnung nicht mehr voll zum Tragen gekommen sein, so daß diese neue Ordnung wohl im Zuge des Widerstands gegen das Interim, d. h. also schon 1551 erlassen wurde. Es ist dies das »Officium der Superattendenten«, unter denen nunmehr die früheren Dekane zu verstehen sind. Nun sollen die Geistlichen des Bezirks nicht mehr zu Synoden oder Kapiteln versammelt werden, vielmehr hat der Spezialsuperintendent jährlich viermal die Pfarrer zu visitieren und eingehend deren

Amtsführung zu überprüfen, wobei auch ein Augenmerk auf die Haltung der Beamten und der Ehrbarkeit gegenüber der Kirche gerichtet werden soll.

Gleichzeitig mit dem Amt der Spezialsuperintendenten wurde das der Generalsuperintendenten geschaffen, die an die Stelle der 1547 genannten Superattendenten traten, jedoch mit dem Unterschied, daß ihre Zahl nunmehr auf vier erhöht wurde, wohl in der Weise, daß man die beiden Sprengel ob und unter der Steig, d.h. die südliche und die nördliche Hälfte des Landes, die durch die Stuttgarter Weinsteige voneinander geschieden waren, nochmals halbierte. Diese neuen Sprengel hatten anfänglich keine Bezeichnung, da der Amtssitz des jeweiligen Generalsuperintendenten wechseln konnte. Es ist aber zu erkennen, daß es einen nordöstlichen Sprengel gab, das spätere Generalat Adelberg, einen südöstlichen Sprengel, das nachmalige Generalat Lorch, später Denkendorf, ferner einen südwestlichen Sprengel, das spätere Bebenhäuser Generalat, und zuletzt den nordwestlichen Sprengel, das nachmalige Generalat Maulbronn.

Die Generalsuperintendenten stellten eine Mittelinstanz zwischen den Spezialsuperintendenten und der Kirchenleitung dar. Diese Kirchenleitung war zunächst noch der »Rat zur Verrichtung der Kirchendienste«, gewissermaßen eine der herzoglichen Kanzlei angegliederte Kommission, der durch die Kanzleiordnung von 1550 noch Matthäus Alber und Martin Cless, offenbar anstelle von Valentin Vannius und Georg Schnizer, zugeordnet wurden.

Eine endgültige Gestalt erhielt die Kirchenleitung durch die Visitationsordnung und die Kanzleiordnung von 1553. Diese Maßnahme gehört in den Rahmen der im 16. Jahrhundert allgemein verwirklichten Schaffung zentraler Landesbehörden, die von Herzog Ulrich bereits angestrebt, unter Herzog Christoph aber die für die Folgezeit gültige Gestalt angenommen haben. Er richtete für die Landesverwaltung drei Kollegien ein, die als Behörden mit festem Personal und genau umschriebenen Aufgaben zu arbeiten hatten. Es waren dies der Oberrat für die Innenverwaltung, die Rentkammer für die Finanzverwaltung und der Kirchenrat für die Besorgung der kirchlichen Angelegenheiten. Der Name Kirchenrat erscheint zwar in der am 26. Mai 1553 erlassenen Visitationsordnung noch nicht, sie legt auch noch keine allgemeingültige Ordnung fest, sondern weist bestimmten Personen verschiedene Aufgabenbereiche zu. Insgesamt wird aber hier die Tätigkeit des nachmaligen Kirchenrats beschrieben.

Demnach ist Sebastian Hornmold, nach einer früheren Funktion auch der »Vogt von Bietigheim« genannt, Direktor der Visitationsräte, deren weltliche Mitglieder die finanziellen und juristischen Angelegenheiten der Kirchen und kirchlichen Einrichtungen im Land bearbeiten sollen. Die Angelegenheiten der Kirchendiener haben sie zusammen mit Dr. Matthäus Alber, M. Kaspar Gräter und Johann Engelmann, den Theologen, zu behandeln. Hier haben wir die Teilung des Kirchenrats in eine weltliche und eine geistliche Bank, die sich schon in den früheren Ordnungen abgezeichnet hat. Sebastian Hornmold und die weltlichen Räte haben das Geld zu empfangen, das von den geistlichen Verwaltungen im Land an den Gemeinen Kirchenkasten abzuführen ist. Die Besoldungen der Kirchendiener sollen gemäß dem Kompetenzbuch verabreicht werden. Beihilfen werden in besonderen Fällen nach

Entscheidung der Rechnungsräte gewährt. Dem Direktor und seinen Räten obliegt die Prüfung sämtlicher geistlichen Rechnungen im Land, ebenso die bauliche Betreuung der Pfarr- und Pfründhäuser sowie die Überwachung der Durchführung von Kasten- und Waisenordnung. In diesen Angelegenheiten hatten die Räte selbst zu entscheiden, lediglich in strittigen Fällen sollten sie die Entscheidung des Landhofmeisters einholen, der hier ausdrücklich als Vertreter des Herzogs genannt wird und in dieser Eigenschaft auch die Rechnung des Kirchenkastens zu prüfen hat.

Die Tätigkeit der theologischen Mitglieder der Visitation erstreckt sich auf die Anstellung und Entlassung der Kirchendiener und auf alle Angelegenheiten, die Lehre und Leben der Kirchendiener und die Kirchenordnung überhaupt betreffen. Sie haben die neu einzustellenden Kirchendiener und Schulmeister zu examinieren und ihre Amts- und Lebensführung zu überwachen. Bei der Anstellung ist jedem mitzuteilen, was er als Besoldung erhalten wird. Es soll aber jeder die Möglichkeit haben, entsprechend seinem Fleiß und Verhalten von einer Stelle mit geringer Besoldung zu einer besser dotierten aufzusteigen.

In der Großen Kirchenordnung von 1559 erscheint eine entsprechende Ordnung, die jetzt aber weiter durchgebildet ist. Auch der Name der kirchenleitenden Behörde hat sich inzwischen geändert. Es ist nicht mehr die Visitation, da inzwischen mit diesem Begriff nur noch die regelmäßige Überprüfung der Kirche und ihrer Diener gemeint ist, sondern der Kirchenrat. Während 1553 noch der Landhofmeister allein als Superattendent, als Vorgesetzter des Kirchenrats erscheint, tritt 1559 der Propst zu Stuttgart gleichrangig neben ihn. Dies ist ohne Zweifel als Festschreibung der tatsächlichen Verhältnisse zu verstehen, die sich durch die Tätigkeit von Johannes Brenz herausgebildet hatten. Die weiteren Unterschiede der Ordnung von 1559 gegenüber der von 1553 sind nicht bedeutend. Dem Direktor obliegt nach wie vor die Leitung der Geschäfte, die drei theologischen Mitglieder des Kirchenrats haben Fragen der Stellenbesetzung und der Kirchendiener zu bearbeiten und die Aufsicht über deren Lehre und Leben zu führen. Zu diesem Zweck kommen die drei Theologen des Kirchenrats mit dem Kirchenratsdirektor, zwei »politischen Kirchenräten« und dem Propst wöchentlich am Dienstag- und Freitagnachmittag zusammen. Bei Bedarf konnte dieses Konsistorium auch außerhalb der festgesetzten Zeiten einberufen werden.

Über die Zusammensetzung der weltlichen Bank erhalten wir 1559 näheren Aufschluß: es sind vier »politische Räte«, denen noch ein Advokat, offenbar als Justitiar beigegeben ist. Einer dieser Räte leitet die Expedition, d. h. die Kanzlei, wo der Sekretär die Geschäfte führt und die Registratur besorgt. Der Buchhalter erledigt die Rechnungsgeschäfte, ihm und dem Sekretär sind noch vier Schreiber beigegeben. Die Aufgaben der weltlichen Bank des Kirchenrats, die alle finanziellen, wirtschaftlichen, juristischen und ordnungspolitischen Angelegenheiten zu erledigen hat, haben sich gegen 1553, etwa durch das Hinzukommen der Aufsicht über die Verwaltung der Mannsklöster, noch vermehrt.

Beträchtlich erweitert wurde ein Bereich, der in der Ordnung von 1553 nur kurz angesprochen worden war: die Visitation. Damals war bestimmt worden, daß die Generalsuperintendenten vierteljährlich mit den Kirchenräten zusammenkommen sollten, um mit Johannes Brenz die Ergebnisse der Visitationen zu beraten. Es ist deutlich, daß damit das Verfahren der Visitation gegenüber der Zeit vor dem Interim bereits etwas weiterentwickelt ist, da die Generalsuperintendenten nicht mehr selber visitieren, sondern die Visitationsberichte der Spezialsuperintendenten in die Beratung einbringen. Diese Visitationen sind nach der Ordnung von 1553, wie auch schon nach der Superattendenzordnung von 1551, vierteljährlich zu halten.

Die Große Kirchenordnung von 1559, in der das System der Visitationen ausführlich beschrieben wird, legt nur noch zwei Visitationen im Jahr fest. Offenbar hatte sich die viermalige Visitation als zu aufwendig herausgestellt, zumal – wie die Große Kirchenordnung ausweist – sehr intensiv visitiert wurde. Die Spezialsuperintendenten hatten ihre Visitationen im Einvernehmen mit den Amtleuten zu veranstalten, die veranlaßten, daß die bei der Visitation zu befragenden Personen auch anzutreffen waren. Zunächst hatte der Spezial die Geistlichen auf ihre Lehre zu prüfen, ob sie schriftgemäß sei und der Augsburger und der Württembergischen Konfession entspreche. Die weitere Befragung bezog sich auf die Art und Weise der Spendung der Sakramente, den Katechismusunterricht, die Anzahl der Predigten und auf die dabei ausgelegten Texte, die gottesdienstlichen Gebete und den Kirchengesang.

Die Prüfung der Amtstätigkeit erstreckte sich dann auch auf die Führung des »Katalogs« der getauften Kinder. Gemeint sind die Taufbücher, die am 23. April 1558 angeordnet worden waren. Die Ordnung nennt hier nur die Taufbücher als verbindlich, in die der Name des Kindes, des Vaters und der Mutter sowie der Paten, ferner das Taufdatum eingetragen werden sollte. Es wurden jedoch sehr bald auch die Eheschließungen, dann noch die Todesfälle registriert. Die Einführung der Taufbücher folgte wohl dem Vorbild der Markgrafschaft Brandenburg, wo diese Bücher schon 1533 vorgeschrieben wurden. Auch in Württemberg dürfte zunächst der Kampf gegen die Täufer Anlaß für die Anlegung der Taufbücher gewesen sein, in zweiter Linie auch die Möglichkeit des Nachweises des vorgeschriebenen Alters bei Eheschließungen. Die Ehebücher sind wohl zunächst aus der Verpflichtung der dreimaligen Proklamation der Eheleute vor der kirchlichen Trauung entstanden und stellen damit auch als Maßnahme der Sittenzucht den Nachweis einer ordnungsgemäßen Eheschließung dar. Bei den Totenbüchern mag die Erinnerung an die Anniversarien der katholischen Kirche – trotz deren andersartiger Anlage und Zweckbestimmung – eine Rolle gespielt haben. Jedenfalls läßt die verhältnismäßig hohe Zahl erhaltener Kirchenbücher aus jener Zeit darauf schließen, daß die drei kirchlichen Register damals in allen Gemeinden Württembergs eingeführt worden sind.

Bemerkenswert ist in diesem Zusammenhang auch, daß auf die Prüfung der Taufbücher bei der Visitation die Frage nach der Einhaltung der Vorschrift der Eheordnung folgt, die viermal jährlich in der Kirche verlesen werden mußte. Ferner hatte sich der Visitator danach zu erkundigen, ob der Pfarrer auch die Kranken und sterbenden Leute besucht, sie tröstet, das Nachtmahl reicht und die Leichenpredigt hält. Die Frage nach der Leichenpredigt wurde wohl deswegen gestellt, weil sie nicht in allen evangelischen Kirchen geübt wurde.

Die weiteren Fragen befassen sich mit der Person des Pfarrers und seiner Familie. Seine Bibliothek wird besichtigt und geprüft, ob er auch täglich studiert. Wie man aus den aus späterer Zeit erhaltenen Visitationsberichten weiß, war hier das biblische Buch oder die theologische Lektüre anzugeben, mit der sich der Geistliche gerade beschäftigte, und dieses Studium war möglichst durch schriftliche Ausarbeitungen nachzuweisen. Der Besitz von nichtlutherischen Büchern war nicht verboten, der Betreffende mußte lediglich die Gewähr dafür bieten, daß er die Lektüre mit dem nötigen kritischen Geist betrieb.

Auf die Familien der Pfarrer wurde bei der Visitation insoweit eingegangen, als die christliche Erziehung der Kinder, d. h. ihre Unterrichtung in Katechismus und Gebet und der Schulbesuch der Knaben geprüft wurde. Problematisch konnte natürlich die Frage nach den Kollegen, nach deren Lehre, Leben und Haushaltung sein. Den Abschluß dieses Bereichs bildete die Frage nach Täufern, Schwenckfeldern und anderen Anhängern außerkirchlicher Strömungen.

Zur Visitation gehörte auch die Prüfung der örtlichen Schulanstalten und der Lehrer, dann aber auch die Erkundigung nach den Beamten und Magistratspersonen. Hier sollten die Geistlichen angeben, ob die Ordnungen eingehalten wurden und wie es mit der Sittenzucht und dem Kirchenbesuch, namentlich der Amtspersonen, bestellt war. Hierüber waren auch einige Personen aus Gericht, Rat und Gemeinde zu befragen, ebenso über die Tätigkeit der geistlichen Verwalter und über den Zustand der kirchlichen Gebäude, ferner darüber, ob einer der Geistlichen seinem Amt abträgliche Nebenbeschäftigungen betrieb.

In einem zweiten Teil der Visitation waren die Magistratspersonen und einige andere »Gutherzige« über Lehre, Leben und Amtsführung der Pfarrer und der anderen Kirchendiener zu hören. Über die gesamte Visitation mußte ein Protokoll angefertigt und dem Generalsuperintendenten eingereicht werden.

Die Superintendenzordnung enthält weiterhin Bestimmungen für die Fälle, in denen es bei der Visitation Anstände gegeben hat. Diese muß zunächst der Spezialsuperintendent zu bereinigen suchen. Gelingt dies nicht, ist der Generalsuperintendent einzuschalten, in dritter Instanz der Kirchenrat. Der Spezial hat auch in Krankheits- oder Todesfällen der Geistlichen die gegenseitige Vertretung zu ordnen. Er ist auch die erste Klageinstanz bei Besoldungs- und anderen Problemen. Darüber hinaus steht den Kirchendienern noch der Weg einer Eingabe an den Kirchenrat offen, wozu sich dann der Spezial, gegebenenfalls auch der Amtmann, in einem Beibericht zu äußern hat.

Es leuchtet ein, daß eine solche umfängliche Visitation von den Spezialsuperintendenten, die ja noch selbst ein Pfarramt zu verwalten hatten, höchstens zweimal jährlich gehalten werden konnte. Die Speziale wurden ihrerseits von den Generalsuperintendenten visitiert, sie nahmen auch deren Berichte entgegen, die sie für den Synodus zusammenfaßten. Den Generalen war besonders die Überwachung der Abendmahlspraxis auferlegt, vor allem, daß niemand zum Abendmahl ging, der sich nicht vorher beim Pfarrer angemeldet hatte und von diesem über Glauben und Leben befragt worden war. Dieses Verfahren, das auch wegen der außerkirchlichen Kritiker aus den Reihen der Täufer und Schwenckfelder nötig schien, dürfte in der Praxis wohl nicht so streng gehandhabt worden sein. Es darf aber nicht übersehen werden, daß es dabei in erster Linie darum ging, die Abendmahlsgemeinde rein zu erhalten. Dieses Kirchenzuchtproblem wurde jedoch dadurch relativiert, daß endgültige Entscheidungen, also Abweisung vom Abendmahl, nur dem Synodus, oder, wenn Eile geboten war, auch dem Kirchenrat zustanden.

Ein weiterer Bereich, der den Generalsuperintendenten besonders ans Herz gelegt wurde, war der Katechismusunterricht. Ein besonderes Examen im Katechismus sollte über die Zulassung zum Abendmahl entscheiden, ein Ansatzpunkt für die erst viel später eingeführte Konfirmation. Ferner war von den Generalsuperintendenten die Sonn- und Feiertagsheiligung zu überwachen. Diese Tage sollten der Lehre und der Unterweisung zum Heil der Seele gewidmet sein. So war zum Beispiel eine Trauung an einem solchen Tag möglich, nicht aber das dazugehörige Festmahl und der Tanz.

Dieses System der Kirchenvisitation, das sich im wesentlichen bis heute erhalten hat, griff damals auch – wie sich bereits zeigte – in den weltlichen Bereich ein. Schon Ende 1550, also noch während des Interims, fanden Visitationen statt, die von weltlichen Beamten durchgeführt wurden, wobei die Einhaltung der Landesordnungen, die Rechnungsführung der weltlichen und geistlichen Verwaltungen und die Amtsführung der weltlichen und geistlichen Diener überprüft wurde. In der Großen Kirchenordnung von 1559 finden wir nun ein bedeutend weiter entwickeltes Visitationssystem, das den kirchlichen und den weltlichen Bereich in gleicher Weise umfaßt. Die Superintendenzordnung handelt dort von der bereits genannten Kirchenvisitation durch Spezial- und Generalsuperintendenten. Daneben steht eine politische, d.h. weltliche Visitation, für die von Landhofmeister, Kanzler, Räten und Kirchenräten zwei Kommissionen ernannt werden, die jeweils zu zweit das Land ob und unter der Steig visitieren. Aufgabe dieser einmal jährlich stattfindenden Visitation ist die Überprüfung der Einhaltung der Kirchen-, Landes-, Kasten- und anderer Ordnungen durch die Beamten und Magistratspersonen. Es handelt sich freilich nicht um eine rein weltliche Visitation, da einerseits zugleich Lehre und Leben der Kirchendiener erforscht werden sollen, andererseits aber auch die kirchliche Einstellung der Gemeinden, insbesondere der Beamten und Magistrate. Als übergeordnetes Organ der Visitation nennt die Große Kirchenordnung noch die Landesinspektion oder Landvisitation, nämlich zwei Visitationskommissionen für die beiden Landesteile, jeweils bestehend aus einem adligen Rat, einem Kirchenrat und einem Theologen, die dort visitieren sollen, wo sich bei den anderen Visitationen besondere Probleme gezeigt haben.

Man wird selbstverständlich fragen, wie dieses Visitationssystem sich in der Wirklichkeit bewährt hat. Während die kirchliche Visitation laufend gehalten wurde, sind von der politischen Visitation lediglich einige Ansätze zu verzeichnen, die nicht fortgesetzt wurden. 1557 fand eine Landinspektion oder Landesvisitation statt, die wohl noch das gesamte Land umfaßte. Als erweiterte politische Visitation im Sinne der Großen Kirchenordnung haben wir die 1562–1564 veranstaltete Landes- oder Generalvisitation anzusehen. Die dafür aufgestellte Kommission war personell erweitert durch einen Vertreter des Landschaftsausschusses, der vorgeschriebene Theologe war ein Prälat, der Kirchenrat wurde vom Kirchenratsdirektor persönlich vertreten. Diese aufwendige Visitation wurde von den Räten des Herzogs, darunter auch Brenz, kritisiert, vor allem wegen des Aufwands an Zeit und Geld und weil das Befragen über andere auch zu Denunziationen führte. Deutlich wird hierbei, daß diese Art von Visitation auf den Herzog zurückging, der versuchte, in Erfüllung seiner Regentenpflicht die Laster bei seinen Untertanen abzustellen und sie zu einem gottseligen Leben zu führen. Diese außerordentliche Visitation 1562–1564 war verursacht worden durch ein Hagelwetter, das um Laurentii (10. August) 1562 in weiten Teilen des Landes die Ernte vernichtet hatte. Herzog Christoph sah diese Katastrophe und die darauffolgende Teuerung und Hungersnot als Strafe Gottes für die mannigfachen Verfehlungen der Untertanen an, denen er mit der Visitation zu begegnen versuchte. Die Abstellung der Laster und die Ermöglichung eines gottseligen Lebenswandels ist auch das Motiv der Großen Kirchenordnung und eigentlich jeder Ordnung, die der Herzog erließ. Es ist deshalb im Grunde nicht möglich, zwischen weltlichen und kirchlichen Ordnungen, zwischen weltlicher und kirchlicher Visitation zu scheiden, da beide demselben Ziel dienten. Festzuhalten ist jedoch, daß die politische Visitation auch in der folgenden Zeit nie über Ansätze hinauskam, während die kirchliche Visitation, wohl wegen der strafferen Organisation der Kirche, sich hielt und sich bewährte.

## *Die Bildung des Kirchenguts*

Die Visitationsordnung von 1553 schreibt der weltlichen Bank des Kirchenrats besonders die Besorgung der finanziellen Angelegenheiten der württembergischen Kirche zu, insbesondere die Verwaltung des Gemeinen Kirchenkastens. Damit ist eine wichtige Neuschöpfung der Ordnungspolitik Herzog Christophs angesprochen, nämlich die Schaffung des württembergischen Kirchenguts. Dieses entstand durch die Vereinigung der Vermögen von etwa 1000 Pfarr-, Kaplanei- und Frühmeßpfründen, 100 Stiftspfründen, 22 kleinerer Klöster, etwa 50 Waldbrüder- und Beginenhäuser und 20 Ruralkapiteln unter einer Verwaltung, wobei die Zusammenziehung der Pfründvermögen bereits 1551 erfolgte und die klösterlichen Vermögen erst später dazugeschlagen wurden. Auf der unteren Ebene erfolgte die Verwaltung dieser Vermögensmassen und der Einzug der damit verbundenen Einkünfte weiterhin durch die geistlichen Verwalter, bei den größeren Frauenklöstern, die als besondere Verwaltungen bestehen blieben, durch die Klosterhofmeister. Durch diese örtlichen geistlichen Verwaltungen erhielten die Kirchendiener, Pfarrer, Schulmeister und Mesner ihre Besoldungen verabreicht, ein eventueller Überschuß war an den Gemeinen Kirchenkasten abzuliefern. Gleichzeitig mit der Bildung des Kirchenguts erfolgte auch eine Umstellung in der Besoldung der Kirchendiener von dem hergebrachten Pfründenwesen mit seinen von Jahr zu Jahr schwankenden Erträgnissen zu einer festen »Kompetenz« in Geld und Naturalien. Diese feste Besoldung war für jede Kirchenstelle im Kompetenzbuch eingetragen, wobei diese Festsetzung der Besoldungen offenbar schon 1553 abgeschlossen war. Im allgemeinen waren dabei die Geldeinkünfte vermehrt und der Bezug von Naturalien vermindert worden. An Sachleistungen verblieb den Pfarrern die Nutzung des Pfarrhauses und einiger Güterstücke, wie Kraut- und Baumgarten oder Wiesen, oft auch noch der kleine Zehnte, weil dessen Einzug durch die Verwaltung wohl zu aufwendig gewesen wäre. Im großen ganzen bedeutete die Schaffung von festen Besoldungen eine Besserstellung der Kirchendiener, die von der Sorge um ihren Unterhalt entlastet werden sollten, um desto mehr ihrer eigentlichen Aufgabe nachgehen zu können.

Diese Modernisierung des kirchlichen Besoldungswesens war nur möglich, weil der Herzog den größten Teil der Patronate über die Kirchenstellen im Land innehatte. Andere Patronatsherren wurden unbeschadet ihres Lehenrechts zur Verbesserung der Besoldungen herangezogen. Daneben war man ständig bemüht, solche fremden Rechte durch Kauf zu erwerben, wobei meistens recht stattliche Summen bezahlt wurden.

Die Zentrale der geistlichen Verwaltungen im Land bildete der dem Kirchenrat unterstellte Gemeine Kirchenkasten. Die geistlichen Verwalter waren nicht mehr wie bisher der Rentkammer verantwortlich; es entstand damit also eine von der weltlichen vollständig abgetrennte geistliche Finanzverwaltung. Beide hatten jedoch den Landhofmeister als gemeinsamen Vorgesetzten. Festgehalten muß werden, daß solche Vermögensmassen und Einkünfte, die zur Zeit Herzog Ulrichs bereits zur Kammer gezogen worden waren, dort verblieben und nicht mehr zum Kirchengut überwiesen wurden. Ferner kamen die großen Mannsklöster, die zur Zeit der Bildung des Kirchenguts ja noch im Besitz der im Interim restituierten Äbte waren, auch später nicht mehr zum Kirchengut, sondern wurden getrennt verwaltet.

Mit dem Gemeinen Kirchenkasten als kirchlicher Zentralkasse, die zu Invokavit 1552 ihre Tätigkeit aufnahm, war ein Ausgleich zwischen den geistlichen Verwaltungen möglich, die einen Überschuß erwirtschafteten, und denen, die einen Mehrbedarf aufwiesen. Ferner war damit eine Stelle entstanden, die für gesamtkirchliche Belange aufkam. Dazu gehörte die Besoldung der Kirchenräte, Druckkosten für kirchliche Ordnungen, ein Beitrag für die Universität Tübingen, desgleichen für das Tübinger Stift und für die Unterhaltung der Stipendiaten sowie für wohltätige Zwecke. Als einen besonders großen Posten verbucht die erste Kirchenkastenrechnung von 1552/53 die Ausgaben für die Gesandtschaften aufs Konzil mit 2033 fl 12 kr 4 h, wobei die theologische Gesandtschaft unter Brenz allein mit 450 fl zu Buche schlug.

Die reinliche Scheidung zwischen weltlicher und kirchlicher Finanzverwaltung wurde da durchbrochen, wo der Kirchenkasten zu nichtkirchlichen Aufgaben herangezogen wurde. Einem alten Herkommen folgend, wonach kirchliche Pfründen zur Besoldung von Angehörigen der herzoglichen Hofkapelle verwandt wurden, mutete man solche Ausgaben weiterhin dem Kirchenkasten zu. Die stets defizitäre Haushaltslage des Herzogs zwang dazu, den Kirchenkasten zu den regelmäßig von den Landtagen zu beschließenden »Ablösungshilfen«, d.h. zur Schuldentilgung heranzuziehen. Schon früh wurde dafür eine jährliche Summe festgelegt. Die Hoffnung, eines Tages die Überschüsse des Kirchenkastens für besondere Notfälle des

Landes anzulegen, erfüllte sich nicht. Denoch war die Schaffung des Kirchengutes ein wesentlicher Fortschritt gegenüber den Verhältnissen, die unter Herzog Ulrich geherrscht hatten; sie war, wenn auch nicht bis zum Letzten klar durchgeführt, von dem Willen geleitet, der Kirche das Ihre zukommen zu lassen. Nicht unterschätzt werden darf die Bedeutung des Kirchenguts für die Sicherstellung der wirtschaftlichen Unabhängigkeit des geistlichen Standes und für die Entwicklung eines Zusammengehörigkeitsgefühls der evangelischen Kirche Württembergs. Mag die Schaffung des Kirchenguts damit auch auf der zeittypischen Linie der Erstarkung des Territorialstaats liegen, so dürfen daneben die aus dem Kirchengut gewährten Hilfen für bedrängte evangelische Gemeinden in ganz Europa und die oftmals stattlichen Unterstützungen einzelner Glaubensflüchtlinge nicht vergessen werden.

## *Die Reformation der Klöster*

Auf der Grundlage des Passauer Vertrags und des Augsburger Religionsfriedens konnten nunmehr auch die Klöster im Land, d.h. die im Interim restituierten Mannsklöster und die Frauenklöster, die der ersten Reformation unter Herzog Ulrich hatten widerstehen können, reformiert werden. Diese Reformation erfolgte freilich nicht in einem Zug, sie stellt vielmehr einen jahrelangen – bei den Frauenklöstern sogar einen jahrzehntelangen – Prozeß dar.

Unter Herzog Christoph nahmen die Prälaten wieder ihren alten Platz in der landständischen Verfassung ein, indem sie auf den Landtagen erschienen, die Ausschüsse mitbesetzten und auch an den finanziellen Lasten mittrugen. Bereits nach dem Passauer Vertrag erfolgten jedoch schon erste Maßnahmen gegen die Klöster, die aber offenbar auf Einspruch des Kaisers hin nicht voll durchgeführt werden konnten. Dennoch wurde schon jetzt bei anfallenden Neuwahlen darauf gesehen, daß Kandidaten des Herzogs an die freiwerdenden Stellen der katholischen Prälaten gesetzt wurden. Zum ersten Mal gelang dies 1552 in Murrhardt, wo der 19jährige Sohn des Klostervogts versprach, sich gemäß der herzoglichen Konfession halten und die Konventualen zum Studium der Theologie nach Tübingen schicken zu wollen. Diese Wahl war jedoch durchaus verfehlt, der junge Abt und sein Vater mußten später wegen Unterschlagungen abgesetzt werden. Glücklicher war die Wahl in Denkendorf, wo 1553 Propst Fehleisen den Konventualen Bartholomäus Käs zum Koadjutor annahm, der sich verpflichtete, die jüngeren Mönche durch einen Praezeptor zum Studium der Theologie vorbereiten zu lassen. Möglicherweise ist also in Denkendorf die erste evangelische Klosterschule Württembergs entstanden. Jedenfalls war Käs der erste, der sich in der Stellung eines Prälaten verheiratete und somit zu grundsätzlichen Überlegungen über die Stellung eines evangelischen Abts Anlaß gab. Dieser war demnach weder Besitzer noch Nutznießer der Klostereinkünfte, er hatte lediglich Anspruch auf einen standesgemäßen Unterhalt; etwaige Überschüsse der Klosterökonomie waren für das Kloster zu verwenden bzw. abzuliefern. Später wurde den Prälaten eine feste Besoldung ausgesetzt.

In Königsbronn wurde Abt Ambrosius Boxler 1553 durch Abt Heinrich von Maulbronn als Generalvikar des Zisterzienserordens abgesetzt. An seine Stelle kam der Prior von Maulbronn, Johannes Epplin, der sich bereit erklärte, das Bekenntnis des Herzogs anzunehmen und die jungen Mönche entsprechend zu erziehen. Ebenso erhielt 1554 Herbrechtingen einen evangelischen Propst und Herrenalb einen evangelischen Abt, die beide aus den jeweiligen Konventen hervorgegangen waren.

Als 1556 die neue Klosterordnung ausgearbeitet war, wurden die Prälaten der 14 Mannsklöster auf den 8. Januar nach Stuttgart bestellt, wozu die meisten persönlich erschienen, einige einen Vertreter entsandten und lediglich Anhausen niemanden abgeordnet hatte. Die anwesenden Äbte und Prioren nahmen die ihnen vorgelesene Klosterordnung an, in der sich der Herzog auf die Vorlage seines Bekenntnisses beim Trienter Konzil und auf den Religionsfrieden als Rechtsgrundlage dafür berief, die Reformation nun auch auf die Klöster auszudehnen. Das bedeutete, daß diese zu ihrer ursprünglichen Aufgabe zurückgeführt werden sollten, nämlich der Ausbildung des geistlichen Nachwuchses zu dienen. Der Hauptteil der Klosterordnung ist demnach eine Ordnung des Gottesdienstes und der Lektionen in den Klöstern. Das Stundengebet wird als kursorische Lektüre der Heiligen Schrift eingerichtet. Der Sonntagsgottesdienst mit Abendmahl tritt an die Stelle der Messe. Täglich ist Unterricht in Theologie und in den ›Artes‹, d.h. in Dialektik und Rhetorik zu erteilen, beim Vorhandensein geeigneter Lehrkräfte auch in Griechisch und Hebräisch. Die weiteren Bestimmungen befassen sich mit der Aufnahme der 14–15jährigen Schüler, die nach einer Prüfung Aufnahme im Kloster finden können und drei Jahre dort unterrichtet werden sollen, bis entschieden wird, ob sie nach Tübingen ins Stift geschickt werden können.

Verfasser dieser Klosterordnung war sehr wahrscheinlich Johannes Brenz. Er hatte schon 1529 für Markgraf Georg von Brandenburg ein Gutachten über die Reformation von Klöstern und Stiften ausgearbeitet, das in nur wenig veränderter Form in der württembergischen Klosterordnung wiederzufinden ist. Auch damals schon hat Brenz den auf Anregungen von Luther zurückgehenden Grundgedanken betont, daß die Klöster eigentlich Ausbildungsstätten für den geistlichen Nachwuchs seien. Demgemäß wird von der seitherigen klösterlichen Übung so viel wie möglich beibehalten, nämlich alles, was als schriftgemäß und vernünftig erscheint. So war die neue Klosterordnung eigentlich für alle Prälaten annehmbar, zumal sie ihre staatsrechtliche und ökonomische Stellung nicht angriff, sondern sogar noch bestätigte.

Im Laufe des Jahres 1556 wurden so in allen Klöstern Schulen eingerichtet, indem ein oder zwei Praezeptoren angestellt wurden. Lediglich in Herbrechtingen wurde wegen mangelnder Mittel von der Errichtung einer Schule abgesehen. In einigen Klöstern gab es Schwierigkeiten, die in der Regel dadurch beseitigt wurden, daß man den Abt und die verbliebenen Konventualen von der Befolgung der Klosterordnung freistellte.

Die Nachfolge der durch Tod abgehenden Äbte wurde weiterhin in der bereits begonnenen Weise geregelt. In Hirsau starb 1556 Abt Johannes Schultes, und die verbliebenen drei Konventualen stellten dem Herzog die Wahl eines Nachfolgers anheim. Im Beisein der Äbte von Lorch, Alpirsbach und Murrhardt wurde Ludwig

Velderer zum Abt gewählt, der frühere Prior, der schon 1535 mit einer Leibrente ausgetreten war. Ihm wurde bereits 1558 der Calwer Spezialsuperintendent Heinrich Weikersreuter als Koadjutor beigegeben, der ihm auch 1560 als Abt nachfolgte. Ganz ähnlich verlief der Wechsel in Maulbronn, wo Abt Heinrich Reuter 1557 starb. Auch hier wurde im Beisein zweier Äbte des Ordens, nämlich derer von Herrenalb und Bebenhausen, Johannes Epplin gewählt, der gleichzeitig Abt in Königsbronn war. Kurz darauf wurde der bisherige Cannstatter Pfarrer, Spezial- und Generalsuperintendent Valentin Vannius zum Aufbau der Klosterschule nach Maulbronn geschickt; er wurde dann auch Abt des Klosters Maulbronn, als Epplin wenige Monate nach seiner Wahl starb. Der Anhauser Abt Onophrius Schaduz, der nicht zum Empfang der Klosterordnung in Stuttgart erschienen war, sie aber später dennoch annahm, starb 1558. Die drei übriggebliebenen Mönche überließen auch hier die Wahl dem Herzog, der nun nicht mehr einen Übergangskandidaten wie in Hirsau und Maulbronn, sondern den Tübinger Spezialsuperintendenden Johannes Isenmann (Eisenmenger) zum Abt ernannte. Der Bebenhäuser Abt Sebastian Lutz ließ sich 1559 pensionieren und zog nach Tübingen, wo er im folgenden Jahr starb. Gleichzeitig hatten sich die vier letzten altgläubigen Mönche in das Priorat Pairis im Elsaß begeben, das sie neu besiedelten. Nachfolger von Abt Lutz in Bebenhausen wurde der Spezialsuperintendent von Vaihingen Eberhard Bidembach. In Blaubeuren war Abt Christian Tubingius, der Chronist seines Klosters, mit den altgläubigen Mönchen von der Befolgung der Klosterordnung freigestellt worden, worauf er die Errichtung der Klosterschule zuließ. 1562 wurde Tubingius wegen des Verdachts der Unterschlagung verhaftet und zunächst auf Hohenurach, dann in Bebenhausen gefangengehalten, wo er bald darauf starb. Noch 1562 war Matthäus Alber, Stiftsprediger zu Stuttgart, zu seinem Nachfolger ernannt worden. Auch der Alpirsbacher Abt Jakob Hochreuter wurde 1562 aufgrund verschiedener Klagen verhaftet und in Maulbronn gefangengehalten, von wo er in die Schweiz entfloh und dort 1569 als Pfarrer einer Gemeinde bei Konstanz starb. Schon nach der Gefangennahme Hochreuters war Balthasar Elenheinz, Spezialsuperintendent von Böblingen, als sein Nachfolger eingesetzt worden.

Größere Schwierigkeiten gab es nur in St. Georgen. Der Abt Johannes Kern residierte wohl seit Inkrafttreten der Klosterordnung in Villingen und kam nur noch gelegentlich ins Kloster. 1566 starb Abt Johannes. Es gelang dem Konvent, dessen Tod so lange geheimzuhalten, bis er einen Nachfolger gewählt hatte. Der Herzog erkannte den neuen Abt nicht an und ernannte seinerseits den Spezialsuperintendenten von Rosenfeld, Severus Bersinus, zum Abt von St. Georgen. Fortan gab es also stets einen katholischen und einen evangelischen Abt von St. Georgen, die sich in die Einkünfte des Klosters teilen mußten, da die außerwürttembergischen Gefälle nach Villingen geliefert wurden.

Die Reformation der Mannsklöster war damit abgeschlossen. Weitergehende Maßnahmen waren nicht möglich, wie etwa eine Reformation der Fürstpropstei Ellwangen, die unter württembergischer Schirmherrschaft stand, derer sie sich jedoch 1589 entledigte. Auch das Kloster Zwiefalten konnte sich weiterhin mit der Hilfe Österreichs der Reformation entziehen. In einem Vertrag von 1569 erkannte das Kloster lediglich die württembergische Schirmherrschaft an. Es scheiterte auch der Versuch, das Obödienzverhältnis des elsässischen Priorats Pairis gegenüber dem Kloster Maulbronn als Rechtsgrund für eine Reformation zu nutzen, da Österreich allen Versuchen Württembergs widerstand, in Pairis Einfluß zu nehmen. Immerhin waren die Maulbronner Rechte an Pairis noch so viel wert, daß sie in einem Vertrag von 1588 gegen die österreichischen Ansprüche auf Königsbronn vertauscht werden konnten, so daß Württemberg damit volles Recht an dem Brenztalkloster gewann. Vergeblich berief sich auch der evangelisch gewordene Abt Clemens Leusser von Bronnbach auf das Filiationsverhältnis seines Klosters zu Maulbronn. Auf Verlangen des Bischofs von Würzburg, der die Landesherrschaft über das Kloster gegen die Grafschaft Wertheim behaupten konnte, mußte er zugunsten eines katholischen Nachfolgers verzichten.

Der Gang der württembergischen Klosterreformation war in steigendem Maße durch eine Verschärfung der Maßnahmen gekennzeichnet. Wurde anfangs noch das übliche Wahlverfahren mit Beiziehung von zwei oder drei Äbten desselben Ordens beibehalten, so wurde dies bald aufgegeben. Ebenso erübrigte sich auch die Wahl eines Übergangskandidaten, wie etwa des Johann Epplin in Maulbronn. Zur Verschärfung der Maßnahmen muß wohl auch die Inhaftierung der Äbte von Blaubeuren und Alpirsbach gerechnet werden, von denen der eine Vermögenswerte des Klosters außer Landes geschafft, der andere die Einrichtung der Klosterschule behindert hatte. Die altgläubigen Mönche gingen teilweise außer Landes in andere Klöster. Ob es regelrechte Vertreibungen gegeben hat, wie gelegentlich behauptet wird, muß bezweifelt werden. In Maulbronn verzichtete der letzte Konventuale 1566 gegen eine namhafte Abfindung. Die außer Landes gehenden Mönche nahmen ihr durch den Religionsfrieden verbrieftes Abzugsrecht wahr, wie überhaupt die Reformation der Klöster mit den dabei ergriffenen Maßnahmen durch den Augsburger Religionsfrieden gedeckt war.

Bemerkenswert ist, daß man die Abteien nach dem Augsburger Religionsfrieden ausnahmslos mit altgedienten, im evangelischen Kirchendienst bewährten Theologen besetzt hat. Dies zeigt, daß die Reformation der Klöster nicht in erster Linie von fiskalischem Interesse geleitet war. Vielmehr wurde hier etwas Neues gestaltet, nicht nur durch die Errichtung der Klosterschulen, sondern auch durch die Schaffung des evangelischen Prälatenstandes. Der evangelische Abt eines Klosters war nicht einfach ein herzoglicher Beamter; das Besondere seines Standes zeigt sich bereits in der Art und Weise, wie er in sein Amt eingesetzt wurde. In einer Verpflichtungsurkunde hatte er den Herzog als Klostervogt, dem auch die Gerichtsbarkeit und das Jagdrecht im Klostergebiet zustand, anzuerkennen und die Einhaltung der kirchlichen Ordnungen zu geloben und gute Aufsicht über die klösterliche Ökonomie zu versprechen. Er wurde dann feierlich in Anwesenheit des Landhofmeisters als des persönlichen Vertreters des Herzogs, des Kirchenratsdirektors und des Stuttgarter Stiftspropstes investiert, hierauf der Schule, den Klosterbediensteten und -untertanen präsentiert, worauf diese ihm Treue gelobten.

Dies war mehr als nur der Abglanz einer alten Herrlichkeit, zumal die evangelischen Prälaten auch Landstände waren, d.h. zusammen mit den Vertretern der

Städte und Ämter den Landtag bildeten. Als Landstände waren die Prälaten die Vertreter des jeweiligen Klosters und seines Gebiets, das ja in seinem Umfang und seiner Zusammensetzung erhalten blieb. Entsprechend ihrer Steuerkraft trugen die Prälaten die Lasten des Landes mit, wobei sich bald ein Verhältnis herausbildete, wonach von den Prälaturen ein Drittel der vom ganzen Land aufzubringenden Steuern erwartet wurde. Freilich war diese Verteilung ein ständiger Punkt der Auseinandersetzung zwischen Landtag und Herzog, da es dieser nach der Reformation lieber gesehen hätte, wenn die Prälaturen geringer besteuert worden wären, damit sie mehr Überschüsse in das Mannsklösterdepositum hätten abführen können, über das er ja frei verfügte. Der Gedanke allerdings, daß die Überschüsse der Klöster in einem Depositum für besondere Notfälle des Landes angesammelt werden sollten, ließ sich bei der ständigen Geldnot Herzog Christophs nicht verwirklichen. Im übrigen ging das Mannsklösterdepositum nach dem Dreißigjährigen Krieg auch formal im Kirchenkasten auf, wodurch freilich dann auch dessen Heranziehung zu weltlichen Zwecken weiter gesteigert wurde.

Von besonderem Interesse ist hier, daß es auch gewichtige Stimmen im Land gegen die Einrichtung des evangelischen Prälatenstandes gegeben hat. Johannes Parsimonius, seit 1559 Hofprediger und mehrfach für eine Prälatur vorgesehen, begründete seine Ablehnung damit, daß der Titel des Prälaten aus der katholischen Hierarchie stamme, die man von evangelischer Seite angreife. Durch die vielen Prälaturen im Land würden unnötig viele Theologen von Stellen abgezogen, wo sie mit größerem Nutzen wirken könnten, oder die Klöster würden das Ziel solcher Bewerber werden, die nicht durch Tüchtigkeit, sondern durch allerlei Praktiken dahin kommen wollten. Der wichtigste Punkt seiner Kritik war aber die Vermischung von geistlichen und weltlichen Aufgaben, die starke Beanspruchung durch die Verwaltung und die Wahrnehmung der Aufgaben als Landstand.

Es mag sein, daß die Erhaltung des Prälatenstandes mit auf das Verlangen der Landschaft zurückzuführen ist, die sich davon eine Sicherstellung der landständischen Verfassung versprach. Mindestens ebenso wichtig dürfte das Grundanliegen der Reformation gewesen sein, die kirchlichen Einrichtungen ihrer ursprünglichen Bestimmung wieder zuzuführen. Freilich gründete sich die Landstandschaft der Prälaten nicht auf ihr kirchliches Amt, sondern auf die von ihnen ausgeübte Vertretung des Klosters. Die Verwaltung der Klöster wurde ihnen jedoch im Laufe der Zeit durch herzogliche Beamte abgenommen. Diese unter Herzog Ludwig, dem Sohn und Nachfolger von Herzog Christoph, mehr und mehr zum Tragen kommende Entwicklung bekam z. B. Johannes Parsimonius zu spüren, der sich 1569 doch dazu hatte bewegen lassen, als Abt nach Hirsau zu gehen, und bis zu seinem Tode 1588 dort blieb. Er nahm seine Amtspflicht, die auch die Überwachung der Klosterverwaltung vorsah, recht genau, so daß er deswegen in einer ständigen Auseinandersetzung mit seinen Verwaltern lag. Seine Klagen fanden bei den weltlichen Mitgliedern des Kirchenrats kein Gehör, vielmehr bedeutete man ihm, daß er sich nicht mehr um die Verwaltung kümmern solle. Parsimonius war kein Einzelfall, ähnlich wie ihm ging es auch anderen Prälaten.

Trotz allem gewann der Prälatenstand, nicht zuletzt durch die von ihm in die beiden Ausschüsse des Landtags entsandten Vertreter, an Bedeutung innerhalb der ständischen Verfassung Altwürttembergs. Im Laufe der Zeit bildete sich auch durch vielfältige Verwandtschaftsbeziehungen eine bürgerliche Führungsschicht heraus, der Theologen, Beamte und vermögende Magistratspersonen angehörten. So entstand durch den von den Prälaten vermittelten starken und unmittelbaren Einfluß der Theologie auf die Politik das, was man die altwürttembergische Eigenart genannt hat, eine Haltung, die man in der württembergischen Geschichte manchmal als konfessionelle Enge, in ihren besten Stunden aber auch als vor Gott verantworteten Widerstand gegen mancherlei Fürstenlaunen beobachten kann.

Gänzlich verschieden von der Reformation der Mannsklöster ist die der Frauenklöster. Diese hatten sich im wesentlichen mit Erfolg schon der ersten Reformation widersetzen können und hatten auch während des Interims noch Zuzug erhalten. Nur in wenigen Fällen gelang es, die Nonnen zur Annahme der Reformation zu bewegen, wie etwa im Zisterzienserinnenkloster Lichtenstern, wo 1551 eine Konventualin austrat und sich verheiratete, während die beiden übrigen Schwestern als »reformiert« bezeichnet werden. Diese blieben jedoch weiterhin im Kloster, die letzte starb 1575. Im Prämonstratenserinnenkloster Lauffen waren 1553 noch die Priorin und drei Schwestern, die mit Leibrenten abgefunden wurden. Ähnlich wurde mit den Franziskanertertiarinnen von Markgröningen verfahren, die schon früher aus ihrer Klause ausgewiesen worden waren und, nachdem ihnen die Restitution im Interim nicht glückte, bereits 1551 vom Provinzial des Franziskanerordens die Erlaubnis erhielten, sich mit Leibrenten abfinden zu lassen.

Die übrigen Frauenklöster widerstanden den Reformationsbestrebungen, hielten auch weiterhin ihren Gottesdienst, bis ihnen 1556 untersagt wurde, dies öffentlich zu tun. In der Folgezeit wurden in die verschiedenen Klöster mehrfach Kommissionen gesandt, die die Nonnen zur Aufgabe ihres klösterlichen Lebens bewegen sollten. Alle Bemühungen, auch der zuständigen evangelischen Geistlichen, die den Nonnen zu predigen hatten, fruchteten nichts. Immerhin ist festzuhalten, daß man zwar – wie z. B. aus einem Tagebuch des Dominikanerinnenklosters Steinheim hervorgeht – alles mögliche versuchte, nie aber Gewalt gegen die ihrem Glauben treuen Nonnen angewendet hat. Lediglich ein Konvent, der der Franziskanertertiarinnen von Weiler bei Blaubeuren, hat vom Recht der Auswanderung Gebrauch gemacht und zog mit 19 Mitgliedern ins Kloster Welden bei Augsburg. Die Einkünfte des Klosters wurden dorthin ausgefolgt, bis die letzte Klosterfrau 1619 starb. Den Dominikanerinnen in Kirchheim/T. war die Auswanderung in das Kloster Sießen bei Saulgau angeboten worden, worauf sie jedoch verzichteten. 1571 waren noch vier Nonnen am Leben, um 1580 war das Kloster ausgestorben. Dasselbe Schicksal hatten die übrigen Konvente. Von den Dominikanerinnen in Gnadenzell in Offenhausen waren 1571 noch drei Schwestern am Leben, die letzte Zisterzienserin im Kloster Rechentshofen bei Vaihingen starb 1579. Die Dominikanerinnenklöster Steinheim an der Murr und Reuthin bei Wildberg, ebenso die Franziskanertertiarinnen von Herrenberg starben nach 1580 aus. Die letzte Dominikanerin von Weiler bei Esslingen starb 1592 im Kloster Gotteszell bei Gmünd. In Ebingen zog 1605 die letzte Franziskanertertiarin ins Spital, als letzte altwürttembergische Klosterfrau starb 1619 Kunigunde Ungelterin aus dem Kloster Weiler bei Blaubeuren im Exil in Kloster Welden.

Auffällig ist, wie sich die Frauenkonvente trotz aller Zwangsmaßnahmen zum größten Teil der Reformierung widersetzten, während die Mannsklöster nur dann Widerstand zu leisten vermochten, wenn ihnen von auswärts beigestanden wurde. Unter anderem ist ein Grund dafür wohl darin zu suchen, daß den Mönchen, die sich für die Reformation erklärten, der Weg in den württembergischen Kirchendienst oder eine andere Berufslaufbahn offenstand. Für die Nonnen gab es aber keine vergleichbare evangelische Lebensform. Sie konnten zwar eine Ehe eingehen, doch war dies eine nicht immer zu realisierende Möglichkeit.

Ebenso wie bei den reformierten Mannsklöstern blieben auch die Besitzungen der größeren Frauenklöster jeweils als Verwaltungseinheiten beieinander. Die unter Klosterhofmeistern stehenden Verwaltungen der ehemaligen Frauenklöster kamen im Unterschied zu den Mannsklöstern zum Kirchengut und mußten die Überschüsse an den Kirchenkasten abliefern.

## *Die Bildungspolitik Herzog Christophs*

Während die Reformation der Frauenklöster allein die Beseitigung der monastischen Lebensform bezweckte, zeigt die Reformation der Mannsklöster das Bemühen, diese durch die Errichtung der Klosterschulen wieder zu ihrer ursprünglichen Bestimmung zurückzuführen. Eine ähnliche Verwendung für die Frauenklöster war nicht vorgesehen, obwohl Martin Luther in seiner Schrift an den Adel, in der er 1520 erstmals die Forderung erhebt, die Klöster zu Schulen umzugestalten, als Beispiel St. Agnes namhaft macht, die zur Schule gegangen sei, sowie das Frauenstift zu Quedlinburg, das sich seinerzeit noch auf dem Gebiet der Bildung und Erziehung betätigte. Immerhin zeichnet es die württembergische Reformation unter Herzog Christoph aus, daß es hier gelang – von kurzlebigen Versuchen in anderen Territorien abgesehen –, die Klöster mit neuem Leben zu erfüllen.

Noch im Jahre 1556, wenige Monate nach Erlaß der Klosterordnung, visitierte eine Kommission unter der Leitung von Johannes Brenz die Klosterschulen. In manchen dieser Schulen waren zwei Lehrer angestellt, einer für den biblisch-theologischen Unterricht, der andere für die Artes, für Dialektik und Rhetorik. In einigen Schulen wurden beide Fächer von einem Lehrer vertreten. Die Zahl der Schüler war noch keineswegs groß, in Maulbronn traf man z. B. sieben an. Dort waren es allerdings im folgenden Jahr kurzfristig 30 Schüler, in späteren Jahren 24. Insgesamt sollten nach dem Landtagsabschied von 1565 in allen 13 Klöstern zusammen 200 Schüler unterhalten werden. Es handelte sich hierbei um Freiplätze, denn das jeweilige Kloster kam für Kost, Wohnung, Kleidung, Unterricht und wohl auch für einen Teil der benötigten Bücher auf. Mit den Klosterschulen hatte das schon 1536 gegründete Stift in Tübingen mit seinen 150 Freiplätzen einen schulischen Unterbau erhalten. Es war damit ein einzigartiges System für die Ausbildung des theologischen Nachwuchses geschaffen worden, das für die Zukunft dem Herzogtum Württemberg eine herausragende Stellung für die Versorgung besonders der kleineren evangelischen Territorien mit Geistlichen verlieh. Bis ins 19. Jahrhundert hinein überstieg die Zahl der ausgebildeten Theologen den Bedarf im Land, so daß viele ohnehin anderwärts ein Unterkommen suchen mußten.

Die Klosterordnung von 1556 wurde drei Jahre später im Rahmen der Großen Kirchenordnung modernisiert. Die gottesdienstlichen Übungen wurden vermindert, die Unterrichtsstunden vermehrt. Da die Ordnung von 1556 als eine vorläufige bezeichnet wurde, sollte nun etwas Beständiges geschaffen werden. Die Unterrichtsgegenstände bleiben unverändert: Grammatik, Dialektik und Rhetorik werden nach den Lehrbüchern Melanchthons betrieben. Griechisch wird jetzt Pflichtfach, es bleibt die tägliche theologische Lektion. Grundlage des gesamten Unterrichts ist die lateinische Sprache, damit die Schüler den lateinischen Bibeltext gewohnt werden. Daneben werden auch die lateinischen Klassiker gelesen. Neu gegenüber 1556 ist, daß die Klosterschulen nunmehr differenziert werden in höhere und niedere. Die höheren sind Bebenhausen, Herrenalb, Hirsau und Maulbronn, die übrigen neun, nämlich Adelberg, Alpirsbach, Anhausen, Blaubeuren, Denkendorf, St. Georgen, Königsbronn, Lorch und Murrhardt, stellen die niederen dar.

Die Unterhaltung von 13 Klosterschulen für 200 Schüler erscheint zwar recht aufwendig, war aber durch den prinzipiellen Ansatz der Klosterreformation bedingt. Doch schon Herzog Christoph klagte über die mangelnde Sparsamkeit in den klösterlichen Haushaltungen, was verständlich ist, da das Mannsklösterdepositum dem Herzog Einkünfte bot, die der Mitsprache der Stände entzogen waren. Jedoch erst unter seinen Nachfolgern kam es zur Schließung und Zusammenlegung von Klosterschulen, deren Zahl zu Ende des 17. Jahrhunderts – vor allem bedingt durch die notvolle Lage des Landes – auf zwei sank. Wenige Jahre später waren es jedoch wieder vier Klosterschulen, und dieser Stand hielt sich nun wieder für längere Zeit.

Einen Einblick in den Unterricht der frühen württembergischen Klosterschulen ermöglicht die Tätigkeit von Valentin Vannius, der von 1558 bis zu seinem Tode 1567 Abt von Maulbronn war. 1563 erschien von ihm ein Büchlein mit dem Titel »Sylva locorum communium theologicorum«, eine Sammlung von Stichworten zur Gliederung des theologischen Stoffes in systematischer Anordnung. Diese Methode geht auf Erasmus zurück und ist von Melanchthon in seinen »Loci« zum Gliederungsprinzip seiner Dogmatik gemacht worden. Die Schüler von Vannius hatten sich Hefte anzulegen, in denen sie unter den einzelnen Stichworten einschlägige Sentenzen aus dem Unterricht oder ihrer Lektüre eintragen mußten, um diesen Stoff etwa für eine Predigt bereit zu haben. Der Praktiker Vannius zeigt sich auch darin, daß er seinen Schülern Gliederungen von Predigten vorgab, die diese dann auszuführen hatten. Hier erwies sich die Bedeutung von Dialektik und Rhetorik; denn die Dispositionen und ihre Durchführung waren von den in diesen Wissenschaften gelehrten Grundsätzen abgeleitet. Mit diesen Methoden stand man freilich in den württembergischen Klosterschulen nicht allein, gerade in der damals fortschrittlichsten Anstalt, dem Straßburger Gymnasium, wurde die Lokalmethode gepflegt, und ebenso war man dort bestrebt, die Ausdrucksfähigkeit des Schülers zu bilden. Natürlich wurden in den Klöstern nicht nur philologische und theologische Fächer gelehrt. Ein Beleg für den mathematischen Unterricht ist ein offenbar ungedruckt gebliebenes Rechenbüchlein von Parsimonius. Besondere Pflege erfuhr die Musik, sowohl als Instrumental- wie Vokalmusik. Auch für den Musikunterricht ist ein selbstverfaßtes Lehrbüchlein von Parsimonius überliefert.

Untersucht man die Studentenfrequenz kleiner württembergischer Landstädte, so wird man finden, daß die Zahl der Studenten aus solchen Orten und aus einfachen bäuerlichen Familien nie größer war als in den Jahrzehnten nach Inkrafttreten der Klosterordnung von 1556 bis zum Beginn des Dreißigjährigen Krieges. Es sind jedoch nicht die Klosterschulen allein, die diese Bildungswelle verursachten. Vielmehr ist sie auch auf die Lateinschulen zurückzuführen, die durch den aus der Reformation kommenden Anstoß für das Bildungswesen besonders gefördert wurden. Die Zahl der Latein- oder Partikularschulen auf dem Land ist zur Zeit Herzog Christophs nicht wesentlich vermehrt worden, vielmehr dürften diese aus der Zeit Herzog Ulrichs stammen und oft auch auf vorreformatorische Einrichtungen zurückgehen. Meistens war es der Stadtschreiber, der vor der Reformation zugleich als lateinischer und deutscher Schulmeister wirkte und mit diesen Aufgaben nicht selten auch das Mesneramt verband. Diese Ämter wurden in der Reformationszeit dann geteilt, wobei der lateinische Schulunterricht meistens dem zweiten Geistlichen in einer Stadt, dem Diakon, zufiel.

In der Reihe kirchlicher Ordnungen aus dem Jahre 1547 gab es auch eine nicht erhaltene Landesschulordnung; von Valentin Vannius wurde im selben Jahr eine Ordnung für die Stuttgarter Schule entworfen, die aber ebenfalls nicht erhalten ist. Die eigentliche Leistung, die zur Zeit Herzog Christophs auf dem Gebiet der Schule erbracht wurde, war die Ordnung der sicher recht vielgestaltigen Verhältnisse. Die der Großen Kirchenordnung von 1559 einverleibte Schulordnung wurde von Brenz, Vannius und Hornmold erarbeitet, die verschiedene Anregungen, vor allem aus Straßburg, dann aber auch ihre eigenen Erfahrungen einbrachten. Die Schulordnung gibt Vorschriften für sämtliche Partikularschulen im Land, obwohl sie in den Schulen der größeren und kleineren Städte und den ansehnlicheren Dörfern nicht immer vollständig durchgeführt werden konnten. Den gesamten Bildungsgang ermöglichten nämlich nur die Pädagogien in Stuttgart und Tübingen. Diese Vollanstalten umfaßten fünf Klassen, die, anders als beim Straßburger Modell, keine Jahrgangsklassen waren, auch in der umgekehrten Weise, von eins anfangend, gezählt wurden. Der einfache Grund dafür ist, daß die kleineren Schulen nur die untersten Klassen hatten. Gelernt wurde Lateinisch anhand der üblichen Lehrbücher, nämlich des Donat und des Katechismus, an klassischer Lektüre werden Cicero, Terenz und Vergil erwähnt. Mit Griechisch wurde erst in der vierten Klasse begonnen. Entsprechend den Fortschritten im Lateinischen wurden die Fächer des Triviums, nämlich Grammatik, Dialektik und Rhetorik, anhand der Melanchthonschen Lehrbücher getrieben. Die religiöse Unterweisung hatte im Katechismusunterricht, der Auslegung des jeweiligen Sonntagsevangeliums und in der Übung des Kirchengesangs ihren Platz. Daneben war gemeinsamer Kirchenbesuch vorgeschrieben.

Neben einem ausführlichen Stundenplan, der täglich sechs Schulstunden vorsah, enthält die Ordnung auch eine Bestimmung darüber, daß überall im Land dieselben Schulbücher verwendet werden sollten, um die Eltern nicht unnötig zu belasten und auch den Übergang von der einen in die andere Schule zu erleichtern. Der zweite Teil der Ordnung handelt von der Einübung der Gottesfurcht und der Disziplin. Diesem Abschnitt ist eine Schulordnung angefügt. Der dritte Teil enthält Bestimmungen über die Examinierung und die Anstellung der Schulmeister sowie eine Dienstvorschrift und eine Verordnung über die Besoldung der Lehrer. Der vierte Teil regelt die örtliche Schulaufsicht, die vom Pfarrer und Amtmann zusammen mit zwei oder drei sachkundigen Bürgern ausgeübt wurde. Zum Schluß folgt hier eine Ordnung des Pädagogiums, das die Absolventen der Partikularschulen, ebenso aber auch Ausländer auf den Besuch der Universität vorbereitet.

Es ist deutlich, daß mit den Klosterschulen und den Partikularschulen, verbunden mit den Pädagogien, ein zweigleisiges höheres Schulwesen entstanden ist, da ja beide Schultypen in gleicher Weise der Vorbereitung des Universitätsstudiums dienten. Doch nur auf den Klosterschulen fand schon eine eindeutige Orientierung in Richtung auf den geistlichen Beruf statt. Begründet wird diese Doppelung mit einem sozialen Motiv: die Klosterschulen sollen den Kindern der weniger begüterten Schichten eine Ausbildung ermöglichen, eine Zielsetzung, die in den ersten Jahrzehnten nach Errichtung der Klosterschulen sicher erreicht wurde.

Neben der besonderen Betonung des lateinischen Schulwesens in der Reformationszeit scheint die deutsche Schule in den Ordnungen etwas zurückzutreten. Doch hatte sich hier bereits reiches Leben entfaltet, das sicher auf die Anregung durch die Reformation zurückgeht, denn noch 1551 wird von den Magistratspersonen von Beilstein, einer kleinen württembergischen Amtsstadt berichtet, daß keiner von ihnen – außer dem Stadtschreiber – lesen und schreiben kann. In den größeren Städten bestand neben der lateinischen eine besondere deutsche Schule, in anderen waren beide Schularten vereinigt, wobei es sich teilweise um die alte Stadtschreiberschule handelte, teils aber auch schon der Diakon diese Aufgabe übernommen hatte. An vielen Orten war der deutsche Schulmeister zugleich Mesner, gelegentlich bekleidete er auch das Amt des Büttels. Eine Ausnahme war sicher der Kuhhirt von Nellingen bei Stuttgart, der ebenfalls Schule hielt. In ärmeren Gemeinden war der Pfarrer im Nebenamt zugleich Schulmeister.

Auch auf diesem Gebiet hat die Große Kirchenordnung von 1559 ordnend eingegriffen. Der entsprechende Abschnitt der Ordnung schreibt zunächst die Trennung von Jungen und Mädchen vor, ferner die Einteilung der Schüler in drei ›Haufen‹, entsprechend ihrem Kenntnisstand. Hauptgegenstände des Unterrichts waren Lesen und Schreiben, ferner der Katechismus, Psalmen und Bibelsprüche sowie der Kirchengesang. Auch hier ist eine Schulordnung angefügt, ferner Richtlinien über Examinierung und Anstellung von Schulmeistern sowie eine Dienstanweisung. Die Schulaufsicht war ebenso wie bei den lateinischen Schulen geregelt.

Die Doppelung des lateinischen Schulwesens mit Klosterschule und Partikularschulen ließ bereits eine großzügige Ausstattung des Landes mit Bildungseinrichtungen erkennen. Die Große Kirchenordnung nennt aber noch weitere, wie etwa die Schreiberei- und Rechenschulen, die für Stuttgart, Tübingen und Urach geplant waren. In diesen Schulen sollte der Nachwuchs an Schreibern und Rechnern für die verschiedenen Verwaltungsstellen im Land herangebildet werden. Sie stellten also eine Art Fachschulen für den gehobenen Verwaltungsdienst dar.

Auch für die Heranbildung des höheren Verwaltungsdienstes, der Räte und Amtleute, sollte Sorge getragen werden. Die in die Große Kirchenordnung einverleibte Ordnung der Studiosen vom Adel argumentiert – allerdings nicht mehr ganz zeitgemäß –, daß für solche Stellen vor allem Adlige in Frage kommen, und sieht vor, daß in bestimmten Partikularschulen zwanzig adlige Schüler durch Stipendien unterstützt werden sollen. Ebenfalls durch Stipendien waren anschließend ihre Studien in Tübingen zu fördern. Zur Unterbringung dieser adligen Studenten wurde das Franziskanerkloster in Tübingen vorgesehen, das man für diesen Zweck einzurichten plante. Die für die Ausbildung dieser Studenten unerläßliche drei- bis vierjährige Kavaliersreise ins Ausland sollte ebenfalls mit einer namhaften Unterstützung erfolgen. Zu vertreten waren diese beträchtlichen Ausgaben natürlich nur dann, wenn die so geförderten adligen Schüler und Studenten versprachen, die von ihnen zu erwartenden Dienste in erster Linie dem Herzog anzubieten.

Aus der Ordnung ist zu erkennen, daß sie nicht mehr ist als ein Plan, dessen Verwirklichung zwar zu Lebzeiten Herzog Christophs noch angegangen wurde, wegen verschiedener Schwierigkeiten aber nicht endgültig realisiert werden konnte. Erst 1594 wurde anstelle des Franziskanerklosters das Collegium illustre errichtet und eröffnet.

Die Idee einer adligen Bildungsanstalt war zweifellos mit von dem bereits bestehenden Tübinger Stift inspiriert. Auch dieses hat in der Zeit Herzog Christophs eine weitere Ausgestaltung erfahren. Schon im Winter 1550/51 kam Martin Frecht als Magister domus, d. h. als Leiter des Stifts, nach Tübingen, wo er auch Vorlesungen hielt, da ihm mit Rücksicht auf das Interim noch keine Professur übertragen werden konnte. Als Frecht 1552 Professor an der theologischen Fakultät wurde, folgte ihm Georg Liebler als Magister domus nach. Wegen einer Pestepidemie in Tübingen mußte das Stift 1554–1556 nach Calw verlegt werden, was freilich der Disziplin und den Studien der Stipendiaten nicht förderlich war. 1556 wurde Samuel Heyland Magister domus, der dieses Amt dann 35 Jahre innehatte.

Veranlaßt durch die Gründung der Klosterschulen 1556 wurde 1557 auch eine neue Ordnung für das Stift erlassen, die mit geringfügigen Änderungen in die Große Kirchenordnung von 1559 übernommen wurde und damit für die Folgezeit maßgebend war. Die Ordnung erhöht zunächst die 1551 bereits von 50 auf 70 vergrößerte Zahl der Stipendiaten auf 100. Durch den Landtagsabschied von 1565 wurde die Anzahl dann auf 150 festgelegt. Die Ordnung regelt ferner die Aufnahme der Stipendiaten, und zwar in der Weise, daß die Landeskinder etwa 16–17 Jahre alt sein müssen und Leumundszeugnisse beizubringen haben, ferner Zeugnisse über das Unvermögen der Eltern, das Studium selbst finanzieren zu können, sowie Atteste über ihren Gesundheitszustand und ihren Wissensstand. Nichtsdestoweniger schreibt die Ordnung noch eine Prüfung vor den Kirchenräten vor. Da das Stift eine kostenlose Ausbildung bietet, hat der Stipendiat sich zu verpflichten, allein Theologie und diese nur an der Landesuniversität Tübingen zu studieren und nach Abschluß seiner Ausbildung seine Dienste ausschließlich der Kirche des Herzogtums zu widmen.

Bei der eigentlichen Aufnahme ins Stift hat sich der neue Stipendiat im Speisesaal vor den versammelten Stiftlern nochmals zu verpflichten und vor allem den Vorgesetzten im Stift Gehorsam zu versprechen. In einer Aufnahmeprüfung wird sodann sein Wissensstand festgestellt, nach deren Ergebnis er gewisse Lektionen im Pädagogium zu besuchen hat. Im Stift finden Lektionen über die Margarita theologica, ein Lehrbuch des Johann Spangenberg, statt sowie eine Auslegung der Timotheus- und Titusbriefe. Ferner werden die Vorlesungen an der Universität durch sechs eigens dafür aufgestellte Magister repetiert und Musikunterricht erteilt.

Zum Studiengang wird vorgeschrieben, daß das Bakkalaureat, das hinreichende Kenntnisse in den Fächern des Triviums, Grammatik, Dialektik, Rhetorik erfordert, innerhalb von eineinhalb Jahren erreicht sein muß. Der Magistergrad muß binnen zwei Jahren erworben werden, während derer die drei alten Sprachen zu betreiben und die theologischen Vorlesungen zu hören sind. Der fertige Magister hat weiter Theologie zu hören, sich im Predigen und Disputieren zu üben und darauf zu warten, bis er zu einem Kirchenamt berufen wird.

Die Ordnung enthält weiter eine Hausordnung des Stifts, die das Leben der Stipendiaten regelt. Dann werden die Ämter der Stiftsökonomie beschrieben, nämlich der Prokurator, der die Verwaltung leitet, der Pfister oder Bäcker, der Pincern oder Weinschenk, der Koch, der Torwart und die Famuli. Interessant ist, daß der Pincern und die Famuli eigentlich studentische Hilfskräfte sind, d. h. die Ordnung setzt voraus, daß diese neben der Erfüllung ihrer Aufgaben im Stift auch ein Studium betreiben können. Im übrigen war das Amt des Pincernen eine wichtige Aufgabe, da der Entzug der täglichen Weinration die übliche Strafmaßnahme für allerlei Verstöße gegen die Hausordnung darstellte.

Es folgen allgemeine Bestimmungen über die Verwaltung des Stifts und der Stipendiaten, dann eine Dienstanweisung für den Magister domus und seinen Stellvertreter, weiter eine ebensolche Anweisung für die beiden Superattendenten, die aus den Professoren der Theologie erwählt werden und die Aufsicht über das Stift ausüben sollen. Zum Schluß wird bezüglich der Dotierung des Stifts die Einräumung des Augustinerklosters mit allen seinen Besitzungen und Gefällen bestätigt und bestimmt, daß die Kirchenräte sich um einen eventuellen Mehrbedarf zu kümmern hätten.

Zu den 100 Stipendiaten kamen noch weitere hinzu. 1555 bestimmte Graf Georg von Württemberg, der Bruder Herzog Ulrichs, ein Kapital zur Unterhaltung von zehn Stipendiaten aus Mömpelgard und Reichenweier. Eine andere Stiftung geht auf Michael Tiffern zurück, den Erzieher Herzog Christophs, der nicht nur seine Bibliothek dem Stift zukommen ließ, sondern auch ein Kapital zur Unterhaltung von vier Theologiestudenten. Dieses Stipendium genossen im 16. Jahrhundert eine Reihe von Studenten aus Krain, der Heimat des Tiffern. Zu diesen zusätzlichen Stipendiaten kamen 1565 noch 50 weitere, die im Stift auf Kosten der wohlhabenden Klöster, nämlich Maulbronn, Bebenhausen, Hirsau und Herrenalb, unterhalten werden sollten. Zugleich mit dieser Vermehrung der Stipendiaten waren bauliche Veränderungen notwendig. Im Südflügel wurde die Communität, der Speisesaal, geschaffen und darüber im alten Dorment die Schlafsäle eingerichtet. Im Nordflügel wurden auf die alte Klosterkirche zwei Geschosse aufgesetzt, wo die Stipendiaten, aber auch Verwaltungsräume und Wohnungen für die Vorsteher Platz fanden.

Das Stift ist selbstverständlich nicht ohne die Universität zu denken, die allerdings nicht in der Großen Kirchenordnung erscheint. Hier ging es auch nicht darum, Neues zu schaffen, vielmehr hat Herzog Christoph zu Beginn seiner Regierungszeit die Privilegien der Universität bestätigt; Universitätsordnungen wurden 1557 und 1561 erlassen. Die Leistungen der Bildungspolitik Herzog Christophs liegen daher nicht so sehr auf dem universitären, sondern vorwiegend auf dem schulischen Gebiet. Gleichwohl hat auch die Universität davon profitiert, daß die Klosterschulen ihr über das Stift ständig einen festen Stamm von Studenten zugeführt haben. Die Theologie nahm daher in Tübingen unter den Fakultäten den höchsten Rang ein, was andererseits auch institutionell bedingt war, da der Kanzler der Universität Theologe sein mußte. Aber auch für die übrigen Fakultäten und somit für die Universität insgesamt, die damals zahlreiche ausländische Studenten an sich zog, war die zweite Hälfte des 16. Jahrhunderts eine Blütezeit.

## *Die Große Kirchenordnung 1559*

Unter dem Titel »Summarischer und einfältiger Begriff, wie es mit der Lehre und Ceremonien in den Kirchen unsers Fürstenthumbs, auch derselben Kirchen anhangende Sachen und Verrichtungen, bißher geübt unnd gebraucht, auch fürohin mit verleihung Göttlicher gnaden gehalten und volzogen werden solle« erschien 1559 die Große Württembergische Kirchenordnung (Abb. 34), die den Abschluß der Neuordnung des Kirchenwesens unter Herzog Christoph markiert. Es handelt sich bei dieser Kirchenordnung genaugenommen um ein Bündel von 19 verschiedenen Ordnungen, von denen einige nur am Rande mit kirchlichen Angelegenheiten zu tun haben.

Wie schon aus dem Titel hervorgeht, sind unter diesen Ordnungen solche, die bereits in Kraft sind, und solche, die erst neu geschaffen wurden. Der Druck dieser Ordnungen wurde deshalb veranstaltet, wie im Vorwort betont wird, um ihre Befolgung sicherzustellen. Das Ziel dieser Ordnungen ist das ewige und das zeitliche Wohl des Landes, das aus der Erkenntnis Gottes und Jesu Christi und dem daraus folgenden christlichen Leben entspringt. Der Herzog erklärt daher als Aufgabe der weltlichen Obrigkeit einmal die Sorge für die reine Lehre des heiligen Evangeliums, dann aber auch die weltliche Regierung, die mit ihren Maßnahmen Frieden, Ruhe, Einigkeit und Wohlfahrt zu fördern hat. Dafür beruft er sich auf die Beispiele der gottseligen Könige und Fürsten in der Heiligen Schrift und seine besondere Verantwortung vor Gott.

Das Württembergische Glaubensbekenntnis, wie es dem Konzil zu Trient vorgelegt wurde, so fährt das Vorwort fort, ist in der Kirchenordnung an erster Stelle abgedruckt. Das Bekenntnis steht aber nicht im Gegensatz zu der Augsburgischen Konfession von 1530, sondern gilt als deren Wiederholung. Die übrigen Ordnungen stellen dagegen keine allgemeingültige Norm dar, sondern sind in den Dingen, für die in der Heiligen Schrift kein ausdrückliches Gebot oder Verbot vorliegt, von Zeit und Umständen abhängig. Ihr Zweck ist die Beförderung des Guten und die Bekämpfung des Bösen. Hiermit soll der Verdächtigung entgegengetreten werden, als herrsche bei den Protestanten in kirchlichen und weltlichen Dingen nur Unordnung. Zudem soll mit der Kirchenordnung auch allerhand Sekten, die der Augsburger Konfession zuwider sind, gewehrt werden. Ferner gibt sie Auskunft über die Verwendung der Kirchengüter, von denen der Herzog nichts zu seinem eigenen Nutzen begehrt, sondern sie allein für die Zwecke der Kirchen bestimmt. Aus diesen Gründen wurde der Druck der Kirchenordnung veranstaltet, deren Befolgung zur Vermeidung des Zornes Gottes und der Ungnade des Herzogs befohlen wird.

Die Fülle der Großen Kirchenordnung mit ihren 19 Einzelordnungen läßt sich verhältnismäßig einfach gliedern. Am Anfang steht als bekenntnismäßige Grundlage die Confessio Virtembergica von 1552. Hierauf folgt die Kirchenordnung von 1553, genaugenommen eine Gottesdienstordnung mit dem Katechismus von Brenz. Sinngemäß schließt sich an eine Ordnung über die Besetzung der Kirchendienste mit Bestimmungen über die Annahme und Examination von Kirchendienern, ihre Investitur, Besoldung und ihre Rechtsstellung. Hierauf folgt die bereits 1553 erlassene Eheordnung, da dieses Gebiet traditionell vom Kirchenrecht bestimmt ist.

In den herkömmlichen Umkreis der Kirche gehört auch der folgende Komplex, der von den Schulen handelt. Die Anordnung ist: Partikularschulen, Pädagogium zu Stuttgart, Klosterschulen, Stipendium zu Tübingen, Ordnung der Studiosen vom Adel und deutsche Schulen. Der engere kirchliche Bereich wird abgeschlossen durch zwei Verordnungen gegen die Sekten und gegen Zauberer, Teufelsbeschwörer und Wahrsager.

Der soziale Bereich wird eingeleitet durch einen nahezu unveränderten Abdruck der Kastenordnung von 1536. Damit in Zusammenhang stehen die Ordnungen über Leib- und Wundärzte, die die ärztliche Versorgung der Bevölkerung sicherstellen sollen. Da die sozialen Einrichtungen unter anderem auch auf einer soliden Verwaltung der Armenkästen beruhen, ist hier die Ordnung über die Schreiberei- und Rechenschulen eingefügt, an denen die Ausbildung entsprechender Verwaltungsfachleute erfolgen soll. Dieselbe Tendenz hat die Ordnung über die Anstellung von Stadtschreibern, die in der Regel mit der Verwaltung der örtlichen Armenkästen und der Güter von Witwen und Waisen betraut sind.

Der folgende Ordnungsbereich kann mit dem Thema Kirchenzucht überschrieben werden. Hier steht zunächst die Rugordnung, die der Überwachung der Befolgung der verschiedenen Ordnungen dient, die allesamt die Förderung eines christlichen Lebens der Untertanen zum Ziel haben. Diesen Zweck hat auch die hier folgende Visitations- oder Superintendenzordnung, in der die Aufgabe der Spezial- und Generalsuperintendenten beschrieben wird, ferner die politische Visitation und die Landinspektion oder -visitation. Diese verschiedenen Visitationen werden ergänzt durch die Zensurordnung, die die Handhabung der Kirchenzucht regelt.

Demnach ist die Verhängung des kleinen Banns, d. h. des Ausschlusses vom Abendmahl, nur durch den Kirchenrat möglich und nicht Angelegenheit der einzelnen Gemeinde. Die umfangreiche Materie der Visitation und Kirchenzucht wird abgeschlossen durch die Ordnung über den zweimal jährlich stattfindenden Konvent der Generalsuperintendenten mit dem Kirchenrat, dem später sogenannten Synodus.

Den Schluß der Großen Kirchenordnung bilden grundsätzliche Anordnungen über die Kirchenverwaltung. Hierher gehört einmal eine Erklärung über die ausschließliche Verwendung der Einkünfte auch der unbesetzten Pfründen für kirchliche Zwecke und deren gesonderte Verwaltung. Zuletzt folgt eine Ordnung des Kirchenrats mit Dienstanweisungen für die einzelnen Mitglieder dieses Gremiums.

Die Frage nach der Verfasserschaft ist bei einem derart vielfältigen Sammelwerk wie der Großen Kirchenordnung schwierig zu beantworten, zumal einschlägige Quellen fast vollständig fehlen. Klar ist, daß Brenz das Bekenntnis verfaßt hat, auch die Kirchenordnung dürfte von ihm stammen. Der Einfluß des Herzogs, besonders bei den Bestimmungen über die Visitation, ist wahrscheinlich. Bekannt ist, daß Brenz, Vannius, Hornmold und Kaspar Wild, der nachmalige Kirchenratsdirektor, miteinander die Schulordnung beraten haben. Zu anderen Teilen der Großen Kirchenordnung wird man noch andere Theologen, Juristen und Verwaltungsfachleute beigezogen haben, da bei allen offiziellen Verlautbarungen jener Zeit festzustellen ist, daß sie stets von einem größeren Gremium beraten und beschlossen wurden. Der Anteil einzelner Personen wird sich deshalb nicht genau bestimmen lassen. Was alle einte, die daran mitarbeiteten, war – wie es die Schlußformel der Großen Kirchenordnung ausdrückt – die zuversichtliche Hoffnung, daß die Befolgung dieser Ordnungen die irdische Wohlfahrt und ein christliches Leben fördern und mit der Gnade des heiligen Geistes durch das Verdienst Christi zum ewigen Leben führen wird.

## *Der Stuttgarter Landtag 1565*

War die Große Kirchenordnung der Schlußpunkt der Neuorganisation der evangelischen Kirche Württembergs, so war der große Stuttgarter Landtag von 1565 die verfassungsmäßige Festschreibung der neuen kirchlichen Ordnung. Der wichtigste Punkt dieses Landtags, der vom 14. Mai bis 20. Juni stattfand, war zunächst – wie schon öfter vorher – die Ablösung der herzoglichen Schulden. Es ist bekannt, daß die Finanzknappheit ein chronisches Übel fast aller frühneuzeitlichen Staaten war, da die Ausgaben nicht mehr mit den Einnahmen Schritt hielten. Württemberg bildet daher keine Ausnahme; bis 1565 hatten sich 1,2 Millionen Gulden Schulden angesammelt. Sollten diese Verpflichtungen nun von Prälaten und Landschaft übernommen werden, so mußten diese auch eine Gegenleistung dafür fordern. Als vordringlich wurde vom Landtag eine Sicherung der Ergebnisse der Reformation, des Konfessionsstandes und der kirchlichen Ordnung erachtet. In der Antwort auf die herzogliche Proposition stellte der Landtag dar, daß man keineswegs daran zweifle, daß der Herzog nicht von seinem Bekenntnis und der Kirchenordnung abweichen werde. Dennoch sei aus vielen Beispielen in Geschichte und Gegenwart ersichtlich, daß der Satan überall den Samen falscher Lehre ausstreue, wie man vor allem in der Nachbarschaft sehe. Zur Erhaltung der rechten Lehre seien die eingerichteten Schulen und das Stift in Tübingen, ebenso auch die notwendige Versorgung der Kirchendiener aus dem Kirchenkasten besonders dienlich. Deshalb bitten sie den Herzog, sein und das Augsburger Bekenntnis ebenso die Kirchenordnung für ewige Zeiten zu bestätigen und zu bekräftigen, so daß sie im Herzogtum nie mehr geändert werden würden. Falls aber in der Zukunft dennoch eine Änderung beabsichtigt wäre, sollten Prälaten und Landschaft die Freiheit haben, die neue Lehre weder gestatten noch dulden zu dürfen. Ferner sollte der Herzog zusichern, die dem Lande einverleibten Prälaturen stets mit geeigneten Männern zu besetzen, die der Augsburgischen Konfession anhängen, und überdies auch den Bestand der genannten Bildungsanstalten und des von der weltlichen Verwaltung abgesonderten Kirchenkastens zu gewährleisten.

Der Landtag hatte verschiedene Gründe für diesen Antrag. Der nächstliegende war Christophs ältester Sohn Eberhard, der ihm nach den Gesetzen der Erbfolge im Amte nachfolgen sollte. Der junge Herzog entsprach nicht den Anforderungen, die man an ihn stellen mußte, vor allem aber auch nicht den Hoffnungen, die sein Vater in ihn gesetzt hatte. Eberhard war – wie freilich nicht wenige seiner Standesgenossen – dem Trunke ergeben, sein Vater warf ihm aber auch die Verachtung von Gottes Wort und Sakrament vor. So fehlte Eberhard etwa bei der Abendmahlsfeier, die der Herzog und seine Familie zusammen mit vielen Mitgliedern des Landtags zwei Tage vor Schluß der Sitzung besuchten. Für den Landtag muß dies eine Bestätigung seiner Forderung gewesen sein. Ein weiterer Grund dafür war der nur wenige Jahre zurückliegende Übergang der Kurpfalz zum Calvinismus nach dem Tode Ottheinrichs unter seinem Nachfolger Friedrich III. Eben die Kurpfalz war gemeint, wenn im Antrag des Landtags von der falschen Lehre in der Nachbarschaft die Rede war, und vor allem der Calvinismus wird als die eigentliche Gefahr für das Bekenntnis angesehen, denn das im Vorjahr zwischen württembergischen und pfälzischen Theologen geführte Gespräch hatte die Unversöhnbarkeit der Gegensätze gezeigt.

Fragt man nach den Initiatoren dieses Antrags, so müssen sie wohl in den Reihen der Prälaten gesucht werden, deren ältester Valentin Vannius, Abt von Maulbronn, war. Er hatte in Maulbronn aus nächster Nähe den Konfessionswechsel in der Pfalz miterlebt und war auch Teilnehmer an dem Streitgespräch zwischen den pfälzischen und württembergischen Theologen in seinem Kloster gewesen. In seinen kirchengeschichtlichen Studien war Vannius der Frage nachgegangen, weshalb die Kirche ihre neutestamentliche Grundlage verlassen hatte, und er war deshalb davon überzeugt, daß alles getan werden mußte, damit die württembergische Kirche diese neu gewonnene Grundlage nicht wieder verlassen konnte. Von daher nahm der Landtag die Kraft, seinen Antrag schließlich auch durchzusetzen.

Selbstverständlich brachte der Landtag noch weitere Wünsche vor, die aber hier unberücksichtigt bleiben können. Der »Religionspunkt«, wie die kirchlichen Forderungen des Landtages genannt wurden, fand die volle Zustimmung des Herzogs, nur wollte er ihn nicht zum Gegenstand eines Vertrags mit den Landständen machen. Er stellte vielmehr in Aussicht, in seinem Testament entsprechende Anordnungen zu treffen. Alles andere wäre ein Verzicht auf sein Herrschaftsrecht gewesen, vor allem auf das im Augsburger Religionsfrieden zugesicherte Reformationsrecht. Mit dem Versprechen, daß ihr Wunsch im Testament des Herzogs Berücksichtigung finden solle, wollten sich die Landstände jedoch nicht abfinden. Sie verwiesen sogar auf ein alttestamentliches Vorbild, den König Josia, der mit seinem Volk einen Bund abschloß, der beide Seiten zur rechten Gottesverehrung verpflichtete. Der Herzog stimmte nun zu, daß eine solche Formulierung in den Landtagsabschied aufgenommen werden könne. Doch dies war dem Landtag noch zu wenig, er wollte, daß Landschaft und Prälaten das Recht haben sollten, die Einführung einer anderen Konfession nicht dulden zu müssen. Herzog Christoph sah deutlich, daß dies auf eine Art Widerstandsrecht der Stände in Sachen der Religion und der damit verbundenen Einrichtungen des Landes hinauslief, und lehnte ab. Trotz weiterer Verhandlungen war damit ein toter Punkt erreicht, da keine Seite nachgeben wollte. Der Landtag blieb hart, auch als die herzoglichen Räte ihm vorhielten, daß sein Antrag ein unverdientes Mißtrauensvotum gegen den Herzog sei und die Stände schon um des bereits Erreichten willen verpflichtet seien, die Schulden des Herzogs zu übernehmen. Der Landtag war aber entschlossen, seine Forderungen durchzusetzen, und der Herzog sah schließlich ein, daß er nachgeben mußte, wollte er nicht die Übernahme seiner Schulden durch Prälaten und Landschaft gefährden.

Die Überwindung des toten Punktes gelang Johannes Brenz, der für den Herzog ein Gutachten erstellte, in dem er ausführte, daß ein Vertrag zwischen Herzog und Ständen, bei der erkannten Religion bleiben zu wollen, noch kein Widerstandsrecht der Untertanen begründe, da es kein solches Recht gebe. Vielmehr könnten die Untertanen, falls einmal der Versuch gemacht würde, eine andere Konfession einzuführen, sich lediglich auf dem Wege der Bitte auf einen solchen Vertrag berufen. Brenz schlug daher vor, im Landtagsabschied den Verzicht des Herzogs auf das Reformationsrecht mit einer einschränkenden Klausel zu versehen, die die Pflicht christlicher Untertanen gegenüber ihrer Obrigkeit an die erste Stelle rückte. Diese Formel brachte die Lösung: nach wenigen Tagen war man sich über den Landtagsabschied einig. Der auf den 19. Juni 1565 datierte Abschied besagte im »Finanzpunkt«, daß Prälaten und Landschaft die Kammerschulden des Herzogs zuzüglich Zinsen übernehmen. Im »Religionspunkt« bestätigte der Herzog die Augsburgische und die Württembergische Konfession als Grundlage des Konfessionsstandes in Württemberg und versprach, seine Nachfolger auf diese Konfession durch ein Testament zu verpflichten. Er anerkannte – mit dem Brenzschen Vorbehalt – das Recht von Prälaten und Landschaft, eine andere Konfession abzulehnen, falls ihnen eine solche zugemutet werden sollte; der Herzog verzichtete also für sich und seine Nachfolger auf das Reformationsrecht. Der Herzog versprach ferner, den Prälatenstand als zweiten Landstand zu erhalten, die geistlichen Einkünfte zuerst für kirchliche Zwecke und in zweiter Linie für besondere Notfälle des Landes zu verwenden. Weiterhin stellte er die Dotierung des Tübinger Stifts mit bestimmten Gefällen, über die bereits festgesetzten hinaus, in Aussicht, falls dies als nötig erscheinen sollte. Er versprach auch die Erziehung von 150 Stipendiaten im Tübinger Stift und 200 in den Klosterschulen sicherzustellen, ebenso die eingerichteten Pädagogien und Partikularschulen zu erhalten. Bedürftige Schüler sollten unterstützt und ein oder zwei Klöster als bürgerliche Schulen eingerichtet werden. In Aussicht gestellt wurde auch die Errichtung eines neuen Kollegiums in Tübingen und zuletzt noch die Einrichtung von etlichen Blatternhäusern zur Versorgung von armen Kranken.

Prälaten und Landschaft hatten also erreicht, was sie angestrebt hatten: die Sicherstellung des Konfessionsstandes für die Zukunft, wobei die Möglichkeit, gegen die Einführung einer anderen Konfession Widerstand zu leisten, durch die lutherische Auffassung von der Obrigkeit eingeschränkt war. Erreicht war ferner auch die Anerkennung der ständischen Verfassung, wie sie sich in der Reformationszeit herausgebildet hatte, mit der Landschaft als Gesamtheit der Vertreter von Städten und Ämtern und den evangelischen Prälaten als Vertretern der Klöster und der Klostergebiete. Neben der kirchlichen und ständischen Ordnung waren auch die wichtigsten kirchlichen Einrichtungen in den Abschied aufgenommen worden, wobei die Aufzählung im wesentlichen eine Fixierung des bereits Bestehenden war. Einiges wenige, wie die große Zahl der Klosterschulen, konnte auf Dauer nicht durchgehalten werden, anderes, wie die Einrichtung bürgerlicher Schulen in ein oder zwei Klöstern, kam nie zur Wirkung. Insgesamt aber war dieser Landtagsabschied ein Meilenstein in der Verfassungsentwicklung Altwürttembergs, in seiner Bedeutung nur mit dem Tübinger Vertrag von 1514 vergleichbar.

Obwohl es nach dem Wunsch der Landschaft nun doch zu einer Festlegung des »Religionspunktes« im Landtagsabschied gekommen war, erteilte Herzog Christoph in seinem Testament seinen Nachfolgern ebenfalls entsprechende Weisungen. Dieses Testament wurde am 19. Januar 1566 von einem Ausschußlandtag beglaubigt, obwohl schwere Bedenken gegen die darin vorgesehene Verwaltungs- und Nutzungsteilung des Landes zwischen den beiden Söhnen Herzog Christophs erhoben worden waren. In bezug auf die Religion verpflichtete Christoph seine Söhne auf das Evangelium, wie es derzeit im Fürstentum gepredigt wurde, und erinnerte sie an ihre Verantwortung als christliche Fürsten. Er verpflichtete sie ferner auf die Kirchenordnung und zur Erhaltung des Kirchenkastens, dessen Einkünfte nur für kirchliche Zwecke, etwaige Überschüsse lediglich für Notfälle des Landes verwendet werden sollten.

Der frühe Tod Herzog Eberhards Anfang 1568 machte die problematische Teilung des Landes überflüssig. Ein zweites Testament Christophs vom 18. Oktober 1568 setzte Herzog Ludwig in die Rechte des Erstgeborenen ein, wobei die auf die Religion bezüglichen Bestimmungen des ersten Testaments wiederholt wurden. Bald darauf starb Herzog Christoph am 28. Dezember 1568, und eine Vormundschaftsregierung für den noch minderjährigen Ludwig trat ihr Amt an.

Herzog Christoph hinterließ ein wohlgeordnetes Land. Wie auf anderen Gebieten sind in seiner Regierungszeit auch auf dem Gebiet der kirchlichen Ordnung wichtige Grundlagen geschaffen worden, die für die folgenden zweieinhalb Jahrhunderte bestimmend wurden. Daran, daß die von Christoph erlassene Kirchenordnung so lange Bestand haben konnte, hat der Landtag von 1565 keinen geringen Anteil. Die Festschreibung des Konfessionsstandes und der kirchlichen Ordnung als Landesgrundgesetz hat nicht nur die Kirchenverfassung, sondern auch die ständische Verfassung davor bewahrt, im Zeitalter des Absolutismus beseitigt zu werden. Da die Landstände die evangelische Konfession und die Kirchenordnung als ihr unverzichtbares Recht betrachteten, das unter den katholischen Herzögen Württembergs vom Corpus Evangelicorum des Reichstags und den Königen von Preußen, England und Dänemark garantiert wurde, konnten die Stände im 18. Jahrhundert der Auflösung durch Herzog Karl Eugen entgehen. Mit der Vergrößerung des Landes im Zeitalter Napoleons mußte dann folgerichtig die ständische Verfassung verändert werden, ebenso mußte aber auch die konfessionelle Einheit des Landes der Parität weichen.

*Literatur:*

*E. Baßler*, Abt Johann Parsimonius in Hirsau 1569–1588, in: BWKG 31 (1927), S. 197–232. – *Walter Bernhardt*, Die Zentralbehörden des Herzogtums Württemberg und ihre Beamten 1520–1629, VKGLBW. B, Bd. 70/71 (1973). – *Gustav Bossert*, Zur Einführung der Tauf- und Ehebücher in Altwürttemberg 1558, in: BWKG 37 (1933), S. 45–56. – *Martin Brecht*, Anfänge reformatorischer Kirchenordnung und Sittenzucht bei Johannes Brenz, in: ZSRG. K 55 (1969), S. 322–347. – Ders., Art. Brenz, Johannes, in: TRE 7, S. 170–181. – Ders., Herkunft und Ausbildung der protestantischen Geistlichen des Herzogtums Württemberg im 16. Jahrhundert, in: ZKG 80 (1969), S. 163–175. – Ders., Die Ordnung der Württembergischen Kirche im Zeitalter der Reformation, in: Ders., Kirchenordnung und Kirchenzucht in Württemberg vom 16. bis zum 18. Jahrhundert, QFWKG 1 (1967). – *Ehmer*. – Ders., Bildungsideale des 16. Jahrhunderts und die Bildungspolitik von Herzog Christoph in Württemberg, in: BWKG 77 (1977), S. 5–24. – *Viktor Ernst,* Die Entstehung des württembergischen Kirchenguts, in: Württembergische Jahrbücher für Statistik und Landeskunde 1911, S. 377–424. – Geschichte des humanistischen Schulwesens in Württemberg, Bd. 1, Stuttgart (1912). – GKO. – *Eberhard Gohl*, Maulbronn und Pairis, in: Beiträge zur Landeskunde. Regelmäßige Beilage zum Staatsanzeiger für Baden-Württemberg 1979, 3. – *Grube*. – *Christoph Kolb*, Zur Geschichte der Generalsuperintendenten und des Synodus, in: BWKG 28 (1924). S. 49–84. – *Ders.*, Zur Geschichte der Prälaturen, in: BWKG 29 (1925), S. 22–74. – *Norbert Hofmann*, Die Artistenfakultät an der Universität Tübingen 1534–1601, Contubernium 28 (1982). – *Waldemar Kramer*, Johannes Parsimonius. Leben und Wirken des zweiten evangelischen Abtes von Hirsau (1525–1588), Frankfurt (1980). – *Gustav Lang*, Geschichte der württembergischen Klosterschulen von ihrer Stiftung bis zu ihrer endgültigen Verwandlung in Evangelisch-theologische Seminare, Stuttgart (1938). – *Wilhelm Lempp*, Der Württembergische Synodus 1553–1924, BWKG Sonderheft 12 (1959). – *Martin Leube*, Geschichte des Tübinger Stifts, BWKG Sonderheft 1 (1921). – *Christa-Maria Mack*, Die Geschichte des Klosters Lichtenstern von der Gründung bis zur Reformation, Göppinger Akademische Beiträge 91 (1975). – *Hans-Martin Maurer*, Herzog Christoph als Landesherr, in: BWKG 68/69 (1968/69), S. 112–138. – *Julius Rauscher*, Zur Entstehung der großen württembergischen Kirchenordnung des Jahres 1559, in: Festgabe Karl Müller (1922), S. 171–177. – *Reyscher* Bd. 2, 8. – *E. Schmid*, Geschichte des Volksschulwesens in Altwürttemberg, Stuttgart (1927). – *Schmoller*, Der Kirchenrat als Oberschulbehörde in den Jahren 1556–1558, in: BWKG 4 (1900), S. 97–123. – *Eugen Schneider*, Die württembergische Kirchenvisitation während des Interims, in: ThSW 4 (1883), S. 220–223. – *Wilfried Setzler*, Kloster Zwiefalten. Eine schwäbische Benediktinerabtei zwischen Reichsfreiheit und Landsässigkeit. Studien zu ihrer Rechts- und Verfassungsgeschichte, Sigmaringen (1978). – *Jürgen Sydow*, Die Auflösung des Zisterzienserklosters Bebenhausen, in: Festschrift Hermann Heimpel, Bd. 1, Veröffentlichungen des Max-Planck-Instituts für Geschichte 36/I, Göttingen (1971), S. 698–717. – *Bernhard Theil*, Steinheim vom 8. bis 18. Jahrhundert, in: Steinheim an der Murr (1980), S. 53–146. – *Susanne Uhrle*, Das Dominikanerinnenkloster Weiler bei Esslingen, VKGLBW. B, Bd. 49 (1968). – *Friedrich Wecken* (Hg.), Die Lebensbeschreibung des Abtes Clemens Leusser von Bronnbach, in: ARG 8 (1911), S. 2–78. – *Heinrich Werner*, Wo wurde die erste evangelische Klosterschule Württembergs eröffnet? in: BWKG 55 (1955), S. 65–67.

# Der innere Ausbau der Württembergischen Kirche

## *Gottesdienst*

1553 erschien die Kleine Kirchenordnung Herzog Christophs, so genannt im Unterschied zu der Großen Kirchenordnung von 1559. Im Grunde stellt die Kleine Kirchenordnung eine Gottesdienstordnung mit eingefügtem Katechismus dar, sie wurde so auch in die Große Kirchenordnung aufgenommen. Gegenüber der Kirchenordnung Herzog Ulrichs aus dem Jahre 1536 verstand sich die von 1553 nicht als Neuschöpfung, sondern als Auslegung und Erläuterung. Dennoch ist zu bemerken, daß die neue Ordnung auch einige neue Akzente setzt, wenngleich auch der Gottesdienst, den sie regelt, nach wie vor auf Wort und Sakrament zentriert ist. Damit ist zugleich eine Reihenfolge gesetzt, denn der erste Abschnitt der Gottesdienstordnung handelt »Von der Lehr und Predig« (Abb. 35). Die Summe der göttlichen Lehre ist Joh 3, 16, das Wort von der Liebe Gottes, der seinen Sohn für die Erlösung der Welt gab. Davon hängen alle anderen Kapitel der Lehre ab, die von Gott, vom Gesetz, von der Sünde, vom Evangelium, von den Sakramenten, dem Glauben, der Gerechtigkeit und den Guten Werken, von Stand und Beruf eines Christen, von der Auferstehung der Toten und von der ewigen Seligkeit handeln. Diese Lehre, die in der Bibel niedergelegt ist, sollen Pfarrer, Prediger und die anderen Kirchendiener fleißig studieren und danach ihre Predigt ausrichten. Zu diesem Studium sollen auch die Schriften der Väter herangezogen werden, die jedoch nicht der Heiligen Schrift gleichgeachtet werden dürfen. Die Irrtümer, die früher in die christliche Lehre eingedrungen waren, sind im Augsburger und im Württembergischen Bekenntnis aufgrund der Heiligen Schrift widerlegt, weshalb man sich in den streitigen Artikeln an diese beiden Bekenntnisse zu halten hat.

Die Ordnung beginnt nun nicht etwa mit Anweisungen für den sonntäglichen Predigtgottesdienst, sondern mit der Taufe, sie ist also organisch am Gang des christlichen Lebens orientiert. Betont wird die Wichtigkeit der Taufe, wenngleich sie auch meistenteils nur kleinen Kindern gespendet wird. Der Irrtum der Täufer, die die Kindertaufe verwerfen, wird abgelehnt, mutwilliger Aufschub der Taufe unter Strafe gestellt. Wenn irgend möglich, ist im Gottesdienst zu taufen. Falls außerhalb des Gottesdienstes getauft wird, ist ein Glockenzeichen zu geben, damit auch andere Leute zur Taufe kommen können. Das Hauptstück ist die Taufe auf den dreieinigen Gott, deshalb ist es nicht entscheidend, ob die Kinder ganz ins Wasser getaucht werden oder nicht. Da jedoch eine gewisse Ordnung gegeben werden muß, wird bestimmt, daß die Kinder ausgewickelt und nackt mit Wasser begossen werden, falls die Gesundheit des Kindes oder die Jahreszeit dem nicht entgegenstehen. Die Ordnung bietet dann, ebenso wie die aus dem Jahre 1536, eine

Taufagende, wobei die von 1553 viel ausführlicher ist. Diese Ausführlichkeit zeigt sich auch darin, daß der Täufling über die Gevattern oder Paten als seine Vertreter direkt angesprochen wird, während 1536 die Anrede nur an diejenigen ging, die das Kind zur Taufe brachten. Dementsprechend erscheinen jetzt in Annäherung an Luthers Taufbüchlein wieder die Absage an den Teufel, das Glaubensbekenntnis und die eigentliche Tauffrage. Nach der Taufhandlung wird mit Gebet, Vermahnung und Segen geschlossen.

Dem Abschnitt über die Taufe angehängt sind Bestimmungen über die Jähtaufe. Diese ist, wie es schon früher gebräuchlich war, den Hebammen im Falle der Not gestattet, doch sollten zwei oder drei Zeugen dabei sein. Die Jähtaufe ist vollgültige Taufe, doch soll das Kind, falls es am Leben bleibt, der Gemeinde vorgestellt und die Taufe damit publiziert werden. Diese Handlung schließt ebenfalls mit Vermahnung und Gebet. Sollte jedoch über eine vorgenommene Jähtaufe keine verläßliche Auskunft zu erhalten sein, ist das fragliche Kind ebenso zu taufen wie andere ungetaufte Kinder.

Die Getauften werden, wenn sie Alter und Verstand dazu besitzen, im Katechismus unterrichtet. Dies hat so zu geschehen, daß der Pfarrer allsonntäglich nach der Predigt die Zehn Gebote, das Apostolische Glaubensbekenntnis und das Vaterunser vorsprechen soll. Hierbei dürfen aber keine Änderungen des Wortlautes vorgenommen werden, um die Leute nicht irrig zu machen. Etliche Male im Jahr sollen auch noch Sprüche aus der Bibel vorgelesen werden, die die verschiedenen Stände betreffen, nämlich die Obrigkeit, die Richter, Untertanen, Ehemänner, Ehefrauen, Eltern, Kinder, Dienstboten, Hausherren, Jugend, Jungfrauen und Witwen, die sogenannte Haustafel.

Der eigentliche Katechismus ist sonntags zu einer bestimmten Zeit mit der Jugend zu behandeln. Der Geistliche soll ihn erklären, und die jungen Leute müssen ihn auswendig lernen. Das Gelernte wird abgehört, nicht nur um den Wissensstand zu erfahren, sondern auch deswegen, damit die anderen beim Aufsagen mitlernen. Der Brenzsche Katechismus ist für diesen Zweck der Kirchenordnung einverleibt.

Es folgt hier ein Abschnitt über Buße und Absolution. Obgleich betont wird, daß schon die Predigt, die Jesus Christus als den Versöhner der Sünden vor Augen stellt, bereits eine Absolution der Sünden ist für den, der sie im rechten Glauben aufnimmt, so wird damit die Einzelabsolution einschließlich der Einzelbeichte nicht aufgehoben. Die Prediger sollen daher ihren Dienst nicht nur der Gemeinde insgesamt, sondern auch den einzelnen anbieten. Die Ordnung schreibt deshalb für den Abend vor dem Abendmahl einen Vorbereitungsgottesdienst vor, wobei die Möglichkeit zur Einzelbeichte gegeben werden soll. Hierbei hat der Pfarrer diejenigen, die in öffentlichen Lastern leben, vom Abendmahl abzumahnen und kann es ihnen sogar abschlagen. Die fortdauernde Übung der Einzelbeichte zeigt sich auch an der Beibehaltung von Beichtstühlen in manchen Kirchen, wie z. B. in Derendingen bei Tübingen, wo 1666 noch einer stand. Für diejenigen jedoch, die auf Einzelbeichte und -absolution verzichten, gilt die in diesem Gottesdienst und auch bei der Abendmahlsfeier abgelegte öffentliche Beichte und die danach vom Pfarrer gesprochene Absolution.

Zu diesem Vorbereitungsgottesdienst auf das Abendmahl wird ausdrücklich angemerkt, daß die Jugend nicht zum Abendmahl zugelassen werden soll, bevor sie nicht vom Pfarrer über ihre Kenntnisse in der Religionslehre befragt worden ist. In dieser Bestimmung ist der Anlaß zu der viel später erfolgten Einführung der Konfirmation zu suchen.

Die hier folgende »Ordnung des Nachtmals« setzt sich zunächst kontroverstheologisch mit der katholischen und der reformierten Lehre vom Abendmahl auseinander. Die deutsche Messe, die in anderen evangelischen Kirchen gehalten wird, wird in der Kirchenordnung eigentlich nicht abgelehnt, es wird lediglich befürchtet, daß durch sie der Gottesdienst zu lang würde. Im übrigen erklärt man sich bereit, auch diese Form des Abendmahls anzunehmen, falls es zu einer allgemeinen evangelischen Kirchenordnung kommt.

Während die Ordnung von 1536 mindestens eine sechsmalige Austeilung des Abendmahls im Jahr vorschreibt, soll es nun in den größeren Städten monatlich oder auch vierzehntägig gefeiert werden oder sooft Kommunikanten da sind. Die eigentliche Abendmahlshandlung entspricht im wesentlichen der Ordnung von 1536. Es fällt aber auf, daß die Ordnung von 1553 nicht mehr darauf bedacht ist, daß nach der Abendmahlsfeier von Brot und Wein nichts mehr übrig bleibe, wie es noch 1536 geschieht. Inzwischen scheint das Bedürfnis, auf diese Weise die Transsubstantiationslehre oder auch eventuelle abergläubische Praktiken abzuwehren, nicht mehr vorhanden zu sein. Doch war es wichtig, daß Brot und Wein, die für eine Abendmahlsfeier gebraucht wurden, bei der Konsekration auch zugegen waren, weshalb man in Kirchen mit vielen Abendmahlsgästen, wie etwa der Stuttgarter Stiftskirche, eine entsprechend große Anzahl von Abendmahlskannen benötigte. Die Ordnung von 1553 enthält nicht mehr die Bestimmung über das Abendmahl außerhalb des Gemeindegottesdienstes für Schwangere, Kranke oder arme Sünder. Dies dürfte inzwischen selbstverständliche Praxis geworden sein, die keiner weiteren Regelung mehr bedurfte.

Auf die Abendmahlsordnung läßt die Kirchenordnung hier einen Abschnitt mit dem Titel »Ordnung des gemeinen Gebetts und Letaney« folgen. Dies ist ein Stück aus den Predigt- und Wochengottesdiensten, das wohl deswegen hier erscheint, um es mit dem Abendmahl in Verbindung zu bringen. Denn wenn das Abendmahl die Darreichung und Vergewisserung der göttlichen Gnade ist, so stellt das »gemeine«, d. h. das gemeinsame oder allgemeine Gebet die Anrufung Gottes im Vertrauen auf seine Gnade dar. Es ist dies ein Gebet für allerlei besondere Anliegen, für die Kirche, die Obrigkeit, in besonderen Nöten usw., dann aber auch für die jeweiligen Feste und Zeiten des Kirchenjahrs. Neben den ausführlicheren Formen der Kollekte oder des Kirchengebets bietet die Ordnung auch eine abgekürzte Version.

In den kürzeren Wochengottesdiensten werden die Anliegen des gemeinen Gebets in die Litanei eingebracht, die entweder – falls Schüler, d. h. Lateinschüler, da sind – gesungen, andernfalls vom Pfarrer gelesen wird. Dieser Wochengottesdienst beginnt mit einem Lied, das zur Buße ermahnt, es folgt die Predigt mit anschließender Erinnerung bestimmter Sünden oder besonderer Gebetsanliegen. Nach der Litanei kommt ein Gebet, dann Vaterunser und Segen.

An dieser Stelle sind in die Kirchenordnung zwei Abschnitte eingeschaltet, die auch 1536 erscheinen und vom Kirchengesang und der Kirchenkleidung handeln. Es wird hier zunächst betont, daß die Gottesdienstsprache deutsch ist und folglich auch deutsche Lieder gesungen werden sollen. Wo Schüler vorhanden sind, können gelegentlich auch schriftgemäße lateinische Gesänge zu deren Übung gesungen werden. Einzig in der Stuttgarter Hofkirche, die 1560 eine eigene Ordnung erhielt, hatte der lateinische Gesang eine größere Bedeutung, da in diesen Gottesdienst Elemente der Messe aufgenommen wurden. Auch im Gottesdienst der Klosterschulen hatte das Lateinische noch eine Heimstatt, natürlich ebenfalls aus pädagogischen Gründen.

Da die Kirchenordnung von 1553 fordert, daß nur christliche und schriftgemäße Lieder gesungen und neue nur mit Zustimmung der Superattendenten eingeführt werden sollen, wird deutlich, daß sich offenbar ein Grundstock von Liedern gebildet hatte, den die Gemeinden auswendig kannten. Ein eigenes württembergisches Gesangbuch gab es lange Zeit nicht, man griff teilweise auf das Straßburger Gesangbuch zurück, es gab auch geschriebene Psalmenbüchlein. Doch darf man sich deren Verbreitung wohl nicht allzu groß vorstellen. 1583 brachte Lukas Osiander, der seit 1567 Hofprediger und Konsistorialrat war, das erste württembergische Gesangbuch heraus, das er nach verschiedenen Quellen, unter anderem dem Straßburger und Wittenberger Gesangbuch sowie Luthers Psalmen und Gesängen, zusammengestellt hatte. Es enthielt 108 Lieder mit 96 Melodien. Ein Neudruck erschien 1591, zunächst im Oktavformat mit Noten, eine Folioausgabe wurde 1595 herausgegeben. Dieses Gesangbuch erschien zwar im Namen des Herzogs, wurde aber nicht verpflichtend eingeführt.

Lukas Osiander förderte auch sonst den Kirchengesang. 1587 ließ er »Fünfzig geistliche Lieder und Psalmen mit 4 Stimmen kontrapunktweis also gesetzt, daß eine ganze christliche Gemein durchaus mitsingen kann« erscheinen. Er erzielte damit einen kirchenmusikalischen Durchbruch, denn er nahm die Melodieführung vom Tenor in den Diskant, die Oberstimme, so daß auch die Laien mitsingen konnten. Im übrigen sollte der den Gemeindegesang begleitende Chor sich im Takt auch nach der Gemeinde richten. Damit gelang die Einbeziehung der Gemeinde in den Kirchengesang. Der Gemeindegesang wurde zunächst noch nicht durch Orgelbegleitung unterstützt. Ohnehin gab es Orgeln fast nur in den größeren Städten; wo eine vorhanden war, wurde sie als Soloinstrument der Kirchenmusik benutzt. Im übrigen schweigen die Quellen weitgehend über Orgeln, so daß angenommen werden muß, daß sie, bezogen auf das ganze Land, noch von geringer Bedeutung waren.

Dem Abschnitt über den Kirchengesang folgt eine Aussage über die Kirchenkleidung. Will die Ordnung von 1536 noch den Chorrock, die Alba, abgeschafft wissen und fordert sie lediglich, daß die Geistlichen »ersamlich und züchtig gekleidt seyen«, so wird 1553 der Gebrauch des Chorrocks wieder gestattet. Dies wird damit begründet, daß einige evangelische Kirchen die alten Kirchenkleider beibehalten haben. Dieses Zugeständnis, das aber nur bis auf weiteres gelten sollte, wird möglicherweise auf das Interim zurückzuführen sein. Der spätere Talar des evangelischen

Geistlichen ist im Gegensatz zum Chorrock ursprünglich kein geistliches Gewand, sondern hat sich aus der Schaube, dem Mantel des Gelehrten im 16. Jahrhundert, entwickelt. Die Schaube und der daraus entstandene Talar entsprach damit der 1536 geforderten ehrbaren und züchtigen Kleidung.

Die Feiertage, die die Ordnung von 1553 festlegt, weichen etwas von denen ab, die 1536 bestimmt werden. Die alte Ordnung kannte keine Festkreise und auch kein eigentliches Kirchenjahr, die neue setzt als Feiertage zunächst alle Sonntage fest, dann den Christtag und den darauffolgenden Tag, den Jahrestag (Neujahr), den Obersten oder Epiphanias (6. Januar), Ostern und den folgenden Tag, ferner Lichtmeß (Purificationis Mariä = 2. Februar), Mariä Verkündigung (25. März), Aller Aposteln Tag (15. Juli) und Johannis Baptistä (24. Juni). Mit den Festen von Weihnachten bis Pfingsten deutet sich damit wieder eine Orientierung am Kirchenjahr an, hinzu treten ausgewählte Feiertage, nämlich zwei Marien- und zwei Apostelfeste.

Die Sonn- und Feiertage sind vornehmlich für Lehre und Predigt bestimmt. An den Sonntagen soll über die »gewöhnlichen Evangelien«, also über die altkirchlichen Perikopen gepredigt werden. An den Festtagen bildet natürlich die »Historie« des jeweiligen Festes den Predigttext. Am Johannistag ist über die Stiftung der Taufe, am Apostelfag über das Evangelium und seine Ausbreitung zu predigen. Für die beiden Marienfeste wird kein Predigttext vorgeschrieben.

Die eigentliche Gottesdienstordnung beginnt mit den Samstagabend- und sonstigen Vorabendgottesdiensten. Der Ablauf eines solchen Gottesdienstes, dem das Abendmahl folgt, wurde bereits beschrieben. Ansonsten wird der Vorabendgottesdienst oder die Vesper mit Gesang der Gemeinde begonnen. Falls Schüler da sind, können diese hier einige lateinische Psalmen oder eine Antiphon singen. Es folgt die Lesung eines Kapitels aus der Bibel, der Gottesdienst wird dann beschlossen mit Lied, Gebet und Segen. Der Gottesdienst an den Sonntagen, an denen das Abendmahl nicht gefeiert wird, bietet in den Städten mit einer Lateinschule ebenfalls die Möglichkeit zu reicherer Ausgestaltung, folgt dort aber dennoch einem einfachen Grundriß, nämlich: Lied, Predigt, Lied. Das oben erwähnte Gemeine Gebet mit Vaterunser und Segen schließt sich an. Diese recht kurze Ordnung enthält noch die Anweisung, daß die Lieder entsprechend der Predigt oder der jeweiligen Zeit des Kirchenjahrs ausgewählt werden sollen. Am Sonntagnachmittag wird in den Städten nochmals eine Predigt, zur Vesperzeit der Katechismus gehalten. Auf den Dörfern findet um diese Zeit lediglich der Katechismus statt, wohl deswegen, weil nur in den Städten in der Regel zwei Geistliche sind, die sich mit der Vor- und Nachmittagspredigt abwechseln können. An den Feiertagen wird kein Katechismus, sondern eine Vesper gehalten.

Auch bei den Wochengottesdiensten wird zwischen Stadt und Land unterschieden. In den Städten sollen zwei, auf den Dörfern nur einer gehalten werden. Diese Bestimmung stellt eine beträchtliche Ermäßigung gegenüber der Ordnung von 1536 dar, die die tägliche, mindestens aber zwei Wochenpredigten voraussetzte. Offensichtlich war es so, daß die tägliche Predigt damals nur in Stuttgart verwirklicht wurde; wenigstens ist von Brenz bekannt, daß er, wie früher in Schwäbisch Hall, auch hier täglich gepredigt hat. In den übrigen Städten und den Dörfern war es vermutlich nicht möglich gewesen, die tägliche Predigt einzurichten, so daß man jetzt nur einen Wochengottesdienst anordnete. Doch ist auch der Besuch dieses einen Wochengottesdienstes, wie wir aus späteren Berichten wissen, besonders in der arbeitsreichen Jahreszeit nicht sehr zahlreich gewesen. In der Regel wurde die Wochenpredigt am Freitag gehalten. Dieser Gottesdienst bestand lediglich aus Lied, Predigt, Gebet, Lied und Segen.

Der letzte Teil der Kirchenordnung von 1553 enthält die Kasualien, zunächst die Trauung. Dieser Abschnitt unterscheidet sich wenig von dem entsprechenden in der Ordnung von 1536. Neu ist eine Einleitung, in der darauf hingewiesen wird, daß eine Ehe ebenso wie andere weltliche Kontrakte auch auf dem Rathaus geschlossen werden könnte, daß aber die Einsegnung in der Kirche deswegen nützlich sei, um darauf hinzuweisen, daß die Ehe ein Stand ist, der der göttlichen Ordnung entspricht.

Der Abschnitt »Von Besuchungen und Communion der Krancken« behandelt nicht nur das Krankenabendmahl, das bereits beim Thema Abendmahl allgemein angesprochen worden ist. Vielmehr ist dieser Abschnitt eine Anweisung an den Seelsorger, die ihm die Pflicht auferlegt, die Kranken seiner Gemeinde zu besuchen und zu trösten und im Gespräch zu erfahren, ob ihnen der Ernst des Gerichtes oder der Trost des Evangeliums zu verkünden ist. Zu beidem gehört aber das Angebot des Abendmahls, wobei – wie in der Ordnung von 1536 – auch der aus der reformierten Theologie kommende Einwand, daß das Krankenabendmahl kein rechtes Abendmahl sei, weil es außerhalb der Versammlung der Gemeinde geschehe, besprochen wird. Diesem Einwand wird mit dem Argument begegnet, daß beim Krankenabendmahl der Spendende und der Empfangende bereits »Gemeinde« bilden und die Krankheit nicht von den Gnadenmitteln der Kirche ausschließt.

Das Ende der Kirchenordnung bildet gemäß dem organischen, sich am Leben des Christen orientierenden Aufbau die »Ordnung der Begrebnuß«. Demnach ist die Beerdigung nicht etwas, das dem Toten noch zugute kommen könnte, sondern ein Zeichen der Liebe gegen ihn, ein Zeichen des Glaubens an die Auferstehung und ein Zeichen der Hoffnung auf Heil und Seligkeit des Verschiedenen.

Die Ordnung schreibt vor, daß die Gemeinde durch das Glockenzeichen zusammenzurufen ist, daß nach der Beerdigung ein passender Text zu verlesen und eine kurze Predigt vom Tod, der Auferstehung und dergleichen zu halten ist. Ein Votum, das gemeinsame Vaterunser und der Segen beschließen die Handlung. Wichtig ist hier, daß die württembergische Ordnung nicht wie andere Kirchenordnungen, vor allem in Norddeutschland, soziale Unterschiede in der Beerdigung festhält, sondern für alle dasselbe Verfahren, insbesondere mit der anderwärts nicht immer geübten Leichenpredigt vorschreibt.

Die Kirchenordnung, und das heißt hier die Gottesdienstordnung von 1553, schließt mit der Bemerkung, daß sich der Landesherr je nach den Umständen vorbehält, diese Ordnung zu ändern, zu mindern oder zu mehren. In diesem Sinne ist die Ordnung von 1553 im Laufe der Zeit entweder durch die kirchliche Praxis oder durch obrigkeitliche Anordnung verändert worden.

Die Gottesdienstordnung mit ihrer Betonung von Predigt und Seelsorge setzt eine gediegene theologische Ausbildung der Geistlichen voraus. Die Grundlagen dafür hatte man bereits in der Zeit Herzog Ulrichs gelegt durch eine entsprechende Besetzung der theologischen Fakultät der Landesuniversität Tübingen, durch die Gründung des Stifts und durch die Schaffung von Lateinschulen auf dem Land. Unter Herzog Christoph erhielt die Theologenausbildung an Universität und Stift durch die Schaffung der Klosterschulen den entsprechenden Unterbau, der es auch armen Schülern ermöglichte, den gesamten Bildungsgang zu durchlaufen.

Waren die Lateinschulen vornehmlich sprachlich orientiert, so trat in den Klosterschulen neben die philologischen Fächer auch schon ein theologischer Unterricht, der im Blick auf die zukünftige Berufsausübung der Schüler betrieben wurde. Dennoch konnte der angehende Theologe an der Universität nicht sofort sein Fach studieren, sondern hatte sich zuerst an der Artistenfakultät weiter den Sprachen und den Fächern des Triviums und des Quadriviums zu widmen. Zur Artistenfakultät gehörte das Pädagogium mit seinen vier Klassen, in die die ankommenden Studenten je nach ihrem Wissensstand eingewiesen wurden. Es fanden halbjährlich Prüfungen statt, in denen über die Versetzung in die nächsthöhere Klasse entschieden wurde. Den Abschluß des Pädagogiums bildete das Bakkalaureat, der unterste akademische Grad. Ein Stiftler mußte nach der Ordnung von 1557 den Titel eines Bakkalaureus nach anderthalb Jahren erworben haben, binnen zwei Jahren den eines Magisters. Für den Magistergrad war das Hören weiterer Vorlesungen vorgeschrieben wie über die Dialektik des Rudolf Agricola, das Organon des Aristoteles, über Ethik, Physik und Astronomie, ebenfalls auf aristotelischer Grundlage. Die formale Ausbildung der Studenten erreichte so einen recht hohen Stand. Dies war nicht nur der Anspruch der einschlägigen Ordnungen, sondern wurde auch tatsächlich realisiert. Es läßt sich nachprüfen anhand des Schuldenverzeichnisses eines Tübinger Theologen in den Anfangssemestern vom Jahre 1566, das auch die Bücheranschaffungen dieses Studenten verzeichnet. Aus ihm ist zu erkennen, daß großes Gewicht auf die sprachlichen Fächer gelegt wurde. An klassischen Texten erscheinen in dem Verzeichnis Cicero, Vergil, Terenz und Xenophon, ferner die Homilien Gregors des Großen. An Hilfsmitteln werden genannt die Grammatiken Melanchthons, ferner die des Lukas Loß und des Crusius, das lateinische Wörterbuch des Petrus Dasypodius und ein lateinisch-griechisches Wörterverzeichnis des Johann Serranus. Es erscheinen weiterhin die Rhetorik des Crusius, die Schrift des Erasmus »De ratione conscribendi epistolas« und die Facetiae des Tübinger Humanisten Bebel. Für die propädeutischen Fächer wurden benötigt die Dialektik Melanchthons und das daraus bearbeitete Schulbuch des Lukas Loß. Für das theologische Fach hatte unser Student folgende Bücher angeschafft: eine deutsche Bibel, ein Psalmenbüchlein, ein Buch mit biblischen Figuren d. h. Bildern, dann des Chyträus Regulae studiorum, ferner die Katechismen von Brenz, Loß, Chyträus und Hemmingsen, eines dänischen Melanchthonschülers, sowie die Margarita theologica des Johann Spangenberg, eine schulmäßige Bearbeitung von Melanchthons Loci in Frageform, die erstmals 1540 erschien.

Diese ansehnliche Literaturliste zeigt also, daß die sich auf den Magistergrad vorbereitenden Studenten auch schon theologische Vorlesungen hörten.

Die Fakultät hatte seit 1536 drei Lehrstühle, wovon der dritte seit dem Weggang von Johann Forster 1540 nicht mehr besetzt worden war. Das Interim zeigte auch an der Universität seine Wirkung, denn schon 1548 mußte Erhard Schnepf auf Verlangen des kaiserlichen Hofes wegen einiger unvorsichtiger Predigten seine Stelle aufgeben. Damit wurde die Theologie nur noch durch Balthasar Käuffelin vertreten, der noch aus der vorreformatorischen Zeit der Universität stammte. Doch schon 1550 wurde zwischen einer fürstlichen Visitationskommission und der Universität wegen der Besetzung der beiden vakanten Professuren verhandelt. Seitens der Universität wurden aber dahingehend Bedenken geäußert, daß eventuelle Kandidaten sich nicht mit dem Interim abfinden würden, und man schlug vor, sich einstweilen mit dem gegenwärtigen Zustand zu begnügen und zu warten, bis es wieder besser würde. Die Berufung weiterer Professoren unterblieb deshalb einstweilen. Dennoch gelang es, einen namhaften Lehrer der Theologie nach Tübingen zu bringen, zwar nicht als Professor, sondern als Magister domus des Stifts. Dies war Martin Frecht, der wegen seines Widerstandes gegen das Interim in Kirchheim in harter Haft gehalten worden war. Frecht kam wohl im Winter 1550/51 nach Tübingen und hielt im Stift seine Vorlesungen über Genesis und Matthäus und konnte so seine 1531 durch die Berufung nach Ulm unterbrochene akademische Laufbahn wieder aufnehmen.

Je weniger wegen des Interims Rücksichten genommen werden mußten, um so mehr konnte an den Ausbau der theologischen Fakultät gedacht werden. Noch 1551 wurde Jakob Beurlin von Dornstetten zum Professor berufen, nachdem er am 22. April desselben Jahres zusammen mit Jakob Heerbrand zum Doktor promoviert worden war. Beurlin war damit der erste Professor der evangelischen Fakultät in Tübingen, der eben an dieser Fakultät seine Ausbildung erhalten hatte. Nach Beurlin, aber noch 1551, wurde Frecht auf den dritten Lehrstuhl berufen, der letzte Tübinger Theologieprofessor, der noch der Generation der Reformatoren angehörte. Er starb Ende September 1556. Im selben Jahr wurde auch Käuffelin emeritiert, der sich seit 1532 – allen Wandlungen zum Trotz – auf seiner Stelle gehalten hatte und 1559 starb.

Anläßlich der nun fälligen Neubesetzungen äußerte Herzog Christoph seine Absicht, der Fakultät drei Professoren zu erhalten, worunter auch ein Lehrer des Hebräischen sein sollte. Die Universität trat daraufhin mit dem Spezialsuperintendenten von Nürtingen, Dietrich Schnepf, dem Sohn Erhard Schnepfs, in Verhandlungen, worauf diesem die freigewordene Stelle Frechts übertragen wurde, die er am 1. Februar 1557 antrat. Er hatte wöchentlich dreistündig theologische Vorlesungen unter Zugrundelegung des hebräischen Bibeltextes zu halten sowie zweistündig hebräische Grammatik zu lehren. Auch mit Jakob Heerbrand hatte die Universität Verbindung aufgenommen. Dieser war jedoch im September 1556 für ein Jahr zur

Ordnung des Kirchenwesens der Markgrafschaft Baden abgeordnet worden und in Pforzheim als Superintendent der unteren Markgrafschaft tätig. Nach Ablauf dieses Jahres konnte Heerbrand dann am 20. September 1557 die vakante Stelle Käuffelins in Tübingen antreten.

Die Fakultät war so für absehbare Zeit gut besetzt, wenngleich damit noch kein ungestörter Lehrbetrieb gewährleistet war. Herzog Christoph benötigte nämlich die Professoren auch für seine Religionspolitik, sei es, daß sie als seine Gesandten verreisen mußten oder mit Auftragsarbeiten literarisch tätig waren. Hierher gehört etwa das »Große Buch von Tübingen«, das 1561 erschien und von den drei Professoren Beurlin, Heerbrand, Schnepf und dem ehemaligen Tübinger Generalsuperintendenten Johann Isenmann (Eisenmenger), der seit 1558 Abt in Anhausen war, verfaßt worden ist. In die Lehrtätigkeit der Professoren dürften jedoch die Gesandtschaftsreisen, die einzelne Mitglieder der Fakultät unternehmen mußten, weit tiefer eingegriffen haben als die literarischen Auftragsarbeiten. So war Beurlin mehrfach wegen des Württembergischen Bekenntnisses unterwegs, zweimal auf dem Konzil in Trient, einmal als Begleiter der politischen, zum andern als Mitglied der theologischen Gesandtschaft. 1554 mußte er trotz des Widerstrebens der Universität für mehr als ein halbes Jahr wegen des osiandrischen Streits nach Königsberg reisen, so daß der Lehrauftrag an der Fakultät allein von Käuffelin und Frecht versehen werden mußte. Jakob Beurlin wurde schließlich das Opfer einer solchen theologischen Gesandtschaftsreise. Er starb 1561 in Paris an der Pest, wohin er mit Jakob Andreae und Balthasar Bidembach wegen des Religionsgesprächs von Poissy geschickt worden war. Noch öfter als Beurlin war später freilich Jakob Andreae seinem Amte fern.

Schon anläßlich der Verhandlungen zur Wiederbesetzung der Stellen Frechts und Käuffelins hatte der Herzog Richtlinien für den akademischen Unterricht an der theologischen Fakultät gegeben, die zum Teil wörtlich in die am 15. Mai 1557 erlassene Universitätsordnung eingingen. Diese Ordnung legte im Abschnitt über die theologische Fakultät die Anzahl von drei Professoren fest, von denen einer den Unterricht in der hebräischen Sprache übernehmen sollte. Ferner wurde bestimmt, daß jeder Professor zu einer bestimmten Stunde lesen und davon nicht abgewichen werden sollte. Nach der im Vorjahr festgelegten Lektionsordnung sollte jeder Professor eine Stunde täglich, also wöchentlich fünf Stunden lesen.

Die Lektionsordnung von 1556 und die ihr folgende Universitätsordnung regelten freilich nicht nur Rahmenbedingungen, sondern schrieben auch Lehrinhalte vor. Da die Theologiestudenten, so heißt es, vornehmlich für den Kirchendienst auferzogen werden, nämlich um anderen die Heilige Schrift vorzutragen und auszulegen, sollen die Professoren bei ihrer Bibelerklärung nach jedem Kapitel die wichtigsten »Loci« oder Hauptpunkte benennen und erklären, wie diese den Predigthörern vorzutragen seien. Die Studenten sollen dadurch in eine fruchtbare und verständliche Disposition und Methode des Predigens eingeübt werden. Ein besonderes Augenmerk richtet die Universitätsordnung auch auf die Disputationen, die mehrmals jährlich abgehalten werden sollen, um die Kenntnisse und Fähigkeiten der Studenten zu vertiefen und einzuüben.

Diese Ordnung belegt die Ausrichtung des theologischen Studiums an der Bibel und der kirchlichen Praxis. Kernfach war also die Schriftauslegung, von der alles andere, vornehmlich Dogmatik und praktische Theologie, abgeleitet wurde. Die Kirchengeschichte trat in diesem System nur am Rande in Erscheinung. Die vorhandenen Nachrichten über die Lehrtätigkeit der damaligen Professoren bestätigen das Bild, das die Ordnung bietet. Demnach las Beurlin über das Johannesevangelium und den ersten Johannes-, den Hebräer- und den Römerbrief, jedoch auch über Melanchthons Loci. Schnepf las über die Propheten, Heerbrand über die fünf Bücher Mose, die er in vierzigjähriger Lehrtätigkeit viermal behandelte.

Wichtige Veränderungen an der Fakultät, wie auch für die Universität insgesamt, ergaben sich durch zwei Todesfälle im Jahre 1561. Im August starb in Rottenburg Dr. Ambrosius Widmann, der seit 1510 die Würde eines Propstes an der Tübinger Stiftskirche und eines Kanzlers der Universität innegehabt hatte. Die Gründung der Universität war ja dadurch möglich gewesen, daß Stiftspfründen zur Besoldung von Professoren verwendet werden konnten. Für die Universität hatte sich nach 1534 als schweres Hemmnis herausgestellt, daß sich Widmann der Reformation versagte, nach Rottenburg zog, sich aber gleichzeitig weigerte, auf seine Ämter zu verzichten. Dies bedeutete, daß die Universität keine Doktorpromotionen mehr vornehmen konnte, da dieses Recht allein dem Kanzler zustand. Erst 1556 ließ sich Widmann dazu herbei, dieses Recht an den Senat zu delegieren, und erst nach seinem Tod konnte ihm Jakob Beurlin rechtmäßig in seinem Amt als Stiftspropst und Kanzler der Universität nachfolgen. Unmittelbar nach seiner Ernennung mußte Beurlin zu der Gesandtschaftsreise nach Paris aufbrechen, wo er am 28. Oktober an der Pest starb. Sein Nachfolger wurde der seitherige Generalsuperintendent in Göppingen, Jakob Andreae. Die mit dem Tod Widmanns möglich gewordene Regelung der Verhältnisse war Anlaß für die am 16. September 1561 erlassene zweite Universitätsordnung Herzog Christophs. In ihr wurde die seit Gründung der Universität bestehende Verbindung von Propstei und Kanzleramt bestätigt. Zugleich wurden die Propstei, das Dekanat und das Pfarramt an der Stiftskirche mit den drei theologischen Professuren verbunden. Der theologischen Fakultät kam dadurch, daß sie stets den Kanzler als den Vertreter des Landesherrn an der Universität zu stellen hatte, ein Vorrang gegenüber den anderen Fakultäten zu, den sie erst zu Beginn des 19. Jahrhunderts verlor. Die personelle Zusammensetzung der theologischen Fakultät, wie sie sich 1562 nach dem Amtsantritt Andreaes als Kanzler, Stiftspropst und erstem Ordinarius darstellte, änderte sich fast drei Jahrzehnte nicht mehr. Andreae hatte sein Amt bis zu seinem Tode 1590 inne. Sein Nachfolger wurde Jakob Heerbrand, seitheriger Stiftsdekan und zweiter Ordinarius. Dietrich Schnepf, ein Schwiegersohn von Johannes Brenz, war Stiftspfarrer und dritter Ordinarius und wirkte, was bei der häufigen Abwesenheit von Andreae wichtig war, auch als Vizekanzler. Er starb 1586.

Mit der Universitätsordnung von 1561 wurden auch für das Stift wichtige Anordnungen getroffen. Nach der Großen Kirchenordnung hatten zwei Theologieprofessoren zugleich als Superattendenten des Stifts zu wirken. Man sah nun ein, daß dies wegen der Lehrverpflichtungen und der gelegentlichen Ortsabwesenheit der Professoren nicht zweckmäßig war, so daß jetzt nur der Stiftsdekan und zweite Ordinarius zugleich auch Superattendent des Stifts sein sollte, während die zweite Stelle mit einem weiteren Theologen besetzt wurde, der als außerordentlicher und vierter Professor im Stift Vorlesungen über die Margarita theologica und die Pastoralbriefe halten, die Disputationen im Stift leiten und die übrigen Professoren im Falle einer Verhinderung vertreten sollte. Die Einrichtung dieser Stelle war besonders als Förderung des wissenschaftlichen Nachwuchses gedacht. Ihr erster Inhaber war der gleichnamige Sohn des Johannes Brenz. Den Zweck der Förderung des akademischen Nachwuchses verfolgte auch die Errichtung von sechs Repententen- und vier Magisterstellen am Stift, deren Inhaber verpflichtet wurden zu promovieren. Um diesen Promovenden die Möglichkeit zu geben, sich zu verheiraten, was ja im Stift nicht möglich war, wurden einige Kirchenstellen für sie bestimmt, von denen aus sie die Universität besuchen und ihre Studien weitertreiben konnten. Diese Stellen waren die beiden Diakonate in Tübingen, die Pfarreien Lustnau, Derendingen, Weilheim, Kilchberg, Jesingen und Hagelloch, deren Inhaber wieder versetzt wurden, sobald sie den Doktorgrad erlangt hatten.

Die häufige Abwesenheit von Andreae machte 1576 die Anstellung eines fünften akademischen Lehrers als Supernumerarius nötig. Dieser hatte sich zusammen mit dem Extraordinarius in die festgesetzten Lehrverpflichtungen zu teilen. Nach wie vor lag das Schwergewicht der Lehrtätigkeit bei der Schriftauslegung, doch zeigte sich bald, daß auch verschiedene andere Schwerpunkte gesetzt wurden. So wird von Andreae berichtet, daß er besonderen Wert auf die Unterrichtung der Studenten in der praktischen Theologie legte, was ja aufgrund seiner reichen Erfahrung nahelag. Desgleichen besprach er die theologischen Streitfragen der Zeit, die wohl meist in den von den Studenten und Professoren zu veranstaltenden Disputationen verhandelt wurden, wobei es darauf ankam, die Argumente gegen die der Orthodoxie widerstreitende Lehre möglichst vollzählig aufzuführen.

Ein Bericht über die Lehrtätigkeit an der Tübinger Fakultät aus dem Jahre 1577 zeigt, daß neben der Schriftauslegung nunmehr auch die Dogmatik als selbständiges Fach etabliert werden sollte. In dem Bericht wird nämlich vorgeschlagen, daß der Supernumerarius über die »Loci communes« oder das »Compendium theologiae« lesen sollte. Es handelt sich hierbei um das älteste und das neueste Handbuch, die die evangelische Lehre in systematischer Anordnung besonders für den Lehrbetrieb an der Universität darbieten. Philipp Melanchthon ließ 1521 seine »Loci communes rerum theologicarum seu Hypothyposes theologicae« erscheinen, die aus einer Vorlesung über den Römerbrief erwachsen waren. Melanchthon verstand diese Arbeit als Schlüssel zum rechten Verständnis der Schrift. Diese Behandlung der Leitbegriffe (loci communes) der christlichen Lehre wurde die erste Dogmatik des Protestantismus, die mehrfach, besonders 1535 und 1543/44, überarbeitet und neu aufgelegt wurde. Die Lokalmethode, d. h. das Verfahren, eine Wissenschaft nach systematisch angeordneten Grundbegriffen zu behandeln, kommt aus der hergebrachten Dialektik und wurde besonders von Erasmus in seiner Schrift »De copia verborum« empfohlen. Dadurch, daß sich auch Melanchthon ihrer bediente, hat sie Verwendung auch in späteren Darstellungen der evangelischen Glaubenslehre gefunden.

Das Compendium theologiae, eine der am meisten verbreiteten evangelischen Glaubenslehren nach Melanchthons »Loci«, stammt von Jakob Heerbrand (Abb. 36). Er wurde 1521 in der Reichsstadt Giengen an der Brenz geboren und hat 1538–1543 in Wittenberg studiert. Er war also, was er zeitlebens nicht vergaß, ein direkter Schüler der Wittenberger Reformatoren. Nach dem Studium trat er in den württembergischen Kirchendienst, nahm 1552 an der theologischen Gesandtschaft zum Trienter Konzil teil und war 1556/57 an führender Stelle an der Reformation der Markgrafschaft Baden-Pforzheim beteiligt. Hierauf wurde er als Professor nach Tübingen berufen. Als die Universität 1571 wegen der Pest nach Esslingen ausgewichen war, konzipierte er dort das 1573 in Tübingen unter dem Titel »Compendium Theologiae quaestionibus methodi tractatum« erschienene Werk. Er widmete diese Arbeit dem Magistrat der Stadt Ulm, aus Dankbarkeit dafür, daß er in Ulm die Schule hatte besuchen können. Diese Reverenz an eine auswärtige Obrigkeit machte ihn zeitweilig am württembergischen Hof unbeliebt. In dem Widmungsbrief an die Ulmer legt er dar, daß jede Wissenschaft ihre Kompendien hat, um dem Lernenden einen Überblick zu verschaffen; in der Theologie sind dies Melanchthons »Loci«. Bei ihm, wie bei Luther, hat er fünf Jahre lang studiert. Nachdem er nun schon 30 Jahre im kirchlichen Dienst ist, möchte er die Früchte seines Studiums in das vorliegende Handbuch einbringen, wobei er sich auf die Schrift, die drei altkirchlichen Symbole, das Augsburger und das Württembergische Bekenntnis stützt und die anerkannte, schriftgemäße Lehre darbietet. Er betont, daß der Obrigkeit der Schutz der Kirche anvertraut ist. Sie hat nicht nur die zweite, sondern auch die erste Tafel des Dekalogs zu hüten, ebenso wie dies die israelitischen Könige taten. Er rühmt deshalb den Eifer des Ulmer Magistrats für die Kirche und die kirchlichen Einrichtungen.

In der Vorrede an den Leser legt er die Grundprinzipien seiner Arbeit noch näher dar. Die Papisten verdammen alles, was von den Evangelischen kommt, und es gibt keine Hoffnung auf eine Einigung, denn die Evangelischen können nicht, jene aber wollen nicht nachgeben. Die evangelischen Grundsätze sind: die Heilige Schrift, Christus, das Haupt der Kirche und einziger Heiland, und die Rechtfertigung aus Gnaden allein. Die Grundlagen der Papisten sind menschliche Überlieferungen, die als das gewisse Fundament des christlichen Glaubens dargestellt werden, weil die Schrift zweideutig und dunkel sei. Weiter gehen sie davon aus, daß der römische Papst das Haupt der Kirche sei, in dessen Herzen alle Schätze der Weisheit verborgen sind, ferner gründen sie sich auf das Verdienst der Werke und der von Menschen erdachten Gottesdienste. Dennoch betont Heerbrand seine Friedfertigkeit gegenüber der katholischen Polemik. Es geht ihm lediglich darum, hier die christliche Lehre darzulegen, indem er mit Augustin spricht: »Es ist möglich, daß ich irre, ein Häretiker bin ich aber nicht.« Heerbrand hat den dogmatischen Stoff in Frage und Antwort dargestellt, da er diese Methode für die lehrreichste hält. So heißt es zu Beginn: »Wer ist das Ziel der Theologie und der ganzen Heiligen Schrift?« Antwort: »Christus, der Sohn Gottes und des Menschen, geboren von der Jungfrau Maria, gekreuzigt, gelitten, gestorben um unserer Sünden willen, der für unsere Rechtfertigung wieder auferstanden ist.« Die zweite Frage lautet: »Was ist der Gegenstand (subjectum) der Theologie?« Antwort: »Die Lehre von Gott, seine Erkenntnis, worin das ewige Leben besteht nach dem Zeugnis Christi. Das ist das ewige Leben, daß sie dich allein als wahren Gott erkennen und den, den du gesandt hast, Jesum Christum. Deshalb ist zuerst von Gott zu reden, dann von den anderen Hauptstücken des christlichen Glaubens.« Folgerichtig geht die nächste Frage darauf hinaus, was denn die Hauptstücke des christlichen Glaubens seien. Diese bestehen in Gesetz und Evangelium.

Die eigentliche Glaubenslehre beginnt hierauf mit der Lehre von Gott, der Trinität und der Lehre von Christus und dem Heiligen Geist. Es folgt die Schöpfung, Engel und Teufel, die Lehre von der göttlichen Vorsehung und dem freien Willen. Dies leitet über zur Lehre von der Sünde und zur Darlegung von Gesetz und Evangelium. Daran schließt sich an die Lehre von der Königsherrschaft und dem Priestertum Jesu Christi, von der Gnade, dem Glauben und der Rechtfertigung, von der Gnadenwahl, den guten Werken und von der Buße. Hier ist Gelegenheit gegeben, sich mit der katholischen Auffassung von der Buße zu befassen, ferner mit dem kirchlichen Amt, den Dienern des Wortes, deren Berufung und Ordination. Es schließt sich an die Lehre von den Sakramenten des Neuen Testaments, wobei kontroverstheologisch zuerst die Anzahl der Sakramente beleuchtet werden muß. Nach evangelischem Verständnis zählt zu den Sakramenten zuerst die Taufe, wobei die Kindertaufe, die Taufe des Johannes, Christi und der Apostel zu besprechen sind. Zu den Sakramenten gehört ferner das Abendmahl. Hier wird dann kontroverstheologisch einiges gegen das Meßopfer gesagt und, davon abgeleitet, einiges vom Unterschied zwischen Altem und Neuem Testament. Daran angehängt erscheint die Lehre von der Kirche, da Wort und Sakrament eben Kennzeichen der rechten Kirche sind. Hierher gehört noch der Locus über die Wunder, wobei betont wird, daß die evangelische Kirche keine Wunder zu ihrer Bestätigung braucht.

Im folgenden wird die christliche Ethik behandelt, beginnend mit der christlichen Freiheit, die zunächst in der politischen Freiheit besteht, daß jedes Volk nach seinen Gesetzen leben kann, dann auch in einer geistlichen Freiheit von Ordnungen und Zeremonien. Es schließt an die Lehre vom Ärgernis, vor allem von dem, das durch falsche Lehre entsteht. Es folgt der Locus vom Kreuz oder den Anfechtungen und vom Gebet. Zur Ethik gehört ferner die Lehre von der Obrigkeit und vom Ehestand. Der Obrigkeit ist – wie schon im Vorwort betont – die Sorge für beide Tafeln des Dekalogs aufgetragen, das heißt also, daß sie auch für den rechten Gottesdienst zu sorgen hat. Aus dieser starken Stellung der Obrigkeit folgt, daß es gegen sie kein Widerstandsrecht gibt; auch wenn sie die Untertanen mit ungerechten Lasten drückt, bleibt diesen nur ergebenes Dulden, es gibt kein Recht zur Empörung.

Den letzten Teil von Heerbrands Compendium bildet die Eschatologie, die Lehre von den letzten Dingen. Er beginnt mit dem Antichrist, den er innerweltlich mit dem römischen Papst identifiziert. Es folgt dann die Lehre vom Tod, vom Begräbnis, vom Zustand der Seelen nach dem Tode, vom Ende der Welt, von der Auferstehung der Toten, vom Jüngsten Gericht, von der Hölle und vom ewigen Leben.

Insgesamt orientiert sich Heerbrand am Aufriß von Melanchthons Loci, wobei im ersten Teil der Anschluß an Melanchthon größer ist als im zweiten. Der ersten

Auflage des Compendiums folgten rasch weitere, auch Nachdrucke an anderen Orten. Die von Heerbrand veranstalteten Neuauflagen wurden der theologischen Entwicklung, vor allem dem Gang des Konkordienwerks, angepaßt. Er bearbeitete auch die Epitome, einen kürzeren Auszug des Compendiums für den Gebrauch an den Klosterschulen und im Stipendium, der nicht nur in Württemberg fast symbolisches Ansehen genoß, sondern auch im ganzen evangelischen Deutschland verbreitet war. Darüber hinaus wurde die Epitome von Martin Crusius ins Griechische übersetzt, um sie auch dem Patriarchen von Konstantinopel bekannt zu machen. Eine zweisprachige griechisch-lateinische Ausgabe, gewidmet dem Kurfürsten August, erschien 1582 in Wittenberg.

Man kann davon ausgehen, daß sich die Tübinger Theologie seit dem Erscheinen von Heerbrands Compendium an diesem orientierte. Es hat sicher, zusammen mit der Tätigkeit Andreaes für die Konkordie, wesentlich zur Entstehung der Tübinger Orthodoxie beigetragen. Hierbei darf nicht vergessen werden, daß der wohldurchdachte und gelungene Aufbau des württembergischen Kirchenwesens nach dem Interim, verbunden mit der personellen Kontinuität an der Tübinger Fakultät, eine wesentliche Bedingung dieser Stabilität war. Aufgrund dieser inneren Festigkeit war es der evangelischen Kirche Württembergs möglich, die Gegenströmungen im Lande zu überwinden, im Reich und in ganz Europa für die evangelische Sache zu werben und schließlich auch die Mehrheit des deutschen Protestantismus unter der Konkordie zu vereinigen.

## *Diakonie*

Neben Gottesdienst und Theologie gehört auch die Organisation der tätigen Nächstenliebe zum inneren Neubau der württembergischen Kirche. Grundlage dafür war nach wie vor die der Großen Kirchenordnung einverleibte Kastenordnung von 1536. Diese Ordnung hatte das Ziel, mit der Errichtung eines Armenkastens in jeder Gemeinde die Fürsorge für die Bedürftigen an einer Stelle zusammenzufassen. Dennoch wurden nicht überall die Anstalten der Armenpflege wie Armenkasten, Spital und Sondersiechenhaus vereinigt, sondern bestanden oft noch nebeneinander, vor allem wenn es sich um größere Einrichtungen handelte. Die Verwaltung des Armenkastens oblag dem jeweiligen Gemeindemagistrat, so daß auch hier, ähnlich wie in der Kirche insgesamt, sich der obrigkeitliche Einfluß durchsetzte. Dementsprechend wurde bei Visitationen auch die Einhaltung der Kastenordnung überprüft. Eine besondere Behörde zur Aufsicht der Armenkästen wurde nicht eingerichtet. Ein Ansatz dazu findet sich jedoch in der Anstellung von zwei Waisenvögten für die beiden Landesteile im Jahre 1568, die nicht nur die Verwaltung des Vermögens der Waisen, sondern tatsächlich die Einhaltung der Kastenordnung zu überwachen hatten. Nach einigen Jahren wurde jedoch das Amt der Waisenvögte wieder aufgegeben, und die Aufsicht über die Kastenordnung fiel wieder an die Amtleute bzw. die kirchliche Visitation zurück.

Ein weiteres Ziel der Kastenordnung und der Armenkästen war die Verhinderung des Gassen- und Landbettels. Die Ordnung sah das Sammeln milder Gaben in Geld oder Naturalien vor, was in der Regel durch wöchentliches Sammeln von Haus zu Haus oder in der Kirche erfolgte. Zur Zeit der Teuerung, etwa in den 1570er Jahren, bekam diese Sammlung sogar den Charakter einer Umlage, die bei den vermögenderen Bürgern erhoben wurde. Auch bei besonderen Anlässen, wie Beerdigungen und Hochzeiten, wurden Spenden in den Armenkasten gegeben, für durchreisende Fremde boten die vor Kirchen oder in Wirtshäusern aufgestellten Büchsen Gelegenheit zu Spenden. Das auf diese Weise zusammengekommene Almosen wurde dann an die Bedürftigen verteilt.

Milde Stiftungen, wie sie aus dem Mittelalter bekannt sind, wurden auch nach der Reformation wieder gemacht. Das mit Mitteln des Kirchenkastens 1572 eingerichtete Lazaretthaus in Stuttgart erhielt so namhafte Zuwendungen. Manche Stiftungen waren für einen bestimmten Personenkreis, etwa arme Kindbetterinnen, Schüler und Studenten, andere für bestimmte Zwecke, wie für die Austeilung von Brot, Schmalz oder Tuch, bestimmt. Der 1559 verstorbene Tübinger Theologieprofessor Balthasar Käuffelin vermachte seiner Heimatstadt Wildberg 1600 Gulden, deren Zinsertrag für mit ihm verwandte oder aus Wildberg stammende Studierende, der Rest für die Armen ausgegeben werden sollte. Diese Stiftungen bzw. die mit ihrer Verwaltung betrauten Armenkästen waren damit gleichzeitig Kreditinstitute.

Neben den freiwilligen Gaben und Stiftungen hatten die Armenkästen auch Einkünfte, Zinsen und Gülten von ihrem Vermögen zu beziehen, das ihnen bei den reformatorischen Visitationen zugeschrieben worden war. Diese Einkünfte überstiegen in der Regel die freiwilligen Gaben.

Den einheimischen Armen war der Bettel verboten. Sie erhielten auf ihren Antrag Unterstützung aus dem Armenkasten, meist in Geld und Naturalien. Die Almosenempfänger unterlagen einer gewissen Kontrolle hinsichtlich der Verwendung der von ihnen empfangenen Unterstützung, aber auch ihres Gottesdienstbesuchs und ihrer Arbeitswilligkeit. Dieser Kontrolle diente ihre Kennzeichnung mit Armenzeichen aus Blech, die sie an ihrer Kleidung zu tragen hatten. Es versteht sich, daß diese Kennzeichnung nicht beliebt war und wohl manchen Bedürftigen davon abhielt, um ein Almosen nachzusuchen oder doch Gründe zu finden, das Abzeichen nicht tragen zu müssen. Neben der Unterstützung für die Nahrung gab es auch Beihilfen für Hausmiete und Holzlieferungen. Kranke, die keinen Verdienst hatten, wurden für die Dauer ihrer Krankheit unterstützt, ihre Ausgaben für Arzt, Arznei, Badekur, Pflegepersonal, zuletzt auch für das Begräbnis übernommen.

Waren in einem Ort mehrere Arme, die einer Unterstützung für Hausmiete bedürftig waren, wurde ein Armenhaus eingerichtet. Hierfür diente oft auch das örtliche Spital, das ohnehin für die Unterkunft und Verpflegung armer und hilfloser Personen da war. Diese stellten die »armen« Pfründner, während die »reichen« Pfründner sich ins Spital eingekauft hatten und deswegen besser gestellt waren. Die Spitäler hatten meist größere landwirtschaftliche Betriebe mit entsprechendem Personal, so daß der Bedarf an Lebensmitteln wenigstens teilweise selbst erzeugt werden konnte. In der Regel wurden die überkommenen Spitalordnungen in der

Reformationszeit nicht geändert. In die Spitäler wurden daher auch Kranke, die kein anderweitiges Unterkommen hatten, aufgenommen, ebenso Geisteskranke, die freilich, wenn sie zur Tobsucht neigten, auch eingekerkert oder angekettet wurden. Es versteht sich, daß diese bunte Mischung von Insassen zu mancherlei Unzuträglichkeiten führte, der Unterschied zwischen armen und reichen Pfründnern oft auch Anlaß zu Streit und Mißgunst gab, so daß seitens der Obrigkeit eingegriffen werden mußte.

Zur Unterbringung von Kranken, die nicht anderweitig verpflegt werden konnten, dienten die Siechenhäuser, meist – da sie ursprünglich für die Aussätzigen errichtet worden waren – Sondersiechenhäuser genannt. Dorthin kamen nach Erlöschen des Aussatzes auch Leute mit ekelerregenden oder ansteckenden Krankheiten, ebenso dienten sie für die Unterbringung von durchreisenden Kranken. Solche Häuser gab es allerdings nur in den größeren Städten. 1547 wurde für Lauffen und das Zabergäu der Bau eines gemeinschaftlichen Siechenhauses angeordnet. Noch im Landtagsabschied von 1565 wird der Bau von »Blatternhäusern« in Aussicht gestellt. Zur Versorgung von Kranken bei den immer wiederkehrenden Pestepidemien wurde 1572 das bereits erwähnte Lazaretthaus in Stuttgart eröffent. Zur Krankenpflege, zumal bei ansteckenden Krankheiten, konnten meistens nur Almosenempfänger gewonnen werden, die jedenfalls nicht für diese Aufgabe geschult waren.

Die Spitäler dienten gelegentlich auch zur Aufnahme armer Waisen. Für solche Waisen, die Vermögen besaßen, wurden Waisenpfleger aufgestellt, deren Hauptaufgabe allerdings die Vermögensverwaltung war. Für die Errichtung von Waisenhäusern bestand im 16. Jahrhundert offensichtlich kein Bedarf, da die Kinder in Familien in Kost gegeben wurden, wobei der Armenkasten bei Unvermöglichkeit für die Aufwendungen aufkam. Desgleichen wurde vom Armenkasten das anfallende Schulgeld, dann auch das Lehrgeld bezahlt. Die Armenkästen der größeren Orte waren auch zur Vergabe einer bestimmten Anzahl von Stipendien an Studenten verpflichtet. Später wurden diese Stipendiatengelder für das Stift entrichtet.

Alle Maßnahmen der Armenpflege mochten für die Linderung der allergrößten Not in den Gemeinden hinreichend sein, gegenüber der Masse des fahrenden Volks, das damals die Straßen bevölkerte, vermochte man damit nichts oder nicht viel auszurichten. Bettler, Landstreicher, Gaukler, brotlose Landsknechte, wandernde Studenten, Brandsteuersammler, Verunglückte und Vertriebene erhielten gleichwohl ein Scherflein, auch wenn man nicht sicher war, ob sie dessen würdig waren. Wenn sie aber massenhaft auftraten, wie später im Dreißigjährigen Krieg, stand man dieser Erscheinung oft genug machtlos gegenüber. Der Grundgedanke, damit zugleich auch die Schwäche des Systems der Armenpflege, war – wie es Luther schon 1520 in der Schrift an den Adel formulierte –, daß jede Gemeinde ihre Bettler selbst unterstützen sollte. Dies erwies sich im ganzen als undurchführbar. Damit hängt zusammen, daß es nur einen beschränkten überörtlichen Ausgleich unter den Armenkästen gab. Lediglich die Orte eines Amtes sollten nach der Kastenordnung einander aushelfen, was gelegentlich in Form von Darlehen geschah, die dann manchmal nicht mehr zurückgezahlt wurden. Ein weiterer, wenngleich ebenso beschränkter Ausgleich war über den Kirchenkasten gegeben, vor allem in der Form, daß dieser die Kosten für überörtliche Ausgaben übernahm. Hierher gehört, daß der Kirchenkasten die Besoldung für zunächst vier Ärzte für das gesamte Land übernahm, desgleichen für eine Anzahl Wundärzte, die nicht akademisch gebildet waren. Ebenso wurden »Wartegelder«, d.h. pauschale Vergütungen an eine Reihe von Apothekern bezahlt. Die Kirchenordnung beinhaltete ferner die weitsichtige Anordnung, daß Stipendien an angehende Mediziner, vor allem zum Studium in Italien, gezahlt werden sollten, desgleichen Lehrgelder für Lehrlinge der Wundärzte und Apotheker. Aus dem Kirchenkasten kamen ferner Zuschüsse zum Bau von Krankenanstalten, wie dem Lazaretthaus in Stuttgart, das 1572 eröffnet wurde, oder dem Siechenhaus in Calw von 1589. Die Bäder im Land, wie Wildbad, später Boll, erhielten Zuschüsse für Bauten zur Unterbringung armer Badegäste. An solche armen Leuten, die eine Badekur machen wollten, wurden, auch wenn sie nicht aus dem Lande, sondern von auswärts kamen, vom Kirchenkasten direkt »Badesteuern«, also Beihilfen, gezahlt. Überhaupt scheint es üblich gewesen zu sein, bei der Kirchenkastenverwaltung direkt vorzusprechen und dort eine milde Gabe zu erbitten, die die Beamten offenbar, wenn es sich um kleinere Summen handelte, nach eigenem Ermessen geben konnten. Die Kirchenkastenrechnungen, die die einzelnen »um Gottes willen« verabreichten Gaben verzeichnen, bieten einen tiefen Einblick in allerlei Nöte der Menschen jener Zeit.

Aus dem Kirchenkasten wurden auch Gaben »aus Gnaden«, d.h. auf Anweisung des Herzogs gereicht. Diese gingen an Bedürftige, die beim Landesherrn selber vorstellig geworden waren, wenn sie ihn auf seinen Reisen oder Jagden antrafen. Hierunter sind auch verarmte Adelige, die um eine Unterstützung baten und diese auch, ihrem Stand entsprechend, erhielten. Auch von Brandsteuersammlern, die um Unterstützung für von Brandunfällen betroffene Gemeinden baten, wurde der Kirchenkasten angegangen. Diese fanden nicht nur aus dem Land, sondern eigentlich aus dem ganzen Reich den Weg nach Stuttgart. Zu ihnen gesellten sich durch Kriege vertriebene und ins Unglück geratene Menschen, besonders auch solche, die Geld sammelten, um sich oder andere aus türkischer Gefangenschaft auszulösen. Im Grunde machte sich hier alles bemerkbar, was in jener Zeit an Katastrophen über Mitteleuropa ging.

Neben der Linderung akuter Notfälle im Lande und außerhalb waren dem Kirchenkasten auch andere Aufgaben zugewiesen, die der Kastenordnung und ihrer Verwirklichung seit der Zeit Herzog Christophs erst einen sozialpolitischen Charakter verleihen. Es waren dies Maßnahmen, die eine allgemeine Hebung des Wohls des Landes zum Ziele hatten. Hierher gehören die Maßnahmen im Bildungswesen wie die Förderung von Schulbauten und die Unterstützung des Tübinger Stifts. Die Heranziehung eines gut ausgebildeten Beamtennachwuchses wurde durch Zuschüsse an adlige Schüler und Studenten bezweckt. Hierher gehört auch die kurzlebige Gründung einer adligen Lateinschule in Backnang 1561 und später die Gründung des Collegium illustre in Tübingen, für das der Kirchenkasten bedeutende Summen hergab. Mochte das Collegium auch mehr dazu dienen, den Glanz der Universitätsstadt und den fürstlichen Ruhm zu mehren, so muß daneben auch die Unterstützung bürgerlicher Studenten erwähnt werden, ebenso die Zahlung von

Lehrgeldern für bedürftige Knaben, worunter nicht wenige Pfarrerskinder waren. Da es keine anderweitige Möglichkeit der Unterstützung von Hinterbliebenen verstorbener Pfarrer gab, mußte auch in diesen Fällen der Kirchenkasten aushelfen.

Kirchliche Bauten, wie Neubau, Reparatur oder Erweiterung von Kirchen und Pfarrhäusern, waren in vielen Fällen auf Beihilfen des Kirchenkastens angewiesen. Auf dessen Rechnung wurde auch mehrfach eine größere Anzahl von Bibeln bei auswärtigen Druckern gekauft und den einheimischen Kirchen zur Verfügung gestellt. Einen eigenen lateinischen Bibeldruck veranstaltete der Kirchenrat 1564 für die Klosterschulen, ein Nachdruck der Lutherbibel von 1545 wurde 1591 veranlaßt. Hierher gehört auch, daß die Druckkosten für die vor allem von Herzog Christoph angeregten theologischen Schriften vom Kirchenkasten übernommen wurden, die man dann in ganz Europa verteilte, um damit für die Reformation zu werben.

Auch für die Unterstützung auswärtiger Glaubensbrüder war der Kirchenkasten zuständig, vor allem für die zahlreichen Exulanten aus Frankreich, den Niederlanden, Österreich und Italien. Unter ihnen sind besonders auch die im Zuge der Gegenreformation vertriebenen Pfarrer und Lehrer zu nennen, die nach Stuttgart kamen, um eine Anstellung baten und mit einer Wegzehrung entlassen wurden, wenn man für sie keine Stelle hatte. Mancher dedizierte dem Herzog auch eine Schrift, ein Gedicht oder eine Komposition, um sich damit zu empfehlen. Hier erforderte es die Sitte, daß ihm ein entsprechendes Geschenk gereicht wurde. Zu den solchermaßen Unterstützten gehören etwa die Theologen Matthias Flacius und Cyriakus Spangenberg, die ansehnliche Gnadengeschenke erhielten.

Die vielen kleinen Hilfen und die manchmal beachtlichen Maßnahmen, die mit den Mitteln der Stiftungen, der Armenkästen und des Kirchenguts ins Werk gesetzt wurden, sind selbstverständlich nicht mit einer modernen Sozialpolitik zu vergleichen. Vieles war Almosen, das erbeten oder auch erbettelt sein wollte. Dennoch muß diese Form der Diakonie in Württemberg in jener Zeit als beispielgebend angesehen werden und manche ähnliche Einrichtung in anderen, auch in katholischen Territorien, dürfte hier ihr Vorbild haben.

*Literatur:*

*Martin Brecht*, Die Entwicklung der Alten Bibliothek des Tübinger Stifts in ihrem theologie- und geistesgeschichtlichen Zusammenhang. Eine Untersuchung zur württembergischen Theologie, in: BWKG 63 (1963), S. 3–103. – Ders., Art. Andreae, Jakob, in: TRE 2. S. 672–680. – *Leonhard Fendt*, Der lutherische Gottesdienst des 16. Jahrhunderts. Sein Werden und sein Wachsen, Aus der Welt christlicher Frömmigkeit 5, München (1923). – [*Friedrich*] *Fritz*, Die Liebestätigkeit der württembergischen Gemeinden von der Reformationszeit bis 1650, in: BWKG 16 (1912), S. 149–174; 17 (1913), S. 1–32, 153–169; 18 (1914), S. 68–84, 161–180; 19 (1915), S. 59–82, 97–143. – Ders., Schuldenverzeichnis eines Tübinger Theologiestudenten aus dem 16. Jahrhundert, in: BWKG 15 (1911), S. 132–137. – *Heinrich Gürsching*, Jakob Andreae und seine Zeit, in: BWKG 54 (1954), S. 132–156. – *Jakob Heerbrand*, Compendium Theologiae quaestionibus methodi tractatum, Tübingen (1573) – *Norbert Hofmann*, Die Artistenfakultät an der Universität Tübingen, Contubernium 28 (1982). – *Christoph Kolb*, Die Geschichte des Gottesdienstes in der evangelischen Kirche Württembergs, Stuttgart (1913). – Ders., Die Kompendien der Dogmatik in Altwürttemberg, in: BWKG 51 (1951) S. 3–77. – *Karl Müller*, Die Gottesdienste der Hofkirchen- und Klosterordnung Herzog Christophs und ihr Verhältnis zu denen der Gemeinen Kirchenordnung, in: BWKG 21 (1927), S. 1–27. – *Rosemarie Müller-Streisand*, Theologie und Kirchenpolitik bei Jakob Andreae bis zum Jahre 1568, in:

BWKG 60/61 (1960/61), S. 224–395. – *Reyscher,* Bd. 8, Bd. 11, 3. – GKO. – *Hermann Waldenmaier*, Die Entstehung der evangelischen Gottesdienstordnungen Süddeutschlands im Zeitalter der Reformation, SVRG 125/126 (1916). – *Carl v. Weizsäcker*, Lehrer und Unterricht an der evangelisch-theologischen Facultät der Universität Tübingen von der Reformation bis zur Gegenwart, in: Beiträge zur Geschichte der Universität Tübingen. Festgabe bei der vierten Säcularfeier ihrer Gründung im Jahre 1877, Tübingen (1877).

# Abgrenzungen und Streitigkeiten

## *Täufer*

Auch nach dem Interim stellte sich für die evangelischen Kirchen immer noch das Problem der Täufer, das weiterhin die Obrigkeiten und die Theologen beschäftigte. Zentrum des Täufertums in Württemberg war das Remstal mit den benachbarten Gebieten des Schurwalds und des Welzheimer Walds. Die meisten Täufer zählte man im Schorndorfer Amt, wobei die siebziger Jahre den Höhepunkt der täuferischen Bewegung darstellen. In dieser Gegend hielten sich die Täufer bis zum Dreißigjährigen Krieg, während sie in anderen Teilen des Landes, wo sie zahlenmäßig immer bedeutend weniger vertreten waren, schon früher ausgestorben sind. Diese anderen Verbreitungsgebiete waren vor allem das Göppinger und das Nürtinger Amt. Im nordwestlichen Landesteil finden sich in dieser Zeit nur einzelne Täufer, besonders in den Grenzgebieten, wo es verhältnismäßig einfach war, sich dem Zugriff der Obrigkeit durch Ausweichen auf fremdes Gebiet zu entziehen. Stärker verbreitet waren die Täufer vor allem in den siebziger Jahren noch im Maulbronner Klosteramt; im Schwarzwald hingegen fanden sich noch weniger als im Unterland.

Die Wichtigkeit, die man den Täufern damals zumaß, wird durch ihre zahlenmäßige Stärke keineswegs gerechtfertigt. Rund 1000 Täufer sind zwischen 1552 und 1618 im Herzogtum Württemberg und den eingesprengten kleineren Herrschaften festgestellt worden, wobei man sicher von einer verhältnismäßig geringen Dunkelziffer ausgehen kann, da einerseits das nunmehr eingespielte System der kirchlichen Visitation einen recht vollständigen Überblick gab und andererseits die Verfolgung der Täufer mit viel Langmut betrieben wurde, so daß es für sie nicht lebensnotwendig war, sich zu verstecken. Die Gefährdung, die die Obrigkeit in den Täufern sah, ging also nicht von ihrer Anzahl aus, die bestenfalls Bruchteile eines Prozents der Gesamtbevölkerung betrug. Vielmehr wurden die Täufer als radikale Minderheit angesehen, als Sauerteig, der leicht auf das Ganze wirken konnte, wenn man ihm nicht Einhalt gebot. Aus der Ablehnung der Kindertaufe folgte bei ihnen auch die Ablehnung des bestehenden Kirchenwesens, damit auch die Ablehnung der Obrigkeit, die mit der Kirche so eng verbunden war. Die Folge davon war bürgerlicher Ungehorsam, der sich vor allem in der Verweigerung des Huldigungseids und der Wehrpflicht äußern konnte. Der Nachdruck, mit dem die Täufer verfolgt wurden, dürfte wohl auch ein Zeichen für eine gewisse Unsicherheit der Obrigkeiten gegenüber dem »gemeinen Mann« gewesen sein, von dem man stets gewaltsame Erhebungen gewärtigen zu müssen glaubte, wenn nicht den vermeintlichen Anfängen gewehrt wurde.

Herzog Christoph befahl 1554 den Amtleuten und den örtlichen Magistraten, auf die »Sekten« Achtung zu haben und solche Personen, die sich verdächtig machten, durch die Pfarrer auf ihren Glauben, besonders in den streitigen Artikeln vom Sakrament, vom Predigtamt, vom Amt der Obrigkeit und anderen befragen zu lassen. Für den Fall, daß irrige Überzeugungen festzustellen seien, sollten die Leute belehrt und ermahnt werden, die Predigt zu besuchen, die Sakramente zu gebrauchen und sich den Ordnungen gemäß zu verhalten. Nur die Halsstarrigen sollten, vor allem im Wiederholungsfall, acht oder vierzehn Tage in Haft gehalten und darauf weitere Verhaltensmaßregeln erbeten werden. Besondere Aufmerksamkeit sollte den wiedertäuferischen Versammlungen in den Häusern oder im Freien gewidmet werden. Falls eine solche Versammlung in Erfahrung gebracht werden konnte, waren die Teilnehmer zu verhaften und darüber an die Regierung Bericht zu erstatten.

Dieses Verfahren unterscheidet sich ganz wesentlich von den Grundsätzen, wie sie in den habsburgischen Landen oder in Bayern gegen die Täuferbewegung angewandt wurden, wo man sie buchstäblich mit Feuer und Schwert austilgte. Die württembergischen Maßnahmen stellen demgegenüber geradezu ein Minimum dessen dar, was eine Obrigkeit in der damaligen Zeit der Erhaltung ihrer Autorität gegenüber diesen Dissidenten schuldig zu sein glaubte. Diese wohl wesentlich von Brenz bestimmte, verhältnismäßig langmütige Haltung war nur möglich durch den Glauben, daß Gottes Wort letztlich wirksam ist und sich durchsetzt.

Der erhoffte Erfolg stellte sich freilich nicht oder wenigstens nicht so schnell ein, vielmehr schien es so, als nähme die Zahl der Wiedertäufer zu. Man befaßte sich daher in der Folgezeit mehrfach in obrigkeitlichen Verlautbarungen mit ihnen. 1558 erschien eine ausführliche Wiedertäuferordnung, die erkennen läßt, daß die Täufer besonders auf den Besitzungen einiger Adligen Unterschlupf fanden. Diese wurden ernstlich ermahnt, dies abzustellen, und die Amtleute erhielten weiterhin Befehl, nach den Täufern zu fahnden. Im Verfahren unterschied man jetzt zwischen den Vorstehern und den Gefolgsleuten, also zwischen den aktiv Tätigen und den Mitläufern. Nach wie vor richtete sich aber das ganze Bemühen darauf, die Täufer wieder auf den rechten Weg zu bringen, so daß auch Vorsteher, die ihren Irrtum widerriefen, nach der üblichen Bezahlung der Unkosten und Ablegung einer Urfehde wieder in die Gemeinde aufgenommen werden konnten. Wer nicht widerrief, wurde, damit er andere nicht verführte, im Gefängnis behalten, bis er sich besserte. Gegen Rückfällige konnte auch die Folter angewandt werden, um zu erfahren, ob sie nicht aufrührerische Absichten hatten. Auch diejenigen Täufer, die keine Vorsteher waren, wurden wieder aufgenommen, wenn sie widerriefen. Falls sie dies nicht taten, konnten sie ausgewiesen und ihr Besitz unter besondere Verwaltung gestellt werden.

Nach wie vor war man davon überzeugt, daß die Belehrung das beste Mittel sei. Auch die namhaftesten Theologen des Landes waren sich nicht zu schade, mit den Täufern, die in der Regel einfache Leute waren, zu diskutieren. 1555 hatte der Generalsuperintendent Vannius zusammen mit dem Pfarrer von Fellbach in Schorndorf eine Unterredung mit Sebastian Weber von Beutelsbach, der seine Sache so gut verteidigte, daß die beiden befanden, daß Weber in seiner Sekte wenn nicht »Magister«, so doch »Bakkalaureus« sei. 1557 hatten Brenz und der Hofprediger Balthasar Bidembach eine Unterredung mit den beiden täuferischen Brüdern Rapp aus Pforzheim. Einzelne Täufer lagen längere Zeit im Gefängnis, am längsten wohl Paul Glock aus Rommelshausen, der von 1558–1576 auf Hohenwittlingen war, aber in milder Haft gehalten wurde. Man vertraute ihm so sehr, daß man ihm viel Freiheit ließ. Er wurde daher zu Feldarbeiten gebraucht, aber auch zu weiten Botengängen. Zuletzt wurde er – ohne Widerruf – entlassen, weil er tatkräftig mitgeholfen hatte, ein Feuer auf Hohenwittlingen zu löschen.

Die Folter wurde offenbar nur in einigen wenigen Fällen angewandt, so etwa 1590 im Falle des Hans Schmidt von Rommelshausen, der als täuferischer Sendbote ins Land gekommen war und den man, allerdings erfolglos, auf dem Reichenberg peinlich nach seinen Komplizen befragte, und dann, da man den Mißerfolg einsah, wieder außer Landes gehen ließ.

Besonders bemerkbar machte sich in Württemberg die Auswanderung der Täufer nach Mähren. Der dortige Adel hatte ihnen seit Ende der zwanziger Jahre eine Freistatt auf seinen Gütern errichtet, so daß das Land nun zum Zufluchtsort der Täufer wurde. Nach der Jahrhundertmitte wurde von den bereits in Mähren ansässigen Täufern die Auswanderung dorthin aktiv betrieben, so daß die ins Land gekommenen Sendboten hauptsächlich die Leute zur Auswanderung bewogen und diese auch organisierten. Oft zogen Leute, die tagsüber noch ihren Feldgeschäften nachgegangen waren, über Nacht fort, so daß sie nicht mehr eingeholt werden konnten. Die Reise ging meistens über Ulm, wo man ein Donaufloß bestieg und dann von Stein, Krems oder Wien auf dem Landweg weiter nach Mähren zog.

Die meisten der nach Mähren ausgewanderten württembergischen Täufer waren Hutterer, also Nachfolger des Tiroler Täuferführers Jakob Huter. Sie unterschieden sich von den übrigen Täufern durch das Gemeineigentum, durch das sie in Mähren zu wirtschaftlichen Erfolgen gelangten. Hutterer waren die bereits genannten Paul Glock und Hans Schmidt. An ihnen ist zu sehen, daß die Verbindung von der Heimat nach Mähren ständig aufrechterhalten wurde und ein fast regelmäßiger Briefverkehr möglich war.

Wegen der hinterlassenen Güter der Täufer waren schon 1558 Bestimmungen getroffen worden. Hiernach war das Vermögen der ausgewiesenen Täufer zu konfiszieren und unter eine besondere Verwaltung zu stellen. Vom Ertrag sollten die im Gefängnis befindlichen Täufer unterhalten werden. Falls ein nicht täuferischer Ehepartner oder Kinder vorhanden waren, erhielten sie das beschlagnahmte Vermögen zur Nutznießung. Entsprechende Bestimmungen enthält auch die Wiedertäuferordnung von 1571. Es konnte vorkommen, daß Leute nach Jahren wieder aus Mähren zurückkamen und ihren Besitz wieder antraten. In anderen Fällen wurde solcher Besitz jahrzehntelang getreulich verwaltet und darüber in einer Sonderrechnung der Kirchenkastenrechnung Buch geführt. Zur Verwaltungsvereinfachung hatte man auch gelegentlich den Besitz der ausgewiesenen oder ausgewanderten Täufer verkauft und das Kapital angelegt. Großer Wert wurde darauf gelegt, daß man die Täufer nicht wegen der Aneignung ihres Besitzes auswies. Falls dieser Besitz nicht treuhänderisch verwaltet wurde, konnte er nur zu bestimmten Zwekken verwendet werden wie zur Unterhaltung gefangener Täufer oder für Siechenhäuser. Erst Herzog Friedrich begann 1607 mit dieser Übung zu brechen und Gelder für den Fiskus einzuziehen. So sind z. B. Täufergelder für den Bau der Stadtkirche in Freudenstadt verwendet worden.

In den siebziger Jahren des 16. Jahrhunderts hatte die täuferische Bewegung in Württemberg ihren Höhepunkt. Zu dieser Zeit war sie in den Reichsstädten praktisch bedeutungslos, lediglich in Heilbronn und Esslingen hatte sie sich noch halten können. Aus der ursprünglich städtischen war also eine ländliche Bewegung geworden, vielleicht deswegen, weil in den Städten eine bessere Überwachung möglich war. Dafür hatten die württembergischen Theologen und Amtleute noch jahrzehntelang mit den Täufern zu tun, deren offensichtlichste Legitimation in dem Unterschied zwischen Anspruch und Wirklichkeit der württembergischen Kirche bestand. Für diese Kirche spricht aber, daß sie nie nach dem Blut der Täufer verlangte, sondern eher noch die Langmut der Behörden ermutigte. So konnte erst nach den siebziger Jahren ein Zurückgehen der Täufer beobachtet werden, die vollends in den Wirren des Dreißigjährigen Krieges untergingen.

## *Schwenckfeld und seine Anhänger*

Seit Beginn der dreißiger Jahre hatte Kaspar Schwenckfeld die evangelischen Theologen und die Obrigkeiten in Südwestdeutschland beunruhigt, da er mit seiner Theologie des »inneren Worts«, das ohne äußere Vermittlung den Menschen trifft, jedes Kirchenwesen in Frage stellte. Im Verlauf des Schmalkaldischen Krieges wurde sein Gönner Georg Ludwig von Freyberg seiner Herrschaften entsetzt, und auch Schwenckfeld mußte von Justingen, das in jener Zeit sein häufigster Aufenthaltsort gewesen war, nach Esslingen ausweichen. Dort hielt er sich unerkannt im Franziskanerkloster auf, während seine hochgestellten Freunde in Ulm sich beim Kaiser persönlich für ihn verwandten. Die folgenden Jahre bis zu seinem Tode verbrachte Schwenckfeld entweder auf Reisen, in Ulm im Hause der Familie Streicher oder in Öpfingen, einem Besitz des Herrn von Freyberg, der seine Herrschaft wiedererlangt hatte gegen die Zusage, den katholischen Gottesdienst zu restituieren, aber nichtsdestoweniger schwenckfeldisch gesinnt blieb.

Nachdem in Cannstatt 1544 ein größerer Kreis der Anhänger Schwenckfelds ausgehoben worden war, scheint sich später keine solche Gruppe mehr gebildet zu haben. Ohnehin legte Schwenckfeld keinen Wert darauf, größere Scharen von Anhängern um sich zu sammeln, vielmehr wirkte er, seiner Theologie entsprechend, mehr auf den einzelnen, vornehmlich auf den Gebildeten. Eben diese Wirkung auf die Elite, seine literarische Produktion, sein ausgedehnter Schriftwechsel und seine Beweglichkeit mußten Schwenckfeld nach wie vor als gefährlich erscheinen lassen. 1554 erging deshalb an die württembergischen Richter, Amtleute und Untertanen ein strenger Befehl wegen Schwenckfelds »verfluchter Person«, aus dem ersichtlich ist, daß man Schwenckfeld das Land verboten hatte, damit er die Untertanen nicht mit seiner Lehre verführen könne. Falls man ihn dennoch antreffe, sollten er, sein Wirt und seine Gäste verhaftet werden. Auch das Mandat gegen die Wiedertäufer aus dem Jahre 1558 enthält einen eigenen Abschnitt gegen Schwenckfeld und seine Anhänger, desgleichen wendet sich die im folgenden Jahr erschienene Große Kirchenordnung in dem Abschnitt »Von den Secten« gegen die Schwenckfelder. Trotz allem scheinen die adligen Gönner Schwenckfelds, von denen einige in Württemberg in hohen Ämtern saßen, immer noch die Hand über ihn gehalten zu haben. Dies konnte freilich nur mit größter Vorsicht geschehen, weshalb ein solches Engagement heute vielfach nur noch vermutet werden kann. Zum Kreis der möglichen Sympathisanten Schwenckfelds zählt der Landhofmeister Balthasar von Gültlingen († 1563), der Erbmarschall Hans Konrad Thumb († 1555) und der Kammermeister Hans Landschad von Steinach, der 1558 in kurpfälzische Dienste trat.

Bereits 1553 hatte Schwenckfeld versucht, durch eine Besprechung des Brenzschen Katechismus mit dessen Verfasser ins Gespräch zu kommen. Balthasar von Gültlingen schlug eine Disputation zwischen den beiden vor, die von Schwenckfeld abgelehnt wurde, da sie in Württemberg stattfinden sollte. Auf weitere Angebote Schwenckfelds oder seiner Freunde wurde nicht mehr eingegangen.

Mit dieser ablehnenden Haltung stand Württemberg freilich nicht allein. Der 1554 erlassene Befehl war offenbar eine direkte Folge der Verurteilung der schwenckfeldischen Theologie, die Melanchthon kurz zuvor auf dem Naumburger Konvent den dort versammelten Theologen vorgelegt hatte. Ein weiterer Versuch Schwenckfelds, über den Landgrafen Philipp von Hessen wieder mit Melanchthon ins Gespräch zu kommen, endete abermals in einem Verdammungsurteil, das die 1557 beim Wormser Gespräch versammelten lutherischen Theologen unterzeichneten. Gegenüber diesen Verlautbarungen muß allerdings beachtet werden, daß Schwenckfeld zu dieser Zeit eine verstärkte publizistische Tätigkeit entfaltete, wobei er von einer Reihe von Anhängern tatkräftig unterstützt wurde. So konnten fast alle seine Veröffentlichungen in dieser Zeit von einem einzigen Drucker in Augsburg hergestellt werden.

Die vor allem an seine Person gebundene Wirksamkeit seiner Ideen ließ beträchtlich nach, als Kaspar Schwenckfeld am 10. Dezember 1561 im Streicherschen Haus in Ulm starb. Mit ihm schied eine der großen Gestalten der Reformationsgeschichte, vor allem Südwestdeutschlands, aus dem Leben.

## *Der Streit um die Kirchenzucht*

Der Aufbau der württembergischen Kirche, der bereits in den ersten Regierungsjahren Herzog Christophs Gestalt angenommen hatte, beließ den einzelnen Gemeinden und ihren Pfarrern wenig Entscheidungsbefugnisse, machte sie vielmehr weitgehend von den vorgesetzten Instanzen abhängig. Dieses straffe staatskirchliche System wurde bereits in seiner Entstehungszeit kritisiert, zumal man ja in den Kirchen der reformierten Richtung eine andere Konzeption vor Augen hatte, bei der den Gemeinden ein größeres Gewicht zukam. Der Unterschied der beiden Systeme und damit die Problematik der obrigkeitlichen Kirche zeigte sich vor allem am Problem der Kirchenzucht. Der Pfarrer hatte, nach der Gottesdienstordnung von 1536 wie nach der Ordnung von 1553, die Möglichkeit, offenbare, d. h. öffentliches Ärgernis erregende Sünder vom Abendmahl abzumahnen oder ihnen das Sakrament, jedoch nicht in der Öffentlichkeit, zu verweigern. An eine Mitwirkung der Gemeinde oder ihrer Vertreter bei dieser Sittenzucht war nicht gedacht, zumal nach der Landesordnung dies auch Aufgabe der Amtleute war, die selbst nicht immer das beste Beispiel abgaben. Infolgedessen blieben Vergehen wie Trunkenheit und Gotteslästerung häufig ungerügt und es bestand offenbar keine Möglichkeit, solche Leute vom Abendmahl fernzuhalten. Dieses Problem kam 1553/54 auf einer Sitzung des Synodus, des Konvents der Generalsuperintendenten mit dem Kirchenrat, zur Sprache, wobei Brenz deutlich erklärte, daß ein Pfarrer kein Recht zur Exkommunikation habe, sondern unbußfertige Sünder dem Spezialsuperintendenten, dieser dem Generalsuperintendenten zu melden habe, der den Fall vor den Synodus bringen werde. Allein der Synodus war zur Exkommunikation berechtigt, während die Pfarrer lediglich vom Abendmahl abmahnen durften. Damit war nicht die Einzelgemeinde, sondern der Synodus als zentrale Visitationsbehörde das Organ der Kirchenzucht. Die hierauf erlassene Exkommunikationsordnung, die als »Der General Superattendenten Officium« der Großen Kirchenordnung einverleibt wurde, legt fest, daß niemand ohne vorherige Anmeldung beim Pfarrer zum Abendmahl gehen soll. Bei dieser Anmeldung war dann Gelegenheit zum persönlichen Gespräch und zur Absolution der Bußfertigen. Wer sich als Unbußfertiger zum Abendmahl drängte, sollte jedoch nicht abgewiesen, sondern lediglich unter vier Augen ermahnt werden. Falls er dann immer noch nicht in sich gehen würde, hatte ihn der Pfarrer dem Spezialsuperintendenten zu melden, der ihn seinerseits noch einmal ermahnte. Wenn dies nichts nützte, gelangte die Sache an den Generalsuperintendenten und schließlich vor den Synodus. Brenz schwächte damit den »kleinen Bann« noch weiter ab und setzte an seine Stelle die Exkommunikation durch das zentrale Sittengericht. Die Gemeinde und der Pfarrer nahmen also daran nicht mehr teil.

Mit dieser Interpretation des kleinen Bannes waren Kaspar Lyser, Pfarrer in Nürtingen, und sein Schwager Jakob Andreae, Generalsuperintendent in Göppingen, nicht einverstanden. Lyser hatte sich in einem Brief an Calvin im Februar 1554 für das Pfarrwahlrecht der Gemeinden und das Exkommunikationsrecht der Pfarrer ausgesprochen. Calvin war damit nicht ganz einverstanden und lehnte vor allem das Exkommunikationsrecht der Pfarrer ab. Lyser wandte sich dann in dieser Sache direkt an den Herzog, sicher im Einverständnis mit Andreae, der sehr wahrscheinlich dieses Problem beim Synodus vorgebracht hatte. Lyser trug in seinem Brief das Problem der Unbußfertigen vor, die zum Abendmahl kamen. Er schrieb, daß er sich mit anderen Kollegen, darunter mit Andreae, über die Sache beraten habe, und ließ auch nicht unerwähnt, daß er deswegen mit Calvin in Verbindung getreten sei. Eine Kirchenzucht entsprechend Matth. 18 glaubte er nur durch ein Gremium der Gemeinde, bestehend aus Pfarrer und Laien, wie es Viret in Genf vorgeschlagen hatte, durchführen zu können. Mit dieser biblischen Begründung wehrte sich Lyser schon von vorneherein gegen den Vorwurf, ein neues Papsttum aufrichten zu wollen.

Lyser hatte seinen Vorschlag dem Herzog persönlich übergeben, und kurz zuvor hatte auch Andreae mit ihm über die Frage gesprochen. Herzog Christoph äußerte sich zunächst positiv über den Plan Lysers, forderte dann aber ein Gutachten von Brenz an. Dieser lobte zwar den Eifer Lysers, zeigte sich dennoch verwundert über die Forderung einer eigenen Instanz für die Kirchenzucht in jeder Gemeinde. Er erklärte, daß diese in der Alten Kirche nur in den Bischofsstädten geübt worden sei, ebenso wie sie jetzt zentral vom Synodus gehandhabt werde. Sollte diese Sittenzucht zu wünschen übrig lassen, liege das nur an den Pfarrern und den Amtleuten. Brenz mahnte daher, keine Neuerungen einführen zu lassen. Er traute offenbar den Pfarrern und den Gemeinden in dieser Beziehung wenig zu. Andererseits gab er zu bedenken, daß man keinem Menschen ins Herz schauen könne und es deshalb in Kauf nehmen müsse, daß auch einmal ein Unwürdiger das Sakrament genieße. In diesem Sinne erging also eine ablehnende Antwort an Lyser.

Jakob Andreae war aber noch nicht gewillt aufzugeben. Er wandte sich erneut an den Herzog. Ihm ging es darum, daß öffentlichen Anstoß erregende Sünden vermieden wurden, damit nicht Gottes Zorn über das Land komme. Er beantragte, daß die Kirchenzuchtsfrage erneut vor dem Synodus behandelt werde. Dem wurde allerdings nicht stattgegeben, vielmehr wurden Andreae und Lyser am 14. November 1554 vor eine gemeinsame Sitzung des Kirchenrats und einiger Oberräte geladen und ihnen die Entscheidung des Herzogs eröffnet, daß sie von ihren Plänen ablassen und sich mit der eingeführten Ordnung der Kirchenzucht begnügen sollten. Andreae und Lyser fügten sich, da sie einsehen mußten, daß die Entscheidung bereits gefallen war.

Es blieb deshalb bei dem zentralistischen Kirchenaufbau; der Versuch Lysers, die Kirche von der Einzelgemeinde her zu begreifen, war gescheitert. Statt der Genfer Kirchenzucht, die gewiß auch nicht ohne Probleme war, hatte sich die Sittenzucht der obrigkeitlichen Kirche durchgesetzt. Auch spätere Versuche, die Kirchenzucht auf die Ebene der Gemeinden oder der Ämter zu verlagern, scheiterten am Einspruch von Brenz, obgleich der Herzog, wie schon an seiner ersten Reaktion auf den Antrag von Andreae und Lyser zu sehen war, diesem Gedanken durchaus positiv gegenüberstand, da ihm als Regentenpflicht die Abwendung des Zornes Gottes von seinem Land besonders wichtig war. Statt dessen wurde das System der Visitation verstärkt und 1557 mit der Landinspektion eine Visitation der Visitation und der Ordnungen eingerichtet, die freilich nur gelegentlich durchgeführt werden konnte.

## *Der Fall Hagen und der württembergischen Theologen Bekenntnis vom Nachtmahl*

Ging die Diskussion um die Kirchenzucht für die Unterlegenen recht glimpflich aus, so bekam ein anderer Korrespondenzpartner Calvins etwas mehr Schwierigkeiten als Kaspar Lyser und sein Schwager Andreae. Es handelte sich um Bartholomäus Hagen, Pfarrer in Dettingen bei Kirchheim/T., der sich 1559 der calvinischen Lehre vom Abendmahl verdächtig machte. Dieser Fall bekam seine besondere Bedeutung dadurch, daß Hagen der geistliche Vertraute der Herzogin Sabina, der Mutter Herzog Christophs war, die im benachbarten Nürtingen ihren Witwensitz hatte. Gegen diese Verdächtigung reichte Hagen eine Verteidigungsschrift ein, auf die Brenz am 10. September 1559 die Tübinger Theologen zur Stellungnahme aufforderte. Gutachten in dieser Sache mußten auch andere Theologen abgeben wie die Prälaten Vannius in Maulbronn, Weikersreuter in Hirsau, Johann Isenmann in Anhausen, die Generalsuperintendenten Eberhard Bidembach in Vaihingen und Jakob Andreae in Göppingen und der Spezialsuperintendent Georg Udal in Bietigheim. Die von diesen Theologen eingeholten Gutachten waren sich darin einig, daß Hagen eine unrichtige und unchristliche Lehre vom Abendmahl vertrete. Der Herzog befahl deshalb, daß die namhaftesten Theologen des Landes mit Hagen eine Synode abhielten. Es mag sein, daß die Streitigkeiten in der Kurpfalz, die eben in jener Zeit zum Weggang von Tilemann Heßhusen führten, zu dieser Verschärfung des Vorgehens beigetragen haben, desgleichen die Äußerungen Melanchthons, die auf ein Abrücken von der Abendmahlslehre Luthers schließen ließen. Die vom Herzog gewünschte Synode fand am 14./15. Dezember 1559 in Stuttgart statt, wobei Andreae den Auftrag erhalten hatte, das Gespräch mit Hagen zu führen. Er hielt ihm die Irrtümer in seiner eingereichten Verteidigungsschrift vor, vor allem in der Lehre von der Substanz des Abendmahls, der Himmelfahrt Christi und der »manducatio impiorum«. Hagen hatte erklärt, daß Christi Leib und Blut im Abendmahl »im Glauben« oder »durch den Glauben« gegenwärtig seien, hatte also die leibliche Gegenwart geleugnet. Die Himmelfahrt Christi war ein beliebtes Argument derer, die die leibliche Gegenwart Christi im Abendmahl ablehnten, da er ja leiblich aufgefahren sei. Hagen hatte es jedoch als vorwitzige Sophisterei bezeichnet, wenn man darüber spekuliere, ob Christus gleichzeitig leiblich im Himmel und im Abendmahl sein könne. Andreae verwies ihm dies und erklärte, daß Christus allgegenwärtig sei. Zur Frage, ob die Ungläubigen im Sakrament tatsächlich Leib und Blut Christi empfangen, hatte Hagen ausgeführt, daß dies dann auch Ratten und Mäusen möglich sein müsse, wenn doch der Glaube beim Sakrament nicht notwendig sei. Man zeigte ihm, daß das Sakrament nur dann rechtes Sakrament ist, wenn es gemäß der Einsetzung Christi gebraucht wird. Hagen gab nach dieser Belehrung eine Erklärung in eben dem Sinne ab, in dem das daraufhin erschienene Bekenntnis abgefaßt ist. Dies wurde 1560 gedruckt unter dem Titel »Bekanntnus und Bericht der Theologen und Kirchendiener im Fürstenthumb Würtemberg von der wahrhaftigen Gegenwärtigkeit des Leibes und Blutes Christi im heiligen Nachtmal«. Es wurde unterschrieben von Jakob Heerbrand, von den Äbten Vannius, Isenmann und Schropp, ferner von Brenz, Alber, Dietrich Schnepf, Beurlin, Andreae, Eberhard und Balthasar Bidembach sowie von 27 Superintendenten und Pfarrern.

Das Erscheinen des zunächst als Einigungsformel für Bartholomäus Hagen erstellten Textes als formelles Bekenntnis der württembergischen Kirche erregte einiges Aufsehen. Zunächst erklärte der Stuttgarter Stiftsprediger Matthäus Alber dem Herzog, daß ihn die Unterschrift unter das Bekenntnis reue, da er mit der dort dargelegten Theologie von der Ubiquität, der leiblichen Allgegenwart Christi, und der communicatio idiomatum, der Vereinigung der göttlichen und menschlichen Eigenschaften in Christus, nicht einverstanden sei. Er erklärte aber, sich ruhig verhalten zu wollen, und auch Brenz verwandte sich beim Herzog für ihn, so daß man ihm seine abweichende Meinung gestattete. Hagen, der übrigens im Amt blieb, geriet später nochmals in Verdacht, als man im Nachlaß der 1564 verstorbenen Herzogin calvinistische Predigten fand und ein von Hagen verfaßtes Bekenntnis der Herzogin bekannt wurde, das einige zweifelhafte Wendungen enthielt. Hagen verpflichtete sich dann aber doch wieder auf das Augsburger, das Württembergische und das Bekenntnis von 1559 und reinigte sich damit vom Verdacht der Irrlehre.

Die Bedeutung des Bekenntnisses vom Nachtmahl für die Kirchenpolitik der evangelischen Stände im Reich gehört in die Vorgeschichte der Konkordie. Im Inneren war es aber eine deutliche Distanzierung gegen den Calvinismus, der gerade in der Kurpfalz Fuß zu fassen begann und von dem man befürchtete, daß er auch in die württembergische Kirche eindringen werde. Bartholomäus Hagen war immerhin noch glimpflich davongekommen. Anders verfuhr man mit zwei weiteren Geistlichen, die ebenfalls calvinistische Neigungen erkennen ließen. Thomas Naogeorgus, ein ohnehin unruhiger Kopf, Stadtpfarrer in Stuttgart, dann in Backnang, wurde 1560 entlassen. Johannes Fries, Spezialsuperintendent in Göppingen, mußte 1570 sein Amt aufgeben, fand aber im kurpfälzischen Bretten wieder eine Anstellung. Sein Schicksal ist bemerkenswert und geradezu tragisch zu nennen, weil er bis 1554 Abt des Benediktinerklosters Neustadt am Main gewesen war und, vom Würzburger Bischof wegen evangelischer Neigungen verfolgt, ein Unterkommen in Württemberg gefunden hatte, das er nun wieder aufgeben mußte.

*Literatur:*

*Gustav Bossert*, Johann Brenz, »der Reformator Württembergs«, und seine Toleranzideen, in: BWKG 15 (1911), S. 150–161; 16 (1912), S. 25–47. – Ders., Aus der nebenkirchlichen religiösen Bewegung der Reformationszeit in Württemberg (Wiedertäufer und Schwenckfelder), in: BWKG 33 (1929), S. 1–41. – Ders. (Hg.), Quellen zur Geschichte der Wiedertäufer. 1: Herzogtum Württemberg, Quellen und Forschungen zur Reformationsgeschichte 13,1, Leipzig (1930). – *Martin Brecht*, Die Ordnung der württembergischen Kirche im Zeitalter der Reformation, in: Ders., Kirchenordnung und Kirchenzucht in Württemberg vom 16. bis zum 18. Jahrhundert, QFWKG 1, Stuttgart (1967). – *Claus-Peter Clasen*, Die Wiedertäufer im Herzogtum Württemberg und in benachbarten Herrschaften. Ausbreitung, Geisteswelt und Soziologie, VKGLBW. B, Bd. 32 (1966). – *Hermann Ehmer*, Bonifatius Wolfhart, ein reformatorischer Theologe aus Buchen, in: 700 Jahre Stadt Buchen (1980), S. 211–231. – *Theodor Mahlmann*, Personeinheit Jesu mit Gott, in: BWKG 70 (1970), S. 176–265. – *Eugen Schneider*, Ein kirchliches Verfahren unter Herzog Christoph und der württembergischen Theologen Bekenntniß vom Nachmahl, in: ThSW 3 (1882), S. 267–277. – *Selina Gerhard Schultz*, Caspar Schwenckfeld von Ossig (1489–1561), Pennsburg (1977). – *Franz Michael Weber*, Kaspar Schwenckfeld und seine Anhänger in den freybergischen Herrschaften Justingen und Öpfingen. Ein Beitrag zur Reformationsgeschichte im Alb-Donau-Raum, VKGLBW. B, Bd. 19 (1962). – *Christoph Weismann*, Die Katechismen des Johannes Brenz, Theol. Diss., Münster 1980 (masch.).

# Fortgang und Hemmung der Reformation in den außerwürttembergischen Territorien Südwestdeutschlands

Ähnlich wie 1534 der Reformation im Herzogtum Württemberg eine Schlüsselfunktion für den Fortgang der Reformation in Südwestdeutschland zukam, verschaffte die kluge Politik Herzog Christophs und der zielstrebige Ausbau der württembergischen Kirche eben dieser Kirche und ihren Theologen einen noch größeren Einfluß auf den weiteren Verlauf der Reformation im deutschen Südwesten und darüber hinaus. Fast von überall, wo es nach dem Passauer Vertrag 1552 oder dem Augsburger Religionsfrieden 1555 galt, die evangelischen Kirchen in den Territorien und Städten von den durch den Schmalkaldischen Krieg und das Interim verursachten Schäden zu heilen, ist württembergische Hilfe erbeten worden. Auch dort, wo nach der Klärung der rechtlichen Situation durch den Religionsfrieden erst eine Reformation möglich war, ist zumindest württembergischer Einfluß zu erkennen.

Nach 1555 wurden so der Reformation erstmals oder endgültig zugeführt im Westen die Kurpfalz, die Markgrafschaft Baden-Pforzheim, die Grafschaft Eberstein und die Herrschaft Geroldseck. Schon vor dem Interim war die Grafschaft Hanau-Lichtenberg reformiert worden. Ebenso nahm im Osten Württembergs die Reformation auch nach dem Interim ihren Fortgang in der Markgrafschaft Brandenburg-Ansbach, der Grafschaft Löwenstein und der Herrschaft Limpurg. Deutliche Einflußnahme und Hilfestellung Württembergs ist bei der Reformation der Grafschaften Hohenlohe und Öttingen und der Herrschaft Wiesensteig zu erkennen. Außerhalb dieses unmittelbaren Einflußbereichs des Herzogtums Württemberg liegt die Grafschaft Wertheim, die sich in diesem Zeitraum eher nach der Markgrafschaft Brandenburg-Ansbach orientiert. Die Reichsritterschaft schließlich, soweit sie sich der Reformation anschloß, konnte sich einerseits auf ihr neu entwickeltes korporatives Bewußtsein stützen, war andererseits aber auch, etwa bei der Versorgung mit Theologen, auf Württemberg angewiesen. Dies traf freilich auch für größere Territorien zu, so daß auf diesem Wege die württembergische Kirche – zumal nach dem Ausfall der Kurpfalz durch den Übergang zum reformierten Bekennntnis – zu großem Einfluß gelangte, da sie durch ihr leistungsfähiges Bildungssystem in der Lage war, nicht nur den eigenen Bedarf an Theologen, sondern auch den der Kirchen in einem weiten Umkreis zu decken.

## Kurpfalz

Kurfürst Friedrich II. folgte 1544 seinem Bruder Ludwig V. in der Regierung nach. Friedrich versuchte, im religiösen Zwiespalt eine vermittelnde Rolle zu spielen, hielt sich aber anfänglich aus politischen Gründen mehr auf der Seite Habsburgs. Seit 1545 begann er den Schmalkaldenern zuzuneigen, ohne jedoch in den Bund einzutreten. Es wurden auch erste Schritte zu einer Reformation der Kirche unternommen. Die Form des Abendmahls wurde den Pfarrern zunächst freigestellt, denen in Heidelberg gar die Austeilung unter beiderlei Gestalt befohlen. Die evangelisch Gesinnten in der Pfalz hatten einen starken Rückhalt an Herzog Ottheinrich, dem Neffen des Kurfürsten, der in Heidelberg lebte, seit er 1544 wegen Verschuldung die Regierung von Pfalz-Neuburg an die Stände hatte übergeben müssen.

Im Januar 1546 wurde mit der Abschaffung der Messe ein entscheidender Schritt in Richtung auf die Reformation gemacht. Im April wurden die pfälzischen Lehensleute einberufen und wegen Einführung einer neuen Kirchenordnung befragt. Der überwiegend lutherische Adel erklärte sich für die Reformation, eine vorläufige, vermutlich von Bucer verfaßte Kirchenordnung wurde in Kraft gesetzt. Nunmehr wurden die Heidelberger Klöster geschlossen, für die Reformation der Universität konnte anstelle Melanchthons schließlich Paul Fagius aus Straßburg gewonnen werden. Es wurden lutherische Pfarrer berufen, jedoch fand keine allgemeine Landesvisitation statt.

Diese Reformation mußte auch deswegen Stückwerk bleiben, weil Karl V. inzwischen die Schmalkaldener in Süddeutschland besiegt hatte. Der mit Herzog Ulrich von Württemberg durch eine Einung verbundene Kurfürst mußte sich dem Kaiser unterwerfen und folgte jetzt wieder dessen Politik. Friedrich II. nahm auch das Interim an, dessen Durchführung jedoch von den Oberamtleuten abhing, so daß die Wirkung dieser Maßnahme nicht allzu hoch eingeschätzt werden kann. Nach Abschluß des Passauer Vertrags ging der Kurfürst wieder auf die evangelische Seite über. Diese Entscheidung brachte für die Kurpfalz den Nachteil, daß nunmehr die traditionelle Einflußnahme auf die Bistümer Speyer und Worms unmöglich gemacht wurde, ebenso wie dem evangelischen Adel von jetzt an die Domkapitel verschlossen blieben. Immerhin hatte sich die Kurpfalz auf dem Reichstag 1555 für die Freistellung der protestantischen Untertanen geistlicher Fürsten bemüht, ein Ziel, das nur für die Adligen der Stifte erreicht werden konnte.

Kurfürst Friedrich II. starb 1556. Mit seinem Nachfolger Ottheinrich (Abb. 37) kam die Reformation in der Kurpfalz vollends zum Durchbruch, ebenso wie 1553 in Pfalz-Neuburg. Am 16. April 1556 verfügte der Kurfürst die Abschaffung des katholischen Gottesdienstes, eine Kirchenvisitation wurde vorbereitet. Der ursprüngliche Plan, für diese Visitation Brenz und Andreae zu gewinnen, wurde aus unbekannten Gründen nicht verwirklicht. Statt dessen wurden die alten Verbindungen nach Straßburg wieder belebt, von wo Johann Marbach und Johann Flinner nach Heidelberg kamen. Letzterer wurde Prediger an der Heilig-Geist-Kirche. Johann Marbach, der die Straßburger Kirche zum Luthertum hinführte, konnte nur für die Dauer der reformatorischen Visitation in der Pfalz bleiben. Diese Visitation stellte nicht unbeträchtliche Reste des alten Glaubens, aber auch täuferische Elemente im Lande fest. Zur Besserung der Lage schlug Marbach die Gründung von Schulen vor, Förderung der Universität, die Schaffung von Stipendien zur Heranbildung von Theologen und Beamten. Für die Leitung des neuen Kirchenwesens empfahl er die Schaffung eines Kirchenrats, der die Examinierung und Ordination der Geistlichen vornehmen sollte, ferner die Bildung eines Kirchenkastens zur Verbesserung der Pfarreieinkünfte. Für Ehesachen sollte ein Ehegericht oder Konsistorium eingerichtet werden. Diese Vorschläge wurden von Herzog Christoph unterstützt, der die Reformation in der Kurpfalz mit großem Interesse verfolgte und vor allem deren institutionelle Sicherung forderte. Seine Einflußnahme ist auch daran zu erkennen, daß nicht nur die württembergische Kirchenordnung von 1553, sondern auch die Kanzlei- und die Eheordnung übernommen und Hilfestellung für die Reformation der Universität geleistet wurde.

Die Organisation der Kirche weicht vom württembergischen Vorbild ab, da das Endergebnis ein Kompromiß zwischen den Vorstellungen Marbachs und denen des Kurfürsten war und sich ebenso auch nach den personellen Möglichkeiten richten mußte. Marbach hatte – unverkennbar nach württembergischem Vorbild – die Aufstellung eines Superintendenten in jedem Amt vorgeschlagen, der die Pfarrer beaufsichtigen und wohl in Fragen der Sittenzucht mit dem Oberamtmann zusammenarbeiten sollte. Ferner plante er die Einsetzung von vier Generalsuperintendenten, wofür die Pfalz in vier Quartiere eingeteilt werden sollte. Abweichend vom württembergischen Vorbild sollten diese Generalsuperintendenten jedoch Mitglieder des Kirchenrats und des Konsistoriums zu Heidelberg sein, womit lediglich eine geographische Verteilung der Geschäfte des Kirchenrats erreicht worden wäre. Im übrigen sollte der Kirchenrat von der Kanzlei getrennt und als eigenständiges Kollegium eingerichtet werden. Marbach sah eine einmalige jährliche Visitation vor, wobei die Pfarrer von den Superintendenten, diese von den Generalsuperintendenten visitiert werden sollten. Kurfürst Ottheinrich teilte mit Herzog Christoph die Auffassung von der Bedeutung der Visitation, die zweimal jährlich stattfinden und auch die weltliche Verwaltung zu überprüfen hätte. Ottheinrich hielt ferner zwei bis drei Generalsuperintendenten für ausreichend.

Das Ergebnis war, daß lediglich ein Generalsuperintendent eingesetzt wurde, nämlich der Pfarrer an Heilig-Geist, Heinrich Stoll, da Marbach ablehnen mußte. Stoll war Mitglied des Kirchenrats, dessen weitere Besetzung dem württembergischen Vorbild folgte: Präsident war ein hoher weltlicher Beamter, Walter Senfft; weitere Theologen neben Stoll waren der Hofprediger Diller und der Heidelberger Pfarrer Calixt; die juristische Seite vertrat Christoph Ehem; Sekretär war Stephan Cirler. Diese ursprüngliche Besetzung des kirchenleitenden Gremiums änderte sich sehr bald wieder. Entscheidend war vor allem aber der Tod Stolls, dem – von Melanchthon empfohlen – Tilemann Heßhusen am 1. Mai 1558 auf die Stelle eines Generalsuperintendenten, Professors der Theologie und Pfarrers an der Heilig-Geist-Kirche nachfolgte. An seinen vorhergehenden Stellen in Goslar und Rostock war Heßhusen durch seine kompromißlose Haltung in Schwierigkeiten gekommen und entlassen worden. Der Weg, den die pfälzische Kirche in den folgenden Jahren nehmen sollte, ist deshalb zu einem nicht geringen Teil auf ihn zurückzuführen.

Kurfürst Ottheinrich starb am 12. Februar 1559. Die Reformation der Kurpfalz war noch nicht abgeschlossen, vor allem die Organisation des Kirchenwesens ließ noch zu wünschen übrig. Der Kirchenrat besaß noch keine feste Verfassung, und der Kirchenkasten war trotz des Drängens von Herzog Christoph noch nicht eingerichtet worden. Diese Unfertigkeit des pfälzischen Kirchenwesens trug ebenfalls zu den sich in der Folgezeit anbahnenden Entwicklungen bei.

Mit Ottheinrich war die Heidelberger Kurlinie der pfälzischen Wittelsbacher ausgestorben. Sein Nachfolger wurde Friedrich III. aus der Linie Pfalz-Simmern. Dieser war von Ottheinrich noch zum Statthalter der bereits reformierten Oberpfalz gemacht worden; als er 1557 Simmern erbte, reformierte er diese Herrschaft. Zunächst gab es keine Anzeichen dafür, daß Friedrich zum Calvinismus übertreten würde. Gleichwohl gab es in der Pfalz calvinistische Einflüsse, einmal durch die zahlreichen westeuropäischen Glaubensflüchtlinge, die im Lande aufgenommen wurden, dann aber auch durch Beamte wie den Großhofmeister Schenk Eberhard von Erbach, und selbst unter den Kirchenräten, wie Petrus Boquin, den zwinglisch gesinnten Thomas Erast, Christoph Ehem und den Sekretär Cirler. Diese Männer waren freilich nicht von vornherein als Calvinisten zu bezeichnen; ihre Ansichten wären wohl als philippistisch, d. h. im Sinne des späten Melanchthon, mit der seitherigen lutherischen Richtung der pfälzischen Kirche zu vereinen gewesen. Eine Scheidung der Geister kam aber durch den kompromißlosen Tileman Heßhusen zustande. In einem Streit über das Abendmahl mit seinem Diakon Klebitz ging er sogar so weit, diesen in den Bann zu tun. Der Kurfürst entließ beide Kontrahenten, worin ihm Melanchthon beipflichtete. Dieser hatte 1540 in einer Neuausgabe des Augsburger Bekenntnisses den Artikel über das Abendmahl dahingehend abgeändert, daß er die im Sinne der Transsubstantiation mißzuverstehende Aussage von der wahren und wesentlichen Gegenwärtigkeit von Leib und Blut Christi und auch die Verwerfungsformel wegließ. Auf diese philippistische Richtung ging man jetzt auch offiziell in der Kurpfalz ein; die endgültige Scheidung brachte jedoch eine Disputation in Heidelberg im Juni 1560 zwischen Theologen des Herzogs Johann Friedrich von Sachsen-Weimar und den Pfälzern wie Erast und Boquin. Seitdem ging man bewußt daran, die pfälzische Kirche in reformiertem Sinne umzugestalten. Die Pfarrstellen wurden umbesetzt, 1563 erschienen eine reformierte Kirchenordnung und der maßgeblich von Zacharias Ursinus verfaßte Heidelberger Katechismus, der die wohl am weitesten verbreitete Bekenntnisschrift des Calvinismus werden sollte.

Der Heidelberger Katechismus besteht aus drei Teilen. Der erste handelt »von des Menschen Elend«, also von der Sündenerkenntnis. Der zweite redet »Von des Menschen Erlösung«, der dritte »Von der Dankbarkeit«. Die Sündenerkenntnis setzt freilich nicht bei den Zehn Geboten ein, sondern bei dem Doppelgebot der Liebe (Mt 22,37–40). Der zweite Teil von der Erlösung behandelt Evangelium, Rechtfertigung und Heilsmittel (Wort, Sakramente, Kirchenzucht). Heilsaneignung wird damit als Verkündigungsgeschehen beschrieben. Der dritte Teil faßt die Heiligung unter dem Begriff der Dankbarkeit zusammen, wie dies im Protestantismus nicht selten ist. Hier werden nun auch die Zehn Gebote im tertius usus legis, d. h. in ihrer Bedeutung für die Wiedergeborenen, ausgelegt. Der Heidelberger Katechismus vereint melanchthonische Formeln mit calvinischer Lehrweise und ist damit ein Abbild des Verfasserkreises, in dem Ursinus neben Diller, Boquin, Olevian, Dathenus und Tremellius wohl die Hauptrolle gespielt hat.

Der Konfessionswechsel mußte die Pfalz in größte politische Schwierigkeiten bringen, da der Augsburger Religionsfrieden nur die Anhänger des Augsburger Bekenntnisses in sich schloß. Kurfürst Friedrich III. hatte deshalb auf dem Naumburger Fürstentag, auf dem nach dem Wunsche Herzog Christophs die Protestanten erneut auf das Augsburger Bekenntnis festgelegt werden sollten, die Confessio Augustana Invariata nur unter der Bedingung unterzeichnet, daß die Variata ihr gleichgeachtet werde. Die Lehrdifferenz zu den übrigen protestantischen Ständen ließ sich aber dadurch nicht überdecken, zumal der Unterschied durch die Auswechslung der Pfarrer, schließlich auch durch die Entlassung der lutherischen Beamten deutlich wurde. Besonders bemühten sich Herzog Christoph von Württemberg und Pfalzgraf Wolfgang von Pfalz-Zweibrücken, den Kurfürsten durch Bitten und Ermahnungen von dem eingeschlagenen Weg abzubringen, jedoch vergeblich. Das im April 1564 in Maulbronn abgehaltene Religionsgespräch zwischen württembergischen und pfälzischen Theologen führte nicht zu der gewünschten Einigung, sondern brachte lediglich eine literarische Fehde hervor. Auch politische Mittel verfingen bei der Überzeugungstreue des Kurfürsten nicht. Kaiser Ferdinand hatte bereits eine Warnung an ihn ergehen lassen und Kaiser Maximilian II. richtete gar den Befehl an ihn, die kirchlichen Neuerungen rückgängig zu machen. Auf dem Augsburger Reichstag 1566 setzte der Kaiser einen Beschluß durch, der Friedrich Konsequenzen androhte für den Fall, daß er den kaiserlichen Befehl nicht befolgen würde. Ein eindrucksvolles Bekenntnis Friedrichs vor versammeltem Reichstag zeigte, daß auf diesem Weg nichts zu erreichen war. Der Versuch des Kaisers, die Protestanten zu der Erklärung zu bewegen, daß sie den Kurfürsten nicht mehr als Anhänger des Augsburger Bekenntnisses ansahen, gelang ebenfalls nicht.

Die Tatsache, daß auf dem Reichstag eine Verurteilung nicht zustande gekommen war, konnte Friedrich als Anerkennung seiner eingeschlagenen Richtung werten. Damit hatte er den Rücken frei, um seiner Politik eine westeuropäische Orientierung zu geben. Die Pfalz bildete ein natürliches Bindeglied zwischen den verschiedenen calvinistischen Gebieten in der Schweiz, den Niederlanden und Frankreich. In die im Westen bereits entbrannten Glaubenskämpfe griff Friedrich durch seinen kriegerischen Sohn Johann Casimir aktiv ein. Niederländische und andere Glaubensflüchtlinge fanden in der Pfalz bereitwillige Aufnahme.

Auch die kirchliche Organisation der Pfalz wurde der neuen theologischen Richtung angepaßt, 1564 eine neue Kirchenratsordnung erlassen. Vorsitzender dieses Gremiums wurde ein hoher weltlicher Beamter, der Kirchenratspräsident. Das Amt des Generalsuperintendenten wurde abgeschafft, die später Inspektoren genannten Superintendenten waren nunmehr direkt dem Kirchenrat unterstellt. In jedem Amt mußten jährliche Synoden abgehalten werden, die teilweise an die Stelle der Visitationen traten, obwohl auch gelegentlich Generalvisitationen durchgeführt werden sollten. Besonders bedeutsam ist die Zusammenfassung von 8 bis 10 Pfarrern eines Amts zu einer Klasse, die sich monatlich zu einem Klassikalkonvent zu treffen hatten, ferner die starke Stellung der Kirchenältesten oder Presbyter gegenüber den Pfarrern.

Über die Einrichtung der Kirchenzucht entbrannte ein Streit, da der Katechismus diese in die Hand der Gemeinde, d.h. der Presbyter gelegt hatte. Die Kirchenzuchtsordnung von 1570 sah demgegenüber ein gestaffeltes System vor, bei dem die Entscheidung über eine Exkommunikation allein beim Kurfürsten lag. Entsprechend dem – abgemilderten – Genfer Vorbild war die Obrigkeit weiterhin in Kirchenzuchtsfragen beteiligt, zumal dieser Bereich wenigstens teilweise schon das Betätigungsfeld der obrigkeitlichen Sittenzucht war. An die Auseinandersetzung über die Kirchenzucht schloß sich ein aufsehenerregender Fall an. Pfarrer Adam Neuser von Heidelberg und Inspektor Johannes Sylvanus von Ladenburg wurden als Leugner der Trinität entdeckt, als dem Kurfürsten deren Briefe an die Antitrinitarier in Siebenbürgen zugespielt wurden. Während Neuser in die Türkei entweichen konnte, wurde Sylvanus – ähnlich wie zuvor Servet in Genf – wegen Gotteslästerung verurteilt und 1572 hingerichtet.

In die Regierungszeit Kurfürst Friedrichs III. fällt auch die endgültige Organisation des Kirchenguts, die der württembergischen ähnelt. Schon in den vierziger Jahren war begonnen worden, die Gefälle der landesherrlichen Patronate zusammenzufassen. Durch die Aufhebung der Klöster wurde es nötig, geistliche Lokalverwaltungen, sogenannte Schaffneien oder Pflegen zu errichten; als Oberbehörde bestand Ende der sechziger Jahre die »Kirchengüter- und Gefällverwaltung«, die 1576 als »Geistliche Administration« eine Ordnung erhielt. Der Klosterbesitz unterstand der Geistlichen Administration ebenfalls, soweit er nicht für andere Zwekke bestimmt war. Noch 1551 hatte Kurfürst Friedrich II. vom Papst die Überweisung der Einkünfte von sechs Klöstern an die Universität erlangt; andere wurden zu Schulen eingerichtet. Einige Klöster, wie Frankenthal und Otterberg, wurden den niederländischen Glaubensflüchtlingen zur Ansiedlung angewiesen.

Die kirchlichen Veränderungen waren von Friedrich III. vorgenommen worden, obwohl er wußte, daß sie von seinem Sohn und Nachfolger Ludwig, der nach wie vor lutherisch blieb, nicht gebilligt wurden. Ludwig verhinderte auch die Einführung des Calvinismus in der Oberpfalz, deren Statthalter er war. Als Friedrich 1576 starb und Ludwig VI. die Regierung antrat, wurde alsbald damit begonnen, die pfälzische Kirche wieder dem Luthertum zuzuführen. Dies ging selbstverständlich – ähnlich wie zuvor, jedoch unter umgekehrten Vorzeichen – nicht ohne Massenentlassungen von Theologen vor sich. Nicht wenige ergriffen die Gelegenheit, nach Neustadt ins Fürstentum Pfalz-Lautern zu gehen, wo Johann Casimir regierte. In der Kurpfalz wurde jetzt wieder an die Tradition Ottheinrichs angeknüpft und auch dessen Kirchenordnung wieder in Kraft gesetzt. Hierzu kam wieder Johann Marbach nach Heidelberg, aus Württemberg kam Balthasar Bidembach, der Prediger an Heilig-Geist wurde.

Kurfürst Ludwig VI. erklärte sich 1579 für die Konkordienformel, ebenso die Pfalzgrafen Johann in Zweibrücken und Philipp Ludwig in Neuburg. In der Kurpfalz führte die Konkordienformel zu einer zweiten Entlassungswelle, der diejenigen Pfarrer zum Opfer fielen, die nicht unterzeichnen wollten.

Die lutherische Restauration in der Kurpfalz war freilich wenig erfolgreich und nur von kurzer Dauer. Als Ludwig VI. 1583 starb, folgte ihm sein Bruder Johann

Casimir als Kuradministrator nach, der wieder einen Umschwung zugunsten des Calvinismus bewirkte.

## Markgrafschaft Baden

In der Markgrafschaft Baden-Pforzheim – die Residenz wurde erst 1565 nach Durlach verlegt – nahm Markgraf Ernst in der religiösen Frage nach wie vor einen vermittelnden Standpunkt ein und wurde in dieser Haltung auch von seinem Kanzler Oswald Gut bestärkt, der im Falle einer Entscheidung für die evangelische Lehre Schwierigkeiten mit Österreich befürchtete, das ja im badischen Oberland unmittelbarer Nachbar war. Markgraf Ernst trat 1552 von der Regierung zurück, sein älterer Sohn Bernhard starb im folgenden Jahr, so daß das Erbe nun ungeteilt an den jüngeren Sohn, Markgraf Karl II. (Abb. 38) fiel. Kanzler Gut starb 1554, sein Nachfolger wurde Dr. Martin Achtsynit, genannt Amelius, der der Reformation positiv gegenüberstand. Herzog Christoph ermahnte hierauf den Markgrafen, sich für die Reformation zu entscheiden, und auch von Basel aus, das den Pfarrsatz im badischen Lörrach besaß, wurde Karl dazu ermuntert.

Der Augsburger Religionsfriede bot dann für den Markgrafen die rechtliche Handhabe zur praktischen Durchführung der Reformation in seinen Landen. 1556 bat er die sächsischen Herzöge um Entsendung von Theologen zu diesem Zweck; mit derselben Bitte wandte er sich an Herzog Christoph und Kurfürst Ottheinrich. Aus Sachsen kamen Dr. Maximilian Mörlin und Johannes Stössel, aus Württemberg Jakob Andreae, der Kurfürst entsandte seinen Hofprediger Michael Diller. Es stand von vornherein fest, daß die Württembergische Kirchenordnung von 1553 und der Brenzsche Katechismus als Grundlage für die vorzunehmende Reformation gebraucht werden sollten. Die sächsischen Theologen, wohl vor allem Stössel, wollten in die Vorrede der Kirchenordnung einige Verwerfungsurteile gegen Katholiken, Zwinglianer und andere aufnehmen. Dies wurde ihnen aber von Andreae verwiesen, zumal sie in ihrem Eifer für das reine Luthertum so weit gingen, Brenz wegen seiner Vermittlungsversuche im osiandrischen Streit anzugreifen. Das Eingreifen Andreaes führte dann doch zu einer raschen Einigung, so daß der Markgraf am 1. Juni 1556 die Kirchenordnung publizieren konnte.

Die reformatorischen Visitationen waren schon vorher von den vier auswärtigen Theologen im badischen Unterland vorgenommen worden. Das Oberland wurde im Herbst 1556 von Jakob Heerbrand und Andreae visitiert. Heerbrand blieb ein Jahr lang als Pfarrer und Superintendent der Kirchen des badischen Unterlandes in Pforzheim. Schwierigkeiten bereitete die Tatsache, daß nicht wenige Pfarreien katholische Patrone hatten, die erst durch langwierige Verhandlungen dazu gebracht werden konnten, die Einsetzung evangelischer Pfarrer zu dulden und diese auch zu besolden. Da im Land keine Möglichkeit zur Heranbildung von Theologen bestand, war man auf Zuzug aus Württemberg und der Schweiz angewiesen. Der Basler Theologe Simon Sulzer wurde so Superintendent der oberbadischen Herrschaften.

Die Klosterreformation in der Markgrafschaft Baden-Pforzheim bietet keine Besonderheiten. Ohnehin hatte dieses Gebiet auch nicht so viele Klöster aufzuweisen wie etwa das Herzogtum Württemberg. Bei den Mannsklöstern ging die Aufhebung ohne Widerstände vor sich, zumal hier nicht alles zum besten stand. So war das alte Benediktinerkloster Gottesaue bei Durlach ohnehin am Aussterben. Einzig die Frauenkonvente bewiesen auch hier eine ungebeugte Lebenskraft. Bekannt ist der lang anhaltende Widerstand der Pforzheimer Dominikanerinnen, die zuletzt in ein österreichisches Kloster auswanderten. Das Kloster diente fortan als Spital. Nach dem Vorbild Württembergs wurde auch in Baden das Kirchengut gesondert verwaltet, wobei jedoch die geistlichen Verwalter in den einzelnen Ämtern der Rentkammer unterstanden. Eine zentrale Stelle wie der württembergische Kirchenkasten wurde nicht geschaffen.

Ähnlich wie sein Vater Bernhard III. war auch Markgraf Philibert von Baden-Baden anfänglich evangelisch gesinnt. Es kam in seinem Landesteil aber nicht zu einer planvollen Reformation. Schließlich schwenkte Philibert wieder ins katholische Lager über. Sein Sohn Philipp II. (1571–1588) beendete die lavierende Haltung des Vaters und führte seinen Landesteil wieder dem katholischen Glauben zu.

Währenddessen starb Karl II. 1577. Er wurde beerbt von seinen Söhnen Ernst Friedrich, Jakob III. und Georg Friedrich, die nach einer Vormundschaftsregierung, der hergebrachten Übung folgend, den väterlichen Landesteil unter sich aufteilten. Hofarzt Karls II. war Johann Pistorius, der Sohn des gleichnamigen ersten evangelischen Pfarrers zu Nidda in Hessen. Pistorius, der als Rat der drei jungen Markgrafen fungierte, ging zum Calvinismus über und wurde 1588 schließlich katholisch. Wie die Vormünder der jungen Markgrafen hatte auch Pistorius noch 1577 die Konkordienformel mitunterschrieben. Markgraf Jakob folgte dem Übertritt des Pistorius zur katholischen Kirche und veranstaltete zur Erklärung dieses Schritts 1589 ein Religionsgespräch in Baden-Baden, an dem als evangelische Theologen die Württemberger Jakob Andreae, Jakob Heerbrand und Stephan Gerlach teilnahmen. Disputiert wurde vor allem über den Kirchenbegriff, doch war der Markgraf davon so wenig befriedigt, daß er im folgenden Jahr noch ein weiteres Religionsgespräch in seiner Residenz Emmendingen veranstaltete, auf dem der Straßburger Theologe Johann Pappus die evangelische Seite vertrat. Der Markgraf hatte bereits den evangelischen Kirchendienern seines Landesteils gekündigt, als er wenige Wochen nach dem Emmendinger Gespräch starb. Sein Bruder Ernst Friedrich machte die gegenreformatorischen Anordnungen rückgängig. So hatte trotz mannigfacher kurzfristiger Änderungen, die die bewegte badische Territorialgeschichte auch noch in der Folgezeit mit sich brachte, die Landesteilung von 1535 zum Nebeneinander eines evangelischen und eines katholischen Landesteils geführt.

Einen Sonderfall der badischen Reformation stellt die Herrschaft Lahr-Mahlberg dar, die ein Kondominat der Markgrafen von Baden-Baden und der Grafen von Nassau war. Von 1558 an wurde auf Wunsch von Bürgermeister und Rat zu Lahr die Reformation eingeführt, das Lahrer Stift in weltliche Verwaltung genommen. Die Reformation konnte bis 1567 durchgesetzt werden und wurde später auch nicht durch die Rekatholisierung in Baden-Baden betroffen. Maßgeblich war anfänglich die Straßburger, ab 1576 die Nassau-Saarbrücker Kirchenordnung. Die Realteilung der Herrschaft 1629, wobei Baden-Baden Mahlberg erhielt, führte dann dort zur Unterdrückung des evangelischen Gottesdienstes.

## Grafschaft Eberstein

Die Markgrafen von Baden-Baden übten in Gemeinschaft mit den Grafen von Eberstein die Herrschaft über die Grafschaft Eberstein im Murgtal aus. 1553 kam ein evangelischer Pfarrer nach Gernsbach. Graf Philipp II., der evangelisch geworden war, sagte bei seinem Regierungsantritt 1562 den Untertanen die Aufrechterhaltung der Augsburgischen Konfession zu, allerdings nur mit stillschweigender Zustimmung der baden-badischen Mitherrschaft. Als nach dem Tode von Markgraf Philibert 1569 die Rekatholisierung der Markgrafschaft Baden-Baden begann, wurde versucht, diese auch auf die Grafschaft Eberstein auszudehnen. Da Graf Philipp durch eine langwierige Krankheit an der Ausübung der Herrschaft gehindert war, hatte die Gegenreformation einigen Erfolg. Die Prediger der Grafschaft Eberstein finden sich jedoch unter den Kirchendienern, die die Konkordienformel unterzeichneten. Während der baden-durlachischen Okkupation der Markgrafschaft Baden-Baden seit 1594 konnten wieder alle Pfarreien der Grafschaft mit evangelischen Pfarrern besetzt werden. Schwierigkeiten gab es allerdings, als Graf Philipp III. von Eberstein 1599 zum reformierten Bekenntnis übertrat. Im Dreißigjährigen Krieg setzte die Rekatholisierung erneut ein, erst 1640 konnten sich die Mitherrschaften darauf einigen, beide Konfessionen in der Weise zuzulassen, daß den Evangelischen die Gernsbacher Jakobskirche angewiesen wurde.

## Herrschaft Geroldseck

In der Herrschaft Geroldseck zwischen Kinzig- und Schuttertal hat Quirin Gangolf von Geroldseck wohl nach 1555 die Reformation eingeführt. Als er 1569 in Frankreich auf der Seite der Hugenotten fiel, wurde unter der Vormundschaftsregierung des Grafen Karl von Hohenzollern versucht, die Reformation rückgängig zu machen. Der Sohn Quirin Gangolfs, Jakob von Geroldseck, führte den evangelischen Gottesdienst wieder ein, als er zur Regierung kam. Die endgültige Gegenreformation fand 1634 nach dem Aussterben der Geroldsecker statt, als die Herrschaft in andere Hände gelangte.

## Grafschaft Hanau-Lichtenberg

Die Grafschaft Hanau-Lichtenberg, die ihren territorialen Schwerpunkt im unteren Elsaß mit dem Hauptort Buchsweiler hatte, war zwischen den Grafen von Hanau und denen von Zweibrücken-Bitsch geteilt. Hier sollen lediglich die rechtsrheinischen Ämter berücksichtigt werden. Graf Philipp IV. von Hanau führte 1545 in dem von ihm allein verwalteten Amt Willstädt die Reformation ein, wobei er sich der Hilfe der Straßburger Theologen, vor allem Bucers und Hedios, bediente.

Grundlage war die von Bucer verfaßte »Kölner Reformation«, die den Pfarrern anläßlich einer Synode bekanntgegeben wurde. Mit dem katholischen Grafen Jakob von Zweibrücken-Bitsch gelang 1560 insofern eine Verständigung, als der Sohn des Grafen Philipp IV. die Tochter und einzige Erbin des Grafen Jakob heiratete. Gleichwohl dauerten die Streitigkeiten bei Pfarrbesetzungen noch an, zumal einige Pfarreien in den gemeinschaftlichen Ämtern vom Straßburger Domkapitel zu verleihen waren. 1573 erschien eine Kirchenordnung nach dem Vorbild der württembergischen von 1553, jedoch mit größeren Änderungen als etwa die badische oder die pfälzische Ordnung von 1556. Graf Philipp IV. von Hanau gehört zu den Mitunterzeichnern des Konkordienbuchs von 1580.

## Markgrafschaft Brandenburg-Ansbach

Die beiden fränkischen Markgrafschaften waren seit 1541 wieder geteilt und nahmen deshalb in der Folgezeit auch eine verschiedene Entwicklung. Markgraf Georg, der nunmehr nur noch im Ansbacher Teil regierte, starb 1543; für seinen minderjährigen Sohn Georg Friedrich wurde deshalb eine Vormundschaftsregierung eingerichtet. Einer der Vormünder war Kurfürst Joachim II. von Brandenburg, der nach der Publikation des Interims auf dem Augsburger Reichstag empfahl, dies in der Weise anzunehmen, daß der Kirchenordnung von 1533 einige Zusätze eingefügt werden sollten. Auf einem Landtag in Ansbach lehnten die zugezogenen Geistlichen die Annahme des Interims ab. Bei einer Tagung ansbachischer und kulmbachischer Beamten und Geistlichen wurde vom Kulmbacher Kanzler ein Entwurf vorgelegt, der ebenfalls abgelehnt wurde. In Ansbach wurde daher eine neue Ordnung ausgearbeitet, das sogenannte Auktuarium, das von einer Synode der ansbachischen Geistlichen angenommen und daraufhin auch eingeführt wurde. Das Auktuarium führte unter anderem die altkirchlichen Perikopen und die Elevation von Brot und Wein beim Abendmahl wieder ein. Die Durchführung dieser Ordnung erfolgte ohne Zwischenfälle. Sie wurde dann, ähnlich wie die Ordnung von 1533, auch für eine Reihe anderer Territorien maßgebend.

Auch in der Markgrafschaft erhielten die Klöster durch das Interim neue Impulse. So lebte das Stift in Feuchtwangen wieder auf, und nach Heilsbronn brachte Markgraf Albrecht Alcibiades auswärtige Mönche, die den katholischen Gottesdienst wieder aufnahmen.

Bei der Abschaffung der Interimsgebräuche nach dem Passauer Vertrag ergaben sich im Ansbachischen gelegentlich Anstände, die dem Ansbacher Pfarrer Georg Karg die Notwendigkeit einer besseren Organisation der Kirche vor Augen führten. Diese wurde auf sein Drängen hin 1556 in Angriff genommen. Die bereits 1556 erlassene Synodalordnung teilte die Markgrafschaft in 10 Kapitel ein, denen je ein Superintendent oder Dekan vorstand. Georg Karg bekleidete neben seinem Pfarramt die Funktion eines obersten Superintendenten. In den Kapiteln sollten die Pfarrer zu jährlichen Kapitelssynoden zusammenkommen. Daneben wurde aber auch visitiert, jedoch nicht vor Ort, sondern die Pfarrer mußten hierfür mit den Gemeindevertretern an zentralen Orten erscheinen. In dieser Weise fand

1558–1560 eine Generalvisitation der Markgrafschaft statt. Zum weiteren Ausbau der Kirche trug die 1565 erschienene Kapitelsordnung bei, die unter Benützung der Großen Württembergischen Kirchenordnung von 1559 entstand und jährliche Visitationen der Dekane in ihren Bezirken vorschrieb. Ein Konsistorium als kirchenleitende Behörde wurde auf Anregung von Jakob Andreae gebildet, indem das als Ehegericht fungierende Konsistorium erweitert wurde. Vorbild war dabei die von Andreae geschaffene kursächsische Konsistorialordnung.

Veranlaßt durch Lehrstreitigkeiten in Nürnberg wurde eine Lehrnorm verfaßt, eine eigene Bekenntnisschrift, die nicht nur die drei altkirchlichen Bekenntnisse und die Augsburger Konfession, sondern auch Melanchthons Loci und die Kirchenordnung von 1573 enthielt. Diese Bekenntnisschrift ließ man 1573 von den Geistlichen unterschreiben. Inzwischen war auch Jakob Andreae dabei, ein umfassendes Bekenntnis für die lutherischen Kirchen zu schaffen. Der 1577 im Kloster Bergen erarbeitete Entwurf, das »Bergische Buch«, wurde von den brandenburgischen Geistlichen unterschrieben, daneben sollte aber auch noch die Lehrnorm gelten. Markgraf Georg Friedrich unternahm es, bei den übrigen evangelischen Reichsständen in Franken für die Unterzeichnung zu werben. Die aus dem Bergischen Buch entwickelte Konkordienformel wurde 1579 ebenfalls von den Geistlichen der Markgrafschaft Brandenburg unterzeichnet; die Lehrnorm blieb daneben noch bis 1588 in Geltung.

## Grafschaft Löwenstein

Die Grafschaft Löwenstein wurde 1504 von Herzog Ulrich besetzt und erst wieder 1510 dem Grafen Ludwig I. als württembergisches Lehen zurückgegeben. 1521–1524 war Johann Geiling Pfarrer in Löwenstein, 1525–1532 Valentin Vannius; jedoch verwalteten sie das Amt noch in den Formen der alten Kirche. Erst nach dem Tode des altgläubigen Grafen Friedrich 1541 erhielt die Reformation auf Betreiben Württembergs Eingang in der Grafschaft. Nachdem Geiling von Weinsberg aus regelmäßig in Löwenstein gepredigt hatte, wurde 1543 trotz des Protestes der Vormundschaft der jungen Grafen ein evangelischer Pfarrer in Löwenstein eingesetzt. Einer dieser Brüder, Graf Ludwig III., heiratete 1566 eine der Erbinnen der Grafschaft Wertheim und nannte sich seit 1586 Graf zu Löwenstein und Wertheim. Er hat 1577, jedoch nur als Graf von Löwenstein, die Konkordienformel mitunterzeichnet.

## Herrschaft Limpurg

Die Herrschaft Limpurg bestand in der ersten Hälfte des 16. Jahrhunderts aus drei Teilen: Gaildorf, Speckfeld und Obersontheim. Schenk Erasmus von Obersontheim, der unter anderem in württembergischen und brandenburg-ansbachischen Diensten stand, begann 1537 seine Pfarrer auf die Predigt des Evangeliums zu verpflichten. Schenk Karl im fränkischen Speckfeld hatte sich bei der Reformation der dortigen Pfarreien mit dem Würzburger Domkapitel auseinanderzusetzen, das das

Pfarrbesetzungsrecht innehatte. Es gelang aber, zumindest im Hauptort Sommerhausen, einen evangelischen Prediger noch vor dem Interim anzustellen. Schenk Wilhelm III. in Gaildorf scheint – anders als seine Schwester Barbara, die in Wertheim die Regentschaft führte – wenig Eifer für die Reformation an den Tag gelegt zu haben. Dennoch bekannte er sich 1544 auf dem fränkischen Grafentag zur Augsburger Konfession und reformierte seinen Landesteil noch vor dem Schmalkaldischen Krieg. Das Interim wurde in Limpurg wohl auf der Grundlage des brandenburgischen Auktuariums durchgeführt. Schenk Erasmus, der wahrscheinlich Brenz bei seiner ersten Flucht aus Hall 1546/47 behilflich war, berief 1550 Jakob Gräter nach Michelbach an der Bilz. Dieser arbeitete vermutlich die nicht mehr erhaltene Limpurger Kirchenordnung aus, auf die noch um 1560 die Pfarrer verpflichtet wurden. Die Reformation in der Herrschaft Limpurg wurde dann vor allem von Schenk Friedrich, dem Sohn des Erasmus, und von Schenk Christoph, dem Sohn Wilhelms, gefördert. Zu der von Schenk Friedrich geplanten Übernahme der württembergischen Kirchenordnung kam es wohl nicht. 1569 unterschrieben die limpurgischen Pfarrer etliche Artikel Andreaes gegen den Calvinismus. Die Konkordienformel wurde 1577 nur von Schenk Heinrich und den Gaildorfer Pfarrern unterschrieben, die Untersontheimer und Speckfelder holten jedoch die Unterschrift kurz darauf nach, so daß ihre Namen wenigstens in der zweiten Ausgabe des Konkordienbuches von 1582 erschienen.

## Grafschaft Hohenlohe

Die Grafschaft Hohenlohe wurde im 16. Jahrhundert mehrfach geteilt. Nach der Teilung von 1511 hatte Albrecht III. Neuenstein, Georg I. Waldenburg inne. Diese beiden teilten 1545 noch das Erbe des Grafen Wolfgang von Hohenlohe-Weikersheim unter sich auf. Ein Ansatz zur Reformation wurde 1544 mit der Berufung von Kaspar Huberinus als Prediger für das gemeinschaftliche Öhringen gemacht. Die Annahme des Interims durch die Grafen war unter diesen Umständen ein Schritt zur Reformation, weil damit das Abendmahl unter beider Gestalt eingeführt wurde. Eine erste, recht konservative Kirchenordnung wurde 1553 von Huberinus verfaßt.

Den 1551 gestorbenen Grafen Albrecht und Georg folgten die Söhne des letzteren nach, Ludwig Kasimir und Eberhard. Als kaiserlicher Kommissar für die Erbauseinandersetzung der beiden Grafen hatte Herzog Christoph von Württemberg gewirkt. Er legte den Grafen wohl auch die Reformation ihres Territoriums nahe und sandte ihnen zwei Geistliche für Öhringen. Auf den 25./26. Mai 1556 wurden die Kirchendiener nach Öhringen berufen und ihnen die Einführung der Reformation und die Abschaffung der Messe mitgeteilt. Einige Tage später fand ebenfalls in Öhringen das Examen und die Visitation der Kirchendiener und Gemeindevorsteher statt. Zunächst führte man die Brandenburg-Nürnbergische Kirchenordnung ein. Der Württemberger Johann Hartmann wurde Superintendent der gesamten Grafschaft. Eine kirchenleitende Behörde wurde nicht geschaffen, die Ehegerichtsbarkeit übertrug man den Kanzleien, die auch die Aufsicht über die Pfarrer anstrebten.

Graf Wolfgang II., der Sohn des 1568 verstorbenen Ludwig Kasimir, wurde 1576 Mitvormund des Grafen Georg Friedrich von Hohenlohe-Waldenburg. Er benutzte diese günstige Gelegenheit, gemeinsame Ordnungen für die Grafschaft anzustreben. Die 1578 erschienene Kirchenordnung vereinigt Elemente der Brandenburg-Nürnbergischen und der Württembergischen Kirchenordnungen. Begleitende Ordnungen regelten die Organisation der Kirche. Es wurden sieben Spezialsuperintendenturen geschaffen, in denen jährlich Synoden oder Kapitel der Geistlichen und Visitationen stattfinden sollten. Ein Konsistorium, bei dem die Öhringer Theologen die geistliche Seite zu vertreten hatten, sollte bei Bedarf zusammentreten. 1558 und 1581 fanden Generalvisitationen der gesamten Grafschaft statt. Am Synodus, der Beratung der Ergebnisse dieser Visitation, nahm auch Jakob Andreae teil.

Die Unterschrift unter die Konkordienformel wurde von den Hohenloher Geistlichen 1577 zunächst einmal abgelehnt. Im folgenden Jahr erreichte Jakob Andreae in einem Kolloquium mit dem Superintendenten und den Hofpredigern die Unterzeichnung, wobei er ihnen gewisse Vorbehalte zugestand. In außerordentlichen Synoden wurde sodann die Unterzeichnung vorgenommen. Das Konkordienbuch wurde im Frühjahr 1581 an die Pfarrer übersandt.

Die Klosterreformation in Hohenlohe ging ohne Widerstände vor sich. Die Grafen hatten die Aufsicht über das Öhringer Stift schon längere Zeit inne, so daß die Stiftsherren pensioniert werden konnten. Die Einkünfte des Stifts wurden für Stipendien, Besoldung von Geistlichen und für die Lateinschule verwendet. Die übrigen monastischen Einrichtungen der Grafschaft, das Prämonstratenserinnenkloster Schäftersheim, das Zisterzienserinnenkloster Gnadental und das Paulinereremitenkloster Goldbach bei Waldenburg, waren in einem solchen Zustand, daß sie ohne weiteres aufgehoben werden konnten.

## Grafschaft Öttingen

Die Grafschaft Öttingen war geteilt in Öttingen-Wallerstein und Öttingen-Öttingen, wobei die letztere Hälfte seit 1522 noch unter die Grafen Karl Wolfgang und Ludwig XV. aufgeteilt war. Karl Wolfgang stand mindestens seit 1529 der Reformation positiv gegenüber, später auch Ludwig. Öttingen-Wallerstein blieb stets katholisch, während die beiden Grafen von Öttingen-Öttingen, die gute Verbindungen zu Herzog Ulrich von Württemberg hatten, im Jahre 1539 die Reformation in ihren Territorien einführten. Diese neue evangelische Kirche richtete sich nach der Brandenburg-Nürnbergischen Kirchenordnung. Ihr Leiter war Georg Karg. Wegen ihrer Parteinahme für die Schmalkaldener mußten beide Grafen nach dem verlorenen Krieg ins Exil gehen, das sie u. a. in Württemberg verbrachten, während in ihren Herrschaften das Interim durchgeführt wurde. Nach dem Passauer Vertrag wurde Ludwig XV. restituiert, der auch die Herrschaft des inzwischen verstorbenen Karl Wolfgang übernahm. Zur Neuorganisation der evangelischen Kirche seines Territoriums berief Graf Ludwig 1553 den Superintendenten Bartholomäus Wolfart aus Neuburg, ferner Georg Karg, der inzwischen in Brandenburg-Ansbach eine Anstellung gefunden hatte, und Jakob Andreae aus Württemberg. Man traf dabei Verordnungen über eine Kirchenleitung, die Visitation der Kirche, die Einrichtung von Schulen und die Reformation der Klöster. Das Zisterzienserinnenkloster Zimmern konnte 1558 aufgehoben werden, in der Kartause Christgarten wurde im selben Jahr eine lateinische Schule eingerichtet, zwei Jahre später auch in der Benediktinerpropstei Mönchsroth. Es ist deutlich, daß dies nach württembergischem Vorbild erfolgte, wie auch die Einsetzung von drei Spezialsuperintendenten und – nachdem 1563 endlich die kirchlichen Verhältnisse des geteilten Hauptortes Öttingen geklärt waren – eines Generalsuperintendenten, der zugleich Stadtpfarrer von Öttingen war. Jakob Andreae wurde noch des öfteren nach Öttingen berufen, und er hat diesen Rufen immer gerne Folge geleistet, so 1559 zu einer Synode in Alerheim und zur Visitation der Klöster Mönchsroth und Zimmern, desgleichen 1561, als wieder eine Synode und eine Visitation der Klöster gehalten wurde. Graf Gottfried von Öttingen zählt, ebenso wie die Kirchendiener in seinem Teil der Grafschaft, zu den Unterzeichnern des Konkordienbuchs von 1580.

## Herrschaft Wiesensteig

Die im Besitze der Grafen von Helfenstein befindliche Herrschaft Wiesensteig im oberen Filstal grenzte an ulmisches Gebiet, das schon längst reformiert war. Durch ihre Kontakte zu Württemberg waren die Grafen auch persönlich mit der Reformation in Berührung gekommen. Graf Sebastian, der Obervogt in Blaubeuren war, bat 1555 Herzog Christoph, ihm und seinem Bruder Ulrich XVII. einen Prediger zu schicken, der die Herrschaft reformieren sollte. Längere Zeit predigte Jakob Andreae von Göppingen aus regelmäßig in Wiesensteig, bis die Grafen drei Prediger einstellen konnten, die sie aus eigenen Mitteln besolden mußten, da die geistlichen Einkünfte in der Hand des weltlichen Chorherrenstifts in Wiesensteig waren. Herzog Christoph riet den Grafen, eine der württembergischen ähnliche Ordnung einzuführen, die Verwaltung des Stifts zu übernehmen, den Stiftsherren ihre Pensionen zu reichen und aus dem Überschuß die Prediger zu besolden. Die Stiftsherren widersetzten sich der Neuerung und wandten sich an den Bischof von Augsburg, Kardinal Otto Truchseß von Waldburg, der die Sache vor das Reichskammergericht brachte. Für die Grafen traten Herzog Christoph, Kurfürst Ottheinrich und Markgraf Karl von Baden ein. Graf Sebastian starb 1564, worauf Graf Ulrich sich durch seine Frau, den Bischof von Augsburg und den Jesuiten Petrus Canisius dazu bewegen ließ, wieder zur katholischen Kirche zurückzukehren. 1567 entließ er die Prediger. Jakob Andreae ermahnte den Grafen, diesen Schritt wieder rückgängig zu machen, und verfaßte eine Erinnerungsschrift für ihn. Auch die Bemühungen Herzog Christophs verfingen nicht mehr, da Graf Ulrich sich anfänglich wegen Krankheit entschuldigte und schließlich die Verbindung ganz abbrach. Damit endete die kurze evangelische Periode der Herrschaft Wiesensteig.

## Grafschaft Wertheim

In der Grafschaft Wertheim mußte 1548 ebenfalls das Interim eingeführt werden; allerdings konnte dies in der gemilderten Form des brandenburgischen »Auktuariums« geschehen. 1552 trat Clemens Leusser, der Abt des unter Wertheimer Schirmherrschaft stehenden Zisterzienserklosters Bronnbach, mit mehreren Mönchen zum evangelischen Glauben über. Der Plan des Grafen Michael III., in Bronnbach eine Schule einzurichten, scheint jedoch nicht verwirklicht worden zu sein, da der Bischof von Würzburg die Restitution des Klosters eifrig betrieb, so daß Leusser sich 1560 bereit fand, die Abtswürde an einen katholisch gebliebenen Konventualen abzutreten. 1552 wurde von Wertheim die Benediktinerpropstei Holzkirchen aufgehoben, 1563 jedoch schon wieder restituiert. Die Kartause Grünau wurde 1557 geschlossen, wobei ihre Einkünfte dem Wertheimer Hospital überwiesen wurden. Aus den Einkünften der Wertheimer Stiftskirche und den unbesetzten Pfründen wurde das »Chorstift« errichtet, eine kirchliche Zentralkasse der Grafschaft unter eigener Verwaltung, die für die Verbesserung der Besoldungen der Kirchendiener und für die Unterhaltung der kirchlichen Gebäude zuständig war. Eine Kirchenordnung auf der Grundlage älterer Elemente aus der Zeit des Grafen Georg II. wurde nach 1552 erlassen. Die Wertheimer Kirche wurde durch den Superintendenten, den ersten Pfarrer an der Wertheimer Stiftskirche, geleitet; für die Behandlung von Ehesachen war ein Konsistorium, bestehend aus geistlichen und weltlichen Mitgliedern, eingerichtet. Die Wertheimer Pfarrer unterschrieben die Konkordienformel nicht. Es ist anzunehmen, daß der Grund dafür in der Uneinigkeit der Gemeinschaftsregierung lag, zumal nur einer der daran beteiligten Grafen, Ludwig von Löwenstein, unter den Unterzeichnern zu finden ist.

Graf Michael III. von Wertheim, der in Wittenberg und Leipzig studiert hatte und 1552 die Regierung antrat, starb schon 1556 als der Letzte seines Geschlechts. Nach einer Zwischenregierung seines Schwiegervaters, des Grafen Ludwig von Stolberg, und der Gemeinschaftsregierung von dessen Erben nahm schließlich einer der Schwiegersöhne Stolbergs, Graf Ludwig von Löwenstein, die Regierung in die Hand. Dieser war aber nicht zur Nachfolge in die Würzburger Lehen vorgesehen, die deshalb von Bischof Julius Echter kurz vor und nach 1600 trotz des Widerstands des Grafen besetzt wurden. Es waren dies die Ämter Schweinberg, Freudenberg, Remlingen und Laudenbach am Main, die daraufhin auch wieder dem katholischen Glauben zugeführt wurden, ebenso wie dies zuvor mit den Bronnbacher Klosterdörfern geschehen war.

## Ritterschaft

Zahlreiche Adlige im *Kraichgau* hatten schon früh die Reformation auf ihren Besitzungen eingeführt, die übrigen taten dies nach dem Augsburger Religionsfrieden, so daß die gesamte Ritterschaft des Kraichgaus nunmehr evangelisch war. Zu ihnen gehörten die Neipperg mit ihrer Stadt Schwaigern, die Helmstatt, die mit Neckarbischofsheim ebenfalls ein städtisches Gemeinwesen ihr Eigen nannten, ferner die weitverzweigten Gemmingen, die Göler von Ravensburg, die Sickingen und die Venningen. Hierher zählt auch Götz von Berlichingen, der schon 1522 seine zu Hornberg gehörige Pfarrei Neckarzimmern reformierte. Das Interim traf die Kraichgauer Ritterschaft wenig, da Kurfürst Friedrich II. als kaiserlicher Kommissar gelinde mit ihnen verfuhr. Im gemmingenschen Bürg bei Neuenstadt fand Erhard Schnepf nach seinem Weggang von Tübingen 1548 eine erste Zuflucht. Der in Rostock wirkende Theologe David Chyträus, Sohn des Menzinger Pfarrers, rühmt 1562 in einer Rede über den Kraichgau die kirchlichen Verhältnisse, insbesondere die von den Adligen eingerichteten Schulen.

Die Kraichgauer Ritterschaft, die entweder pfälzische Lehen innehatte oder in pfälzischen Diensten stand, machte den nach 1559 vollzogenen Konfessionswechsel in der Kurpfalz nicht mit. Es trat damit eine Entfremdung ein, da viele, wie etwa der Hofrichter Erasmus von Venningen, ihre Dienste quittierten. Für die Adligen verbot sich ein Übertritt zum reformierten Bekenntnis schon deswegen, weil der Augsburger Religionsfriede ihnen die Landeshoheit sicherte und eben nur die Anhänger des Augsburger Bekenntnisses in diesen Frieden eingeschlossen waren. Damit war der Religionsfriede auch ein wichtiger Schritt auf dem Weg zur Bildung der Reichsritterschaft, wobei bemerkenswert ist, daß der nachmalige Kanton Kraichgau des schwäbischen Ritterkreises der einzige war, der nur evangelische Mitglieder hatte. Die oberschwäbischen Kantone blieben hingegen rein katholisch, während die nachmaligen Kantone Ortenau, Neckar-Schwarzwald und Kocher konfessionell gemischt waren.

Unter dem Adel der *Ortenau* gab es – ähnlich wie im Kraichgau – auch schon in den zwanziger Jahren evangelische Tendenzen. Hierbei konnten sich diese Adligen auf Straßburg stützen, nicht nur wegen der räumlichen Nähe, sondern weil viele, wie die Böcklin von Böcklinsau oder die Röder von Diersburg, in Straßburg verbürgert waren. Auch hier führte der Augsburger Religionsfriede dazu, daß die in einzelnen Orten eingeführte Reformation Bestand haben konnte.

Im Bereich des späteren Ritterkantons *Neckar und Schwarzwald* wurde in Köngen durch die Thumb von Neuburg 1532 die Reformation eingeführt. Dies ist freilich ein Einzelfall, ansonsten konnte im allgemeinen nur an den Orten die Reformation durchgesetzt werden, in denen der Herzog von Württemberg genügend Einfluß besaß, da die Besitzungen dieser Adligen im Grenzraum zwischen Württemberg und Österreich lagen. So reformierte Georg von Ehingen 1559 Kilchberg, obwohl der Pfarrsatz in der Hand des Stifts St. Moritz in Rottenburg war. In Poltringen führte sein Reformationsversuch lediglich zu einer paritätischen Lösung. Keine Schwierigkeiten hatte es hingegen in Wankheim gegeben, das ebenfalls im Besitz der Ehingen war, wo aber schon 1535 die Reformation eingeführt werden konnte, da der Ort als Filiale zum württembergischen Mähringen gehörte. Reformiert wurde nach 1534 auch Pfäffingen, das im Besitz der Herren von Gültlingen war. Die von Jakob Andreae auf Wunsch des Johann von Ow in Wachendorf 1564 durchgeführte Reformation hatte nur bis zum Dreißigjährigen Krieg Bestand. Das ebenfalls ritterschaftliche Kirchentellinsfurt konnte erst 1594 nach dem Erwerb durch Württemberg reformiert werden.

Im nachmaligen Kanton *Kocher* ist die Reformation von Stetten im Remstal 1528 durch Hans Konrad Thumb von Neuburg als frühestes Datum zu nennen. Nach 1555 reformierten einige Familien, wie die Adelmann und die Wöllwarth, teilweise auch die von Rechberg ihre Besitzungen. 1559 reformierte Jakob Andreae das im Besitz des Johann von Liebenstein befindliche Jebenhausen bei Göppingen auf

Wunsch des Adligen. Auf Betreiben von Württemberg wurden nach 1552 auch die Orte in der Herrschaft der Sturmfeder von Oppenweiler reformiert, die ihrerseits jedoch katholisch blieben.

Von der fränkischen Ritterschaft ist hier lediglich der Kanton *Odenwald* zu betrachten. Auch hier setzt nach dem Augsburger Religionsfrieden eine Reformationswelle ein, der sich etwa die Rosenberg, Rüdt, Berlichingen, Adelsheim, Aschhausen und Hardheim anschlossen. Der Ritter Albrecht von Rosenberg, der sich in Kriegsdiensten Karls V. verdient gemacht hatte und 1552 den Kaiser in Innsbruck vor dem Zugriff der Kriegsfürsten gerettet haben soll, gab der Kirche seines Territoriums, zu dem 1547–1561 auch das pfälzische Boxberg gehörte, ein eigenes Konsistorium mit einem Superintendenten. Nicht alle diese vom Adel reformierten Gemeinden konnten der Gegenreformation standhalten, zumal meistens Mainz oder Würzburg die Centhoheit, die Hochgerichtsbarkeit, innehatten, während die Adligen lediglich die Vogtei oder das Patronat besaßen. Ohne weiteres wurde deshalb beim Aussterben der Hardheim 1607 und der Rosenberg 1632 die Rekatholisierung bei den heimgefallenen Lehen durchgeführt.

*Literatur:*

*Johann Adam*, Evangelische Kirchengeschichte der elsässischen Territorien bis zur französischen Revolution, Straßburg (1928). – *Johann Valentin Andreae*, Fama Andreana reflorescens, Straßburg (1630). – *Carl Andresen* (Hg.), Handbuch der Dogmen- und Theologiegeschichte Bd. 2: Die Lehrentwicklung im Rahmen der Konfessionalität, Göttingen (1980). – *Emil Ballweg*, Einführung und Verlauf der Reformation im badischen Frankenland, Theol. Diss. masch., Freiburg 1944. – *Horst Bartmann*, Die Kirchenpolitik der Markgrafen von Baden-Baden im Zeitalter der Glaubenskämpfe (1535–1622), in: FDA 81 (1961), S. 1–341. – *Gustav Adolf Benrath*, Reformation und Gegenreformation in den ehemals reichsritterschaftlichen Gemeinden der Freiherrn Rüdt von Collenberg, in: ZGO 114 (1966), S. 361–373. – *Emil Dietz*, Zur Einführung der Reformation in der Herrschaft Limpurg-Gaildorf, in: BWKG 53 (1953), S. 131–134. – *Ehmer*. – *Gunther Franz*, Die Kirchenleitung in Hohenlohe in den Jahrzehnten nach der Reformation. Visitation, Konsistorium, Kirchenzucht und die Festlegung des landesherrlichen Kirchenregiments 1556–1586, QFWKG 3 (1971). – Ders., Reformation in Hohenlohe. 400 Jahre Hohenlohische Kirchenordnung 1578–1978, Stuttgart (1979). – *Theodor Gümbel*, Die Geschichte der Protestantischen Kirche der Pfalz mit besonderer Berücksichtigung der pfälzischen Profangeschichte, Kaiserslautern (1885). – *Fritz Hauß*, Die Durchführung der Reformation, in: *Georg Poensgen* (Hg.), Ottheinrich. Gedenkschrift zur vierhundertjährigen Wiederkehr seiner Kurfürstenzeit in der Pfalz (1556–1559) (1956), S. 194–206. – *Fritz Hauß, Hans Georg Zier*, Die Kirchenordnungen von 1556 in der Kurpfalz und in der Markgrafschaft Baden-Durlach, VVKGB 16 (1956). – *Reinhold Herold*, Geschichte der Reformation in der Grafschaft Öttingen 1522–1569, SVRG 75 (1902). – *Walter Hollweg*, Der Augsburger Reichstag von 1566 und seine Bedeutung für die Entstehung der Reformierten Kirche und ihres Bekenntnisses, BGLRK 17, Neukirchen (1964). – *Heinrich Friedrich Kerler*, Geschichte der Grafen von Helfenstein, Ulm (1840). – *Friedemann Merkel*, Geschichte des evangelischen Bekenntnisses in Baden von der Reformation bis zur Union, VVKGB 20 (1960). – *Heinrich Neu*, Geschichte der evangelischen Kirche in der Grafschaft Wertheim, Heidelberg (1903). – *Helmut Neumaier*, Reformation und Gegenreformation im Bauland, Forschungen aus Württembergisch Franken 13 (1978). – *Volker Press*, Calvinismus und Territorialstaat. Regierung und Zentralbehörden der Kurpfalz 1559–1619, Kieler historische Studien 7, Stuttgart (1970). – Ders., Die Ritterschaft im Kraichgau zwischen Reich und Territorien 1500–1623, in: ZGO 122 (1974), S. 35–98. – *Adolf Rentschler*, Einführung der Reformation in der Herrschaft Limpurg mit besonderer Berücksichtigung des Obersontheimer Teils, in: BWKG 20 (1916), S. 97–134, 22 (1918) S. 3–41. – *Meinrad Schaab*, Pfälzische Klöster vor und nach der Reformation, in: BDLG 109 (1973), S. 255–258. – *Sehling* Bd. 11,1, 14, 15,1. – *Matthias Simon*,

Evangelische Kirchengeschichte Bayerns Bd. 1, München (1942). – *Helmut Steigelmann*, Des Herrn Wort bleibt in Ewigkeit. Die Reformation in der Grafschaft Eberstein im Murgtal, VVKGB 17 (1956). – *Vierordt*. – *Friedrich Wecken* (Hg.), Die Lebensbeschreibung des Abtes Clemens Leusser von Bronnbach, in: ARG 8 (1911), S. 246–322. – *Ruth Wesel-Roth*, Thomas Erastus. Ein Beitrag zur Geschichte der reformierten Kirche und zur Lehre von der Staatssouveränität, VVKGB 15 (1954). – Ernst Walter *Zeeden*, Kleine Reformationsgeschichte von Baden-Durlach und Kurpfalz, Karlsruhe (1956).

# Die endgültige konfessionelle Konsolidierung in den Reichsstädten (1552–1580)

Die späte Reformationsgeschichte der Reichsstädte ist bis jetzt nur partiell erforscht. Ihre Darstellung kann deshalb keinen Anspruch auf Vollständigkeit erheben. Die wichtigsten Daten sind der Fürstenaufstand vom Frühjahr 1552, der zum Passauer Vertrag führt und durch den das Interim seine strikte Verbindlichkeit verliert, der Augsburger Religionsfrieden, der in einigen Städten die konfessionelle Parität festschreibt, und das Zustandekommen der Konkordienformel 1577, die endgültig das Luthertum der meisten oberdeutschen Reichsstädte bestimmt. Darin und auch sonst macht sich nunmehr der starke Einfluß des Herzogtums Württemberg auf die Reichsstädte bemerkbar.

Auf dem Reichstag in Augsburg 1551 waren die evangelischen Stände zur Beschickung des Trienter Konzils aufgefordert worden. Die Gesandtschaft des Herzogs von Württemberg und der Stadt Straßburg, die in Trient die sog. Confessio Virtembergica vorlegen sollte, vertrat auch die Städte Reutlingen, Esslingen, Biberach, Lindau und Ravensburg.

Die aufständischen Fürsten unter Führung von Moritz von Sachsen waren daran interessiert, die evangelischen Reichsstädte in ihr Bündnis einzubeziehen. Darüber wurde im April/Mai 1552 mit den Gesandten von Esslingen, Schwäbisch Hall, Heilbronn, Memmingen, Biberach, Ravensburg, Kempten, Kaufbeuren, Isny, Wangen, Leutkirch und anderen verhandelt. Die Städte reagierten auf das Ansinnen sehr unterschiedlich. Am stärksten wurde ein Teil der östlich gelegenen Städte von dem Aufstand berührt. Aufgrund des Augsburger Religionsfriedens von 1555 und der vorangegangenen Verfassungsänderung mußten u. a. Augsburg, Biberach, Ravensburg und Dinkelsbühl das sog. paritätische, gleichberechtigte Nebeneinander von Protestanten und Katholiken akzeptieren, obwohl diese eine Minderheit bildeten. Das brachte vielfach erhebliche Schwierigkeiten mit sich, war aber zugleich ein sogar reichsrechtlich bedeutendes Modell konfessioneller Koexistenz, das später im Westfälischen Frieden von 1648 aufgenommen wurde.

In *Biberach* wurden schon im Mai 1552 die kirchlichen und politischen Zustände, wie sie vor dem Schmalkaldischen Krieg bestanden hatten, wiederhergestellt. Der Passauer Vertrag bestätigte dann aber den überwiegend katholischen »Hasenrat«. Das zähe Ringen um die Lebensbedingungen für die evangelische Gemeinde wurde erst 1563 durch Kaiser Ferdinand im Sinne einer Parität entschieden, obwohl das Verhältnis der evangelischen zur katholischen Bevölkerung 8:1 war. Die Pfarrkirche (Abb. 39), deren Patronat das Spital 1566 erwarb, wurde von beiden Konfessionen simultan benutzt. Eifersüchtig wachte jede Seite über ihre Rechte, und so gab es ständig Reibereien – z. B. wurde 1575 der Prediger Jakob Schopper wegen angeblich antikatholischer Predigten entlassen – und auf evangelischer Seite das Gefühl des Unterdrücktseins.

Auf Befehl der aufständischen Fürsten gab der Abt des Benediktinerklosters im Mai 1552 die Pfarrkirche von *Isny* zurück. Damit hatte sich der evangelische Gottesdienst in der Stadt, abgesehen vom Kloster selbst, durchgesetzt. Der Streit über die Pfarrbesoldung wurde erst 1583 beigelegt, als der Abt die Rechte an der Pfarrkirche und den Zehnten an die Stadt verkaufte.

Im August 1552 konnten die evangelischen Geistlichen nach *Memmingen* zurückkehren. Sie bemühten sich alsbald wieder um Aufrichtung der Kirchen- und Zuchtordnung, kamen aber bei dem zögernden Rat nicht mit allen Forderungen durch. Die Pfarrkirche St. Martin wurde bis 1562 von beiden Konfessionen benutzt, dann brachte der Rat sie in seine Verfügung und machte dem katholischen Gottesdienst ein Ende. An der Frauenkirche bestand von 1565 an ein Simultaneum, weil sie u. a. auch dem Nonnenkloster diente. Von den 60er Jahren an verstärkte sich auch in Memmingen der Einfluß des Luthertums, was sich auch an den kirchlichen Ordnungen ablesen läßt. Darüber kam es allerdings auch zu Reibereien unter den Geistlichen. Am Ende dieser Entwicklung steht die Unterschrift der Memminger Geistlichen unter das Konkordienbuch.

In *Kempten* wurde das Interim Anfang Juni 1552 aufgehoben. Von 1553 bis 1561 hatte der Slowene Primus Truber das Pfarramt inne. Unter ihm erfolgte die politisch notwendige Rückkehr zum Luthertum. Er nahm jedoch in der Abendmahlsfrage eine vermittelnde Haltung ein und trug so zur Befriedung der einst so zerstrittenen Gemeinde bei. Der Prediger Georg Mayer mußte 1557 entlassen werden, weil er Anhänger Schwenckfelds war. Die Gottesdienstordnung übernahm man von Württemberg. Von dort kamen später meist auch die Pfarrer. 1577 nahm Kempten die Konkordienformel an.

*Leutkirch* hatte von 1552 bis 1558 wohl keinen evangelischen Prediger. Erst zu diesem späten Zeitpunkt stellte der Rat an den Abt Gerwig Blarer als Patron der Pfarrkirche ein entsprechendes Ansinnen, dem dieser aber nicht stattgab. Herzog Christoph von Württemberg und Ulm setzten sich für Leutkirch ein. Von Württemberg kam 1559 auch der erste evangelische Geistliche. Der Streit zwischen Leutkirch und dem Abt wurde vor den Kaiser gebracht. Zeitweilig behielt jede Seite die Einkünfte der andern ein, aber 1562 kam es dann doch zu einem Vergleich: Die Pfarrkirche blieb katholisch. Den Evangelischen wurde die – freilich zu kleine – Spitalkirche, dazu einige Pfründen zur Pfarrbesoldung überlassen. Auch die Evangelischen in Leutkirch nahmen das Konkordienbuch an.

*Lindau* hatte zunächst den Anschluß an die aufständischen Fürsten verweigert, mußte aber dann diese Haltung unter dem Druck seiner Bürger revidieren. Schon im April 1552 griff man wieder auf die lutherische Gottesdienstordnung zurück. Von Ende der 50er Jahre an machten sich in Lindau die damaligen innerprotestantischen Lehrstreitigkeiten bemerkbar. Einige Geistliche, Georg Necker und Valentin Rot, waren sog. Gnesiolutheraner, Anhänger des Matthias Flacius, der das unverfälschte Erbe Luthers zu wahren vorgab. Ausgleichsbemühungen des Tübinger Kanzlers Jakob Andreae hatten 1568/1569 keinen Erfolg. 1573 stellten die Lindauer Theologen ihrer Kirchenordnung ein eigenes Bekenntnis voran. Erst nach dem Tod von Necker und Rot gelang es Andreae und der Stadt Straßburg gemeinsam, den Flacianismus in Lindau zurückzudrängen. Wegen der Entlassung von Tobias Rupp gab es allerdings Unruhen. Aber 1577 unterzeichnete Lindau auf Betreiben Württembergs die Konkordienformel.

Die im Mai 1552 erfolgte Abschaffung des »Hasenrats« war auch in *Ravensburg* nur von kurzer Dauer. Immerhin bekam die evangelische Gemeinde mit Johann Willing und Friedrich Wagner nunmehr wieder zwei Prädikanten. Sie wurden aus der Stadtkasse besoldet. Willing war deutlich den Anschauungen Zwinglis verpflichtet und fand damit unter den einfachen Handwerkern starke Resonanz. Seine Entlassung 1554 und die Anstellung des entschiedenen Lutheraners Melhorn führten noch einmal zu einer schweren Auseinandersetzung unter den Evangelischen, bis sich schließlich das Luthertum durchsetzte. Als paritätische, mehrheitlich von Katholiken regierte Stadt nahm Ravensburg 1561 das Augsburger Bekenntnis zwar nicht an, verpflichtete jedoch seine evangelischen Geistlichen darauf. Der politische Einfluß der Evangelischen wurde im Lauf der Jahre noch weiter zurückgedrängt; sie durften zeitweilig keinen der drei Bürgermeister mehr stellen, sondern nur noch den Stadtammann.

Der Fürstenaufstand brachte den Evangelischen in *Dinkelsbühl* nur vorübergehend Vorteile. Nach dem Augsburger Religionsfrieden stellte Bischof Otto von Augsburg sogar die Parität in Frage und betrieb eine völlige Rekatholisierung der Stadt. Von 1556 bis 1567 gab es keinen evangelischen Geistlichen. Erst durch die Unterstützung von Pfalz-Neuburg kamen die Evangelischen bei Kaiser Maximilian II. zu ihrem kirchlichen Recht, blieben jedoch von der Beteiligung am Stadtregiment ausgeschlossen. Die evangelische Gemeinde wurde deshalb von zwölf Kirchenpflegern geleitet und war somit keine »Staatskirche«. Anders als Dinkelsbühl blieb *Nördlingen* schließlich eine rein evangelische Stadt. 1555 konnte eine neue Kirchenordnung eingeführt werden, die auf den früheren aufbaute.

Mit Unterstützung der Grafen von Öttingen konnte sich *Bopfingen* schon 1552 seines Interimspriesters entledigen und Georg Hummel als Pfarrer anstellen. Nach 1555 war die Stadt ganz evangelisch. In der Kirchenordnung richtete man sich nach Nürnberg. 1577 wurde die Konkordienformel unterschrieben.

In *Rothenburg* wurde 1553 der katholische Gottesdienst in der Jakobskirche abgeschafft. 1556 übernahm der Rat vom Deutschorden den Großteil von dessen Einkommen und damit zugleich die Verpflichtung der kirchlichen Versorgung. Wegen der kirchlichen Neuordnung wandte man sich an Württemberg, das zu diesem Zweck Jakob Andreae entsandte. Nach württembergischem Vorbild stand an der Spitze der Rothenburger Landeskirche ein Generalsuperintendent. Die Gottesdienstordnung war eine Mischform aus nürnbergischen und württembergischen Bestandteilen. Selbstverständlich wurde auch von Rothenburg die Konkordienformel unterschrieben.

Schwäbisch Hall, Heilbronn, Esslingen und Ulm waren bei der Abschaffung des Interims überaus vorsichtig. Zwar reagierte man in *Hall* nicht mehr auf die Zehntforderungen des Würzburger Bischofs an die Geistlichen, aber zunächst war Michael Gräter an St. Katharinen der einzige evangelische Pfarrer inmitten der Interimspriester. 1554 wurde die evangelische Kapitelsordnung für das hallische Gebiet wieder in Kraft gesetzt. Erst 1557 wurde der Interimsprediger Leonhard Werner entlassen und an seiner Stelle Jakob Gräter, der Neffe von Michael Gräter, Brenz und Eisenmenger, berufen. Aber auch er konnte erst nach zwei weiteren Jahren gegenüber dem zögernden Rat die Abschaffung der Interimsmesse, an der nunmehr vor allem das Meßgewand anstoßerregend war, durchsetzen. Am 7. Juli 1559 wurde die Kirchenordnung von 1543 wieder in Kraft gesetzt. Drei Tage später wurde auch die Verfassungsänderung von 1552 teilweise rückgängig gemacht. 1563 erfolgte die Abschiebung des Interimspfarrers an der Michaelskirche nach Braunsbach.

In *Heilbronn* gelang es nach 1552 jahrelang nicht, die kirchlichen Verhältnisse zu klären. Der katholische Pfarrer Johannes Scharpff konnte sich mit der Rückendeckung des Würzburger Kirchherrn behaupten, obwohl es ständig unerquickliche Reibereien gab. Die kirchliche Versorgung der evangelischen Bevölkerung war nicht recht gesichert. Die Stadt forderte die Besoldung der evangelischen Geistlichen aus kirchlichen Mitteln. Erst 1565 konnte der Rat durch einen Vertrag mit dem Würzburger Kirchherrn die kirchliche Obrigkeit übernehmen, und damit war der Bestand des evangelischen (Augsburger) Bekenntnisses sichergestellt. Dem Kirchherrn verblieben auch in den später modifizierten Verträgen gewisse Anteile an den kirchlichen Einkünften. Während das Karmeliter- und das Klarakloster fortbestanden, wurde das Franziskanerkloster zur Schule gemacht.

Vom Juni 1552 an wurde in der Pfarrkirche von *Esslingen* wieder evangelisch gepredigt und getauft, nachdem schon seit 1551 erneut Katechismusgottesdienst gehalten worden war. Der erste Prediger war Martin Rauber, einer der von Karl V. gefangengenommenen Ulmer Geistlichen, der zunächst in Brackenheim als Praezeptor untergekommen war. Neben ihm war jedoch weiterhin Martin Nittel als Interimspriester tätig, obwohl die evangelischen Prediger seit 1551 diesen Zustand kritisierten. 1558 wurde der Interimsgottesdienst in die Frauenkirche verlegt. Nach Raubers Tod war 1560 der auch wegen seiner Dichtungen bekannte Thomas Kirchmeyer (Naogeorgus), der 1548 aus Kempten vertrieben worden war, Superindendent in Esslingen geworden. Unter ihm kam es zu einigen schlimmen Hexenprozessen, von denen einer mit der Verbrennung der Angeklagten endete. Wegen seiner zwinglianischen Auffassungen wurde er 1563 auf eine Beschwerde Herzog Christophs hin entlassen. Kirchmeyers Nachfolger Georg Kuhn und seine Kollegen forderten wiederum die Abschaffung des Interimsgottesdienstes. Der Rat lehnte dies aus ängstlicher Rücksicht auf die Reichsgesetze ab; außerdem wollte er ähnlichen Forderungen Herzog Christophs von Württemberg nicht nachgeben. Eine geplante Abstimmung der Bürgerschaft über diese Frage kam wegen der grassierenden Pest nicht zustande. Das Verhältnis zwischen Kuhn und dem Rat wurde deswegen immer gespannter. Ende 1566 wurde er wegen einer kritischen Predigt entlassen. Damals war die Universität Tübingen wegen der Pest nach Esslingen verlegt worden. Ihr Kanzler Jakob Andreae versah die vakante Predigerstelle und erreichte schließlich auch die Abschaffung des Interims sowie die Überwindung des noch immer vorhandenen Zwinglianismus. Seine »35 Predigten von den fürnehmsten Spaltungen in der Christlichen Religion, so sich zwischen den Bäpstischen, Lutherischen, Zwinglischen, Schwenckfeldern und

Widerteuffern halten« waren eine bedeutende kontroverstheologische Leistung. 1579 unterschrieb Esslingen nach anfänglicher Zurückhaltung die Konkordienformel.

Die Beendigung des Interims in *Reutlingen* erfolgte 1552/53. Zunächst wurde Martin Reiser zurückberufen. 1554 ließ Herzog Christoph die Papiere des dem Dekanat entsprechenden Ruralkapitels Reutlingen, zu dem auch einige württembergische Pfarreien gehörten, beschlagnahmen und gab sie erst 1556 wieder zurück. Damals setzte Württemberg die Einhaltung der württembergischen Kirchenordnung im Reutlinger Kapitel durch. 1557 kehrte Johann Schradin als Hauptprädikant nach Reutlingen zurück. Mit den katholischen Klosterhöfen in der Stadt gab es 1574 und auch später Streitigkeiten wegen der dort vorgenommenen Kasualien. 1577 unterzeichnete Reutlingen die Konkordienformel.

In *Giengen* wurde seit Ende 1553 in der Spitalkirche wieder evangelischer Gottesdienst gehalten. 1555 verließ der katholische Pfarrer die Stadt. Ein Jahr später beschloß der Rat, keine »Meßpfaffen« mehr anzunehmen. Wendelin Schempp aus Ulm, der treue Schüler Frechts, wurde evangelischer Pfarrer. 1580 wurde das Konkordienbuch unterschrieben.

*Ulm* hatte sich ganz bewußt dem Fürstenaufstand nicht angeschlossen, sondern war kaisertreu geblieben. Seit August 1552 wurde wieder nach Sams Katechismus unterrichtet und Ende des Jahres auf die Verpflichtung der Prädikanten auf das Interim verzichtet. Neben dem Interimsgottesdienst gab es jetzt wieder einen evangelischen Gottesdienst, der sich zunächst an sächsischen und brandenburgisch-nürnbergischen Vorbildern orientierte. 1554 wurde der Gottesdienst der Altgläubigen in die Franziskanerkirche verlegt; das Münster war nunmehr wieder den Evangelischen allein vorbehalten. Eine energische Abschaffung des katholischen Gottesdienstes, den einflußreiche Ratsfamilien besuchten, wagte der Rat nicht. Daraus ergaben sich später noch erhebliche Verwicklungen. Die Interimisten wurden allmählich in die Landorte abgeschoben, der Prediger Bartholome erhielt Mitte 1554 seine Entlassung. Mit der Gottesdienstordnung und dem Katechismus wollte man sich jetzt nach dem Vorbild Württembergs richten, was freilich auf den Widerstand des Münsterpredigers Reusenzein, eines heimlichen Zwinglianers, stieß und sich teilweise erst 1560 durchsetzte. Im Landgebiet bestand das Interim einstweilen fort. Erst 1556 erhielt Geislingen einen evangelischen Pfarrer; zeitweilig wurde die Pfarrkirche von Katholiken und Evangelischen gemeinsam benutzt, was Anlaß zu harten Reibereien gab.

1556 wurde schließlich der aus Memmingen stammende Ludwig Rabus (gest. 1592), bis dahin Theologieprofessor in Straßburg, als Ulmer Superintendent angestellt. Er hatte u. a. in Wittenberg studiert und war bewußter Lutheraner. Rabus machte sofort Vorschläge zur Ordnung des Kirchenwesens und der Lateinschule. Im Sommer 1557 wurde das Landgebiet visitiert. Dort amtierten damals noch 12 katholische Priester und 15 Interimisten, dazu einige Zwinglianer, hingegen nur zwölf evangelische Pfarrer. Wo die Entlassung der katholischen Priester nur im Einvernehmen mit den Patronen möglich war, wurde sie zunächst vertagt. Reuige Interimisten durften im Amt bleiben. Aufgrund der Visitation verfaßte man klare

Bestimmungen über das Leben und die Lehre der Pfarrer. Die theologische Norm war nunmehr das Luthertum. Mit den Gottesdiensten richtete man sich weithin nach der württembergischen Ordnung. Nach Straßburger Vorbild schlug Rabus die Einführung von Presbytern vor, was jedoch nicht verwirklicht wurde. Erst 1560 unterbreitete der von Rabus wieder aktivierte Konvent der Ulmer Prediger Reformvorschläge für die Kirche in der Stadt. Nunmehr kam es zur Einführung der württembergischen Kirchenordnung und eines von Rabus selbst verfaßten Katechismus. Der Hauptgottesdienst wurde allerdings weiter in der hergebrachten Form gefeiert. Den Forderungen nach besserer Durchführung der Kirchenzucht begegneten die Pfarrkirchenbaupfleger und Religionsverordneten immer noch zurückhaltend. Die letzte Entscheidung in kirchlichen Angelegenheiten lag nach wie vor beim Rat. Auch Rabus konnte seine Befugnisse nicht ausweiten. Insgesamt war aber das Verhältnis zwischen Rat und Geistlichkeit wesentlich konstruktiver als vor dem Interim.

Das Nebeneinander von Lutheranern wie Rabus und Zwinglianern wie Reusenzein oder dem Prediger Johann Glast und dem 1559 aus Ravensburg gekommenen Johannes Willing war auf die Dauer unhaltbar. Die Zwinglianer, von denen es auch einige im Landgebiet gab, mußten Ulm verlassen und kamen zum Teil in der calvinistisch gewordenen Kurpfalz unter. Außer den Zwinglianern gab es in Ulm immer wieder Täufer und vor allem Anhänger Schwenckfelds. Dieser selbst ist aller Wahrscheinlichkeit nach am 10. Dezember 1561 im Haus der Agatha Streicher verstorben. Auf Anhänger und Bücher Schwenckfelds stieß man noch jahrzehntelang.

Schon 1559 hatte Kaiser Ferdinand den kirchlichen Reformen in Ulm widersprochen und versucht, für die Katholiken die Parität durchzusetzen. Er erreichte erstaunlicherweise eine Bestandsgarantie für den katholischen Gottesdienst. Allerdings durfte in den katholischen Gottesdiensten nicht gepredigt werden, was freilich nicht eingehalten wurde. Über den Kaiser versuchten die Ulmer Katholiken 1566 hinter dem Rücken des Rats die Erlaubnis zur Predigt zu erhalten. Der Rat rügte dieses Verhalten scharf und blieb hart. Gleichzeitig drang Rabus energisch auf die Abschaffung des katholischen Gottesdienstes, freilich zunächst ohne Erfolg. Erst 1569, nachdem Rabus mehrfach mit seinem Wegzug gedroht hatte, entzog der Rat dem katholischen Gottesdienst in der Barfüßerkirche jegliche Unterstützung, was dessen Ende bedeutete. Eine Finanzierung durch den katholischen Ratsherren Ulrich Ehinger ließ der Rat nicht zu. Dem Protest des Kaisers gegenüber wies der Rat u. a. darauf hin, daß er nicht verpflichtet sei, für die 2 bis 2,5 Prozent Katholiken zu sorgen. Bei dieser Auffassung blieb er auch später. Der katholische Gottesdienst bestand nur in der Wengenkirche und der Deutschhauskapelle fort, diese aber hatten keine Pfarreirechte.

An der gemeinsamen Kirchenpolitik der deutschen Protestanten beteiligte sich Ulm kaum mehr aktiv. 1577 unterschrieben die Geistlichen die Konkordienformel, 1579 der Bürgermeister Hans Ehinger die Vorrede zum Konkordienbuch.

Überblickt man die Reformationsgeschichte der Reichsstädte nach dem Interim, so erkennt man sofort, daß die Städte (abgesehen von Straßburg) bei weitem nicht mehr dieselbe Ausstrahlung besaßen wie zuvor. Durch das Interim hatten sie ihre bedeutenden Theologen verloren, von denen nunmehr viele im Herzogtum Württemberg tätig waren. An diesem Bild ändert auch eine so starke Gestalt wie der Ulmer Superintendent Rabus nichts. Dazu hatte die Verfassungsänderung die Städte stärker an den Kaiser gebunden und ihren politischen Spielraum in jeder Hinsicht eingeengt, sofern die Ratsgremien nicht ohnedies eingeschüchtert waren. Die religionspolitische Initiative war weithin an die evangelischen Territorien, vor allem an Württemberg und Kurpfalz übergegangen, und von ihnen gingen die Impulse aus. Auch auf religiösem Gebiet war die große Zeit der Reichsstädte vorbei. Nicht wenige Städte wurden von Württemberg mit Ordnungen und mit Pfarrern versorgt. Erst Jahrzehnte später profilierten sich wieder einzelne reichsstädtische Theologen. Hauptsächlich unter dem Einfluß Württembergs setzte sich auch in den Reichsstädten schließlich durchweg das Luthertum durch, obwohl sich der Zwinglianismus zunächst teilweise noch zäh gehalten hatte. Die Ausdehnung der Reformation in den Reichsstädten war allerdings auch nach dem Augsburger Religionsfrieden noch nicht ganz abgeschlossen.

In *Weil der Stadt* dürfte die Nähe des umgebenden Herzogtums Württemberg eine Einführung der Reformation verhindert haben. Einerseits wurden die evangelischen Bürger nicht daran gehindert, den evangelischen Gottesdienst in den umliegenden Ortschaften zu besuchen. Die Priester in Weil waren zeitweilig verheiratet, und das Abendmahl wurde unter beiderlei Gestalt ausgeteilt. Andererseits wehrte man sich 1559 gegen das Ansinnen Herzog Christophs, einen evangelischen Prediger anzustellen. 1579 bemühten sich die Evangelischen um die Unterstützung Heilbronns bei ihrer Forderung nach Überlassung einer Kirche und eines Predigers. Auch Herzog Ludwig von Württemberg setzte sich für sie ein; dennoch erreichten sie nicht mehr als eine großzügige Duldung. Auch evangelische Bürger waren zum Rat und den Ämtern zugelassen. Sebald Kepler, der Großvater des Astronomen, brachte es bis zum Bürgermeister. Um 1590 war ein Drittel der Bevölkerung evangelisch. Wenig später setzte dann eine ausgesprochen protestantenfeindliche Politik ein.

In den 50er Jahren machten sich in *Schwäbisch Gmünd* unter der Bevölkerung und bei einzelnen Geistlichen evangelische Neigungen bemerkbar. Das Fasten wurde nicht mehr eingehalten, die Hälfte der Bürger kommunizierte an Ostern nicht mehr, auch die herkömmliche Liturgie wurde nicht mehr sorgfältig beachtet. Die Evangelischen ließen sich außerhalb der Stadt kirchlich versorgen. Zwar wurde die katholische Taufe von allen Bürgern gefordert, im übrigen ließ man die Evangelischen aber gewähren. Diesem Zustand wollte der Pfarrer 1574 ein Ende bereiten. Bei seinem Dringen auf konfessionelle Einheitlichkeit wurde er vom Bischof von Augsburg unterstützt, während der Rat zunächst gegen ein scharfes Vorgehen war. Dann aber änderte sich seine Haltung. Das Fastengebot wurde wieder eingeschärft. Man plante die Ausweisung der Evangelischen. Dagegen bat ein Gruppe von Bürgern, unter denen sich auch Patrizier befanden, beim Augsburger Bekenntnis bleiben zu dürfen. Für sie setzte sich auch Württemberg ein. Im Rat selbst standen sich eine rigoristische und eine besonnene Partei gegenüber. Ein Streitpunkt war die Nachsteuer, die die Evangelischen bei ihrer Ausweisung für ihr Vermögen entrichten sollten. Das Schicksal der Evangelischen in Gmünd beschäftigte nunmehr auch die evangelischen Reichsstädte und Fürsten. 1576 verzichtete Gmünd zwar auf die Vertreibung der Evangelischen – sie galt als inopportun, obwohl die Stadt aufgrund des Augsburger Religionsfriedens dazu berechtigt gewesen wäre –, aber die Glaubensausübung der Evangelischen wurde weiterhin unterdrückt.

*Wimpfen* scheint nach 1548 zumindest äußerlich weitgehend rekatholisiert worden zu sein. Die Evangelischen konnten sich jedoch halten, weil sie durch die Pfarreien des umliegenden kraichgauischen Adels versorgt wurden. 1564 forderte dann eine Abordnung evangelischer Bürger die Berufung eines evangelischen Predigers. Vermutlich wegen der Mehrheitsverhältnisse – drei Viertel der Bürger sollen evangelisch gewesen sein – gab Kaiser Maximilian dazu seine Erlaubnis. Der katholische Kultus mußte aber erhalten bleiben und der Frieden in der Stadt gewahrt werden. Damals wurde der Pfarrer Martin Vischer evangelisch. Das Wormser Domkapitel setzte einen neuen katholischen Pfarrer ein. Beide Parteien stritten sich nunmehr um die Pfarrkirche und die Pfarrbesoldung. Aufgrund eines kaiserlichen Mandats von 1570 mußten die Evangelischen die Pfarrkirche räumen und in das Langhaus der Dominikanerkirche umziehen, deren Chor aber den Mönchen verblieb. In den folgenden 15 Jahren lebten beide Konfessionen ohne größere Konflikte nebeneinander. Neue Streitigkeiten entstanden 1586 und dann vor allem 1588 wegen der gemeinsamen Benutzung der Dominikanerkirche durch die Evangelischen und die Mönche. Wegen der dortigen angeblichen Gottesdienststörungen forderten die Evangelischen erneut die Einräumung der Pfarrkirche, die nunmehr beide Konfessionen gemeinsam benutzen sollten. Sie setzten sich damit schließlich auch durch, die Stadt wurde deswegen jedoch in eine Vielzahl von Prozessen am Reichskammergericht verwickelt. Die Katholiken wurden im Lauf der Jahrzehnte nahezu ganz aus der Stadt verdrängt.

In *Aalen* gelang erstaunlich spät, nämlich erst 1575, noch einmal die Einführung der Reformation in einer Reichsstadt. Allerdings hatte es dort schon seit 1529 evangelische Regungen gegeben. Conrad Delphinus, der bis 1535 Prediger war und dann nach Württemberg ging, sympathisierte mit der Reformation. Von 1555 an machte sich der Einfluß von Georg Hummel, dem Pfarrer im benachbarten Bopfingen, auch in Aalen bemerkbar. 1563 wurden in der Kirche evangelische Kirchenlieder gesungen, ein Jahr später die Schulkinder nach Brenzens Katechismus unterrichtet. Zunächst stand jedoch Bischof Otto von Augsburg, der zugleich der Propst des benachbarten Ellwangen und damit Patron der Pfarrkirche war, einer Reformation im Wege. Erst mit seinem Tod 1573 wurde die Bahn frei. Unter der Führung des Bürgermeisters Andreas Bader und des Stadtschreibers Jörg Preu war der Rat 1575 gesonnen, von seinem Reformationsrecht Gebrauch zu machen. Man suchte sich des Rückhaltes von Ulm, Nördlingen und Esslingen, später, als diese zögerten, auch des Herzogs von Württemberg zu versichern. Im März 1575 bat eine Gruppe von 41 Bürgern um die Annahme des Augsburger Bekenntnisses. Bei diesem Antrag spielte das Verlangen nach evangelischer Predigt eine Rolle. Württemberg schlug vor, den Prediger nicht an der Pfarrkirche, sondern am Spital anzustellen. Der Propst von Ellwangen lehnte eine Veränderung der Religion und vor allem die

Bezahlung des evangelischen Predigers ab. Am 6. Juni ließ der Rat die Bürger über seine Absicht, dem Augsburger Bekenntnis beizutreten, abstimmen. Für die Beibehaltung des alten Glaubens sprach sich eine Mehrheit von 40 Bürgern, d. h. wohl zwei Drittel der Stimmberechtigten, aus, unter denen sich jedoch nur zwei von 13 Ratsherren befanden. Dennoch ließ sich der Rat nicht von seinem Vorhaben abbringen. Die Evangelischen baten Herzog Ludwig von Württemberg um einen Prediger. Der Tübinger Kanzler Andreae predigte vom 28. Juni an in Aalen mehrere Wochen über die Hauptstücke des christlichen Glaubens und führte so die Reformation ein. Adam Salomon wurde der erste evangelische Pfarrer, Johann Glaser, ein Aalener Stadtkind, Diakon. Der Streit mit Ellwangen um die Besoldung dieser Geistlichen ging bis ins folgende Jahr weiter, wobei sich die Vertreter Württembergs und Nördlingen um eine Vermittlung bemühten, die dann am 18. November 1576 erreicht wurde. Der Propst übernahm die Besoldung der Geistlichen und des Schulmeisters.

*Literatur:*

Vgl. oben S. 304. – *Friedrich Fritz*, Ulmische Kirchengeschichte vom Interim bis zum dreißigjährigen Krieg, in: BWKG 35 (1931), S. 169–206; 36 (1932), S. 1–62; 37 (1933), S. 1–44 und 117–168; 38 (1934), S. 51–132. – *Kaspar von Greyerz*, The late City Reformation in Germany. The Case of Colmar 1522–1628, in: Ver. des Inst. f. Europ. Gesch. 98, Wiesbaden (1980), S. 188–192 (Aalen). – *Reinhold Rau*, Obrigkeit und Kirche in der Reichsstadt Esslingen nach dem Augsburger Religionsfrieden, in: Esslinger Studien 10 (1964), S. 213–221. – Beschreibung des Oberamts Leonberg, Stuttgart (1930), S. 1080ff. (Weil der Stadt). – *L. Rippmann*, Kirchenvisitationen im Ulmer Land von 1557, 1699 und 1722, in: WVJH 33 (1914), S. 120–154. – *Emil Wagner*, Die Reichsstadt Schwäbisch Gmünd in den Jahren 1548-1565, in: WVJH NF1 (1892), S. 88–120. – Ders., Die Reichsstadt Schwäbisch Gmünd in den Jahren 1565–1576, in: WVJH NF2 (1893), S. 282–325.

# Überblick über die katholisch gebliebenen Territorien Südwestdeutschlands

Katholisch blieben in Südwestdeutschland die Gebiete der geistlichen Fürsten, des Erzbischofs von Mainz, der Bischöfe von Würzburg, Augsburg, Konstanz, Straßburg, Speyer und Worms, die Territorien des Deutschen Ordens, der Fürstpropstei Ellwangen, einiger Klöster wie Weingarten, Ochsenhausen und Neresheim. Die weltlichen Territorien, in denen die Reformation keinen bleibenden Eingang fand, waren Vorderösterreich, die Markgrafschaft Baden-Baden, die Gebiete der Truchsessen von Waldburg, der Grafen von Hohenzollern, Fürstenberg, Montfort und Helfenstein, Teile der Grafschaft Öttingen sowie große Teile der Reichsritterschaft, namentlich im österreichischen Machtbereich. Von den Reichsstädten blieben katholisch Schwäbisch Gmünd, Weil der Stadt und Rottweil, schließlich auch Konstanz, nachdem die Stadt 1548 vom Kaiser eingenommen und zur österreichischen Landstadt gemacht worden war.

Den Bischöfen war durch den Augsburger Reformationsfrieden die geistliche Jurisdiktion in den Gebieten der evangelischen Landesherren aberkannt worden. Sie nahmen von jetzt an – mit Ausnahme des Bischofs von Konstanz – eine eher periphere Stellung in Südwestdeutschland ein, zumal ihre weltlichen Territorien – außer dem des Bischofs von Speyer – ihre Schwerpunkte außerhalb hatten. Seit dem Religionsfrieden und der Beendigung des Trienter Konzils (1563) verwandelte sich die Passivität, mit der die Bischöfe bisher mehr oder weniger dem Reformationsgeschehen gegenübergestanden waren, in eine aktive Gegenbewegung. Diese verläuft in den einzelnen Bistümern nicht synchron, sondern mit gewissen Unterschieden, doch kann generell gesagt werden, daß der Typ des verweltlichten, bestenfalls von humanistischem Geist berührten Kirchenfürsten, wie etwa des Erzbischofs Albrecht von Mainz (1514–1545), mit der Zeit abgelöst wurde von solchen Bischöfen, die, ebenfalls humanistisch motiviert, eine Vermittlungsposition einnahmen wie z.B. der Nachfolger von Albrecht, Sebastian von Heusenstamm (1545–1555). Schließlich saßen auf den südwestdeutschen Bischofsstühlen Männer wie Kardinal Otto Truchseß von Waldburg in Augsburg (1543–1573) oder Julius Echter in Würzburg (1573–1617), die, gestützt auf die Dekrete des Trienter Konzils, tatkräftig der Reformation entgegenwirkten. Die Stellung der Bischöfe in der Reichsverfassung, die ihnen neben dem geistlichen Amt auch das des Landesherrn zuwies, war im Religionsfrieden durch den geistlichen Vorbehalt festgeschrieben worden. Nachdem sich vor der Reformation bei den Bischöfen eindeutig die Gewichte zugunsten der landesherrlichen Aufgaben verschoben hatten, mußten nun die Akzente anders gesetzt werden. Durch diese Doppelrolle blieb jedoch latent die Gefahr vorhanden, daß das Schwert den Vorrang vor dem Bischofsstab erhalten konnte, daß die politischen Aufgaben manchmal hinter den geistlichen zurücktreten mußten.

Aus der Gegenreformation ist der 1534 gegründete Orden der Jesuiten nicht wegzudenken; geradezu als ihr geistiger Führer kann der erste deutsche Jesuit Petrus Canisius bezeichnet werden, der 1556–1569 Provinzial der oberdeutschen Jesuitenprovinz war und für die Durchsetzung der Trienter Beschlüsse in den einzelnen Diözesen sorgte. Neu belebt wurde durch die Gegenreformation das Instrumentarium der Synoden und der Visitation, wobei die letztere in keiner der südwestdeutschen Diözesen den organisatorischen Stand erreichte wie die Visitation im Herzogtum Württemberg. Immerhin dürfte dieses Vorbild auf die Visitationen in den einzelnen Diözesen anregend gewirkt haben.

Im Erzstift *Mainz* hatte die evangelische Bewegung, die sich besonders in den Städten regte, wie der Fall des Johann Drach in Miltenberg zeigt, durch den Bauernkrieg eine schwere Niederlage erlitten. Zu den Maßnahmen, die gegen die Städte des Mainzer Oberstifts wie Ballenberg, Tauberbischofsheim, Miltenberg, Külsheim und Amorbach 1527 getroffen wurden, gehört die Ausweisung evangelisch gesinnter Geistlicher. Dennoch konnte sich die evangelische Bewegung im Mainzer Erzstift halten, nicht zuletzt begünstigt durch erzbischöfliche Räte oder Mitglieder des Domkapitels. Doch handelte es sich immer noch um eine wesentlich städtische Bewegung, wie etwa ein Visitationsprotokoll des Kapitels Taubergau aus dem Jahre 1549 zeigt, wo lediglich der Pfarrer von Tauberbischofsheim über Pfarrangehörige klagt, die schon längere Zeit nicht mehr kommuniziert hätten und Schriften Luthers besäßen. In Külsheim wird über das Auslaufen in evangelische Orte Beschwerde geführt.

Erzbischof Sebastian von Heusenstamm (1545–1555) war von der Notwendigkeit einer innerkirchlichen Reform überzeugt und veranstaltete 1548 eine Diözesan-, im folgenden Jahr eine Provinzialsynode. Unter anderem wurden auf beiden Synoden Beschlüsse gegen die Konkubinarier gefaßt, doch hat das Interim mancherorts die Priesterehe sicher noch gefördert.

Durch den Augsburger Religionsfrieden hatte das Erzbistum Mainz besonders große Verluste zu verzeichnen. In seinem südlichen Teil verlor es allein 150 Pfarreien. Unter Erzbischof Daniel Brendel von Homburg (1555–1582) wurden 1561 die Jesuiten nach Mainz berufen. Petrus Canisius überbrachte persönlich die Trienter Beschlüsse, die jedoch nur vorsichtig ins Werk gesetzt wurden. So zeigen die mehrfach wiederholten Mandate gegen die Konkubinarier, daß diese Bestimmung sich nur schwer durchsetzen ließ.

Unter Erzbischof Daniel und seinem Nachfolger Wolfgang von Dalberg (1582–1601) wurden die Grundlagen dafür gelegt, daß die Nachfolger die Bevölkerung des Mainzer Erzstiftes wieder vollständig der katholischen Kirche zuführen konnten. 1606 wurden die Personen namhaft gemacht, die den Besuch der Messe verweigerten. Auffallend viele waren es in Königheim, Krautheim und Külsheim, denen im Falle weiteren Widerstrebens die Landesverweisung drohte.

Im Hochstift *Würzburg* ist ebenfalls eine evangelische Bewegung zu verzeichnen, wie etwa an dem Domprediger Paul Speratus und dem Weihbischof Johann Pettendorfer deutlich wird. Während Bischof Lorenz von Bibra (1495–1518) noch Luther auf dessen Durchreise nach Heidelberg 1518 freundlich empfangen hatte, ging der

Nachfolger Konrad von Thüngen (1519–1540), offenbar unter dem Eindruck des Bauernkriegs, gegen die Evangelischen im Hochstift vor, bemühte sich daneben aber auch um eine Besserung des Klerus. Doch auch unter den Nachfolgern Konrad von Bibra (1540–1544) und Melchior Zobel von Giebelstadt (1544–1558) dauerte die evangelische Bewegung im Hochstift fort, besonders im Schutze des Adels, wie etwa in den Lehenorten der Herren von Hardheim, wo nach 1555 reformiert wurde.

Das Würzburger Hochstift war durch den Kriegszug des Markgrafen Albrecht Alcibiades finanziell vollständig ruiniert worden, so daß das Domkapitel erwog, das Hochstift dem Schutz eines weltlichen Fürsten, wie etwa Herzog Christoph von Württemberg, zu unterstellen. Bischof Melchior fiel schließlich einem von den Anhängern Wilhelms von Grumbach verübten Attentat zum Opfer. Die besondere Situation des Hochstifts Würzburg war wohl auch Anlaß dafür, daß Bischof Friedrich von Wirsberg (1558–1573) in seiner Wahlkapitulation ausdrücklich auf seine kirchlichen Pflichten hingewiesen wurde. 1567 konnten die Jesuiten ein Gymnasium in Würzburg gründen. Die Mandate Bischof Friedrichs zur Hebung des katholischen Lebens und gegen die evangelische Bewegung scheinen jedoch nicht sehr erfolgreich gewesen zu sein. Anders wurde es unter Bischof Julius Echter von Mespelbrunn (1573–1617). Er ging energisch an die Gegenreformation in seinem Gebiet. 120 evangelische Pfarrer soll er im Zuge seiner Rekatholisierungsbewegung vertrieben haben, vor allem in den durch Heimfall an Würzburg gekommenen wertheimischen und hardheimischen Lehen. Begleitet wurden diese Reformmaßnahmen durch die Gründung des Juliusspitals in Würzburg (1576) und der Universität (1582). Neben der Konsolidierung der Finanzen des Hochstifts gelang ihm auch die Verdrängung des protestantischen Adels aus den Regierungsstellen zugunsten bürgerlicher Beamter, die auf den katholischen Glauben verpflichtet wurden. Julius Echter ist daher der Typ des gegenreformatorischen Bischofs und Landesherrn, der mit schärfster Auslegung des Religionsfriedens die konfessionelle Situation in seinem Territorium bereinigte.

Das Bistum *Augsburg* hatte durch die Reformation drei Viertel seiner ursprünglich rund 1000 Pfarreien verloren, vor allem auf dem Gebiet des Herzogtums Württemberg und in den Reichsstädten. Auf Bischof Christoph von Stadion (1517–1543) folgte Otto Truchseß von Waldburg, der, 1544 zum Kardinal ernannt, als einer der ersten im deutschen Episkopat die Bewegung gegen die Reformation einleitete. Unmittelbar nach seinem Amtsantritt hielt er eine Diözesansynode ab, eine weitere folgte 1548. In Dillingen errichtete er 1549 eine Hochschule, die 1551 vom Papst zur Universität erhoben wurde. Zwischen den Theologen der beiden schwäbischen Universitäten Tübingen und Dillingen wurde in der Folgezeit ein Teil der konfessionellen Auseinandersetzung durchgefochten. Dabei spielte die 1550 auf Veranlassung des Kardinals eingerichtete Druckerei von Sebald Mayer eine wichtige Rolle. 1559 wurde Petrus Canisius als Domprediger nach Augsburg berufen. Gleich nach Beendigung des Trienter Konzils ging der Kardinal daran, dessen Beschlüsse in seiner Diözese durchzusetzen, wozu 1567 in Dillingen eine große Reformsynode abgehalten wurde. Den Reformen fehlte es freilich an Nachdruck, da Otto durch sein Amt als Kardinalprotektor der deutschen Nation lange Jahre in Rom weilte.

Seinem Nachfolger Johann Egolf von Knöringen (1573–1575) fehlte die Zeit, um etwas bewirken zu können. Auch die beiden folgenden Inhaber des Augsburger Bischofsstuhls, Markward von Berg (1575–1591) und Johann Otto von Gemmingen (1591–1598), konnten die tridentinischen Reformen nur in bescheidenem Maße fördern. Die volle Durchsetzung gelang erst Bischof Heinrich von Knöringen (1598–1646).

Das Bistum *Konstanz* war durch die Reformation, besonders im Herzogtum Württemberg und in der Schweiz, auf die Hälfte seines ehemaligen Bestandes geschrumpft. Die Bischöfe waren nicht in der Lage gewesen, der Reformation etwas entgegenzusetzen. Nach dem Tod des Bischofs Hugo von Hohenlandenberg (1497–1528), der nach dem Tode seines Nachfolgers Balthasar Merklin (1529–1531) nochmals für kurze Zeit das Bischofsamt innehatte, schien das Bistum am Rande des Untergangs. Bischof Johann von Lupfen (1532–1537) trat dann auch unter dem Eindruck der württembergischen Reformation zurück.

Bischöfliche Residenz war seit 1526 das hochstiftische Meersburg, auch nachdem Konstanz wieder katholisch geworden war. Bischof Johann von Weeze (1538–1548), der ehemalige Bischof von Lund, der viel im diplomatischen Dienst des Kaisers unterwegs war, besuchte das Trienter Konzil nicht. Etwas mehr geistlichen Eifer zeigte sein Nachfolger Christoph Metzler (1548–1561), der 1549 eine Diözesansynode hielt und – allerdings nach besonderer Aufforderung – auch in Trient erschien. Wenig Interesse an kirchlichen Angelegenheiten bewies sein Nachfolger, Kardinal Mark Sittich von Hohenems (1561–1589). Immerhin hielt er 1567 eine Diözesansynode ab, auf der die Beschlüsse des Trienter Konzils veröffentlicht wurden. 1571 begann eine Visitation des Bistums, die nur stockend vorankam und die üblichen Mißstände, wie das Konkubinat vieler Priester oder Übergriffe weltlicher Herren, zutage brachte. Bischof Andreas von Österreich (1589–1600) blieb ohne höhere Weihen und hielt sich häufig außerhalb seiner Diözese auf. Nach ersten Ansätzen unter Bischof Georg von Hallwil (1601–1604) konnte die Reform unter dem Nachfolger Jakob Fugger von Kirchberg durchgeführt werden. Ein Jesuitenkolleg wurde 1605 in Konstanz errichtet. Die Gründung eines Seminars zur Ausbildung des Priesternachwuchses gelang in diesem Zeitraum nicht mehr.

Dem Bistum *Straßburg*, das auch rechtsrheinisch um Oberkirch nicht unbeträchtlichen Hochstiftsbesitz hatte, standen in der Reformationszeit zunächst Bischof Wilhelm von Honstein (1506–1541), dann Erasmus Schenk von Limpurg (1541–1568) vor. Dieser war ein Bruder der Gräfin Barbara von Wertheim, die als Vormünderin ihres Sohnes seit 1531 die Reformation ihres Gebietes tatkräftig förderte. Bischof Erasmus, der um einen Ausgleich der Gegensätze bemüht war, besuchte 1551/52 das Trienter Konzil. 1558/59 kam Petrus Canisius in die Diözese, wenig später wurde in Molsheim ein Gymnasium gegründet. 1560 wurde in Zabern, dem Sitz des Bischofs, eine Synode wegen des Konzils abgehalten. Unter Bischof Johannes von Manderscheid-Blankenheim (1569–1592) siedelten sich 1571 die Jesuiten in Zabern an, 1580 bauten sie das Gymnasium in Molsheim zu einem Kolleg aus. 1576 begann man damit, die Klöster und Stifte zu visitieren, nachdem schon früher Inquisitionen zur Untersuchung der Amts- und Lebensführung der Pfarrer veranstaltet worden waren, durch die allerhand Mißstände aufgedeckt wurden. Anläßlich der folgenden Visitation der Pfarreien wurden die besonders sittenlosen Vertreter des Klerus bestraft. Inzwischen hatte die Reformation auch Eingang ins Domkapitel gefunden, worauf Bischof Johannes die evangelischen Domherren bannte und damit den sogenannten Straßburger Kapitelstreit hervorrief. Die Gegensätze vertieften sich, als nach seinem Ableben ein katholischer und ein evangelischer Kandidat aus der Wahl hervorgingen. Durch einen Vertrag wurde 1595 das Bistum geteilt, 1604 der evangelische Kandidat jedoch zum Verzicht bewogen.

Das Bistum *Speyer* war durch die Reformation in der Kurpfalz in eine bedrängte Lage geraten. Bischof Philipp von Flersheim (1529–1552) konnte den Hochstiftsbesitz durch konsequente Anlehnung an den Kaiser sichern. Er veranstaltete eine Diözesansynode und versuchte, die katholische Reform voranzutreiben. Auch sein Nachfolger Rudolf von Frankenstein (1552–1560) ließ sich die Besserung des Klerus angelegen sein. Bischof Marquard von Hattstein (1560–1581) scheint schwenckfeldische Neigungen gehabt zu haben, er gründete jedoch 1561 in Speyer ein Alumnat für Studenten und 1571 ein Jesuitenkolleg. Im selben Jahr bestätigte er die Umwandlung des Stifts Oberstenfeld, das sich der württembergischen Landesherrschaft entziehen konnte, in ein evangelisches adliges Fräuleinstift.

Das Bistum *Worms* war noch mehr als Speyer dem Einfluß der Kurpfalz ausgesetzt. Bischof Heinrich (1523–1521), seit 1541 auch Bischof von Freising, war ein Bruder des Kurfürsten. Sein Nachfolger Theoderich von Bettendorf (1552–1580) erlebte das nahezu völlige Verschwinden seines Bistums durch die Reformation der Kurpfalz unter Ottheinrich. Nur die wenigen Pfarreien des Hochstifts und des Deutschen Ordens, nämlich 15 von 250 blieben katholisch.

Unter den kleineren geistlichen Territorien in Südwestdeutschland ist vor allem die reichsfreie Benediktinerabtei *Weingarten* zu nennen, deren Besitzungen jedoch zum größten Teil unter der Landeshoheit der österreichischen Landvogtei Schwaben standen. Abt war seit 1520 Gerwig Blarer, ein Vetter der Brüder Ambrosius und Thomas Blarer, der 1547 auch noch die Benediktinerabtei *Ochsenhausen* übernahm. Abt Gerwig stand fest in der mittelalterlichen Tradition, eine Reformbedürftigkeit der Kirche war für ihn nicht erkennbar. Auch für das Anliegen des Trienter Konzils fehlte ihm das Verständnis; den neuen Orden der Jesuiten lehnte er ab. Hervorgetreten ist Abt Gerwig vor allem als Politiker, z. B. als kaiserlicher Kommissar zur Eintreibung der Strafgelder von den evangelischen Städten nach dem Schmalkaldischen Krieg und als Beauftragter für die Gegenreformation in Konstanz sowie als Vertreter der schwäbischen Prälaten auf den Reichs- und Kreistagen.

Reichsunmittelbar war auch die Fürstpropstei *Ellwangen*. Sie konnte deshalb aufgrund des »geistlichen Vorbehalts« nicht reformiert werden, obwohl sie unter württembergischem Schirm stand. Seit 1552 war Kardinal Otto Truchseß von Waldburg zugleich Fürstpropst, der auch Petrus Canisius nach Ellwangen berief.

Zu den kleineren geistlichen Reichsständen gehörte auch der *Deutsche Orden*. Nach der Zerstörung der Burg Horneck über Gundelsheim im Bauernkrieg hatte der Deutschmeister seinen Sitz nach Mergentheim verlegt. 1527 wurde dem

Deutschmeister Walter von Kronberg das Hochmeisteramt übertragen, da der bisherige Inhaber, Markgraf Albrecht von Brandenburg, das Amt niedergelegt und das Ordensland Preußen zu einem weltlichen Herzogtum erklärt hatte (1525).

Das bedeutendste weltliche Territorium in Südwestdeutschland, das bei der katholischen Kirche verblieb, bildeten die *habsburgischen Erblande* mit dem Breisgau, der Landvogtei Ortenau, der Grafschaft Hohenberg, der Landgrafschaft Nellenburg, der Landvogtei Schwaben und der Markgrafschaft Burgau, wo die evangelische Bewegung schon in den zwanziger Jahren unterdrückt worden war. Auch die kleineren Reichsstände im habsburgischen Machtbereich – mit Ausnahme der Reichsstädte – blieben katholisch.

In der *Markgrafschaft Baden* führte eine dynastische Teilung zur konfessionellen Trennung der beiden Landeshälften. Ähnliches bahnte sich auch in der *Grafschaft Fürstenberg* an. Graf Wilhelm von Fürstenberg, der in seinen Gebieten die Reformation durchgeführt hatte, schloß sich im Schmalkaldischen Krieg zunächst der evangelischen Seite an. Er entzweite sich dann aber mit dem Landgrafen Philipp und trat nach dem unglücklichen Ausgang des Krieges die Regierung des Kinzigtales und der Ortenau an seinen altgläubigen Bruder Friedrich ab, um diesen Besitz dem kaiserlichen Zugriff zu entziehen. Graf Wilhelm lehnte es ab, sich dem Kaiser zu unterwerfen. Dieser ließ deshalb im Juli 1549 den Befehl an Graf Friedrich ergehen, seinen Bruder gefangenzusetzen. Der rasche Tod Wilhelms am 31. August 1549 machte diesen Befehl gegenstandslos.

Das Interim wurde im Kinzigtal und in der Ortenau zunächst nur nachlässig durchgeführt, da die Amtleute sich am württembergischen Vorbild orientierten. Graf Friedrich, der in seinen eigenen Gebieten jede evangelische Regung unterdrückte, war jedoch darauf bedacht, dem Kaiser zu Willen zu sein, um die Pfandschaft Ortenau seinem Hause zu erhalten. Er begann deshalb nach 1550 mit der Rekatholisierung der Herrschaft durch Besetzung der Pfarrstellen mit katholischen Geistlichen, wenngleich er auch recht vorsichtig zu Werke ging, um die evangelischen Nachbarn, Württemberg und Straßburg, nicht gegen sich aufzubringen. Er duldete deshalb, daß die Untertanen zum Gottesdienst und zum Empfang der Sakramente auswärtige evangelische Kirchen besuchten. Nach dem Tod des Grafen Friedrich wurde die Rekatholisierung von den Erben weiter vorangetrieben. Wer sich nicht der alten Kirche anschließen wollte, sollte bestraft werden und das Land verlassen. Die Durchführung dieses Befehls war aber durch die Beibehaltung der evangelischen Amtleute erschwert, so daß es im Kinzigtal um 1600 immer noch eine evangelische Minderheit gab, die aber immer mehr abnahm, zumal 1612 die Kapuziner nach Haslach berufen wurden. Konfessionell gemischt blieb jedoch das mit Baden-Durlach gemeinschaftliche Prechtal, da es Fürstenberg nicht gelang, eine Teilung des Tals durchzusetzen.

Die *hohenzollerischen Grafschaften* waren von der Reformation nahezu unberührt geblieben. Dennoch zeigen sich Bestrebungen der Grafen, auf die Kirche in ihren Territorien Einfluß zu gewinnen, wobei, zumal nach dem Religionsfrieden 1555, das Vorbild der evangelischen Landesherren unverkennbar ist. Die Durchsetzung der tridentinischen Reform, die in der Konstanzer Diözese mit der Synode von

1567 begann, erzeugte deshalb einen gewissen Widerstand der Landesherren, die bestrebt waren, ihre Territorien zu vereinheitlichen. Die Reform im Sinne des Tridentinums war daher bis zum Dreißigjährigen Krieg noch nicht abgeschlossen.

Nach dem Ende der Reformationsperiode war die konfessionelle Landschaft im deutschen Südwesten bestimmt von dem evangelischen Herzogtum Württemberg (Abb. 40), dem durch seine Größe und zentrale Lage in diesem Gebiet eine wichtige Funktion für Bestand oder Nichtbestand evangelischer Kirchen in der näheren und weiteren Umgebung zukam. Diese Stellung legte der württembergischen Kirche und der Politik des Landesherrn eine große Verantwortung auf. Von seinem Rang her wäre dem Kurfürsten von der Pfalz, der ja zu den drei evangelischen Kurfürsten zählte, im Reich eine größere Bedeutung zugekommen. Doch die für Südwestdeutschland eher periphere Lage der Kurpfalz und das 1559 beginnende Ausscheiden aus dem Verband der lutherischen Kirchen ließ die Pfalz nicht zu größerer Geltung kommen. Auch hätte die Aufgabe, die Württemberg in der folgenden Zeit übernahm, nämlich für die kleineren Kirchen in Südwestdeutschland und in den Ländern der habsburgischen Monarchie Sorge zu tragen, von der Kurpfalz nicht in dem Maße wahrgenommen werden können, wie es von Württemberg aus geschah. Württemberg gegenüber stand Vorderösterreich, das zwar kein geschlossenes Territorium bildete, aber den Einfluß des Hauses Habsburg in Südwestdeutschland verkörperte. Die früher gelegentlich schon zutage getretene Rivalität zwischen Württemberg und Österreich hatte nun auch noch eine konfessionelle Betonung erhalten.

*Literatur:*

*Gustav Bossert*, Rottenburg a. N. und die Herrschaft Hohenberg am Ausgang des Reformationszeitalters 1540–61, in: BWKG 39 (1935), S. 1–30. – *Bernhard Demel* OT, Mergentheim – Residenz des Deutschen Ordens (1525–1809), in: ZWLG 34/35 (1975/76), S. 142–212. – *Ludwig Gabriel Gloeckler*, Geschichte des Bistums Straßburg, Bd. 1–2, Straßburg (1879–1880). – *Heinrich Günter* (Bearb.), Gerwig Blarer, Abt von Weingarten 1520–1567. Briefe und Akten, Württembergische Geschichtsquellen 16–17, Stuttgart (1914–1921). – *Karl Hahn*, Visitationen und Visitationsberichte aus dem Bistum Strassburg in der zweiten Hälfte des 16. Jahrhunderts, in.: ZGO 65 (1911), S. 204–249, 501–543, 573–598. – *Historischer Atlas* VIII 7. – *Manfred Huber*, Die Durchführung der tridentinischen Reform in Hohenzollern (1567–1648), in: Hohenzollerische Jahreshefte 23 (1963), S. XV–XXIV, 1–130. – *Heinz-Peter Mielke*, Schwenkfeldianer im Hofstaat Bischof Marquards von Speyer (1560–1581), in: AMRhKG 28 (1976), S. 77–82. – *Franz Xaver Remling*, Geschichte der Bischöfe zu Speyer, Bd. 1–2, Mainz (1852–1854). – *Julius Schall*, Reformation und Gegenreformation im Gebiet der Fürstenpropstei Ellwangen, in: BWKG 1 (1897), S. 25–43, 145–163. – *Karl Schellhaß*, Gegenreformation im Bistum Konstanz im Pontifikat Gregors XIII. (1572–1585), Karlsruhe (1925). – *Georg Schreiber*, Das Weltkonzil von Trient. Sein Werden und Wirken, Freiburg (1951). – *Franz Siebert*, Zwischen Kaiser und Papst. Kardinal Truchsess von Waldburg und die Anfänge der Gegenreformation in Deutschland , Berlin (1943). – *Hans Eugen Specker*, Die Reformtätigkeit der Würzburger Fürstbischöfe Friedrich von Wirsberg (1558–1573) und Julius Echter von Mespelbrunn (1573–1617), in: WDGB 27 (1965), S. 29–125. – *Werner Thoma*, Die Kirchenpolitik der Grafen von Fürstenberg im Zeitalter der Glaubenskämpfe (1520–1660). Ein Beitrag zur Geschichte der Kirchenreform und Konfessionsbildung, RGST 87, Münster (1963). – *Hermann Tüchle*, Von der Reformation bis zur Säkularisation. Geschichte der katholischen Kirche im Raum des späteren Bistums Rottenburg-Stuttgart, Ostfildern (1981). – *Andreas Ludwig Veit*, Kirche und Kirchenreform in der Erzdiözese Mainz im Zeitalter der Glaubensspaltung und der beginnenden tridentinischen Reformation (1517–1618), Erläuterungen und Ergänzungen zu Janssens Geschichte des deutschen Volkes Bd. X, 3, Freiburg (1920). – Ders., Eine Visitation der Pfarreien des Landkapitels Taubergau im Jahre 1549, in: FDA 45 (1917), S. 179–193. – *Alfred Wendehorst*, Das Bistum Würzburg. Teil 3: Die Bischofsreihe von 1455 bis 1617, Germania Sacra NF 13,3, Berlin, New York (1978). – *Friedrich Zoepfl*, Das Bistum Augsburg und seine Bischöfe im Reformationsjahrhundert, Geschichte des Bistums Augsburg und seiner Bischöfe, Bd. 2, Augsburg (1969).

# Die Ausstrahlung der württembergischen Reformation

## *Die reformatorische Tätigkeit Jakob Andreaes*

Die württembergische Kirche hatte in der zweiten Hälfte des 16. Jahrhunderts eine außerordentliche Bedeutung für die evangelischen Kirchen im Reich und in ganz Europa. Die vor allem von Herzog Christoph, dann aber auch von seinem Sohn und Nachfolger Ludwig zielstrebig betriebene Religionspolitik war besonders von drei Männern bestimmt: Johannes Brenz, Jakob Andreae und Pietro Paolo Vergerio. Brenz war noch 1553 von Pfalzgraf Ottheinrich persönlich nach Pfalz-Neuburg berufen worden, um dort die Kirchen zu visitieren und auf der Grundlage der württembergischen Kirchenordnung zu reorganisieren. In der Folgezeit wirkte Brenz aber vor allem durch seinen persönlichen Rat bei Herzog Christoph, mit dem er wohl alle dessen Schritte auf dem Felde der Religionspolitik begleitete. Zeugnis davon legen heute noch die zahlreichen Konzepte aus der Hand von Brenz ab, die – meistens unverändert – als Schreiben des Herzogs in Religionsangelegenheiten hinausgingen. Vergerio wirkte als gewandter Diplomat im Auftrag Herzog Christophs außerhalb des Reichs, mit ihm – aber nicht allein durch ihn – nimmt die christophinische Religionspolitik eine europäische Dimension an. Jakob Andreae (Abb. 41) wirkte anders als der alternde Brenz nicht nur als Mann der Feder, sondern vor allem durch seine persönliche Gegenwart auf den Schauplätzen, nicht allein bei seiner rastlosen Tätigkeit für das Konkordienwerk, sondern auch bei der Einführung der Reformation, der Ordnung von Kirchen und der Schlichtung von Streitigkeiten, wobei er eine geradezu unglaubliche Reiseleistung vollbrachte. Während die Lebens- und Wirkungszeit von Brenz und Vergerio ungefähr mit der Regierungszeit Herzog Christophs enden, entfaltete der um eine Generation jüngere Andreae seine Tätigkeit noch in der Zeit Herzog Ludwigs (1568–1593), der – gestützt vor allem auf ihn – die weitausgreifende Politik des Vaters fortsetzen konnte. Neben Andreae wirkten freilich noch andere, nicht unbedeutende württembergische Theologen, aber auch eine erstaunlich große Schar württembergischer Geistlicher, die die Heimat verließen, um in der Fremde anderen Kirchen und Gemeinden zu dienen.

Jakob Andreaes Wirksamkeit außerhalb Württembergs begann 1553 in der Grafschaft Öttingen, wohin er auch später noch mehrfach zu Visitationen berufen wurde. Eine außerordentliche Tätigkeit entfaltete er im Jahre 1556, in dem er an der Generalvisitation der Grafschaft Hohenlohe teilnahm, die Herrschaft Wiesensteig und, zusammen mit Heerbrand und den sächsischen Theologen Mörlin und Stössel, in Baden-Pforzheim reformierte. Im selben Jahr, dann nochmals 1558, wurde er nach Rothenburg ob der Tauber berufen, um unter der dortigen Geistlichkeit eine

Einigung über die Kirchengebräuche herbeizuführen und eine Kirchenordnung zu schaffen. Andreae gab nicht nur Hilfestellung bei der Reformation größerer, sondern auch kleinster Kirchenwesen wie der ritterschaftlichen Dörfer Jebenhausen bei Göppingen 1559 und Wachendorf bei Tübingen 1564. Dazwischen liegen Reisen in das pfalz-neuburgische Lauingen an der Donau zur Klärung von Fragen der Kirchenordnung, 1562 nach Weimar wegen der Auseinandersetzung über die Theologie des Victorin Strigel, 1563 nach Straßburg wegen der Streitigkeiten mit dem calvinistisch lehrenden Girolamo Zanchi. 1565 war er zur Einführung der Reformation in der Reichsstadt Hagenau, die er auch später wiederholt besuchte, 1568 im Herzogtum Braunschweig-Wolfenbüttel, 1570 zur Schlichtung von Lehrstreitigkeiten in Ansbach, 1571/72 zur Inspektion in Mömpelgard. 1575 führte er die Reformation in der Reichsstadt Aalen ein, die Städte Lindau und Regensburg besuchte er im selben Jahr zur Schlichtung von Lehrstreitigkeiten. Die folgenden Jahre waren vor allem dem Zustandekommen der Konkordie gewidmet, was eine eher noch gesteigerte Reisetätigkeit verlangte. Selbst in seinem letzten Lebensjahrzehnt nach Abschluß der Konkordie 1580 war Andreae immer noch visitierend und beratend unterwegs.

## *Die Reformation in der Reichsstadt Hagenau*

Im unterelsässischen Hagenau, das 1540 der Schauplatz eines Religionsgesprächs gewesen war, bestand eine nicht unbeträchtliche lutherisch gesinnte Gruppe in der Bürgerschaft und im Magistrat. Es kam aber lange nicht zur Berufung eines evangelischen Predigers, vermutlich weil man ein Einschreiten des Kaisers befürchtete, da das Haus Österreich 1558 die an die Kurpfalz verpfändete Landvogtei im Elsaß wieder an sich gebracht hatte. Erst nach dem Regierungsantritt des toleranten Kaisers Maximilian II. trat man 1565 an Herzog Christoph mit der Bitte um einen Prediger heran. Der Herzog entsandte Jakob Andreae nach Hagenau, der einige Wochen dort predigte. Es bildete sich eine evangelische Gemeinde, deren erster Pfarrer Dr. Philipp Heerbrand wurde. Dieser war ein Bruder des Tübinger Theologen Jakob Heerbrand, zuvor Pfarrer in Lauffen am Neckar, und wirkte bis zu seinem Tode 1575 in Hagenau. 1567 stattete Andreae der Hagenauer Gemeinde einen Besuch ab. Ihr gehörte nur ein Teil der Bevölkerung an, überdies wurde gegen die Berufung des lutherischen Predigers vom Landvogt Einspruch erhoben. Das Zusammenleben der beiden Konfessionen scheint schwierig gewesen zu sein; die anfänglich gemischte lateinische Schule wurde schließlich geteilt. 1604 errichteten die Jesuiten eine Niederlassung in Hagenau, wodurch die katholische Konfession zweifellos gestärkt wurde. Nach dem Dreißigjährigen Krieg waren die Evangelischen nur noch eine Minderheit, die gegen Ende des Jahrhunderts schließlich verschwand.

## *Die Reformation im Herzogtum Braunschweig-Wolfenbüttel*

Nachdem Herzog Heinrich der Jüngere von Braunschweig-Wolfenbüttel, der die evangelische Lehre stets abgelehnt hatte, im Jahre 1568 gestorben war, kam sein Sohn Julius (1568–1589) zur Regierung, der sich sofort an die Reformation seines Landes machte. Er berief hierzu Martin Chemnitz, den Superintendenten von Braunschweig, Jakob Andreae und Peter Ulner von Gladbach, Abt des Klosters Bergen bei Magdeburg, und seinen Kanzler Mynsinger von Frundeck. Begonnen wurde mit einer Generalvisitation des Landes, bei der zunächst die Insassen der Klöster auf ihre Stellung zur Augsburger Konfession befragt, dann auch die Pfarrer geprüft wurden. Diejenigen, die sich weigerten, die Konfession anzunehmen, wurden entlassen, die damit entstandenen Lücken zu einem nicht unbeträchtlichen Teil mit württembergischen Theologen ausgefüllt.

1569 erschien in Wolfenbüttel die von Andreae und Chemnitz ausgearbeitete Kirchenordnung im Druck. Die Liturgie, die diese Ordnung vorschreibt, hat verschiedene Wurzeln, sie folgt teilweise der sächsischen Ordnung von 1539, teilweise der mecklenburgischen von 1552, besonders aber der lüneburgischen von 1564. In der Kirchenverfassung ist hingegen die Große Württembergische Kirchenordnung von 1559 das alleinige Vorbild. Oberste kirchliche Instanz ist der Landesherr, dessen Befugnisse durch einen Kirchenrat oder ein Konsistorium bei der Kanzlei ausgeübt werden. Es wurden fünf Generalsuperintendenten aufgestellt, die jährlich zweimal mit dem Konsistorium zur Synode zusammentraten. Die Spezialsuperintendenten hatten jährlich zweimal die Pfarreien ihrer Inspektion zu visitieren. Bereits 1569 richtete man ein Konsistorium in Wolfenbüttel ein, bei dem Andreae und Chemnitz anfänglich mitarbeiteten. Das Land wurde in fünf Generalsuperintendenturen eingeteilt.

Diese späteste Reformation unter den norddeutschen Territorien folgte auch in der Behandlung der Klöster dem württembergischen Vorbild. Auf der Grundlage einer 1569 von Andreae ausgearbeiteten und von Chemnitz revidierten Klosterordnung sollten die Klöster zu geistlichen Bildungsanstalten umgeformt werden und die Prälaten als Lehrer fungieren. Seit 1573 wurden zunächst jährlich viermal Generalkonsistorien unter Beteiligung der Landstände abgehalten. Die neugegründete Universität Helmstedt wurde 1576 eingeweiht.

## *Württemberg und die Reformation in Frankreich*

Während seines Aufenthalts in Frankreich (1534–1542) hatte Herzog Christoph eine gründliche Kenntnis der Verhältnisse dieses Landes erworben und zeigte deshalb auch später stets ein reges Interesse an den dortigen Vorgängen, insbesondere am Gang der Reformation. Die Situation in Frankreich war dadurch gekennzeichnet, daß das Königtum zwar grundsätzlich auf der Seite der katholischen Kirche stand, andererseits aber die deutschen protestantischen Fürsten als seine natürlichen Verbündeten gegenüber dem Hause Habsburg betrachten mußte, wie sich etwa an der Unterstützung des württembergischen Feldzugs im Frühjahr 1534 gezeigt hatte. Diese Parteinahme mochte gelegentlich auch den Eindruck erwecken, daß es möglich wäre, den Hof für die Reformation zu gewinnen, zumal die evangelische Bewegung im Land trotz der blutigen Verfolgung stark angewachsen war.

Mehrfach war Herzog Christoph insbesondere bei König Heinrich II. (1547–1559) für die bedrängten Evangelischen in Frankreich eingetreten, ohne indessen etwas zu erreichen. Hoffnung auf eine Wende gab es allerdings beim Regierungsantritt des minderjährigen Karl IX. (1560–1574), für den seine Mutter, Katharina von Medici, die Regentschaft führte. Die Königinmutter, die bestrebt war, die verworrenen politischen und religiösen Verhältnisse zu ordnen, berief nicht nur die Generalstände, sondern auch ein Religionsgespräch ein. Die Häupter der evangelischen Partei, die beiden Bourbonen, Anton von Navarra, sein Bruder Louis Condé und der Admiral Coligny erbaten sich aus Genf die Entsendung von Theologen. Die Delegation wurde von Theodor Beza angeführt. Zu ihr gehörte auch Petrus Martyr Vermigli. Das Gespräch fand vom 9. September bis 9. Oktober 1561 in der Abtei Poissy statt. Es gelang dabei dem Kardinal Karl Guise, der mit seinem Bruder Franz die katholische Partei im Lande anführte, das Gespräch mit Hinweis auf die Uneinigkeit zwischen Calvinisten und Lutheranern im Sande verlaufen zu lassen. Da der Kardinal beständig mit dem Augsburger Bekenntnis gegen die Genfer argumentierte, sandte Anton von Navarra schon im Anfangsstadium des Gesprächs eine Botschaft an Herzog Christoph, um ihn um authentische Auslegung der Augustana zu bitten. Christoph veranlaßte seinerseits auch den Kurfürsten von der Pfalz, zwei seiner Theologen, nämlich Peter Boquin und den Hofprediger Diller, nach Poissy zu schicken. Von den württembergischen Theologen bot sich Vergerio für diese Aufgabe an, da er sich als Italiener bei der Königinmutter großen Einfluß erhoffte. Statt Vergerio reisten aber der eben erst zum Kanzler der Universität Tübingen ernannte Jakob Beurlin, Hofprediger Balthasar Bidembach und der Göppinger Generalsuperintendent Jakob Andreae nach Frankreich. Sie trafen am 19. Oktober in Paris ein, als das Gespräch von Poissy schon beendet war. Die Wartezeit in Paris vertrieben sich die drei württembergischen Theologen unter anderem mit einer Besichtigung der Sorbonne, wo sich Beurlin mit der Pest infizierte und wenige Tage später starb. Die beiden anderen wurden schließlich von Navarra, Condé und Coligny, dann auch von der Königinmutter empfangen. Die Reise war umsonst gewesen; immerhin hatten die Theologen Gelegenheit gehabt, die Häupter der evangelischen Partei in Frankreich kennenzulernen, wobei nur Coligny einen uneingeschränkt positiven Eindruck auf sie machte.

Die Guisen befürchteten, die Bourbonen hätten versucht, Herzog Christoph für sich einzunehmen, und wollten diesem Einfluß entgegentreten. Sie luden ihn zu einem Gespräch nach Zabern im Elsaß ein, wo sich Christoph dann vom 15. bis 18. Februar 1562 in Begleitung von Brenz, Andreae und Balthasar Bidembach mit Franz Guise und seinem Bruder Karl traf. Der Kardinal machte sich wieder den innerprotestantischen Gegensatz zunutze, betonte seine Anhänglichkeit an die Augsburger Konfession und rühmte, wieviel er den lutherischen Theologen verdanke. Er stellte dar, daß die Evangelischen in Frankreich durchaus anderer Meinung seien, und beteuerte, nichts mit den Übergriffen auf die Hugenotten zu tun zu haben; vielmehr versicherten die Guisen, sich mit ganzen Kräften für eine Vereinigung der religiösen Gegensätze einsetzen zu wollen.

Obwohl Herzog Christoph die Beteuerungen der Guisen mit einiger Skepsis entgegengenommen haben muß, verursachte doch die Nachricht vom Blutbad von Vassy, das die Guisen zwei Wochen nach dem Gespräch zu Zabern unter einer zum Gottesdienst versammelten evangelischen Gemeinde veranstaltet hatten, eine schwere Enttäuschung. Nur um den bedrängten Glaubensbrüdern weiterhin beistehen zu können, blieb Herzog Christoph in Verbindung mit Frankreich. Dabei fehlte es nicht an Anfechtungen. Als im Frühsommer 1562 ein Hagelsturm die Ernte in Württemberg vernichtete, wurde dies allgemein als Gottes Strafe dafür betrachtet, daß sich der Herzog mit den Guisen eingelassen hatte. Erst Landgraf Philipp von Hessen gelang es, die Bedenken, die Christoph daraufhin selbst bekommen hatte, wieder zu zerstreuen.

In Frankreich hatte sich hierauf der erste Hugenottenkrieg erhoben, wobei die deutschen Fürsten Condé durch eine Anleihe unterstützt hatten. Im Verlauf dieses Krieges fiel Anton von Navarra, der inzwischen zum Katholizismus übergegangen war, Franz Guise wurde Opfer eines Mordanschlags und Louis Condé geriet in Gefangenschaft. Der Frieden von Amboise beendigte den Krieg am 13. März 1563.

Diese inneren Wirren in Frankreich benutzte Kaiser Ferdinand dazu, die Rückgabe der Bistümer Metz, Toul und Verdun, die Moritz von Sachsen 1552 preisgegeben hatte, zu betreiben. Um diese Forderung zu unterstreichen, wurden bereits militärische Vorkehrungen getroffen und Herzog Christoph als möglicher Befehlshaber in einem entsprechenden Unternehmen genannt. Um ihn zu neutralisieren, richtete Katharina von Medici das Anerbieten an ihn, als Generalstatthalter nach Frankreich zu kommen, da er ja ein Kenner des Landes sei. Christoph schlug diese Berufung aus. Dies erwies sich als richtig, da das Angebot nicht mehr aufrechterhalten wurde, als es sich zeigte, daß der Kaiser seinen Forderungen keinen Nachdruck verlieh.

Trotz allem gab Herzog Christoph seine Bemühungen nicht auf, den französischen Hof für das Evangelium zu gewinnen. Er nahm eine Anregung der Schwiegermutter des Condé auf und ließ 1563 eine Büchersendung nach Frankreich abgehen. Diese bestand aus dem eigens ins Französische übersetzten Katechismus von Brenz, einer eilends hergestellten lateinischen Version der Geschichte der Messe des Maulbronner Abts Vannius und der Entgegnung der württembergischen Theologen auf die Dekrete des Trienter Konzils. Auf diese Büchersendung kamen vom französischen Hof ebenso höfliche wie nichtssagende Antwortschreiben. Selbst Condé antwortete nur mit der Bitte um die Verschiebung des Zahlungsziels für sein von den deutschen Fürsten gewährtes Darlehen. Christophs Interesse an Frankreich ließ daraufhin merklich nach.

Die Bemühungen Herzog Christophs um die Reformation in Frankreich, vor allem die Büchersendung, mögen weltfremd erscheinen, um so mehr, als Christoph Land und Leute aus eigener Anschauung kannte. Von daher scheinen die Aufwendungen, die etwa für die Übersetzung und Drucklegung der Bücher gemacht wurden, nicht gerechtfertigt zu sein. Doch ist zu beachten, daß Christoph, der genügend politisches Augenmaß besaß, hier nicht »Realpolitik« betreiben wollte. Es ging ihm um mehr. Er vertraute der wirkenden Kraft des Wortes Gottes und verließ sich darauf, daß es sich auch in Frankreich durchsetzen werde. Dieses Vertrauen auf das Wort Gottes galt aber auch den Büchern seiner Theologen, sofern diese mit der Schrift übereinstimmten. Dennoch blieben ihm die Enttäuschungen nicht erspart. Den schwersten Schlag gegen den französischen Protestantismus, die Bartholomäusnacht 1572, hat er nicht mehr erlebt.

## *Württemberg und England*

In England war auf Heinrich VIII. (1509–1547), der sich selbst zum Oberhaupt der Kirche seines Landes ernannt hatte, und auf seinen Sohn Eduard VI. seine Tochter Maria (1553–1558) gefolgt, die sich den Beinamen »die Katholische« dadurch verdiente, daß sie versuchte, ihr Land zu der römischen Kirche zurückzuführen. Ihre Halbschwester und Nachfolgerin Elisabeth I. (1558–1603) lenkte das Land vom ersten Augenblick ihrer Regierung an wieder zum Protestantismus zurück. Obwohl sie die englische Kirche durch das Settlement 1559 auf die reformierte Richtung festgelegt hatte, versuchte man, die Königin in das europäische Mächtespiel einzubeziehen. Am einfachsten konnte dies durch eine Heiratsbeziehung gelingen, die auch vom englischen Parlament gewünscht wurde. Mit Erzherzog Karl von Innerösterreich war ein geeigneter Partner ausersehen worden, der das Gewicht des Hauses Österreich gegen die Ansprüche der Maria Stuart in die Waagschale werfen konnte. Für beide Parteien, die an einer solchen Verbindung interessiert waren, bildete Herzog Christoph von Württemberg den geeignetsten Vermittler. Sein Botschafter Ahasverus Allinga, der 1563 nach England reiste, um die Königin zur Heirat zu bewegen, hatte auch die Bücher der Theologen Christophs im Reisegepäck. Gerade diese kleinen Geschenke sollten die Anknüpfungspunkte für seine delikate Mission bilden, nämlich Vannius' Geschichte der Messe und die Widerlegung der Dekrete des Tridentinums.

Die Heiratsvermittlung hatte keinen Erfolg, die Königin wollte unverheiratet bleiben. Immerhin dankte sie dem Herzog für die Bücher, die er ihr gesandt hatte. Eine besondere Wirkung scheinen sie nicht gehabt zu haben, denn Elisabeth I. meldete sich – wenn überhaupt – in der Folgezeit im politischen Geschehen auf dem Kontinent stets im reformierten Sinne zu Wort.

## *Württembergische Theologen im Dienste auswärtiger Kirchen*

Das württembergische theologische Bildungssystem brachte nach kurzer Zeit nicht nur genügend Nachwuchs für die geistlichen Stellen im Land hervor, sondern war auch in der Lage, andere evangelische Territorien, die nicht über eine eigene Universität verfügten, wie etwa die Markgrafschaft Baden, oder nicht einmal eigene

Lateinschulen hatten, wie die meisten reichsritterschaftlichen Gebiete, mit Theologen zu versorgen. Die Klosterordnung von 1556 eröffnete bis zum Dreißigjährigen Krieg zahlreichen jungen Leuten aus der bäuerlichen und handwerklichen Schicht den Zugang zum Studium, wie dies zuvor und danach nicht möglich war. Dieser Zustrom kam vor allem der Theologie zugute, wobei es freilich bislang an einer quantitativen Erhebung fehlt, die zeigen könnte, wie viele der ausgebildeten Theologen im eigenen Land angestellt wurden und wie viele auswärts ein Unterkommen finden mußten. Es kann deshalb nur an einzelnen Beispielen die Wirksamkeit württembergischer Theologen in auswärtigen Kirchen gezeigt werden.

Eines der Gebiete, in denen der Einsatz der württembergischen Theologen am vordringlichsten war, ist Österreich. Kaiser Maximilian II., der stets um einen Ausgleich in der konfessionellen Frage bemüht war, gestattete 1568 den ober- und niederösterreichischen Ständen die freie Religionsausübung nach Maßgabe der Augsburger Konfession. Diese Entwicklung, die sich schon unter Kaiser Ferdinand angebahnt hatte, mußte auch Erzherzog Karl in Innerösterreich durch entsprechende Zugeständnisse in seinen Ländern Steiermark, Kärnten und Krain seit 1572 mitmachen. Anders als in Vorderösterreich war die Bevölkerung dieser Gebiete damals weitgehend evangelisch. Zur Organisation der Kirchen wurde 1568 und 1574 David Chyträus berufen, ein Sohn des Pfarrers Matthäus Kochhafe in Ingelfingen am Kocher, dann in Menzingen im Kraichgau. Chyträus war als Tübinger Stiftler Schüler von Schnepf, dann aber auch der Wittenberger Reformatoren gewesen. Von Rostock, wo er seit 1550 wirkte, wurde er auf Veranlassung des Kaisers wegen seines ausgleichenden Wesens nach Österreich geholt, wo er maßgeblich an der Ausarbeitung von Kirchenordnungen und Agenden mitwirkte.

Zu den württembergischen Theologen, die in Österreich tätig waren, zählen auch Polykarp Lyser und Jakob Heilbronner. Lyser ist der Sohn des Kaspar Lyser, der mit Brenz in der Kirchenzuchtfrage konfrontiert war, also ein Neffe von Jakob Andreae. Lyser wurde nach kurzer Wirksamkeit in Göllersdorf bei Wien 1577 als Professor und Generalsuperintendent nach Wittenberg berufen, kam 1587 als Koadjutor und Superintendent nach Braunschweig, nahm 1593 wieder seine Wittenberger Stelle ein und wurde endlich 1594 Hofprediger in Dresden. Jakob Heilbronner hatte ein ähnliches bewegtes Schicksal. Er wurde nach kurzer Tätigkeit als Pfarrer in Wien, Mähren und Niederösterreich 1575 als Hofprediger nach Zweibrücken berufen, wo er 1580 wegen seines Einsatzes für die Konkordie weichen mußte und im kurpfälzischen Bensheim als Superintendent, 1581 als Generalsuperintendent in Amberg angestellt wurde. Amberg mußte er wegen des Bekenntniswechsels des Pfalzgrafen Johann Casimir verlassen und wurde 1588 Hofprediger des Pfalzgrafen Philipp Ludwig in Neuburg. 1615 kehrte er in die Heimat zurück und wurde zum Abt von Anhausen ernannt. Im folgenden Jahr wurde er Abt und Generalsuperintendent in Bebenhausen, wo er bis zu seinem Tode 1618 wirkte.

In der Regel war wohl daran gedacht, daß die Theologen, die in jungen Jahren in auswärtige Kirchendienste gingen, nach einiger Zeit wieder in die Heimat zurückkamen, zumal ihnen ja, da sie Landeskinder waren und ihre Ausbildung auf Kosten des Kirchenguts erhalten hatten, der »regressus in patriam« ausdrücklich vorbehalten wurde. Nicht selten kamen die Leute, die sich in der Fremde bewährt hatten, nach der Rückkehr rasch in hohe Stellen. Dies gilt etwa für Stephan Gerlach, der den österreichischen Adligen David Ungnad von Sonnegg 1573–1578 als Prediger auf der Gesandtschaft nach Konstantinopel begleitete und bald nach seiner Rückkunft Professor in Tübingen wurde.

In die stattliche Schar der württembergischen Theologen, die in Österreich dienten, gehört auch der Dichter Nikodemus Frischlin, der 1582–1584 Rektor der Schule in Laibach war, ebenso Johannes Kepler, der Astronom, der 1594–1600 an der Grazer Schule und dann in Linz lehrte. Nebenbei war der Dienst im Ausland gelegentlich wohl auch für Leute, die daheim etwas von der Bahn abgekommen waren, eine Art von Bewährung, wie etwa für den 1588 wegen Vernachlässigung seiner Studien relegierten Johann Durchdenbach von Nürtingen, der nach Tätigkeit an verschiedenen Orten in Österreich und Ungarn nach der Rückkehr in die Heimat 1601 eine Stelle erhielt.

Die auffallend häufige Tätigkeit württembergischer Theologen in auswärtigen Territorien diente nicht nur dazu, Leute unterzubringen, die ansonsten vielleicht stellungslos gewesen wären. Sie war vielmehr auch ein Mittel der württembergischen Religionspolitik. Deutlich wird dies etwa 1586, als man sich um einen Nachfolger für den verstorbenen Dietrich Schnepf als Professor in Tübingen umsah. Herzog Ludwig stellte bei dieser Gelegenheit fest, daß an eine Berufung von Ägidius Hunnius in Marburg oder von Jakob Heilbronner in Neuburg nicht zu denken sei, denn er habe sie an diese Orte gesandt, damit sie dort viel Gutes schaffen oder doch wenigstens viel Böses verhindern könnten. Ägidius Hunnius von Winnenden war 1576 als Professor der Theologie nach Marburg gegangen und setzte sich dort tatkräftig und unerschrocken für die württembergische Theologie, für die Ubiquitätslehre und die Konkordie ein, genauso wie Heilbronner als Hofprediger in Neuburg. Es ist daher zwar poetisch formuliert, aber in der Sache keineswegs übertrieben, wenn Nikodemus Frischlin in seiner Elegie über die württembergischen Klöster das Tübinger Stift mit dem Trojanischen Pferd vergleicht, aus dessen geräumigem Bauch zahlreiche Helden zu Schutz und Schirm des evangelischen Glaubens entstiegen seien. Die von Württemberg ausgehenden Reformationen oder die Ordnung der Kirchen in anderen Territorien war fast immer von der Entsendung von Theologen begleitet. Dies ist bereits in Baden der Fall, wohin zwar Heerbrand nur für ein Jahr abgeordnet, zugleich aber auch Ruprecht Dürr von Schorndorf entsandt wurde, der zuletzt Generalsuperintendent in Durlach war. Ähnlich war es in Hohenlohe, wo Johann Hartmann, zuvor Pfarrer in Güglingen, dann Superintendent in Öhringen, eine Reihe von Theologen anführt, die dort im Dienst waren. Die von Andreae durchgeführten Reformationen in den Reichsstädten, wie in Hagenau oder in Aalen, die von ihm bewirkte Ordnung der kirchlichen Verhältnisse in Rothenburg oder Nördlingen war stets mit der Entsendung württembergischer Theologen für die leitenden Funktionen verbunden. Dasselbe gilt für die Reformation in Braunschweig, wohin mit Andreae unter anderen auch der 22jährige Basilius Sattler ging, der zum Generalsuperintendenten in Gandersheim ernannt wurde, wogegen allerdings das Stiftskapitel Einspruch erhob. Jakob Andreae, der selbst schon in jungen

Jahren Generalsuperintendent geworden war, scheint keine Bedenken gehabt zu haben, doch wurde Sattler zunächst erster Prediger in Wolfenbüttel, 1576 aber Professor und Generalsuperintendent in Helmstedt und schließlich Leiter der braunschweigischen Kirche.

## *Pietro Paolo Vergerio*

Nicht nur durch die eigenen Landeskinder wirkte Württemberg auf die kirchliche Entwicklung in anderen Territorien. Der Sonderbotschafter Herzog Christophs in Religionsangelegenheiten war ein Italiener, Pietro Paolo Vergerio (Abb. 42). Geboren 1498 im venezianischen Capodistria studierte er Jura in Padua und zeigte schon in den zwanziger Jahren Interesse an den reformatorischen Vorgängen in Deutschland. Nach einer Tätigkeit als Rechtsanwalt trat er – veranlaßt vielleicht durch den frühen Tod seiner Frau – in den Dienst der Kirche. Wie vor ihm schon zwei seiner Brüder gelangte er rasch in eine hohe Stellung und wurde 1533 als päpstlicher Nuntius in der Konzilsangelegenheit zu König Ferdinand gesandt. 1535 kam er wieder nach Deutschland, um die protestantischen Fürsten zum Konzil in Mantua einzuladen. Bei dieser Gelegenheit traf er auch in Wittenberg mit Luther zusammen. Trotz des Mißerfolgs seiner Sendung übertrug ihm der Papst nach seiner Rückkehr zunächst den Bischofsstuhl von Modrusz in Kroatien, dann den des heimatlichen Capodistria. Seine diplomatischen Fähigkeiten waren jedoch bei der Kurie so geschätzt, daß er 1540 an einer Gesandtschaft zum französischen Hof teilnehmen mußte und so auf der Rückreise das Wormser Religionsgespräch besuchen konnte. Vergerio war von der Notwendigkeit einer Reform der Kirche überzeugt und gab diese Überzeugung auch in Wort und Schrift zu erkennen. Er blieb damit freilich immer noch im Rahmen der innerkirchlichen Reformbestrebungen, wurde aber denunziert und von der Inquisition angeklagt. Im Prozeß wurde er zwar freigesprochen, die letzte Entscheidung behielt sich jedoch die Kurie vor. Solange diese Entscheidung noch ausstand, war er auch von der Teilnahme am Trienter Konzil ausgeschlossen. Vergerio begann nun, sich in seinen Schriften mehr und mehr gegen die Kurie zu wenden, so daß der Inquisitionsprozeß gegen ihn wieder aufgenommen wurde. Der Prozeß endete mit der Verurteilung und Amtsenthebung Vergerios. Zwei Monate vorher hatte er sich jedoch dem Zugriff der Inquisition durch die Flucht entzogen. Zu dieser Entscheidung kam er durch ein aufrüttelndes Erlebnis. In Padua war er 1548 Zeuge des Inquisitionsprozesses gegen den Advokaten Francesco Spiera geworden, der, um Leben und Freiheit zu retten, seine evangelische Überzeugung widerrief. Spiera fiel daraufhin in eine tiefe Verzweiflung, weil er der Überzeugung war, die Sünde wider den Heiligen Geist begangen zu haben, und wurde wenige Wochen darauf durch den Tod erlöst.

Vergerio wandte sich in die Schweiz und nahm Anfang 1550 einen Ruf als Pfarrer in Vicosoprano in Graubünden an. Er entfaltete dort eine rege schriftstellerische Tätigkeit und errichtete auch eine Druckerei in Poschiavo. Trotzdem wurde es ihm in Graubünden bald zu eng, so daß er 1553 gerne einem Ruf Herzog Christophs folgte, der dessen diplomatische Erfahrungen für seine auf ganz Europa ausgreifende Religionspolitik nutzen wollte.

Den Rest seines Lebens hat Vergerio in württembergischen Diensten verbracht, mit schriftstellerischer Tätigkeit, korrespondierend und unterwegs auf diplomatischen Missionen. Zahlreiche Schriften flossen aus Vergerios Feder. Noch in Graubünden übersetzte er die Württembergische Konfession ins Italienische, begann mit der Übersetzung von Brenzens Bericht über den Besuch des Trienter Konzils und erbot sich, auch dessen Katechismus zu übersetzen. 1555 gelang es ihm, den bescheiden zögernden Primus Truber dazu zu bewegen, mit der Übersetzung der Bibel ins Slowenische zu beginnen. Daß sich Vergerio bei dem zunächst erscheinenden Matthäusevangelium als Mitübersetzer darstellte, wird wohl etwas übertrieben sein, doch dürfte es seinem Bekanntheitsgrad zu verdanken sein, daß der slawische Bücherdruck schließlich durch Beiträge aus dem gesamten evangelischen Deutschland gefördert wurde. Seine eigenen Schriften waren überwiegend polemisch gegen das Papsttum gerichtet und umfaßten in der Regel nur wenige Seiten oder Bogen. Eine von Vergerio selbst veranstaltete Werkausgabe kam über den ersten Band nicht hinaus.

Häufig war Vergerio auf Reisen. 1554 besuchte er Sleidan in Straßburg, dem er für seine Reformationsgeschichte Hinweise gab. 1555 war er wieder in Graubünden, um den Juristen Gribaldi für die Tübinger Universität zu gewinnen. Dann wurde Polen ein wichtiges Betätigungsfeld für Vergerio, das er 1556 besuchte. Er traf mit Herzog Albrecht von Preußen zusammen, ebenso mit König Sigismund II., zumal er der Taufpate von dessen Gemahlin war. Ferner knüpfte er Kontakte mit dem Fürsten Nikolaus Radziwill, dem Haupt der protestantischen Adelspartei. Es scheint Vergerio gelungen zu sein, die Bemühungen des päpstlichen Nuntius Lipomanni, der den König zu einem Vorgehen gegen die Evangelischen bewegen sollte, zu durchkreuzen. Ein Ergebnis seines Aufenthalts in Polen war auch die Bekanntschaft mit den Böhmischen Brüdern, die er als rechtgläubig erkannte und für die er sich in der Folgezeit des öfteren einsetzte. 1559 war Vergerio ein zweites Mal in Polen. Die Verhältnisse hatten sich dort für die Evangelischen weiterhin günstig entwickelt, im Reichstag hatte man die Religionsfreiheit durchsetzen können. Durch die Verbindungen, die Vergerio geknüpft hatte, kamen in der Folgezeit eine größere Anzahl polnischer Adliger zum Studium nach Tübingen. Mit Graubünden fühlte sich Vergerio zeitlebens verbunden. Er besuchte es öfter, teils in kirchlicher, teils in politischer Mission. Eine Gesandtschaft führte Vergerio 1557 an den Hof in Wien zu Unterhandlungen mit Maximilian II., von dem sich die Protestanten wegen seiner der evangelischen Lehre aufgeschlossenen Haltung viel versprachen. Im Auftrag des Herzogs korrespondierte Vergerio seit 1558 mit Königin Elisabeth von England, die man für ein Bündnis mit den protestantischen Fürsten des Kontinents gewinnen wollte. Auch für die Vorgänge in Frankreich interessierte sich Vergerio brennend. Herzog Christoph entsandte ihn aber 1561 nicht zum Gespräch nach Poissy, weil er vermutete, daß Vergerio in dieser schwierigen Angelegenheit nicht das nötige Maß halten würde. Auch andere seiner Hoffnungen, wie eine Berufung auf das wieder eröffnete Trienter Konzil durch den Papst, traten nicht ein, da man

*Abb. 41:* Jakob Andreae (1528–1590).
Späterer Kupferstich nach zeitgenössischer Vorlage.

*Abb. 42:* Pietro Paolo Vergerio (1498–1565).
Kupferstich um 1585/90, nach einem verlorenen älteren Ölbild.

*Abb. 43:* Primus Truber (1508–1586). Holzschnitt von Jakob Lederlein.

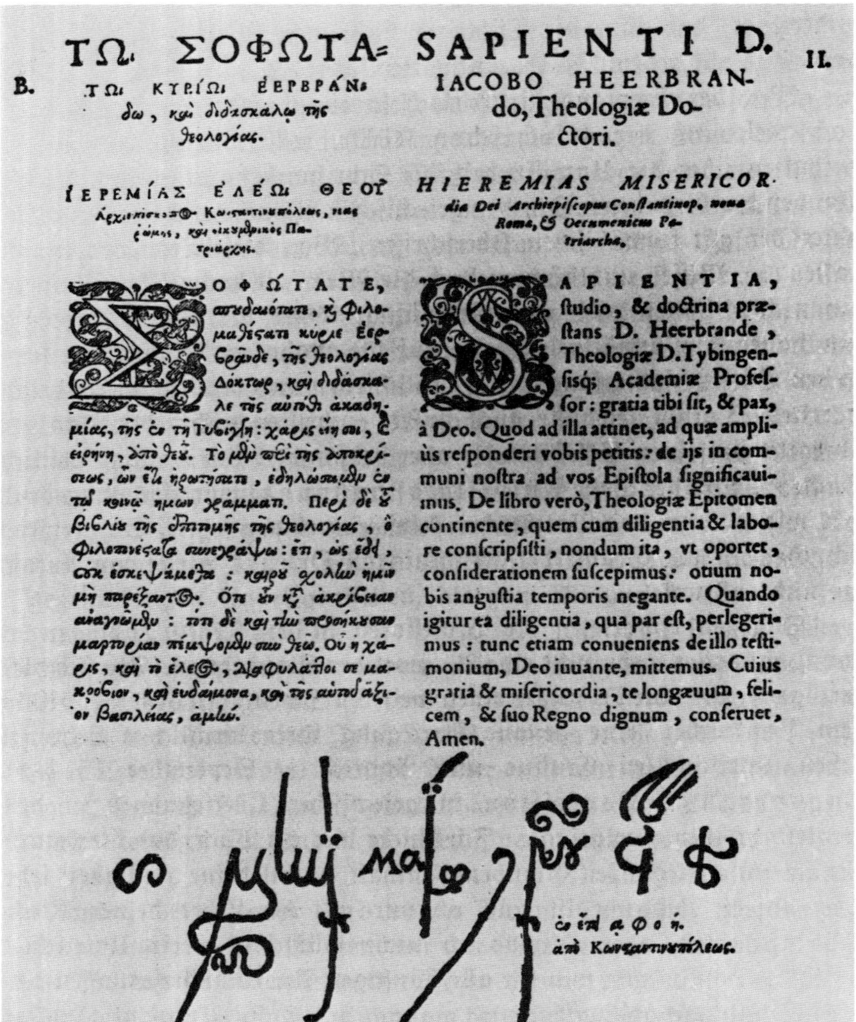

B. II.

ΤΩ͂ι ΣΟΦΩΤΑ-
ΤΩ͂ι ΚΥΡΊΩι ἘΕΡΒΡΆΝ-
δῳ, καὶ διδασκάλῳ τῆς
θεολογίας.

ἹΕΡΕΜΊΑΣ ἘΛΈΩι ΘΕΟΥ͂
Ἀρχιεπίσκοπος Κωνσταντινουπόλεως, νέας
ῥώμης, καὶ οἰκουμενικὸς Πα-
τριάρχης.

ΣΟΦΏΤΑΤΕ, σπουδαιότατε, καὶ φιλομαθέστατε κύριε Ἑερβράνδε, τῆς θεολογίας Δόκτωρ, καὶ διδάσκαλε τῆς αὐτόθι ἀκαδημίας, τῆς ἐν τῇ Τυβίγγῃ: χάρις εἴη σοι, καὶ εἰρήνη, ἀπὸ θεοῦ. Τὸ μὲν περὶ τῆς ἀποκρίσεως, ὧν ἔτι ἠρωτήσατε, ἐδηλώσαμεν ἐν τῷ κοινῷ ἡμῶν γράμματι. Περὶ δὲ τοῦ βιβλίου τῆς ἐπιτομῆς τῆς θεολογίας, ὃ φιλοπονέστατα συνεγράψω: ἔτι, ὡς ἔδει, οὐκ ἐσκεψάμεθα: καιροῦ σχολὴν ἡμῖν μὴ παρέξαντος. Ὅτε δ' ἂν κατ' ἀκρίβειαν ἀναγνῶμεν: τότε δὲ καὶ τὴν προσήκουσαν μαρτυρίαν πέμψομεν σὺν θεῷ. Οὗ ἡ χάρις, καὶ τὸ ἔλεος, διαφυλάττοι σε μακρόβιον, καὶ εὐδαίμονα, καὶ τῆς αὐτοῦ ἄξιον βασιλείας, ἀμήν.

SAPIENTI D.
IACOBO HEERBRAN-
do, Theologiæ Do-
ctori.

*HIEREMIAS MISERICOR-
dia Dei Archiepiscopus Constantinop. noua
Roma, & Oecumenicus Pa-
triarcha.*

SAPIENTIA, studio, & doctrina præstans D. Heerbrande, Theologiæ D. Tybingensisq; Academiæ Professor: gratia tibi sit, & pax, à Deo. Quod ad illa attinet, ad quæ amplius responderi vobis petitis: de ijs in communi nostra ad vos Epistola significauimus. De libro verò, Theologiæ Epitomen continente, quem cum diligentia & labore conscripsisti, nondum ita, vt oportet, considerationem suscepimus: otium nobis angustia temporis negante. Quando igitur ea diligentia, qua par est, perlegerimus: tunc etiam conueniens de illo testimonium, Deo iuuante, mittemus. Cuius gratia & misericordia, te longæuum, felicem, & suo Regno dignum, conseruet, Amen.

ἐν ἔτει αφοη.
ἀπὸ Κωνσταντινουπόλεως.

*MENSE MAIO, INDICT. VI.
Anno 1578. Constantinopoli.*

Kk ΤΩι

*Abb. 44:* Brief des Patriarchen Jeremias II. von Konstantinopel an den Kanzler der Universität Tübingen, Jakob Heerbrand, vom Mai 1578.
Gleichzeitiger Druck mit Wiedergabe der Unterschrift des Patriarchen.

Catechiſmus

Oder

Chriſtlicher Vnderricht / wie der in Kirchen vnd Schu=len der Churfürſtlichen Pfaltz getrieben wirdt.

Gedruckt in der Churfürſtli=chen Stad Heydelberg / durch Johannem Mayer.

1 5 6 3.

*Abb. 45:* Heidelberger Katechismus. Titelblatt der in der Kurpfälzischen Kirchenordnung 1563 abgedruckten Ausgabe.

*Abb. 46:* Gedenkblatt auf die abschließende Bearbeitung der Solida Declaratio der Konkordienformel im Kloster Bergen bei Magdeburg.

CONCORDIA.

יהוה

Christliche / Widerholete / einmütige Bekentnüs nachbenanter Churfürsten / Fürsten vnd Stende Augspurgischer Confession / vnd derselben zu ende des Buchs vnderschriebener Theologen Lere vnd glaubens.

Mit angeheffter / in Gottes wort / als der einigen Richtschnur / wolgegründter erklerung etlicher Artickel / bey welchen nach D. Martin Luthers seligen absterben / disputation vnd streit vorgefallen.

Aus einhelliger vergleichung vnd beuehl obgedachter Churfürsten / Fürsten vnd Stende / derselben Landen / Kirchen / Schulen vnd Nachkommen / zum vnderricht vnd warnung in Druck vorfertiget.



Mit Churf. G. zu Sachsen befreyhung.

Dreßden. M. D.LXXX.

*Abb. 47:* Konkordienbuch, Dresdener Folioausgabe 1580.

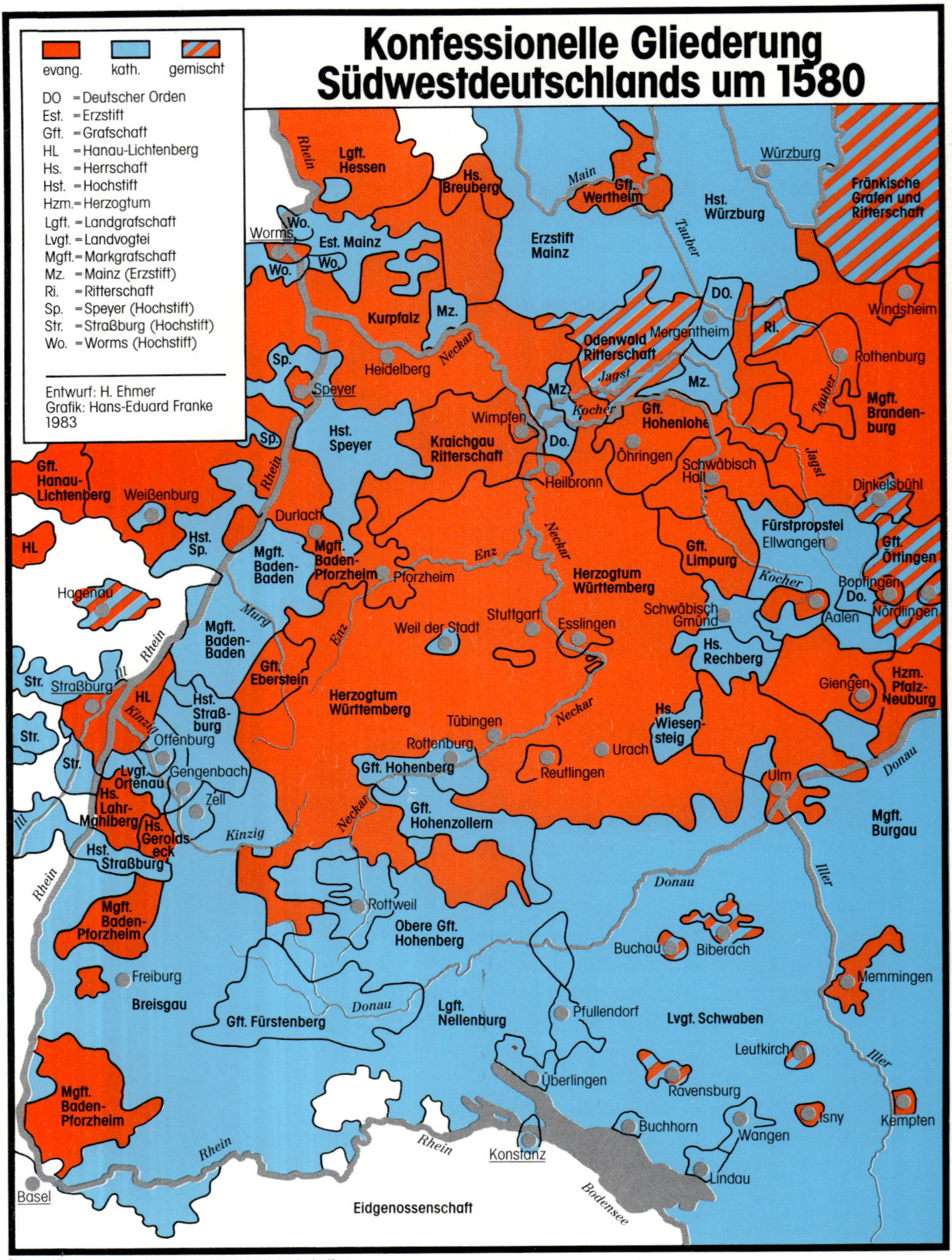

Konfessionelle Gliederung
Südwestdeutschlands um 1580
evang.
kath.
gemischt
DO = Deutscher Orden
Est. = Erzstift
Gft. = Grafschaft
HL = Hanau-Lichtenberg
Hs. = Herrschaft
Hst. = Hochstift
Hzm. = Herzogtum
Lgft. = Landgrafschaft
Lvgt. = Landvogtei
Mgft. = Markgrafschaft
Mz. = Mainz (Erzstift)
Ri. = Ritterschaft
Sp. = Speyer (Hochstift)
Str. = Straßburg (Hochstift)
Wo. = Worms (Hochstift)
Entwurf: H. Ehmer
Grafik: Hans-Eduard Franke
1983
Rhein
Lgft. Hessen
Hs. Breuberg
Main
Gft. Wertheim
Würzburg
Hst. Würzburg
Fränkische Grafen und Ritterschaft
Worms
Wo.
Est. Mainz
Wo.
Wo.
Erzstift Mainz
Tauber
Kurpfalz
Mz.
DO.
Windsheim
Mergentheim
Ri.
Odenwald Ritterschaft
Sp.
Heidelberg
Neckar
Jagst
Mz.
Rothenburg
Speyer
Mz.
Kocher
Tauber
Mgft. Brandenburg
Wimpfen
Gft. Hohenlohe
Sp.
Hst. Speyer
Kraichgau Ritterschaft
Do.
Öhringen
Schwäbisch Hall
Jagst
Gft. Hanau-Lichtenberg
Weißenburg
Heilbronn
Dinkelsbühl
Rhein
Durlach
Hst. Sp.
HL
Mgft. Baden-Baden
Mgft. Baden-Pforzheim
Neckar
Gft. Limpurg
Fürstpropstei Ellwangen
Enz
Pforzheim
Herzogtum Württemberg
Gft. Öttingen
Hagenau
Kocher
Bopfingen
Do.
Nördlingen
Murg
Stuttgart
Schwäbisch Gmünd
Aalen
Rhein
Mgft. Baden-Baden
Weil der Stadt
Esslingen
Enz
Hs. Rechberg
Ill
Gft. Eberstein
Str.
Straßburg
HL
Hst. Straßburg
Hzm. Pfalz-Neuburg
Giengen
Kinzig
Herzogtum Württemberg
Neckar
Hs. Wiesensteig
Str.
Offenburg
Tübingen
Str.
Rottenburg
Urach
Donau
Lvgt. Ortenau
Gengenbach
Gft. Hohenberg
Reutlingen
Ulm
Hs. Lahr-Mahlberg
Zell
Ill
Neckar
Gft. Hohenzollern
Mgft. Burgau
Hs. Geroldseck
Kinzig
Hst. Straßburg
Rhein
Iller
Donau
Mgft. Baden-Pforzheim
Rottweil
Obere Gft. Hohenberg
Buchau
Biberach
Memmingen
Freiburg
Breisgau
Donau
Gft. Fürstenberg
Lgft. Nellenburg
Pfullendorf
Lvgt. Schwaben
Leutkirch
Iller
Überlingen
Ravensburg
Mgft. Baden-Pforzheim
Isny
Kempten
Buchhorn
Wangen
Rhein
Rhein
Konstanz
Lindau
Bodensee
Basel
Eidgenossenschaft




*Abb. 48*

an der Kurie davon überzeugt war, daß er sich nicht zur Rückkehr bewegen lassen würde.

Vergerio starb am 4. Oktober 1565 in Tübingen und wurde in der Stiftskirche begraben. Das Charakterbild dieses merkwürdigen Mannes, der vom Nuntius des Papstes zum Legaten Christi wurde, wie es eine zeitgenössische Bildunterschrift ausdrückt, war nie frei von Verzeichnungen. Für die Katholiken war er Apostat; die Jesuiten haben deshalb noch 1636 sein Epitaph aus der Tübinger Stiftskirche entfernen lassen. Vergerio seinerseits war von einem Haß gegen das Papsttum beseelt, der sich in seinen unausgesetzt verfaßten polemischen Schriften ausdrückt. Positiv zu würdigen ist sein Bemühen, als päpstlicher Nuntius die Reform der Kirche zu fördern. Mit seiner Haltung hätte er wohl in der katholischen Kirche bleiben können, wenn nicht mit der Inquisition gegen ihn vorgegangen worden wäre. Die endgültige Wende brachte das Zusammentreffen mit dem verzweifelten Spiera, das Vergerio immer als sein entscheidendes Erlebnis bezeichnet hat. Es spricht für den Menschen Vergerio und seine Überzeugungstreue, daß dieser Eindruck ihm zeitlebens blieb. In Württemberg mußte der Mann, der größere Verhältnisse gewohnt und immer geldbedürftig war, gewiß manchen Anstoß erregen. Dennoch hat es zwischen ihm und dem Herzog nie eine tiefgreifende Verstimmung gegeben. Dieser nahm die Dienste des Vergerio in Anspruch, wo es ihm richtig erschien, und hielt ihn vor unüberlegten Schritten, zu denen ihn gelegentlich seine Eitelkeit verleiten mochte, zurück. Großzügig sorgte der Herzog für Vergerios Unterhalt, obwohl er nicht der einzige Glaubensflüchtling war, den Württemberg damals aufnahm.

## *Primus Truber und der slawische Bücherdruck*

Noch mitten im Interim bot Württemberg die Mittel für die Ausbreitung der Reformation unter den Völkern slawischer Zunge in den habsburgischen Erblanden, indem Bücher in slowenischer Sprache in Tübingen gedruckt werden konnten. Den Anstoß für dieses Druckunternehmen hatte Primus Truber gegeben (Abb. 43), der als Domherr in Laibach evangelisch predigte und deswegen 1548 flüchten mußte. Er begab sich zunächst nach Nürnberg und wurde von dort nach Rothenburg als Prediger vermittelt, wo er begann, für seine Muttersprache, das Slowenische, eine Schriftsprache zu schaffen. Als erstes Buch entstand ein Katechismus, wobei die Katechismen von Brenz, Veit Dietrich und Luther als Vorbild dienten. Wohl durch Vermittlung seines Landsmanns Michael Tiffernus, des Lehrers von Herzog Christoph, konnte Truber 1550 seinen Katechismus in »windischer« oder slowenischer Sprache bei Morhardt in Tübingen drucken lassen, nachdem er andernorts keine Druckerlaubnis erhalten hatte. Immerhin mußte dieser erste Druck in slowenischer Sprache unter einem Pseudonym, mit fingiertem Drucker und Druckort erfolgen. Kurz darauf erschien in derselben Weise das »Abecedarium«, eine Fibel mit angehängtem kleinen Katechismus, das der Verbreitung der neu geschaffenen Schriftsprache dienen sollte.

Nachdem Truber 1553 als Pfarrer nach Kempten gegangen war, wurde Vergerio auf ihn aufmerksam und überredete ihn, eine Probeübersetzung des Matthäusevangeliums anzufertigen. Diese Übersetzung, die Truber nach dem Luthertext erarbeitete und die noch von Vergerio mit dem griechischen Urtext verglichen worden war, erschien 1555. Im selben Jahr wurden auch Neuauflagen des Katechismus und des Abecedariums veranstaltet. Die Kosten für den Druck der Bücher, die in Slowenien dankbar aufgenommen wurden, waren von Herzog Christoph aus dem Kirchenkasten bewilligt worden.

Aus der Heimat wurde Truber nun ermuntert, mit der Bibelübersetzung fortzufahren. Für den Druck wurde unter den slowenischen Evangelischen Geld gesammelt. 1557 erschien ein Teildruck des Neuen Testaments mit den Evangelien und der Apostelgeschichte. Die Drucke wurden nach Laibach gesandt und teils verkauft, teils verschenkt.

Mitten unter den Vorbereitungen für die Herausgabe seiner Bücher in kroatischer Übersetzung, an der vor allem Stefan Konsul arbeitete und die in glagolitischer, d. h. in kirchenslawischer Schrift gedruckt werden sollten, wurde Truber von den krainischen Landständen 1560 als Prediger nach Laibach berufen. Hilfestellung bot nun der österreichische Adlige Hans Ungnad von Sonnegg, der Landeshauptmann von Steiermark, Hauptmann und Vizedom der Grafschaft Cilli und Inhaber anderer Ämter gewesen war. Ungnad hatte sich 1555 unter Verzicht auf seine Ämter um seines evangelischen Glaubens willen nach Deutschland begeben. 1558 wies ihm Herzog Christoph den Uracher Mönchshof als Wohnsitz an. Ungnad finanzierte nun den Druck der Schriften in kroatischer Sprache, die überall auf dem Balkan bis nach Konstantinopel verstanden wurde, weshalb man sich sehr viel davon versprach. Noch 1561 erschienen kroatische Bearbeitungen der ersten Schriften Trubers, des Katechismus und des Abecedariums durch Stefan Konsul und Anton Dalmata. Hierauf erhielt Truber, der noch zögerte, einem Ruf in seine Heimat zu folgen, die Uracher Pfarrstelle, wo auch die Bibelanstalt des Hans Ungnad eingerichtet wurde.

Kurze Zeit weilte Truber in Laibach als Superintendent und Prediger der Krainer Landstände, kehrte aber wieder nach Urach zurück, um dort den slawischen Bücherdruck einrichten zu können. Noch 1561 konnten der Katechismus und das Abecedarium in kyrillischer Schrift gedruckt werden. Für die Finanzierung kamen Ungnad und der württembergische Kirchenkasten auf, unterstützt durch Beiträge der evangelischen Stände Deutschlands. 1562 erschien das Neue Testament in glagolitischer Schrift. Im selben Jahr ging Truber wieder nach Laibach, wo er sehnlichst erwartet wurde. Währenddessen betrieb Ungnad die Druckerei in Urach und brachte in rascher Folge glagolitische und kyrillische Bücher heraus, Teilübersetzungen der Bibel, Katechismen und Postillen. Truber leitete die Uracher Bibelanstalt von Laibach aus, zusätzlich zu der kirchlichen Arbeit in der Heimat, die nicht ohne Schwierigkeiten und Probleme war. Als die Krainer Stände 1564 eine von Truber verfaßte und in Urach gedruckte slowenische Kirchenordnung in Kraft setzen wollten, nahm Erzherzog Karl, der die innerösterreichischen Lande geerbt hatte, dies zum Anlaß, Truber auszuweisen und die Kirchenordnung zu verbieten. Truber kehrte 1565 nach Württemberg zurück, erhielt eine Anstellung als Pfarrer in Lauffen am Neckar, dann in Derendingen bei Tübingen, wo er 1586 starb.

Hans Ungnad von Sonnegg war 1564 gestorben. Die Bibelanstalt in Urach stellte hierauf die Tätigkeit ein. Immerhin hatte sie in den vier Jahren ihres Bestehens 25 Veröffentlichungen mit einer Gesamtauflage von 25 000 Exemplaren, eigentlich die gesamte protestantische Literatur in kroatischer Sprache, die im 16. Jahrhundert erschienen ist, herausgebracht.

Truber ließ nach seiner Rückkunft nach Württemberg in Tübingen drucken; bereits 1566 erschien eine slowenische Übersetzung des Psalters. Nach seiner Versetzung nach Derendingen brachte er in rascher Folge verschiedene Veröffentlichungen heraus, unter denen vor allem das 1567 erschienene slowenische Gesangbuch zu nennen ist. Auch in den folgenden Jahren erschienen weitere slowenische Schriften Trubers, wie z. B. 1582 das gesamte Neue Testament.

Die Hilfe Württembergs für die Krainer Kirche zeigte sich auch in der Entsendung von Christoph Spindler und Nikodemus Frischlin nach Laibach, ferner durch die Ausbildung Krainer Theologiestudenten durch das vom Lehrer Herzog Christophs gestiftete Tiffernum. Dies war in einer Zeit möglich, als die Krainer Landstände Erzherzog Karl weitgehende Zugeständnisse auf religiösem Gebiet abgerungen hatten, während sich aber zugleich mit der Ansiedlung der Jesuiten in Graz die Gegenreformation ankündigte. Ein bleibendes – und bis heute gewürdigtes – Verdienst erwarb sich Württemberg aber durch die Unterstützung Trubers bei der Schaffung einer slowenischen Schriftsprache.

## *Der Briefwechsel der Tübinger Theologen mit dem Patriarchen von Konstantinopel*

Ein Beispiel für die ökumenische Weite der jungen evangelischen Kirche Württembergs ist der seit 1573 unternommene Versuch, über den Patriarchen von Konstantinopel mit der griechischen Kirche Verbindung aufzunehmen. Schon Luther hatte 1519 in der Leipziger Disputation mit Eck darauf hingewiesen, daß die Kirchen in Griechenland, Afrika und Asien nie dem päpstlichen Primat unterstanden hätten. Doch wußte man nur wenig über die Existenz dieser Kirchen, bis 1559 in Wittenberg ein Abgesandter des Patriarchen von Konstantinopel erschien, der sich über die Lehren der Reformation informieren sollte, von der man in der Hauptstadt des türkischen Reiches Nachricht erhalten hatte. Melanchthon gab ihm eine griechische Übersetzung des Augsburger Bekenntnisses mit, worauf jedoch offensichtlich keine Reaktion erfolgte.

Der nächste Vorstoß auf diesem Gebiet ging von Tübingen aus. Die Anregung gab wohl der Gräzist Martin Crusius, Professor an der Tübinger Artistenfakultät. Ihm zur Seite traten die Theologen, vor allem Jakob Andreae. Die Gelegenheit, mit der griechischen Kirche in Kontakt zu treten, ergab sich 1573, als der österreichische Adlige David Ungnad von Sonnegg vom Kaiser zum Gesandten in Konstantinopel ernannt wurde. David Ungnad war evangelisch, ebenso wie ein anderer Angehöriger seiner Familie, Hans Ungnad, der Förderer des slawischen Bücherdrucks in Urach, und hatte überdies auch in Tübingen studiert. Zum Prediger, den sich

David Ungnad in Württemberg erbeten hatte, gab man ihm den jungen Theologen Stephan Gerlach aus Knittlingen. Von Crusius und Andreae erhielt Gerlach Empfehlungsschreiben für den Patriarchen, von Andreae überdies noch eine Predigt über das Evangelium vom guten Hirten, die Crusius ins Griechische übersetzt hatte.

Das von Gerlach verfaßte Tagebuch, das 1674 im Druck erschien, gibt ein interessantes Bild seines Aufenthalts in der türkischen Hauptstadt, wo er übrigens auch mit dem Heidelberger Antitrinitarier Adam Neuser zusammentraf, der in die Türkei geflüchtet war. Vom Patriarchen wurde Gerlach sehr freundlich empfangen, die Briefe aus Tübingen nahm er dankbar an und versprach, sie zu beantworten. Während Gerlach die Tübinger mit allerhand Nachrichten auf dem laufenden hielt, verzögerte sich die Antwort des Patriarchen doch, so daß Andreae und Crusius ihm nochmals schrieben, für die Zusicherung einer Antwort dankten und ihm die griechische Übersetzung der Augsburger Konfession sandten. In seinem ersten Schreiben, das Anfang 1575 in Tübingen ankam, befaßte sich der Patriarch vor allem mit dem Thema des guten Hirten, mit dem und durch dessen Gnade die Priester und insbesondere die Patriarchen als Hirten bezeichnet werden. Zur Nachfolge des guten Hirten gehört die Bewahrung der Worte Christi und der Apostel, aber auch derer der sieben ökumenischen Synoden und der übrigen von Gott erfüllten heiligen Väter. Demgegenüber sind alle Neuerungen abzuwehren. Hier ist bereits das Hauptproblem des ganzen Schriftwechsels angesprochen, nämlich die Betonung der Autorität der Väter neben der der Schrift in der griechischen Kirche. Denselben Grundtenor hatte auch der ausführliche Kommentar des Patriarchen zur Augsburger Konfession, der Mitte 1576 in Tübingen eintraf. Manchen Artikeln der Augsburger Konfession konnte der Patriarch daher zustimmen, bei anderen wie denen von der Rechtfertigung, der Kirche, den Sakramenten und der Heiligenverehrung betonte er seine unterschiedliche Meinung. Die Differenzen folgten im wesentlichen aus dem Traditionsverständnis der griechischen Kirche. So wird dem Artikel VII der Augsburger Konfession, der die Kirche als Gemeinschaft der Gläubigen bezeichnet, in der rechte Wortverkündigung und Sakramentsverwaltung ist, die griechische Auffassung von der Kirche gegenübergestellt als die eine Kirche, die nach der Überlieferung der Väter die Ordnungen und die kanonischen Bestimmungen befolgt, die durch den heiligen Geist bestimmt und in Kraft gesetzt sind. Für die reformatorische Auseinandersetzung um die Rechtfertigung ging den Griechen das Verständnis ab. Beim Artikel von der Rechtfertigung allein aus Glauben merkten sie an, daß lebendiger Glaube gefordert sei, der durch die guten Werke bezeugt werde. Trotz dieser unterschiedlichen Auffassungen sah man in Konstantinopel doch noch so viel Gemeinsames, daß der Patriarch die Tübinger zur Gemeinschaft mit seiner Kirche einlud, wobei er jedoch die Befolgung der Beschlüsse der Apostel und Propheten zur Bedingung machte.

Ein Jahr nach Empfang des Schreibens des Patriarchen antworteten die Tübinger. Sie legten das Schriftprinzip dar, indem sie Jesus Christus über seine Verkündiger stellten und damit die Schrift, die allein von ihm zeugt, als Maßstab für die Vätertradition und auch für die sieben ökumenischen Konzile bezeichneten. Von diesem Standpunkt aus beantworteten sie auch ausführlich den Kommentar des Patriarchen zum Augsburger Bekenntnis.

Auf dieses Schreiben folgte noch eine Antwort des Patriarchen (Abb. 44) und eine Gegenantwort der Tübinger, schließlich am 6. Juni 1581 ein letztes Schreiben aus Konstantinopel, mit dem der Patriarch den theologischen Briefwechsel abbrach, da es nicht zu einer Verständigung gekommen war, weil beide Seiten auf ihren Überzeugungen beharrten. Die letzten Worte des Patriarchen waren: »Geht nun Euren Weg! Schreibt uns nicht mehr über Dogmen, sondern allein um der Freundschaft willen, wenn Ihr das wollt. Lebt wohl!«

Stephan Gerlach hatte in persönlichen Kontakten mit dem Patriarchen und anderen hohen Geistlichen der griechischen Kirche seinen Teil zu den Vermittlungsversuchen beigetragen. Er kehrte Ende 1577 in die Heimat zurück, als David Ungnad als Gesandter abgelöst wurde. Sein Nachfolger Joachim von Sintzendorf brachte ebenfalls einen württembergischen Gesandtschaftsprediger mit: Salomo Schweigger von Sulz am Neckar, der in Konstantinopel in die Fußstapfen Gerlachs trat. Schweigger blieb bis zur Ablösung des Gesandten 1580 in Konstantinopel, machte anschließend noch eine Reise nach Jerusalem und kehrte schließlich 1581 über Venedig in die Heimat zurück. Auch Schweiggers Reisebericht liegt wie der Gerlachs gedruckt vor.

Mit dem gescheiterten Anknüpfungsversuch mit der griechischen Kirche waren die internationalen Unionsbemühungen Andreaes, die in Deutschland 1580 mit dem Konkordienbuch ihren glücklichen Abschluß gefunden hatten, noch nicht beendet. Als weitere von Rom unabhängige christliche Kirche bestand ja das abessinische Christentum, von dem man freilich nicht viel mehr als sagenhafte Kunde hatte. Da hier die Kontakte nicht so einfach geknüpft werden konnten wie mit Konstantinopel, wurde 1582 ein junger württembergischer Theologe, Valentin Cleß aus Knittlingen, allein ausgeschickt, um in Spanien und Nordafrika die arabische Sprache zu lernen und sich dann einer Karawane anzuschließen, um quer durch Nordafrika nach Abessinien zu gelangen. Bei der Reise durch die Wüste Sahara scheint Cleß erkannt zu haben, daß der Plan nicht durchführbar war. Im Gebiet des Fessan brach er das Unternehmen ab und kehrte 1585 über Tripolis, Tanger und Genua heim. Obwohl diese Unternehmungen, zumal der abenteuerliche »Iter Fessanicus« des Cleß gescheitert waren, bleibt davon doch der Eindruck zurück, daß man in Württemberg über dem Aufbau eines eigenen Kirchenwesens, der Auseinandersetzung mit der alten Kirche, dem Calvinismus und den Dissidenten immer noch größere Zusammenhänge im Blickfeld hatte.

*Literatur:*

*Johann Valentin Andreae*, Fama Andreana reflorescens, Straßburg (1630). – *Johannes Beste*, Geschichte der Braunschweigischen Landeskirche von der Reformation bis auf unsere Tage (1889). – *Gustav Bossert*, Die Liebestätigkeit der evangelischen Kirche Württembergs von der Zeit des Herzogs Christoph bis 1650, in: Württembergische Jahrbücher für Statistik und Landeskunde 1905 I, S. 1–28, II, S. 66–117, 1906 I, S. 44–94. – Ders., Die Reise der württembergischen Theologen nach Frankreich im Herbst 1561, in: WVLG 8 (1899), S. 351–412. – *Martin Brecht*, Art. Andreae, Jakob, in: TRE 2, S. 672–680. – *Hansmartin Decker-Hauff, Wilfried Setzler* (Hgg.), Die Universität Tübingen von 1477 bis 1977 in Bildern und Dokumenten, Tübingen (1977). – *Werner-Ulrich Deetjen*, Das Ende der Entente cordiale zwischen den Bruderkirchen und Bruderdynastien Pfalz-Zweibrücken–Württemberg und Pfalz-Neuburg. in: BWKG 82 (1982), S. 38–217. – *Ehmer*. – *Ernst*, Briefwechsel. – *Heinrich Gürsching*, Jakob Andreae und seine Zeit, in: BWKG 54 (1954), S. 123–156. – *A. Hanauer*, Le Protestantisme à Haguenau, Hagenau/Kolmar (1905). – *Wolfgang Irtenkauf*, Johann Durchdenbach, ein Pfarrersleben am Rande der Gegenreformation, in: BWKG 79 (1979), S. 169–180. – *Eduard von Kausler*, *Theodor Schott* (Hg.), Briefwechsel zwischen Christoph, Herzog von Württemberg, und Petrus Paulus Vergerius, BLVS 124 (1875). – *Kugler*. – *Gerhard Müller* (Hg.) Die Religionsgespräche der Reformationszeit, SVRG 191 (1980). – *Rosemarie Müller-Streisand*, Theologie und Kirchenpolitik bei Jakob Andreä bis zum Jahre 1568, in: BWKG 60/61 (1960/61), S. 224–295. – *Hans Petri*, Herzog Christoph von Württemberg und die Reformation in Frankreich, in: BWKG 55 (1955), S. 5–64. – *Manfred Rudersdorf*, Der Weg zur Universitätsgründung in Gießen, in: Academia Gissensis, Marburg (1982), S. 45–82. – *Hanns Rückert*, Die Bedeutung der württembergischen Reformation für den Gang der deutschen Reformationsgeschichte, in: BWKG 38 (1934), S. 267–280. – *Mirko Rupel*, Primus Truber. Leben und Werk des slowenischen Reformators, Südosteuropa-Schriften 5, München (1965). – *Carl Wolfgang Huismann Schoß*, Die rechtliche Stellung, Struktur und Funktion der frühen evangelischen Konsistorien nach den evangelischen Kirchenordnungen des 16. Jahrhunderts (Diss. jur. Heidelberg 1980). – *H. Weissgerber*, Aegidius Hunnius in Marburg 1576–1592, in: JHKGV 6 (1955), S. 1–89. – *Carl von Weizsäcker*, Lehrer und Unterricht an der evangelisch-theologischen Facultät der Universität Tübingen von der Reformation bis zur Gegenwart, in: Beiträge zur Geschichte der Universität Tübingen. Festgabe bei der vierten Säcularfeier ihrer Gründung im Jahre 1877 (1877). – WKG. – Wort und Mysterium. Der Briefwechsel über Glauben und Kirche 1573 bis 1581 zwischen den Tübinger Theologen und dem Patriarchen von Konstantinopel, Dokumente der Orthodoxen Kirchen zur ökumenischen Frage 2, Witten 1958). – *George Elias Zachariades*, Tübingen und Konstantinopel. Martin Crusius und seine Verhandlungen mit der Griechisch-Orthodoxen Kirche, Schriftenreihe der Deutsch-Griechischen Gesellschaft 7, Göttingen (1941)

# Württemberg und die protestantischen Lehrstreitigkeiten

Nach dem Interim herrschten in den evangelischen Kirchen Deutschlands drei Jahrzehnte lang schwere Lehrstreitigkeiten. An ihnen hat Württemberg mit zwei Ausnahmen nur wenig teilgenommen. Die eine Ausnahme ist der Streit um die Theologie Andreas Osianders, in dem den württembergischen Theologen eine Vermittlerrolle zufiel. Die andere Ausnahme ist die Erneuerung des Abendmahlsstreits, die durch das Bekenntnis der württembergischen Theologen vom Nachtmahl 1559 markiert wird. Die übrigen Auseinandersetzungen innerhalb der Reformationskirchen, zwischen Gnesiolutheranern und Melanchthonianern, den Flacianern und Philippisten, hatten ihre Schauplätze außerhalb Württembergs.

Der adiaphoristische und der majoristische, der antinomistische und der synergistische Streit sind Auseinandersetzungen über die authentische Lehre Luthers und ihre Darstellung durch Melanchthon. Daher der Gegensatz zwischen den »echten« Lutheranern und den Philippisten, den Schülern Melanchthons und dem Kreis der Theologen um den »Illyrier« Matthias Flacius, den rücksichtslosen Kämpfer um die Reinheit der lutherischen Lehre, der diesem Kampf Amt und Familie, berufliche Stellung und bürgerliche Reputation opferte. Ausgelöst wurden diese Streitigkeiten durch die Krise der evangelischen Kirchen im Interim, das ja als Vermittlungsformel die Frage nach der unverzichtbaren Substanz der evangelischen Kirchen aufwarf. In Württemberg war das Interim aber keineswegs Diskussionsgrundlage gewesen wie etwa in Sachsen, sondern kaiserliches Dekret, das keinen Widerspruch duldete. Es konnte daher in Württemberg nicht zu den Spaltungen wie anderwärts führen, da die große Mehrheit der Theologen sich in der Ablehnung des Interims einig war. Dadurch war es möglich, daß von Württemberg die vermittelnde Bewegung ausgehen konnte, die auf eine lehrmäßige Vereinigung und Stabilisierung der lutherischen Kirchen in Deutschland abzielte.

## *Der osiandrische Streit*

Andreas Osiander, der Reformator Nürnbergs, hatte 1548 wegen des Interims weichen müssen und bei Herzog Albrecht von Preußen Aufnahme gefunden. Er erhielt in Königsberg die Pfarrstelle an der Altstädter Kirche und die erste Professur der theologischen Fakultät. Schon aus der Antrittsdisputation Osianders entwickelte sich eine Auseinandersetzung, die nach einer Disputation über die Rechtfertigung in den eigentlichen osiandrischen Streit mündete. Osiander geht aus von der Gleichsetzung Christi mit dem Wort Gottes, das durch das »äußere« Wort der Predigt vermittelt wird. Die Gerechtigkeit des Menschen wird durch die Einwohnung der göttlichen Natur Christi im Menschen bewirkt. Seine Lehre nahm damit zwar lutherische Motive auf, ließ aber das Erlösungswerk und die Sündenvergebung zurücktreten gegenüber der effektiven Gerechtmachung.

Die Auseinandersetzung über die Rechtfertigungslehre Osianders fand zunächst im lokalen Rahmen statt, wobei Osiander und sein verhältnismäßig kleiner Anhang, wie der Hofprediger Johannes Funck, sich der Gunst des Herzogs erfreuten. Dieser legte im Herbst 1551 das Problem den evangelischen Ständen Deutschlands zur Beratung durch die Theologen vor. Das württembergische Gutachten vom 5. Dezember 1551 mahnte zur Eintracht, schlug einen Vergleich vor und gab zu bedenken, daß die Schwierigkeiten, die das tridentinische Konzil mit sich bringe, dringender seien als dieser Wortstreit, wie er sich von Württemberg aus darstellte. Osianders Gegner lehnten die württembergische Antwort ab, da sie den eigentlichen Streitpunkt nicht erfaßt habe. Osiander hingegen konnte die Meinungsäußerung in seinem Sinne verstehen. Es kam also nicht zu einem Vergleich, vielmehr wurden die württembergischen Theologen noch weiter in den Streit hineingezogen, zumal Herzog Albrecht dringend um die Entsendung von Brenz nach Preußen nachsuchte. Dieser war freilich in Württemberg unabkömmlich. Ein zweites württembergisches Gutachten vom 1. Juni 1552 war ebenfalls auf den vermittelnden Grundton gestimmt und bezeichnete den Streit als »bellum grammaticale«, als grammatischen Streit. Zugleich wandte sich Brenz in persönlichen Briefen an die Beteiligten, vor allem an Osiander. Auch auf dieses zweite Gutachten reagierten Osiander und seine Gegner wie auf das erste. Besonders beschwerten sich die letzteren darüber, daß diese Äußerung durch ihre vermittelnde Haltung keine Entscheidung herbeigeführt habe. Darüber beklagten sich Melanchthon und andere bei Brenz. Herzog Albrecht benutzte jedoch die württembergischen Äußerungen, von denen er meinte, daß sie im wesentlichen mit Osiander einig gingen, zur Durchsetzung der osiandrischen Lehre, indem er eine Einigung auf dieser Grundlage anstrebte.

Andreas Osiander starb am 17. Oktober 1552. Herzog Albrecht ging daraufhin an die Verwirklichung seines Plans einer Vereinigung der preußischen Kirche auf der Grundlage der württembergischen Gutachten. Ein entsprechendes Mandat erging am 24. Januar 1553. Der Herzog wurde vor der Durchführung des Mandats gewarnt, besonders von Joachim Mörlin, dem Prediger am Dom, der das Haupt der antiosiandrischen Opposition war. Mörlin wurde daraufhin entlassen und ausgewiesen. Herzog Albrecht bemühte sich weiterhin um Brenz, so daß im Mai 1554 an seiner Stelle die Theologen Jakob Beurlin und Ruprecht Dürr nach Preußen gesandt wurden. Beurlin, seit 1551 Professor der Tübinger Universität, schien anfangs die Aussöhnung der zerstrittenen Parteien in Preußen zu glücken, eine dauerhafte Lösung gelang ihm aber nicht. Die nähere Kenntnis des Streites ließ Beurlin jedoch kritischer werden gegenüber den Lehren Osianders, was Brenz nach seiner Rückkehr überrascht bemerkte. Trotz ehrenvoller Angebote des Herzogs hatte sich Beurlin nicht in Preußen halten lassen. Brenz blieb weiterhin mit Herzog Albrecht in Verbindung und empfahl, den Streit durch eine beiderseitige Amnestie zu beendigen und den Hofprediger Funck als den Hauptexponenten der osiandrischen

Richtung eine Zeitlang zu beurlauben. Ein erneutes Mandat des Herzogs im Jahre 1555 veranlaßte viele antiosiandrische Geistliche, ihre Ämter zu quittieren.

Der theologische Streit hatte sich auch negativ auf die politischen Verhältnisse im Land ausgewirkt. Für die unzufriedenen Regimentsräte und die Landstände wurde der einflußreiche Funck, der im Laufe der Zeit mehr und mehr von Osianders Lehre abrückte, zum Verursacher der Mißstände. Als die Landstände 1566 zu deren Abschaffung eine Kommission der Krone Polens als Lehnsherrn nach Königsberg holten, wurde Funck mit zwei anderen als Störer des öffentlichen Friedens zum Tode verurteilt und hingerichtet. Joachim Mörlin und Martin Chemnitz, die zuvor wegen ihrer Einstellung gegen die osiandrische Lehre das Land hatten verlassen müssen, wurden wieder zurückberufen. Osianders ältester Sohn Lukas hatte sich nach dem Tod des Vaters nach Württemberg begeben, wo er der Ahnherr einer bedeutenden Theologenfamilie wurde.

## *Die Erneuerung des Abendmahlsstreits*

Die Wittenberger Konkordie hatte 1536 nochmals die Unterschiede zwischen der Wittenberger und der Züricher Abendmahlslehre herausgestellt, wie sie seit dem Marburger Gespräch 1529 bestanden. Der Fortschritt, der 1536 erzielt wurde, war der, daß die Oberdeutschen für die Konkordie gewonnen werden konnten und sich damit zumindest auf dem Weg zum lutherischen Abendmahlsverständnis befanden. Auch für den Abendmahlsstreit war das Interim eine Wendemarke. Die Theologen der Oberdeutschen – und das waren zumeist die der Reichsstädte – mußten ihren Wirkungskreis verlassen, allen voran Martin Bucer, der eifrigste Beförderer der Wittenberger Konkordie, der ins Exil nach England ging und dort starb. Die Aufbauarbeit in den Reichsstädten wurde nach dem Interim meist von lutherischen Theologen geleistet, so daß diese Kirchen damit ihr eigentümliches oberdeutsches Gepräge verloren. Aber auch in der Schweiz ergab sich – eigenartigerweise gleichzeitig – eine Veränderung. Johannes Calvin, der seit 1541 ständig in Genf wirkte, ging 1549 mit den Zürichern den Consensus Tigurinus ein, in dem man sich auf eine gemeinsame Abendmahlsformel einigte. Der Consensus markiert daher den Zeitpunkt, zu dem Johannes Calvin die Führung der schweizerischen Theologie übernahm. Das Unterscheidungsmerkmal zwischen Calvin und den lutherischen Theologen sollte ebenfalls die Abendmahlslehre werden.

Für Calvin ist das Sakrament ein mit einem äußeren Zeichen bekräftigtes Zeugnis der göttlichen Gnade gegen den Menschen, die durch den Heiligen Geist zugeeignet und durch den Glauben angeeignet wird. Konstitutiv ist für das Sakrament – wie bei Luther – das Wort der Verheißung, das zu den irdischen Elementen hinzutritt. Von der Lehre Luthers ist aber die calvinische Abendmahlsanschauung durch die Verwerfung der Realpräsenz der menschlichen Natur Christi in den Elementen geschieden. In der Abwehr einer Verdinglichung der göttlichen Gnade verlagert Calvin das Heilsgeschehen im Abendmahl auf eine andere Ebene der Realität, in der Christus selbst im Abendmahl gegenwärtig ist. Calvin geht es hierbei darum, die himmlische Herrlichkeit Christi nicht dadurch zu verkleinern, daß sie an irdische Elemente gebunden wird. Zum andern wollte er der menschlichen Natur Christi nicht das zuschreiben, was der göttlichen gebührt, um damit nicht das Erlösungswerk zu beeinträchtigen. Eigenschaften der göttlichen Natur Christi, wie die Ubiquität oder Allgegenwart, konnten der menschlichen Natur nicht zugeschrieben werden, da Christus bei seiner Himmelfahrt nach seiner Gottheit und Menschheit zur Rechten Gottes aufgenommen worden war.

Das Verdienst, den Abendmahlsstreit aufs neue entfacht zu haben, kommt dem Hamburger Joachim Westphal zu. Er verfaßte 1552 eine Schrift, in der er vor den Leugnern der Gegenwart Christi im Abendmahl warnte. Veranlaßt dazu wurde er durch eine englische Exilgemeinde in Hamburg, mit der sich Auseinandersetzungen wegen der Abendmahlsgemeinschaft ergeben hatten. Für Westphal stellten sich die Reformierten in Frankreich, den Niederlanden und England als eine breite Front von »Sakramentierern« unter dem neuen Anführer Calvin dar, den es nun zu bekämpfen galt. Calvin blieb freilich die Antwort nicht schuldig, so daß nun Streitschriften hin und her gewechselt wurden. Jetzt begann man die einstmals »zwinglisch« genannte Abendmahlslehre als die »calvinistische« zu bezeichnen, wiewohl es Calvins Bestreben gewesen war, zwischen Luther und Zwingli eine eigene Anschauung vom Abendmahl herauszubilden.

Der Kampf gegen die calvinische Abendmahlslehre stellte die Auseinandersetzung zwischen Gnesiolutheranern und Philippisten auf eine neue Grundlage, da schon Westphal Melanchthon des Einverständnisses mit Calvin beschuldigte. Die Philippisten konnten deshalb als Kryptocalvinisten gelten, die um so mehr zu bekämpfen waren, je mehr die lutherischen Kirchen sich vor dem Eindringen der calvinistischen Lehre fürchteten. Der Gegensatz zwischen Gnesiolutheranern und Philippisten war besonders augenfällig in den sächsischen Fürstentümern, wo der ererbte politische Gegensatz damit eine theologische Ausformung erhielt. Das albertinische Kurfürstentum mit Wittenberg war nämlich philippistisch, während das ernestinische Herzogtum die Hochburg der Gnesiolutheraner unter Matthias Flacius bildete, die mit der 1558 eröffneten Universität Jena ihr Zentrum bekamen. Die weitere Entwicklung in Sachsen führte schließlich zum Sturz der Häupter des Philippismus in Kursachsen 1574, nachdem kurz zuvor die flacianischen Eiferer in Thüringen entfernt worden waren.

Der deutsche Südwesten spielt im zweiten Abendmahlsstreit eine besondere Rolle durch die Abendmahlslehre von Brenz, wie sie zunächst in der »Apologie« gegen a Soto, dann im Stuttgarter Bekenntnis 1559 niedergelegt worden war. Von besonderer Bedeutung war aber der Übergang der Kurpfalz zum Calvinismus, der nicht zuletzt durch den Abendmahlsstreit veranlaßt wurde, seinerseits aber 1566 die Veröffentlichung der von Heinrich Bullinger verfaßten Confessio Helvetica Posterior als des abschließenden Bekenntnisses der schweizerischen Reformation bewirkte.

## *Das Bekenntnis der württembergischen Theologen vom Nachtmahl und die Ubiquitätslehre des Johannes Brenz*

Das Lehrzuchtverfahren gegen den Pfarrer Bartholomäus Hagen gewann durch das »Bekenntnis von der wahrhaftigen Gegenwärtigkeit des Leibes und Blutes Christi im heiligen Nachtmahl« eine weit über die Grenzen des Herzogtums hinausreichende Bedeutung. Es heißt in diesem Bekenntnis, daß im Abendmahl mit Brot und Wein durch die Kraft des Wortes oder der Einsetzung Christi der wahrhaftige Leib und das wahrhaftige Blut Jesu Christi wahrhaftig und wesentlich gereicht und von allen, die es empfangen, genossen werden. Die Substanz des Brotes und Weines wird jedoch nicht verwandelt, vielmehr sind sie durch das Wort dazu bestimmt, daß sie nicht einfache Zeichen seien, sondern Leib und Blut Christi mit ihnen dargereicht werden. Es findet auch keine Vermischung von Brot und Wein mit Leib und Blut statt, sondern deren Gegenwart ist so durch das Wort bestimmt, daß außerhalb des Gebrauchs kein Sakrament ist. Christus erfüllt nach der Schrift (Eph 1,21; 4,10) alles, sowohl nach seiner göttlichen wie auch nach seiner menschlichen Natur. Deshalb kann die Himmelfahrt und das Sitzen zur Rechten Gottes nicht als Argument gegen seine Gegenwart im Abendmahl angeführt werden. Auch die Gottlosen und Ungläubigen empfangen im Abendmahl Leib und Blut Christi, jedoch zum Gericht. Zuletzt wird versichert, daß dieses Bekenntnis vom Nachtmahl mit dem Augsburger und dem Württembergischen Bekenntnis übereinstimme.

Die lutherische Abendmahlslehre war damit in ihrer Fortführung durch Brenz als Bekenntnis formuliert worden, das zugleich eine Spitze gegen Calvin und Bullinger erhielt. Herzog Christoph hatte dabei die ihm verdächtig erscheinende Haltung Melanchthons in der Abendmahlslehre im Blick, ebenso die Entwicklung in der Kurpfalz, wo ihm der Großhofmeister Schenk Eberhard von Erbach als die treibende Kraft erschien. Er sah, daß die calvinische Lehre in Frankreich, England, Spanien und Italien Platz gegriffen hatte und fürchtete, daß deren Anhänger – falls sie auch im Reich die Überhand gewönnen – ihre Lehre mit Gewalt ausbreiten würden. Er stellte sich daher die Frage, ob es sicherer sein würde, die Calvinisten oder die Katholiken als Nachbarn zu haben. Das Bekenntnis seiner Theologen war damit für Herzog Christoph zugleich auch ein Instrument seiner Politik, die auf die Einigung der lutherischen Stände abzielte. Seine Hoffnung ging zunächst auf Kurfürst August von Sachsen, dem – wie auch zahlreichen anderen Ständen – das Bekenntnis zur Begutachtung zugesandt wurde. Der Kurfürst antwortete freilich, daß in seinen Landen kein Streit über das Sakrament sei, so daß er davon absehen wolle, das Bekenntnis seinen Theologen vorzulegen. Melanchthon meinte, daß er nichts Neues annehmen und bei der seit langem in Kursachsen gebräuchlichen Lehre bleiben wolle. Privatim äußerte er sich jedoch spöttisch über die württembergischen Äbte, die der Kirche neue Lehren aufdrängen wollten.

Die neue Lehre, die Melanchthon meinte, war die Lehre von der Ubiquität. Dieser Begriff ist von den Gegnern geprägt worden, während Brenz lieber den Ausdruck Omnipräsenz verwandte. Er hat in der Folgezeit, auf Angriffe antwortend, in mehreren Schriften diese Lehre näher ausgelegt. Die wichtigsten dieser Schriften sind »De personali unione duarum naturarum in Christo et ascensu Christi in coelum ac sessione eius ad dextram Dei Patris, qua vera corporis et sanguinis Christi praesentia in coena explicata est et confirmata« und »De maiestate domini nostri Iesu Christi ad dextram Dei Patris et de vera praesentia corporis et sanguinis eius in coena«. Beide Schriften sind 1562 erschienen und wollen aufzeigen, wie die leibliche Gegenwart Christi im Abendmahl zu denken ist. Brenz geht aus vom Bekenntnis von Chalkedon (451), wonach sich göttliche und menschliche Natur in Christus als einer Person vereinigt haben. Demnach ist die Gottwerdung des Menschensohns identisch mit der Fleischwerdung des Gottessohnes. Aus dieser Vereinigung der beiden Naturen folgt die gegenseitige Mitteilung der jeweiligen Eigenschaften (communicatio idiomatum), wobei die menschliche Natur jedoch nicht verlorengeht. Dieser Anschauung liegt die scholastische Unterscheidung zwischen Substanz und Akzidenzien (Eigenschaften) zugrunde. Es bleibt also die menschliche Natur als Substanz erhalten, während ihre Akzidenzien, zu denen Leiden, Sterben oder auch das Dasein an einem bestimmten Ort gehören, der göttlichen Natur mitgeteilt oder durch Akzidenzien der göttlichen Natur ausgetauscht werden können. Die Vereinigung der beiden Naturen in Christus beweist also, daß die Eigenschaften, die dem Gottessohn aufgrund seiner Natur eignen, auch dem Menschensohn kraft göttlicher Gnade zukommen. Die communicatio idiomatum begründet also die Ubiquität oder Omnipräsenz des Auferstandenen und damit auch die Realpräsenz, die leibliche Gegenwart Christi im Abendmahl.

Menschliche und göttliche Natur Christi sind freilich nicht gleichwertig, vielmehr überwiegt die göttliche Natur in unendlichem Maße, so daß mit der Menschwerdung zugleich die Gottwerdung des Menschen Jesus im Augenblick der Inkarnation gesetzt ist. Während er auf Erden sein Erlösungswerk tut, sitzt er bereits zur Rechten Gottes. Andererseits besitzt der Mensch Jesus alle göttlichen Eigenschaften, die er als Mensch freilich verbirgt und nur gelegentlich in Wundern offenbart. Aus der Personeinheit folgt beim Auferstandenen, daß da, wo seine Gottheit ist, auch die Menschheit Jesu gegenwärtig sein muß. Das Sitzen zur Rechten Gottes bedeutet die Teilhabe an Gottes allerfüllender Allmacht und unbeschränkter Majestät, die demnach auch dem Leibe Christi zukommt. Wenn aber der Leib Christi alles erfüllt, kann gefragt werden, wozu dann eigentlich noch das Abendmahl notwendig ist. Diesen Einwand beantwortet Brenz mit dem Hinweis auf die Einsetzung durch Christus, daß man seinen Leib im Abendmahl empfangen soll.

Brenz entwickelte also seine Lehre von Christus ganz vom Abendmahl her und schuf damit in der Nachfolge Luthers eine eucharistische Christologie. Es ging ihm darum, die Gegenwart des Leibes Christi im Abendmahl mit seiner Heilsbedeutung gedanklich zu fassen. Er scheute sich dabei nicht, das traditionelle begriffliche Instrumentarium, wie Substanz und Akzidenz, wieder aufzugreifen. Er hat sich aber der Tradition insofern kritisch bedient, als er ihr das Zeugnis der Schrift überordnete und die traditionelle Begrifflichkeit nur zu ihrer Auslegung einsetzte.

Mit dem Bekenntnis vom Nachtmahl schienen die Württemberger im Streit zwischen Flacianern und Philippisten Stellung für die ersteren bezogen zu haben. Die Auseinandersetzung über das Bekenntnis und die brenzische Christologie spielte sich daher einmal zwischen Wittenberg und Württemberg, zum anderen aber auch zwischen Württemberg und der Kurpfalz ab. Dieser Streit war zunächst von größerer Bedeutung.

## *Das Maulbronner Gespräch*

1563 erschien der Heidelberger Katechismus (Abb. 45), die Bekenntnisschrift, die den Übergang der Kurpfalz zur reformierten Lehre markiert. Die Sakramentslehre des Katechismus mußte den Widerspruch der Lutheraner hervorrufen, denn die Sakramente sind nicht Zu- oder Austeilung der göttlichen Gnade, sondern sie weisen auf das Heilsgeschehen hin; sie sind bildliche Darstellung dessen, was durch das Wort gesagt wird. Dennoch wird eine objektive Seite der Sakramente betont, die dazu eingesetzt sind, daß der heilige Geist durch sie wirke und den Glauben wecke und stärke. Sie bestätigen den Glauben, indem sie auf das Wort der Verheißung weisen. Die Sakramente geben also durch das Wort die Gewißheit der Gabe Gottes. Doch erfährt diese objektive Seite des Sakraments nach der Lehre des Heidelberger Katechismus da eine Einschränkung, wo es um den Glauben geht. Dieser wird vorausgesetzt, er gehört also zum rechten Brauch des Sakraments, außerhalb dessen es keine Sakramente gibt.

Für die Lutheraner mußte sich diese Sakramentslehre vor allem beim Abendmahl zunächst unter der Frage nach der Würdigkeit und des Zugangs zum Abendmahl bewähren. Der Zugang zum Sakrament ist dem wahrhaft Glaubenden offen, wenngleich dieser Glaube auch nicht vollkommen sein muß. Dennoch hat für die Lutheraner damit das Abendmahl seinen Charakter als Trost in der Anfechtung verloren, wenn die Anfechtung bereits durch die Gewißheit des eigenen Glaubens überwunden sein muß. Entsprechend fällt für die Lutheraner die Probe aufs Exempel aus, wenn die Abendmahlslehre des Heidelberger Katechismus daraufhin befragt wird, ob auch die Unwürdigen Leib und Blut Christi im Abendmahl genießen.

Dies alles war ein wohlbedachtes und deutliches Abrücken von der lutherischen Theologie und wohl auch von der Augsburger Konfession als reichsrechtlicher Grundlage des Religionsfriedens. Die Theologie des Heidelberger Katechismus erhielt damit sofort eine politische Dimension. Besonders die der Pfalz benachbarten evangelischen Fürsten versuchten diese Abwendung von der gemeinsamen Grundlage zu bereinigen, nämlich Markgraf Karl von Baden, Pfalzgraf Wolfgang von Zweibrücken und besonders Herzog Christoph von Württemberg. Sie suchten einen Weg der Verständigung mit dem Kurfürsten und schlugen ihm die Abhaltung einer Theologenkonferenz in Gegenwart der Fürsten vor. Friedrich III. lehnte dieses Ansinnen zuerst ab, ließ sich aber Anfang 1564 bei einer persönlichen Zusammenkunft mit Christoph dazu bewegen, einem Gespräch der württembergischen und pfälzischen Theologen über die Einsetzungsworte des Abendmahls zuzustimmen. Dieses Gespräch fand vom 10. bis 15. April 1564 im Kloster Maulbronn statt. Anwesend waren Kurfürst Friedrich und Herzog Christoph; die pfälzischen Theologen waren Michael Diller, Peter Boquin, Kaspar Olevian, Zacharias Ursinus und

Peter Dathen; auf württembergischer Seite waren es Johann Brenz, Balthasar Bidembach, Jakob Andreae, Dietrich Schnepf und Valentin Vannius, der Prälat des Klosters Maulbronn. Nicht alle meldeten sich bei dem Gespräch zu Wort; auf württembergischer Seite bestritt Jakob Andreae nahezu allein die Auseinandersetzung, bei den Pfälzern waren es vor allem Olevian und Ursin. Die Diskussion setzte nach gegenseitiger Übereinkunft bei der Christologie ein; offenbar sah man, daß hier der Grund für den Unterschied in der Sakramentslehre lag. Der Hauptstoß der Pfälzer ging hier gegen die Ubiquitätslehre, die nach ihrer Auffassung keine Grundlage in der Heiligen Schrift hatte. Andreae hielt dagegen, daß diese Lehre der Sache nach durchaus in der Schrift begründet sei, und legte dar, daß durch die Vereinigung der göttlichen und menschlichen Natur in Christus jeder auch die Eigenschaften der anderen zukomme, mithin also Christus leiblich allgegenwärtig sei. Die Diskussion ging hierauf über zu der Frage nach der Bedeutung des Sitzens Christi zur Rechten Gottes, das im Apostolischen Glaubensbekenntnis bekannt wird. Hier war wiederum die Frage, ob dadurch der menschlichen Natur Christi ebenfalls Allmacht und Allgegenwart zukomme. Erst zum Schluß des Gesprächs kam man auf die Abendmahlslehre, die wiederum auf die Ubiquitätslehre zurücklenkte und mit der Feststellung der unterschiedlichen Standpunkte endete. Die beiden Fürsten wechselten noch schriftliche Erklärungen ihrer Standpunkte, die Theologen verglichen ihre Protokolle, dann trennte man sich. Der Zwiespalt blieb bestehen. Für die Württemberger war wichtig, daß Christus auch als Mensch allmächtig ist, denn die Hoffnung der Angefochtenen richtet sich eben auf den Menschen Christus. Die Pfälzer hingegen hatten ein Interesse daran, daß der menschlichen Natur Christi nichts Übermenschliches zugeschrieben werden sollte.

Trotz der ursprünglichen Vereinbarung, das Ergebnis des Gesprächs geheim zu halten, stellten die Heidelberger in Briefen an ihre Freunde die Württemberger als die Überwundenen dar, worauf diese zunächst handschriftlich, dann auch im Druck – sowohl deutsch als lateinisch – einen Bericht vom Maulbronner Gespräch erscheinen ließen. Die Pfälzer blieben hierauf die Antwort nicht schuldig, und so ging der literarische Streit hin und her, bis die Württemberger 1566 eine »Letzte Antwort« an die Heidelberger erscheinen ließen. Die Wirkung des Gesprächs und der folgenden literarischen Kontroverse auf die evangelischen Stände konnte Kurfürst Friedrich erst auf dem Reichstag zu Augsburg 1566 durch sein mutiges Bekenntnis wettmachen. Die politischen Folgen seines offensichtlichen Bekenntnisses zum Calvinismus für das Verhältnis der Kurpfalz zu Kaiser und Reich waren damit zunächst abgewendet.

*Literatur:*

*Carl Andresen* (Hg.), Handbuch der Dogmen- und Theologiegeschichte Bd. 2: Die Lehrentwicklung im Rahmen der Konfessionalität, Göttingen (1980). – *Ernst Bizer*, Studien zur Geschichte des Abendmahlsstreits im 16. Jahrhundert, BFChTh. M 46, Tübingen (1940). – *Johannes Brenz*, Die christologischen Schriften 1, hg. von *Theodor Mahlmann*, Tübingen (1981). – *Ernst*, Briefwechsel. – *Jörg Rainer Fligge*, Herzog Albrecht von Preussen und der Osiandrismus 1522–1568. Phil. Diss. Bonn 1972. – *Heinrich Gürsching*, Jakob Andreae und seine Zeit, in: BWKG 54 (1954), S. 123–156. –

*Kugler*. – *Theodor Mahlmann*, Das neue Dogma der lutherischen Christologie. Problem und Geschichte seiner Begründung, Gütersloh (1969). – Ders., Personeinheit Jesu mit Gott. Interpretation der Zweinaturenlehre in den christologischen Schriften des alten Brenz, in: BWKG 70 (1970), S. 176–265. – *Rosemarie Müller-Streisand*, Theologie und Kirchenpolitik bei Jakob Andreae bis zum Jahr 1568, in: BWKG 60/61 (1960/61), S. 224–395. – *Christoph Matthäus Pfaff*, Acta et scripta publica Ecclesiae Wirtembergicae, Tübingen (1719). – *Martin Stupperich*, Osiander in Preußen 1549–1552, AKG 44, Berlin (1973).

# Die Konkordie

## *Das Wormser Religionsgespräch 1557*

Mit dem Augsburger Religionsfrieden war die Hoffnung auf einen Ausgleich der religiösen Gegensätze nicht aufgegeben worden, vielmehr sollten entsprechende Verhandlungen bereits auf dem für 1556 nach Regensburg einberufenen Reichstag stattfinden. Man entschied sich dann dafür, im folgenden Jahr ein Religionsgespräch in Worms abzuhalten, das von evangelischer wie von katholischer Seite in gleicher Weise beschickt werden sollte. Dies machte bei den Evangelischen einmal mehr die Tatsache bewußt, daß sie längst nicht mehr mit einer Stimme sprachen, daß die seit dem Interim aufgebrochenen Lehrstreitigkeiten eine tiefgreifende Uneinigkeit bewirkt hatten. Besonders Herzog Christoph von Württemberg war sich dieses Zustandes bewußt. Er hatte schon vor, dann aber besonders während des Reichstags in Augsburg 1555 alles versucht, für die Einheit der evangelischen Kirche zu wirken. Nach seiner Vorstellung sollte eine persönliche Zusammenkunft der protestantischen Fürsten mit ihren Theologen und Räten diese Einheit herstellen, und zwar in Lehre, Kirchengebräuchen und Kirchenzucht. Für theologische Streitigkeiten sollte ein Schiedsgericht aufgestellt, theologische Schriften einer Zensur unterworfen werden. Für die Anstellung von Kirchendienern waren gleiche Grundsätze anzustreben, desgleichen für die Kirchenzucht. Der Eifer, mit dem Christoph diese Pläne betrieb, war nicht allein darin begründet, die politische Einheit des deutschen Protestantismus durch die kirchliche Einheit zu begründen, vielmehr war die Verantwortung für das Wort Gottes sein bestimmendes Motiv. Die von Menschen bewirkte Uneinigkeit unter den Evangelischen verdunkelte das Wort Gottes und hinderte es an seiner vollen Wirksamkeit. Es war deshalb Regentenpflicht, die kirchliche Uneinigkeit zu beheben, widrigenfalls Gottes Strafe zu gewärtigen war.

Die »einhellige, gottselige Kirche«, wie sie Herzog Christoph anstrebte, konnte nur auf die reine, wahre Lehre, wie sie in der Augsburger Konfession niedergelegt war, gegründet werden, desgleichen auf die Apologie, die Schmalkaldischen Artikel und die altkirchlichen Symbole. Das Augsburger Bekenntnis war freilich, wie die protestantischen Lehrstreitigkeiten zeigten, nicht gegen Mißdeutungen gefeit. Es war deshalb eine feste Lehrnorm anzustreben, in der die umstrittenen Artikel wie Rechtfertigung und Abendmahl näher erläutert und zur Schlichtung zukünftig auftretender Streitfragen ein einheitliches Verfahren festgelegt wurde. Entsprechende Vereinbarungen konnten nach der Überzeugung Christophs nur durch eine Zusammenkunft der evangelischen Stände getroffen werden, weshalb er versuchte, den pfälzischen oder den sächsischen Kurfürsten dazu zu gewinnen, sich dafür einzusetzen. Eine Zusammenkunft der evangelischen Fürsten oder gar der Stände kam indessen nicht zustande. Man befürchtete, sich dadurch dem Verdacht der Konspiration auszusetzen, so daß man auch davon absah, unverdächtige Zusammenkünfte wie Fürstenhochzeiten zu Besprechungen zu benutzen.

Immerhin gelang es, Ende Juni 1557 in Frankfurt am Main aus Anlaß einer Tagung wegen des Katzenelnbogener Erbfolgestreits eine Anzahl von evangelischen Fürsten, Gesandtschaften und Theologen zusammenzubringen. Bei dieser Besprechung fehlten allerdings die Sachsen, so daß es nicht möglich war, für das unmittelbar bevorstehende Religionsgespräch in Worms eine einheitliche Linie zu finden. Bereits bei den Vorbesprechungen der evangelischen Theologen in Worms Anfang September 1557 zeigte sich dann der Gegensatz zwischen den flacianischen Theologen, wie Erhard Schnepf, Strigel und Stössel, und den Wittenbergern. Die Flacianer forderten unter deutlichen Seitenblicken auf Melanchthon, der persönlich anwesend war, die namentliche Verurteilung aller Irrlehren, die sich seit den vergangenen zehn Jahren im evangelischen Lager erhoben hatten. Bei dem eigentlichen Religionsgespräch, das Anfang September begann und an dem von württembergischer Seite Brenz und Andreae teilnahmen, war es deshalb dem Jesuiten Canisius ein leichtes, mit dem wiederholten Hinweis auf die Uneinigkeit der Evangelischen das Gespräch zu sprengen. Trotz vergeblicher Interventionen durch Kurfürst Ottheinrich, Herzog Christoph und Markgraf Karl bei Herzog Johann Friedrich, der in der Nähe weilte, waren die flacianischen Theologen nicht zu einem einheitlichen Vorgehen bereit und reisten deshalb Anfang Oktober unvermittelt ab. Auch durch mehrfache Versuche war das Gespräch daraufhin nicht mehr in Gang zu bringen, da die katholische Partei unter anderem die Frage stellte, ob auf der Gegenseite noch legitime Vertreter der Augsburgischen Konfession seien. Das Wormser Religionsgespräch war daher für die Evangelischen eine Niederlage; immerhin empfing man in Worms noch eine Gesandtschaft der verfolgten französischen Protestanten unter Farel und Beza und formulierte ein Verdammungsurteil gegen Kaspar Schwenckfeld. Die Katholiken hingegen schieden aus Worms mit der Überzeugung, daß es nun Zeit war, gegen den uneinigen Protestantismus anzutreten.

## *Die Fürstentage*

Der Ausgang des Wormser Religionsgesprächs bestätigte die Auffassung Herzog Christophs, daß nur eine persönliche Zusammenkunft der evangelischen Stände und nicht der Theologen und Räte imstande war, eine Einigung herzustellen. Eine Gelegenheit dazu ergab sich schon wenige Monate später, im März 1558, als Ferdinand I. in Frankfurt zum Kaiser gekrönt wurde. Neben den ohnehin anwesenden evangelischen Kurfürsten Ottheinrich von der Pfalz, August von Sachsen und Joachim II. von Brandenburg waren auch Pfalzgraf Wolfgang von Zweibrücken, Herzog Christoph und Landgraf Philipp erschienen. Pfalzgraf Friedrich von Simmern und Markgraf Karl von Baden standen in schriftlichem Kontakt mit der Versammlung, die aufgrund zweier Gutachten, von Melanchthon und Brenz, beriet. Der Entwurf Melanchthons wurde dann dem Frankfurter Rezeß zugrunde gelegt, den die anwesenden sechs Fürsten unterzeichneten. Sie wandten sich darin gegen den Verdacht, daß in ihren Kirchen unter dem Deckmantel der reichsrechtlich zugelassenen Augsburger Konfession allerhand Irrlehren verbreitet würden, und erklärten, da eine geplante Generalsynode in Kürze nicht zu bewerkstelligen sei, an der reinen, wahren Lehre gemäß der Schrift, der drei altkirchlichen Symbole und des Augsburger Bekenntnisses festhalten und diese in ihren Kirchen verbindlich machen zu wollen. Über das Augsburger Bekenntnis hinaus gaben sie Erklärungen zu den strittigen Punkten ab, nämlich zur Frage der Rechtfertigung, der guten Werke, des Abendmahls und der Adiaphora. Zum Schluß wurden noch Bestimmungen getroffen, die weitere Streitigkeiten verhindern sollten. Die nicht anwesenden evangelischen Stände wurden eingeladen, dem Rezeß beizupflichten. Dieser Aufforderung kam eine Reihe von Ständen nach, von anderen erhob sich Widerspruch gegen die vermittelnde Tendenz der Lehrformulierungen. Seitens einiger Theologen wurde kritisiert, daß sich die Fürsten anmaßten, in Fragen der Lehre bestimmen zu wollen. Der schroffste Widerspruch kam von den Flacianern in Jena und Weimar. Amsdorf und Flacius verfaßten Gegenschriften; im Namen von Herzog Johann Friedrich dem Mittleren erging das Weimarer Konfutationsbuch, mit dem der Beitritt zum Frankfurter Rezeß abgelehnt wurde, weil dieser die Gegensätze nur verwische und keine Scheidung zwischen richtiger und falscher Lehre treffe.

Herzog Christoph hatte vom Frankfurter Fürstentag lediglich die Vorbereitung eines Generalkonvents erwartet und sich selber viel von einer persönlichen Begegnung mit Kurfürst August erhofft, der jedoch zu früh abreiste. Das Verhandlungsergebnis beanspruchte statt dessen einen definitiven Charakter, obwohl es nur auf einer recht schmalen Basis stand. Dennoch wollte Kurfürst August durch Verhandlungen erreichen, daß wenigstens die Mehrheit der evangelischen Stände sich zum Frankfurter Rezeß bekannte und so die widersprechenden Ernestiner und Niedersachsen isoliert würden. Herzog Christoph hatte jedoch auf dem Reichstag in Augsburg im März 1559 einen neuen Konvent der evangelischen Fürsten angeregt und schließlich auch in einer persönlichen Unterredung Kurfürst Friedrich III. von der Pfalz und dessen Schwiegersohn Herzog Johann Friedrich den Mittleren von Sachsen für dieses Projekt gewonnen. Das Ziel war eine erneute Unterzeichnung des Augsburger Bekenntnisses, womit sich auch Kurfürst August einverstanden erklärte.

Der daraufhin Ende Januar 1561 in Naumburg beginnende Fürstentag war bedeutend besser besucht als der Tag in Frankfurt knapp drei Jahre zuvor, wenngleich man auch bewußt darauf verzichtet hatte, die niederen Reichsstände einzuladen. Die Verhandlungen zeigten recht bald, wie schwierig ein so einfach erscheinendes Vorhaben wie die Neuunterzeichnung der Augsburger Konfession inzwischen geworden war. Die Hauptfrage war jetzt, welche Fassung der Konfession man nehmen sollte, was um so schwieriger war, als Melanchthon die Drucke von Auflage zu Auflage mit Verbesserungen versehen hatte, die gerade beim Abendmahlsartikel entscheidend waren. Man machte sich also daran, verschiedene Fassungen des Bekenntnisses miteinander zu vergleichen, ein Geschäft, bei dem nur die theologisch interessiertesten Fürsten, nämlich Kurfürst Friedrich und Herzog Christoph, aushielten. Im Streit um die Confessio Augustana Invariata einigte man sich schließlich dahin, daß die Ausgabe von 1531 unterzeichnet und die noch bestehenden Anstände durch eine Vorrede behoben wurden. Die Vorrede ist an den Kaiser gerichtet und stellt dar, daß die unterzeichnenden Stände mit diesem Akt dem Vorwurf entgegentreten, daß sie über ihre Lehre uneins oder auch davon abgewichen seien. Über die Unterzeichnung dieser Vorrede kam es dann doch zum Bruch mit Herzog Johann Friedrich, für den die Lehrunterschiede wieder einmal nur verschleiert worden waren und der eine ausdrückliche Verdammung der Irrlehren forderte. Er reiste ab, ohne zu unterschreiben. Die unterzeichnenden Fürsten verpflichteten sich, in ihrer Nachbarschaft für weitere Unterschriften zu werben. Es zeigte sich jedoch bald, daß aufgrund des Protestes des sächsischen Herzogs und seiner flacianischen Theologen sich vor allem in Niedersachsen eine breite Opposition gegen die Naumburger Erklärung bildete. Der Zwiespalt wurde noch deutlicher, als man versuchte, bei Nachverhandlungen Herzog Johann Friedrich noch Konzessionen zu machen, und ihm vermittelnde Formeln vorschlug, während Kurfürst Friedrich III. erklärte, beim beschlossenen Wortlaut bleiben und nicht davon abrücken zu wollen. So wurde die Trennung vollends beschleunigt, der pfälzische Kurfürst ging zum Calvinismus über und dokumentierte diesen Schritt durch den 1563 erschienenen Heidelberger Katechismus.

## *Die Ausbildung landeskirchlicher Lehrnormen*

Die Fürstentage waren als Versuche, kraft landesherrlicher Autorität eine Einigung in der evangelischen Lehre herbeizuführen, letztlich gescheitert, zumal auch von einigen Theologen den Fürsten die Kompetenz für dergleichen Entscheidungen abgestritten wurde. Die Unmöglichkeit, alle evangelischen Kirchen im Reich unter einer Lehrnorm und einer Kirchenordnung zu vereinen, förderte die Herausbildung landeskirchlicher Bekenntnisse und Kirchenordnungen. Hierher gehört die 1559 erschienene Große Württembergische Kirchenordnung, die ja das Württembergische Bekenntnis von 1551/52 wiederholte und durch das Abendmahlsbekenntnis von 1559 ergänzt wurde. Andere lutherische Corpora doctrinae entstanden in Norddeutschland im Laufe der sechziger und siebziger Jahre, die als Kernstück die Augsburger Konfession mit Apologie, zumeist auch noch die Schmalkaldischen Artikel, Luthers Katechismen und andere seiner Schriften enthielten. Das philippistische Gegenstück dazu war das 1560 zunächst als Privatunternehmen eines Leipziger Druckers erschienene Corpus doctrinae Philippicum oder Misnicum, das außer den drei altkirchlichen Symbolen, dem Apostolicum, dem Nicaenum und dem Athanasianum, nur Schriften Melanchthons enthielt, nämlich das Augsburger Bekenntnis mit Apologie, die Confessio Saxonica, die Loci, das Examen ordinandorum, die Responsio ad articulos Bavaricae inquisitionis und die Refutatio Serveti. Diese Zusammenstellung wurde in Pommern und Kursachsen und einer Reihe anderer Kirchen als offizielle Lehrnorm anerkannt.

Die Entstehung der landeskirchlichen Corpora doctrinae war somit ein Vorgang, der den Einheitsbestrebungen, wie sie von Herzog Christoph von Württemberg vertreten wurden, geradewegs entgegengesetzt war. Zugleich lag aber darin auch der Ansatz zu der weiteren Entwicklung, insofern die Bemühungen um die Einheit der Lehre nun auf ein gemeinsames corpus doctrinae gerichtet sein mußten.

Den äußeren Anlaß dazu, eine Einigung auf diesem Wege zu versuchen, gab die Braunschweiger Reformation 1568. Die Tätigkeit dort konnte Andreae mit Besuchen bei anderen norddeutschen Kirchen verbinden. Er hatte ein »Bekenntnis und Erklärung etlicher zwiespaltiger Artikel« verfaßt, in dem Rechtfertigung, gute Werke, freier Wille, Adiaphora und Abendmahl behandelt wurden. Sein Gedanke war, daß die Theologen in jedem Gebiet solche Erklärungen verfassen und dann darüber Einvernehmen herbeiführen sollten. Damit gewann das Einigungswerk wieder eine neue Richtung, nachdem die Bestrebungen Herzog Christophs, die Einigkeit durch die Fürsten und sonstigen evangelischen Obrigkeiten herzustellen, gescheitert waren. Christoph befürchtete freilich, daß der anläßlich der Braunschweiger Reformation begonnene Versuch nur wieder die Streitlust der Theologen anfachen würde, gab aber Andreae dennoch den Auftrag, in dem vorgeschlagenen Sinne in Norddeutschland zu wirken. Während er bei seinen Reisen etwa in Brandenburg, Pommern, Niedersachsen und Mecklenburg ein gewisses Entgegenkommen für seine Pläne verspüren konnte, traf er bei den kursächsischen Theologen wegen der Ubiquitätslehre auf Zurückhaltung, während die ernestinischen Theologen nach wie vor eine Verschleierung der Gegensätze befürchteten und darauf bestanden, daß die der Irrlehre bezichtigten Theologen zu verdammen seien. Auf einem 1570 zu Zerbst veranstalteten Theologenkonvent gelang es Andreae zwar, die Erklärung durchzusetzen, daß das Augsburger Bekenntnis in der ersten Ausgabe, die Apologie, die Schmalkaldischen Artikel und die Katechismen Luthers als maßgebende Lehrnormen anzusehen seien, doch die Wittenberger und Leipziger bestanden auf dem Corpus Philippicum als ihrer maßgeblichen Autorität. Einigkeit war daher vorerst nicht zu erreichen.

Wieder kam von außen Bewegung in die Angelegenheit. Herzog Johann Wilhelm von Sachsen starb 1573, und Kurfürst August übernahm vormundschaftlich die Regierung der ernestinischen Lande. Er setzte die beiden Häupter der lutherischen Streittheologen, nämlich Wigand und Heßhusen, ab und verwies sie des Landes. Dieses schroffe Verfahren dürfte wohl auch darin begründet gewesen sein, daß der älteste der Ernestiner, Johann Friedrich der Mittlere, der sich als der unbeugsamste Flacianer hervorgetan hatte, in die Grumbachischen Händel verstrickt war und 1567 geächtet wurde. Da Kurfürst August seinerzeit mit der Exekution der Acht beauftragt war, ist die Vertreibung der namhaftesten Theologen des Ernestiners wohl auch als späte Auswirkung dieser Angelegenheit zu sehen. Dasselbe Schicksal ereilte im folgenden Jahr aber auch die Philippisten im Kurfürstentum. Durch eine posthum erschienene Schrift des Schlesiers Joachim Cureus wurde der theologisch wenig beschlagene Kurfürst mißtrauisch; durch Indiskretion bekannt gewordene Briefe gaben ihm rasch die Gewißheit, daß einige führende Männer dabei waren, die kursächsische Kirche unvermerkt zur calvinischen Abendmahlslehre zu führen.

Zu diesen »Kryptocalvinisten« gehörte der Leibarzt des Kurfürsten Dr. Kaspar Peucer, ein Schwiegersohn Melanchthons, der Hofprediger Stössel und der Geheime Rat Cracow, die mit schwerer Haft bestraft wurden. Innerhalb kurzer Zeit waren so die extremen Vertreter der Gnesiolutheraner und der Philippisten aus ihren Ämtern entfernt worden.

## *Die Entstehung der Konkordienformel*

Herzog Julius von Braunschweig hatte schon 1571 den Wunsch nach einer Lehrvereinigung seiner Kirche mit den Nachbarkirchen geäußert. Der damalige Generalsuperintendent des Herzogtums, Nikolaus Selnecker, sprach in der Widmung seiner 1573 erschienenen »Institutio religionis christianae« für Herzog Ludwig von Württemberg von der Übereinstimmung der Lehre mit Württemberg und gab damit ein hoffnungsvolles Zeichen. Jakob Andreae hatte noch vor der Katastrophe des Kryptocalvinismus in Kursachsen 1573 »Sechs christlicher Predig von den Spaltungen« erscheinen lassen, in denen er gegen den seither auf ihm ruhenden Verdacht, durch seine konziliatorische Tätigkeit nur die Lehrunterschiede verwischen zu wollen, seine Stellung zu den gegenwärtigen Kontroversen darlegte. Die Predigten handelten von der Rechtfertigung, den guten Werken, der Erbsünde, vom freien Willen, von den Adiaphora, vom Gesetz, von Gesetz und Evangelium, vom tertius usus legis, d. h. von der Bedeutung des Gesetzes für die Gläubigen, von der Notwendigkeit der guten Werke und von der Person Christi.

Die Predigten kennzeichnen einen neuen Ansatz Andreaes in seinen Einigungsbemühungen. Er verzichtet darauf, die Philippisten und Calvinisten zu gewinnen, und beschränkt sich jetzt darauf, die Lutheraner zu einigen. Seine Predigten fanden deshalb, von der Tübinger theologischen Fakultät verbreitet, gute Aufnahme. Martin Chemnitz, der Superintendent der Hansestadt Braunschweig, machte allerdings darauf aufmerksam, daß die Form der Predigt nicht für den angestrebten Zweck tauge und die sechs Predigten, um als allgemeine Lehrnorm zu dienen, in Artikel umgearbeitet werden müßten. Diesem Vorschlag folgte Andreae und schuf bis Ende November 1573 die Schwäbische Konkordie, so genannt, weil sie von den württembergischen Theologen anerkannt wurde. Über den Inhalt der Predigten hinaus hatte Andreae in insgesamt elf Artikeln noch Erklärungen über das Abendmahl, die Prädestination und die »Rotten und Sekten« angefügt.

Die Schwäbische Konkordie ging im Frühjahr 1574 an Herzog Julius und an Chemnitz mit der Bitte, deswegen Verhandlungen mit den niedersächsischen Kirchen anzuknüpfen. Martin Chemnitz nahm es auf sich, dort Gutachten einzuholen, und faßte aufgrund derer die Artikel vom freien Willen und vom Abendmahl neu. Es entstand so die Schwäbisch-Sächsische Konkordie, deren Aussichten durch den Umschwung bei dem sächsischen Kurfürsten, der die Entfernung der Kryptocalvinisten bewirkt hatte, beträchtlich anwuchsen. Jetzt äußerte Kurfürst August im November 1575 selbst den Plan, die landeskirchlichen Corpora doctrinae zu vergleichen und zu einem gemeinsamen Corpus zusammenzuführen. Diesen Wunsch hatte er schon früher dem Grafen Georg Ernst von Henneberg mitgeteilt, der seinerseits Herzog Ludwig von Württemberg und Markgraf Karl von Baden dazu veranlaßte, durch ihre Theologen ein Gutachten erarbeiten zu lassen, wie der Anfang für eine Konkordie der lutherischen Kirche gemacht werden könnte. Dieses wurde Anfang 1576 im Kloster Maulbronn von den Theologen dieser drei Herren erarbeitet und wird als die Maulbronner Formel bezeichnet. Inhaltlich entsprach sie der Schwäbisch-Sächsischen Konkordie, folgte aber in der Anordnung der Artikel der Confessio Augustana.

Kurfürst August forderte Andreae zu einem Gutachten über die beiden Schriftsätze auf, der beide als grundsätzlich identisch erklärte, aber der Maulbronner Formel den Vorzug gab. Er forderte den Kurfürsten auf, einen Theologenkonvent einzuberufen, an dem besonders Chemnitz und Chyträus als die angesehensten norddeutschen Theologen teilnehmen sollten. Der Kurfürst stimmte diesem Plan zu und erklärte, daß ein gemeinsames Corpus doctrinae anzustreben sei, was um so leichter möglich wäre, als einige der hervorstechendsten Streittheologen, wie Flacius, gestorben und die übrigen meist des Streitens müde seien. In diesem Sinne hatte auch ein Konvent der kursächsischen Theologen entschieden.

Ein allgemeiner Konvent tagte Ende Mai/Anfang Juni 1576 auf Einladung des Kurfürsten in Torgau. An ihm nahmen die sächsischen Theologen mit Selnecker, dann Andreae, Chemnitz und Chyträus, ferner die kurbrandenburgischen Theologen Nikolaus Musculus und Christoph Cornerus teil. Das Ergebnis dieser Tagung war das Torgische Buch, das sich in der Anordnung an der Schwäbisch-Sächsischen Konkordie orientierte, aber durch Einfügung eines Artikels über die Höllenfahrt Christi auf zwölf Artikel erweitert wurde.

Kurfürst August von Sachsen hatte nun die Konkordie zu seiner Sache gemacht und versuchte, Andreae, Chemnitz und Chyträus in seine Dienste zu ziehen. Lediglich Andreae wurde von Herzog Ludwig für zwei Jahre nach Sachsen beurlaubt. Aus diesen ursprünglichen zwei Jahren wurden fast fünf, in denen Andreae nicht nur mit der Neuordnung der sächsischen Kirchen und Universitäten – selbstverständlich nach württembergischem Vorbild – tätig war, sondern auch als Gesandter in Sachen Konkordie, als der er nach dem Zeugnis Jakob Heerbrands Tausende von Meilen zurücklegte. Schon die Reise in die Heimat, um seine Familie nach Leipzig zu holen, benutzte er dazu, um bei verschiedenen Ständen für die Konkordie zu werben. Ansonsten wurden von Sachsen aus Abschriften des Torgischen Buches an die meisten evangelischen Stände im Reich gesandt mit der Bitte um Begutachtung durch die Theologen. Die in Dresden eingehenden Zensuren äußerten sich größtenteils positiv; selbstverständlich gab es auch Stimmen, die das Werk als unnütz oder gar schädlich darstellten. Teilweise war die Ausführlichkeit des Torgischen Buches gerügt worden, so daß Andreae einen Auszug anfertigte, der die Grundlage für die Epitome der späteren Konkordienformel bildete.

Bis Frühjahr 1577 waren die meisten Zensuren in Dresden eingelaufen, worauf Andreae, Selnecker und Chemnitz, später verstärkt durch Musculus, Cornerus und Chyträus, im Kloster Bergen bei Magdeburg daran gehen konnten, die verschiedenen Voten in den Text des Torgischen Buches einzuarbeiten (Abb. 46). Es konnten selbstverständlich nur die Stimmen berücksichtigt werden, die sich nicht prinzipiell ablehnend gegen das Werk äußerten, vielmehr ging es nur darum, einzelne Mißverständnisse zu beseitigen oder Unklares zu erläutern. Am 28. Mai 1577 konnte das so zustande gebrachte Bergische Buch dem Kurfürsten vorgelegt werden. Es ist dies die Solida Declaratio der Konkordienformel mit dem Titel »Allgemeine, lautere, richtige und endliche Wiederholung und Erklärung etlicher Artikel Augsburgischer Konfession, in wölchen eine Zeither unter etlichen Theologen Streit vorgefallen, nach Anleitung Gottes Worts und summarischen Inhalt unser christlichen Lehre beigelegt und verglichen«. Die Solida Declaratio enthält zunächst einen Vorbericht, in dem die Gültigkeit des Augsburger Bekenntnisses betont und erklärt wird, daß es inzwischen notwendig geworden sei, einige Artikel näher zu erläutern. In einem weiteren einleitenden Abschnitt unter der Überschrift »Von dem summarischen Begriff, Grund, Regel und Richtschnur, wie alle Lehr nach Gottes Wort geurteilt und die eingefallne Irrungen christlich erkläret und entscheiden werden sollen« wird sodann die Notwendigkeit für einen »summarischen, einhelligen Begriff und Form« für die Lehre der Kirche dargelegt, die sich auf bestimmte Grundlagen stützt. Dazu gehören 1. die Schrift, 2. die drei ökumenischen Symbole, 3. das unveränderte Augsburger Bekenntnis, 4. die Apologie, 5. die Schmalkaldischen Artikel, 6. der Kleine und der Große Katechismus Luthers. Ferner werden alle Ketzereien und Irrtümer der Vergangenheit verworfen und erklärt, daß im Folgenden die rechte Lehre in den durch das Interim strittig gewordenen Artikeln dargelegt wird. Diese zwölf Artikel der Solida Declaratio sind: I. Von der Erbsünde, II. Vom freien Willen oder menschlichen Kräften, III. Von der Gerechtigkeit des Glaubens für Gott, IV. Von guten Werken, V. Vom Gesetz und Evangelio, VI. Vom dritten Brauch des Gesetzes Gottes, VII. Vom heiligen Abendmahl, VIII. Von der Person Christi, IX. Von der Hellfahrt Christi, X. Von Kirchengebräuchen, so man Adiaphora oder Mittelding nennet, XI. Von der ewigen Vorsehung und Wahl Gottes, XII. Von andern Rotten und Sekten, so sich niemals zu der Augsburgischen Konfession bekennet.

## *Das Konkordienbuch*

Die Solida Declaratio ist unterzeichnet von den sechs in Bergen versammelten Theologen. Sie sollte aber allgemein anerkannt werden, weshalb man anfänglich einen Generalkonvent der evangelischen Stände geplant hatte, der aber dann doch nicht verwirklicht wurde. Vielmehr sollte in Einzelwerbungen die Zustimmung zum Bergischen Buch eingeholt werden. Die Werbung ging aus von fünf Vororten, nämlich Dresden, Berlin, Wolfenbüttel, Stuttgart und Braunschweig, also von den beiden Kurfürsten von Sachsen und Brandenburg, den beiden Herzögen von Braunschweig und Württemberg und der Stadt Braunschweig, wo ja Martin Chemnitz, einer der Väter der Konkordienformel, Superintendent war. Unterzeichnen sollten zunächst die Kirchen- und Schuldiener, schließlich aber auch die Stände, wobei in zwei getrennten Gängen um die Unterschrift der Stände – jedoch nicht der Reichsritterschaft – unter die Vorrede sowie der Geistlichen unter die Konkordienformel geworben wurde. Dies war selbstverständlich ein Unternehmen, das einen großen organisatorischen Aufwand erforderte.

In Südwestdeutschland waren außer Herzog Ludwig von Württemberg auch Markgraf Georg Friedrich von Brandenburg-Ansbach-Kulmbach tätig, der in Franken, und Pfalzgraf Philipp Ludwig von Neuburg, der in Altbayern und Ostschwaben für die Konkordienformel warb. Von Ansbach aus verhandelte man mit den Grafen von Castell und Hohenlohe, den Herren von Schwarzenberg und den Reichsstädten Nürnberg, Windsheim, Rothenburg und Schweinfurt. Es hatte allerdings des persönlichen Einsatzes von Andreae bedurft, um in der Markgrafschaft Brandenburg und dann auch in Hohenlohe die Annahme durchzusetzen. Schwarzenberg sowie die Städte Nürnberg und Windsheim hielten sich zurück. Recht erfolgreich war die von Pfalz-Neuburg ausgehende Werbung, von wo aus die Unterschriften der Grafschaft Öttingen, der Reichsstädte Regensburg, Donauwörth, Nördlingen, Bopfingen und Aalen eingeholt werden konnten. Lediglich die Grafschaften Ortenburg und Wertheim sowie die Reichsstadt Weißenburg blieben fern. In den paritätischen Reichsstädten Augsburg und Dinkelsbühl waren selbstverständlich nur die Unterschriften der Geistlichen zu erhalten. Den größten Teil der Werbung in Südwestdeutschland hatte Württemberg übernommen. Von hier aus wurden die Unterschriften der Markgrafschaft Baden-Durlach, der Grafschaften Löwenstein, Limpurg, Hanau-Lichtenberg, Mömpelgard mit Horburg-Reichenweier, der Reichsstädte Schwäbisch Hall, Heilbronn, Wimpfen, Esslingen, Reutlingen, Giengen, Ulm, Leutkirch, Memmingen, Kaufbeuren, Kempten, Isny, Lindau, Landau und Münster im Elsaß, ferner die der Geistlichkeit der Grafschaft Eberstein und der Reichsstädte Biberach, Ravensburg und Hagenau im Elsaß eingeholt. Inoffiziell traten die Geistlichen von Straßburg bei. Weiterhin unterschrieb der lutherische Teil der Geistlichkeit in der elsässischen Herrschaft Rappoltstein und im Gebiet des Stifts Komburg und die Pfarrer der Herren von Berlichingen und Vellberg-Leofels.

Dem verhältnismäßig guten Erfolg der Unterschriftenwerbung in Süddeutschland stand anderwärts eine nicht zu übersehende Opposition gegenüber. Ablehnend verhielten sich Kurpfalz, Pfalz-Veldenz, -Simmern, -Zweibrücken, Hessen und bedeutende Reichsstädte wie Nürnberg, Straßburg und Frankfurt. Man fragte sich deshalb, ob den Anständen nicht durch Änderungen am Text der Konkordienformel abgeholfen werden könnte. Dies lehnten die bergischen Väter ab, zumal im Hinblick auf die bereits eingelaufenen zahlreichen Unterschriften. Man verfiel deshalb auf den Ausweg einer Vorrede, in der die anstößigen Stellen erklärt werden sollten. Andreae lieferte einen Entwurf, der in zahlreichen Sitzungen beraten und endlich im Februar 1580 gebilligt wurde. Es gelang schließlich, auch Kurfürst Ludwig von der Pfalz – gewissermaßen in letzter Minute – zur Unterschrift zu bewegen.

Einen schweren Stoß erlitt das Konkordienwerk durch Herzog Julius von Braunschweig, der es seit Jahren tatkräftig gefördert hatte. Er ließ im November 1578 seinen Sohn Heinrich Julius, den postulierten Administrator des Stiftes Halberstadt, weihen und zwei weitere Söhne tonsurieren, um sie damit stiftsfähig zu machen. Wegen dieses unbegreiflichen Vorgehens brachen seine evangelischen Standesgenossen den Verkehr mit ihm ab, so daß der Herzog für eine weitere Mitwirkung ausfiel.

Mühevoll war schließlich die Herstellung eines Drucks des Konkordienbuches. Der Satz war seit 1578 in Dresden im Gange, doch noch Ende März 1580 war die Unterzeichnerliste nicht abgeschlossen, und Andreae bat flehentlich um die Übersendung der Unterschriften aus Wolfenbüttel. Endlich konnte der Druck der deutschen Version des Konkordienbuches am 25. Juni 1580, dem 50. Jahrestag der Übergabe der Augsburger Konfession, publiziert werden. (Abb. 47) Der Titel lautet: »Concordia. יהוה. Christliche wiederholete, einmütige Bekenntnüs nachbenannter Churfürsten, Fürsten und Stände Augsburgischer Confession und derselben Theologen Lehre und Glaubens. Mit angeheffter, in Gottes Wort als der einigen Richtschnur wohlgegründter Erklärung etlicher Artikel, bei welchen nach D. Martin Luthers seligen Absterben Disputation und Streit vorgefallen. Aus einhelliger Vergleichung und Befehl obgedachter Churfürsten, Fürsten und Ständen derselben Landen, Kirchen, Schulen und Nachkommen zum Unterricht und Warnung im Druck vorfertiget«. Das Konkordienbuch enthält neben der von den Ständen unterzeichneten Vorrede die drei ökumenischen Symbole, das Augsburger Bekenntnis mit der Apologie, die Schmalkaldischen Artikel, Melanchthons Tractatus de potestate et primatu papae, Luthers Kleinen und Großen Katechismus, die Konkordienformel mit Vorrede, Epitome und Solida Declaratio. Angehängt ist der Catalogus Testimoniorum, eine Anthologie von Belegstellen aus der Schrift und den Kirchenvätern zur Christologie. Manche Ausgaben enthalten auch Luthers Tauf- und Traubüchlein als Anhang zum Kleinen Katechismus. Dies verursachte manchen Ärger, da das Taufbüchlein wegen des Exorzismus teilweise abgelehnt wurde. Überhaupt war wegen der zahlreichen Änderungen während des Drucks mit Auswechslung und Wiedereinfügung bereits gedruckter Bogen manche Unregelmäßigkeit vorgefallen, was sich bei der Aussonderung der drei in den Archiven der beteiligten Kurfürsten niederzulegenden Authentica bemerkbar machte. Die Belastungen, die das Konkordienwerk besonders in seiner letzten Phase mit sich gebracht hatte, äußerten sich in mancherlei Verstimmungen zwischen den Beteiligten. Als Jakob Andreae Ende 1580 wieder Sachsen verließ, soll ihn der Kurfürst recht kühl verabschiedet haben. Doch hatte er dem Tübinger Kanzler zur Vollendung der Konkordie ein wertvolles Geschenk verehrt, ein schön gebundenes Exemplar der Antwerpener Polyglottenbibel mit der eigenhändigen Widmung: »Tandem bona causa triumphat«.

Unterzeichnet ist die Konkordie von drei Kurfürsten, 20 Fürsten, 24 Grafen, 4 Freiherren und 35 Reichsstädten sowie von über 8000 Kirchendienern. Die Unterzeichnung lehnten ab: Hessen, Anhalt, Pfalz-Zweibrücken, Schleswig-Holstein, die Städte Frankfurt, Danzig, Bremen, Speyer, Worms, Nürnberg, Straßburg, Magdeburg und Nordhausen. Es gab somit lutherische Kirchen mit und solche ohne Konkordienformel. Einige von den letzteren gingen hernach zum Calvinismus über, wie die Kurpfalz, die ja unter dem die Konkordie nach langem Zögern unterzeichnenden Kurfürsten Ludwig VI. gerade eine lutherische Periode ihrer Geschichte erlebte. Den Weg der Kurpfalz zum Calvinismus gingen auch etliche Grafschaften in der Wetterau, am Mittel- und Niederrhein. An der Konkordie trennten sich also die Wege über kurz oder lang, zumal sie teilweise gerade den Übergang zum Calvinismus stimulierte oder zumindest vorbereitete. Mit ihr endet somit die Reformation, und spätestens hier beginnt auch zwischen den beiden reformatorischen Richtungen das konfessionelle Zeitalter (Abb. 48).

*Literatur:*

*Carl Andresen* (Hg.), Handbuch der Dogmen- und Theologiegeschichte Bd. 2: Die Lehrentwicklung im Rahmen der Konfessionalität, Göttingen (1980). – Die Bekenntnisschriften der evangelisch-lutherischen Kirche, Göttingen ([5]1963). – *Martin Brecht*, *Reinhard Schwarz* (Hg.), Bekenntnis und Einheit der Kirche. Studien zum Konkordienbuch, Stuttgart (1980). – *Werner Ulrich Deetjen*, »damit wir ob diesem Concordi Buch bestendig bleiben«, in: BWKG 79 (1979), S. 28–53. – Ders., Das Ende der Entente cordiale zwischen den Bruderkirchen und Bruderdynastien Pfalz-Zweibrücken – Württemberg und Pfalz-Neuburg. In: BWKG 82 (1982), S. 38–217. – *Jobst Ebel*, Jacob Andreae (1528–1590) als Verfasser der Konkordienformel, in: ZKG 89 (1978), S. 78–119. – *Ernst*, Briefwechsel. – *Heinrich Gürsching,* Jakob Andreae und seine Zeit, in: BWKG 54 (1954), S. 123–156. – *Heinrich Heppe*, Geschichte des deutschen Protestantismus in den Jahren 1555–1581, Bd. 3–4, Marburg (1857–1859). – *Kugler*. – *Rosemarie Müller-Streisand*, Theologie und Kirchenpolitik bei Jakob Andreä bis zum Jahr 1568, in: BWKG 60/61 (1960/61), S. 224–395. – *Ernst Walter Zeeden*, Die Entstehung der Konfessionen. Grundlagen und Formen der Konfessionsbildung im Zeitalter der Glaubenskämpfe, München-Wien (1965).

# Personenregister

# Ortsregister

# Bildnachweis

Foto-Gallus, Biberach: 39
Kurpfälzisches Museum Heidelberg: 37
Universitätsbibliothek Heidelberg: 45
Stadtarchiv Heilbronn: 5, 9, 29
Badisches Landesmuseum Karlsruhe: 38
The John Rylands Library Manchester: 23
Stadtarchiv Memmingen: 7
Germanisches Nationalmuseum Nürnberg: 30
Hauptstaatsarchiv Stuttgart: 25, 26
Landesbildstelle Stuttgart: 35
Württembergische Landesbibliothek Stuttgart: 22, 28, 40, 46, 47
Stadtarchiv Ulm: 17
Staatsarchiv Wertheim: 34
Kunsthistorisches Museum Wien: 24

*Johannes Brenz*, Opera, Tübingen (1576–1590): 32
*Heinz Otto Burger*, Renaissance – Humanismus – Reformation. Deutsche Literatur im europäischen Kontext (Frankfurter Beiträge zur Germanistik 7, 1968): 4
*Hansmartin Decker-Hauff*, *Wilfried Setzler*, Die Universität Tübingen von 1477 bis 1977 in Bildern und Dokumenten, Tübingen (1977): 1, 42
*Christoph Duncker*, Matthäus Alber, Reformator von Reutlingen, Reutlingen (1970): 6
*Walther Küenzlen*, Jakob Andreä (1528–1590), sein Leben und Werk, in: Waiblingen in Vergangenheit und Gegenwart VI (1980): 41
*Adolf Laube*, *Max Steinmetz*, *Günter Vogler*, Illustrierte Geschichte der deutschen frühbürgerlichen Revolution, Berlin (1982): 8
*Angelika Marsch*, Bilder zur Augsburger Konfession und ihren Jubiläen, Weißenhorn (1980): 15
*Hans-Martin Maurer*, *Kuno Ulshöfer*, Johannes Brenz und die Reformation in Württemberg (Forschungen aus Württembergisch Franken 9): 11, 31, 33
*Matthäus Merian*, Topographia Sueviae, Frankfurt (1643), Neudruck: Kassel (1960): 27
*Nikolaus Reusner*, Icones sive imagines virorum literis illustrium, Straßburg (1593), Neudruck: Gütersloh (1973): 12, 18
*Mirko Rupel*, Primus Truber, Leben und Werk des slowenischen Reformators (Südosteuropa-Schriften 5, 1965): 43
*Reinhold Schmid*, Reformationsgeschichte Württembergs, Heilbronn 1904: 19, 20, 36
*Helmut Schmolz*, *Hubert Weckbach* (Bearb.), 450 Jahre Reformation in Heilbronn, Heilbronn (1980): 10, 13
*Otto Schuster*, Aus 400 Jahren. Bilder aus der württembergischen Kirchengeschichte 1534–1934, Stuttgart (1935): 44
*Oskar Thulin* (Hrsg.), Reformation in Europa, Berlin (1967): 14, 16

Martin Brecht

# Martin Luther

Sein Weg zur Reformation 1483–1521

*1. Auflage 1981, 2. Auflage 1983*
*528 Seiten, 29 Abbildungen im Text, 16 Kunstdrucktafeln, Register*

Seit Jahrzehnten ist keine neue, gut lesbare und zugleich wissenschaftliche Biographie des jungen Luther mehr vorgelegt worden. Währenddessen sind in der Luther-Forschung neue Erkenntnisse gewonnen worden und neue Fragen aufgebrochen: Man wurde aufmerksam auf die Bedeutung des gesellschaftlichen Hintergrunds. Die Tiefenpsychologie bot neue Deutungsmöglichkeiten an. Die Kenntnis der Methoden und Inhalte von Scholastik und Humanismus, die Luther vermittelt wurden, hat beträchtlich zugenommen. Die Profangeschichte betonte den Anteil des politischen Faktors an Luthers Schicksal. Um den Zeitpunkt und den Inhalt der reformatorischen Entdeckung sowie um das Faktum des Thesenanschlags sind große Auseinandersetzungen geführt worden. Protestanten und Katholiken sind sich in der Beurteilung des Reformators ein gutes Stück nähergekommen.
Der Verfasser hat den Ertrag der Forschung in einer neuen Lebensbeschreibung des jungen Luther ausgewertet, anhand der Quellen kritisch überprüft und zusammengefaßt. Dabei ergab sich sowohl in Einzelheiten als auch in größeren Zusammenhängen und hinsichtlich des Aufbaus ein verändertes Lutherbild. Die Beziehungen des betenden und angefochtenen Mönchs mit dem Theologen, sein langer Weg bis zum reformatorischen Durchbruch, die Zusammengehörigkeit von Ablaßstreit und reformatorischer Entdeckung als einer doppelten Wende, der Zusammenhang des reformatorischen Programms mit Luthers ursprünglichen Anfragen u. a. m. wurden besser verstehbar. Die reiche und darum auch nicht immer einfache Persönlichkeit Luthers tritt so plastisch in Erscheinung.
Die entscheidende Frühzeit Luthers ist ein großer und faszinierender Gegenstand, der in sich beschrieben werden kann. Die Darstellung bemüht sich um lebendige Erzählung und ist bewußt so gehalten, daß sie nicht nur für Fachleute, sondern auch für einen interessierten weiteren Leserkreis verständlich ist.

Einzeluntersuchungen zur Reformation in Südwestdeutschland

Martin Brecht

## Kirchenordnung und Kirchenzucht in Württemberg vom 16. bis zum 18. Jahrhundert

*1967, 104 Seiten*

Die Frage nach der rechten Ordnung der Kirche ist auch im Raum des Protestantismus bis heute nicht gelöst. Sie wird immer wieder aufs neue brennend werden. Die vorliegende Arbeit untersucht das Problem der Kirchenordnung für eine der bedeutendsten lutherischen Kirchen Deutschlands, die ihrerseits zum Vorbild vieler anderer Landeskirchen wurde.

Werner-Ulrich Deetjen

## Studien zur Württembergischen Kirchenordnung Herzog Ulrichs 1534–1550

Das Herzogtum Württemberg im Zeitalter Herzog Ulrichs (1498–1550), die Neuordnung des Kirchengutes und der Klöster (1534–1547)

*1981, 564 Seiten*

Nach einer einleitenden Darstellung des Zeitalters Herzog Ulrichs setzt sich diese Arbeit detailliert mit der Neuordnung der Kirchengüter und Klöster auseinander und bestätigt überzeugend die positive Gesamteinschätzung des Ulrichen Reformwerks. Mit seiner exemplarischen Untersuchungsform und einer Fülle neuer Einsichten in das spannungsvolle Werden und Wachsen eines großen landesherrlichen Kirchenwesens ist dieses Buch eine Fundgrube für Historiker aller Fachrichtungen.

Justus Maurer

## Prediger im Bauernkrieg

*1979, XVI, 664 Seiten*

Am Bauernkrieg 1525 beteiligten sich viele Anhänger der Reformation aktiv. Andere rechtfertigten das Verhalten der Obrigkeit. Ein dritter Weg wurde versucht: gewaltlose Forderungen, erhoben durch große Bauernlager. In Süddeutschland kann man eine Fülle von Verhaltensweisen und Schicksalen erkennen, die das Verhältnis von Reformation und Revolution von einer neuen Seite zeigen. Anhand der Gewaltfrage sucht die vorliegende Arbeit dieses Verhältnis im einzelnen zu klären und den Ausbruch des Bauernkrieges sowie das Verhalten einer Gruppe, der Geistlichen, zu verstehen.